JN218466

法律学講座双書
刑法各論
第七版

西田典之著
橋爪隆補訂

弘文堂

第 7 版 はしがき

本書『刑法各論』は，豊富な具体的事例に基づき，刑法各論の解釈論を明快に提示するものとして，多くの読者の支持を集め，1999年発行の初版から，2012年発行の第 6 版まで版を重ねてきた。しかし，2013年 6 月14日に西田典之先生は急逝され，先生ご本人によって本書を改訂することは不可能になってしまった。

第 6 版が公刊されてから既に 6 年近くの年月が経過したが，本書が提示する解釈論の学問的価値はいささかも損なわれるところはない。もっとも，この間に重要な法改正や判例・裁判例の展開が見られたことから，本書の記述内容をアップデートする必要が生じたことも事実である。このような状況のもと，私が本書の補訂という大役を仰せつかることになった。

補訂作業は，次のような方針で進めることにした。①第 6 版の記述は，基本的に原形のままで残すことにした。したがって，あくまでも本書は，旧版同様，西田先生の解釈論を示すものであり，補訂者の見解を含むものではない。もっとも，②読者の便宜を考え，新法令の制定や法改正については，本文に直接，修正を施すことにした。その結果，平成25年の自動車運転死傷行為等処罰法の制定により，危険運転致死傷罪および関連犯罪に関する記述（第 2 編第 2 章第 4 節），平成29年刑法改正により，性的自由に対する罪および関連犯罪に関する記述（第 2 編第 3 章第 5 節，同第 6 章第 3 節 5）は，大幅に内容が改められることになった。また，③この間の体系書・教科書の公刊・改訂に伴い，本文中の引用を加筆・修正するほか，現在の議論状況に基づき，若干の表現の修正を施した。さらに，④最近の判例・裁判例の内容についても加筆を行ったが，これは本文に直接書き加えるのではなく，該当箇所に，本文と異なるレイアウトで追記する形式とした。

補訂作業においては，私個人の見解を示すことは避け，客観的な記述に徹したつもりである。客観的な記述といっても，私の主観的評価を完全に排除することは困難であるが，特定の理解を前提としない記述を心掛け，西田先生の教科書としての統一感を保つことに留意したつもりである。もちろん，この点については読者の評価に委ねるほかはない。私としては，

原著の価値が損なわれることなく，本書がこれまで同様，多くの読者の支持を受け，刑法各論の体系書として，多方面で活用されることを祈るばかりである。

　弘文堂編集部の北川陽子氏には，補訂作業のスタートからゴールまで貴重なご助言を頂き，大変お世話になった。心からの御礼を申し上げる。また，校正段階では東京大学助教の佐野文彦氏の助力を得た。記して謝意を表したい。

　西田先生がご存命であれば，2018年3月2日は，先生の71回目のお誕生日である。雛祭りの前夜，先生のことを偲びつつ，本書を世に送ることにしたい。

　　　　2018年3月

　　　　　　　　　　　　　　　　　　　　　　　橋　爪　　隆

第6版 はしがき

　本書の第5版を刊行してから，まだ2年であるが，第6版を刊行することとした。その理由は，平成23年の通常国会において「情報処理の高度化等に対処するための刑法等の一部を改正する法律」（法74号）がようやく成立し，施行される運びとなったためである。

　このような短期間で改訂版を刊行することについては，旧版の読者に対してお詫びするしかないが，教科書・体系書として，そこに含まれる情報は可能なかぎり最新のものであるべきとの信念から第6版を刊行する次第である。

　今回の改正は，すでに平成16年の通常国会に「犯罪の国際化及び組織化並びに情報処理の高度化に対処するための刑法等の一部を改正する法律案」として提出されていたものを手直ししたものである。すなわち，この改正案には，国連の組織犯罪防止条約に加盟するための国内担保法として，組織犯罪処罰法への「共謀罪」の導入が含まれており，この部分が激しい論争の対立を生み，結局，継続審議を繰り返したが，平成21年の衆議院解散により廃案となった。今回の改正は，平成16年改正案から，「共謀罪」の部分を除外した他は，ほぼ原案通りのかたちで，ただ名称のみを変更して国会に提出されたものである。

　平成23年改正案は，平成23年6月17日，第177回国会において成立し，同月24日に公布され，同年7月14日より施行されている。

　今回の改正の内容は，まず，強制執行妨害罪関係の改正，欧州評議会のサイバー犯罪条約に加盟するための国内担保法としての，コンピュータウイルス作成罪の新設やサイバーポルノ関係の改正である。サイバー犯罪との関係では，電子計算機や電磁的記録の捜索・押収・差押えの手続を新たに定めるために刑事訴訟法にも重要な改正が加えられている。

　本書第5版においては，その追補というかたちで，これらの改正案を紹介しておいたが，今回の改正を受けて本文自体を修正した次第である。さらに，この機会に，第5版以降の重要な判例や学説についても解説・論評を加えたうえで加筆した。

　今回の改訂においても，弘文堂編集長の北川陽子さんには有益な助言を

頂いた。また，校正段階では，学習院大学大学院の受験のため多忙である
にもかかわらず，前回と同様三代川邦夫君にお手伝いをお願いした。これ
らの方々に厚く御礼申し上げる次第である。

2012年3月

雛祭りの前夜に

西 田 典 之

は　し　が　き〔初版〕

　本書は，本来，大学における刑法各論の講義用教科書として使用することを意図して書かれたものである。しかし，内容的には，当初考えていたものよりもかなり詳細なものとなった。それは，学説の状況を整理・紹介するとともに，できるかぎり多くの判例を引用したことによる。刑法各論とは，刑法典各則を中心とした各犯罪類型の個別的成立要件を具体的に検討する作業であるから「生きた法」としての判例の状況を知ると同時に，問題となる具体的な事例を知ることが重要と考えたためである。このため，本書は，刑法各論を学習する学生のみでなく実務家にとっても参考となりうるものとなったように思う。また，本書では，通常，時間の関係で講義では触れることのできない細かな論点についても言及するように努めてみた。さらに，刑法総論との有機的関連を図るために，必要と思われる箇所では，総論の論点についての説明を加えてある。

　周知のように，平成7（1995）年の「刑法の一部を改正する法律」（法91号）により刑法の平易化が実現し，刑法典の全条文が現代用語化された。この改正は，原則として，用語の修正にとどまり，内容の実質的変更をともなうものではないとされているが，若干の変化を生じた点のあることも否定できない。問題となる点については，各条の説明において指摘しておいた。さらに，本書は，改正後の新規定の用語による解釈論を展開している。このため，いくつかの箇所で新しい用語（造語）を用いている。たとえば，詐欺罪については，欺罔，騙取という文言がなくなったため，これにかえて詐欺，詐取という用語を使用し，欺罔行為は詐欺行為，被欺罔者は被詐欺者とすることにしてみた。また，贓物罪についても，これを盗品関与罪とし，贓物性は盗品性としてみた。これらの用語法が定着するか否かはわからないが，読者のご批判を仰ぎつつ修正してゆきたいと考えている。

　本書に先立ち刑法各論のうちの個人的法益に対する罪までを対象とした刑法各論Ⅰ（1996年）を刊行した。本来は，刑法各論Ⅱとして，残りの部分を刊行する予定であったが，読みやすさを考慮して，1頁あたりの行数をすくなくしたこと，その後の法律の改正・制定（母体保護法，臓器移植法など）や判例，学説の動きに応じて，かなり加筆したことなどの理由により，この際おもいきって合本のかたちで刊行することとした。この点，刑法各論Ⅰの読者の方々にはご海容をお願いする次第である。

vi　はしがき〔初版〕

　本書の作成にあたっては，多くの方々の助力を受けた。東京大学の佐伯仁志教授には，校正の段階で原稿に目を通していただき有益なご指摘を賜った。学習院大学の鈴木左斗志助教授には，前半部分の割注の補訂をお願いした。事項索引の作成にあたっては，神戸大学の橋爪隆助教授，東京大学大学院修士課程の小林憲太郎君，鎮目征樹君の助力を得た。これらの方々に厚くお礼申し上げる次第である。

　また，本書の編集にあたっては，弘文堂編集部の丸山邦正氏，清水千香氏，高岡俊英氏のお世話になった。とくに，長年にわたる丸山邦正氏の飽く事なき督促がなかったら本書は到底完成しなかったであろう。これらの方々にも，心よりお礼を申し上げたい。

　最後に，本書は，いまは亡き両親に捧げる。亡き父，西田匠は，私が研究者の道を選択するか否かで迷ったとき，強く学者の道を勧めてくれた。亡き母，西田キクエは，その後の研究生活において挫けそうになる私を常に励まし続けてくれた。今，一応の完成をみた本書を，心からの感謝の念とともに二人の霊前に捧げたいと思う。

　　1999年3月

　　　　　　　　　　　雛祭りの前夜に

　　　　　　　　　　　西　田　　典　之

目　　次

第1編　序　　論

　　1　刑法各論の内容(1)　　2　刑法各論の対象(1)　　3　検討の順序(4)

第2編　個人的法益に対する罪

第1章　生命に対する罪………………………………………………………5

第1節　総　　説………………………………………………………5
　　1　生命のプロセス(5)　　2　刑法による保護(5)

第2節　殺人罪………………………………………………………7
　　1　総説(7)　　2　単純殺人罪(7)　　3　尊属殺人罪の削除(12)
　　4　自殺関与罪・同意殺人罪(13)　　5　自殺関与罪と殺人罪の区別(15)

第3節　堕胎罪………………………………………………………19
　　1　総説(19)　　2　堕胎罪の類型(20)　　3　堕胎の概念(22)
　　4　胎児性致死傷(25)

第4節　遺棄罪………………………………………………………28
　　1　総説(28)　　2　客体(29)　　3　遺棄の概念(29)
　　4　単純遺棄罪(32)　　5　保護責任者遺棄罪(32)
　　6　遺棄致死傷罪(36)

第2章　身体に対する罪………………………………………………………38

第1節　総　　説………………………………………………………38

第2節　暴行罪………………………………………………………39
　　1　総説(39)　　2　暴行の意義(39)

第3節　傷害罪………………………………………………………43
　　1　傷害の意義(43)　　2　傷害概念の相対性(44)
　　3　暴行と傷害の関係(44)　　4　傷害致死罪(46)
　　5　現場助勢罪(47)　　6　同時傷害の特例(48)

第4節　危険運転致死傷罪………………………………………………52
　　1　総説(52)　　2　結果的加重犯(53)　　3　行為(54)

viii　目　次

　　　4　新たな危険運転致死傷罪(*60*)

　　　5　過失運転致死傷アルコール等影響発覚免脱罪(*61*)

　　　6　他罪との関係(*62*)

　第5節　凶器準備集合罪・結集罪……………………………………………*64*

　　　1　総説(*64*)　　2　保護法益・罪質(*64*)　　3　保護法益論の帰結(*65*)

　　　4　集合罪(1項)の成立要件(*66*)　　5　結集罪(2項)の成立要件(*68*)

　第6節　過失傷害罪・過失致死罪……………………………………………*69*

　　　1　総説(*69*)　　2　重過失致死傷罪(*70*)　　3　業務上過失致死傷罪(*70*)

　　　4　過失運転致死傷罪(*72*)

第3章　自由に対する罪…………………………………………………………*74*

　第1節　総　説……………………………………………………………………*74*

　第2節　脅迫罪・強要罪…………………………………………………………*75*

　　　1　総説(*75*)　　2　脅迫罪(*75*)　　3　強要罪(*78*)

　　　4　人質強要罪(*80*)

　第3節　逮捕・監禁罪……………………………………………………………*82*

　　　1　保護法益(*82*)　　2　逮捕・監禁罪(*83*)　　3　逮捕・監禁致死傷罪(*84*)

　第4節　略取・誘拐罪……………………………………………………………*85*

　　　1　総説(*85*)　　2　未成年者拐取罪(*86*)　　3　営利目的等拐取罪(*88*)

　　　4　身の代金目的拐取罪(*89*)　　5　所在国外移送目的拐取罪(*92*)

　　　6　人身売買罪(*93*)　　7　被略取者等所在国外移送罪(*94*)

　　　8　被略取者等収受罪(*94*)　　9　解放減軽等(*95*)　　10　親告罪(*95*)

　第5節　性的自由に対する罪……………………………………………………*97*

　　　1　総説(*97*)　　2　強制わいせつ罪(*98*)　　3　強制性交等罪(*101*)

　　　4　準強制わいせつ罪・準強制性交等罪(*103*)　　5　集団強姦罪の廃止(*105*)

　　　6　監護者わいせつ罪・監護者性交等罪(*105*)

　　　7　親告罪規定の削除(*107*)　　8　強制わいせつ・強制性交等致死傷罪(*107*)

　第6節　住居侵入罪………………………………………………………………*109*

　　　1　保護法益(*109*)　　2　客体(*111*)　　3　住居侵入罪(*112*)

　　　4　不退去罪(*115*)

第4章　秘密・名誉に対する罪………………………………………………*116*

　第1節　秘密に対する罪…………………………………………………………*116*

　　　1　総説(*116*)　　2　信書開封罪(*117*)　　3　秘密漏示罪(*118*)

第2節　名誉に対する罪··121
　　1　総説(121)　　2　名誉毀損罪(122)　　3　事実の証明(125)
　　4　真実性の誤信(128)　　5　インターネットによる名誉毀損(132)
　　6　侮辱罪(134)

第5章　信用および業務に対する罪································136

第1節　総　説··136

第2節　信用毀損罪・業務妨害罪································137
　　1　信用毀損罪(137)　　2　業務妨害罪(138)
　　3　電子計算機損壊等業務妨害罪(143)
　　4　不正アクセス禁止法(145)

第6章　財産に対する罪··148

第1節　財産罪総説··148
　　1　刑法における財産の保護(148)　　2　財産犯の分類(149)

第2節　窃盗罪··151
　　1　総説(151)　　2　窃盗罪(151)　　3　不動産侵奪罪(175)
　　4　親族間の特例(親族相盗例)(178)

第3節　強盗罪··182
　　1　強盗罪(182)　　2　事後強盗罪(191)　　3　昏酔強盗罪(198)
　　4　強盗致死傷罪(199)　　5　強盗・強制性交等罪・同致死罪(201)

第4節　詐欺罪··205
　　1　総説(205)　　2　詐欺罪(206)　　3　電子計算機使用詐欺罪(233)
　　4　準詐欺罪(242)

第5節　恐喝罪··243

第6節　横領罪··249
　　1　総説(249)　　2　単純横領罪(252)　　3　業務上横領罪(268)
　　4　占有離脱物横領罪(遺失物等横領罪)(270)

第7節　背任罪··272
　　1　総説(272)　　2　背任罪(274)

第8節　盗品等に関する罪(贓物罪)································289
　　1　総説(289)　　2　盗品関与罪(291)　　3　親族間の特例(299)

第9節　毀棄・隠匿罪··300
　　1　総説(300)　　2　公用文書毀棄罪(301)　　3　私用文書毀棄罪(302)

x 目　次

　　　4　建造物損壊罪・建造物損壊致死傷罪(*303*)　　　**5**　器物損壊罪(*305*)

　　　6　境界損壊罪(*306*)　　　**7**　信書隠匿罪(*307*)

第3編　社会的法益に対する罪

第1章　公共危険罪……………………………………………………309

第1節　総　説……………………………………………………309

第2節　騒乱罪……………………………………………………310

　　　1　総説(*310*)　　　**2**　騒乱罪(*311*)　　　**3**　多衆不解散罪(*314*)

第3節　放火罪・失火罪…………………………………………316

　　　1　総説(*316*)　　　**2**　現住建造物等放火罪(*317*)

　　　3　非現住建造物等放火罪(*325*)　　　**4**　建造物等以外放火罪(*329*)

　　　5　延焼罪(*331*)　　　**6**　消火妨害罪(*332*)　　　**7**　失火罪(*332*)

　　　8　激発物破裂罪・過失激発物破裂罪(*333*)　　　**9**　ガス等漏出罪(*334*)

第4節　出水罪・水利妨害罪……………………………………335

　　　1　総説(*335*)　　　**2**　現住建造物等浸害罪(*335*)

　　　3　非現住建造物等浸害罪(*335*)　　　**4**　水防妨害罪(*336*)

　　　5　過失建造物等浸害罪(*336*)　　　**6**　出水危険罪(*337*)

　　　7　水利妨害罪(*337*)

第5節　往来を妨害する罪………………………………………338

　　　1　総説(*338*)　　　**2**　往来妨害罪・同致死傷罪(*338*)

　　　3　往来危険罪(*339*)　　　**4**　汽車転覆等の罪・同致死罪(*341*)

　　　5　往来危険による汽車転覆等の罪(*342*)　　　**6**　過失往来危険罪(*344*)

第6節　あへん煙に関する罪……………………………………345

第7節　飲料水に関する罪………………………………………346

　　　1　総説(*346*)　　　**2**　浄水汚染罪(*346*)　　　**3**　水道汚染罪(*347*)

　　　4　浄水毒物混入罪(*347*)　　　**5**　浄水汚染等致死傷罪(*347*)

　　　6　水道毒物混入罪・同致死罪(*348*)　　　**7**　水道損壊罪(*348*)

第2章　取引の安全に対する罪…………………………………………349

第1節　通貨偽造の罪……………………………………………350

　　　1　保護法益(*350*)　　　**2**　通貨偽造罪(*351*)

　　　3　偽造通貨行使罪(*352*)　　　**4**　外国通貨偽造罪・偽造外国通貨行使罪(*353*)

　　　5　偽造通貨収得罪(*354*)　　　**6**　収得後知情行使罪(*354*)

　　　7　通貨偽造準備罪(*355*)

目　次　*xi*

第2節　有価証券偽造の罪················357
1　総説*(357)*　　2　有価証券偽造・虚偽記入罪*(357)*
3　偽造有価証券行使罪*(363)*

第3節　支払用カード電磁的記録に関する罪················365
1　総説*(365)*
2　支払用カード電磁的記録不正作出・供用・譲り渡し等の罪*(366)*
3　不正電磁的記録カード所持罪*(371)*
4　支払用カード電磁的記録不正作出準備罪*(372)*
5　罪数*(374)*

第4節　文書偽造の罪················375
1　総説*(375)*　　2　詔書偽造罪*(382)*　　3　公文書偽造罪*(382)*
4　虚偽公文書作成罪*(385)*　　5　公正証書原本等不実記載罪*(388)*
6　偽造公文書等行使罪*(391)*　　7　私文書偽造罪*(393)*
8　虚偽診断書作成罪*(401)*　　9　偽造私文書等行使罪*(401)*
10　電磁的記録不正作出・供用罪*(402)*

第5節　印章偽造の罪················406
1　総説*(406)*　　2　印章・署名・記号の意義*(406)*
3　偽造・使用の意義*(408)*　　4　御璽等偽造・不正使用罪*(409)*
5　公印等偽造・不正使用罪*(409)*　　6　公記号偽造・不正使用罪*(409)*
7　私印偽造・不正使用罪*(410)*

第6節　不正指令電磁的記録に関する罪················411
1　総説*(411)*　　2　不正指令電磁的記録作成等の罪*(412)*
3　不正指令電磁的記録取得等の罪*(414)*

第3章　風俗に対する罪················415

第1節　わいせつおよび重婚の罪················416
1　総説*(416)*　　2　わいせつの意義と判断方法*(416)*
3　公然わいせつ罪*(418)*　　4　わいせつ物頒布等の罪*(419)*
5　淫行勧誘罪*(423)*　　6　重婚罪*(424)*

第2節　賭博および富くじの罪················425
1　総説*(425)*　　2　単純賭博罪*(425)*　　3　常習賭博罪*(426)*
4　賭博場開張・博徒結合罪*(428)*　　5　富くじ罪*(428)*

第3節　礼拝所および墳墓に関する罪················430
1　総説*(430)*　　2　礼拝所不敬罪*(430)*　　3　説教等妨害罪*(431)*
4　墳墓発掘罪*(431)*　　5　死体損壊等の罪*(431)*

xii　目　次

6　墳墓発掘死体損壊等の罪(*433*)　　**7**　変死者密葬罪(*433*)

第4編　国家的法益に対する罪

第1章　国家の存立に対する罪……………………………………………*435*

第1節　内乱に関する罪……………………………………………………*435*
1　総説(*435*)　　**2**　内乱罪(*435*)　　**3**　内乱予備・陰謀罪(*437*)
4　内乱幇助罪(*437*)

第2節　外患に関する罪……………………………………………………*437*
1　総説(*437*)　　**2**　外患誘致罪(*438*)　　**3**　外患援助罪(*438*)

第2章　国交に関する罪………………………………………………………*439*

第1節　総　説……………………………………………………………*439*

第2節　国交に関する罪……………………………………………………*440*
1　外国国章損壊罪(*440*)　　**2**　私戦予備・陰謀罪(*441*)
3　中立命令違反罪(*441*)

第3章　国家の作用に対する罪………………………………………………*443*

第1節　公務の執行を妨害する罪……………………………………………*444*
1　公務執行妨害罪(*444*)　　**2**　職務強要罪(*453*)
3　封印等破棄罪(*454*)　　**4**　強制執行妨害罪(*457*)
5　強制執行行為妨害罪(*461*)　　**6**　強制執行関係売却妨害罪(*462*)
7　加重封印等破棄罪(*467*)　　**8**　公契約関係競売等妨害罪(*467*)
9　談合罪(*468*)

第2節　逃走の罪……………………………………………………………*474*
1　総説(*474*)　　**2**　単純逃走罪(*474*)　　**3**　加重逃走罪(*476*)
4　被拘禁者奪取罪(*477*)　　**5**　逃走援助罪(*478*)
6　看守者等による逃走させる罪(*479*)

第3節　犯人蔵匿および証拠隠滅の罪………………………………………*481*
1　総説(*481*)　　**2**　犯人蔵匿罪(*481*)　　**3**　証拠隠滅罪(*485*)
4　親族による犯罪の特例(*490*)　　**5**　証人威迫罪(*492*)

第4節　偽証の罪……………………………………………………………*495*
1　総説(*495*)　　**2**　偽証罪(*495*)　　**3**　自白による刑の減免(*499*)
4　虚偽鑑定罪(*499*)

目　次　*xiii*

第5節　虚偽告訴の罪……………………………………………………………*501*
　　1　総説(*501*)　　2　虚偽告訴罪(*501*)

第6節　職権濫用の罪……………………………………………………………*505*
　　1　総説(*505*)　　2　公務員職権濫用罪(*506*)
　　3　特別公務員職権濫用罪(*511*)　　4　特別公務員暴行陵虐罪(*511*)
　　5　特別公務員職権濫用等致死傷罪(*512*)

第7節　賄賂の罪…………………………………………………………………*513*
　　1　総説(*513*)　　2　単純収賄罪(*525*)　　3　受託収賄罪(*526*)
　　4　事前収賄罪(*527*)　　5　第三者供賄罪(*528*)　　6　加重収賄罪(*529*)
　　7　事後収賄罪(*530*)　　8　あっせん収賄罪(*531*)　　9　贈賄罪(*532*)
　　10　没収・追徴(*533*)　　11　あっせん利得処罰法(*536*)

事項索引………………………………………………………………………………*537*
判例索引………………………………………………………………………………*549*

凡　例

1　参考文献（太字表記の著者名等の略語で引用）

〔教科書〕

青柳文雄『刑法通論Ⅱ各論』（1963，泉文堂）

井田　良『講義刑法学・各論』（2016，有斐閣）

井田良=佐藤拓磨『刑法各論』〔新・論点講義シリーズ〕（第3版・2018，弘文堂）

板倉　宏『刑法各論』（2004，勁草書房）

伊東研祐『刑法講義各論』（2011，日本評論社）

伊藤渉=小林憲太郎=齊藤彰子=鎮目征樹=島田聡一郎=成瀬幸典=安田拓人（ほか）『アクチュアル刑法各論』（2007，弘文堂）

井上正治=江藤孝『新訂刑法学〔各則〕』（1994，法律文化社）

今井猛嘉=小林憲太郎=島田聡一郎=橋爪隆（ほか）『刑法各論 LEGAL　QUEST』（第2版・2013，有斐閣）

植松　正『再訂刑法概論Ⅱ各論』（1975，勁草書房）

内田文昭『刑法各論』（第3版・1996，青林書院）

大塚　仁『刑法概説（各論）』（第3版増補版・2005，有斐閣）

大谷　實『刑法講義各論』（新版第4版補訂版・2015，成文堂）

岡野光雄『刑法要説各論』（第5版・2009，成文堂）

小野清一郎『新訂刑法講義各論』（増補版・1950，有斐閣）

香川達夫『刑法講義〔各論〕』（第3版・1996，成文堂）

柏木千秋『刑法各論合本』（再版・1965，有斐閣）

川端　博『刑法各論講義』（第2版・2010，成文堂）

吉川経夫『刑法各論』（1982，法律文化社）

木村亀二『刑法各論』（復刊・1957，法文社）

江家義男『刑法各論』（増補版・1963，青林書院新社）

小暮得雄=内田文昭=阿部純二=板倉宏=大谷實**編**『刑法講義各論』〔執筆者〕（1988，有斐閣）

斎藤信治『刑法各論』（第4版・2014，有斐閣）

齊藤誠二『刑法講義各論Ⅰ』（新訂版・1979，多賀出版）

佐伯千仭『刑法各論』（訂正版・1981，有信堂高文社）

佐久間修『刑法各論』（第2版・2012，成文堂）

須之内克彦『刑法概説各論』（第2版・2014，成文堂）

曽根威彦『刑法各論』（第5版・2012，弘文堂）

高橋則夫『刑法各論』（第3版・2016，成文堂）

凡　例　*xv*

瀧川幸辰『刑法各論』（1951，世界思想社）

団藤重光『刑法綱要各論』（第 3 版・1990，創文社）

中　義勝『刑法各論』（1975，有斐閣）

中森喜彦『刑法各論』（第 4 版・2015，有斐閣）

中山研一『刑法各論』（2 版・1984，成文堂）

中山研一『**概説**刑法Ⅱ』（第 4 版・2005，成文堂）

西田典之『刑法**総論**』（第 2 版・2010，弘文堂）

西原春夫『犯罪各論』（第 2 版・1983，筑摩書房）

橋本正博『刑法各論』（2017，新世社）

林　幹人『刑法各論』（第 2 版・2007，東京大学出版会）

平川宗信『刑法各論』（1995，有斐閣）

平野龍一『刑法概説』（1977，東京大学出版会）

福田　平『全訂刑法各論』（第 3 版増補・2002，有斐閣）

藤木英雄『刑法講義各論』（1976，弘文堂）

藤木英雄『刑法各論』（1972，有斐閣）

堀内捷三『刑法各論』（2003，有斐閣）

牧野英一『刑法各論(上)(下)』（1950・1951，有斐閣）

町野　朔『犯罪各論の現在』（1996，有斐閣）

松原芳博『刑法各論』（2016，日本評論社）

松宮孝明『刑法各論講義』（第 4 版・2016，成文堂）

前田雅英『刑法各論講義』（第 6 版・2015，東京大学出版会）

山口　厚『刑法各論』（第 2 版・2010，有斐閣）

山中敬一『刑法各論』（第 3 版・2015，成文堂）

〔注釈書，その他〕

大塚仁=河上和雄=佐藤文哉=古田佑紀編『**大コンメンタール刑法 6 〜13巻**』（6 〜 9，11
　　　　巻：第 3 版・2013〜2015／10，12，13巻：第 2 版・2000〜2006，青林書院）

小野清一郎=中野次雄=植松正=伊達秋雄『**ポケット註釈**全書刑法』（第 3 版増補・1988，
　　　　有斐閣）

川端博=西田典之=原田國男=三浦守編『**裁判例コンメンタール刑法 1 〜 3 巻**』（2006，立
　　　　花書房）

団藤重光編『注釈刑法（**旧注釈**）』(3)〜(6)（1965・1966，有斐閣）

西田典之=山口厚=佐伯仁志編『注釈刑法（**新注釈**）』(2)（2016，有斐閣）

松尾浩也編『**刑法の平易化**』（1995，有斐閣）

米澤慶治編『刑法等一部改正法の解説』〔執筆者〕（1988，立花書房）

阿部純二=板倉宏=内田文昭=香川達夫=川端博=曽根威彦編『刑法**基本講座**5 巻・6 巻』

xvi 凡 例

（1993，法学書院）

中山研一=西原春夫=藤木英雄=宮澤浩一編『**現代刑法講座**4巻・5巻』（1982，成文堂）

西田典之『新版 **共犯と身分**』（2003，成文堂）

山口厚=佐伯仁志編『刑法判例**百選**II各論〔第7版〕』（2014，有斐閣）

芝原邦爾編『**刑法の基本判例**』（1988，有斐閣）

芝原邦爾=堀内捷三=町野朔=西田典之編『刑法理論の現代的展開各論』（復刊・2008，日本評論社）

藤木英雄『**経済取引**と犯罪』（1965，有斐閣）

山口厚=佐伯仁志=井田良『理論刑法学の**最前線**II』（2006，岩波書店）

『**最**高裁判所**判例解説刑事**篇』（各年，法曹会）

ジュリスト臨時増刊・**重要判例**解説（各年，有斐閣）

2 判例・判例集・雑誌略語表

大判	大審院判決
大連判	大審院連合部判決
最判（決）	最高裁判所判決（決定）
最大判	最高裁判所大法廷判決
高判	高等裁判所判決
地判	地方裁判所判決
支判	支部判決
簡判	簡易裁判所判決
刑録	大審院刑事判決録
刑集	大審院刑事判例集・最高裁判所刑事判例集
裁集	最高裁判所裁判集 刑事
高刑	高等裁判所刑事判例集
判特	高等裁判所刑事判決特報
裁特	高等裁判所刑事裁判特報
高刑速	高等裁判所刑事裁判速報集
高検速	高等裁判所刑事判決速報
東時	東京高等裁判所判決時報 刑事
裁時	裁判所時報
一審刑集	第一審刑事裁判例集
下刑	下級裁判所刑事裁判例集
刑月	刑事裁判月報
新聞	法律新聞
判時〔判評〕	判例時報〔判例評論〕

判タ	判例タイムズ
LEX/DB	LEX/DB インターネット（TKC 法律情報データベース）
ジュリ	ジュリスト
論ジュリ	論究ジュリスト
法セミ	法学セミナー
法教	法学教室
法協	法学協会雑誌
法時	法律時報
警研	警察研究
曹時	法曹時報
ひろば	法律のひろば
刑ジャ	刑事法ジャーナル
警論	警察学論集
現刑	現代刑事法
刑法	刑法雑誌
金法	旬刊金融法務事情

＊西田典之=山口厚=佐伯仁志=橋爪隆『判例刑法各論』（第7版・2018，有斐閣）の判例番号を，本文中の引用判例に付記した。さらに，引用した大審院判例の文言は，原則として，カタカナをひらがなに直し，濁点，句読点を付した。

第1編　序　　　論

1　刑法各論の内容

　刑法総論が刑法典総則（1条～72条）を基礎として，各犯罪類型のいわば共通項としての犯罪成立の一般的要件（構成要件該当性，違法性，有責性）を論ずるのに対して，刑法各論は，刑法典各則（77条～264条），その他の刑罰法規における個々の犯罪類型に固有の成立要件を検討するものである。その中心は，たとえば，199条にいう「人」とはなにか，235条にいう「財物」とはなにか，という条文上の概念の確定，すなわち文理を明らかにすることにある。しかし，各論の任務は，これに尽きるものではない。たとえば，235条は「他人の財物」と規定しているが，甲が乙の占有する甲の財物を奪取したときも窃盗罪が成立するであろうか。この点では，242条の解釈をも考慮し，ひいては，窃盗罪の保護法益を所有権その他の本権と事実としての占有のいずれに求めるかが問題となる（後述164頁以下参照）。さらに，浮浪者が刑務所に入れてもらうため他人の物を盗んで警察に届けた場合でも窃盗罪が成立するか。ここでは，書かれざる構成要件要素としての「不法領得の意思」の要否，内容が検討されねばならないのである（後述170頁以下参照）。

　このように，刑法各論とは，各犯罪類型の文理を基礎としつつも，保護法益や他の条文との関連をも考慮に入れながら，各犯罪類型の構成要件を主観，客観の両面において明らかにする作業なのである。

2　刑法各論の対象

1　刑法典各則

　刑法各論の第一の対象は刑法典各則である。明治13（1880）年に制定，明治15年に施行された旧刑法は，全文430箇条，各則は，116条から430条まで315箇条に及び，きわめて細分化された犯罪類型を規定していた。これに対して，明治40（1907）年に制定，同41年に施行された現行刑法典の

各則は73条から264条までの192箇条にとどまった。その結果，犯罪類型は包括的なものとなり，法定刑の幅も広げられた。そのことは同時に解釈による補充の必要性を拡大するとともに，今日まで根本的な改正を経ずに時代に適応する柔軟性を与えたともいえよう。

とはいえ，刑法典各則は，制定以降幾度かの部分改正を経験している。そのうちの重要なものを挙げれば，つぎのとおりである。

①昭和16年（法61号）＝96条の2（強制執行妨害），96条の3（競売等妨害），197条の2（第三者供賄），197条の3（加重収賄及び事後収賄），197条の5（没収及び追徴の特例）の新設，②昭和22年（法124号）＝73条〜76条（皇室に対する罪），90条・91条（外国元首・使節に対する暴行・脅迫・侮辱罪），131条（皇居等侵入罪），183条（姦通罪）の削除，230条の2（名誉毀損における事実の証明）の新設，③昭和33年（法107号）＝105条の2（証人等威迫），197条の4（あっせん収賄），198条2項（あっせん贈賄，その後，昭和55年改正で198条に統一された），208条の2（凶器準備集合及び結集，その後，平成13年改正で208条の3にくり下げられた）の新設，④昭和35年（法83号）＝235条の2（不動産侵奪），262条の2（境界損壊）の新設，⑤昭和39年（法124号）＝225条の2（身の代金目的略取等）の新設，⑥昭和62年（法52号）＝コンピュータ犯罪に対応するため161条の2（電磁的記録不正作出及び供用），234条の2（電子計算機損壊等業務妨害），246条の2（電子計算機使用詐欺）その他の新設，⑦平成3年（法31号）＝罰金刑の（原則2.5倍の）引上げ。*

> **＊　罰金刑の引上げ**　戦後のインフレに伴い，刑法典の罰金刑は，昭和23年の罰金等臨時措置法（法251号）3条1項1号により，刑法152条を除き，多額が50倍に引き上げられたが，さらに，昭和47年の同法改正（法61号）により，多額が200倍に引き上げられていた。

さらに，⑧平成7年には，「刑法の一部を改正する法律」（法91号）により刑法典の用語が平易化されると同時に，尊属関連の加重規定（200条・205条2項・218条2項・220条2項）および瘖唖者の責任能力の規定（40条）が削除された。この改正の目的は，刑法を平易化することにより，刑法の内容を国民にわかりやすいものとすることにあった。したがって，実質的な内容の変更を伴うものではないとされているが，平易化により若干の変化を生じた点も否定できない。問題となる点については，各条の説明において触れる

ことにする。⑨平成13（2001）年には，刑法典第18章の2「支払用カード電磁的記録に関する罪」が新設されたほか（法97号），刑法208条の2（危険運転致死傷），211条2項（業務上過失致傷における刑の免除）が新設された（法138号）。⑩平成16年には「刑法等の一部を改正する法律」（法156号）により，刑法総則においては，有期の懲役・禁錮の上限を20年に引き上げるとともに（12条・13条），有期刑を加重する場合の上限が30年に引き上げられ（14条），各則においては，凶悪犯罪（殺人，強姦等）についての法定刑の見直しと集団強姦罪（178条の2）等の新設が行われた。⑪平成17年には，人身売買罪（226条の2）の新設のほか，人身の自由を侵害する罪についての罰則の整備が行われた（法66号）。⑫平成18年には，公務執行妨害罪（95条），窃盗罪（235条）への選択刑として50万円以下の罰金刑が導入され，業務上過失致死傷罪等（211条）の罰金刑の上限が100万円に引き上げられるとともに刑事訴訟法461条の略式命令の可能な罰金刑の上限も100万円に引き上げられている（法36号）。⑬平成19年には，211条2項として，自動車運転過失致死傷罪が新設され法定刑が加重されるとともに，208条の2の危険運転致死傷罪の文言中「四輪の自動車」が「自動車」と修正された。⑭平成23年には，強制執行妨害罪関連の改正（96条〜96条の6），第19章の2「不正指令電磁的記録に関する罪」の新設，わいせつ物頒布・陳列罪（175条）の修正などが行われた。⑮平成25年には，「自動車の運転により人を死傷させる行為等の処罰に関する法律」が新設され，自動車運転過失致死傷罪（現・過失運転致死傷罪），危険運転致死傷罪が刑法典から同法に移された。⑯平成28年には，刑事訴訟法の改正に伴い，犯人蔵匿罪（103条），証拠隠滅罪（104条），証人等威迫罪（105条の2）の法定刑が引き上げられた。さらに，⑰平成29年には，性犯罪の規定（第22章等）が大幅に改正された。

2　特別刑法

　刑法各論の対象は刑法典各則にとどまるものではない。犯罪とは制裁が刑罰であるものをいうから，刑法典以外でも準刑法，特別刑法と呼ばれるものも本来は刑法各論の対象となる。その第一は，爆発物取締罰則（明治

1）　この改正については，「特集・凶悪・重大犯罪に関する罰則整備」ジュリ1276号46頁以下参照。

4 第1編 序 論

17年），暴力行為等処罰ニ関スル法律（大正15年），航空機の強取等の処罰に関する法律（昭和45年），人の健康に係る公害犯罪の処罰に関する法律（昭和45年），人質による強要行為等の処罰に関する法律（昭和53年）のように，刑法典各則の犯罪類型を補充・拡張するものである。第二は，道路交通法，国家公務員法，各種の租税法，私的独占の禁止及び公正取引の確保に関する法律（独占禁止法），金融商品取引法等における罰則で，行政取締規定の実効性を刑罰によって担保しようとするものである。後者は，狭義の特別刑法と区別する意味で行政刑法と呼ばれる。

本書では，講義用の教科書としての性格上，これらの特別刑法についてはほとんど立ち入ることができないが，刑法を社会統制のためのシステムとして考えるならば，それぞれの生活領域，問題領域ごとに，いわばクラスターとしての刑罰法規群についての鳥瞰図を学習することの重要性が認識されるべきであろう[2]。

3 検討の順序

個々の犯罪類型は，その保護法益の帰属主体に応じて，個人的法益に対する罪，社会的法益に対する罪，国家的法益に対する罪に区分される。刑法典各則の罪は，皇室に対する罪（昭和22年改正で削除），内乱罪等から始まっていることから明らかなように，天皇制国家を価値の中心に置く価値観に沿って編別されているといえる。しかし，憲法13条の規定する個人主義が，現行憲法秩序の価値の根幹をなす以上，この順序は，反対のものに置き換えられるべきである。このような観点から，本書の説明も，個人的法益に対する罪，社会的法益に対する罪，国家的法益に対する罪の順序によることとする。

2） このような目的で書かれたものとして，西原春夫・犯罪各論（第2版）〔1983〕，平川宗信・刑法各論〔1995〕がある。

第2編　個人的法益に対する罪

第1章　生命に対する罪

第1節　総　説

1　生命のプロセス

人間の生命は憲法的価値秩序においても価値の根源であり，したがって，人の生命に対する罪はもっとも重大な犯罪である。

人間の生命のプロセスは，つぎのような過程をとる。すなわち，精子と卵子の結合により形成された受精卵は，子宮内膜に着床して発育し，約8週間までに器官の分化を終了する。これまでを胎芽（embryo）といい，これ以後を胎児（fetus）と呼ぶが，広義では着床から出生までが胎児であり，堕胎罪の客体となる。胎児は出生により「人」となり，死亡によって「人」でなくなるが，人の始期と終期については，医学的にも法律学的にも，多くの議論がある。

2　刑法による保護

人間の生命は受精によって始まるが，受精卵が子宮に着床して以後を胎児と解する見解が支配的であるから，①の段階での行為（たとえば，子宮への着床を妨げる行為）は，不可罰である。これに対して，受精卵の入った試験管を損壊した場合，試験管のみでなく受精卵についても器物損壊罪の成立を認める見解もある（石原明「体外受精の法的視点と課題」ジュリ807号31頁）。しかし，この見解によれば，堕胎行為も器物損壊になりうることになり，両者

を区別する現行法に矛盾するといわざるをえない。生成中の生命体を「物」に含めるのは，やはり妥当でないと思われる（山口厚・基本講座 5 巻33頁，町野110頁，平川30頁，松宮20頁）。②の胎児段階における生命は212条以下の堕胎罪でのみ保護されているにすぎない。すなわち，過失行為や故意の傷害行為に対して胎児は保護されていないのである。これに対して，③出生後は「人」として手厚く保護されており，故意犯[1]，過失犯（210条・211条）のほか，生命に対する危険犯としての遺棄行為も処罰される（217条〜219条）。その他，各種の罪で致死を結果的加重犯として重く処罰しているのも，生命の保護に資する目的である（205条・240条等）。④死亡によって人は人でなくなる。死者に対する侵害行為は，死体遺棄，死体損壊（190条・191条），死者の名誉毀損（230条 2 項）等によって処罰されるにすぎない。もっとも，死者自体はもはや法益主体ではないから，これらの罪は遺族や社会に対する罪と解すべきであろう。

---

1 ）殺人既遂，未遂，予備のほか同意殺，自殺関与まで処罰される。199条，203条，201条，202条。

第2節 殺 人 罪

1 総 説

殺人とは，その意に反して人の生命を侵害する行為である。諸外国の立法例には故殺，謀殺，毒殺，嬰児殺等の加重・減軽類型を設けるものが多いが，わが国の刑法典は，包括的な法定刑を有する単純殺と，その減軽類型としての同意殺を規定するにとどまる。加重類型としての尊属殺人罪 (200条) は，平成7年の改正によって削除された。また，平成16年の改正により有期刑の下限は3年から5年に引き上げられた。

2 単純殺人罪

> 人を殺した者は，死刑又は無期若しくは5年以上の懲役に処する (199条)。未遂 (203条)，予備 (201条) を罰する。

1 人の始期と終期

殺人罪の客体である人とは，その出生から死亡までをいうから，人の始期と終期が問題になる。

(1) **人の始期**　　人はいつから「人」になるかは，殺人と堕胎との区別という観点および生成中の生命を現行刑法上どこまで保護しうるかという観点から重要になる。

民法3条にいう「出生」の解釈としては全部露出説がとられているが，刑法では，①独立生存可能性説[1]，②陣痛開始説[2]，③一部露出説 (団藤372頁，柏木329頁，前田7頁，大谷9頁以下，平川37頁，山口9頁，堀内17頁，山中11頁，高橋11頁)，④全部露出 (出産完了) 説 (平野156頁，同・犯罪論の諸問題(下)262頁〔1982〕，小暮編

---

1) 母体保護法2条2項にいう母体外において生命を保続する可能性のある胎児は人にあたるとする。伊東16頁以下。
2) 開口陣痛の開始時とする説で，陣痛周期が10分になるか1時間に6回の陣痛が感じられたときを分娩の開始とする。ドイツの通説である。わが国でこれを支持するものとして，井田良「人の出生時期をめぐる諸問題」刑ジャ2号123頁。

8 第2編 個人的法益に対する罪 第1章 生命に対する罪

（町野）15頁，松宮13頁，松原7頁），⑤独立呼吸説[3]がある。判例（大判大正8・12・13刑録25輯1367頁〔1〕）は傍論ではあるが，母体とは独立して攻撃が可能となるという理由により一部露出説をとり，通説もこれを支持している。これに対して，独立的攻撃可能性によって客体の性質を区別するのは不合理であり，殺人罪によって「人」として保護されるに値する存在となったか否かで区別すべきであるとして，全部露出説を支持する見解も有力である。

この議論の意義は，なによりも出産のプロセスにおける医師等の行為を刑法のコントロール下に置くべきか否かにあるといえよう。その必要性を肯定するのであれば，②説が妥当だということになる。客体の価値という点でも，陣痛開始後は人としての保護に値するといえよう。しかし，いつ陣痛が開始したかは不明確なことが多く，基準としては不的確である。また，旧ドイツ刑法*と異なり，②説をとる必要性も存しない。このように②説をとらないのであれば，③説を比較的に妥当とすべきであろう。その理由は，(i)一部露出の時点で人としての保護に値するし，(ii)母体を通じた攻撃と母体から独立した攻撃の区別が明瞭で，殺人罪と堕胎罪の区別の基準として合理性を有するからである。これに対し，①説は，出生のプロセスをあまりに広く刑法的コントロールの下に置くことになるし，他方で，刑法の堕胎罪の規定が事実上無意味になり妥当でないと思われる。また，④説，⑤説では，人としての保護に欠ける面があるだけでなく，侵害行為の時期の確定がきわめて困難になるように思われる。

* 嬰児殺 1998年改正前のドイツ刑法217条1項は，殺人罪の減軽類型としての嬰児殺について，「出産中に，または出産の直後に（in oder gleich nach der Geburt）自己の婚外子を殺害した母親は，3年以上の自由刑に処する」と規定していたために，人の始期について陣痛開始説がとられていたのである。ただし，同条項の削除後もドイツでは陣痛開始説がなお通説である（岡上雅美「人の始期に関するいわゆる陣痛開始説ないし出産開始説について」筑波法政37号74頁以下参照）。

(2) 人の終期

(a) 従来の死の概念 人の終期は死亡であるが，出生と同様，死亡時期についての法律的定義は存在しない（角膜及び腎臓の移植に関する法律は，

---

3) 胎盤呼吸から完全な肺呼吸に移行したときとする説。大場茂馬・刑法各論(上)45頁(1922)。

角膜および腎臓の死体からの摘出を認めていたが，死体については定義していなかった）。このため，従来は，慣習法的に心拍停止をもって死亡とする心臓死説，より正確にいえば，この他，呼吸停止，瞳孔反射の喪失をも含めた三徴候説（総合判定説）がとられてきた。それは，心臓の血液循環機能，肺の呼吸機能，脳幹の自律機能（生命維持機能）の３つを基準にするものであり，この３つの機能が相互に関連しており，いずれか１つの不可逆的機能停止は短時間内（通常３～４分以内）に他の２つの機能を停止させるという関係にあったからなのである（生命のトライアングル）（山口厚「生命に対する罪」現代的展開17頁参照）。

　　(b)　個体死の観念の変化　　しかし，生命維持技術が発展し，人工呼吸器（respirator）によって脳（大脳―脳幹）は不可逆的に機能停止していても心肺は動いているという状態が生じるようになった。そこで，医学界では，全脳死をもって死亡時期と解する見解が支配的となっている（ただし，単に大脳死で脳幹が機能している場合は，いわゆる植物状態であって，脳死ではない）。これに対して，刑法学説では心臓死説（中山概説Ⅱ16頁，前田９頁，平川43頁）と脳死説（団藤377頁，平野156頁，齊藤34頁，小暮編（町野）21頁，伊東18頁，井田19頁）とが激しく対立していた。

　　(c)　脳死臨調の設置と最終答申　　1980年代に入って，再び脳死論議が活発化し，1985年に厚生省の研究班は脳死を人の死とするかは決めることなく，「竹内基準*」と呼ばれる脳死の判定基準を公表した。さらに1988年，日本医師会の生命倫理懇談会は，脳死を人の死とした上で臓器移植を認めるべきことを報告した。これを受けて，1990年３月に内閣総理大臣の諮問機関として，臨時脳死及び臓器移植調査会（脳死臨調）が設置され，1992年１月に最終答申が出された（ジュリ1001号34頁以下参照）。その多数意見は，社会的合意の存在を前提に，脳死は人の死であるとして，その判定基準は竹内基準によるとした。これに対して，少数意見は，脳死は人の死ではないとしながら，ドナーの生前の同意があれば移植もできるとした。しかし，同意があっても，202条の同意殺人の可罰性は残るのであって，少数意見が，生存可能性のある人の利益が死亡していない人の利益を上回るという理由で被害者の同意や緊急避難による違法阻却を認めるとするならば，そこには，生命の質を比較するという疑問が存したのである。

*　**竹内基準**　1985年に厚生省「脳死に関する研究班」により「脳死の判定指針および判定基準」が公表された。これを，研究班の代表者竹内一夫氏の名前をとって竹内基準と呼ぶ。同基準によれば，①深昏睡，②自発呼吸の消失，③瞳孔の固定，④脳幹反射の消失，⑤平坦脳波の条件が満たされた後，6時間経過をみて変化がない場合に脳死と判定される。

　(d)　**臓器移植法**　脳死臨調の答申を受けて，平成6年の国会に答申の多数意見（脳死説）を基礎とした「臓器の移植に関する法律案」が議員立法の形で提出されたが，継続審議となり，平成8年の9月には衆議院の解散により廃案となった。平成8年12月に，ほぼ同じ法律案が第140回国会に提出され，平成9年4月に衆議院で可決され参議院に送付されたが，同年6月17日に一部修正のうえ可決された。この修正案が衆議院に回付され同日可決・成立した。この「臓器の移植に関する法律」（法104号）は，同年10月16日から施行された。その概要は，同法6条（1項〜3項）によれば，次のとおりである。

> ①医師は，死亡した者が生存中に臓器を移植術に使用されるために提供する意思を書面により表示している場合であって，その旨の告知を受けた遺族が当該臓器の摘出を拒まないとき又は遺族がないときは，この法律に基づき，移植術に使用されるための臓器を，死体（脳死した者の身体を含む。以下同じ。）から摘出することができる。
> ②前項に規定する「脳死した者の身体」とは，その身体から移植術に使用されるための臓器が摘出されることとなる者であって脳幹を含む全脳の機能が不可逆的に停止するに至ったと判定されたものの身体をいう。
> ③臓器の摘出に係る前項の判定は，当該者が第1項に規定する意思の表示に併せて前項による判定に従う意思を書面により表示している場合であって，その旨の告知を受けたその者の家族が当該判定を拒まないとき又は家族がないときに限り，行うことができる。

　施行規則2条2項および厚生省のガイドラインによれば，上記の脳死判定の基準としては，すでに述べた竹内基準が採用されているが，補助検査として，聴性脳幹誘発反応の消失を確認するよう努めるものとされ，また，この場合の死亡時刻は，第2回目の検査終了時とされている。さらに，ガイドラインによれば，民法の遺言能力（961条）との関係で書面による提供意思の表示は，15歳以上の者の表示のみに限られていた。

　本条項の解釈については，1項の「死亡した者」という文言から，死の

概念として脳死説を前提としたものとの理解もありえたが，衆議院で可決された案における6条1項の「死体（脳死体を含む。以下同じ。）」が「死体（脳死した者の身体を含む。以下同じ。）」と修正された経緯からみて，本法の解釈としては，心臓死を前提としつつ，臓器移植の場合に限って，臓器提供者（ドナー）の事前の書面による提供意思の表示と家族の同意を条件として脳死を人の死と認めたものといわざるをえない。しかし，このような，いわば相対的な脳死説は，客観的であるべき死亡時期の基準としては疑問であろう。[4]

　(e)　臓器移植法の改正　　臓器移植法の制定は画期的な一歩ではあったが，臓器移植の許容される要件はかなり厳格であり，かつ，15歳未満の脳死者からの臓器移植を認めないものであった点で十分とはいえなかった。このため，同法制定以来，平成22年1月までの脳死者からの臓器移植は86例に止まっていた。また，15歳未満の患者は，同法制定後も相変わらず海外における移植手術に頼るほかなかったのである。

　このような現状を改め，国内における臓器移植をより促進するために，臓器移植法は平成21年に改正され（法83号），平成22年7月17日から施行されている。改正後の同法6条（1項〜3項）の内容は次のとおりである。

　①医師は，次の各号のいずれかに該当する場合には，移植術に使用されるための臓器を，死体（脳死した者の身体を含む。以下同じ）から摘出することができる。

　　1　死亡した者が生存中に臓器を移植術に使用されるために提供する意思を書面により表示している場合であって，その旨の告知を受けた遺族が当該臓器の摘出を拒まないときまたは遺族がないとき。

　　2　死亡した者が生存中に臓器を移植術に使用されるために提供する意思を書面により表示している場合および当該意思がないことを表示している場合以外の場合であって，遺族が当該臓器の摘出について書面により承諾しているとき。

　②前項に規定する「脳死した者の身体」とは，脳幹を含む全脳の機能が不可逆的に停止するに至ったと判定された者の身体をいう。

　③臓器の摘出に係る前項の判定は，次の各号のいずれかに該当する場合に限

---

4)　心臓死説の見地からの批判として，唄孝一「脳死論議は決着したか」法時69巻10号34頁，脳死説の見地からの批判として，平野龍一「三方一両損的解決」ジュリ1121号30頁参照。

12 　第2編　個人的法益に対する罪　　第1章　生命に対する罪

り，行うことができる。
　1　当該者が第1項第1号に規定する意思を書面により表示している場合
　　であり，かつ，当該者が前項の判定に従う意思がないことを表示してい
　　る場合以外の場合であって，その旨の告知を受けたその者の家族が当該
　　判定を拒まないときまたは家族がないとき。
　2　当該者が第1項第1号に規定する意思を書面により表示している場合
　　および当該意思がないことを表示している場合以外の場合であり，かつ，
　　当該者が前項の判定に従う意思がないことを表示している場合以外の場
　　合であって，その者の家族が当該判定を行うことを書面により承諾して
　　いるとき。

　本改正も，心臓死を前提としつつ，臓器移植の場合に限って脳死を人の
死と認めたものである（これに対して，中森7頁は，本改正によって脳死を人の死とす
る立場が取られたとする）。しかし，脳死者の事前の書面による臓器提供の意思
表示がない場合であっても，家族の書面による同意によって脳死判定と臓
器移植が可能としたこと，したがって，15歳未満の脳死者についても臓器
移植が可能となったことは大きな改善である。この改正により，将来の臓
器移植による救命可能性が高まることが期待される[5]。事実，本法の改正以
後，平成30（2018）年1月までの段階で，脳死判定による臓器移植は422例
に達している[6]。

3　尊属殺人罪の削除

　尊属殺人を重く処罰する200条について，最高裁は当初これを憲法14条
に反しないとしたが（最大判昭和25・10・25刑集4巻10号2126頁），最大判昭和48年
4月4日（刑集27巻3号265頁）は，14対1の評決で，憲法14条に違反し無効
であるとの判断を示した。もっとも，多数意見中の6名は，尊属殺重罰自
体が封建的な忠孝の倫理を刑法に持ち込むものであって憲法14条に反する
としたが，多数意見中の他の8名は，尊属殺重罰自体が違憲というわけで
はなく，2回の減軽によっても処断刑の下限が3年6月にとどまり執行猶
予を付しえない（25条参照）ほどに重い法定刑が憲法14条に反するにすぎな

5）　本改正を支持する見解として，町野朔「臓器移植法の展開」刑ジャ20号2頁，反対の見
　解として松宮孝明「2009年脳死・臓器移植法改正を批判する」法時81巻11号1頁参照。
6）　読売新聞2012年1月24日付朝刊（多摩版）による。

いとした。事実，その後最高裁は，尊属傷害致死（205条2項）については，「合理的根拠に基づく差別的取扱いの域を出ない」ものとして合憲としたのである（最判昭和51・2・6刑集30巻1号1頁）。このためもあって，国会は，その後も，200条を削除する改正を行わなかった。このため，尊属殺は刑法典に残されていたが，実務的には200条による訴追は行われなくなったため，尊属殺は実質的にみて廃止された状態にあったのである。このような経過を経て，平成7（1995）年の刑法を平易化する改正に際し，200条ほかの尊属関連の加重規定は，ついに削除されるに至った。改正理由として，200条については昭和48年以来の違憲状態の解消があげられ，その他の規定については，200条削除との均衡があげられているにすぎないが（松尾・刑法の平易化57頁以下参照），尊属関連の加重規定が全面削除された点からみて，昭和48年大法廷判決の多数意見中の少数意見の考え方に基づくものといえよう。

4　自殺関与罪・同意殺人罪

> 人を教唆し若しくは幇助して自殺させ，又は人をその嘱託を受け若しくはその承諾を得て殺した者は，6月以上7年以下の懲役又は禁錮に処する（202条）。未遂を罰する（203条）。

1　構成要件

　202条は，自殺教唆，自殺幇助，同意殺，嘱託殺人の4つの構成要件を含むが，その法定刑は同じである。これに対し，自殺関与罪と嘱託殺人とは，類型的に異なるし，当罰性にも差があるとして，立法論的にはこの2つを区別すべきであるとする主張もあるが（中森10頁），生命の処分に関する自己決定権の問題という点では共通であるから現行法にも合理性があるように思われる。

2　自殺の不可罰根拠

　199条の「人を殺した者」には，行為者自身は含まれないから，現行法上自殺（未遂）は不可罰である。その根拠については，①自殺者は自己の

7）　前記205条2項のほか，218条2項の尊属保護責任者遺棄，220条2項の尊属逮捕監禁。

生命について処分の自由を有するから違法性がないとする違法阻却説・放任行為説（平野158頁，齊藤97頁，小暮編（町野）26頁，前田15頁，中森10頁，井田30頁，松原15頁），②自殺は違法であるが期待可能性が欠けるとする責任阻却説（瀧川30頁，井上=江藤22頁，阿部純二「自殺の刑法解釈論」Law School 2 号95頁），③自殺は違法であるが可罰的違法性が欠けるとする可罰的違法阻却説（中22頁，中山概説Ⅱ22頁以下，大谷17頁，曽根12頁，高橋16頁）がある。人間の生命は，その者自身に属するものであり，本来，その者の処分の自由を認めるべきであるから，自殺行為を違法とする②説は妥当でないと思われる。つぎに，③説が，自殺行為が殺人罪（199条）の構成要件該当性を前提とする見解か否か不明であるが，もし，構成要件該当性を肯定した上で可罰的違法阻却を認めるのだとすれば疑問である。基本的には①説によりつつ，殺人罪の構成要件該当性を否定する見解が妥当であろう。

3　同意殺の処罰根拠

　2のように，自殺が本来不可罰だとすれば，反対に，202条で自殺関与行為が処罰されている根拠，ならびに，その減軽の根拠が問題となる。この点，**2**で②③説をとる場合の説明は容易である。まず，②責任阻却説によれば，正犯たる自殺者の行為は違法なのであるから，制限従属性の見地から，これに関与する者は当然に可罰的だからである。その場合，202条の減軽処罰の理由は，自殺せざるをえない正犯者の状況に同情したものであるから責任非難が減少するという点に求められることになろう。また，③可罰的違法阻却説によれば，自殺は本来違法なのであるから，これへの関与行為も違法であり，かつ，この場合は可罰的違法性を認めてよいとされる（しかし，この説については，可罰的違法性のない行為に関与する行為は，やはり可罰的違法性がないと解すべきではないかという疑問がある）。その場合の減軽処罰の理由は，違法性の減少に求められよう。

　これに対して，**2**で①違法阻却説をとる場合には，自殺は合法なのであるから，これに関与する行為も不可罰とするのが理論的に一貫しているともいえよう。しかし，生命という重大な法益の自己処分については，刑法がパターナリズムの見地から介入し他人の関与を排除することには十分な合理性があると思われる（山口12頁）。自殺の決意が，その本来の意思には反しているのが通常であることを考慮すればなおさらである（平野龍一「生

命の尊厳と刑法―とくに脳死に関連して」立教法学27号191頁）。しかし，だからといっ
て，本人の自殺意思が真摯なときには202条は適用されないとする見解
（小暮編（町野）26頁，秋葉悦子「自殺関与罪に関する考察」上智法学論集32巻2号・3号137頁，
ただし，その後，同「同意殺人―自己決定権の限界―」法教232号2頁で改説）は疑問であ
ろう。そのような場合でも，刑法は他人の関与を禁じていると解すべきだ
からである。この場合の減軽処罰の理由は，被害者の同意による法益性の
減少に求められることになる。

4　自殺関与罪の未遂

　このように自殺関与罪は特殊な性格を有するため，これを共犯ではなく
独立の犯罪類型と解し，甲が乙に自殺を教唆したが乙は自殺に着手しなか
った場合でも203条により202条の未遂を認める見解もある（平野159頁，大谷
20頁，前田19頁）。しかし，202条の立法理由が，自殺者の生命の保護にある
とすれば，やはり，その具体的危険が生じた時に未遂とすればよいから，
この場合も，実行従属性を認めるのが妥当だと思われる（大塚21頁，内田22頁，
齊藤112頁，中森11頁）。さらに，この結論は，同意殺，嘱託殺の場合に，実際
の殺害行為への着手が必要とされることとの均衡からも導かれよう。

5　自殺関与罪と殺人罪の区別

　自殺の決意および殺人への同意は，死の意味を理解した任意のものでな
ければならない。このことは，自殺関与罪・嘱託殺人罪と殺人罪を区別す
る基準となる。

　第一に，202条にいう自殺の決意および殺人への同意は，死の意味を理
解した上でなされた場合にのみ有効である。したがって，死の意味を理解
しない幼児や（大判昭和9・8・27刑集13巻1086頁），精神障害者を欺罔して自殺
させた場合（最決昭和27・2・21刑集6巻2号275頁〔9〕）には，自己の死の認識，
すなわち自己の生命という法益を処分する意思が欠如しているから，同意
は無効であり，202条ではなく199条が成立する。この点について異論はな
い。

　第二に，同意は任意なものでなければならない。この点で，脅迫・威迫
等の心理的強制によって自殺を決意させた場合をどう解するべきかは困難
な問題を生ぜしめるが，自殺の決意が自殺者の自由意思によるときは自殺

教唆罪を構成し，自殺者の意思決定の自由を阻却する程度の威迫を加えて自殺させたときは，自殺関与罪ではなく殺人罪が成立すると解すべきであろう[8]。最高裁も，暴行・脅迫により保険金を掛けた被害者に車ごと海中に転落することを強要した事例について「被害者をして，被告人の命令に応じて車ごと海中に飛び込む以外の行為を選択することができない精神状態に陥らせていたものということができる」として，「被害者に命令して車ごと海中に転落させた被告人の行為は，殺人罪の実行行為に当たる」としている（最決平成16・1・20刑集58巻1号1頁〔12〕）。

　第三に，欺罔によって自殺させた場合，すなわち死亡すること自体は認識し同意していたがその動機に錯誤があった場合（たとえば，偽装心中）に202条と199条のいずれを認めるべきかが問題となる。判例としては，自己に追死の意思があるかの如く装って，準備しておいた毒物を夫の愛人の口に入れ，次いでコップで水を与えて飲ませて死亡させた事案について殺人罪の成立を認めたもの（仙台高判昭和27・9・15高刑5巻11号1820頁），別れ話を持ちかけた女性から心中を申し出されたのでいったん同意したが，途中から心中する気がなくなったのに，追死するように同女を誤信させ，青化ソーダを与えて飲ませ死亡させた事案について殺人罪の成立を認めたもの（最判昭和33・11・21刑集12巻15号3519頁〔6〕）等がある。後者の判例は，その理由として「被害者は被告人の欺罔の結果被告人の追死を予期して死を決意したものであり，その決意は真意に添わない重大な瑕疵ある意思であることが明らかである」という点をあげている。自殺意思は任意であるのみならず，真意であること（動機の錯誤といった，意思決定過程における瑕疵がないこと）まで要求されているのである。このかぎりで判例は，202条の刑の減軽理由を責任減少的に理解しているといえよう。すなわち，自殺者が自殺を決意するに至った心情に同情して手を貸した点に，行為者の刑を減軽する根拠があるとし，欺罔して自殺させた者には，かような責任減少は認められないから199条の成立を肯定しているのだと思われる。この判例を支持する学説（団藤400頁，大塚23頁，大谷19頁，佐久間29頁）も，同様の思考に基づいてい

8）　このような観点から，自殺教唆罪の成立を認めたものとして広島高判昭和29・6・30高刑7巻6号944頁〔10〕，反対に，殺人罪の成立を認めたものとして福岡高宮崎支判平成元・3・24高刑42巻2号103頁〔7〕がある。

るといえよう。

　しかし前述したように，202条の減軽の根拠は，自殺者の同意による法益性の減少すなわち違法減少に基づくと解すべきである。そして，同意とは，自己の法益を処分する意思である以上，法益に関係する錯誤のみが同意を無効にし，その他の事情に関する錯誤は同意の有効性に影響を及ぼさないと解すべきであろう（法益関係的錯誤の理論）（佐伯仁志「被害者の錯誤について」神戸法学年報1号51頁，山口15頁，山中30頁以下参照）。したがって，自殺者が，自己の生命という法益を処分することについて錯誤に陥っていなければ，自殺に対する同意は有効であり，欺罔して自殺させた場合でも199条は成立しないと解すべきであろう（平野158頁，中山36頁，小暮編（町野）28頁，高橋21頁）。もっとも，法益の有無・程度・性状等に関して錯誤がある場合には，法益に関する認識が欠けることになるから，同意は無効となる。たとえば，医師が癌患者に対して，あと1年の余命があるにもかかわらず，あと3カ月の命で激痛も襲ってくるからと欺罔して自殺させた場合には，同意は無効であって医師には殺人罪が成立するのである。

　これに対して，202条を違法減少に基づく規定と理解しながら，欺罔によって自殺させた場合を一律に同条に問うのは形式的に過ぎるとして，個別化して考える立場も存在する。すなわち，欺罔行為の内容・程度，自殺させる際の器具の準備等，行為者の関与の程度を総合して，当該行為をとれば経験則上一般に行為者の意思どおりに本人を死なせることが可能な場合（欺罔行為が殺人の実行行為として評価できる場合）には，202条ではなく199条の成立を認める見解である（大谷21頁。なお平川49頁）。たしかに，被害者を利用した殺人罪の間接正犯といえるか否かを考慮することも可能であるが，それは，欺罔の他に，脅迫・威迫等によって自殺を強制するという要素も加わった場合に限られるであろう。

　　東京高判平成25・11・6判タ1419号230頁〔4〕は，被告人とAが心中することを決意し，共に酒と睡眠薬を飲み，自動車内で練炭自殺を図ったが，Aのみが死亡した事件について，「被告人とAは，二人で心中することを決意して自殺の方法や場所を相談し，そのとおりの方法，場所で自殺を図ったものであり，Aも自殺の手段である練炭コンロの着火に積極的に関与しているから，被告人とAは一体となって自殺行為を行ったものであり，A自身も自殺を実行したとみるべきものである」として，同意殺人罪の成立を認めた原判決を破棄し，自殺幇助罪の成立を認め

ている。被害者自身が，練炭への着火などの自殺行為と密接不可分な行為を共同実行していることを重視したものであろう。

　札幌高判平成25・7・11高刑速（平25）253頁〔5〕は，被告人は，被害者から，ホテルの一室で，同人の頸部を締め付けた上，その顔面を浴槽の水の中に沈めるように嘱託され，これを実行に移して死亡させたところ，被害者は死んでも構わないと思っていたが，被告人は第三者の救助が予定されており被害者は死亡することはなく，傷害の嘱託を受けたにすぎないと誤信していた事件について，嘱託殺人罪の成立を認めた原判決（札幌地判平成24・12・14判タ1390号368頁）を破棄して，傷害致死罪の成立を認めている。本件は，嘱託に基づく傷害の故意で，客観的には嘱託殺人罪を実現した場合といえるため，法定刑の軽い嘱託殺人罪の成立を認めるか，それとも，殺意がなかったことから傷害致死罪の成立を認めるかが問題とされている。

　神戸地判平成27・11・13判時2337号97頁は，被告人らが被害者に対して，長時間にわたり執拗な虐待を継続した上で，同人を崖から飛び降りさせて自殺させた事件について，被告人らは被害者をして「自殺する以外の行為を選択することができない精神状態に陥らせている」として，殺人罪の成立を認めている。

第3節　堕　胎　罪

1　総　説

1　堕胎処罰の変遷

　胎児の生命に対する罪である堕胎を処罰するか否かは，宗教的背景や人口政策等と深く結びついている。明治以前のわが国では，少なくとも公式に堕胎を処罰する法規は存在しなかった。これに対して，明治13年に制定された旧刑法330条以下は，キリスト教的な倫理観を背景にして堕胎を初めて処罰するに至り，明治40年制定の現行刑法212条以下もこれを継承した。それは，当時の富国強兵策とも合致していたといえよう。しかし，こうした堕胎処罰化の政策は昭和20年の敗戦とともに変質する。戦後の経済的混乱，劣悪な食糧事情を背景にして，昭和23年に優生保護法が制定され，一定の適応事由がある場合には堕胎すなわち人工妊娠中絶が許容されることになったのである。もっとも，同法は，らい予防法の廃止に伴い平成8年にその一部が改正され（法28号），さらに同年，同法の基盤であった優生思想の見直しにより適応事由等に大幅な修正が加えられ，その名称も母体保護法と改められている（法105号）。

2　母体保護法による違法阻却

　母体保護法は，堕胎を適法化するための2つの要件を規定している。その第一は期間の限定であり，第二は堕胎を適法化する理由（適応事由）の限定である。すなわち，同法2条2項は，人工妊娠中絶を「胎児が，母体外において，生命を保続することのできない時期に，人工的に，胎児及びその附属物を母体外に排出すること」と定義した上で，14条1項各号で指定医師が「本人及び配偶者の同意を得て，人工妊娠中絶を行うことができる」2つの場合を列挙しているのである。

　「母体外において，生命を保続することのできない時期」については，昭和28年の厚生事務次官通知によれば，妊娠8カ月未満とされていたが，その後の未熟児医療技術の発達により，この期間は次第に短くなってきており，平成3年1月以降は，受胎後満22週未満とされている（平成2年3月

20 第2編 個人的法益に対する罪 第1章 生命に対する罪

20日の厚生事務次官通知)。つぎに，中絶の許される適応事由として14条1項は，つぎの事由を規定している。すなわち，妊娠の継続または分娩が身体的または経済的理由により母体の健康を著しく害するおそれがある場合（1号，社会経済的理由を考慮した医学的適応事由），暴行もしくは脅迫によって，または抵抗もしくは拒絶することができない間に姦淫されて妊娠した場合（2号，倫理的適応事由）[1]である。これらのうち，第1号が拡張的に運用されたために，人工妊娠中絶の件数は飛躍的に増加したといわれている。さらに，適応事由の有無の判断は，人工妊娠中絶をなしうる指定医師に委ねられている。このような事情から，堕胎罪の取締りは実際にはほとんど行われないようになり，その結果現在のわが国では，堕胎罪は事実上非犯罪化されたともいいうるのである。

2 堕胎罪の類型

堕胎罪の保護法益は胎児の生命であるが，その規定から明らかなとおり，妊婦の生命・身体も副次的に保護されている。堕胎行為の客体である胎児の概念については，法律上の定義はなく，従来議論されることも少なかった。しかし現在では，試験管ベビー等が問題となっており，胎児の概念を確定させる必要が生じている。この点につき，ドイツ刑法（219条d）は，受精卵が母体に着床した以後に胎児が存在するとしているが，その立場が妥当であろう（団藤448頁，小暮編（町野）59頁）。したがって，人工受精の過程で試験管中に保管されている受精卵を損壊しても堕胎とはいえない。

刑法典は第29章で，堕胎罪として以下の行為を処罰している。これらは，いずれも故意犯であり，過失による堕胎は処罰されない。

1 自己堕胎罪

> 妊娠中の女子が薬物を用い，又はその他の方法により，堕胎したときは，1年以下の懲役に処する（212条）。

本罪は，妊婦自身による堕胎行為を堕胎罪のなかで最も軽く処罰するも

1） 旧優生保護法14条1項は，この他に，本人または配偶者等が精神病やらい（現在のハンセン病）疾患にかかっている場合をも適応事由に加えていた。

のである。本罪の刑が軽減されている理由としては，①自己傷害という側面をもつための違法性減少，②妊婦であることの心理状態を考慮した責任減少の2つが考えられるが（両方を考慮するものとして，山中101頁），②説が妥当であろう。なぜなら，①説による場合，213条の同意堕胎は，妊婦については同意傷害ということになって，自己堕胎と同意堕胎とを区別した意義がなくなるからである。したがって，妊婦が，他人に頼んで堕胎してもらった場合には，同意堕胎や業務上堕胎の共犯ではなく，65条2項により本罪の共犯となると解すべきであろう。もっとも，この場合を，本条の「その他の方法」にあたると解すれば，端的に本罪の正犯を認めることになる（中森37頁）。

2 同意堕胎罪

> 女子の嘱託を受け，又はその承諾を得て堕胎させた者は，2年以下の懲役に処する。よって女子を死傷させた者は，3月以上5年以下の懲役に処する（213条）。

本罪は，妊婦の同意を得て堕胎を行う行為を処罰するものである。結果的加重犯としての致死傷罪を罰する。

他人が妊婦の自己堕胎に関与した場合につき，判例は自己堕胎罪の共犯の成立を認めている。たとえば，妊婦に堕胎の施術者を紹介した場合（大判昭和10・2・7刑集14巻76頁〔15〕），手術の費用を与えた場合（大判昭和15・10・14刑集19巻685頁）を212条の幇助としているのである。しかし，それは，妊婦という身分を違法減少身分とするものではなく，213条にいう「堕胎させた」を堕胎の実行に限定するという関与形態による区別にすぎない。事実，判例はこの場合に65条1項を適用してはいないのである。しかし，自己堕胎罪における妊婦という身分を，混乱した心理状態に基づく責任減少身分と解するならば，この場合の他人は，65条2項により重い同意堕胎罪の共犯とすべきであろう（結論同旨，植松284頁，中森38頁）。

3 業務上堕胎罪

> 医師，助産師，薬剤師又は医薬品販売業者が女子の嘱託を受け，又はその承諾を得て堕胎させたときは，3月以上5年以下の懲役に処する。よって女

子を死傷させたときは，6月以上7年以下の懲役に処する（214条）。

業務上堕胎罪は，医師等の業務者という身分に基づく同意堕胎罪の責任加重類型であると解すべきであろう。したがって，甲が妊婦乙を教唆して堕胎を決意させ，医者丙を教唆して乙に堕胎手術を施させた場合は，212条の教唆と214条の教唆であるがいずれも65条2項により213条の教唆犯が成立することになる（結論同旨，大判大正9・6・3刑録26輯382頁〔16〕）。

4　不同意堕胎罪・同致死傷罪

女子の嘱託を受けないで，又はその承諾を得ないで堕胎させた者は，6月以上7年以下の懲役に処する（215条1項）。未遂を罰する（同条2項）。
前条の罪を犯し，よって女子を死傷させた者は，傷害の罪と比較して，重い刑により処断する（216条）。

本罪は，妊婦の同意を得ないで堕胎する行為を処罰するものである。このため堕胎罪のなかでは最も重い法定刑が定められるとともに，未遂も処罰される。不同意堕胎または同未遂の結果女子を死傷させた者は「傷害の罪と比較して，重い刑により処断する」とされているが，その意味は，刑法典第27章　傷害の罪における傷害罪（204条）および傷害致死罪（205条）と215条の法定刑を比較し，上限，下限ともに重い方をもって法定刑とするものである。すなわち，致傷の場合は6月以上15年以下の懲役，致死の場合は3年以上20年以下の懲役（12条参照）になる。

*　**法定刑の算出**　　同様の用語は，このほかに118条2項（ガス漏出等致死傷罪），124条2項（往来妨害致死傷罪），145条（浄水汚染等致死傷罪），196条（特別公務員職権濫用等致死傷罪），219条（遺棄等致死傷罪），221条（逮捕等致死傷罪），260条（建造物等損壊致死傷罪）にみられるが，その意味，法定刑の算出の手順は同じである。

3　堕胎の概念

1　堕胎の意義

通説・判例によれば，堕胎とは，①胎児を母体内で殺すか，あるいは，②自然の分娩期に先立って人工的に胎児を母体から分離・排出することだとされている（大判明治44・12・8刑録17輯2182頁）。①の場合は胎児の生命に対

する侵害犯であるが，②の場合は，胎児の死亡は要件ではなく，胎児の生命に対する抽象的危険犯として理解されていることになる。その結果，妊娠約9カ月の胎児を排出したが，生命機能を有していたため窒息死させた場合には，堕胎罪と殺人罪の併合罪になるとされ（大判大正11・11・28刑集1巻705頁〔14〕），医者が妊娠26週の胎児を排出した後，生育可能性があるのに放置して死亡させた場合には，業務上堕胎罪と保護責任者遺棄致死罪の併合罪になる（最決昭和63・1・19刑集42巻1号1頁〔17〕〔31〕）とされている。

　②のような解釈がとられたのは，かつては未熟児医療が発達しておらず，母体外に排出された胎児は，ほぼ必然的に死亡していたからであろう。しかし現在では，未熟児医療が発達し，排出された胎児の生存可能性は高まっている。したがって，抽象的危険犯まで処罰する必要はなく，「胎児に攻撃を加え，母体内または母体外で死亡させる行為」を堕胎と解すべきである（平野161頁）。

　この堕胎の解釈によれば，第一に，堕胎の故意で，胎児を母体外に排出したが，生存していたので翻意し，これを救助・保育した場合には，胎児は死亡しなかった以上堕胎は未遂であり，215条2項（不同意堕胎の未遂）以外は不可罰と解すべきことになる。第二に，自然の分娩期に先立って母体外に排出された胎児が生命機能を有していた場合に，これを作為または不作為で死亡させれば堕胎罪が成立するのか，別罪が成立するのかが問題となる。以下，詳説する。

2　堕胎と人に対する罪の関係

　違法な堕胎によって母体外に排出された胎児が生命機能を有していた場合も生育可能性がない場合と，ある場合に区別できる。まず，生育可能性がない場合に不作為で死亡させた場合は，作為義務が欠如するから不作為犯の成立は認められず堕胎罪のみが成立する。つぎに，生育可能性はないが，積極的作為によって殺害した場合はどうか。この場合には不作為犯でない以上生育可能性を考慮する必要はなく，また，一部のみならず全部露出している以上「人」であるから，殺人罪が成立するという見解もある（大谷實「判批」判タ670号60頁，原田國男「判解」曹時41巻4号1286頁）。しかし，この場合には，堕胎罪の成立のみを認めるべきであるように思われる。堕胎は，すでに述べたように，母体内あるいは母体外における胎児殺と理解すべき

であるが，違法な堕胎の結果生まれてきた生育能力がない胎児は結局死亡せざるをえない。したがって，それを殺害する行為までは，胎児殺の概念中に含めうると思われるからである。不作為の場合は，生育可能性を考慮するが，作為の場合は全く考慮せず一律に殺人とするのは，あまりに行為無価値的であるように思われる。

　これに対して，生育可能性がある場合には，不作為であれ，作為であれ，殺害した以上，もはや堕胎とは評価できない。たしかに，堕胎を胎児殺と理解する以上，この場合も堕胎といいうるようにも思われる（小暮編（町野）16頁，不作為の場合につき松宮孝明「判批」甲南法学24巻2号192頁参照）。しかし，胎児殺という評価は，胎児が，母体外への排出行為の当然の結果として死亡するに至った場合に限定すべきであろう。生育可能性のある胎児が，排出行為以外の原因で死亡した場合には，堕胎の結果としての死亡とはいえず別罪を構成すると考えるべきである。以上のような見解に対しては，生育可[2]能性の有無は立証が困難であって法的安定性を害するとの批判がある（小暮編（町野）16頁）。しかし，疑わしき場合は可能性なしとして堕胎罪にとどめることになるから問題はないといえよう。

3　人工妊娠中絶と人に対する罪の関係

　つぎに問題となるのは，適法な人工妊娠中絶によって母体外に排出された胎児が生命機能を有していた場合である。これもさらに，生育可能性がない場合と，ある場合に区別できる。まず，生育可能性がなく，不作為で死亡させたという場合は，作為義務が否定されるから，遺棄致死罪または不作為による殺人罪の成立は問題となりえない。つぎに，生育可能性はないが，積極的作為によって殺害した場合はどうか。この場合にも，不作為犯でない以上生育可能性を考慮する必要はなく，殺人罪が成立するという見解もあるが（大谷・前掲61頁，原田・前掲1285頁），すでに述べたように妥当とは思われない（平野龍一・犯罪論の諸問題(下)265頁〔1982〕）。他方，生育可能性がある場合については，「胎児が，母体外において，生命を保続することのできない時期」（母体保護法2条2項）までに排出された胎児は，たとえ生育可

2）　この意味で，前掲の2つの判例が「人」に対する罪の成立を認めたのは妥当であるが，その場合，堕胎罪は未遂と解すべきであろう。

能性を有していても一律に「人」にはあたらないとする見解もある（小暮編（町野）15頁，前田8頁）。この見解では，生育可能性の有無，作為・不作為を問わず，母体保護法の適用がある場合には完全に不可罰となる。それは，実質的にみれば，母体保護法による違法阻却を中絶により排出された生産児の殺害にまで拡張するものにほかならない。しかし，排出された胎児が生育可能性を有する場合には，すでに述べたように「人」としての保護に値すること，親が翻意して保護育成しても，本来「人」でないものは，「人」としての刑法的保護を受けないという奇妙な結論にならざるをえないことを考慮すると，この見解は妥当でないように思われる。以上のように考えれば，中絶により，生育可能性のある生産児が排出された場合には，やはり人として保護されると解すべきであろう（なお，東京高判昭和28・5・25東時3巻5号216頁参照）。

4 胎児性致死傷

　堕胎罪との関係で，胎児性致死傷の問題にも言及しておくことにする。

　胎児性致死傷の問題とは，胎児の段階で故意または過失によって傷害を負わせ，その傷害が出生後にも影響を及ぼした場合に，行為者に何罪が成立するか，という問題である。現行法上，堕胎は故意犯に限って処罰されており，過失堕胎罪は不可罰である。また過失致死傷罪の客体は人に限られている。そこで，胎児性致死傷の場合にはいかなる犯罪が成立しうるのかが問題となるのである。

　この問題については，熊本水俣病事件が有名である。それは，妊婦が有機水銀で汚染された魚を食べたために，胎児が胎児性水俣病に罹患し，出生後に死亡した事案において，有機水銀を排出し魚を通じて妊婦に摂取せしめた会社の社長と工場長が業務上過失致死罪に問われた事件である。第1審は，胎児には「人」の萌芽が認められ，胎児と人は価値的には差がないこと，致死の結果が発生した時点で客体である「人」が存在すればよく，過失傷害行為の際に「人」が存在している必要はないことを理由に有罪とした（熊本地判昭和54・3・22判時931号6頁〔19〕）。第2審は，有機水銀による侵害が，被害者が母体より一部露出する時点まで継続的に母体を介して及んでいたことを理由に有罪の結論を維持した（福岡高判昭和57・9・6高刑35巻2号

85頁〔20〕）。これに対して最高裁は（最決昭和63・2・29刑集42巻2号314頁〔21〕），①胎児は母体の一部であるから，胎児に傷害を負わせることは，母体の一部に傷害を負わせること，すなわち，「人」に傷害を負わせることにほかならず（母体傷害説），また，②胎児が出生し「人」となった後に死亡すれば，「結局，人に病変を発生させて人に死の結果をもたらしたことに帰するから，病変の発生時において客体が人であることを要するとの立場を採ると否とにかかわらず」業務上過失致死罪が成立するとした。

　学説でも，業務上過失致死罪の成立を肯定する見解は有力である（藤木189頁，板倉251頁，同・現代社会と新しい刑法理論265頁以下〔1980〕，平良木・昭和63年度重判145頁）。しかし，肯定説は，以下の理由から支持できないというべきである（消極説として，平野・前掲書266頁，齊藤472頁，小暮編（町野）17頁，大谷28頁，中森40頁，林16頁以下，山口26頁，井田87頁，松原25頁）。第一に，肯定説は現行法の体系と矛盾している。現行法上，過失堕胎罪（過失胎児殺）は不可罰であるから，過失胎児傷害罪も当然に不可罰だと解される。にもかかわらず，実体として過失胎児致死傷にしか相当しない行為を，生まれてきた「人」に傷害の結果が残っているとの理由で業務上過失致死罪で処罰すれば，「人」の概念の中に胎児まで含めてしまうことになり，類推解釈として罪刑法定主義に反するといわざるをえない。第二に，業務上過失致死罪は，被害者が傷害の結果死亡した場合には，当然に，傷害の段階で「人」が存在していなければならないが，水俣病の事案で傷害の結果が発生し，かつ終了したのは，胎児の段階であった。たしかに，実行行為のときに客体が存在している必要はない。しかし，少なくともその行為の侵害作用が及ぶ時点では，客体が存在していなければならない。これに対して水俣病の事例では，侵害作用が及ぶ時点では胎児しか存在していない。それゆえ，業務上過失傷害・同致死罪の成立を認めることはできないのである。

　最高裁が①の母体傷害説を採用したのは，おそらくは，このような批判を考慮したからであろう。しかし，母体傷害説も，現行法の前提と矛盾しており，支持しえない。なぜなら，胎児傷害が母体傷害であるならば，妊婦が自己の身体の一部を傷害する自己堕胎は自傷行為として不可罰であるべきである。しかし，212条はそれをも処罰しており，現行法は，胎児を母体とは独立の存在と位置づけているといわざるをえないからである。つ

ぎに，仮に母体傷害説を是認したとしても，最高裁の法定的符合説に類似した②の理由づけも支持することはできない。法定的符合説によれば，Aに傷害を加えた結果Bにも傷害を加え死亡させた場合には，行為者にBに対する傷害致死の罪責をも問うことができる。しかし，それは，Aに傷害を加えた時点で加害対象たる「人」としてのBがすでに存在している場合に限られるのである。そして，母体傷害の時点では，胎児しか存在しない以上，法定的符合説の論理によっても，傷害を受けた胎児が出生後に死亡した場合にまで傷害致死罪を認めることは無理であるといえよう。

　以上のような批判にもかかわらず，近時，前記最高裁判決の論理に従い，交通事故による胎児性致死傷につき自動車運転過失致死傷罪の成立を肯定した下級審裁判例が出現していることは妥当でないと思われる（その例として，岐阜地判平成14・12・17警論56巻2号203頁，鹿児島地判平成15・9・2 LEX／DB28095497〔23〕参照）。

第4節　遺　棄　罪

1　総　説

　遺棄罪は，扶助を要すべき者の生命を危険にする行為である。217条が単純遺棄，218条は保護責任者による遺棄・不保護を処罰し，219条は両罪の結果的加重犯として遺棄致死傷を処罰している。なお，尊属に対する保護責任者遺棄罪（218条2項）は，平成7年改正により削除された。

　　＊　**特別規定**　　特別規定として，災害救助法7条1項・2項・31条（救助業務への従事命令違反），道路交通法72条1項・117条の5（交通事故の際の運転者等の救護義務違反），軽犯罪法1条18号（扶助を必要とする者が自己の占有する場所にあるのに公務員等に届け出ない場合），航空法75条・152条（機長が救護手段を尽くさない場合）等がある。

　通説・判例は遺棄罪を生命・身体に対する危険犯として理解している。たしかに，219条が結果的加重犯として遺棄致死傷を規定していることからは，生命・身体に対する危険犯と解すべきかもしれない。しかし他方で，218条が「生存に必要な保護をしなかったとき」と規定していること，身体に対する危険も含むとすれば本罪の成立範囲がきわめて無限定になること等を考慮すれば，生命に対する危険犯と解すべきであろう（平野163頁，小暮編（町野）65頁，大谷68頁，林39頁以下，山口31頁，松原33頁）。通説・判例によれば，遺棄罪は抽象的危険犯であるが（大判大正4・5・21刑録21輯670頁〔24〕），具体的危険犯と解する見解も有力に主張されている（瀧川59頁，団藤452頁，中山85頁）。しかし，後者の見解も，他人による救助が予想されるにすぎない場合には遺棄の成立を認めている。また，前者の見解も，産院や警察に置き去りにする場合のように確実に救助が予想される行為については，遺棄にあたらないとするのであるから，両説の差異はほとんどないといってよい。他方，具体的危険犯とすると生命に対する具体的危険の認識が必要となり，故意の点で殺人と区別しえなくなることを考慮すれば抽象的危険犯と解すべきであろう。

2 客　　体

217条によれば，遺棄罪の客体は，「老年，幼年，身体障害又は疾病のために扶助を必要とする者」である。これに対して，218条は「老年者，幼年者，身体障害者又は病者」とのみ規定し，「扶助を必要とする」という要件は規定されていないが，同じ遺棄罪である以上217条と同様に解すべきである。扶助を必要とするとは，自力では日常生活の用を足すことができず，生命の危険が存することをいう。この列挙は限定列挙であるから，たとえば，道に迷っている者，手足を縛られて行動できない者などはこの範疇に入らないことになる。これに対して，高度の酩酊者は病者に入るとするのが判例であるが（最決昭和43・11・7判時541号83頁〔25〕，横浜地判昭和36・11・27下刑3巻11=12号1111頁），泥酔者であっても，ただちに介護しなければ生命・身体に危険が差し迫っている客観的状況が必要であるとした裁判例もある（東京高判昭和60・12・10判時1201号148頁）。幼者について，旧刑法336条1項は8歳未満と規定していたが，現行法にはそのような限定を欠くため，具体的に扶助を必要とする状況にあったか否かにより実質的に決定せざるをえない。下級審の判例には，母親が14歳から2歳までの4人の実子をマンションに置き去りにした事例（東京地判昭和63・10・26判タ690号245頁），緘黙症（かんもく）という病気のため衰弱した13歳の子供を置き去りにして死亡させた事例（大分地判平成2・12・6判時1389号161頁）について保護責任者遺棄罪の成立を認めたものがある。

3　遺棄の概念

1　通説・判例によれば，217条，218条にいう「遺棄」とは，要扶助者を場所的に移動させることにより新たな危険を創出する場合（移置＝作為犯）と，保護しなければ生命の危険が生じうる要扶助者を放置したまま立ち去る場合（置き去り＝不真正不作為犯）を意味するが，いずれも行為者と要扶助者との間に場所的離隔を伴う場合である。これに対して，218条にいう「不保護」とは，場所的離隔を伴わないで，要扶助者に対し生存に必要な保護をしない場合であって真正不作為犯であるとされている。しかし，通説は，これらのすべてを処罰すべきであるとはしない。不作為による遺

棄については，218条の保護責任者遺棄においてのみ処罰可能だとするのである。その理由は，「置き去りのように不作為犯的形態のものが遺棄罪を構成すると考えられるのは，つまりは，行為者に保護義務のあるばあいだからである」として，218条にいう保護責任と不作為犯における作為義務との同一性に求められている（団藤453頁，大塚59頁）。判例も，218条の遺棄には置き去りを含むことを認めているが（最判昭和34・7・24刑集13巻8号1163頁〔27〕），他方，不作為による単純遺棄を認めた例がないから，通説と同様の立場をとるものといえよう。

このように通説が不作為の単純遺棄を認めないのは，いわゆる一般的な不救助が広く処罰されることを避けようとする意図に基づくものであろう。すなわち，自分の庭に放置された病人を救助しない行為は，せいぜい軽犯罪法1条18号の罪が成立するにすぎず，不作為による単純遺棄は成立しないとするのである。

しかし，他方で，判例・通説は，保護義務の根拠を一般の不作為犯における作為義務と同じく，法律，契約，事務管理，慣習，条理，先行行為に求めるため，保護義務の範囲はかなり広いものとなっている。

2　このような判例・通説の見解に対しては，①217条と218条で，同じ「遺棄」という文言が使われているのに，217条についてのみ不作為を含まないという解釈をすることは不合理ではないか，②218条の保護義務と不作為による遺棄の作為義務とをなにゆえ同一のものと解しうるのか，という疑問が提起されてきた[1]。

このため，最近では，218条のみでなく217条の「遺棄」にも作為による移置のみでなく，不作為による置き去りも含まれるとする見解も有力となっている[2]。そして，このように217条の遺棄についても不作為による遺棄（置き去り）を含むと解する場合には，不作為による遺棄における作為義務とは217条と218条に共通するものであり，作為による遺棄と同じ危険性

---

1)　さらに，山中114頁以下は，218条全体が危険の不解消としての不作為犯だとする見解を示している。この他，接近の遮断を作為による置き去り，離隔の放置を不作為による放置とする見解もある。

2)　内田88頁，曽根42頁以下，松宮77頁，高橋34頁，松原36頁。平野龍一「単純遺棄と保護責任者遺棄」警研57巻5号9頁は217条に不作為を含みうるが不可罰だとする。山口35頁も同趣旨であろう。

を基礎づける違法要素であるのに対し，218条の保護義務とは作為・不作為による遺棄の刑を加重する責任要素であるとともに，不保護の場合には行為の可罰性を基礎づける構成的責任要素として位置づけられることになろう。[3]

3　すでに述べた通説・判例に対する①②の疑問点を考慮すれば，上記のような解釈がかなりの説得力をもつことは否定できない。しかし，つぎの点で疑問が残るように思われる。すなわち，(i) 217条，218条に共通する作為義務とは区別された218条に固有の保護義務の実体が不明確であること，(ii) 217条は不保護を処罰しないため，この解釈では，重病の使用人を引き取りながら手当てをせず死亡させた事例（大判大正15・9・28刑集5巻387頁），業務上堕胎を行った医師が排出した嬰児が生育可能性を有するのに放置して死亡させた事例（最決昭和63・1・19刑集42巻1号1頁〔17〕〔31〕）のように，要扶助者の保護を引き受けたり，要扶助者を自己の支配下に置きながら生存に必要な保護をしないという不保護の類型が単純遺棄としては不可罰にとどまらざるをえなくなることである。[4] (ii)の結論を回避するひとつの方向は，217条の不作為による遺棄に不保護も含むとする解釈であるが，218条が遺棄と不保護を区別して規定している以上，この解釈は文理的に無理であろう。もうひとつの方向は，これらの場合に218条の保護義務を認める解釈であるが，そうすると，作為義務と保護義務とはほとんど重なることになり，両者を区別することは実質的に困難になるといえよう（前田63頁，中森43頁）。だとすれば，不保護も含めた不作為による遺棄は，やはり保護責任者遺棄罪においてのみ可罰的であるとする解釈の方が合理性を有するように思われる。

4　以上のように考えれば，「遺棄」とは217条，218条をとおして作為による遺棄のみを意味し，不作為による遺棄（置き去り，不保護）は218条にいう「不保護」にあたるとする解釈（日髙義博「遺棄罪の問題点」現代講座4巻167頁以下，小暮編（町野）68頁，大谷68頁）が妥当であるといえよう。217条では不作為の遺棄を処罰しないとする以上，218条の「遺棄」についても，不

3）　平野・前掲10頁，曽根43頁。これに対して内田93頁は違法要素とする。
4）　この結論を肯定する見解として，山口35頁。

作為による遺棄を含まないという解釈の方が文理的に明快だからである。不作為による遺棄の処罰範囲の明確化は，このような解釈を前提としつつ，保護義務（作為義務）の範囲を限定的に解釈することによって行われるべきであろう。

4 単純遺棄罪

> 老年，幼年，身体障害又は疾病のために扶助を必要とする者を遺棄した者は，1年以下の懲役に処する（217条）。

客体については前述のとおりである。

行為は遺棄であるが，前述のとおり，本条にいう遺棄は要扶助者を生命に対する危険のある場所へと作為によって移置することをいう。たとえば，老人や幼児を山奥に移置する行為がその典型である。すでに生命に対する危険のある状態からより危険な場所へと移置する場合も含まれる。判例では，肺結核を患った従業者を解雇したが，なお被告人宅に寝ているのを発見したため，道路に追い出した事例（大判明治45・7・16刑録18輯1083頁〔26〕），起居の不自由な老人を荷車に乗せて路傍に放置した事例（大判大正4・5・21刑録21輯670頁〔24〕），厳寒の夜に泥酔者を下半身裸のまま飯場内から屋外に連れ出し放置した事例（名古屋地判昭和36・5・29裁時332号5頁）について，単純遺棄罪の成立が認められている。

5 保護責任者遺棄罪

> 老年者，幼年者，身体障害者又は病者を保護する責任のある者がこれらの者を遺棄し，又はその生存に必要な保護をしなかったときは，3月以上5年以下の懲役に処する（218条）。

1 客体については前述のとおりである。

2 行為は遺棄または不保護である。遺棄とは，前述のとおり作為による移置をいう。不保護とは要扶助者の生存に必要な保護をしないという不作為をいう。重傷のけが人を現場に置き去りにする行為や親が嬰児を家に置いたまま家出する行為のように，要扶助者との場所的離隔を伴う場合と，

親が病気の子供の看病をしない場合のように要扶助者との場所的離隔を伴わない場合の両方が含まれる。生存に必要な保護をしないことが要件であるから，客観的には，そのまま放置すれば要扶助者の生命に危険の存在することが必要であり，主観的には，そのような危険を認識していたことが必要である。

3 本罪の主体は「保護する責任のある者」すなわち保護責任者に限定される。それゆえ本罪は身分犯である。

通説・判例は，保護責任の根拠を，法令，契約，事務管理，慣習，条理，先行行為に求めている。法令を根拠としたものとしては，①民法上先順位の扶養義務者があっても，後順位者が老年者を看護すべき状態にあったときは保護責任者にあたるとした事例（大判大正7・3・23刑録24輯235頁，民法877条以下），②自己の交通事故の被害者を救助のためいったん車に乗せながら別の場所に置き去りにした事例（最判昭和34・7・24刑集13巻8号1163頁〔27〕，旧道路交通取締法24条＝現行道路交通法72条）がある。契約を根拠としたものとしては，③養子契約によって幼児を引き取った者は，養子縁組が成立していなくても保護責任者にあたるとした事例（大判大正5・2・12刑録22輯134頁）がある。また，事務管理を根拠とした例としては，④義務なくして病人を引き取り同居させた者（大判大正15・9・28刑集5巻387頁），慣習を根拠とした例としては，⑤同居の従業者が病気になった場合の雇用主（大判大正8・8・30刑録25輯963頁）につき保護責任を認めた事例がある。条理または社会通念を根拠とするものとしては，⑥同行中の同僚がけんかをして重傷を負ったのに放置して立ち去った事例（岡山地判昭和43・10・8判時546号98頁〔29〕），⑦3日間同棲した男が相手の女性の連れ子（3歳）を女性と共謀して東名高速に置き去りにした事例（東京地判昭和48・3・9判タ298号349頁〔28〕）がある。最後に，⑧業務上堕胎を行った医師が排出した嬰児が生育可能性を有するのに放置して死亡させた事例（前掲最決昭和63・1・19），⑨ホテルの1室で女性に覚せい剤を打ち，女性が錯乱状態になったのに置き去りにした事例（最決平成元・

5）　要扶助者の病気の状態・程度の認定が必要とした例として，大判大正3・1・26新聞922号28頁。

6）　泥酔者を水風呂に放置した事案につき本罪の故意を否定したものとして，東京高判昭和60・12・10判時1201号148頁。

12・15刑集43巻13号879頁〔32〕），⑩重篤な状態で入院加療中の被害者を，その親族Ａが病院から連れだし，ホテルの一室に連れ込んで「シャクティパット」と称するＢの治療に委ねて死亡させた事案につきＡに保護責任者遺棄致死罪（Ｂには不作為による殺人罪）を肯定した事例（最決平成17・7・4刑集59巻6号403頁〔37〕）等は先行行為を保護責任の根拠とするものであろう。

　しかし，保護責任は，一方で形式的な法令や契約の存在だけで認められるべきでなく，また，他方で条理や社会通念による倫理的義務とも区別されるべきであろう。遺棄が積極的に要扶助者の生命の危険を創出する行為だとすれば，不保護の主体である保護責任者も，すでに存在する要扶助者の生命の危険を支配しうる地位にある者に限定されるべきであろう（大谷72頁）。この支配的地位が行為者の意思に基づいて獲得された場合に保護責任を認めうるのは当然であるが，支配的地位が行為者の意思に基づかない場合には，行為者と要扶助者との間に一定の生活共同体から生ずる社会生活上の継続的な保護関係の存することが必要であろう（西田典之「不作為犯論」芝原ほか編・刑法理論の現代的展開総論Ｉ90頁以下〔1988〕）。

　このような観点からみた場合，前記判例の結論は，⑥を除きおおむね妥当であるといえよう。これに対して，保護責任は保護の排他的引受けがある場合にのみ認められるべきであるとして，前記判例⑧を不当とする見解（小暮編（町野）72頁，中森44頁）もある。しかし，この事案においては，医者が自己の意思に基づいて要扶助者に対する排他的支配を獲得しているのであるから，保護責任を認めてよいというべきであろう。保護の引受けを保護責任の必須の要件とする場合には，たとえば，当初から保護の意思なく分娩した母親が嬰児を放置して死亡させたような場合に本罪が不成立となり妥当でないように思われる。[7] 他方，分娩後母親が嬰児を病院に放置したまま立ち去ったが，医師も保護措置をとらなかった事案について本罪の成立を否定した裁判例（熊本地判昭和35・7・1下刑2巻7=8号1031頁〔30〕）は，支配的地位の獲得が偶然的であって行為者の意思に基づくものでないこと，保護措置を要求しうるだけの社会生活上の継続的な保護関係がないことを考慮

7）　町野朔・刑法総論講義案Ｉ（第2版）135頁（1995）も，この場合には法益保護義務を肯定している。

すれば妥当であるといえよう。また、いわゆる轢き逃げのように自己の過失行為により重傷を負わせた場合には、先行行為（団藤454頁、大塚63頁）、あるいは、道路交通法72条の救護義務（前掲最判昭和34・7・24）に基づいて保護責任を認める見解もある。しかし、単純な轢き逃げが、救護義務違反罪（道路交通法117条1項、5年以下の懲役または50万円以下の罰金）[8]を超えて、常に本罪にあたり、被害者が死亡した場合には保護責任者遺棄致死罪が成立すると解するのは妥当ではない。交通事故を起こした者が被害者を救助目的で、あるいは反対に、どこかに運んで放置する目的で、いったん車に乗せた場合のように、排他的支配を獲得した場合に初めて保護責任を認めるべきであり（前記判例②の事案もこのようなものである）、単純な轢き逃げは本罪にあたらないと解すべきであろう。

4 保護責任者という身分は、行為が遺棄（移置）の場合は217条の刑を加重する加重的身分、不保護（置き去り、狭義の不保護）の場合は可罰性を基礎づける構成的身分であるが、その実質は違法身分と解すべきであろう（内田92頁、小暮編（町野）76頁）。なぜなら、要扶助者の生命に対する危険を支配する地位としての保護責任者たる身分は、第三者による救助を困難にするという意味において不保護の違法性を基礎づけ、遺棄の違法性を加重するといえるからである。そして、65条1項が違法身分の連帯的作用を、同条2項が責任身分の個別的作用を規定したものだとすれば（西田・共犯と身分245頁以下）、保護責任者たる身分は遺棄と不保護の両方に連帯的に作用することになる。すなわち、(i)甲が乙に乙の子丙を山に捨てろ（遺棄）と教唆した場合、乙は218条の正犯であるが、甲も65条1項により218条の教唆犯として重く処罰される。同様に、(ii)甲が乙に丙に食べ物をやるな（不保護）と教唆した場合も、甲は65条1項により218条の教唆犯として処罰されることになるのである。

これに対して、通説は、前述のような遺棄・不保護の概念を前提とし、かつ、65条1項は構成的身分・真正身分の連帯的作用を、同条2項は加減的身分・不真正身分の個別的作用を認めたものとするから、218条の保護責任者という身分は、遺棄に関しては加重的身分（65条2項）、不保護に関

8）　ただし、同条2項は、1項の場合の人の死傷が「当該運転者の運転に起因するものであるときは」10年以下の懲役または100万円以下の罰金を処すると規定している。

36 第２編　個人的法益に対する罪　第１章　生命に対する罪

しては構成的身分 (同条１項) ということになる。このため，(i)甲が乙の子
丙を山に捨てろと教唆した場合，乙は218条の正犯，甲は65条２項により
軽い217条の教唆犯となるが，(ii)甲が乙に，丙に食べ物をやるなと教唆し
た場合は，65条１項により甲も218条の教唆犯として重く処罰されるとい
う不合理な結論にならざるをえないのである。他方，保護責任者とは，
(作為・不作為の) 遺棄については加重的責任身分であり，不保護について
は構成的責任身分であると解する場合には，(i)の事例における甲は65条２
項により217条の教唆犯となるが，(ii)の事例における甲は不可罰にとどま
ることになろう。

6　遺棄致死傷罪

前二条〔217条・218条〕の罪を犯し，よって人を死傷させた者は，傷害の罪
と比較して，重い刑により処断する (219条)。

遺棄致死傷罪 (219条) は，217条・218条の結果的加重犯である。すでに
述べたように，遺棄罪を生命に対する危険犯と解する場合には，致傷の結
果を生じるにとどまった場合でも，本来生命に対する危険の存したことが
必要である。また，不作為犯である不保護 (置き去りを含む) について致
死罪の成立を認めるには，不保護と死亡との因果関係すなわち救命行為を
行っていれば高度の蓋然性をもって救命が可能であったこととが必要であ
る (最決平成元・12・15刑集43巻13号879頁 〔32〕)。因果関係が肯定されない場合で
も保護責任者遺棄罪の責任は肯定しうる。それは同罪が抽象的危険犯だか
らである (札幌地判平成15・11・27判タ1159号292頁 〔33〕)。

遺棄致死罪と不作為による殺人罪との区別については，作為義務自体に
軽重の差異を認める見解も有力である (平野龍一・刑法総論Ｉ 158頁以下 〔1972〕，
大谷75頁，小暮編 (町野) 74頁)。たしかに，親が嬰児を家に置いたまま家出を
しても死亡の具体的危険が生じていない以上ただちに殺人未遂罪となるわ
けではなく，抽象的危険犯としての遺棄罪が成立するにとどまる。しかし，
さらに危険が具体化し死亡するに至った場合，親に殺意が存する場合に不
作為による殺人を否定すべき理由はないであろう。保護責任 (作為義務)
の範囲を限定的に解する場合，作為義務の軽重によって両罪を区別するこ

とは困難なように思われる。遺棄罪を生命に対する危険犯と解する以上，遺棄致死罪と不作為による殺人罪との区別は殺意の有無と具体的危険の発生によると解すべきであろう（大判大正4・2・10刑録21輯90頁〔35〕）。

「傷害の罪と比較して，重い刑により処断する」の意義については，前述22頁参照。

> 大阪高判平成27・8・6裁判所ウェブサイトは，教員であった被告人が小学校の敷地内で7歳の児童に自動車を衝突させた後，その両脇をかかえて事故の現場から校舎出入口付近まで引きずっていって放置した行為について，被害者の傷害が軽微であったこと，被害者が放置された場所が職員等に容易に発見されて保護されうる場所であったことなどから，「被害者の生命・身体に直ちに具体的な危険を生じさせ得るものとは認め難く，保護責任者遺棄罪にいう『遺棄』には当たらない」として，保護責任者遺棄罪の成立を否定している。
>
> 東京高判平成23・4・18東時62巻1=12号37頁〔34〕は，マンションの一室で，被告人が用意した向精神薬を服用した被害者が錯乱状態に陥ったが，119番通報することなく，被害者を死亡させた事件について，①本件居室には被告人と被害者の2人しかいなかったこと，②119番通報はきわめて容易になしえたこと，さらに③被害者を確実に救命できたとまではいえないが，相当程度の救命の可能性があったことから，保護責任者遺棄罪の成立を認めている。
>
> 静岡地判平成23・10・4裁判所ウェブサイトは，被告人が，向精神薬を大量に服用した被害者を自動車内に放置し，死亡させた事件について，被告人と被害者が不倫関係にあったこと，被害者が向精神薬を服用したのは被告人の言動に誘発された側面が強いこと，被告人が被害者を自分の自動車に乗せたことなどから，保護責任者遺棄致死罪の成立を認めている。

第2章　身体に対する罪

第1節　総　説

　身体は生命についで重要な個人的法益である。身体の保護のため，刑法典は，暴行罪 (208条)，傷害罪 (204条)，傷害致死罪 (205条) のほか，過失傷害罪 (209条)，過失致死罪 (210条)，業務上過失致死傷罪 (211条) を規定している。このほか，傷害事件に複数の者が関係した場合の特則として，現場助勢罪 (206条) と同時傷害の特例 (207条) が置かれている。なお，凶器準備集合罪 (208条の2) は，は持凶器集団による抗争を事前に抑制するために昭和33年に新設されたものであり，本来は傷害罪を含む個人法益に対する罪の予備罪的なものとして暴行罪の後に置かれているが，現在では公共危険罪的なものとして理解されている。なお，自動車運転によって死傷結果を惹起する犯罪類型としては，自動車運転過失致死傷罪 (旧211条2項)，危険運転致死傷罪 (旧208条の2) が設けられていたが，平成25年の改正で「自動車の運転により人を死傷させる行為等の処罰に関する法律」(法86号) が制定され，これらの犯罪類型については，刑法典から同法に移されることになった。

第2節　暴　行　罪

> 暴行を加えた者が人を傷害するに至らなかったときは，2年以下の懲役若しくは30万円以下の罰金又は拘留若しくは科料に処する（208条）。

1　総　　説

　暴行罪の保護法益は身体の安全である。傷害の結果を生じるに至らない身体に対する不法な攻撃を処罰するものであるが，比較法的には特異な犯罪類型である。制定時の法定刑は「1年以下ノ懲役若クハ50円以下ノ罰金又ハ拘留若クハ科料」であり，親告罪（2項）であったが，昭和22年の改正（法124号）により懲役刑が2年以下に引き上げられ，かつ，非親告罪とされた。特別法として，暴力行為等処罰ニ関スル法律（大正15年法60号）がある。

2　暴行の意義

1　意　　義

　暴行とは他人の身体に対する物理力の行使をいう。その典型例は，殴る，蹴る，引っ張る等の行為であるが，音，放射線，電流，光等の物理力を行使する場合も含まれる。被害者の耳元でブラスバンド用の大太鼓，鉦を連打する行為（最判昭和29・8・20刑集8巻8号1277頁〔40〕），携帯用拡声器で大声を発する行為（大阪地判昭和42・5・13下刑9巻5号681頁）がその一例である。暴行は，その性質上傷害を生ぜしめるものであることを要しないから（大判昭和8・4・15刑集12巻427頁〔38〕），たんやつばを吐きかける行為も物理力の行使である以上暴行たりうることになるが，このように軽微な物理力の行使は，侮辱罪（231条）を構成することはあっても208条にいう「暴行」にはあたらないと解すべきであろう（内田38頁，小暮編（町野）38頁，松原48頁）。下級審の判例には，お清めと称して塩を振りかけた行為を「相手方をして不快嫌悪の情を催させるに足りるもの」であるから暴行にあたるとしたものもあるが

（福岡高判昭和46・10・11刑月3巻10号1311頁〔39〕），疑問であろう。

暴行とは物理力の行使であるから，驚かす行為，侮辱的言辞，催眠術等の心理的作用は，たとえそのことにより相手の身体に生理的機能障害が生じたとしても暴行罪を構成するものではなく，傷害罪の成立のみが問題となるにすぎない。たとえば，音声や騒音それ自体は暴行といえない程度であっても，いやがらせ電話により被害者をノイローゼにした場合（東京地判昭和54・8・10判時943号122頁〔50〕），連日の騒音により隣家の被害者を慢性頭痛症にした場合（最決平成17・3・29刑集59巻2号54頁〔51〕）は暴行によらない傷害である。それゆえ，この場合は，傷害の故意が必要となる。また，それ自体が暴行たりうる音声等と暴行たりえない音声等とは，そのような音声等を聞くこと自体が日常生活における受忍限度の範囲内か否かによって区別されるべきであろう。他方，暴行罪も故意犯であるから，不注意のため他人にぶつかったり，他人の足を踏んだりしても不可罰である。

2 暴行概念の相対性

暴行という用語は種々の犯罪類型において使用されているが，学説は，これを4つに区別している。(i)最広義の暴行は，物に対する物理力の行使（対物暴行）をも含み，騒乱罪（106条）における暴行がこれにあたる。(ii)広義の暴行は，人に向けられた物理力の行使（間接暴行）をも含み，公務執行妨害罪（95条）における暴行がこれにあたる。(iii)狭義の暴行は暴行罪にいう暴行である。(iv)最狭義の暴行は，人の反抗を抑圧し，または，著しく困難にする程度のものであることを要し，強盗罪（236条），強制性交等罪（177条）における暴行がこれにあたる。

3 身体的接触の要否

暴行が人の身体に対する物理力の行使だとしても，この物理力が身体と接触しなかった場合にも暴行罪が成立するかは争われている。多数説は接触を不要とし（大塚35頁，大谷38頁，曽根24頁，中森14頁，山中38頁，井田54頁），判例も，①驚かす目的で被害者の数歩手前を狙って投石する行為（東京高判昭和25・6・10高刑3巻2号222頁〔43〕），②被害者めがけて椅子を投げつけたが当たらなかった場合（仙台高判昭和30・12・8裁特2巻24号1267頁），③被害者の行動をやめさせるため，脅かす目的で日本刀を振り回す行為（最決昭和39・1・28刑集18巻1号31頁〔42〕），④嫌がらせのため併走中の自動車に幅寄せする行為

（東京高判昭和50・4・15刑月7巻4号480頁〔45〕），⑤危険な方法での併走中の自動車への幅寄せ，追越，割り込み行為（東京高判平成16・12・1判時1920号154頁）等を暴行にあたるとしている。これに対し，暴行も結果犯であり，被害者の身体の周囲の空間への侵入行為は暴行未遂であって，暴行ではないとする見解も少数ではあるが有力である（平野167頁，小暮編（町野）37頁，山口44頁，松原48頁）。

　たしかに，接触不要説は身体の安全を「害した」行為を超え，「害しえた」行為をも処罰するものであり，現行法上不可罰な暴行未遂を処罰するものともいえる。この場合をも暴行罪に取り込むとすれば，同罪は，身体の安全に対する罪ではなく，身体の安全感を保護法益とすることになる。この意味では接触必要説が妥当であろう。しかし，不接触の場合をすべて暴行でないとするのも妥当でないように思われる。なぜなら，暴行罪は208条の文言からみて傷害未遂罪としての性格と地位を有し，そのかぎりで危険犯としての性格を肯定しうるからである。もちろん，208条の解釈としても身体的接触を必要とし，その限度で傷害未遂が処罰されるのだとすることも可能である。しかし，人をめがけて投石したが命中しなかったような場合，すなわち，物理力の行使が本来傷害を生ぜしめる危険を有していたが，たまたま傷害結果を生じなかった場合まで不可罰とすることは妥当でないであろう。したがって，客観的に身体的接触により傷害の結果発生の可能性があり，行為者が身体的接触を目的としていた場合，すなわち，傷害の故意がある場合（前記判例②）には傷害未遂としての暴行罪を認めてよいと思われる。これに対して，身体的接触を目的としていない場合（前記判例①③④）には，脅迫罪が成立するにとどまり，結果的に傷害や致死の結果を生じたとしても過失犯を認めうるにすぎない（堀内38頁も同旨であろう）。判例が，この場合にまで暴行概念を拡張しているのは，脅迫罪と過失致死傷罪の観念的競合とするのでは処罰感情に反すると考えたからであろうが，やはり，妥当でないように思われる。必要があるとすれば，傷害罪や傷害致死罪を脅迫罪の結果的加重犯としての性格を有するものとする立法を考慮すべきであろう。この点，強盗の手段たる脅迫から傷害の結果を生じた場合にも強盗致傷罪の成立を認めた下級審判例（大阪高判昭和60・2・6高刑38巻1号50頁〔285〕）が参考になろう。

大阪高判平成24・3・13判タ1387号376頁〔46〕は，被告人が，コンビニエンスストアの駐車場で口論の末，被害者まで30〜50センチメートルの距離に詰め寄ったところ，被害者が後ずさりして後方に転倒し，脳損傷などの傷害を負った事件について，「被告人の本件行為は……被害者をして転倒させてけがをさせる危険を有するというべきであるから，直接の身体接触はないものの，傷害罪の実行行為である暴行に当たると認めるのが相当である」と判示して，傷害罪の成立を認めている。被告人の行為が，被害者が後ずさりすることを余儀なくさせるものであり，それゆえ転倒等による傷害の危険を有することを重視して，これを暴行にあたると判断したものであろう（なお，被告人に身体的接触の予見があったことまでは認定されていない）。

第3節　傷　害　罪

> 人の身体を傷害した者は，15年以下の懲役又は50万円以下の罰金に処する（204条）。

1　傷害の意義

1　傷害の意義については，身体の生理機能の障害または健康状態の不良な変更と解する見解とこれより広く身体の完全性の侵害と解する見解とが対立している。両説の差異は，頭髪の切除や眉の剃り落としといった重大な外貌の変更をも傷害に含めるかにある。後説をとれば床屋が不注意で眉を剃り落とした時も過失傷害（209条）として可罰的であるが，前説では過失暴行として不可罰という相違があるが，さほど実益のある議論とは思われない。「傷害」という文言の常識的理解から考えて生理機能障害説が妥当であろう。判例もこの立場に立っている。[1]

2　傷害の具体例としては，創傷，擦過傷，打撲傷のような外傷のみでなく，疲労倦怠，胸部疼痛，腰部圧痛，めまい，嘔吐，失神，中毒，病気の罹患，心的外傷後ストレス障害（PTSD ＝ Post-Traumatic Stress Disorder）等も傷害である。204条の法定刑の下限が1万円以上の罰金（15条）であることから，かなり軽微な傷害も同条にあたると解さざるをえないが，日常生活において看過される程度のものは除外すべきであろう（団藤407頁）。この点で，名古屋高金沢支判昭和40年10月14日（高刑18巻6号691頁）が，①日常生活に支障を来さないこと，②傷害として意識されないか，日常生活上看過される程度であること，③医療行為を特別に必要としないことの3要件を示していることが参考になろう。

---

1)　女性の頭髪の切断につき，大判明治45・6・20刑録18輯896頁〔47〕。ただし，東京地判昭和38・3・23判タ147号92頁〔48〕は，傷害とは生活機能の障害であるとして，女性の頭髪の根元からの切除を傷害にあたるとしている。

2 傷害概念の相対性

実務上は，かなり軽度の傷害も204条で処罰されている（最決平成6・3・4裁集263号101頁〔54〕）。これに対して，下級審の裁判例には，強盗致傷罪（240条前段）との関係で傷害概念の相対性を認め，軽度の傷害は同罪にいう「傷害」にあたらないとするものもあった（大阪地判平成16・11・17判タ1166号114頁〔55〕）。それは，同罪の有期刑の下限が7年であったため酌量減軽をしても執行猶予を付しえない（25条参照）ことに理由があった。しかし，平成16年の改正により，同罪の有期刑の下限が6年に引き下げられたため，この議論の重要性は減少したといえよう（200頁も参照）。

3 暴行と傷害の関係

1 傷害罪の未遂を処罰する規定はない。ただし，暴力行為等処罰ニ関スル法律1条ノ2第2項は銃砲または刀剣類を用いて人の身体を傷害する行為の未遂を処罰している。それ以外の場合には，暴行罪が傷害未遂罪としての機能を果たすことになる。したがって，暴行によらない傷害未遂は処罰されない。

2 傷害罪は故意犯であるが暴行罪との関係では結果的加重犯である。傷害致死罪（205条）は傷害罪の結果的加重犯であるから，暴行罪と傷害致死罪とは二重の結果的加重犯の関係に立つことになる。

これに対し，責任主義の見地から傷害罪を故意犯に限定すべきだとし，暴行の故意で傷害の結果を生じた場合，暴行罪と過失傷害罪の観念的競合を認めるべきであるとする見解もあるが（木村23頁），現在では支持されていない。「暴行を加えた者が人を傷害するに至らなかったときは」という208条の反対解釈からは，結果的加重犯説が妥当であるし，同条および204条が38条1項ただし書にいう「特別の規定」にあたるといえよう。

3 暴行によらない傷害

傷害は暴行によることが多いであろうが，暴行によらない傷害もありうる。たとえば，負傷者を治療しない，病人に薬を与えないという行為は不作為の傷害にはなっても暴行罪は成立しない。また，驚かしたり，侮辱的言辞により精神的障害を生ぜしめた場合，いやがらせ電話により精神衰弱

症にかからせる場合（東京地判昭和54・8・10判時943号122頁〔50〕），いやがらせ行為により不安および抑うつ状態に陥れた場合（名古屋地判平成6・1・18判タ858号272頁），長期間にわたりラジオや目覚し時計のアラーム音を大音量で流しつづけ全治不詳の慢性頭痛症にさせた場合（最決平成17・3・29刑集59巻2号54頁〔51〕）等も暴行によらない傷害の例である。この場合は，故意犯であるから傷害の故意が必要となる。したがって，脅かしたところ被害者が逃走しようとして転倒し傷害を負っても，傷害の故意がないかぎり脅迫罪と過失致傷罪が成立するにとどまると解すべきである。[2]

　問題となるのは，自己が性病であることを秘して性交する場合や相手を欺いて病原菌の入った飲み物を飲ませる行為である。相手が発病した場合に傷害罪を認めうることに問題はない。しかし，この場合は暴行によらない傷害であろうか。この問題は，相手方が発病しなかった場合になお暴行罪の成立を認めうるかという問題，および，傷害を生ぜしめて，これを手段として財物を奪取した場合に強盗罪となりうるかという問題に関連する。この点に関しては，①病原菌やウイルスを感染させる行為は当然に物理力（有形力）の行使であって暴行にあたるとする説（大谷26頁，曽根17頁），②物理力の作用といえないから暴行でないとする説（内田38頁，中森14頁，高橋50頁），③物理力の行使ではあるが相手方の同意があるから暴行でないとする説（小暮編（町野）37頁，平野168頁，山中46頁）がある。判例は，性病であることを秘して性交し病毒を感染させた場合を暴行によらない傷害であると解しており（最判昭和27・6・6刑集6巻6号795頁〔53〕），②または③の立場をとっている。しかし，まず③説は，すでに述べた法益関係的錯誤の場合であるから同意は無効であり，同意を根拠に暴行を否定することは困難であろう。つぎに，②説は暴行を暴力的行為と解するものであろうが，なぜそのような限定が必要なのかの根拠が明らかでない。さらに，たとえば，被害者に病原菌の入った飲み物を飲ませ腹痛を生ぜしめて財物を奪取した場合にも，暴行でないとすれば，強盗罪，強盗致傷罪の成立を認めることは困難となって不当であろう。この場合も物理力の行使であることは否定しえない以上，①説が妥当であろう。したがって，病原菌の入った飲み物を飲ませた

　2）　この点については，暴行罪における身体的接触の要否について述べた40頁以下を参照。

が，相手がたまたま発病しなかった場合でも，暴行罪が成立すると解すべきである。

　　最決平成24・1・30刑集66巻1号36頁〔49〕は，「被告人は，病院で勤務中ないし研究中であった被害者に対し，睡眠薬等を摂取させたことによって，約6時間又は約2時間にわたり意識障害及び筋弛緩作用を伴う急性薬物中毒の症状を生じさせ，もって，被害者の健康状態を不良に変更し，その生活機能の障害を惹起したものであるから，いずれの事件についても傷害罪が成立すると解するのが相当である」と判示している。本決定は，人間の意思活動も身体の生理的機能の一部であることから，意識障害を惹起することも健康状態の不良変更・生活機能の障害の惹起にあたるとして，傷害罪の成立を認めたものである。本件では意識障害の状態が約6時間または約2時間にわたって継続したことも，本罪の成立を認める上では重要であろう。なお，睡眠薬などを摂取させて昏酔強盗罪や準強制性交等罪を実現する場合，被害者に意識障害が生ずることはすでに織り込み済みといえることから，これらの犯罪に基づく強盗致傷罪や強制性交等致傷罪においては，一時的な意識障害は「傷害」に該当しないと解する余地は残されているだろう（本決定については，辻川靖夫「判解」ジュリ1448号100頁を参照）。

　　最決平成24・7・24刑集66巻8号709頁〔52〕は，被告人が被害者を不法に監禁し，その結果，監禁行為やその手段等として加えられた暴行，脅迫により，被害者に，一時的な精神的苦痛やストレスを感じたという程度にとどまらず，いわゆる心的外傷後ストレス障害（PTSD）の発症が認められた事件について，「精神的機能の障害を惹起した場合も刑法にいう傷害に当たると解するのが相当である」と判示して，監禁致傷罪の成立を肯定している。本決定は，精神的機能も身体の機能の一部であることから，「精神的機能の障害」も身体の生理機能の障害に含まれるとして，PTSDの発症が「傷害」にあたるという結論を導いたものであろう。「傷害」該当性の判断においては，被害者の精神症状が「一時的な精神的苦痛やストレスを感じたという程度」ではなく，疾患概念として確立したPTSDの発症レベルに至ったという事実が重要であろう（辻川靖夫「判解」ジュリ1482号84頁を参照）。

4　傷害致死罪

> 　身体を傷害し，よって人を死亡させた者は，3年以上の有期懲役に処する（205条）。

　本罪は，暴行および傷害の結果的加重犯である。傷害罪が暴行罪の結果的加重犯であるから，本罪は，暴行罪の二重の結果的加重犯ということになる。加重結果が暴行または傷害の行為と相当因果関係を有すること，お

よび，加重結果について予見可能性（過失）のあることを必要と解すべきである。しかし，判例は，予見可能性を不要としている（最判昭和46・6・17刑集25巻4号567頁参照）。

なお，尊属傷害致死罪（205条2項）は，平成7年の改正により削除された。

5 現場助勢罪

> 前二条〔204条・205条〕の犯罪が行われるに当たり，現場において勢いを助けた者は，自ら人を傷害しなくても，1年以下の懲役又は10万円以下の罰金若しくは科料に処する（206条）。

206条は，傷害の現場で「勢いを助けた者」を1年以下の懲役または10万円以下の罰金もしくは科料に処している。この法定刑は傷害罪の幇助犯の処断刑（204条・63条参照）よりも軽いから，その趣旨が問題となる。判例によれば，本条は単なる助勢行為を処罰するものであって特定の正犯を幇助する従犯とは区別すべきものとされている（大判昭和2・3・28刑集6巻118頁〔57〕）。その趣旨は必ずしも明らかではないが，傷害の現場において闘争者の双方に対し喧嘩をあおりたてるような行為が本条にあたるとするものであり，精神的幇助の対象が特定しているか否かを基準とするものであろう。これに対し学説は，①本罪を傷害行為の現場における一種の幇助的行為を，野次馬の群集心理に基づく行動であるとの理由で特別に軽減した類型であるとする説（団藤417頁，福田153頁，小暮編（町野）45頁），②傷害の幇助行為ならば，傷害罪の従犯として処罰されるべきものであり，とくにこれを軽くする理由はないとの理由から，傷害の幇助にあたらない行為で，現場で喧嘩闘争をあおる行為を処罰するものと解すべきであるとして判例の立場を支持する説（大塚31頁以下，吉川29頁，平野169頁，井田64頁，松原57頁）とに分かれる。しかし，傷害の現場において闘争者の双方をあおる行為は，やはり精神的幇助行為であるといわざるをえないから①説が妥当であろう。

48 第2編　個人的法益に対する罪　第2章　身体に対する罪

6　同時傷害の特例

> 2人以上で暴行を加えて人を傷害した場合において，それぞれの暴行による傷害の軽重を知ることができず，又はその傷害を生じさせた者を知ることができないときは，共同して実行した者でなくても，共犯の例による（207条）。

1　立法趣旨

　A，Bが共謀してCに暴行を加えCに1個または数個の傷害を負わせた場合には，共犯であるから，Cの傷害がA，Bいずれの暴行から生じたものかが不明でも，A，Bはすべての傷害につき罪責を負う。これに対し，同時犯の場合，すなわちA，Bが意思の疎通なく，同時にCに暴行を加えCに傷害を負わせたが，A，Bのいずれの暴行によるものか不明の場合，「疑わしきは被告人の利益に（*in dubio pro reo*）」の原則によればA，Bともに暴行罪にとどまることになる。このような帰結を不当として207条は同時傷害の特例を設けている。本条に対しては憲法違反の疑いがあるとの批判（平野170頁）もあるが，行為者は傷害の危険を有する暴行を行っていること，暴行の行為者であれば反証をあげることも可能であること，反対に，検察官が傷害の行為者を特定することはきわめて困難であることを考慮すれば合理性を肯定しうるであろう（松尾浩也・刑事訴訟法(下)(新版補正第2版) 24頁〔1999〕）。

2　「共犯の例による」の意義

　「共犯の例による」とは，個々の暴行と傷害の因果関係を推定することにより挙証責任を被告人に転換したものである。したがって，行為者は当該傷害が自己の暴行によるものでないことを立証しないかぎり傷害罪の罪責を負う。

　これに対し，本条は因果関係の推定を認めたものではなく，共同正犯関係・意思疎通の推定を認めたものとの見解も主張されている（西原17頁，大谷34頁）。この見解は，本条の適用範囲を共犯類似の現象に限定しようとするものとしては妥当な方向を示すものである。しかし，意思疎通不存在の立証は比較的容易であるから本条の立法趣旨に沿うか疑問がある。また，

「共同して実行した者でなくても，共犯の例による」のであるから，本条は共同正犯関係が存在しない場合にもなお適用されることを前提にしていると解すべきであろう。

3　適用の要件

本条が「疑わしきは被告人の利益に」の原則に対する例外であることは明白であるから，その適用の要件は厳格に解すべきであろう。

まず第一に，行為者の暴行が当該具体的な傷害を生ぜしめるに足るものであったことは検察官が立証しなければならない。たとえば，ナイフによる創傷の場合，行為者がナイフを持っていたことまでは検察官が証明すべきである。第二に，外形的に共犯類似の現象があることを要する。すなわち，同時犯の暴行の時間的，場所的同時性または接着性がないかぎり本条は適用されないのが原則と解すべきである（札幌高判昭和45・7・14高刑23巻3号479頁〔59〕）。しかし，時間的・場所的接着性がなくても，2名のうち1名運転の自動車に被害者を乗せて走行中に，これら2名が，それぞれ下車して被害者に暴行を加えた場合（福岡高判昭和49・5・20刑月6巻5号561頁），被害者Xに対するA・Bによる第1暴行とCによる第2暴行とが時間的に1時間20分，場所的に約20キロメートルの間隔があるとしても，A・BがXを第二現場まで自動車で連行する間にCに連絡していたり，A・B・Cが同じ会社の勤務者であり，Xに暴行を加える動機も同一であるなど，A・Bの第1暴行とCの第2暴行が社会通念上同一の機会に行われた一連の行為と認めうる場合（東京高判平成20・9・8判タ1303号309頁）などには本条の特例の適用を認めてよいであろう。

4　適用範囲

本条の適用範囲につき判例は傷害致死罪にまで及ぶとしている（最判昭和26・9・20刑集5巻10号1937頁〔60〕）。これを支持する見解も有力であり（団藤419頁，藤木202頁，香川383頁，山口51頁，井田65頁），さらに広く強盗致傷，強制性交等致傷にも及ぶとする見解（小暮編（町野）44頁）さえ主張されている。しかし，すでに述べたように本条が例外規定であること，「人を傷害した場合」との文言であることを考えれば，本条は傷害罪についてのみ適用されると解すべきであろう（通説）。

さらに，本条が，承継的共犯の場合に適用可能かも問題となる。たとえ

50　第2編　個人的法益に対する罪　第2章　身体に対する罪

ば，AがCに暴行を加えているとき，途中からBが加担して共同して暴行し，その結果傷害を負わせたが，Cの傷害がBの加担後の暴行によるものか否か不明のとき，BがAの行為および結果を承継することを認めれば問題はないが，これを否定すれば，Bの罪責は暴行罪にとどまることになる。下級審判例の中には，承継的共犯を否定しつつも，本条の適用可能性を示唆するものや（大阪高判昭和62・7・10高刑40巻3号720頁〔62〕），本条の適用を肯定するもの（大阪地判平成9・8・20判タ995号286頁〔63〕，同旨，林57頁，山口52頁）もある。たしかに，207条は共犯類似の現象に対処するための規定であるから，まして共犯関係がある時は当然にその適用を認めてよいとの考え方もありうる。さらに，207条の適用範囲を強盗致傷，強制性交等致傷にも及ぶとすれば，承継的共犯の問題はほとんど解決されることにもなろう。しかし，このような解釈はやはり疑問だと思われる。なぜなら，207条は誰も傷害結果について責任を負わなくなる場合についての例外規定であるのに対し，承継的共犯の場合，少なくとも先行行為者は傷害の罪責を負うからである。同条の例外規定性を考慮すれば，その適用範囲の拡張には慎重であるべきである（山中62頁，高橋58頁，松原63頁）。

　　最決平成28・3・24刑集70巻3号1頁〔61〕は，207条の適用について重要な判断を示している。本決定は被告人A，Bが午前6時50分頃から午前7時10分頃までの間，被害者に対して第1暴行を加えた後，被告人Cが午前7時50分頃から第2暴行を加えた結果，被害者が急性硬膜下血腫によって死亡したが，第1暴行と第2暴行は，そのいずれもが急性硬膜下血腫の傷害を発生させることが可能なものであるものの，急性硬膜下血腫の傷害が両暴行のいずれによって生じたのかは不明であるという事件について，「同時傷害の特例を定めた刑法207条は，二人以上が暴行を加えた事案においては，生じた傷害の原因となった暴行を特定することが困難な場合が多いことなどに鑑み，共犯関係が立証されない場合であっても，例外的に共犯の例によることとしている。同条の適用の前提として，検察官は，各暴行が当該傷害を生じさせ得る危険性を有するものであること及び各暴行が外形的には共同実行に等しいと評価できるような状況において行われたこと，すなわち，同一の機会に行われたものであることの証明を要するというべきであり，その証明がされた場合，各行為者は，自己の関与した暴行がその傷害を生じさせていないことを立証しない

3）　なお，共犯からの離脱を認めつつ，本条により離脱者に傷害罪の成立を肯定したものとして，名古屋高判平成14・8・29判時1831号158頁があるが，後半部分は不当であろう。西田・総論373頁参照。

限り，傷害についての責任を免れないというべきである」と判示した上で，複数人の暴行から死亡結果が生じた傷害致死の事案についても，「刑法207条適用の前提となる前記の事実関係が証明された場合には，各行為者は，同条により，自己の関与した暴行が死因となった傷害を生じさせていないことを立証しない限り，当該傷害について責任を負い，更に同傷害を原因として発生した死亡の結果についても責任を負うというべきである」ことを明らかにしている。

　本決定は，207条の趣旨を明らかにした上で，①各暴行が当該傷害を生じさせうる危険性を有していること，②外形的には共同実行に等しいと評価できる状況（同一の機会の犯行と評価できること）が同条の適用要件であることを明示したものである。また，死因となった傷害結果について同条を適用することによって，各行為者には傷害致死罪の成立が認められることについても，改めて確認されている。なお，本件は，被告人Cの第2暴行が重大なものであったことから，仮に第1暴行で既に急性硬膜下血腫の傷害が発生していたとしても，第2暴行はそれをさらに悪化させたと認定できることから，第2暴行はいずれにせよ，死亡結果に因果関係を有していることになる。もっとも，仮に被告人Cが（207条を適用しなくても）傷害致死罪の罪責を負うとしても，第1暴行・第2暴行のいずれが急性硬膜下血腫を発生させたのかは明らかにされないままである（したがって，207条を適用しない場合，A，Bは急性硬膜下血腫を惹起していないという前提で傷害罪の罪責を負うにすぎず，また，Cも既に生じていた急性硬膜下血腫を悪化させて死期を早めたという評価の限度で，量刑判断されることになる）。おそらく，このような帰結が妥当ではないという判断から，本決定は，「本件のようにいずれかの暴行と死亡との間の因果関係が肯定されるときであっても……同条の適用は妨げられないというべきである」と判示したものと解される（本決定については，細谷泰暢「判解」ジュリ1515号96頁，安田拓人「判批」法教430号150頁，小林憲太郎「判批」判時2323号169頁，橋爪隆「同時傷害の特例について」法教446号116頁などを参照）。

52 第2編 個人的法益に対する罪 第2章 身体に対する罪

第4節 危険運転致死傷罪

> 次に掲げる行為を行い，よって，人を負傷させた者は15年以下の懲役に処し，人を死亡させた者は1年以上の有期懲役に処する。(1)アルコール又は薬物の影響により正常な運転が困難な状態で自動車を走行させる行為 (2)その進行を制御することが困難な高速度で自動車を走行させる行為 (3)その進行を制御する技能を有しないで自動車を走行させる行為 (4)人又は車の通行を妨害する目的で，走行中の自動車の直前に進入し，その他通行中の人又は車に著しく接近し，かつ，重大な交通の危険を生じさせる速度で自動車を運転する行為 (5)赤色信号又はこれに相当する信号を殊更に無視し，かつ，重大な交通の危険を生じさせる速度で自動車を運転する行為 (6)通行禁止道路（道路標識若しくは道路標示により，又はその他法令の規定により自動車の通行が禁止されている道路又はその部分であって，これを通行することが人又は車に交通の危険を生じさせるものとして政令で定めるものをいう。）を進行し，かつ，重大な交通の危険を生じさせる速度で自動車を運転する行為（自動車運転死傷行為等処罰法2条)

1 総 説

　本罪は，平成13年に刑法の一部改正（法138号）として成立したものである。本罪は当初，刑法208条の2に規定されていたが，平成19年に一部改正（法54号）がなされたうえ，さらに，平成25年に「自動車の運転により人を死傷させる行為等の処罰に関する法律」（自動車運転死傷行為等処罰法）の成立に伴い，対象行為が拡大されるとともに，刑法典から同法に移されることになった（本改正については，保坂和人「自動車の運転により人を死傷させる行為等の処罰に関する法律について」警論67巻3号43頁以下を参照)。

　本罪は自動車の危険な運転行為による死傷結果の惹起を，一般の過失運転致死傷罪（同法5条）よりも重く処罰するものである。判例によれば，業務上過失致死傷罪と道交法違反罪とは併合罪の関係にあるとされているが（最大判昭和49・5・29刑集28巻4号114頁)，このような併合罪の処理によっても適切に対処することの困難な飲酒運転や無謀な高速度運転などによる悪質・重大な交通事犯が頻発していること，故意に危険運転行為を行っている点

に注目すれば，その実態は過失犯というより暴行による傷害・傷害致死罪に準じた犯罪とすることが適当であること，被害者感情や一般予防の観点を考慮すれば一定の重罰化が要求される立法事実があること等が本罪の立法趣旨である。本罪が過失犯の類型ではなく，傷害・傷害致死罪に準じた犯罪であることを明らかにするため，本条の位置も平成25年改正前は，208条の2として傷害の罪の章に規定されていた。また，危険運転行為であることから，1回の事故で多数の死傷者が出る可能性も考慮して罰金刑は設けられていない。

　もっとも，危険運転行為は，あくまでも暴行に準じるものとして捉えられているのであり，暴行そのものとされているわけではない。それゆえに，致死罪の法定刑も205条の3年以上ではなく，1年以上の有期懲役とされているのである。また，本条4号の妨害運転の典型例である幅寄せ行為，あおり行為などは，物理的接触を目的としないかぎり脅迫にはあたっても暴行にはあたらないというのが本書の立場（前述41頁）であるが，この見地からは，本条は，その一部において脅迫致死傷罪を規定したものと解すべきことになる。

　なお，自動車運転死傷行為等処罰法の成立に伴い，従前の危険運転致死傷罪における危険運転と同等とまではいえないが，なお過失運転致死傷罪よりも悪質性・危険性が高いと認められる行為について，両者の中間的な法定刑で処罰する新たな危険運転致死傷罪が設けられた（同法3条）。また，飲酒運転等の発覚を免れる目的で発覚を免れるべき行為に出た場合についても，新たな犯罪類型が設けられた（同法4条）。これらについても，後掲4，5で簡単に触れておくことにする。

2　結果的加重犯

　本条は，故意の危険運転行為として，①酩酊運転，②制御困難運転，③未熟運転，④妨害運転，⑤赤信号無視運転，⑥通行禁止道路進行を類型化している。これらに対応する道交法上の犯罪としては，①酒気帯び運転（65条1項・117条の2第1号），過労運転等（66条・117条の2の2第7号），②最高速度違反（22条・118条1項1号），安全運転義務違反（70条・119条1項9号），③無免許運転（64条・117条の2の2第1号），安全運転義務違反（70条・119条1項9号），

④割り込み禁止（32条・120条1項2号），共同危険行為（68条・117条の3），安全
運転義務違反（70条・119条1項9号），⑤信号無視（7条・119条1項1号の2），⑥
通行禁止違反（8条1項・119条1項1号の2）をあげることができよう。したが
って，本条の罪は，一応形式的には，これらの道交法違反の罪の結果的加
重犯ということができる。しかし，本条の罪が前提としている基本犯は，
これらの道交法違反行為のうちでも高度に危険な故意の違反行為であるこ
とに留意すべきである。

　なお，判例は結果的加重犯の加重結果につき，因果関係があればよく過
失を必要としないとしている（最判昭和26・9・20刑集5巻10号1937頁〔60〕）。この
点は，立案当局も同様の立場をとっている。このため，歩行者の急な飛び
出しなどのため，危険運転行為と無関係に事故を発生させた場合には因果
関係が欠けると説明されているが（井上宏「自動車運転による死傷事犯に対する罰則
の整備等について」ジュリ1216号39頁），理論的には過失が存在しないという解釈
もありえよう。[1]

3　行　　為

　本条は，危険運転の類型として，6つの運転・走行行為を列挙している。
前三者は，運転者の意思によっては的確に自動車の進行を制御することが
困難な状態での危険運転行為であり（1号〜3号），後三者は，運転者による
自動車の進行の制御自体に問題はないとしても，特定の相手方や特定の場
所・状況との関係において危険性の高い類型の危険運転行為である（4号〜
6号）。

1　酩酊運転類型

　アルコールまたは薬物の影響により正常な運転が困難な状態で自動車を
走行させ，よって，人を死傷させる罪である（アルコールによる酩酊につき本罪
を認めたものとして，東京地八王子支判平成14・10・29判タ1118号299頁，千葉地松戸支判平成
15・10・6判時1848号159頁）。薬物とは麻薬，覚せい剤等の規制薬物に限らず，
シンナーや睡眠薬など「正常な運転が困難な状態」を生じさせる薬理作用
のあるものをいう。道交法上の酒酔い運転罪（65条）にいう「正常な運転が

1）　本罪の運用状況について，白井智之「危険運転致死傷罪の運用状況と適用上の問題点に
　　ついて」警論56巻5号138頁以下参照。

できないおそれがある状態」では足りず，酩酊の影響により，現実に，前方注視やハンドル，ブレーキの操作が困難な心身の状態となることが必要である。この点で，被告人がかなりの飲酒酩酊状態での前方不注視により衝突事故を起こした事案において，第1審は，事故現場までは接触による物損事故等を生じることなく走行していることから本条による訴因を認定せず予備的訴因である業務上過失致死罪（平成19年改正前の211条1項）を認定したのに対し（福岡地判平成20・1・8判タ1268号330頁），その控訴審は，これを破棄し「アルコールの影響により正常な運転が困難な状態とは，アルコールの影響により現実に道路及び交通の状況等に応じた運転操作を行うことが困難な心身の状態を意味すると解するのが相当である」とした上で「被告人は，自車を走行させるための相応の運転操作は可能であったが，前方注視を行う上で必要な視覚による探索の能力が低下したために前方の注視が困難となって先行車の存在を間近に迫るまで認識することができない状態にあり，現実に道路及び交通の状況等に応じた運転操作を行えなかったものであって，アルコールの影響により，正常な運転が困難な状態で本件事故を起こしたと認められる」として本罪の成立を肯定した。被告人が上告したのに対し，最高裁は次のように述べて上告を棄却したが，妥当な判断だと思われる。「刑法208条の2第1項前段〔改正前〕の『アルコールの影響により正常な運転が困難な状態』とは，アルコールの影響により道路交通の状況等に応じた運転操作を行うことが困難な心身の状態をいうと解されるが，アルコールの影響により前方を注視してそこにある危険を的確に把握して対処することができない状態も，これに当たるというべきである。」「前記検討したところによれば，本件は，飲酒酩酊状態にあった被告人が直進道路において高速で普通乗用自動車を運転中，先行車両の直近に至るまでこれに気付かず追突し，その衝撃により同車両を橋の上から海中に転落・水没させ，死傷の結果を発生させた事案であるところ，追突の原因は，被告人が被害車両に気付くまでの約8秒間終始前方を見ていなかったか又はその間前方を見てもこれを認識できない状態にあったかのいずれかであり，いずれであってもアルコールの影響により前方を注視してそこにある危険を的確に把握して対処することができない状態にあったと認められ，かつ，被告人にそのことの認識があったことも認められるのである

から，被告人は，アルコールの影響により正常な運転が困難な状態で自車を走行させ，よって人を死傷させたものというべきである。被告人に危険運転致死傷罪の成立を認めた原判決は，結論において相当である」（最決平成23・10・31刑集65巻7号1138頁〔64〕，ただし，田原睦夫裁判官の反対意見が付されている）。

アルコール等の摂取が病気や過労とあいまって正常な運転が困難な状態を引き起こした場合であっても，アルコール等の「影響により」といってさしつかえない。ただ，全般的に正常な運転が困難な状態であることが要件であるから，アルコール等の影響により，一瞬急ブレーキを踏むのが遅れて事故を起こしたような場合は含まれないと解すべきであろう。また，飲酒酩酊のため居眠り状態となり，その結果赤信号を無視して交差点で死傷事故を起こした場合には後述する赤信号無視運転の類型ではなく，酩酊運転類型にあたると解すべきであろう。

本罪の基本犯は故意犯であるから，自己が「正常な運転が困難な状態」であることの認識が必要である。もっとも「自分は大丈夫だ」という勝手な評価により困難性についての故意が否定されるわけではない。困難性を基礎づける事実，たとえば，意識が朦朧としていること，歩行が困難であること，他人から運転をやめるよう注意されたことなどの事実の認識があれば足りる。なお，飲酒時に運転の意思があった場合には，運転時に責任能力が低下していても，原因において自由な行為の法理により，刑法39条は適用されないというのが判例である（最決昭和43・2・27刑集22巻2号67頁）。

2　制御困難運転類型

進行を制御することが困難な高速度で自動車を走行させ，よって，人を死傷させる罪である。「進行を制御することが困難な高速度」とは，速度が速すぎるため，道路の状況に応じて進行することが困難なことをいう。具体的には，道路がアイスバーン状態にある，急カーブである，幅員が狭い等の道路の状況，車の性能，過積載であるといった車の状況により，わずかな操作ミスによって自己の車を進路から逸脱させて事故を生ぜしめることとなるような速度での走行をいう[2]。たとえば，アイスバーン状態の道

2）　本罪の成立を認めたものとして，金沢地判平成14・9・25判タ1123号283頁がある。これは，湾曲した下り坂の一般道において，時速約150キロメートルで自動車を走らせ車道脇の

路を高速で走行したためブレーキ操作が不可能になり死傷事故を起こした場合，急カーブなのに減速しなかったため，走行速度が当該カーブの限界旋回速度を上回り，このため歩道に乗り上げたり，対向車線にはみ出して事故を起こした場合などがその例である（その例として，長野地判平成16・3・17 LEX/DB28095248，大阪地判平成16・3・30 LEX/DB28095255）。もっとも，直線道路であっても起伏の大きい道路の場合には走行速度に応じた衝撃が加わるから，そのために自車を道路外に逸脱させたような場合には本罪の成立を認めうるであろう。事実，時速90キロメートルを超える高速度で中央が隆起している橋を走行したため，自動車がジャンプして着地した際に制御不能となって暴走し，ガードレールなどに衝突して同乗者の1名を死亡させ，2名に傷害を負わせた事案につき本罪の成立を肯定したうえ，さらに，本罪における「進行を制御することが困難な高速度」とは「走行中の短時間の速度であっても，道路の状況に応じて進行することが困難な状態になれば，これに該当し，相当程度の時間にわたり危険な高速度で走行する必要はない」とした裁判例がある（東京高判平成22・9・28判タ1352号252頁）。これらに対して，住宅街で制限速度をオーバーしていたため歩行者を避けられずに事故を起こしたような場合は，制御困難な高速度とはいえないから本罪にはあたらない。

　本罪の基本犯も故意犯であるから，進行の制御困難性を基礎づける事実の認識が必要である。たとえば，車体のぶれやハンドルの操作困難性，道路状況との関係ではスピードを出し過ぎていることなどを認識していなければならない。

3　未熟運転類型

進行を制御する技能を有しないで自動車を走行させ，よって，人を死傷

樹木等に激突して同乗者を死亡させた事案である。同種の事案につき，釧路地北見支判平成17・7・28判タ1203号300頁も本罪の成立を認めている。他方，否定したものとして，千葉地判平成16・5・7判タ1159号118頁がある。これは，制限時速40キロメートルの一般道の左カーブを酒気帯び状態で，かつ，時速70キロメートルで走行した事案につき，「進行を制御することが困難な高速度」か否かは客観的事情によって判断すべきであり，酒気帯びであったという個人的事情については考慮しない趣旨であるとして，本罪の成立を否定して業務上過失致死罪を認定したものである。その評釈として，西田典之「判批」刑ジャ3号84頁参照。

させる罪である。「進行を制御する技能を有しない」とは，基本的な自動車操作の技能を有しないことをいう。無免許であることが原則であろうが，長年ペーパードライバーであったような場合も含みうるであろう。経験・技能はあるが無免許の場合や免許停止中の場合などは含まれない。本罪の基本犯も故意犯である。

4　妨害運転類型

人または車の通行を妨害する目的で，通行中の人または車に著しく接近し，かつ，重大な交通の危険を生じさせる速度で自動車を運転し，よって，人を死傷させる罪である。「走行中の自動車の直前に進入し」とは例示である。具体的には，割り込み，幅寄せ，あおり，対向車線へのはみだし行為などにより，他車のハンドル操作を誤らせて死傷事故を起こしたような場合である。相手方である「車」は，自動車，原動機付自転車，自転車等の軽車両を含む。「妨害する目的」とは，動機であり，相手方に衝突を避けるための急な回避措置をとらせるなど，相手方の自由かつ安全な通行の妨害を積極的に意図することをいう。したがって，なんらかの事情でやむなく割り込むような場合には，相手方の通行を妨害することになると認識していても本罪は成立しない。本罪の成立を認めたものとして，カーチェイスまがいの行為から2台が衝突し1台が対向車線にはみ出して対向車と衝突した事例（東京高判平成16・4・13判時1890号156頁），後方からの高速度による追い上げの結果先行車に衝突事故を起こさせた事例（静岡地判平成18・8・31判タ1223号306頁），被害車両の前方に割り込もうとして被害車両を転把させ歩道の案内板支柱に衝突させた事例（佐賀地判平成19・5・8判タ1248号344頁）がある。「重大な交通の危険を生じさせる速度」とは，妨害行為の結果，相手方と接触すれば大きな事故を生じることとなるような速度をいう[3]。本罪の行為も，低速の場合は重大な事故を起こす危険が類型的に高いとはいえないために，このような速度要件が付加されたものである。

5　赤信号無視運転類型

赤色信号またはこれに相当する信号（道交法6条1項，同法施行令4条・5条参照）を殊更に無視し，かつ，重大な交通の危険を生じさせる速度で自動車

3）　井上・前掲41頁によれば，時速20〜30キロメートルで走行していれば，この速度要件を満たすとされている。

を運転し，よって，人を死傷させる罪である（本罪の成立を認めたものとして，大阪高判平成15・8・21判タ1143号300頁，津地判平成15・10・29判時1848号159頁）。「殊更に無視し」とは，赤信号であることを認識している場合のみでなく，およそ赤色信号標識に従う意思のない場合，すなわち，交通信号の「表示を意に介することなく，たとえ赤色信号であったとしてもこれを無視する意思で進行する行為も，これに含まれる」（最決平成20・10・16刑集62巻9号2797頁〔65〕）。これに対して，赤色信号であることを看過した場合，信号の替わり際で赤色信号であることに未必的認識しかない場合などには本罪は成立しない。「重大な交通の危険を生じさせる速度」の要件については前述したとおりである。最高裁は，赤信号を殊更無視し対向車線にはみ出し，時速約20キロメートルで右折しようとして左折車と衝突し，相手方に傷害を負わせた場合にも本罪が成立するとしている（最決平成18・3・14刑集60巻3号363頁〔66〕）。

6　通行禁止道路進行類型

　本類型の危険運転行為は，平成25年の改正により新たに追加されたものであり，通行禁止道路を進行し，かつ，重大な交通の危険を生じさせる速度で自動車を運転し，よって，人を死傷させる罪である。「通行禁止道路」とは，「道路標識若しくは道路標示により，又はその他法令の規定により自動車の通行が禁止されている道路又はその部分であって，これを通行することが人又は車に交通の危険を生じさせるものとして政令で定めるもの」とされており，具体的には，一方通行道路や高速道路の逆走，車両通行止め道路や歩行者専用道路の走行などが「通行禁止道路」の進行にあたる（同法施行令2条参照）。これは通行禁止道路の進行行為のうち，他の通行者としては自動車が来るはずがないという信頼のもと通行しており，危険回避が期待できないという意味において，類型的に危険性・悪質性が高い類型に限って処罰対象とする趣旨である。「重大な交通の危険を生じさせる速度」の要件については前述したとおりである。

　なお，赤信号無視運転類型については，「信号の変わり際」の赤色信号違反をすべて危険運転行為とすべきではないことから，「殊更に無視」という要件が設けられているが，通行禁止については，信号のように短時間で規制内容が変化することが想定しがたいことから，「殊更に無視」する

ことが要求されていない。したがって，本罪の主観的要件としては，「通行禁止道路」を「重大な交通の危険を生じさせる速度」で進行していることの認識があれば足りる（通行禁止道路についても，意味の認識があれば足りるから，政令で規制されていることの具体的認識までは不要であろう）。

4　新たな危険運転致死傷罪

> 　アルコール又は薬物の影響により，その走行中に正常な運転に支障が生じるおそれがある状態で，自動車を運転し，よって，そのアルコール又は薬物の影響により正常な運転が困難な状態に陥り，人を負傷させた者は12年以下の懲役に処し，人を死亡させた者は15年以下の懲役に処する（自動車運転死傷行為等処罰法3条1項）。自動車の運転に支障を及ぼすおそれがある病気として政令で定めるものの影響により，その走行中に正常な運転に支障が生じるおそれがある状態で，自動車を運転し，よって，その病気の影響により正常な運転が困難な状態に陥り，人を死傷させた者も，前項と同様とする（同条2項）。

　1　3条1項の危険運転の実行行為は，「アルコール又は薬物の影響により，その走行中に正常な運転に支障が生じるおそれがある状態で，自動車を運転」する行為である。もっとも，その後，行為者が「そのアルコール又は薬物の影響により正常な運転が困難な状態に陥り」，その状態で死傷結果を惹起することが要求されている。2条1号の危険運転致死傷罪と比較した場合，客観的に「正常な運転が困難な状態」で死傷結果を惹起することが要求されていることは共通である。もっとも，2条1号の場合，「正常な運転が困難な状態」で自動車を走行させることが実行行為とされているため，この点について行為者の認識が必要であるのに対して，3条1項の場合，「正常な運転が困難な状態」は実行行為と結果発生との間の因果経過として要求されていることから，行為者の認識・予見は不要であり，故意の内容としては，その前段階の「正常な運転に支障が生じるおそれがある状態」で運転していることの認識があれば足りる。このように「正常な運転が困難な状態」の認識を立証する必要がないことが，2条1号の罪と3条1項の罪の重要な相違点である。

　「アルコール又は薬物の影響により，その走行中に正常な運転に支障が

生じるおそれがある状態」は,「正常な運転が困難な状態」には至っていないが,自動車運転に必要な注意力や判断能力,あるいは操作能力が通常の場合よりも相当に減退して危険性のある状態と,そのような危険性のある状態になりうる具体的なおそれのある状態の両者を含む。アルコールの場合,道路交通法の酒気帯び運転罪に該当する程度のアルコールを身体に保有している状態にあれば,通常はこれにあたるとされている。

　2　本条2項の危険運転の実行行為は「病気……の影響により,その走行中に正常な運転に支障が生じるおそれがある状態で,自動車を運転」する行為である。その後,「正常な運転が困難な状態」に陥り,死傷結果を惹起する必要があることは1項と同様である。本罪における「病気」は「自動車の運転に支障を及ぼすおそれがある病気として政令で定めるもの」に限定されており,具体的には,一定の症状を呈する統合失調症,低血糖症,そう鬱病,睡眠障害,一定の発作が再発するおそれのあるてんかん,虚血性失神がこれにあたる (同法施行令3条参照)。ここでは一律に病名によって判断するのではなく,一定の症状などによって,自動車運転に必要な注意力,判断能力,操作能力が減退する可能性があることが要求されている。

5　過失運転致死傷アルコール等影響発覚免脱罪

> 　アルコール又は薬物の影響によりその走行中に正常な運転に支障が生じるおそれがある状態で自動車を運転した者が,運転上必要な注意を怠り,よって人を死傷させた場合において,その運転の時のアルコール又は薬物の影響の有無又は程度が発覚することを免れる目的で,更にアルコール又は薬物を摂取すること,その場を離れて身体に保有するアルコール又は薬物の濃度を減少させることその他その影響の有無又は程度が発覚することを免れるべき行為をしたときは,12年以下の懲役に処する (自動車運転死傷行為等処罰法4条)。

　アルコールや薬物の影響によって危険運転致死傷罪に該当する行為に出た者が,事故現場から逃走するなどした結果,アルコール等の影響の程度を立証することができない場合,危険運転致死傷罪で処罰することができず,行為者は過失運転致死傷罪と道路交通法上の救護義務違反罪の罪で軽く処罰されることになり,いわゆる「逃げ得」の問題が生ずることが従来

から指摘されていた。本罪は，このような「逃げ得」問題に対応すべく，アルコール等の影響についての証拠収集を妨げることそれ自体を処罰の根拠とする新たな犯罪類型である。もっとも，人を死傷させたことが基本的に処罰の根拠をなしていることから，本罪の保護法益は主として人の生命・身体であり，刑事司法作用は副次的に保護法益に含められていると解される（詳細については，岸毅「過失運転致死傷アルコール等影響発覚免脱罪（自動車運転死傷処罰法4条）の実務的運用について」警論69巻1号126頁以下，橋爪隆「過失運転致死傷アルコール等影響発覚免脱罪について」西田典之先生献呈論文集506頁以下〔2017〕などを参照）。

　本罪は，①「アルコール又は薬物の影響によりその走行中に正常な運転に支障が生じるおそれがある状態で自動車を運転」する行為，②「運転上必要な注意を怠り，よって人を死傷させ」る行為，③アルコール等の影響等が「発覚することを免れるべき行為」の3つの行為の結合犯である。したがって，①②の行為に一切関与しておらず，③の「免れるべき行為」のみに関与した共犯者については，承継的共同正犯の成否が問題となるが，後行行為者は既に発生している死傷結果には因果関係を有しないのであるから，本罪の共同正犯の成立を認めることができず，「免れるべき行為」に加担する行為それ自体が「他人の刑事事件に関する証拠を隠滅」（刑法104条）する行為と評価できる場合に限って，証拠隠滅罪の正犯として処罰されることになる。

　本罪の「発覚することを免れるべき行為」の典型例は，「更にアルコール又は薬物を摂取すること，その場を離れて身体に保有するアルコール又は薬物の濃度を減少させること」である。アルコールや薬物を摂取する行為は，摂取した時点で本罪が成立するが，その場を離れる行為については，その場を離れたという行為それ自体ではなく，その結果，一定程度の時間が経過して体内のアルコール等の濃度に変化が生じたことが重要であることから，その場を離れた後，アルコール濃度等を一定程度減少させる程度の時間が経過した段階で，はじめて本罪は既遂に達すると解されている。

6　他罪との関係

1　道交法違反との関係

本罪の基本犯である危険運転行為が道交法に違反する場合であっても

（たとえば，酒酔い運転），道交法違反の部分は本罪に完全に取り込まれているのであるから，吸収関係による法条競合の関係に立ち本罪のみが成立する。

2　本罪内部の関係

自動車運転死傷行為等処罰法2条1号の酩酊運転の結果，正常な運転が困難な状態に陥り，さらに同条5号の赤色信号を殊更に無視して死傷事故を起こしたような場合には，同条の包括一罪が成立すると解すべきであろう。ただし，3条1項の危険運転致死傷罪は，2条1号の危険運転致死傷罪の補充的性格を有するものであるから，2条1号の罪が成立するときは，3条1項の罪は成立しない。同様の理由から，2条1号または3条1項の危険運転致死傷罪が成立する場合には，発覚免脱罪（4条）は成立しない。

3　暴行・傷害罪との関係

危険運転行為につき暴行罪が成立する場合でも，危険運転致死傷罪は，204条・205条の特別類型と解しうるから，本条の罪の成立を認めるべきであろう。危険運転行為につき傷害罪が成立する場合でも同様に解すべきであると思われる。[4]

4）　井上・前掲42頁は，傷害の故意である場合には，本罪ではなく，204条・205条の罪が成立するとしている。

64　第2編　個人的法益に対する罪　第2章　身体に対する罪

第5節　凶器準備集合罪・結集罪

> 　2人以上の者が他人の生命，身体又は財産に対し共同して害を加える目的で集合した場合において，凶器を準備して又はその準備があることを知って集合した者は，2年以下の懲役又は30万円以下の罰金に処する（208条の2第1項）。前項の場合において，凶器を準備して又はその準備があることを知って人を集合させた者は，3年以下の懲役に処する（同条2項）。

1　総　　説

　昭和31年ごろ暴力団の抗争が頻発し，いわゆるヤクザの出入りにおいて殴り込みのため相当数の集団が凶器を準備して集合し人心に不安を抱かせる事態を生じたが，これを事前に抑制・検挙するための適切な規定がなかった。本条は，このような事態に対処する目的で昭和33年に105条の2（証人等威迫罪）とともに新設されたものである。その後，昭和40年代になると，本条は，学生運動の激化に伴い過激派集団と機動隊，過激派集団相互の抗争にも多く適用され，複雑な解釈問題を生ぜしめている。

2　保護法益・罪質

　本罪は，その文言および条文の位置からみて，持凶器集団による他人の生命，身体，財産に対する共同加害行為の予備罪である。したがって，身体，財産に対する罪についての特別な予備罪を新設したものといえる。しかし，その立法の経緯から明らかなように，本罪は，同時に，持凶器集団の抗争によって，これと無関係な不特定・多数人の生命・身体・財産という法益が，その巻き添えによって侵害される危険を生ぜしめるものとして公共危険罪としての性格をも有している。[1]　学説上は予備罪的性格を優先させる見解が有力であるのに対し，判例は，本罪が「個人の生命，身体又は財産ばかりでなく，公共的な社会生活の平穏をも同様に保護法益とするも

1）　本罪を純粋に公共危険罪として位置づけるものとして，藤木83頁以下，中193頁以下がある。

の」（最判昭和58・6・23刑集37巻5号555頁＝アドセンター事件〔69〕）としており，公共危険罪的側面を重視する立場が確立したといえよう。

3 保護法益論の帰結

保護法益論における対立は，つぎの諸点で具体的結論の相違をもたらす。

1 犯罪の終了時期

本罪が集合状態が継続するかぎり成立する継続犯であることに問題はないが，目的とされた加害行為の実行に着手した後もなお継続して成立するか，すなわち，本罪の終了時期が問題となる。この点は，抗争・乱闘が開始された後も本罪による検挙が可能か，抗争開始後に集団に参加した者（開始前に集団にいたことを立証できない場合を含む）にも本罪を適用しうるかという点で実益をもつ。予備罪説によれば，実行に移行した以上もはや予備罪としての本罪が成立する余地はないことになる（平野171頁，大塚41・42頁，吉川33頁，齊藤414頁，大谷46頁，中森23頁）。これに対し，公共危険罪説によれば，集団が存在するかぎり公共の危険は存続するし，乱闘後になれば，公共の危険はより増加するのであるから当然に本罪の成立が肯定されることになる（藤木86頁）。清水谷公園事件の第1審判決は予備罪説をとったが，最高裁は公共危険罪説をとっている（最決昭和45・12・3刑集24巻13号1707頁＝清水谷公園事件〔67〕〔71〕）。

2 罪数関係

予備罪説をとれば，目的とされた加害行為たとえば傷害罪が成立する場合，その予備である本罪との関係は傷害罪に吸収されるか，少なくとも牽連犯の関係に立つことになろう（この立場の判例として，大阪高判昭和47・1・24高刑25巻1号11頁）。これに対して，公共危険罪説によれば，両者は法益を異にするから併合罪ということになる。最高裁は後者の立場をとる（最決昭和48・2・8刑集27巻1号1頁〔68〕）。

3 抽象的危険犯か具体的危険犯か

相手方が襲撃してきたら迎え撃つという迎撃目的での集合の場合にも本罪が成立しうることに問題はないが，予備罪説では，襲撃の客観的可能性が全くない場合には本罪は成立しないと解されている（小暮編（町野）49頁，曽根29頁）。これに対し，最高裁は公共危険罪説の見地から，本罪を抽象的

危険犯とし「必ずしも相手方からの襲撃の蓋然性ないし切迫性が客観的状況として存在することは必要でなく，兇器準備集合の状況が社会生活の平穏を害しうる態様のものであれば足りる」としている（前掲最判昭和58・6・23＝アドセンター事件）。

このように，判例上は本罪を公共危険罪とする理解がほぼ確立しているといってよい。本罪の条文の位置からみて，予備罪的性格を有することを無視することはできないが，その立法の沿革を考慮すれば，判例のような理解にも一定の合理性があると思われる。ただし，本罪の公共危険罪的性格を肯定するのであれば，単に形式的に本条の文言を充足する場合にただちに犯罪の成立を肯定すべきではなく，アドセンター事件における団藤重光裁判官の補足意見にも示されたように「兇器の種類・数量，集合した人数，周囲の状況，等々，行為当時の具体的な要因をすべて総合的に考察判断して，その行為の規模・態様等が，定型的にみて，個人の生命・身体・財産および公共的な社会生活の平穏を害する抽象的危険を感じさせるようなものであることを要する」と解し，構成要件に絞りをかけるべきであろう。

4　集合罪（1項）の成立要件

1　準備の意義

凶器準備集合罪は，相当数の者が凶器を準備して，または，準備のあることを知って集合した場合に成立する。条文の形式的な解釈によれば，2名の者が凶器を準備して集合した場合にも本罪が成立しうることになるが，公共危険罪的性格を考慮すれば，騒乱罪（106条）にいう「多衆」にまでは至らないとしても，集合の外観が公共の平穏を害するに足る程度の人数であることを必要とすると解すべきである。準備とは，凶器を必要に応じていつでも使用できる状態に置くことをいう（東京高判昭和39・1・27判時373号47頁）。したがって，集合場所と準備の場所とが離れており，加害行為に使用することが著しく困難な場合には準備とはいえない。

2　凶器の意義

凶器とは，銃砲刀剣類のような性質上の凶器のほか，使いようによっては凶器たりうる用法上の凶器も含まれる。もっとも，この考えを徹底すれ

ば，手拭，紐，針までも凶器に含まれることになるが，本罪の公共危険罪的性格からは，集団がそれを準備することによって，外観上人に危険感・不安感を抱かせるに足るものであることを必要とする。判例も同様の観点から，長さ1メートル前後の角棒（前掲最決昭和45・12・3＝清水谷公園事件），こぶし大の石塊（東京高判昭和50・2・28東時26巻2号47頁），長さ3.8メートルの竹竿（京都地判昭和47・7・14刑月4巻7号1312頁）につき凶器性を認め，反対に，長さ1.5メートルの旗竿，火炎瓶に見せかけるため殺虫剤を入れたビール瓶（東京地判昭和45・7・11判タ261号278頁），衝突させて殺傷する目的でエンジンをかけて待機中のダンプカー（最判昭和47・3・14刑集26巻2号187頁〔72〕）については凶器性を否定している。

なお，下級審判例の中には，角材の柄付きプラカードも実際に凶器として使用される段階では凶器性を認めうるとして本罪の成立を認めたものもある（東京地判昭和46・3・19刑月3巻3号444頁〔73〕）。実際の事案は，カモフラージュのためであったから，結論は妥当であるが，このように凶器性の段階的認定を認めるなら，手拭，タオルでも凶器として使われれば本罪が成立することになって不当である。このような段階的認定は，一面制約的であるが，反面で凶器概念を拡大することになる。凶器性は，集合の段階において本来危険感を抱かせるものに限定すべきであろう。

3　共同加害目的

本罪が成立するには2人以上の者に共同加害目的が必要である。加害の対象は他人の生命，身体，財産であるから，殺人，傷害，器物損壊のほか公務執行妨害や放火等も含まれる。積極的加害の場合のみでなく迎撃目的も含むことはすでに述べたとおりである。

凶器の準備のあることを知って集合したが，自らは加害行為を行うつもりのない者について本罪が成立するであろうか。本条が「2人以上の者が……集合した場合において」と規定していることから，これを構成要件的状況と解し，この点の認識があれば自らは加害目的を有しなくてもよいとする見解もある（団藤422頁）。文理上はこのような解釈も可能であるが，本罪が予備罪的性格をも有していることを考慮すれば，共犯は別論として，少なくとも実行正犯には共同加害目的が必要であろう。もっとも，現実に加害行為を行うというまでの目的でなくとも，抗争の現場に赴き加勢する

目的で足りるといってよい。したがって，抗争現場へ赴く意思のない者，現場へ行っても抗争自体には関与するつもりのない者は本罪の正犯とはならず，共犯としてのみ処罰されると解すべきである。

4　集合の概念

集合とは，共同加害目的のある者が，凶器を準備しまたは準備のあることを知って，一定の場所に参集するのが通常であろうが，集合した後に共同加害目的をもち，凶器の準備があることを知りながら集団から離脱しなければ集合にあたる（前掲最決昭和45・12・3＝清水谷公園事件）。このように解する場合には，平和的集団の一部が抗争を開始した場合にも，現場に滞留した者が本罪の正犯または幇助犯として処罰される危険性は否定できない。これを回避するには，共同加害目的または幇助の意思の認定において慎重であることが要求されよう。

5　共　犯

本罪について教唆，幇助が成立しうることにつき争いはない。しかし，いわゆる実行共同正犯については，本罪が必要的共犯（集団犯）であることから，60条を適用する必要はないといえよう。共謀共同正犯については，判例はこれを肯定する（東京地判昭和63・3・17判時1284号149頁）。学説では，否定説も有力であるが（藤木86頁，内田51頁，大谷48頁，中森22頁），共謀共同正犯自体を否定するなら格別，肯定するなら，本罪のみを異なって取り扱う理由はないと思われる。

5　結集罪（2項）の成立要件

集合罪が成立する場合において，凶器を準備し，または，その準備あることを知って人を「集合させた者」は結集罪として重く罰せられる。したがって，単なる集合罪の教唆犯はこれに含まれないと解すべきである。「集合させた者」とは集合状態の形成において主導的役割を果たした者をいう。自ら集合させる行為をする必要はないであろうから，共謀共同正犯的類型も含むと解すべきであろう。

第6節　過失傷害罪・過失致死罪

> 　過失により人を傷害した者は，30万円以下の罰金又は科料に処する（209条1項）。親告罪である（同条2項）。
> 　過失により人を死亡させた者は，50万円以下の罰金に処する（210条）。
> 　業務上必要な注意を怠り，よって人を死傷させた者は，5年以下の懲役若しくは禁錮又は100万円以下の罰金に処する。重大な過失により人を死傷させた者も，同様とする（211条）。
> 　自動車の運転上必要な注意を怠り，よって人を死傷させた者は，7年以下の懲役若しくは禁錮または100万円以下の罰金に処する。ただし，その傷害が軽いときは，情状により，その刑を免除することができる（自動車運転死傷行為等処罰法5条）。

1　総　　説

　刑法典第28章は「過失傷害の罪」として，過失傷害罪（209条），過失致死罪（210条），業務上過失致死傷罪（211条前段），重過失致死傷罪（211条後段）の4つを規定している。重過失致死傷罪は，昭和22年の改正で新設されたものであり，人身の保護を強化するとともに，すでに昭和16年に失火罪について117条の2によって業務上過失・重過失の双方につき加重類型が設けられていたこととの均衡を図ったものである。さらに，昭和43年には，モータリゼーションの進展に伴い激増した交通事故に対応するため，業務上過失・重過失致死傷罪の法定刑が「3年以下ノ禁錮又ハ1000円以下ノ罰金」から「5年以下ノ懲役若クハ禁錮又ハ1000円以下ノ罰金」に加重された（なお，平成3年改正前の罰金等臨時措置法3条参照）。なお，罰金刑は平成3年の罰金額の全面改正により50万円以下に改められたが，平成18年改正により100万円以下に引き上げられるとともに刑事訴訟法461条（略式命令）の上限が50万円から100万円に引き上げられている。さらに平成13年の改正により自動車運転過失致死傷罪（旧211条2項）が新設されたが，同罪は，平成25年，自動車運転死傷行為等処罰法の成立に伴い，同法に移され，罪名が

過失運転致死傷罪に改められている。

過失の意義については，総論に譲り，ここでは業務上過失，重過失の概念についてのみ述べることにする。

2　重過失致死傷罪

「重大な過失」とは，注意義務に違反する程度が著しい場合をいう。結果の予見がきわめて容易であった場合のほか，結果の予見が可能であるにすぎないが，酩酊等の著しい注意義務違反のために結果を予見しなかった場合を含む（平野89頁）。

後述するように，本罪が新設された昭和22年までの間，業務上過失の範囲が拡張されてきたため，本罪の認められた例は少ないのが現状である。重過失の具体例としては，住宅街の路上でゴルフクラブの素振りをして，自転車で通行中の女性を強打し死亡させた事例（大阪地判昭和61・10・3判タ630号228頁），自転車にけんけん乗りをし，赤信号を見落として横断歩道上の歩行者に突っ込み傷害を負わせた事例（東京高判昭和57・8・10刑月14巻7=8号603頁），飲酒・酩酊すると心神喪失または心神耗弱状態に陥って犯罪をおかす習癖を自覚する者が，飲酒・酩酊して人を傷害した事例（原因において自由な行為，福岡高判昭和28・2・9高刑6巻1号108頁），闘犬用の犬を放し飼いにしたため，犬が幼女2名に傷害および致死の結果を生ぜしめた事例（那覇地沖縄支判平成7・10・31判時1571号153頁）等がある。

3　業務上過失致死傷罪

1　加重の根拠

業務上過失の刑の加重根拠については，(i)一定の危険な業務に従事する業務者には通常人よりもとくに重い注意義務が課されているからであると解する見解（最判昭和26・6・7刑集5巻7号1236頁，団藤432頁，大谷51頁）と，(ii)業務者は，危険な行為を反復継続して行うことにより，その知識・経験から結果の発生を通常人よりも容易に予見・回避しえたのであるから，それだけ責任または違法性が高いからであるとする見解（平野89頁，大塚45頁，内田61頁，内藤謙・刑法講義総論(下)Ⅰ1166頁〔1991〕，小暮編（町野）54頁）とが対立している。(ii)説によれば，業務上過失とは，重過失の一類型にすぎないことになり，

業務上の軽過失は単純過失に落ちることになる。しかし，それでは211条
1項が重過失のほかに業務上過失を規定したことの意義は失われることに
なろう。さらに，業務者であれば，常に結果の予見可能性が高いとはいえ
ないであろう。このように考えれば，その妥当性は別論として，少なくと
も現行法の解釈としてはやはり(i)説をとるべきように思われる。

2　業務の意義

　業務とは，本来職業として反復継続して行う危険な行為を意味するもの
であったと思われる。事実，古い判例には，娯楽のために行う狩猟は業務
でないとしたものも存したのである（大判大正8・11・13刑録25輯1081頁）。しか
し，自動車の運転を典型例として，職業ではない危険な行為が増加するに
従い，判例は業務の範囲を拡張してきた。その結果，現在の業務の概念は
かなりわかりにくいものになっている。

　最高裁判例によれば，業務とは「本来人が社会生活上の地位に基き反覆
継続して行う行為であって，かつその行為は他人の生命身体等に危害を加
える虞あるものであることを必要とする」（最判昭和33・4・18刑集12巻6号1090
頁〔74〕）とされ，また，「人の生命・身体の危険を防止することを義務内容
とする業務も含まれる」（最決昭和60・10・21刑集39巻6号362頁〔77〕）とされてい
る。したがって，その要件は一応，①社会生活上の地位に基づくこと，②
反復継続性，③身体・生命に対し危険な行為であること，の3つであると
いえよう。

　しかし，①に関しては，判例が，娯楽のための自動車運転（大判昭和13・
12・6刑集17巻901頁），狩猟行為（前掲最判昭和33・4・18）についても業務性を認
め，また，業務が適法であるか否かも問わないとしていることから，この
要件を不要とする見解も有力である（植松272頁，団藤434頁）。実際，この要件
は，ほとんど限定的な意味を失っているといえようが，家庭生活における
炊事や育児等を本罪の業務から除くというかぎりではなお意義を有すると
いえよう。②は，本罪を重過失の一類型とみる見解からは，過去における
現実の反復継続の事実が要求されることになる（小暮編（町野）55頁，内藤・前

---

1)　無免許運転につき大判大正13・3・31刑集3巻259頁，無免許医療につき福岡高判昭和
　25・12・21高刑3巻4号672頁。

掲書1169頁)。たしかに，業務という以上全く1回限りの行為は除かれるべきであろうが，反復継続の意思のもとに行われる行為であれば業務にあたるとしてよいであろう（福岡高宮崎支判昭和38・3・29判タ145号199頁〔76〕，大谷52頁，中森26頁）。以上に対し，③は，本罪の刑の加重根拠からみて本質的な要件であり，業務は，人の身体・生命にとって類型的に危険な行為に限定されるべきである。したがって，自転車の運転等は業務から除外されるのである。

4　過失運転致死傷罪

　平成19年の刑法改正（法54号）により，自動車運転過失致死傷罪が新設され，その法定刑は，業務上過失致死傷罪の法定刑を加重することとなった。その立法事実としては，酩酊運転による危険運転致死傷罪の成立する可能性があるのに，被疑者が事故現場から逃走し，多量の水を飲むなどして「運転が困難な状態」であったか否かを立証できない場合があったこと，単なる脇見運転であるが，幼稚園児の列に突っ込み多数の幼児を死傷させても観念的競合となるため，従前の法定刑では，必ずしも事案に応じた量刑が適切でない場合があったことなどが指摘できよう。理論的には，鉄道や航空機等のような自動的安全確保システムが整備されている場合と比較して，自動車運転の場合は基本的に運転者個人の注意力に依存せざるをえないこと，自動車は，いわば「走る凶器」という性質を有することから，特に重い注意義務が課されていると解しうることが挙げられよう。この改正により，自動車運転は「業務」に限定されないことが明確となったが，反面で，従来の業務性概念も修正を迫られよう。さらに，平成25年の改正によって，同罪は過失運転致死傷罪と改められ，自動車運転死傷行為等処罰法に移されたことは，すでに述べたとおりである。

　なお，平成13年改正により，「傷害が軽いとき」には刑を裁量的に免除できる旨の規定が設けられたが，これは現行法でも自動車運転死傷行為等

---

2)　1回限りの自動車の運転を業務でないとしたものとして東京高判昭和35・3・22東時11巻3号73頁〔75〕。

3)　伊藤栄二・江口和伸・神田正淑「刑法の一部を改正する法律について」曹時59巻8号27頁以下参照。

処罰法5条ただし書として残されている。

　東京高判平成25・6・11判時2214号127頁は，会社の外回りの仕事に従事するために自動車を運転していた被告人が，路上で停車して自ら降車するために運転席ドアを開けるにあたり，右後方から進行する車両を十分に確認しなかったことから，右後方から進行してきた自転車に同ドアを衝突させて，自転車運転者に傷害を負わせた事件について，「自ら降車するために同ドアを開けた被告人の行為は，自動車の運転に付随する行為であって，自動車運転業務の一環としてなされたもの」であるとして，業務上過失傷害罪の成立を認めている。過失運転致死傷罪は自動車の発進から停止までの運転における注意義務違反を処罰するものであるから，停車後にドアを開ける行為は過失運転致死傷罪における「運転」に含まれず，同罪を構成しないことは明らかであるが，その上で本判決は，停車後であっても業務者としての地位は継続しているとして，業務上過失致傷罪の成立を認めたものである。

74 第2編 個人的法益に対する罪 第3章 自由に対する罪

第3章 自由に対する罪

第1節 総 説

　自由は，憲法上多くの自由権が保障されていることからも明らかなように，生命，身体につぐ重要な法益である。しかし，刑法は自由一般をではなく，かなり断片的に，社会生活において基本的に重要と思われる自由のみを保護している。自由はもちろん個人的法益であるが，現在ここに分類される犯罪の刑法典における位置づけはかなり異なっていることに注意する必要がある。

　刑法典が保護する自由は，①意思決定の自由（222条・223条＝脅迫，強要），②身体的移動の自由（220条＝逮捕，監禁），③身体的移動の自由と身体の安全（224条～229条＝略取誘拐），④性的自己決定の自由（176条～181条＝強制わいせつ，強制性交等），⑤住居・建造物に誰を入れるかの自由（130条＝住居侵入）である。④は刑法典第22章にわいせつ物頒布等罪などの性風俗に対する罪とともに規定されているが，現在ではこれを2分して，強制わいせつ，強制性交等罪などは個人的法益に対する罪，わいせつ物頒布等罪など（174条・175条，182条・184条）は社会的法益に対する罪とするのが通説である。⑤も刑法典の位置としては公共危険罪とされている。これは住居・建造物への侵入が社会に混乱を生ぜしめると考えられたためであろう[1]。しかし，今日の通説は個人的法益に対する罪と位置づけている。もっとも，その法益については，私生活の平穏，プライヴァシーの保護と解する見解も有力であるが，この点については後述する。

　なお，平成17年6月に身体の自由を侵害する罪についての刑法の一部改正（法66号）が成立し，同年7月12日より施行された。改正の内容は，人身売買罪（226条の2）の新設とこれに伴う所要の改正，その他の法定刑の引き上げ，関連条文の部分的改正である。

---

1) 昭和22年改正前には，131条に皇居等侵入罪が規定されていたこともその一因であろう。

第2節　脅迫罪・強要罪

1　総　　説

脅迫罪は，他人の生命，身体，自由，名誉または財産に対し害を加える旨を告知する行為である。その保護法益はあまり明確ではない。このため，生命，身体等の安全感，私生活の平穏であるとする見解もある（大谷83頁，中森48頁，山口73頁，山中134頁，高橋86頁）。たしかに，単に相手を脅かして楽しむという愉快犯もありうる。しかし，実際には，脅迫はなんらかの目的を有するのが通常であろう。この目的部分が明白な場合は，強要，強制性交等，強盗，恐喝等が成立することになる。しかし，現実には，暗黙のうちに何かを要求しているが，明示されない場合も多い。脅迫罪は，このような現実に鑑み，要求行為の手段の点のみを独立して犯罪類型化し，併せて，立証の軽減を図る趣旨をも有するものと解すべきであろう。もし，安全感や私生活の平穏のみが保護法益だとすれば，吉凶禍福を告げたり，「すでに時限爆弾を仕掛けた」と告げることも脅迫にあたることになろう。しかし，それは「害を加える旨を告知して」という文理にも反している。したがって，脅迫罪は，基本的には意思決定の自由に対する危険犯ということになる（井田123頁）。これに対して，強要罪は，意思決定の自由，意思活動の自由を侵害する実害犯である。

2　脅　　迫　　罪

生命，身体，自由，名誉又は財産に対し害を加える旨を告知して人を脅迫した者は，2年以下の懲役又は30万円以下の罰金に処する（222条1項）。親族の生命，身体，自由，名誉又は財産に対し害を加える旨を告知して人を脅迫した者も，前項と同様とする（同条2項）。

1　危険犯

脅迫とは，一般人をして畏怖せしめるに足る害悪の告知をいい，相手方がこの告知を認識したことを要するが現実に畏怖したことを必要としない

（大判明治43・11・15刑録16輯1937頁〔78〕）。脅迫にあたるか，それに至らない単な
るいやがらせにすぎないかは，告知の内容，相手方の性別，年齢，周囲の
状況等を考慮して決定すべきである。判例によれば，熾烈に対立する陣営
の一方の者が反対派の者に実際には火事がないのに「出火御見舞申上げま
す」と記載した葉書を郵送する行為は，一般に人を畏怖させるに足るもの
とされている（最判昭和35・3・18刑集14巻4号416頁〔79〕）。

2　加害の対象

　加害の対象は，告知の相手方の生命，身体，自由，名誉，財産である。
貞操は当然に自由に含まれる。村八分（集団的共同絶交）の通知も他人と交
際する自由と名誉に対する加害の告知として脅迫にあたるとするのが通
説・判例であるが（大判明治44・9・5刑録17輯1520頁，大阪高判昭和32・9・13高刑10
巻7号602頁〔83〕），現在の社会生活の状況ならびに告知者にも交際しない自
由があることを考慮すれば疑問である（大谷86頁は，名誉毀損罪・侮辱罪の問題と
する。反対，曽根54頁）。

　加害の対象は，2項で告知の相手方の親族の法益にまで拡張されている。
自己に対する加害の告知と同視しうるからである。しかし，その立法趣旨
を推及して内縁の妻等までも「親族」に含める（平川162頁）のは無理であろ
う。[1] 他方，第三者の法益に対する加害の告知は脅迫にあたらない。したが
って，たとえば，銀行から金を奪う目的で銀行内にいた顧客を人質にとり，
「金を出さないと殺すぞ」と脅す行為は恐喝罪や強盗罪など別罪を構成す
ることはあっても，脅迫罪にはあたらない。

　法人に対する脅迫罪が成立するかについては，これを肯定する説もある
が（所・旧注釈(5)248頁，野村稔「脅迫罪」西原春夫ほか・刑法学(4)107頁〔1977〕），通説
は否定している。判例も，名誉毀損や侮辱については法人が被害者たりう
るとするが（最決昭和58・11・1刑集37巻9号1341頁〔155〕），脅迫罪については，
人の意思活動の平穏ないし意思決定の自由を保護法益とするという理由で
法人については同罪の成立を否定している（東京高判昭和50・7・1刑月7巻7=8
号765頁，大阪高判昭和61・12・16高刑39巻4号592頁〔80〕，高松高判平成8・1・25判時1571
号148頁）。たしかに，本罪の保護法益を私生活の平穏，安全感とするので

1）　立法論として，改正刑法草案303条2項は「密接な関係にある者」にまで拡張している。

あれば，被害者は自然人に限るのが素直であろう（山口75頁，山中135頁，松宮95頁，高橋89頁，松原84頁）。しかし，意思決定の自由に対する危険犯とするのであれば，法人も機関を媒介として意思決定をなしうるといってよい。また，両罰規定の解釈として，法人の犯罪能力を肯定し，法人の機関の過失が法人の過失たりうることを認めるのであれば，脅迫罪に関しても同様の理論構成により法人に対する脅迫を肯定する余地はあるように思われる（明確に法人に対する脅迫罪・強要罪の成立を肯定するものとして，松澤伸「法人に対する脅迫・強要罪の成否(1)(2完)」早法80巻2号1頁以下，4号69頁以下がある）。

3　告知の内容

告知の内容は，所定の法益に「害を加える旨*」である。すなわち，将来の害悪であって，しかも，告知者がこれを支配しうることが必要である。したがって，天災，吉凶禍福の予告（たとえば天罰が下る）は脅迫にあたらない。また，すでに時限爆弾を仕掛けた旨の告知も原則として含まれないと解すべきであろう。第三者によって害が加えられるであろうという予告も脅迫にはあたらない（広島高松江支判昭和25・7・3高刑3巻2号247頁〔81〕）。ただし，告知者が加害の有無に影響を与えうるものとして告知された場合は別である（最判昭和27・7・25刑集6巻7号941頁）。

告知する害悪はそれ自体違法であることを要するか。たとえば，告訴権の行使や不正を告発すると告知することが脅迫にあたるかには争いがある。適法な事実の告知は違法たりえないとして否定する見解も有力であるが（平野龍一「刑法各論の諸問題(4)」法セミ201号65頁，曽根55頁，中森49頁，山口76頁），判例・通説は真実権利を行使する意思がなく，相手を畏怖させる目的であるときは脅迫にあたるとする（大判大正3・12・1刑録20輯2303頁〔82〕）。万引きした女性に性交に応じなければ告訴するといって脅す場合が脅迫にならないとするのは不合理であるから，権利の濫用にあたる場合には脅迫にあたると解すべきであろう（山中137頁）。

*　**「害を加える旨」の意義**　「害を加える旨」とは，これから害を加えること，すなわち加害が告知者によって左右されうることを意味する。そこでは，脅迫者の意

---

2)　爆発までに時間的余裕がある場合は，なお，告知者により左右しうる害悪と解することも可能であるが，むしろ，威力または偽計（虚偽情報の場合）業務妨害罪を構成すると解すべきであろう。

思に応じて，加害が回避可能性を有することが前提となっているのである。旧規定
では「害ヲ加フ可キコトヲ以テ人ヲ脅迫シタ」となっていたため，この点が明白で
あった。それゆえ，脅迫罪は意思決定の自由に対する危険犯と解されるのである。

4　告知の方法

　害悪の告知の方法に制限はない。文書，口頭，態度のいずれでもよく，
また，明示，黙示のいずれでもよい。第三者を介する場合も当然に含まれ
る。凶器を示して「金を出せ」ということは，態度による脅迫である。判
例は，強盗犯人が，日本刀を突きつけたところ被害者がこれにしがみつい
たため傷害を負わせた事案につき，「本件は所論のように強盗が暴行を加
えずただ脅迫しただけというような事態ではなく，強盗が暴行により被害
者に傷害を加えたとの事案」であるとして強盗致傷罪の成立を認めている
が（最決昭和28・2・19刑集7巻2号280頁〔41〕），不当に暴行概念を拡張するもの
であろう（41頁参照）。ただし，脅迫も強盗の手段であり，240条の傷害は強
盗の手段から生じればよいのであるから（大阪高判昭和60・2・6高刑38巻1号50
頁〔285〕），結論自体は正当である。しかし，日本刀を示して「殺すぞ」と
脅かしたところ，被害者が逃走しようとして転倒し傷害を負ったような場
合には，脅迫の故意にとどまるかぎり，暴行の結果的加重犯としての傷害
罪は成立しえないと解すべきである。

3　強　要　罪

> 　生命，身体，自由，名誉若しくは財産に対し害を加える旨を告知して脅迫
> し，又は暴行を用いて，人に義務のないことを行わせ，又は権利の行使を妨
> 害した者は，3年以下の懲役に処する（223条1項）。親族の生命，身体，自由，
> 名誉又は財産に対し害を加える旨を告知して脅迫し，人に義務のないことを
> 行わせ，又は権利の行使を妨害した者も，前項と同様とする（同条2項）。前
> 二項の罪の未遂を罰する（同条3項）。

1　手　　段

　強要罪とは，相手方またはその親族の生命，身体，自由，名誉，財産に
害を加える旨を告知して脅迫し，または，暴行を用いて，相手方に義務の
ないことを行わせ，または権利の行使を妨害する行為である。保護法益は
意思決定の自由・意思活動の自由である。義務のない行為の内容に応じて

恐喝，強盗，強制性交等が成立する場合は法条競合の関係に立ち本罪は成立しない。

手段は，脅迫と暴行である。脅迫とは，脅迫罪にいう脅迫であるが，暴行は，強要の手段たりうるものであれば足りるから，相手方の身体に対するもののみでなく，相手方に向けられていれば対物暴行も含まれる。2項において親族に対する暴行は強制の手段として規定されていないが，たとえば，相手方の目前においてその子供に暴行を加える行為は，要求を聞かなければさらに子供への加害を継続するという意味において2項の脅迫にあたると解すべきである（中95頁）。

脅迫または暴行の相手方と作為・不作為を強要される者とが同一であることを要しないという見解が有力である（大塚74頁，内田103頁，大谷90頁）。この見解では，甲が乙の親族でない丙に加害することを乙に告知して，乙に作為・不作為を強要したときでも強要罪が成立することになる。しかし，第三者への加害の告知が意思決定の自由を侵害する度合いは類型的に低い点，さらに，2項が加害対象の拡張を親族に限定している点を考慮すれば疑問であろう（中森50頁）。

2 客 体

脅迫罪におけると同様に，強要罪においても法人は被害者たりえないとするのが通説である。しかし，脅迫罪と異なり，強要罪の保護法益は明らかに意思決定の自由である。法人も，その社会的実態において財産権や社会的名誉の主体たりうることは認められている。であればこそ，法人の代表取締役を脅迫して法人の金銭を喝取した場合には，法人を被害者とする恐喝罪の成立が認められ（大判大正6・4・12刑録23輯339頁），また，法人に対する侮辱罪や名誉毀損罪の成立が認められているのである（侮辱につき，最決昭和58・11・1刑集37巻9号1341頁〔155〕）。このように，法人にも，その機関や代表者を介して，法人の意思決定およびそれに基づく法人の行動が観念しうる以上，強要罪の被害者たりうると解することが可能であると思われる（山口79頁，今井猛嘉「刑法における法人の地位」西田ほか編・刑法の争点（第3版）128頁〔2000〕）。具体的には，法人の営業に対する加害の告知により謝罪広告を出させる場合等が考えられよう。なお，後述する人質強要行為処罰法は，すでに法人も被害者たりうることを認めている。

80　第2編　個人的法益に対する罪　第3章　自由に対する罪

3　結　果

「義務のないことを行わせ」とは，自己になんらの権利・権能がなく，したがって，相手にその義務がないのに，作為，不作為または忍受を強制することをいい，雇い人に水入りバケツを数時間頭上に支持させる行為（大判大正8・6・30刑録25輯820頁），理由なく謝罪文を書かせる行為（大判大正15・3・24刑集5巻123頁，大阪地判昭和45・1・29刑月2巻1号70頁），自己批判書を書かせる行為（大阪高判昭和63・3・29判時1309号43頁）等がこれにあたる。「権利の行使を妨害した」場合の例としては，告訴を中止させる行為（大判昭和7・7・20刑集11巻1104頁），競技大会への出場をやめさせる行為（岡山地判昭和43・4・30下刑10巻4号416頁）等がある。

本罪は実害犯であり，未遂を罰する（3項）。脅迫，暴行を行ったが，相手方が要求に応じなかった場合，および，相手方が脅迫，暴行と因果関係なく，他の動機，たとえば憐れみから要求に応じたような場合が未遂にあたる。

4　人質強要罪

1　意　義

前述したように，甲が乙の親族でない丙に加害することを乙に告知して，乙に作為・不作為を強要したとき（第三者強要）は，現行刑法上は処罰しえないと解すべきであるが，この間隙を埋めるものとして，「人質による強要行為等の処罰に関する法律」（昭和53年法48号）がある。本法は，改正刑法草案307条に由来し，昭52（1977）年9月に起きたダッカ事件後，この種の事件に対応するため新設されたものであるが，昭和62年に，「人質をとる行為に関する国際条約」（昭和62年条約4号）にあわせて改正されている（法52号）。

＊　**ダッカ事件**　ダッカ事件とは，昭和52（1977）年9月，過激派グループの1つである日本赤軍がパキスタン（現バングラデシュ）のダッカ空港で日本航空機を乗っ取り，乗員，乗客を人質にして日本政府に対し，600万ドルの身の代金の提供と被拘禁者（仲間）の釈放を要求した事件である。日本政府は超法規的措置としてこの要求を受け入れた。その後，昭和62（1987）年に，犯人の1人が日本国内で逮捕されたが，航空機の強取等の処罰に関する法律（昭和45年法68号）違反でのみ起訴され，強盗罪，身の代金目的拐取罪，強要罪による起訴はなされなかった。なお，ダッカ事件への対応として，航空機の強取等の処罰に関する法律の一部が改正され

たが（昭和52年法82号），改正部分は，本法3条に吸収統合されている。

2 人質強要罪

本法1条によれば，人を逮捕，監禁し，これを人質にして，第三者に対し，義務のない行為をすること，または権利を行わないことを要求した者（1項），第三者に対し，義務のない行為をすること，または権利を行わないことを要求するための人質にする目的で，人を逮捕・監禁した者（2項）は，6月以上10年以下の懲役に処せられる。2項の罪については未遂を罰する（3項）。

本条（2条・3条についても同じ）にいう第三者とは，前記条約1条1項により，国，政府間国際機関，自然人，法人，人の集団をいうものとされている[3]（団藤467頁）。これに対し，草案307条「人質による強要」にいう「第三者」に法人を含むかについて，理由書は明言を避けている（法務省刑事局編・改正刑法草案の解説304頁以下〔1975〕参照）。他方，草案307条は，人質にする手段を，逮捕，監禁のみでなく略取，誘拐にまで広げている。後に述べるように，逮捕・監禁については，その保護法益の理解によっては，嬰児等について成立しない場合もありうるから，草案307条の方がすぐれているように思われる。

3 加重人質強要罪

本法2条によれば，2人以上共同して，かつ，凶器を示して人を逮捕・監禁し，これを人質にして，第三者に対し，義務のない行為をすること，または権利を行わないことを要求した者は，無期または5年以上の懲役に処せられる。また，航空機の強取等の処罰に関する法律1条1項の罪（航空機の強取等）を犯した者が，当該航空機内にある者を人質にして，第三者に対し，義務のない行為をすること，または権利を行わないことを要求したときは，無期または10年以上の懲役に処せられる（3条）。

4 人質殺害

前記2条・3条の罪を犯した者が，人質を殺害したときは，死刑または無期懲役に処せられる（4条1項）。未遂を罰する（同条2項）。

3） なお，昭和53年の旧法についても同様の解釈がとられていた。池田耕平「人質による強要行為等の処罰に関する法律について㊦」曹時30巻7号41頁参照。

第3節　逮捕・監禁罪

1　保護法益

　逮捕，監禁罪は，身体の場所的移動の自由に対する罪である。したがって，客体たる「人」は，場所的移動の能力を有する自然人に限られ，嬰児や泥酔者，麻酔薬により身動きできない者などは除かれる。身体障害者であっても機械力その他の助力により移動しうる者，嬰児であっても自力で移動しうる場合（京都地判昭和45・10・12刑月2巻10号1104頁〔84〕）は，本罪の客体である。

　判例・多数説は，移動の自由を可能的自由，すなわち，もし移動しようと思えば移動しうる自由と解し，睡眠中の者についても監禁罪が成立するとする（植松297頁，大塚76頁，大谷78頁，曽根48頁，佐伯・前掲神戸法学年報1号74頁以下，山口83頁，前田73頁，井田128頁）。これに対して，本罪は，現実に移動しようと思ったときに移動しうる自由，すなわち，現実的自由を保護するものであるとし，睡眠中の者については，自己が監禁されていることを認識したときからしか監禁罪は成立しないとする見解も有力である（平野・前掲法セミ201号67頁，同「潜在的意思と仮定的意思」判時1569号3頁，中山107頁，岡野50頁，川端142頁以下，堀内51頁，山中128頁，松原94頁）。両説の相違は偽計による監禁の場合に顕著になる。たとえば，エレベーターのスイッチを切り，「只今停電中です」と欺いて，人を閉じこめた場合には，現実的自由説からも監禁罪が成立する。なぜなら，エレベーターの中の者は，監禁されている事実を認識しているが，これに同意しているわけではなく，ただ仕方がないと思っているにすぎないからである。これに対して，強制性交等の意図を秘して家まで送ると欺き女性を車に乗せて走行する行為は，可能的自由説によれば監禁罪が成立するが（最決昭和33・3・19刑集12巻4号636頁〔85〕，広島高判昭和51・9・21刑月8巻9=10号380頁〔86〕。ただし，最決昭和38・4・18刑集17巻3号248頁〔88〕参照），現実的自由説によれば，自分が監禁されている事実を認識していないのであるから，監禁とならないのである。場所的移動の自由とは移動しようという意思の自由であり，現実に移動することを欲したときに保護す

れば足りるから，現実的自由説が妥当だと思われる。なお，逮捕・監禁罪の法定刑は平成17年改正により「3月以上5年以下の懲役」から「3月以上7年以下の懲役」に引き上げられた。

2　逮捕・監禁罪

> 不法に人を逮捕し，又は監禁した者は，3月以上7年以下の懲役に処する（220条）。

1　逮捕の意義

逮捕とは，はがい締めにする，縄で縛りつける等の直接的な強制によって移動の自由を奪うことをいう。多少の時間継続することを要し（大判昭和7・2・29刑集11巻141頁），瞬間的なものは暴行である。また，手錠をかける，手を縄で縛る等の行為は，行動の自由を奪うものではあるが，移動の自由を奪うものではないから暴行にとどまると解すべきであろう。監禁とは，一定の場所から脱出できないようにして移動の自由を奪うことをいう。もっとも，両罪は同一法条に規定され，法定刑も同じであるから，両者の区別は実益をもたない。逮捕に引き続き監禁が行われたときは，全体として220条の罪が成立すると解すれば足りる（最大判昭和28・6・17刑集7巻6号1289頁）。また，逮捕・監禁の手段とされた暴行，脅迫は逮捕・監禁罪に吸収され別罪を構成しない（大判昭和11・5・30刑集15巻705頁）。ただし，逮捕・監禁が未遂（不可罰）に終わった場合は，暴行罪，脅迫罪が成立する（大塚80頁）。

2　監禁の意義

監禁の手段としては，部屋に閉じ込めて脱出できなくする行為等が典型的なものであるが，脱出は全く不可能でなくとも，著しく困難であればよい。したがって，沖合に停泊中の船舶に閉じ込める行為（最判昭和24・12・20刑集3巻12号2036頁〔87〕），自動車やバイクに乗せて疾走する行為（最決昭和30・9・29刑集9巻10号2098頁，最決昭和38・4・18刑集17巻3号248頁〔88〕）も監禁である。監禁は物理的方法のみでなく，脅迫等により心理的に脱出を困難にする場合を含むが（東京高判昭和40・6・25高刑18巻3号238頁〔89〕），心理的拘束の程度はかなり高度であることを必要としよう。したがって，入浴中の女性の衣服を持ち去り，羞恥心のため脱出できない程度の場合は監禁にならないと

解すべきである。

3　罪　　質

　逮捕・監禁罪は継続犯である。したがって，公訴時効の起算点は，犯罪行為の終了した時点すなわち被監禁者を解放した時である（刑事訴訟法253条）。また，犯行の途中から関与した者も関与後の行為については犯罪が成立する。ただし，致死傷の結果が生じ，それが後行行為者の関与後に生じたものか否かが不明のときは承継的共犯の問題となるが，承継は否定すべきであろう。

　4　尊属逮捕・監禁罪（220条2項）は，平成7年改正により削除された。

3　逮捕・監禁致死傷罪

> 　前条〔220条〕の罪を犯し，よって人を死傷させた者は，傷害の罪と比較して，重い刑により処断する（221条）。

　本罪は，逮捕・監禁罪の結果的加重犯である。逮捕・監禁の手段たる暴行，脅迫から致死傷の結果を生じた場合のほか，被害者が監禁場所から逃亡しようとして致死傷の結果を生じた場合も含まれる（東京高判昭和55・10・7刑月12巻10号1101頁）。また，最高裁は，被害者を自動車のトランクに監禁して駐車中に後続車輌運転手の甚だしい過失による追突事故で被害者が死亡した場合も含まれるとしている（最決平成18・3・27刑集60巻3号382頁）。他方，監禁中に加えられた暴行による傷害であっても，その暴行が監禁を維持する手段ではなく，単に監禁の機会になされたものであるときは，監禁罪と傷害罪の併合罪となる（最決昭和42・12・21判時506号59頁）。

　「傷害の罪と比較して，重い刑により処断する」の意義については，22頁参照。

第4節　略取・誘拐罪　1　総　説　*85*

第4節　略取・誘拐罪

1　総　説

1　略取・誘拐罪は，人を現在の生活状態から離脱させ，自己または第三者の実力的支配下に移して行動の自由を奪う罪である。誘拐が手段とされていることから明らかなように，本罪における自由の拘束は逮捕・監禁罪におけるほど強度のものでなくてもよい。他方，生後数日の嬰児のように行動の自由を有しない者でも客体たりうることを考えれば，本罪は被拐取者の身体の安全をも保護法益とするものと解すべきである（平野176頁，山口92頁）。本罪は継続犯と解するのが通説であるが（なお，大判大正13・12・12刑集3巻871頁，大阪高判昭和53・7・28高刑31巻2号118頁），最高裁は，営利目的で人を略取した者が身の代金を要求した場合（最決昭和57・11・29刑集36巻11号988頁），身の代金目的で誘拐した後，被拐取者を監禁した場合（最決昭和58・9・27刑集37巻7号1078頁）を併合罪としており，状態犯説をとるものと思われる。被拐取者の身体の安全に重点を置くならば，被拐取者を自己の支配下に置いた時点で犯罪は終了し，以後は違法状態が続く状態犯と考えることも可能であるし，事後的関与行為である収受罪（227条）を独立に処罰していることとも調和するといえよう。

2　略取とは，暴行または脅迫を手段とする場合，誘拐とは，欺罔または誘惑を手段とする場合をいい，両者をあわせて拐取と呼ぶ。欺罔とは虚偽の事実の告知，誘惑とは甘言を用いてその判断を誤らせることをいう（大判大正12・12・3刑集2巻915頁）。他人を自己の支配下に置くための手段であるから，直接被拐取者に対して加えられることを要せず，保護者・監護者に対するものであってもよい（大判大正13・6・19刑集3巻502頁〔90〕）。

3　本罪は，古くから，人さらい，かどわかし，人身売買等と呼ばれ，人を醜業に就かせたり，労働を強制する（タコ部屋）目的で拐取または売買する行為の処罰を主眼とするものであったが，現在では，このような直接的な犯行は姿を消し，より巧妙な形態に姿を変えているため，売春防止法（7条・12条），児童福祉法（34条），職業安定法（63条）等の特別法において

86 第2編 個人的法益に対する罪 第3章 自由に対する罪

規制が整備されている。他方，身の代金目的の拐取については，昭和30年代にこの種の事件が頻発し，被拐取者の生命の危険も大きいため，昭和39 (1964) 年に (法124号)，225条の2 (同時に，227条2項・4項・228条の2・228条の3) が新設されている。

4 平成15年に発効した「国際的な組織犯罪の防止に関する国際連合条約を補足する人 (特に女性及び児童) の取引を防止し，抑止し及び処罰するための議定書」(人身取引議定書という) の締結のための国内担保法として，平成17年改正により，①第33章の章名が「略取，誘拐及び人身売買の罪」に変更された。②225条に「生命若しくは身体に対する加害の目的」を追加した。③226条1項を「国外移送目的」から「所在国外移送目的」に拡大するとともに，同条2項前段の罪は新設された226条の2第5項に，後段の罪は新設された226の3に移された。④226条の2 (人身売買)，226条の3 (被略取者等所在国外移送) が新設された。⑤これに関連して，227条，228条，229条に所要の改正が加えられたほか，224条 (未成年者略取及び誘拐) の法定刑も逮捕・監禁と同様に引き上げられた (島戸純「『刑法等の一部を改正する法律』について」捜査研究649号2頁以下参照)。

2 未成年者拐取罪

> 未成年者を略取し，又は誘拐した者は，3月以上7年以下の懲役に処する (224条)。未遂を罰する (228条)。

1 保護法益

未成年者拐取罪の保護法益については，①被拐取者の自由のみであるとする説 (木村65頁，内田128頁)，②人的保護関係を保護するものであり，親権者などの保護・監護権のみであるとする説 (井上=江藤54頁)，③被拐取者の自由と保護・監護権の両方とする説 (通説) が対立している。判例は③説をとり (大判明治43・9・30刑録16輯1569頁)，したがって監護者は被害者として独自の告訴権[1]を有すると解されている (福岡高判昭和31・4・14裁特3巻8号409頁〔91〕)。②説は，①説のように被拐取者の自由のみが保護法益であるとする

---

1) 刑事訴訟法231条でなく230条による。

と，生後数日の嬰児のように行動の自由をもたない者については拐取罪が成立しなくなる点を考慮するものである。たしかに，①説は指摘されたような難点を有している。しかし，既述のように，④被拐取者の自由と安全を保護法益と解する説に立てば，本罪の成立を認めることは可能である。

上のような学説の対立は，まず第一に，監護者が本罪の主体たりうるかという問題と関連する。①④説からは，監護者も当然に本罪の共犯たりうる。これに対し，②③説からは，監護者の承諾があるかぎり本罪は不成立となろう。しかし，このような結論は，監護権を保護法益とした本来の趣旨に反するであろうし，未成年者の保護にとっても十分ではないというべきである。最高裁も，別居中の妻の監護下にある2歳の子を共同親権者である夫が有形力を行使して連れ去った事案につき，監護養育上それが必要とされる特段の事情がないかぎり本罪が成立するとしている（最決平成17・12・6刑集59巻10号1901頁〔92〕）。つぎに問題となるのは，被拐取者の同意の効力である。②③説からは，監護権が侵害されている以上，当然に本罪の成立を認めることになる。しかし，親の許しが貰えないため，18歳の女性と結婚目的でかけおちする行為までも本罪（または225条）にあたりうるという結論は妥当でないであろう。もちろん，本罪が誘拐をも手段としていることからみて，形式的同意では足りないが（東京高判昭和32・8・24裁特4巻17号435頁），十分な判断能力を有する未成年者による同意で法益関係的錯誤がない場合，①説からはもちろん（中74頁），④説からも本罪不成立と解すべきであろう（結論同旨，曽根58頁，平川179頁）。

2　未成年者

本罪は未成年者が心身ともに発育が十分でないという考慮から，一般的に，その行動の自由と安全を保護するものである。未成年者の意義について刑法には定義がないから，民法4条により20歳未満の者をいうことになる。ただし，民法753条は未成年者が婚姻した場合は成年に達したものとみなしているため，この場合には，本条の適用を否定する見解（藤木228頁）もある。たしかに，監護権をも保護法益とする見地からは，結婚により独立した場合を本条との関係でも成年とすべきであろうが，④説からは，な

2）　ただし，内田133頁は，224条が，未成年者の承諾不存在を擬制したものとするが疑問である。

88　第2編　個人的法益に対する罪　第3章　自由に対する罪

お本条の適用を認めるべきであろう。

3　営利目的等拐取罪

> 営利，わいせつ，結婚又は生命若しくは身体に対する加害の目的で，人を略取し，又は誘拐した者は，1年以上10年以下の懲役に処する（225条）。未遂を罰する（228条）。

1　客　体

「人」とは成年，未成年の両方を含むから，本条所定の目的は，被拐取者が成年であるときは可罰性を基礎づける要素であり，未成年であるときは，224条に対して刑を加重する要素となる。被拐取者が成人であるとき本条所定の目的がなければ不可罰とされるのは，すでに述べたように，拐取罪における行動の自由の侵害は比較的緩やかなため，成人であれば身体的拘束の強い場合には逮捕・監禁罪で処罰すれば足りると解されること，さらには，未成年者拐取罪の場合と異なり親権者等による監護権という側面が欠如すると考えられたことがその理由であろう。いずれの目的も，拐取行為を超えて被拐取者のその他の重要な法益を侵害することを内容とするものであり，主観的違法要素と解すべきである。したがって，いずれの場合にも，65条1項の身分[*]にあたり，関与者のうちの1人がこの目的を有していれば，他の関与者は，そのことを認識していれば足りることになる。このことは，本条に「生命若しくは身体に対する加害の目的」が追加されたことによりいっそう明確になったといえよう。

　＊　**身分の意義**　目的のような主観的要素は継続性がなく，65条の「身分」にあたらないとする見解もあるが（大塚仁・刑法概説（総論）（第4版）329頁〔2008〕），判例は，身分性を肯定している（最判昭和42・3・7刑集21巻2号417頁。ただし，大判大正14・1・28刑集4巻14頁は反対）。他方，身分性を肯定するとしても，65条1項は構成的身分，2項は加重的身分に関する規定であるとする通説によれば，目的をもたない者が目的を有する者による拐取行為（225条）を幇助したとき，被拐取者が成年であれば，65条1項により225条の幇助，未成年であれば65条2項により軽い224条の幇助ということになる。しかし，同一の目的が構成的か加重的かでその機能を異にすることは不合理である。本条の目的が主観的違法要素だとすれば，いずれの場合にも連帯的に作用し，したがって，いずれの場合も65条1項の身分にあたると

解すべきである（西田・共犯と身分245頁以下）。

2 目　　的

「営利の目的」とは，自ら財産上の利益を得，または第三者に得させる目的をいう。「わいせつ・結婚の目的」と並んで規定されていることからみて，被拐取者を醜業につかせる等その自由を侵害することにより利得する場合に限定すべきであろう（平野177頁）。もっとも，最高裁は「誘拐行為によって財産上の利益を得ることを動機とする場合」をいい，「必ずしも被誘拐者自身の負担によって得られるものに限ら」ないとして，誘拐行為に対する報酬を得る目的も含むと解している[3]。身の代金目的の場合が含まれるかについては争いがあったが[4]，後述する225条の2の新設により，同条の罪が成立する限りにおいては営利の目的に含まれないものとなったといえよう。

「わいせつの目的」とは，性交等その他被拐取者の性的自由を侵害する目的をいう。被拐取者を客体とする場合のみでなく，主体とする場合も含む。「結婚の目的」とは，自己または第三者と結婚させる目的をいう。結婚は法律上の婚姻のみでなく事実上の婚姻を含む。ただし，通常の夫婦生活の実質を備えない肉体関係の継続は「わいせつの目的」である（岡山地判昭和43・5・6下刑10巻5号561頁）。

「生命若しくは身体に対する加害の目的」とは，被拐取者を殺害し，傷害し，または暴行を加える目的をいう。この目的は，人身取引議定書が要求する臓器の摘出目的の場合で営利目的がない場合を捕捉する趣旨のものであるが，より広い範囲の目的として規定された。これにより，たとえば，暴力団員が他の成人に暴行を加える目的で略取・誘拐する行為も，それだけで拐取罪として可罰的となった。

4　身の代金目的拐取罪

昭和30年代に人を拐取して身の代金を要求する行為が頻発した。実務的

3）　最決昭和37・11・21刑集16巻11号1570頁〔93〕。しかし，これは未成年の女性をストリッパーとして引き渡すことへの謝礼の事案であり，被拐取者の犠牲により利得する場合であったといってよい。

4）　肯定説をとったものとして，東京高判昭和31・9・27高刑9巻9号1044頁〔94〕。

90　第2編　個人的法益に対する罪　第3章　自由に対する罪

には，営利目的拐取罪と恐喝罪の併合罪とされたが，一般予防の観点から
刑を加重する必要があるとされ，これに対処するため昭和39年に225条の
2以下の規定が新設，整備された。(1)身の代金目的拐取罪（225条の2第1項），
(2)身の代金要求罪（同条2項），(3)身の代金目的拐取の事後幇助罪（227条2項），
(4)身の代金目的の収受罪（同条4項前段），(5)収受者による身の代金要求罪
（同条4項後段），身の代金目的拐取予備罪（228条の3）等がそれである。

1　身の代金目的拐取罪

　　近親者その他略取され又は誘拐された者の安否を憂慮する者の憂慮に乗じ
てその財物を交付させる目的で，人を略取し，又は誘拐した者は，無期又は
3年以上の懲役に処する（225条の2第1項）。未遂（228条）のほか予備（228条の
3）を罰する。

　⑴　**目的犯**　　本罪は，いわゆる身の代金を交付させる目的で人を拐取
する行為である。「憂慮する者の憂慮に乗じてその財物を交付させる目
的」があれば足りるから，行為者にこの目的があればよく，現実に憂慮す
る者が存在する必要はない。「その財物」とは，憂慮する者の処分しうる
ものであれば足り，その所有物である必要はない。ただし，財産上の利益
は含まれないが，犯人の指定する銀行口座に現金を振込送金する場合はも
ちろん，口座から口座へ振替送金する場合も，本罪の意味では財物にあた
るといってよいであろう。

　⑵　**憂慮する者**　　「近親者その他略取され又は誘拐された者の安否を憂
慮する者」の意義は必ずしも明確ではない。このため，①近親者その他親
身になって被拐取者の安否を憂慮する者をいい，たんに同情する第三者は
含まれないが，親族関係の有無を問わず，里子に対する里親，住込み店員
に対する店主等も含まれるとする説（長島敦「みのしろ金誘拐罪の新設等に関する刑
法の一部を改正する法律の逐条解説」曹時16巻7号52頁），②これより狭く，被拐取者
と事実上の保護関係にある者に限られるとする説（香川435頁），③これより
広く，親族に限らず知人その他であっても被拐取者の安否を憂慮する者は
すべて含むとする説（団藤482頁）とが対立している。おそらく，被拐取者の
安否を憂慮するような緊密な人的関係にあるという事実的要素と被拐取者
の安否を憂慮するのが社会通念上当然であるという規範的要素の双方を考

慮して決定されるべきであろう。最高裁は，銀行の頭取を拐取して銀行の幹部に身の代金を要求した事案に関し，「被拐取者の安否を親身になって憂慮するのが社会通念上当然とみられる特別な関係にある者」をいうとして本罪の成立を肯定しているが，そこには，規範的要素を重視する傾向が現れている。末端の銀行員を拐取して銀行の頭取に身の代金を要求した事案に関し本罪の成立を認めた下級審判例（東京地判平成 4・6・19判タ806号227頁＝富士銀行事件〔97〕）においては，この傾向がさらに顕著である。この考え方を押し進めてゆけば，内閣総理大臣も国民の安全を親身になって憂慮するのが社会通念上は当然であるとして，本罪の成立を認めることになるように思われる。すでに述べた人質強要行為処罰法による第三者強要行為の処罰範囲と本罪の限界をどこに求めるかが今後の課題であろう。

2　身の代金要求罪

> 　人を略取し又は誘拐した者が近親者その他略取され又は誘拐された者の安否を憂慮する者の憂慮に乗じて，その財物を交付させ，又はこれを要求する行為をしたときも，無期又は 3 年以上の懲役に処する（225条の 2 第 2 項）。
> 　略取され又は誘拐された者を収受した者が近親者その他略取され又は誘拐された者の安否を憂慮する者の憂慮に乗じて，その財物を交付させ，又はこれを要求する行為をしたときも， 2 年以上の有期懲役に処する（227条 4 項後段）。

　本罪は，拐取者による身の代金要求罪と収受者による身の代金要求罪とに分かれる。

　(1)　まず，拐取者による身の代金要求罪は，当初身の代金を目的とせずに人を拐取した者が，拐取後に身の代金を交付させ，または，要求する行為を身の代金目的の拐取罪（225条の 2 第 1 項）と同様に処罰するものである。その主体は，およそ人を拐取すればよく，たとえば，成年について225条の目的を欠く場合も含むとの解釈もありうるが（団藤484頁，植松313頁，中森63頁），本罪が拐取罪の一類型として規定されている点を考慮すれば，本条項にいう「人を略取し又は誘拐した者」とは，未成年者拐取罪（224条），

5）　最決昭和62・3・24刑集41巻 2 号173頁＝佐賀相互銀行事件〔96〕。反対の結論をとるものとして，大阪地判昭和51・10・25刑月 8 巻9=10号435頁〔95〕がある。

営利目的等拐取罪（225条），身の代金目的拐取罪（225条の2第1項），所在国外移送目的拐取罪（226条1項）の罪を犯した者（ただし，共犯者はここに含めるべきである）に限られると解すべきであろう（長島・前掲56頁参照）。

憂慮に乗じて，その財物を交付させた場合のほか，要求する行為をしたときも同様に罰せられる。「要求する行為」とは，要求の意思表示で足り，それが相手方に到達することを要しない。このため，本項の行為については未遂は処罰されないのである。他方，本罪は，現実に安否を憂慮する者の憂慮に乗じたことが要件とされているから，225条の2第1項の目的犯の場合と異なり，要求の相手方が被拐取者の安否を憂慮する者であること，および，財物の交付が憂慮に基づくことが必要であろう。

身の代金目的拐取罪を犯した者が本罪を行えば牽連犯であるが（最決昭和58・9・27刑集37巻7号1078頁），その他の拐取罪を犯した者が本罪を行った場合は併合罪とするのが判例（最決昭和57・11・29刑集36巻11号988頁）である。

(2) つぎに，収受者による身の代金要求罪は，被拐取者を収受した者が身の代金を交付させ，または，要求する行為を225条の2第1項の身の代金目的で略取され，または誘拐された者を収受した者（227条4項前段）と同様に処罰するものである。収受の意義については後述する。本罪についても，未遂処罰規定はない。

5 所在国外移送目的拐取罪

> 所在国外に移送する目的で，人を略取し，又は誘拐した者は，2年以上の有期懲役に処する（226条）。未遂を罰する（228条）。

平成17年改正前の本条は，「日本国外に移送する目的」での拐取罪に限定されていたが，改正後は，人をその現在する国から国外へと移送する目的で拐取する場合にまで処罰範囲が拡張された。

立案担当者によれば，本条にいう「所在国」とは，わが国が国家承認をした国に限定されず事実上国家としての実質を備えた統治主体も含むとされている（島戸・前掲7頁）。「人」には，その所在地の国民，永住者のみでなく旅行者も含まれる。「移送」とは，人を所在国の領土，領海，領空外

に運び出すことをいう[6)]。国民による国外犯（3条）と外国人が日本国民に対して犯した国外犯（3条の2）も処罰される。この国外犯処罰規定は，第33章の罪すべてについて適用されている。

6　人身売買罪

> 　人を買い受けた者は，3月以上5年以下の懲役に処する（226条の2第1項）。未成年者を買い受けた者は，3月以上7年以下の懲役に処する（同条2項）。営利，わいせつ，結婚又は生命若しくは身体に対する加害の目的で，人を買い受けた者は，1年以上10年以下の懲役に処する（同条3項）。人を売り渡した者も，前項と同様とする（同条4項）。所在国外に移送する目的で，人を売買した者は，2年以上の有期懲役に処する（同条5項）。未遂を罰する（228条）。

　平成17年改正前の226条2項前段は，日本国外移送目的の人身売買のみを処罰していたが，本条は，目的のいかんを問わず人身買受け行為と人身売渡し行為を犯罪とした上で，その目的，客体，行為に応じて法定刑を加重している。まず，1項は，「人を買い受けた者」を3月以上5年以下の懲役とし，2項は，買受け行為の客体が未成年者である場合に，その法定刑を224条と同じ水準まで加重し，3項は，客体が成人・未成年者を問わず，買受け行為が「営利，わいせつ，結婚又は生命若しくは身体に対する加害の目的」の場合に，その法定刑を225条と同じ水準まで加重している。さらに，4項は，人を売り渡す行為を3項と同様に処罰している。そこでは明文で一定の目的は要求されていないが，売渡し行為とは当然に有償であることを要件とするから，少なくとも営利の目的が肯定されるからである。最後に，5項は，「所在国外に移送する目的」での人身売買を226条と同じ法定刑で処罰している。

　人身売買とは，有償で人身に対する不法な支配を移転することをいう。それゆえ，買受け罪と売渡し罪とは必要的共犯である。有償とは，対価の支払いのみでなく財物との交換，債務の免除，支払猶予なども含まれる。

---

6)　日本人である妻と別居中の外国人が，妻の監護養育する2歳の長女を母国に連れ去る目的で入院中の病院から連れ出した行為につき本罪の成立を認めたものとして，最決平成15・3・18刑集57巻3号371頁〔98〕がある。

94　第2編　個人的法益に対する罪　第3章　自由に対する罪

現実に人身に対する支配を移転したときに既遂となり，単に売買の約束を
したに止まるときは未遂である。人身に対する支配とは，被害者の行動の
自由を物理的・心理的に拘束し，犯人の支配から離脱することを困難にす
ることをいう。支配の有無は，被害者が日本国民，永住者，一時的滞在の
外国人（たとえば，出稼ぎのため来日した外国人）のいずれであるか，物理的拘
束の度合い，脅迫等の心理的拘束の度合い（たとえば，パスポートの取り上げ），
被害者の年齢等を総合的に考慮して判断すべきである。婚姻や養子縁組な
どの法的形式を備えているだけで本罪が成立しなくなることはないが，被
害者の完全な自由意思によるときは不可罰とすべきであろう。

7　被略取者等所在国外移送罪

> 略取され，誘拐され，又は売買された者を所在国外に移送した者は，2年
> 以上の有期懲役に処する（226条の3）。未遂を罰する（228条）。

平成17年改正前の226条2項後段の罪を継承しつつも，改正後の226条に
合わせて，その処罰範囲を日本国外への移送から所在国外への移送行為に
まで拡張したものである。「所在国」，「移送」の意義については226条の解
説参照。

8　被略取者等収受罪

> 第224条，第225条又は前3条〔226条，226条の2，226条の3〕の罪を犯した者
> を幇助する目的で，略取され，誘拐され，又は売買された者を引き渡し，収
> 受し，輸送し，蔵匿し，又は隠避させた者は，3月以上5年以下の懲役に処
> する（227条1項）。225条の2第1項の罪を犯した者を幇助する目的で，略取
> され又は誘拐された者を引き渡し，収受し，輸送し，蔵匿し，又は隠避させ
> た者は，1年以上10年以下の懲役に処する（同条2項）。営利，わいせつ又は
> 生命若しくは身体に対する加害の目的で，略取され，誘拐され，又は売買さ
> れた者を引き渡し，収受し，輸送し，又は蔵匿した者は，6月以上7年以下
> の懲役に処する（同条3項）。第225条の2第1項の目的で，略取され又は誘
> 拐された者を収受した者は，2年以上の有期懲役に処する（同条4項前段）。
> いずれも未遂を罰する（228条）。

本罪は，各種の拐取罪を犯した者を事後的に幇助し，被拐取者・被売者

に対する支配の状態を継続，助長する行為を罰するものである。本犯が身の代金目的拐取罪である場合の収受行為，および，収受者自身に225条所定の目的がある場合，身の代金目的がある場合の刑が加重されている。

　「幇助する目的」とは，拐取状態を継続させる目的をいい，事後従犯である。拐取行為自体の幇助にもあたる場合は，拐取罪の従犯が成立すると解すべきであろう。「引き渡し」とは，被害者の支配を他者に移すことをいう。「収受」とは，被拐取者・被売者を受け取り自己の支配下に置くことをいう。「輸送」とは，被害者を特定の場所から他の場所へ移転させることをいう。「蔵匿」とは，被拐取者・被売者にその発見を妨げるような場所を供給することをいい（大判明治44・7・28刑録17輯1477頁），「隠避」とは，蔵匿以外の行為により被害者の発見を妨げることをいう。

9　解放減軽等

　第225条の2又は第227条第2項若しくは第4項の罪を犯した者が，公訴が提起される前に，略取され又は誘拐された者を安全な場所に解放したときは，その刑を減軽する（228条の2）。

　本条は，身の代金目的の拐取罪，および，その関連の犯罪においては，被拐取者の生命，身体の危険が大きいことから，その安全を図るための政策的規定である。「安全な場所」とは，被拐取者の生命，身体に実質的に危険がなく，かつ，救出，発見が容易な場所をいう（最決昭和54・6・26刑集33巻4号364頁）。身の代金目的拐取罪（225条の2第1項）の予備をした者が，実行の着手前に自首した場合も，刑が必要的に減軽または免除される（228条の3ただし書）。これも犯行を未然に防止するための政策的規定である。

10　親　告　罪

　第224条の罪及び同条の罪を幇助する目的で犯した第227条第1項の罪並びにこれらの罪の未遂罪は，告訴がなければ公訴を提起することができない（229条）。

　被拐取者等の名誉を保護する観点から，未成年者拐取罪および同罪を幇

助する目的による被略取者収受罪を親告罪とするものである。告訴権は，被拐取者およびその法定代理人に認められるが（刑事訴訟法230条・231条参照），単なる監護者は，監護権を拐取罪の保護法益と解さない立場からは，被害者としては告訴権者たりえないと解すべきであろう（ただし，刑事訴訟法234条参照）。平成29年改正前は，わいせつ・結婚目的の拐取罪および同罪を幇助する目的による収受罪についても親告罪とされていたが，同改正によって，強姦罪等の性犯罪を非親告罪化することに伴い，これらの犯罪についても非親告罪とされた。その結果，本条では未成年者拐取にかかる罪のみが親告罪として維持されている。

第 5 節　性的自由に対する罪　1　総　説　*97*

第 5 節　性的自由に対する罪

1　総　説

　刑法典における性犯罪としては，明治40年の現行刑法制定以来，基本的に強制わいせつ罪と強姦罪の 2 類型が処罰対象とされていた。両者はいずれも暴行，脅迫を手段として，相手の意思に反してわいせつ行為を強制し，または女子を姦淫する行為であった（ただし，刑法典は，相手方が13歳未満であるときは，その手段を問わず，かつ，同意があっても両罪が成立するとしている）。その後，平成16年の刑法改正により，強姦罪および強姦致死傷罪の法定刑を引き上げるとともに，集団強姦罪が新設されたが，性犯罪処罰の基本的な構造は維持されてきた。もっとも，このような性犯罪の罰則は，現在の性犯罪の実態に必ずしも十分に対応していないのではないかという問題意識から，平成26年に法務省に「性犯罪の罰則に関する検討会」が設置されるなど，改正に向けた検討が進められてきた。これを受けて，平成29年に刑法等が改正され，性犯罪の罰則の内容が大きく変更された。重要な改正点は，①強姦罪の構成要件の見直しおよび法定刑の引上げ，②強姦罪等の性犯罪の非親告罪化，③監護者わいせつ罪および監護者性交等罪の新設，④強盗強姦罪の構成要件の見直しの 4 点である。[1]

　なお，刑法典以外においては，児童福祉法34条 1 項 6 号により「児童に淫行をさせる行為[2]」が処罰されている（同法60条 1 項，10年以下の懲役または300万円以下の罰金）。淫行とは，本来性交を意味するものであったと思われるが，判例は性交類似行為にまで拡張している（最大判昭和60・10・23刑集39巻 6 号413頁参照）。「淫行をさせる行為」であるから，少なくとも淫行（たとえば売春）の相手方となる行為は除かれると解すべきであろう。もっとも，判例は，中学生男子に少女売春のあっせんを依頼して，少女と性交した成年男子を

---

1)　改正の詳細については，加藤俊治「性犯罪に対処するための刑法改正の概要」ひろば70巻 8 号52頁，田野尻猛「性犯罪の罰則整備に関する刑法改正の概要」論ジュリ23号112頁，橋爪隆「性犯罪に対処するための刑法改正について」ひろば70巻11号 4 頁などを参照。

2)　児童とは，18歳未満の男女をいう。児童福祉法 4 条。

児童福祉法34条1項6号の罪の教唆犯とし（名古屋高判昭和54・6・4刑月11巻6号515頁），教師が教え子の女子生徒にバイブレータを使用して自慰行為をするに至らせた場合に同罪の成立を認めている（最決平成10・11・2刑集52巻8号505頁）。また，地方自治体のいわゆる青少年保護育成条例においては，児童に対し淫行をする行為，たとえば，児童との性交自体を処罰の対象とするものが多い。この条例によれば，刑法，児童福祉法といった法律レベルで不可罰の行為が処罰されることになり，法律主義に反するのではないかという疑問が存するが，判例は，趣旨・目的を異にするから合憲であるとしている（大阪高判昭和48・5・9刑月5巻5号899頁，最大判昭和60・10・23刑集39巻6号413頁）。

  ＊ **児童買春処罰法**　　平成11年の通常国会で，児童（18歳未満の者）を相手方として，児童買春をした者（5年以下の懲役又は300万円以下の罰金）や児童ポルノの提供等をした者（3年以下の懲役又は300万円以下の罰金）等を処罰する「児童買春，児童ポルノに係る行為等の処罰及び児童の保護等に関する法律」（法52号）が議員立法の形で成立し，同年11月1日から施行された。同法は，平成16年（法106号），さらに平成26年（法79号）に改正され，法律名も「児童買春，児童ポルノに係る行為等の規制及び処罰並びに児童の保護等に関する法律」に改められた。

2　強制わいせつ罪

> 13歳以上の者に対し，暴行又は脅迫を用いてわいせつな行為をした者は，6月以上10年以下の懲役に処する。13歳未満の者に対し，わいせつな行為をした者も，同様とする（176条）。未遂を罰する（180条）。

　1　本罪の客体は男女の双方であるが，13歳以上か未満かによって，行為類型が区別されている。13歳以上の者の場合は，暴行または脅迫を手段とすることが必要であるが，13歳未満の者の場合には，手段の如何を問わず，かつ，同意があっても本罪が成立する。13歳未満の者に対し，暴行または脅迫を手段とした場合には，端的に176条の罪が成立する（最決昭和44・7・25刑集23巻8号1068頁）。

　2　「わいせつな行為」とは，性的自由が保護法益であることから，公然わいせつ罪（174条）におけるわいせつ概念より広く，被害者の性的羞恥

心を害する行為をいうと解すべきである（中森65頁）。したがって，相手の意に反して接吻する行為は，現在では公然わいせつ罪にはあたらないであろうが，本罪を構成する（東京高判昭和32・1・22高刑10巻1号10頁）。ただし，一般人の見地からみても性的羞恥心を害する行為であることが必要であろう。

　具体的には，乳房や陰部を触る行為（名古屋高金沢支判昭和36・5・2下刑3巻5=6号399頁），裸にして写真を撮る行為（東京高判昭和29・5・29判特40号138頁），少年の肛門に異物を挿入する行為（東京高判昭和59・6・13刑月16巻5=6号414頁）等が本罪にあたる。改正前の刑法においては，強姦罪の被害者が女性に限定されていたため，男性に性交を強要する行為も本罪を構成していたが，平成29年改正によって，この場合にも強制性交等罪が成立することになった。

　3　手段たる暴行・脅迫は，強盗罪のように相手方の反抗を抑圧するまでの必要はないが，反抗を著しく困難にする程度のものであることが必要であろう（団藤490頁）。この場合，不意に相手の陰部を触る行為のように，暴行自体がわいせつ行為である場合の処理が問題となる。このような性的暴行の場合をも本罪に含めるために，他人の意思に反したものであれば力の大小を問わないとする見解（曽根67頁，大判大正14・12・1刑集4巻743頁），暴行と脅迫を区別し，暴行については反抗を著しく困難にする程度のものであることを要しないとする見解（大塚99頁，大谷114頁，井田109頁）も主張されている。しかし，わいせつ行為における同意の有無の認定は微妙であり，相手の意思に反したか否かを判断するために，反抗を著しく困難にする程度のものであることが必要なのであるから，単に相手の意思に反していればよいとするのでは問題の解決にならないように思われる。他方，前述の基準を維持するために，性的暴行の事例を単純暴行にすぎないものと解する見解（中85頁）もあるが，これも性的自由の侵害という側面を無視する点で妥当とはいいがたい。暴行自体がわいせつな行為にあたる場合であっても，当該暴行を避けえたか否かの判断は可能であり，不意の性的暴行であれば，まさしく反抗が困難であったものとして本罪の成立を認めるべきだと思われる（高橋127頁，準強制わいせつ罪の成立を認めるものとして，松原86頁）。

　4　本罪は故意犯であるから，本条後段の罪については，被害者が13歳未満であることの認識を必要とする。相手を13歳以上と誤信して，その同意を得てわいせつな行為をした場合は事実の錯誤として故意を阻却する。

100 第2編 個人的法益に対する罪 第3章 自由に対する罪

なお，判例は，本罪を傾向犯と解し，わいせつな行為が「犯人の性欲を刺激興奮させまたは満足させるという性的意図のもとに行なわれること」を要するとして，報復目的で被害者の女性を裸にして写真撮影をしても本罪にあたらないとしている（最判昭和45・1・29刑集24巻1号1頁〔100〕）。しかし，本罪の保護法益を性的自由と解する以上，行為の法益侵害性は行為者の主観的意図により左右されるものではないから，この結論は不当である（実質的に同旨の立場をとるものとして，東京地判昭和62・9・16判時1294号143頁〔101〕）。後述のとおり，最大判平成29年11月29日（裁時1688号1頁〔102〕）は，昭和45年判例を変更し，性的意図を一律に本罪の成立要件とすることは相当ではないと判示している。

　　性的意図の要否について　　本文で述べたように，昭和45年判例は性的意図を必要と解していたが，その後の下級審裁判例には，性的意図が不要である旨を判示するものも散見された（たとえば東京高判平成26・2・13高刑速（平26）45頁）。このような中，大阪高判平成28年10月27日（高刑69巻2号1頁）は，被告人が，被害女児（当時7歳）に自らの陰茎をくわえさせるなどしてこれを撮影したが，被告人の主張によれば，その目的は第三者に画像データを送信して金銭を得ることにあり，性的意図はなかったという事件について，性的意図は不要として，強制わいせつ罪の成立を認めた。被告人の上告に対して，最大判平成29・11・29は，次のように判示して，上告を棄却している。「刑法176条にいうわいせつな行為と評価されるべき行為の中には，強姦罪に連なる行為のように，行為そのものが持つ性的性質が明確で，当該行為が行われた際の具体的状況等如何にかかわらず当然に性的な意味があると認められるため，直ちにわいせつな行為と評価できる行為がある一方，行為そのものが持つ性的性質が不明確で，当該行為が行われた際の具体的状況等をも考慮に入れなければ当該行為に性的な意味があるかどうかが評価し難いような行為もある。その上，同条の法定刑の重さに照らすと，性的な意味を帯びているとみられる行為の全てが同条にいうわいせつな行為として処罰に値すると評価すべきものではない。そして，いかなる行為に性的な意味があり，同条による処罰に値する行為とみるべきかは，規範的評価として，その時代の性的な被害に係る犯罪に対する社会の一般的な受け止め方を考慮しつつ客観的に判断されるべき事柄であると考えられる。そうすると，刑法176条にいうわいせつな行為に当たるか否かの判断を行うためには，行為そのものが持つ性的性質の有無及び程度を十分に踏まえた上で，事案によっては，当該行為が行われた際の具体的状況等の諸般の事情をも総合考慮し，社会通念に照らし，その行為に性的な意味があるといえるか否かや，その性的な意味合いの強さを個別事案に応じた具体的事実関係に基づいて判断せざるを得ないことになる。したがって，そのような個別具体的な事情の一つとして，行為者の目的等の主観的

事情を判断要素として考慮すべき場合があり得ることは否定し難い。しかし，そのような場合があるとしても，故意以外の行為者の性的意図を一律に強制わいせつ罪の成立要件とすることは相当でなく，昭和45年判例の解釈は変更されるべきである。」

　本判決は，「性的意図を一律に強制わいせつ罪の成立要件とする」べきでないという限度で昭和45年判例を変更するものであり，強制わいせつ罪の成否において，常に性的意図が不要という趣旨の判断ではない。すなわち，①本件被告人の行為のように，行為それ自体に性的な意味が強く認められる行為については，行為者の主観面を問わず，わいせつ行為と評価されることになるが，②性的な意味を帯びているが，客観的には性的意味が必ずしも強くない行為（たとえば児童を抱きかかえる行為など）については，わいせつ行為に該当するか否かは，その「行為が行われた際の具体的状況等の諸般の事情をも総合考慮」する必要があり，その判断要素として「行為者の目的等の主観的事情」も考慮されることになる。この場合には，主観的事情の内容の1つとして，行為者の性的意図も考慮される場合がありうるだろう。もっとも，本判決は「行為者の目的等の主観的事情」という表現を用いており，判断要素として考慮されるべき主観的事情は性的意図に限定されていない。たとえば行為者の性的傾向，行為に及んだ動機・目的なども判断資料に含められる可能性があるだろう。したがって，この類型についても性的意図は不可欠の要件とまではいえず，性的意図が認められないとしても，それ以外の主観的事情などによってわいせつ性が肯定される余地が残されているように思われる。

　これに対して，③行為者が特殊な性的傾向を有しており，一般的には性的意味を有しない行為を，性的意図に基づいて実行した場合には，そもそも当該行為が客観的に性的意味が乏しい以上，行為者の主観的事情を考慮するとしても，わいせつ行為と評価することは困難であろう。本判決が，わいせつ行為性の判断において，「行為そのものが持つ性的性質の有無及び程度を十分に踏まえ」る必要がある旨を判示しているのも，このような趣旨に基づくものと解される。

3　強制性交等罪

13歳以上の者に対し，暴行又は脅迫を用いて性交，肛門性交又は口腔性交（以下「性交等」という。）をした者は，強制性交等の罪とし，5年以上の有期懲役に処する。13歳未満の者に対し，性交等をした者も，同様とする（177条）。未遂を罰する（180条）。

1　平成29年改正前の177条の強姦罪は「女子を姦淫」する行為を強姦

102　第2編　個人的法益に対する罪　　第3章　自由に対する罪

罪として処罰の対象としていたが，改正法によって，本罪は次の2点において，構成要件が拡張されている。

　第1に，強姦罪の被害者は女性に限定されていたところ，性的行為を強いられることによる身体的・精神的苦痛は男女を問わず共通であることから，男性も本罪の被害者に含められることになった。判例（最決昭和40・3・30刑集19巻2号125頁）は，強姦罪の主体は，事実上，男性に限られることから，本罪を身分犯と解していたが，本改正によって，この判例は先例としての意義を失うことになる。

　第2に，改正前の強姦罪は，姦淫行為，すなわち性交のみを処罰対象としていたが，他人の性器が自己の体内に挿入される（あるいは，自己の性器を他人の体内に挿入させられる）という濃厚な性的接触を強制されるという意味においては，肛門性交，口腔性交も姦淫行為と同様の法益侵害性を有することから，これらも177条の処罰対象に含められることになった。これによって，本罪の処罰対象行為は強姦行為に限られなくなったため，罪名も強制性交等罪に改められた。

　すでに述べたように，本罪の客体は，男女の双方を含むが，13歳以上か未満かによって行為類型が区別される点は，強制わいせつ罪と同様である。13歳以上の者の場合は，暴行または脅迫を手段とすることが必要であるが，13歳未満の者の場合には，手段の如何を問わず，かつ，同意があっても本罪が成立する。強制わいせつ罪の場合と同様に，相手を13歳以上と誤信して，その同意を得て性交等の行為に出た場合は事実の錯誤として故意を阻却する。

　夫婦間であっても，強制性交等罪は成立しうる（平川200頁，山口109頁，山中168頁，井田108頁，なお，池本壽美子「刑事事件の裁判例」判タ1100号31頁参照）。婚姻関係にある以上包括的同意があるという考え方はとるべきでない。下級審判例の中には，婚姻関係が実質的に破綻していたか否かを基準としたものもある[3]（広島高松江支判昭和62・6・18判タ642号257頁）。しかし，実質的に破綻していたかという判断は，法的安定性に欠けるし，また，その場合に限定する

───────────────

　3）　ただし，事案は夫が第三者と共謀して妻を輪姦したものであり，当然に本罪の成立を認めうるものであった。

必然性はないであろう。この点で，婚姻関係の破綻状況を考慮しつつも，女性の自己決定権を保護する必要性から法律上の夫にも原則的に強姦罪が成立しうるとした裁判例（東京高判平成19・9・26判タ1268号345頁〔99〕）は妥当である。

　なお，改正前の強姦罪の法定刑の下限は懲役３年であったが，平成29年改正によって，法定刑の下限は懲役５年に引き上げられた。これは，最近の実務においては，強姦罪について（法定刑の下限が５年である）強盗罪や現住建造物等放火罪よりも重い量刑がなされる傾向があったことから，現在の量刑傾向に対応するべく，法定刑の見直しを行ったものである。

　2　手段たる暴行，脅迫は，相手方の反抗を著しく困難にする程度のものであることが必要である（最判昭和24・5・10刑集３巻６号711頁）。「性交」とは膣内に陰茎の一部を入れる行為をいい，「肛門性交」とは肛門内に，「口腔性交」とは口腔内に，それぞれ陰茎を入れる行為をいう。これらの行為には，自己または第三者の陰茎を被害者の体内に入れる行為だけではなく，自己または第三者の体内に被害者の陰茎を入れさせる行為を含むとされる[4]。陰茎の一部が挿入された段階で本罪は既遂となる。性交等の手段たる暴行，脅迫を開始した時点で着手を認めるのが原則であろうが，判例は，性交等に至る客観的危険性が認められる時点で着手を認める[*]。

　　＊　**強制性交等罪の着手時期**　　最決昭和45年7月28日（刑集24巻7号585頁）は，通行中の女性をダンプカーの運転席に引きずり込み，５キロメートル離れた場所で強制性交したという事例に関し，引きずり込みの時点で強制性交に至る客観的危険性が明らかに認められるとして，着手を認め，引きずり込みの際の暴行により生じた傷害につき，強制性交等致傷罪（181条）の成立を認めている。

4　準強制わいせつ罪・準強制性交等罪

　人の心神喪失若しくは抗拒不能に乗じ，又は心神を喪失させ，若しくは抗拒不能にさせて，わいせつな行為をした者は，第176条の例による（178条１

---

4)　加藤・前掲55頁参照。もっとも，本罪は「性交等……をした者」を処罰する規定である以上，被害者と第三者を性交等させる行為についても，あくまでも行為者が「性交等……をした」と評価できる関係が必要であろう（橋爪・前掲6頁参照）。

104　第2編　個人的法益に対する罪　　第3章　自由に対する罪

> 項)。人の心神喪失若しくは抗拒不能に乗じ，又は心神を喪失させ，若しく
> は抗拒不能にさせて，性交等をした者は，前条〔177条〕の例による（同条2
> 項)。未遂を罰する（180条)。

1　本罪は，暴行，脅迫の手段を用いないが，被害者の抵抗困難な状態
を利用して行われるわいせつ行為（1項)，性交等の行為（2項）を処罰する
ものである（2項の罪は，平成29年の改正によって，準強姦罪から準強制性交等罪に
罪名が改められた)。自らわいせつ，性交等の目的で抵抗困難な状態を作出
する場合のみでなく，第三者によって失神させられた被害者と性交すると
か，自己が他の目的で失神させた被害者と性交する場合のように，自己ま
たは第三者によって作出された状態を利用する場合をも含む点で，「人を
昏酔させてその財物を盗取した者」を強盗とする昏酔強盗罪（239条）の場
合よりも広い点に注意する必要がある。

2　「心神喪失」とは，責任能力における心神喪失（39条1項）とは異な
り，失神，睡眠，泥酔，高度の精神障害等の理由により，自己の性的自由
が侵害されていることについての認識を欠く場合をいう。これに対し，
「抗拒不能」とは，自己の性的自由が侵害されていることは意識している
が，たとえば，手足を縛られているとか，酩酊状態，極度の畏怖状態にあ
る等の理由で，物理的，心理的に抵抗が著しく困難な場合をいうと解すべ
きであろう。たとえば，牧師が信者である少女に対し自己の指示に従わな
ければ地獄に堕ちて永遠に苦しむと説教し，少女の畏怖状態に乗じて性交
した場合がその一例である（京都地判平成18・2・21判タ1229号344頁)。また，こ
の場合，偽計による性交が，心理的抗拒不能にあたるかが問題となる。判
例は，①被害者が半睡半醒の状態のため行為者を夫または情夫と誤信した
状態を利用して性交した場合（仙台高判昭和32・4・18裁特4巻10号230頁，広島高判
昭和33・12・24高刑11巻10号701頁)，②治療行為のために必要であると誤信させ
て性交した場合[5]（大判大正15・6・25刑集5巻285頁，名古屋地判昭和55・7・28刑月12巻
7号709頁〔103〕)につき広く抗拒不能による準強制性交等罪の成立を肯定し

5）抗拒不能にあたらないとした例として，東京地判昭和58・3・1刑月15巻3号255頁
〔105〕参照。

ている。この問題は，結局，錯誤による同意の有効性に帰着するから，すでに述べた（17頁以下参照）法益関係的錯誤の観点から解決されるべきであろう（佐伯・前掲神戸法学年報1号88頁以下参照）。したがって，性行為を行うことの認識の存する②の場合について準強制性交等罪を認めることは疑問である。他方，性的自由は誰を相手にするかの自由も含むから，①の判例は妥当であろう。

5　集団強姦罪の廃止

平成29年改正前の178条の2は，「2人以上の者が現場において共同して第177条又は前条〔178条〕第2項の罪を犯したときは，4年以上の有期懲役に処する」として，集団強姦罪を規定していたが，強制性交等罪の法定刑の下限が懲役5年に引き上げられたことに伴い，集団強姦等の悪質性・重大性については，改正後の強制性交等罪の法定刑の範囲内で十分に評価できることから，同罪は廃止された。

6　監護者わいせつ罪・監護者性交等罪

> 　18歳未満の者に対し，その者を現に監護する者であることによる影響力があることに乗じてわいせつな行為をした者は，第176条の例による（179条1項）。18歳未満の者に対し，その者を現に監護する者であることによる影響力があることに乗じて性交等をした者は，第177条の例による（同条2項）。未遂を罰する（180条）。

1　本条は，平成29年改正によって新設された規定である[6]。実親，養親などの監護者が18歳未満の者に対してわいせつな行為や性交等を継続している事案については，個別の性的行為については暴行・脅迫が認められず，また，抗拒不能とも評価できないため，刑法上の性犯罪として処罰することが困難なものが存在していた。もっとも，18歳未満の者は一般に精神的に未熟であり，監護者に経済的にも精神的にも依存しており，その影響を受けやすい状況にあるといえる。したがって，このような状況において，

---

6)　本罪に関する検討として，樋口亮介「性犯罪規定の改正」法時89巻11号114頁以下参照。

18歳未満の者を監護する者が，その影響力に乗じて18歳未満の者と性的行為に及んだ場合，18歳未満の者の意思決定は，その自由な意思決定と評価することができないし，また，18歳未満の者を監督・保護すべき立場にある者（監護者）が，被害者の脆弱な性的自由を侵害している点において，重大性・悪質性を認めることもできる。このような行為を強制わいせつ罪または強制性交等罪と同様に処罰するために，本罪が新設された。したがって，本罪の保護法益は18歳未満の者の性的自由または性的自己決定権であり，青少年の健全育成それ自体を直接の保護法益とするものではない。

2 「現に監護する者」とは，現に18歳未満の者を監督し，保護している者をいい，法律上の監護権の存否を問わない。この要件を満たすためには，現にその者の生活全般にわたって，経済的・精神的な観点から，依存・被依存ないし保護・被保護の関係が継続的に認められることが必要とされる。実親や養親などが典型例であるが，それ以外の親族や，親の内縁の配偶者などであっても，子の世話をしており，生活全般にわたって監督・保護をしている者であれば，これに該当する。これに対して，教師やスポーツのコーチなどは，生活全般にわたって依存・被依存ないし保護・被保護の関係が認められるわけではないから，原則としてこれにあたらない。

「影響力があることに乗じて」とは，一般的・継続的に被監護者の意思決定に影響を及ぼしうる関係が存在する状況において，それを前提として性的行為が行われることであり，影響力を利用するための積極的な行為（誘惑，威迫など）は不要である。そして，行為者が「現に監護する者」の身分を有する場合には，被監護者の意思決定に影響を及ぼしうる関係が認められるといえるから，その関係性を前提として被監護者との間で性的行為が行われた場合には，その影響力が遮断されたような例外的な状況を除き，原則として「影響力があることに乗じて」の要件を満たし，本罪が成立することになる（井田=佐藤60頁）。また，仮に被監護者が性的行為に承諾していたとしても，承諾それ自体が監護者の影響力に基づいてなされたも

7）　立案担当者の解説によれば，18歳未満の者が性交等の相手方が監護者であると認識していない場合や，18歳未満の者が暴行・脅迫によって監護者に性交を迫ったような場合については，「影響力があることに乗じて」の要件を満たさない（加藤・前掲58頁）。

のといえることから，これによって本罪の成立が否定されるわけではない。

7　親告罪規定の削除

　改正前の刑法180条は，強制わいせつ罪，強姦罪，準強制わいせつ罪，準強姦罪およびこれらの罪の未遂罪については，告訴がなければ公訴を提起できない旨を規定しており，これらの犯罪を親告罪として位置づけていた。これは被害者の名誉やプライヴァシーを尊重する趣旨の規定であった。もっとも，性犯罪の被害者は，告訴するか否かを自分で判断しなければいけないという決断に迫られたり，あるいは告訴したことによって犯人からの報復を恐れたりするなど，親告罪としたことによって，かえって被害者に精神的負担が生じる場合が多くなっていた。このような実情を前提とすれば，これらの罪を非親告罪化して被害者の精神的負担を軽減することが適切であることから，平成29年の改正によって，これらの罪を親告罪とする旨の規定が削除された。

8　強制わいせつ・強制性交等致死傷罪

> 　第176条，第178条第1項若しくは第179条第1項の罪又はこれらの罪の未遂罪を犯し，よって人を死傷させた者は，無期又は3年以上の懲役に処する（181条1項）。第177条，第178条第2項若しくは第179条第2項の罪又はこれらの罪の未遂罪を犯し，よって人を死傷させた者は，無期又は6年以上の懲役に処する（同条2項）。

　1　本罪は，強制性交等罪などの結果的加重犯である。基本犯が①強制わいせつ罪・監護者わいせつ罪・準強制わいせつ罪およびこれらの未遂罪の場合，②強制性交等罪・監護者性交等罪・準強制性交等およびこれらの未遂罪の場合に区別して，有期刑の下限に差が設けられている（平成29年改正によって，②の法定刑の下限が懲役5年から6年に引き上げられ，また，集団強姦致死傷罪の規定〔旧181条3項〕が削除された）。強制性交等罪などが未遂の場合にも適用されることは規定上明らかであり，強盗致死傷罪（240条・243条参照）のような問題は生じない。

　死傷の結果は，わいせつ行為，性交等の行為から生じた場合のみでなく，

手段たる暴行，脅迫から生じた場合を含むのは当然である（最決昭和43・9・17刑集22巻9号862頁）。これらの行為と死傷の結果との間に相当因果関係があればよいから，被害者が逃走中に転倒して負傷した場合を含むが（最決昭和46・9・22刑集25巻6号769頁），被害者が羞恥心から自殺した場合は含まないと解すべきである。判例は，さらに広く，性交・わいせつ行為の後に逃走を容易にするための暴行から傷害を負わせた場合にも，その暴行・脅迫が強制性交等・強制わいせつ行為に「随伴するもの」といえるとして本罪の成立を認めている（大判明治44・6・29刑録17輯1330頁，最決平成20・1・22刑集62巻1号1頁〔106〕）。「随伴するもの」か否かは，「時間的・場所的接着性があるか，意思の同一性があるかなどの諸要素が総合考慮された上で」判断すべきものとされている（三浦透「判批」ジュリ1366号153頁）。しかし，「よって人を死傷させた者」という本条の文言からは強制性交等罪などの手段たる暴行・脅迫から生じた致死傷に限ると解すべきであろう（大谷126頁）。

　　2　死亡結果につき故意がある場合は，本罪と殺人罪の観念的競合とするのが判例であるが（最判昭和31・10・25刑集10巻10号1455頁），刑の不均衡を生じないから，強制性交等罪などと殺人罪の観念的競合とすれば足りよう（大谷127頁以下，中森70頁）。これに対し，傷害の故意のある場合は，強制性交等罪などと傷害罪の観念的競合とする見解（大塚106頁，曽根70頁）もあるが，刑の不均衡を生ずるから，本罪の成立を認めるべきであろう（団藤475頁，大谷127頁，中森70頁）。

第6節 住居侵入罪

正当な理由がないのに，人の住居若しくは人の看守する邸宅，建造物若しくは艦船に侵入し，又は要求を受けたにもかかわらずこれらの場所から退去しなかった者は，3年以下の懲役又は10万円以下の罰金に処する（130条）。未遂を罰する（132条）。

1 保護法益

住居侵入罪の保護法益については，それが個人的法益であることについては学説も一致しているが，その内容については，住居や建造物に対する事実上の支配・管理権すなわち，誰を立ち入らせるかの自由であるとする住居権説（建造物の場合は管理権説と呼ぶべきであるから，以下では両方の用語を場合によって併用する）と住居の事実上の平穏であるとする平穏説とが激しく対立している。判例は住居権説・管理権説をとる。すなわち，夫が戦地に赴いている間に姦通のために妻が男を住居に引き入れた事案に関し，大審院は，本罪の法益を住居権であるとしつつ，家長たる夫の住居権を侵害するという理由で犯罪の成立を認めたのである（大判大正7・12・6刑録24輯1506頁〔111〕）。平穏説は，このような戦前の判例理論への批判として主張された。すなわち，住居権が誰に属するかは明確ではないし，そのため，住居権説は封建的な家長権と結びつきやすいという理由から，住居の事実上の平穏を保護法益と解すべきだとしたのである。平穏説は多数の学説によって支持され（小野208頁，団藤501頁，大塚111頁，福田203頁，香川452頁，岡野70頁，井田145頁），判例も一時期これを認める方向を示した（最決昭和49・5・31裁集192号571頁〔113〕，最判昭和51・3・4刑集30巻2号79頁〔107〕）。

しかし，平穏説に対しては以下のような疑問がある。まず第1に，住居の平穏とは何かということは，平穏説によっても明らかにはされていない。それが，静謐という意味だとすれば，開放されたドアから入れば泥棒であ

---

1) なお，姦通の事例について，平穏説から本罪の成立を否定したものとして，尼崎簡判昭和43・2・29下刑10巻2号211頁〔112〕。

っても本罪は不成立になる。プライヴァシーだとすれば，官公庁の建造物は客体から除外されざるをえないことになろう。

第2に，それが，居住者・管理権者の意思に反することであるとすれば（団藤505頁，大塚116頁），実質的には住居権説・管理権説と異ならない。平穏説を一貫させるならば，立入りの態様が平穏である場合には，たとえ居住者・管理権者の意思に反していても本罪は不成立ということになろう（福田平・旧注釈(3)242頁・245頁）。しかし，本罪を個人的法益に対する罪として位置づける以上，個人の意思や承諾の有無と関わりなく犯罪の成立が決定されるとする平穏説には基本的な疑問がある。これに対し，個人の住居については，平穏とはプライヴァシーのことであるから，その意思を尊重すべきであるが，官公庁等の建造物については，平穏かつ円滑に事務を遂行しうることが本罪の保護法益と解するべきであるから侵入の態様を基準にすべきであるとの主張もある*（関哲夫・住居侵入罪の研究324頁以下〔1995〕）。しかし，この見解は，住居侵入罪と業務妨害罪を混同するものであり，また業務中でない建造物は本罪によっては保護されないことになろう。官公庁・大学その他の公的な建造物であっても，その管理権者には，建物・構内に誰の立入りを許すかの決定権があるというべきである。態様が平穏ならば，過激派の立入りも拒否できないとするのは不合理である。

第3に，不退去罪が住居権者・管理権者の退去命令によって成立することとの不均衡を否定できないであろう。すなわち，不退去罪では，行為態様の平穏性ということは問題となりえないのである。平穏説は，退去要求に従わないことにより平穏でなくなるとするが，それは結局，住居権者・管理権者の意思に反することと同義であり，住居権説・管理権説に帰着するものというべきであろう。

以上のように考えれば，住居権説・管理権説が妥当である（平野182頁，中山140頁，内田171頁，大谷130頁，中森78頁以下，川端209頁，山口119頁，山中180頁，松宮131頁，高橋142頁，松原110頁）。**最高裁も**，大槻郵便局事件（最判昭和58・4・8刑集37巻3号215頁〔114〕），自衛隊立川宿舎事件（最判平成20・4・11刑集62巻5号1217頁〔109〕〔115〕），亀有マンション事件（最判平成21・11・30刑集63巻9号1765頁〔116〕）

2）最高裁第2小法廷は，マンションの管理組合名義で敷地内でのパンフレットなどの投函を禁止する貼り紙が掲示板に貼付され，管理人によって管理がなされていたマンションに立

において，住居権説・管理権説の立場をとることを明確にしている。

 * **労働争議などとの関係**　　平穏侵害説は，住居侵入が労働争議や政治活動との絡
　みで行われることが多いことを考慮し，「侵入」という構成要件該当性のレベルで
　処罰範囲を限定しようという意図を有するものと思われる。しかし，この問題はや
　はり違法阻却の問題として処理されるべきであろう。前述の自衛隊立川宿舎事件に
　よって否定された第 1 審判決が，立川宿舎の各居室の郵便受けに自衛隊のイラク派
　遣を非難するビラを投函した行為につき，それが憲法21条 1 項の保障する政治的表
　現行為の一態様であるとして可罰的違法性の欠如を理由に無罪としたのはその一例
　である。

2　客　　体

　「人」の住居とは，居住者以外の者の住居をいう。したがって，現に居
住する者は本罪の主体たりえない。ただし，居住を離脱した者はこのかぎ
りでない[3]。また，「人」には死亡者を含まないから，唯一の居住者を殺害
した後に，その住居に侵入しても，本罪は成立しないと解すべきである[4]。
　①「住居」とは，日常生活に使用されている場所をいい，法律上の権限
の有無を問わない（最決昭和28・5・14刑集 7 巻 5 号1042頁）。その使用は一時的で
あってもよいから，ホテル・旅館の一室も住居にあたる。居住の用に供さ
れているかぎり，船舶や車両その他のものでもよいが，日常生活をおくる
ための一定の設備が必要であろう。②「邸宅」とは居住用の建造物で住居
以外のものをいい，空き家，閉鎖中の別荘，集合住宅の 1 階出入口から各
居室の玄関までの共用部分（最判平成20・4・11刑集62巻 5 号1217頁〔109〕〔115〕）等
がこれにあたる。③「建造物」とは，①②以外の建造物をいう。官公庁の

　ち入り，7 階から 3 階までの各住戸のドアポストに某政党の都議会報告等を投函したという
　事案に関し，本件行為を住所侵入罪で処罰することは憲法21条 1 項に違反するとの上告趣意
　に対し「たとえ表現の自由の行使のためとはいっても，そこに本件管理組合の意思に反して
　立ち入ることは，本件管理組合の管理権を侵害するのみならず，そこで私的生活を営む者の
　私生活の平穏を侵害するものといわざるを得ない。したがって，本件立入り行為をもって刑
　法130条前段の罪に問うことは，憲法21条 1 項に違反するものではない。」としている。
　3）　家出中の息子が自宅へ共犯者とともに強盗目的で侵入した事例として，最判昭和23・
　　11・25刑集 2 巻12号1649頁〔117〕，別居中の妻が居住する自宅に夫が侵入した事例として，
　　東京高判昭和58・1・20判時1088号147頁〔118〕。
　4）　これに対し，死者の住居権を認めた例として，東京高判昭和57・1・21刑月14巻1=2号 1
　　頁〔119〕〔258〕。

庁舎，学校，工場，倉庫，物置等がこれにあたる。判例によれば，警察署の囲繞地の周囲のコンクリートの塀（高さ2.4メートル，幅22センチメートル）も「『建造物』の一部を構成するものとして」本罪の客体にあたるから，捜査車両確認の目的で塀の上部に登った行為は本罪にあたるとしている[5]（最決平成21・7・13刑集63巻6号590頁〔108〕）。④「艦船」とは，軍艦および船舶をいう。なお，①②③には，これに付属する囲繞地も含まれる。囲繞地とは，建物に付属する土地で，管理者が門塀等を設けることにより建物の付属地として利用することが明示されているものをいう（通説・判例，最判昭和51・3・4刑集30巻2号79頁〔107〕，前掲最判平成20・4・11）。これに対して囲繞地は含まれず，囲繞地への侵入は軽犯罪法1条32号の罪にあたるにすぎないとする見解もある（松宮135頁，斎藤65頁，関・前注5）89頁）。さらに，②③④については，「人の看守する」ものであることが必要である。「看守する」とは，守衛，監視人を置くとか，施錠する，入口を板で閉鎖する等，建物等を事実上管理・支配するための人的・物的設備を施すことをいい，単に立入禁止の立札を立てるだけでは足りない。この場合，守衛や監視人は看守者ではなく，建造物の管理者が看守者であることに注意する必要がある。

3 住居侵入罪

1 本条前段にいう「侵入」とは，平穏説からは，住居の平穏を害するような態様による立入りをいうが（平穏侵害説），住居権説からは，住居権者（居住者・看守者）の意思に反して，住居等に立ち入ることをいうことになる（意思侵害説）。したがって，住居権者の同意があれば，立入りの態様が平穏を害していても侵入にはあたらない。身体の全部が，住居や囲繞地に入った時点で既遂に達する。したがって，塀を乗り越えようとしてい

5）本件第1審判決は，建造物の囲繞地も建造物に含まれるとしつつも，囲繞地とは門塀などにより囲われた土地のみを意味し塀自体は含まないと解したうえ，囲繞地自体に侵入する意図はなかったから本罪の故意がなく無罪としたのである。これに対し，関哲夫「判批」刑ジャ20号85頁以下（92頁）は，建物の囲繞地は，それが「邸宅」にあたらない限り本罪の客体足りえないとしつつも，未遂犯の故意は結果発生の危険性の認識で足りるとして本件でも住居侵入罪の未遂犯の成立を肯定しうるとするが，本件塀が建造物にあたるといえなければ，囲繞地自体には侵入する意図のなかった本件において未遂犯の成立を認めることはできないであろう。

る段階は未遂である。本罪は，侵入して以後退去するまで犯行が継続する継続犯である（最決昭和31・8・22刑集10巻8号1237頁）。

「正当な理由がないのに」とは，違法阻却事由のないことをいう。正当な理由のあるときは，住居権者の意思に反していても本罪は成立しない。住居権者の同意があるときは，それ以前に，「侵入」，「不退去」にあたらない。正当な理由とは，刑事訴訟法に基づく捜索，押収，検証のための立入り，正当な争議行為等である。

2　住居権者が複数いる場合には，誰の同意を必要とするかが問題となる。たとえば，妻が姦通目的で男性を引き入れる場合については，平穏説の立場でも本罪の成立を肯定する見解（大塚119頁）と否定する見解（団藤505頁，福田207頁）とが対立しているが，住居権説の立場でも，夫の同意は期待できないとして本罪の成立を認める見解（内田174頁）もある。しかし，住居権とは，事実上の支配・管理をいうのであるから，居住者は原則として平等の住居権を有するとしても，現実に在宅する者の意思が基準となると考えられるべきであろう。したがって，夫が不在である場合には本罪は成立しないと解すべきである（大谷136頁以下，井田153頁，平野龍一「住居侵入について」警研57巻7号10頁）。さらに，住居の場合には，領域ごとに個別化して考えるべきであり，各々の個室には独立の住居権があると解すべきである。したがって，娘が親の反対を押し切って恋人を自室に入れても本罪は成立しない（平野・前掲10頁）。反対に，同意を得て住居の一室に入った者であっても，承諾の範囲外の部屋に入るのは侵入にあたりうるのである（最判昭和27・5・2刑集6巻5号721頁）。

3　つぎに，住居権者の同意が錯誤に基づく場合の処理が問題となる。判例は，偽装心中（前述16頁参照）の場合と同様，同意は任意かつ真意でなければならず，欺罔による承諾は無効であるとして，強盗殺人の目的を秘し，顧客を装って被害者宅へ立ち入る行為も本罪にあたるとしている（最判昭和23・5・20刑集2巻5号489頁〔120〕）。学説でもこれを支持するものが多い（団藤505頁，大塚117頁，大谷135頁以下）。しかし，この見解が住居権説と結びついたとき，本罪による処罰範囲はきわめて広いものになる。たとえば，詐欺目的での他人の家への立入りも，それだけで，本罪にあたることになるのである。立入りの態様を問題とする平穏侵害説は，まさに，この局面で

処罰範囲を限定する目的をもつものともいえよう（福田207頁以下参照）。しかし、平穏説には、すでに述べたような基本的な疑問がある以上、問題の解決は、同意の有効性の局面において図られるべきである。そして、法益関係的錯誤の理論からは、住居権者に住居への立入り（法益の処分）自体についての錯誤がない以上、その同意は有効であり、本罪は成立しないと解すべきである（平野184頁、町野朔「被害者の承諾」西原ほか編・判例刑法研究2巻216頁〔1981〕、佐伯・前掲神戸法学年報1号96頁、曽根81頁、中森80頁、山口126頁、山中190頁以下、松原117頁）。

4 最後に、デパート、ホテルのロビー、官公庁、展示会場等一般に立入りが許容されている場所に違法な目的で立ち入った場合が問題となる。ここでも、判例は、目的が違法である場合には広く本罪の成立を認めている。たとえば、発煙筒を発煙させる目的で皇居の一般参賀会場に入る行為（東京地判昭和44・9・1刑月1巻9号865頁）、万博会場内の中華民国館に肖像画を損壊する目的で入る行為（大阪地判昭和46・1・30刑月3巻1号59頁）、共同通信会館にビラの配布等建物管理者の定めた禁止事項を行う目的で入る行為（東京高判昭和48・3・27東時24巻3号41頁）、議事妨害の目的で、虚偽の氏名を記載した傍聴券を提示して参議院に立ち入る行為（東京高判平成5・2・1判時1476号163頁）、国体開会式を妨害する目的で開会式場に入場券を所持して入場する行為（仙台高判平成6・3・31判時1513号175頁〔122〕）、銀行顧客のキャッシュカードの暗証番号等の情報を盗撮する目的で銀行員の常駐しないATM出張所へ立ち入る行為（最決平成19・7・2刑集61巻5号379頁〔121〕〔151〕）につき、本罪の成立を認めている。この考え方によれば、万引き目的でのデパートへの立入りも当然に本罪にあたることになる。たしかに、入場の際に違法目的を知れば、看守者は立入りを拒否するであろう。しかし、行為が、立入りの許容された時間内に通常の形態で行われている場合には、たとえ、看守者が入口に立ってチェックしたとしても、その違法目的を知ることはできないから、当然に立入りを許可したであろうといわざるをえないのである。したがって、一般に公開されている建物については、通常の形態の立入りであるかぎり、それは当該建物管理者の事前の包括的同意の範囲内にあり、本罪は成立しないと解すべきであろう（平野184頁、内田174頁、曽根81頁、山口126頁、山中191頁、通常の形態での立入りが容認されていることから、立入り行為が

客観的に「侵入」に該当しないとする見解として，松原115頁）。

4　不退去罪

　住居権者の同意を得て住居等に入った者が，退去の要求を受けたにもかかわらず退去しない場合，本条後段の罪が成立する。真正不作為犯である。退去の要求があったことが要件であり，要求後，退去に必要な時間の経過した時点で既遂となるから，未遂の成立する余地はないというべきであろう。

第4章　秘密・名誉に対する罪

第1節　秘密に対する罪

1　総　説

秘密侵害の類型は，秘密の帰属主体により国家機密，企業秘密（営業秘密），個人的秘密に区別され，侵害の態様により，秘密の探知，漏示，窃用（盗用）に区別される。刑法典は，信書開封罪と秘密漏示罪により個人的秘密の探知と漏示のごく一部を処罰するにすぎない。前者が探知型であり，後者が漏示型である。いずれも，刑法典上は社会的法益に対する罪に編別されているが，通説は個人的法益に対する罪と解している[1]。国家機密については，改正刑法準備草案が防衛上，外交上の重大な機密の探知，収集，外国への通報を処罰する規定（136条）を予定していたが，この規定は，改正刑法草案には継承されなかった。他方，改正刑法草案318条は，企業の役員または従業員が，企業の生産方法その他の技術に関する秘密を漏示する罪（企業秘密漏示罪）の新設を予定したが，反対が強く実現には至っていない。その後，高度情報化社会の到来に伴い，情報とくにコンピュータ情報の不正入手事件が多発するようになった。この問題は，現在のところ情報の媒体についての財産犯（窃盗，横領等）で処理されているが，問題の根本的な解決のために正面から財産的情報の刑法的保護の必要性を主張する見解も再度有力となっている（芝原邦爾=西田典之=林陽一=山口厚「財産的情報の刑法的保護」刑法30巻1号1頁以下参照）。

　＊　**特別法**　　後述するように，職務上知りえた秘密の漏示，窃用を処罰する特別法は多い。また，秘密の探知を処罰する特別法として，日米相互防衛援助協定等に伴う秘密保護法3条がある。さらに，平成25年に成立した特定秘密の保護に関する法

1）　改正刑法草案316条以下も同様の位置づけをしている。

律は，わが国の安全保障に関する特定秘密の漏示行為（23条）に加えて，特定の目的・手段に基づく特定秘密の取得行為（24条）を処罰対象にしている。

＊＊　**不正競争防止法**　　不正競争防止法は，窃取，詐欺，強迫その他の不正の手段により営業秘密を取得する行為（不正取得行為），不正取得行為により取得した営業秘密を使用する行為・開示する行為を「不正競争」とし（2条1項4号。なお5号〜9号をも参照），差止請求（3条），損害賠償請求（4条）の対象としているが，平成15年，平成17年，平成18年の改正（法46号，75号，55号）により，これらの行為を処罰することになった（21条）。平成21年の改正（法30号）では，それまでの営業秘密侵害罪において「不正競争の目的」が要求されていたものが「不正の利益を得る目的で，又はその保有者に損害を加える目的」に変更された。また，平成23年の改正（法62号）では，憲法82条の規定する裁判の公開原則との関係で常に問題とされてきた「営業秘密」の非公開について，同法23条以下に，刑事訴訟手続の特例として，営業秘密の内容を公開しないまま刑事訴訟を行うことを可能とする営業秘密の秘匿決定手続が新たに導入された（中原裕彦「不正競争防止法の一部を改正する法律の概要」NBL955号26頁参照）。

＊＊＊　**割賦販売法**　　平成20年に改正された割賦販売法（法74号）49条の2は，クレジットカード番号等（クレジットカードに刻印された氏名・カード番号・有効期限）を業務上知りえた者が自己若しくは第三者の不正な利益を図る目的で，提供し，または盗用する行為や有償で提供を受ける行為を「3年以下の懲役又は50万円以下の罰金に処する」などの処罰規定を新設した。これは近時，インターネット上のショッピングモールや通信販売等においてクレジットカード番号等による決済が頻繁に行われるに至っているが，電磁的記録ではないクレジットカード番号等は刑法163条の2以下の支払用カード電磁的記録不正作出罪等による保護対象となっていないために必要とされたものである（杉山貴史「改正割賦販売法におけるクレジットカード番号等の不正取得等に関する罪」研修729号49頁参照）。

2　信書開封罪

> 　正当な理由がないのに，封をしてある信書を開けた者は，1年以下の懲役又は20万円以下の罰金に処する（133条）。親告罪である（135条）。

「信書」とは，特定人から特定人に対し自己の意思を伝達する文書をいう。特定人には，法人またはその他の団体を含むとするのが通説であるが，本罪は個人的法益に対する罪であるから，個人から国または公共団体，あるいは国または公共団体から個人にあてられた信書を含むが，国または公

118　第2編　個人的法益に対する罪　　第4章　秘密・名誉に対する罪

共団体相互のものは含まれないと解すべきであろう。「封をしてある」とは，糊付けその他信書の内容を見られないために施された装置をいう。「開けた」とは，封緘を破棄して信書の内容を知りうる状態を作り出すことをいう。信書の内容を読んだり，了知しうることを要しないとするのが通説である。本罪は親告罪であるが，告訴権は，発信者と受信者の双方にあり，また，これらに限られると解すべきであろう。

　なお，憲法21条2項は「通信の秘密」を保障しており，本罪も通信の秘密の侵害の一部を処罰するものである。この他，日本郵便株式会社の取扱中に係る郵便物を保護する規定として，郵便法77条・80条が，電報，電話，無線による通信の秘密を保護する規定として，電気通信事業法179条，有線電気通信法9条・14条，電波法109条がある。ただし，電波法は，探知自体は処罰せず，漏示，窃用のみを処罰している。

3　秘密漏示罪

　医師，薬剤師，医薬品販売業者，助産師，弁護士，弁護人，公証人又はこれらの職にあった者が，正当な理由がないのに，その業務上取り扱ったことについて知り得た人の秘密を漏らしたときは，6月以下の懲役又は10万円以下の罰金に処する（134条1項）。宗教，祈禱若しくは祭祀の職にある者又はこれらの職にあった者が，正当な理由がないのに，その業務上取り扱ったことについて知り得た人の秘密を漏らしたときも，前項と同様とする（同条2項）。親告罪である（135条）。

1　主　体

　本罪の主体は列挙された者に限られる。したがって，身分犯（65条1項）である。列挙された職業の者に主体が制限された根拠は，職業の性質上人の秘密に接する機会が多いこと，および，被害者の側から個人的な秘密を告知しなければ，治療等のサーヴィスを受けることが困難であることによる。したがって，本罪の保護法益は，あくまでも個人の秘密であり，本罪の主体に課せられた職業倫理そのものではない。ただし，裁判所の命令により鑑定人となった精神科医師は被告人との間に患者と治療を行う医師という関係はないが，「医師としての知識，経験に基づく，診断を含む医学

的判断を内容とする鑑定を命じられた場合には，その鑑定の実施は，医師がその業務として行うものといえるから」，医師が当該鑑定を行う過程で知りえた人の秘密を正当な理由なく漏らす行為は，本罪を構成する（最決平成24・2・13刑集66巻4号405頁〔154〕）。

なお，改正刑法草案317条は，本罪の主体を「医療業務，法律業務，会計業務その他依頼者との信頼関係に基づいて人の秘密を知ることとなる業務に従事する者もしくはその補助者又はこれらの地位にあった者」にまで拡張しているが，その範囲が不明確であるとの批判が強く，中間的検討は拡張を撤回している（法務省刑事局編・刑法全面改正の検討結果とその解説32頁〔1976〕）。

2　秘密の意義

「秘密」とは，一般に知られていない非公知の事実であるが，さらに，秘密にする利益と秘密にする意思とを必要とするかについては見解が分かれ，①本人の秘密にする意思のみを基準とする主観説（藤木256頁），②一般人からみて秘密にする利益を要するとする客観説（団藤510頁），③秘密にする意思と秘密にする利益の双方を必要とする説（平野189頁）とがある。本条が個人のプライヴァシーを保護するものであるとすれば，基本的には主観説が妥当である（佐伯仁志・基本講座6巻144頁）。ただし，本人の意思が明示されていない場合には客観説によるべきであろう（植松330頁）。

秘密の帰属主体である「人」については，死者を除く自然人のほか，国家，公共団体を除く法人や法人格のない団体を含むとするのが通説であるが，本条が個人のプライヴァシーを保護するものであるとすれば，自然人に限定すべきであるように思われる（松宮148頁以下）。

秘密は業務上知りえたものでなければならない。

3　漏　　示

「漏らしたとき」とは，秘密を知らない者に告知することをいう。告知の方法を問わない。また，名誉毀損罪と異なり公然性を要しないから1人に告知することも漏示である。「正当な理由がないのに」漏示した場合に限られるから，法令上の義務に基づく場合[2]，訴訟手続において証人として証言する場合等は違法性が阻却される[3]。最高裁は，国立病院の医師が，治

2）　たとえば，感染症の予防及び感染症の患者に対する医療に関する法律12条。
3）　ただし，証言拒絶権につき，刑事訴訟法149条，民事訴訟法197条1項2号参照。

療目的で救急患者の尿を採取し薬物検査をしたところ覚せい剤成分が検出されたため，これを捜査機関に通報した場合には，刑事訴訟法239条2項の告発義務によるのではなく35条の正当行為として許容されるとしている（最決平成17・7・19刑集59巻6号600頁）。

4　特　別　法

特別法において，職務上知りえた秘密の漏示を処罰する規定はかなりの数にのぼる。たとえば，国家公務員法100条・109条12号，地方公務員法34条・60条2号，独占禁止法39条・94条の3第1項，民事調停法38条，公認会計士法27条・52条1項，司法書士法24条・76条1項などを参照。

これらの規定により漏示の禁止対象となる秘密は，その職務の性質に応じて，国家秘密，企業秘密，個人秘密のすべてにわたることになる。したがって，秘密の概念も相対的になることに注意する必要がある。たとえば，国家公務員が職務上知りえた秘密が，個人秘密である場合には，前述のように，個人の意思を基準として秘密性を判断すべきであるが，外交上の秘密のような国家秘密である場合には，国家により秘密とされていること（形式秘説）だけでは足りず，国民の知る権利との比較において実質的に秘密にする利益が認められなければならない（実質秘説）（最決昭和53・5・31刑集32巻3号457頁，佐伯・前掲144頁参照）。

第2節　名誉に対する罪

1　総　　説

　刑法典第34章「名誉に対する罪」は，人の名誉を保護するために，名誉毀損罪と侮辱罪を規定している。名誉とは，外部的名誉すなわち人に対する社会的評価である。外部的名誉も，本来あるべき評価（規範的名誉）と現実に通用している評価（事実的名誉）に区別される。ドイツ刑法（186条）のように，すべての場合に真実性の証明を許す場合には，規範的名誉が保護法益であるといってよい。しかし，わが刑法230条は，「その事実の有無にかかわらず」名誉毀損罪の成立を認めることにしている。したがって，たとえ虚名であっても事実的名誉が一応保護されることになるのである。このような事実的名誉を保護すべきかには疑問の余地もありえよう。しかし，他方で，プライヴァシー保護という見地からは，事実の有無を問うことなく名誉毀損罪の成立を認めることにも合理性があるように思われる。

　他方，昭和22年の改正は，一方で，名誉毀損罪の刑を加重するとともに[1]，230条の2を新設し，事実の公共性，目的の公益性の要件が満たされる場合には真実性の証明を許し，真実であることが証明された場合には不可罰とすることとなった[*]。それは，憲法21条の表現の自由・知る権利と名誉の保護との調和を図ったものであり，その限りにおいては，規範的名誉のみが保護されることになったわけである（山口厚「名誉毀損と真実性の誤信」曹時41巻10号33頁参照）。

　　＊　改正刑法仮案　　戦前にも，明治26年の出版法31条，明治42年の新聞紙法44条が，出版物，新聞による名誉毀損につき，「専ラ公益ノ為ニスルモノト認ムルトキハ」事実の証明による不可罰の余地を認めていたが，「私行ニ渉ルモノヲ除クノ外」という制限があったため，事実の証明の許される範囲は著しく限定されていた。昭和15年の改正刑法仮案412条は，名誉毀損行為が「公共ノ利害ニ関スル事実ニ係リ其ノ目的専ラ公益ヲ図ルニ出デタルモノト認ムルトキハ事実ノ真否ヲ判断シ真実ナルトキハ之ヲ罰セズ」と規定して，より一般的な形での事実証明の規定を予定してお

1）　懲役刑を1年以下から3年以下に，罰金刑を500円以下から1000円以下に，それぞれ引き上げた。

122 第2編 個人的法益に対する罪 第4章 秘密・名誉に対する罪

り，昭和22年の改正は，これをほぼそのまま立法化したものである。

2 名誉毀損罪

> 公然と事実を摘示し，人の名誉を毀損した者は，その事実の有無にかかわらず，3年以下の懲役若しくは禁錮又は50万円以下の罰金に処する（230条1項）。死者の名誉を毀損した者は，虚偽の事実を摘示することによってした場合でなければ，罰しない（同条2項）。親告罪である（232条）。

1 客 体

客体は「人の名誉」である。名誉とは，すでに述べたように，外部的・事実的名誉すなわち人に対する積極的な社会的評価である。ただし，人の経済的信用についての評価は，信用毀損罪（233条前段）により保護されるから，本罪の名誉からは除かれる。外部的名誉に属する事実については，これを「その人の責任において変更することのできる事実」に限定すべきであるとして，身体的障害，精神的障害，病気，血統，階級等に関する事実は「名誉」から除外すべきであるとする見解も有力に主張されている（佐伯仁志「名誉とプライヴァシーに対する罪」現代的展開77頁，同「プライヴァシーと名誉の保護（4・完）」法協101巻11号62頁以下参照）。このような事実が名誉に影響を与えるとすることは，かえって社会の偏見を固定化して妥当でないとするのである。たしかに，この種の事実が人の人格的価値評価に影響を与えるべきでないとはいえるかもしれない。しかし，現実には，この種の事実が人の社会的評価に影響を与えることを否定できないように思われる。そして，本罪がプライヴァシー保護の機能をも有すべきであるとすれば，人の人格的価値に関する事実のみならず，肉体的・精神的障害，病気，家柄，血統等の事実も名誉に関係しうるものと解すべきであろう。

「人」とは，自然人のほか法人等の団体を含むとするのが通説・判例である（大判大正15・3・24刑集5巻117頁，東京地判昭和56・1・29判時1029号134頁）。これに対して，本罪の保護法益を人に対する社会的評価それ自体ではなく，これを尊重してもらいたいという人の感情であるとして，法人に対する名誉毀損の成立を否定する見解もある（山本輝之・百選Ⅱ（第4版）42頁〔1997〕，松宮155頁。なお，平野192頁）。しかし，法人も一定の社会的評価を有し，その評

価は法人の社会経済的な活動において重要な役割を果たしており，業務妨害罪や信用毀損罪のみではその保護に欠けるから，通説が妥当であると思われる。つぎに，自然人には，幼児や精神障害者も含まれる。また，被害者は個人として特定されることを要するから，「九州人」とか「日本人」といった不特定の集団については本罪は成立しない（前掲大判大正15・3・24）。ただし，他の事情とあいまって特定人を推知しうる場合はこのかぎりではない（大判大正14・12・14刑集4巻761頁，最判昭和28・12・15刑集7巻12号2436頁〔162〕）。

　死者の名誉毀損罪（本条2項）は，「虚偽の事実を摘示することによってした場合」でなければ処罰されない。本罪の保護法益については，死者本人の名誉と解すべきである（通説）。したがって，そこでは，真実である規範的名誉が保護法益である。本条2項の趣旨は，死者の規範的名誉を保護すると同時に歴史上の人物についての報道や歴史的研究発表を阻害しないことであろう。それゆえ，本条2項の罪は230条の2の事実証明の対象に含まれていない。また，真実であるとの誤信は事実の錯誤として故意を阻却する。

2　行　為

　本罪の行為は，公然と事実を摘示して人の名誉を毀損することである。

　(1)　公然性の意義　「公然と」とは，摘示された事実を不特定または多数人が認識しうる状態をいうとするのが通説・判例である（大判昭和3・12・13刑集7巻766頁，最判昭和36・10・13刑集15巻9号1586頁）。不特定とは，相手方が限定されていないという意味であり，公開の場所や公道における演説会，新聞や雑誌による事実の摘示をいう。多数人とは，相手方が特定されているがその数が多数であることをいう。

　本罪は事実の摘示によって人の社会的評価を低下させる行為を処罰するものであるが，実際には，社会的評価の低下を測定することはできない。それゆえに本条は公然性を要件とし，事実摘示の直接的な対象が不特定または多数人である場合に限って，さらにその事実が他の者にも伝播され悪評が広く社会に流布される類型的危険の存在を認めたものと解すべきである。これに対して，判例は，摘示の相手方が特定・少数の場合でも伝播可能性がある場合には公然性を認める立場（伝播性の理論）をとり（大判大正8・4・18新聞1556号25頁〔157〕，最判昭和34・5・7刑集13巻5号641頁〔158〕〔165〕），こ

れを肯定する学説も有力である（団藤513頁，中森87頁，井田166頁，清水一成・百選
Ⅱ（第4版）37頁〔1997〕，山中212頁）。しかし，①「公然と」とは，本条の文理
からみて結果の公然性ではなく，行為の公然性を意味するものであること
（平川宗信・刑法判例百選Ⅱ各論（第2版）43頁〔1984〕），②伝播させるかどうかとい
う相手方の意思により犯罪の成否が決定されるのは不当であること（平野
龍一・犯罪論の諸問題（下）313頁〔1982〕，福田・旧注釈(5)348頁），③個人的な噂話などの
日常的な言論についても本罪が成立することになり不当であること（大谷
161頁），④そして，なによりも，抽象的危険犯とされる本罪の危険性をさ
らに抽象化することになることから，伝播性の理論は否定されるべきであ
ると思われる（山口137頁）。伝播性の理論は，むしろ事実摘示の相手方が多
数であっても，伝播の危険がないときは公然性を否定するという方向で使
用さるべきであろう。[2] なお，肯定説からは，新聞記者1人に事実を摘示し
た場合に本罪の成立を認めないのは不当であると主張されるが（中森87頁），
この場合には，新聞報道による事実摘示のみが本罪にあたりうるのであっ
て，新聞記者に事実を摘示した者は，その共犯としてのみ処罰可能という
べきであろう。

　(2)　事実の摘示　　名誉毀損には，事実の摘示が必要である。この事実
は，人の社会的評価を低下させるに足る具体的なものでなければならない。
人格的価値にかかわる事実のみならず，プライヴァシーに属する事実をも
含むと解すべきである。摘示事実は，230条の2の事実証明の対象となり
うる程度の具体性を必要としよう。摘示された事実に具体性が欠ける場合
には侮辱罪の成否が問題となるにすぎない。

　摘示された事実は公知のものであってもよく（大判大正5・12・13刑録22輯
1822頁），つぎに述べる230条の2の場合を除き，その真偽を問わない。た
だし，死者の名誉毀損（2項）に関しては，摘示された事実が虚偽であっ
て，かつ，その虚偽であることを認識していることが必要である。

　摘示の方法は，口頭，文書，図画等のいずれであってもよい。また，確
定的な事実としてのみでなく，噂，風聞の形で摘示される場合をも含む。

　(3)　抽象的危険犯　　条文には「毀損した」とあるが，名誉毀損罪は抽

2）　曽根90頁以下。そのような例として，大判昭和12・11・19刑集16巻1513頁〔156〕，東京
　高判昭和58・4・27高刑36巻1号27頁〔159〕。

象的危険犯であると解するのが通説・判例である（大判昭和13・2・28刑集17巻141頁）。すなわち，被害者の社会的評価を低下させるに足る事実を公然と摘示すれば，その時点で本罪は既遂に達し，被害者の外部的名誉が具体的に侵害されたことを要しない。それは，被害者の社会的評価が現実に低下したか否かを実際に立証することは困難だからである。[3]

3 事実の証明

前条〔230条〕第１項の行為が公共の利害に関する事実に係り，かつ，その目的が専ら公益を図ることにあったと認める場合には，事実の真否を判断し，真実であることの証明があったときは，これを罰しない（230条の２第１項）。前項の規定の適用については，公訴が提起されるに至っていない人の犯罪行為に関する事実は，公共の利害に関する事実とみなす（同条２項）。前条〔230条〕１項の行為が公務員又は公選による公務員の候補者に関する事実に係る場合には，事実の真否を判断し，真実であることの証明があったときは，これを罰しない（同条３項）。

1 事実証明の要件

すでに述べたように，230条の２は，230条による事実的名誉の保護と憲法21条で認められた表現の自由・知る権利との調和を図るため，摘示された名誉毀損的事実が公共の利害に関するものであり（事実の公共性），摘示の目的がもっぱら公益を図るものであったこと（目的の公益性）を要件として事実の証明を許し，事実の真実性を証明できたときは名誉毀損として処罰しないことを定めている。

(1) 事実の公共性　「公共の利害に関する事実」の意義については，「公共の利益と認められること」（大塚140頁），「公衆の批判にさらすことが，公共の利益増進に役立つと認められる事実」（藤木242頁）等の定義が与えられているが，憲法21条との関連においては「市民が民主的自治を行う上で知る必要がある事実」（平川231頁，高橋167頁）と解するのが適切であろう。ただし，部分社会のみの利害に関することであっても，その範囲に属する者との関係では事実の公共性を肯定してよい（中野次雄・逐条改正刑法の研究176頁

---

3) 団藤513頁。これに対して侵害犯とする見解として，内田222頁，曽根89頁，平川227頁，佐伯・前掲現代的展開80頁があるが，具体的な結論の相違はないように思われる。

〔1948〕，大阪地判平成4・3・25判夕829号260頁）。事実の公共性は事実自体の内容・性質によって客観的に判断されるべきものであり，表現方法の不当性等により左右されるものではないことに注意すべきである（最判昭和56・4・16刑集35巻3号84頁＝月刊ペン事件〔163〕）。

　問題となるのは，身体的障害，精神的障害，病気，血統，性生活等のプライヴァシーに属する事実であるが，公共の利害とは，一般大衆の興味や好奇心とは異なるものであるから，原則として公共性を否定すべきであろう。もっとも判例は，「私人の私生活上の行状であっても，そのたずさわる社会的活動の性質及びこれを通じて社会に及ぼす影響力の程度などのいかんによっては，その社会的活動に対する批判ないし評価の一資料として，刑法230条ノ2第1項にいう『公共ノ利害ニ関スル事実』にあたる場合があると解すべきである」として，大規模な宗教団体の会長であると同時に政治的にも大きな影響力を有する人物の異性関係に関する事実につき公共性を肯定している（前掲最判昭和56・4・16＝月刊ペン事件）。もちろん，このような例外は許容されるべきであるが，その判断は慎重であるべきであろう。

　(2)　目的の公益性　　「専ら公益を図る」目的とは事実摘示の動機であるが，判例によれば，主たる動機が公益目的であればよいとされている（東京地判昭和58・6・10判時1084号37頁）。公益目的が否定された例としては，被害の弁償を受ける目的（広島高判昭和30・2・5裁特2巻4号60頁），主として読者の好奇心を満足させる目的（東京高判昭和30・6・27東時6巻7号211頁）等がある。さらに，判例によれば，事実摘示の際の表現方法や事実調査の程度が，公益目的の有無の認定において考慮されるべきものとされている（前掲最判昭和56・4・16＝月刊ペン事件）。しかし，摘示事実が公共の利益に関するものであれば，その事実を認識している以上，行為者には公益を図る目的があるともいいうるのであって，230条の2を後に述べるように違法阻却事由と解する場合には，その事実摘示の動機・目的によって行為の違法性を左右することは，事実証明制度の目的とは矛盾するように思われる。[4]

　(3)　特則　　本条2項は，起訴前の犯罪行為に関する事実については(1)

---

4)　町野朔「名誉毀損とプライバシー」石原一彦ほか編・現代刑罰法大系3巻3319頁（1982），佐伯・前掲法協101巻11号78頁。この要件を不要とする見解として，平川宗信・名誉毀損罪と表現の自由132頁以下（1983）。

の要件を擬制している。このような事実は，犯罪について捜査の端緒を与えるとともに，捜査訴追活動をコントロールする必要性にもかなうがゆえに公共性が認められたのである[5]。本項の特則は起訴前に限られるから，前科の公表等については本項は適用されず，1項の要件のもとでのみ許される[6]。

本条3項は，公務員または公選による公務員の候補者に関する事実について，(1)(2)の要件を擬制している。それは，公務員の選定・罷免権が国民固有の権利である（憲法15条1項）ことに由来するものである。したがって，公務員に関する事実については無制限に事実証明が許されることになる。しかし，公務員にもプライヴァシーの権利は認められるべきであるから，摘示事実が公務員としての資質，能力と全く関係ない場合には事実証明を許すべきではないであろう（改正刑法草案310条2項ただし書，最判昭和28・12・15刑集7巻12号2436頁〔162〕参照）。

2　真実性の証明

(1)　1で述べた要件が存在する場合にはじめて真実性の証明が許される。それ以外の場合には，たとえ情状に関しても真実性の証明は許されないと解すべきである（平野195頁，町野・前掲317頁。反対の見解として，大塚141頁）。1の要件が存在する場合，真実性の証明は通常被告人側によってなされるであろうが，裁判所も職権調査義務を負う。「事実の真否を判断し」とはその意味である（中野・前掲書179頁）。ただし，真偽不明の場合，その不利益は被告人が負う。すなわち，207条と同様に挙証責任は被告人に転換されているのである[7]。

(2)　証明の対象は摘示された事実である。噂，風聞，伝聞の形式で事実が摘示された場合でも，証明の対象は，噂等の存在ではなく，噂の内容をなす事実である（最決昭和43・1・18刑集22巻1号7頁〔160〕）。犯罪の告発や犯罪報道等においては，犯罪事実自体の証明を要求するのは無理であるとの配

5）　改正刑法草案310条は，この特則を削除しているが疑問である。団藤520頁参照。

6）　その具体的要件に言及したものとして，民事ではあるが，最判平成6・2・8民集48巻2号149頁参照。

7）　その許容性に関し，松尾浩也・刑事訴訟法(下)(新版補正第2版) 24頁 (1999)，佐伯仁志「名誉・プライヴァシーの侵害と刑事法上の問題点」ジュリ959号46頁以下参照。

慮から，噂・容疑の存在を証明の対象とすべきであるとの見解も有力であるが（植松342頁，大塚142頁，町野・前掲330頁），35条による別個の違法阻却事由と解すべきであろう（中森92頁，佐伯・前掲現代的展開86頁）。

証明の方法と程度については，厳格な証明による合理的疑いをいれない程度の証明（beyond a reasonable doubt）を必要とするのが判例である[8]（最大判昭和44・6・25刑集23巻7号975頁＝夕刊和歌山事件〔166〕，東京高判昭和59・7・18高刑37巻2号360頁〔164〕，中森92頁，前田128頁注13，山中218頁，井田170頁）。しかし，私人の証拠収集能力を考慮すれば，証拠の優越（preponderance of evidence）で足りると解すべきであろう（藤木243頁，町野・前掲332頁，大谷164頁，曽根93頁，佐伯・前掲ジュリ48頁，山口143頁，松原138頁）。

4 真実性の誤信

行為者が事実を真実だと思ったが事実証明に成功しなかった場合の法的処理については，真実性が証明された場合の不可罰根拠をいかに解するかと関連して，判例・学説にも変遷がみられる。

1 処罰阻却事由説

不可罰根拠について最初有力であったのは，事実摘示により名誉毀損罪が成立するが，真実性の証明により処罰のみが阻却されるとする見解であった。このような解釈が，「事実の有無にかかわらず」名誉毀損を処罰するという原則に適合し，かつ，被告人に挙証責任があることとも調和するとされたのである。この見解によれば，真実性の誤信は，犯罪の成立要件に関するものではないから犯罪の成否と無関係ということになる（青柳415頁，植松340頁，井上＝江藤85頁）。判例も当初この立場をとった（最判昭和34・5・7刑集13巻5号641頁〔158〕〔165〕）。

2 団藤旧説

しかし，処罰阻却事由説は，230条の2が憲法21条の表現の自由との調和を図った規定であるという性格に適合しないし，なによりも，真実の言論がなにゆえ処罰を阻却するのかが明らかでないという難点を有していた

8） ただし，丸正事件に関する最決昭和51・3・23刑集30巻2号229頁〔168〕は，「合理的な疑いを容れることのできない証拠はもとより，証拠の優越の程度の証拠すら存在しない」と述べて証明なしとしており，態度を留保しているように思われる。

といえよう。そこで主張されたのが，事実が真実であったことが行為の違法性を阻却するという違法阻却事由説（通説），あるいはそれ以前に構成要件該当性を阻却するという見解（団藤（増補）421頁〔1972〕）である。しかし，違法阻却事由説は，行為者が軽率に事実を真実だと誤信した場合も事実の錯誤として故意を阻却することを認めざるをえないという難点をもっていた。この点を克服したのが団藤説である。団藤説によれば，230条ノ2（旧規定）にいう「真実ナルコトノ証明アリタルトキハ之ヲ罰セス」という訴訟法的表現を実体法の平面に投影させると「事実が証明可能な程度に真実であったこと」が違法性ないし構成要件該当性を阻却するのであり，したがって，故意論においては，行為者が「証明可能な程度の資料・根拠をもって事実を真実と誤信したとき」にのみ故意が阻却されるとしたのである。[10]この見解は，判例によっても承認された。すなわち，最大判昭和44年6月25日（刑集23巻7号975頁＝夕刊和歌山事件〔166〕）は，判例を変更し，真実性の誤信が「確実な資料，根拠に照らし相当の理由があるときは，犯罪の故意がなく，名誉毀損の罪は成立しない」とするに至ったのである。

3　藤木説

団藤説は，表現の自由と名誉の保護の調和を図るという点では卓抜した解釈であったが，錯誤論における処理として考えると，なにゆえ客観的に証明可能な程度の資料・根拠の存在が要求されるのかという点が疑問となる。そこでは，行為者の誤信よりも，確実な資料・根拠に基づいた言論であったという客観的事実が重視されていたといえよう。このような観点から，藤木説は，「確実な資料・根拠に基づいて真実であると信じた場合は，表現の自由の正当な行使であるから，230条の2の違法性阻却事由には該当しないとしても，刑法35条によって，違法性が阻却される」としたのである（藤木246頁，同「事実の真実性の誤信と名誉毀損罪」法協86巻10号1頁以下参照）。もっとも，藤木説は，真実性の誤信という主観が違法性を阻却するとしていた点で批判が強かった。そこで，最近では，この点を修正するとともに，確実または相当な資料・根拠に基づく言論自体が，35条の正当行為として

9）　この帰結を認めるものとして牧野513頁，柏木409頁。
10）　団藤・前掲書422頁。ただし，団藤（改訂版）510頁（1985）において後述する正当行為説に改説された。

違法性を阻却するという見解が有力となっている（団藤527頁，大谷172頁，中森94頁，前田130頁，平川235頁）。

4　学説の整理

　現在の学説における真実性の誤信の法的処理は，違法論の局面での処理と責任論・錯誤論の局面での処理に大別される。

　違法論からのアプローチは，憲法21条の表現の自由・知る権利を保障するためには，真実の言論のみでなく，一定限度で真実でない言論も許容される必要があるとし，そこから，確実または相当な資料・根拠に基づく言論は，刑法35条により正当行為として違法性を阻却するとするのである。その結果，230条の2は，相当な根拠に基づかない言論だが，裁判時にたまたま真実性の立証に成功した場合の処罰阻却事由を定めたものということになる（二元説）。もっとも，この立場も，正当行為と処罰阻却事由の双方を230条の2の枠内で二元的に考慮する見解（平川・前掲書99頁以下，ただし，平川235頁参照。野村稔・未遂犯の研究204頁以下〔1984〕，大谷173頁も同旨か）と，正当行為はもっぱら35条の問題とし，230条の2は処罰阻却事由のみを定めたものと解する見解（中野次雄・刑事法と裁判の諸問題66頁以下〔1987〕，田宮裕「表現の自由と名誉の保護」現代講座5巻199頁，前田136頁以下，中森94頁，高橋176頁，井田173頁）とに分かれている。

　しかし，表現の自由を尊重すべきだとしても，保護すべきはやはり真実の言論であり，その限りにおいて名誉毀損罪の違法性が阻却されると解すべきであろう。さもなくば，相当な根拠に基づかない言論でも，事実証明に成功した場合に，なお230条の2で処罰が阻却されることの合理的説明は不可能だと思われる。もちろん，真実性の誤信の場合も一定限度で救済する必要はあるが，その理論的可能性は，やはり責任論の領域に求められるべきである。責任論・錯誤論からのアプローチとしては，つぎの諸説がある。

　第一は，違法阻却事由の錯誤を違法性の錯誤と解し，真実と誤信したことに相当の理由のある場合は，故意ではなく責任を阻却するとする見解（福田194頁）である。この説は実質的には妥当な結論を導きうるものであるが，その前提である厳格責任説に疑問があるといわざるをえない。第二は，事実が証明可能な程度に真実であったことが違法阻却事由であるとし，証

明可能な程度の資料・根拠をもって真実と誤信したときは，違法阻却事由の前提事実に関する錯誤として故意を阻却するが，単に証明可能だと軽信したときは，違法性に関する評価の錯誤として故意を阻却しないとする見解（二分説＝大塚147頁，曽根97頁）である。しかし，すでに述べたように，この見解が，客観的に相当な資料・根拠を要求するのであれば，それは錯誤論を超えるものであるという批判が妥当しよう。そこで，主観的に証明可能な程度の資料・根拠の存在を認識していたのであればよいとの見解（中117頁）もある。この見解は，理論的には正当であるが，そのように誤信したことにつき過失があった場合にも不可罰となる点で，なお問題を残すといえよう。第三は，事実の真実性をあくまでも処罰阻却事由としつつも（したがって，錯誤は故意を阻却しない），それが違法性の減少に基づく処罰阻却事由であることを考慮し，責任主義の見地から少なくとも事実が虚偽であったことについて過失を必要とする見解（内田220頁，町野・前掲334頁，山口147頁）である。この見解は，相当な理由に基づいた言論であるか否かを責任論において過失の有無として考慮する点，被告人に挙証責任があることを合理的に説明できる点ではすぐれている。しかし，これまでの処罰阻却事由の理解からは，真実性の証明を犯罪の成立要件と無関係としつつ，なお過失を要求する点で問題を残すといえよう。また，結局，被告人に挙証責任を負わせるのであれば，その合理化のためにのみ処罰阻却事由説を維持すべき必要はないように思われる（田宮・前掲190頁）。

　230条の2第1項を実体法的に解釈すれば，やはり，摘示した事実が真実であったことが違法阻却事由であるといわざるをえない。したがって，行為者が事実を真実だと思ったときは故意を阻却することになる。しかし，表現の自由と名誉の保護の調和という観点からは，軽率な言論まで不可罰とする理由はない。[11] 行為者には，被害者の名誉毀損の度合い，行為者の職業や能力等に応じて一定の情報収集義務が課されていると解すべきであり，この義務に違反した場合，すなわち，事実を虚偽だと認識しなかったことについて過失が認められる場合は，やはり，名誉毀損罪で処罰すべきもの

---

11)　なお，松原143頁は，真実性の錯誤を通常の違法阻却事由の錯誤として扱い，故意を阻却するとしても，虚偽性に関する未必の故意が認められる場合が多いことから，結論として不都合は生じないとする。松宮166頁も同旨。

132 第2編 個人的法益に対する罪 第4章 秘密・名誉に対する罪

といえよう。この解釈は，結局，230条と230条の2が，公共の利害に関する事実については規範的名誉を保護法益としつつも，摘示事実の虚偽性を認識している場合（故意犯）のみでなく，その虚偽性を認識しなかったことにつき過失があった場合，すなわち過失名誉毀損をも処罰すると解するものであり，その意味で，230条の2は38条1項ただし書にいう「特別の規定」にあたることになるのである（佐伯・前掲現代的展開85頁参照）。前掲昭和44年の最高裁大法廷判決も，実質的には，このような解釈を示したものと理解できよう。

5 インターネットによる名誉毀損

近時のインターネットの急速な普及によりWeb上の掲示板やブログにおける名誉毀損の事案が増えている。そこには名誉毀損罪との関係でいろいろな問題点が生じているが，その若干を見ておくことにする。

1 プロバイダーの責任

わいせつな情報や名誉毀損にあたる事実を含む情報をWeb上の掲示板やブログにアップロードした者について，わいせつ物陳列罪や名誉毀損罪が成立することには問題がないであろう。問題は，そのような違法なコンテンツの存在を知りつつ削除しないプロバイダーに，これらの罪についての不作為による正犯または幇助犯を肯定しうるかである。明白に名誉毀損的事実の摘示があり，削除要求が無視された場合であって，それにもかかわらず，プロバイダーがこれを意図的に放置するような場合には，プロバイダーのみが削除しうるという排他的支配を有するのであるから，不作為による単独正犯，すくなくとも幇助犯の成立を肯定してよいであろう[12]（山口厚「プロバイダーの刑事責任」曹時52巻4号19頁，只木誠「インターネットと名誉毀損」現代刑事法1巻8号49頁）。

2 誤信の相当性の判断基準

Aは，B団体およびその関連するC企業につき自己が開設したホームページ上で，B団体がカルト集団であるとか，Cが虚偽の広告を行っているとかの虚偽の事実を公然と摘示したという事案に関し，真実性の誤信につ

---

12) なお，詳細については，鎮目征樹「プロバイダ等の刑事責任」現代刑事法6巻1号17頁，渡邉卓也・電脳空間における刑事的規制（2006）参照。

き相当な資料・根拠はないが，被害者側からの対抗言論が可能である本件の場合には，「インターネットの個人利用者に対して要求される程度の情報収集をした上で本件表現行為に及んだことが認められる」から故意を阻却するとした裁判例がある（東京地判平成20・2・29判時2009号151頁，この裁判例に対して好意的なものとして，園田寿「判批」平成20年度重判189頁）。これに対して，控訴審判決は「被害者に反論の可能性があることをもって最高裁大法廷判決が判示している基準を緩和しようとすることは，被害者保護に欠け，相当でない」として破棄し（東京高判平成21・1・30判タ1309号91頁），最高裁も，インターネットによっても名誉毀損の被害は深刻なものになりうること，インターネット上の反論によって名誉の回復が図られる保証があるわけではないことなどから，同様の理解を示している（最決平成22・3・15刑集64巻2号1頁〔167〕）。控訴審および最高裁の判断を支持すべきであろう（進士英寛「判批」NBL915号59頁以下）。

3 名誉毀損罪の終了時期

　刑訴法253条は，公訴時効は「犯罪行為が終わったときから進行する」とし，同法235条は「親告罪の告訴は，犯人を知った日から6箇月を経過したときは，これをすることができない」と規定している。名誉毀損罪は，公然と名誉毀損的事実を摘示したときに既遂に達するが，その終了時期が，これらの訴訟法上の規定との関係で問題となる。この点については，インターネット上の名誉毀損罪の告訴期間の徒過について問題となった裁判例がある。すなわち，大阪高裁は，名誉毀損罪の被害者が，平成13年10月4日ころに被告人によるインターネット上の名誉毀損的事実摘示の存在を知ったが，実際に告訴をしたのは，その時から6ヶ月を越えた時点であったという事例に関し，①犯罪が終了していない間に告訴権者が犯人を知ったとしても，その日をもって告訴期間の起算日と解すべきではない。[13]②犯人が，ホームページの管理者に名誉毀損的記事の削除を申し入れた時点で被害発生の抽象的危険が解消されることにより初めて名誉毀損罪は終了する。被告人は平成15年3月12日ころ警察を通じてホームページの管理人に削除を要請したが，当該記事は，少なくとも平成15年6月末ころまでは削除さ

---

13) 最決昭和45・12・17刑集24巻13号1765頁も，一般論としては犯罪の継続中に告訴権者が犯人を知った場合には，犯罪の終了時点から告訴期間が進行するとしている。

134　第2編　個人的法益に対する罪　　第4章　秘密・名誉に対する罪

れなかった。被害者は平成15年4月22日に告訴を行った。③それゆえ，事実関係としては，犯人を知った日から6ヶ月を過ぎていても犯罪終了時とされる日から6ヶ月以内の告訴は適法であるとしたのである（大阪高判平成16・4・22判タ1169号316頁，その後上告棄却）。

　この裁判例に対しては，名誉毀損罪は継続犯ではなく状態犯と解すべきであり，公然と事実を摘示した時点で既遂に達すると同時に終了すると解すべきであるとして反対する見解も有力である（山口厚「判批」平成17年度重判159頁）。しかし，ネット上の事実摘示が削除されない限り，230条にいう「公然と事実を摘示し」という実行行為は終了しておらず，それゆえ継続犯であるともいえる（渡邉卓也「犯罪の終了時期と公訴提起の時間的限界」姫路法学49号267頁は，本件行為は削除されるまでは継続犯であるとする）。また，継続犯ではなく状態犯だとしても，事実摘示がネット上に存在する限り名誉毀損の抽象的危険は一定期間増大し続けるともいえる（鎮目・前掲論文19頁）。このように考えれば，大阪高裁の判断は妥当であるといえよう。これに対して，反対説からは，本件では，たとえ事実摘示が削除されても，そのキャッシュがどこかに保存されている場合，また，書物による名誉毀損の場合，どこかの古書店で当該書物が売られている限り名誉毀損罪は終了しないことになり不当であると主張される。その指摘は正しいが，名誉毀損の危険性は一定の時間の経過により減少していくのであり，本件でいえば削除された時点で，書物の場合であれば新刊本としてのピークを過ぎた時点で犯罪は終了すると考えてよいと思われる。

6　侮　辱　罪

> 　事実を摘示しなくても，公然と人を侮辱した者は，拘留又は科料に処する（231条）。親告罪である（232条）。

　1　侮辱罪の保護法益も名誉毀損罪と同じく人に対する社会的評価すなわち事実的名誉・外部的名誉であるとするのが通説である。これに対して，名誉を外部的名誉と名誉感情（自己が自己に対して有する価値評価）とに分け，侮辱罪の保護法益はこのような主観的名誉・名誉感情であるとする見解も有力に主張されている（小野214頁，団藤512頁，福田188頁）。その根拠は，

そう考えなければ231条の法定刑の低さが説明できないという点に求められている。この見解によれば，名誉感情をもたない幼児，精神障害者，法人については侮辱罪が成立しないことになる点で具体的な結論の差を生じることになる。しかし，もし，名誉感情が保護法益だとすれば，面前で行った場合がもっとも名誉感情を害するはずであるのに，231条は公然性を要求していること，そしてなによりも，事実摘示の方法が侮辱的なときは，たとえ230条の2で不可罰となっても，なお231条が成立しうるとするのは不都合である点を考慮すれば，通説が妥当であろう。*判例も法人に対する侮辱罪の成立を肯定しており（最決昭和58・11・1刑集37巻9号1341頁〔155〕），通説と同じ立場をとっている。

* **事実証明と侮辱罪** これに対して，名誉毀損と侮辱の保護法益を同一とする立場からも，230条の2の事実証明に成功した場合でも，その事実摘示の表現形式の不当性については，事実摘示を伴わない侮辱罪で処罰すべきであるという見解がある（植松345頁，佐伯・前掲法協101巻11号74頁，中森96頁）。しかし，この見解は結局侮辱罪の保護法益を名誉感情という個人の主観的感情に求めることに帰着するように思われる。

2 「侮辱」とは，人に対する侮蔑的価値判断の表示をいう。公然性が要件であるから，名誉毀損罪との差異は，具体的な事実摘示の有無にある。すなわち，侮辱罪は，事実を摘示しないで他人を社会的に軽蔑する行為者の抽象的判断を公然と発表することによって成立する（大判大正15・7・5刑集5巻303頁）。

第5章　信用および業務に対する罪

第1節　総　説

　刑法典第35章は「信用及び業務に対する罪」として，信用毀損罪，偽計業務妨害罪，威力業務妨害罪，電子計算機損壊等による業務妨害罪を規定する。信用毀損罪は，人に対する社会的評価のうち，とくにその経済的信用を保護するものであり，まさしく名誉に対する罪と財産犯との中間に位置する。業務妨害罪については，これを業務活動の自由，社会的活動の自由を侵害するものとして，自由に対する罪と解する見解が有力である（平野186頁，内田182頁，大谷141頁）。しかし，後にみるように，現在の判例は，本罪の保護法益を業務活動そのものと解し，結果として業務を妨害すれば足りるとする立場がほぼ確立している。そして，法益保護の見地からは，そのような解釈にも合理性があるように思われる。昭和62年に新設された電子計算機損壊等による業務妨害（234条の2）が端的に対物的加害行為による業務妨害罪を規定したことも，このような方向に沿うものである。このような見地から，本書では，業務妨害罪を信用毀損罪とともに財産犯に近いものとして位置づけることにした。もっとも，本罪によって保護される業務は経済的業務に限られないから，これをもっぱら財産に対する罪と解することは無理であろう。

第2節　信用毀損罪・業務妨害罪

1　信用毀損罪

> 虚偽の風説を流布し，又は偽計を用いて，人の信用を毀損した者は，3年以下の懲役又は50万円以下の罰金に処する（233条前段）。

　　1　「人の信用」とは，経済的側面における人の評価である。通説・判例は，支払能力または支払意思に関する信用に限定してきたが（団藤533頁，大判明治44・4・13刑録17輯557頁），より広く商品の品質・効能，人の技量等についての信用も含むと解すべきであろう。最高裁も，従来の判例を変更し，本罪の保護法益を「経済的な側面における人の社会的な評価」であるとし，「人の支払能力又は支払意思に対する社会的な信頼に限定されるべきものではなく，販売される商品の品質に対する社会的な信頼も含む」と解している（最判平成15・3・11刑集57巻3号293頁〔123〕）。「人」には自然人のほか，当然に法人その他の団体が含まれる。

　　2　「虚偽の風説を流布し」とは，客観的真実に反する噂・情報を不特定または多数の人に伝播させることをいう。名誉毀損と異なり，公然性は必要でないから，少数の者に噂を伝達する場合を含む（大判昭和12・3・17刑集16巻365頁）。あの会社は倒産寸前である，不渡り手形を出したとか，あの食堂は食中毒を出した等の虚偽の情報を流す行為がその例である。偽計の意義については業務妨害罪の項を参照。

　　3　「毀損」とは，人の経済的信用を低下させることをいうが，名誉毀損罪と同じく，客観的に法益侵害を測定することはできないから，本罪も抽象的危険犯と解すべきであろう。[1]

1）　中森97頁，高橋181頁など。これに対し，具体的危険犯とするものとして，団藤533頁，大塚154頁。侵害犯とするものとして，内田230頁，曽根101頁。

138 第2編 個人的法益に対する罪 第5章 信用および業務に対する罪

2 業務妨害罪

> 虚偽の風説を流布し，又は偽計を用いて，人の業務を妨害した者は，3年以下の懲役又は50万円以下の罰金に処する（233条後段）。
>
> 威力を用いて人の業務を妨害した者も，前条〔233条〕の例による（234条）。

1 業務の意義

業務とは，職業その他社会生活上の地位に基づき継続して行う事務または事業をいう（大判大正10・10・24刑録27輯643頁〔124〕）。したがって，一方で，娯楽として行う行為や日常の家庭生活が除外され，他方で，結婚式のような1回的なものも含まれない（団体の結成式に関し，東京高判昭和30・8・30高刑8巻6号860頁〔125〕，ただし，具体的事案との関係では疑問がある）。業務は，刑法的保護に値するものであれば足り，適法であることを要しない。たとえば，知事の許可を得ていない湯屋営業（東京高判昭和27・7・3高刑5巻7号1134頁〔127〕），行政取締法規に違反したパチンコ景品買入営業（横浜地判昭和61・2・18刑月18巻1=2号127頁〔128〕）についても本罪が成立する。もっとも，判例は，事実上平穏に行われているものか否かを基準とするが（前掲東京高判昭和27・7・3参照），覚せい剤の製造や販売でも，平穏に行われていれば本条の業務にあたることになり不合理であるから，当該業務の反社会性が本罪による保護の必要性を失わせる程度のものであるか否かを基準とすべきであろう。なお行政代執行の手続をとらずに行われた東京都による路上生活者の段ボール住居の撤去作業につき，最高裁は「やむを得ない事情に基づくものであって，業務妨害罪としての要保護性を失わせるような法的瑕疵があったとは認められない」との判断を示している（最決平成14・9・30刑集56巻7号395頁〔129〕〔137〕）。

2 公務と業務

公務の執行を暴行・脅迫により妨害した場合は，95条により公務執行妨害罪として処罰される。しかし，妨害の手段が，威力，偽計にとどまった場合に，公務も業務に含まれるとして業務妨害罪の成立を認めうるかについては見解が分かれている。①公務も全面的に業務に含まれるとする説（無限定積極説）（植松351頁，小野122頁，大谷143頁），②公務は業務に含まれず，

公務は95条によってのみ保護されるとする説（消極説）（吉川116頁），③権力
的公務は含まれないが非権力的公務は業務に含まれるとし，後者について
は95条と233条・234条の両方が適用されるとする説（限定積極説）（福田199
頁，大塚159頁，内田185頁），④現業性，民間類似性，非権力性等の基準で公務
を区別し，業務妨害罪の成立を認めるが，業務妨害罪の成立する公務につ
いては，たとえ手段が暴行，脅迫であっても95条の適用を認めない説（公
務区分説）（団藤535頁，曽根73頁，中森73頁，平川208頁）の4つがそれである。

　戦前の判例は消極説をとり（大判大正4・5・21刑録21輯663頁＝教育勅語事件
〔130〕〔220〕），最高裁も当初はこの立場を踏襲した。すなわち，警察官によ
る検挙行為を威力により妨害した事案につき公務は業務に含まれないとい
う理由で本罪の成立を否定したのである（最大判昭和26・7・18刑集5巻8号1491
頁＝理研小千谷事件〔131〕）。しかし，その後，最高裁は判例を変更し，威力に
より国鉄職員の業務を妨害した事案につき，国鉄の公務の現業業務性，民
間類似性，非権力性を理由に本罪の成立を肯定した（最大判昭和41・11・30刑集
20巻9号1076頁＝摩周丸事件〔132〕）。その後の下級審判例は，この考え方をさら
に拡張し，現業性のない国立大学の業務（京都地判昭和44・8・30刑月1巻8号841
頁），民間類似性のない郵便局の業務（名古屋高判昭和45・9・30刑月2巻9号951
頁）についても本罪の成立を認めたが，最高裁も，県議会委員会の条例案
採決を妨害した事案につき「被告人らに対して強制力を行使する権力的公
務ではない」という理由で威力業務妨害罪の成立を認めるに至った（最決
昭和62・3・12刑集41巻2号140頁＝新潟県議会事件〔134〕）。さらに，威力および偽計
により選挙長の立候補届出受理事務を妨害した事案についても同様の見地
から業務妨害罪の成立が認められている（最決平成12・2・17刑集54巻2号38頁
〔136〕）。他方，最高裁は，国鉄職員の業務を暴行により妨害した場合には
公務執行妨害罪の成立を認めるから（最決昭和59・5・8刑集38巻7号2621頁
〔539〕），権力的公務か否かを基準とする限定積極説をとるといえよう。

　これに対し，学説はすでにみたように多岐に分かれる。しかし，まず，
消極説は公務であるというだけで偽計・威力から保護されないとする理由
はないから妥当とは思われない。また，無限定積極説も，逮捕行為や強制
執行のように，自力で抵抗を排除しうる権能を付与されている場合まで威
力に対する保護を認める点で妥当ではない（東京地判昭和48・9・6刑月5巻9号

1315頁＝国会爆竹事件参照〔133〕）。公務区分説は，公務についてのみ95条と233条・234条の二重の保護を与える必要はないことを論拠とするが，公務が公共の福祉を目的とするものである以上，民間の業務より厚く保護されることには合理性があるといえよう。さらに，この説が，区別の基準を民間企業類似性に求める場合には，新潟県議会事件，国会爆竹事件のような事例は業務に含まれないため，威力に対しては保護されないという処罰の間隙を生じることに注意すべきである。こうして，強制力をもつ権力的公務であるか否か，すなわち公務の執行が妨害に対する自力排除力を有するか否かという基準による限定積極説が妥当であろう。ただし，このような自力排除力という基準は権力的公務を偽計によって妨害する場合には妥当しないと解すべきであろう（山口161頁）。そこでは，自力排除力が妨害を排除する機能を有しないからである。下級審判例においても，虚偽の犯罪事実の通報により海上保安庁職員のパトロール業務を妨害した事例（横浜地判平成14・9・5判タ1140号280頁），虚偽の車両盗難の被害届の提出により本来の機動警ら業務を妨害した事例（名古屋簡判平成16・4・28警察公論60巻1号81頁），インターネットの掲示板に無差別殺人を行うとの虚偽の予告を行い，これを閲覧した者からの通報を介して警察を警戒出動させて本来の警ら業務等を妨害した事例（東京高判平成21・3・12高刑62巻1号21頁〔138〕）において偽計業務妨害罪の成立が認められている。

3 手 段

妨害の手段は，虚偽の風説の流布（前述137頁参照），偽計，威力である。偽計とは，人を欺罔し，または人の不知，錯誤を利用することをいい，詐欺罪における欺罔行為の概念よりも広い。また，直接被害者に向けられることを要せず，風呂屋の玄関に「本日休業」という貼り紙をして客を帰らせるような場合も本罪にあたる。判例により偽計にあたるとされた事例としては，障害物を海底に沈めて漁網を破損させる行為（大判大正3・12・3刑録20輯2322頁），新聞の購読者を奪うために他紙と紛らわしい体裁の新聞を発行する行為（大判大正4・2・9刑録21輯81頁），虚偽の電話注文により配達をさせる行為（大阪高判昭和39・10・5下刑6巻9=10号988頁），他人のキャッシュカードの暗証番号を盗撮するために無人の銀行出張所のATM機を一般客を装って長時間占拠する行為（最決平成19・7・2刑集61巻5号379頁〔121〕〔151〕）等直

接的に人の不知・錯誤を利用する場合のほか，有線放送の送信線をひそか
に切断して放送を妨害する行為（大阪高判昭和49・2・14判月6巻2号118頁〔150〕），
応答信号の送出を阻害するマジックホンという機械を取り付けて電話料の
課金装置の作動を不能にする行為（最決昭和59・4・27刑集38巻6号2584頁〔147〕），
電力量計の作動を遅らせる装置を施す行為（福岡地判昭和61・3・3判タ595号95
頁〔148〕）のように直接的には機械に対する対物的加害行為についても偽計
にあたるとされている。

　　* **いやがらせ電話**　　中華そば店に約970回にわたり無言電話をかけた事例に関し，
　　東京高判昭和48年8月7日（高刑26巻3号322頁〔149〕）は，偽計とは「社会生活上
　　受容できる限度を越え不当に相手方を困惑させるような手段術策を用いる場合をも
　　含む」として本罪の成立を認めているが，偽計の意義を困惑まで拡張するのは妥当
　　ではない。本件では，被害者の不知・錯誤の利用を認めうるといってよいであろう。

　威力とは，人の自由意思を制圧するに足る勢力の使用をいう（最判昭和
28・1・30刑集7巻1号128頁〔140〕）。暴行，脅迫はもちろん地位，権勢，集団
的勢力の利用を含む。威力は被害者に対して行使されることが多いであろ
うが，店舗の前に集団でたむろし客の入店を妨げる場合のように，被害者
以外の者に対して行使される場合も含む。判例により威力にあたるとされ
た事例としては，デパートの食堂配膳部に縞蛇をまき散らす行為（大判昭和
7・10・10刑集11巻1519頁），キャバレーの客席で牛の内臓をコンロで焼き悪臭
を放つ行為（広島高岡山支判昭和30・12・22裁特2巻18号1342頁），総会屋が株主総会
の議場で怒号する行為（東京地判昭和50・12・26刑月7巻11=12号984頁），弁護士を
困らせようとして，同人の携行していた訟廷日誌や訴訟記録在中の鞄を奪
い取って隠匿する行為（最決昭和59・3・23刑集38巻5号2030頁〔143〕），猫の死骸
を事務机の引き出し内に入れておき被害者に発見させる行為（最決平成4・
11・27刑集46巻8号623頁），卒業式の開式直前に保護者らに国歌斉唱のとき起
立しないことを呼びかけ，これを制止した教頭や校長に怒号を発する行為
（最判平成23・7・7刑集65巻5号619頁）のような対人的加害行為のほか，貨車の
開閉弁を開放して積載中の石炭を落下させる行為（最判昭和32・2・21刑集11巻
2号877頁〔142〕），争議行為の手段として車のキーを奪取・抑留する行為（松
山地宇和島支判昭和43・6・12下刑10巻6号645頁），捕獲されたイルカを収容中の網
のロープを切断する行為（長崎地佐世保支判昭和55・5・30判時999号131頁〔144〕）の

ような対物的加害行為についても，一定の行為の必然的結果として人の意思を制圧するような勢力を用いれば足りるとの理由で威力にあたるとされている。

本罪を業務活動の自由に対する罪と捉える見解からは，偽計，威力は人の意思に対する働きかけでなければならず，対物的加害行為をも含めることは不当とされよう（平野188頁），これに対し，判例は，いわば「結果としての業務妨害」が存するかぎり本罪の成立を肯定しており，本罪は端的に「業務の円滑な遂行」を保護するものとなっているのである。その結果，偽計と威力の区別も本質的な意義を失い，単に業務妨害の手段が公然か非公然かという差異でしかなくなっている。

4 妨害の意義

「妨害した」の意義について，判例は信用毀損罪との均衡から，妨害の危険を生ずれば足りるとして本罪を危険犯とする（大判昭和11・5・7刑集15巻573頁。同旨，団藤520頁，大塚159・160頁，井田179頁）。しかし，文言どおり侵害犯と解すべきであろう（平野188頁，大谷146頁，曽根75頁，高橋195頁）。したがって，業務遂行に多少とも外形的混乱・支障を生じたことを必要とし，たとえば替え玉受験やカンニングのように，単に個別的な業務における判断の誤りを生ぜしめたにすぎない場合は除外される（松原160頁）。業務の外形的妨害があればよく，その具体的な被害額等を明らかにする必要はない。

> 東京地判平成28・2・16判タ1439号245頁〔146〕は，被告人が，内部に放射性物質を含有する土砂を入れた容器，緊急保安炎筒等を搭載したドローン（小型無人飛行機）を遠隔操作し，官邸屋上に落下させた事件について，本件ドローンを官邸に落下させれば，「官邸職員が，本件ドローンによる被曝や発火爆発等を恐れて，通常業務を中断し異常事態への対応を必要とするおそれは非常に高」いことなどから，本件ドローンを落下させる行為は「官邸職員の自由意思を制圧するに足る勢力」であり，「威力」にあたるとした上で，本件ドローンを発見した官邸職員が通常業務を中断し，異常事態への対応を必要とするおそれが高いことから，威力業務妨害罪の成立を認めている。ドローンの具体的な外観や搭載物などに着目して「威力」性を肯定したものである。なお，妨害された業務は官邸職員の庁舎管理等の事務であり，これは非権力的公務にあたる。

3　電子計算機損壊等業務妨害罪

　人の業務に使用する電子計算機若しくはその用に供する電磁的記録を損壊し，若しくは人の業務に使用する電子計算機に虚偽の情報若しくは不正な指令を与え，又はその他の方法により，電子計算機に使用目的に沿うべき動作をさせず，又は使用目的に反する動作をさせて，人の業務を妨害した者は，5年以下の懲役又は100万円以下の罰金に処する（234条の2第1項）。未遂を罰する（同条2項）。

1　意　　義

　本罪は，昭和62年のコンピュータ犯罪立法の1つとして新たに設けられたものである。高度情報化社会の到来に伴い，金融，製造，通信，交通，医療等の様々な社会生活の分野において，業務の処理におけるコンピュータへの依存性が飛躍的に増大したため，コンピュータ・システムの損壊等が業務の遂行を阻害する度合いも深刻・重大なものとなった。本罪は，このような結果の重大性を考慮して刑を加重するとともに，コンピュータが人による業務を代替するものであることから，コンピュータに対する対物的加害行為を類型化したものである。

　本罪は，電子計算機に対する加害行為により，電子計算機の動作阻害を生ぜしめ，その結果として当該電子計算機による業務を妨害するという3段階の構成をとる。

2　保護法益

　本罪の保護法益は，電子計算機による業務の円滑な遂行である。電子計算機についての定義規定は置かれなかったため，その範囲は明確でないが，その立法趣旨を考慮すれば，「人の業務に使用する電子計算機」とは，人の代替として独立的，自動的にある程度広汎な業務を処理するものをいうと解すべきであろう。したがって，他の機械，たとえば家電製品，自動販売機，電卓等の一部に組み込まれているマイクロコンピュータは除外される（米澤編〔横畠〕100頁）。判例も，パチンコ台に取り付けられた電子計算機であるロムを不正に作成されたものと交換した事例につき本罪の成立を否定している（福岡高判平成12・9・21判時1731号131頁〔152〕）。他方，偽計・威力業務妨害罪の場合と異なり，すべての公務に使用される電子計算機を含むと

解すべきであろう。なぜなら，電子計算機による公務の処理は，権力的公務と関係するものではありえても，電子計算機による情報処理それ自体は権力的なものとはいえないからである。

3　加害行為

　加害行為は，①電子計算機もしくはその用に供する電磁的記録の損壊という器物損壊の類型，②虚偽の情報もしくは不正の指令の入力という情報処理阻害の類型，③その他の方法の3つである。①には，電磁的記録の消去を含む。②は，電子計算機に虚偽のデータを入力する行為やプログラムを改ざんする行為である。いわゆるコンピュータウイルスを投与して発症させる行為もこれにあたるが，①にあたる場合もありえよう。ただし，ウイルスを投与しただけの段階では未遂である。このため，平成23年改正では，本罪の未遂処罰規定が新設された。なお，コンピュータウイルス作成等の罪については，後述411頁以下参照。この加害行為は，直接電子計算機の動作阻害を生ぜしめることが必要であるから，電子計算機の一部分を損壊しても，動作阻害に至らない場合には，器物損壊にとどまる。また，③その他の方法も，電源の切断，温度・湿度等の動作環境の破壊，通信回線の切断，処理不能データの入力（DOS攻撃）のように，直接電子計算機の動作阻害を生ぜしめるような性質のものに限られ，コンピュータ・ルームの占拠やオペレータの拘束のような場合は含まれないと解すべきであろう[2]。本罪の成立が認められたものとして，放送会社の開設したホームページの天気予報画像を消去して，わいせつ画像に置き換えた事例（大阪地判平成9・10・3判タ980号285頁〔153〕），コンピュータ制御式旋盤機の作業用プログラムを消去した事例（京都地峰山支判平成2・3・26刑事裁判資料273号218頁）がある。

4　動作阻害

　本罪が成立するには，加害行為により，電子計算機の動作阻害という中間結果の発生することが必要である。「電子計算機に使用目的に沿うべき動作をさせず」とは，電子計算機の設置者が，当該電子計算機により実現しようとした目的に適合した動作をさせないことをいう。たとえば，電子

---

　2)　西田典之「コンピュータと業務妨害・財産罪」刑法28巻4号516頁。もっとも，立案当局の説明では，このような場合を含む可能性も示唆されている。米沢編〔横畠〕105頁。

計算機を損壊したり，コンピュータウイルスを発症させてプログラムを破壊することにより，電子計算機の機能をストップさせる場合である。「使用目的に反する動作をさせて」とは，設置者の目的に反するような動作をさせることをいう。たとえば，プログラムを改ざんしたり，虚偽のデータを入力することにより，設置者の予定に反する製品を製造させたり，温度管理を狂わせたりする場合がこれにあたる。もっとも，使用目的に反する動作をさせることは，結局，使用目的に沿うべき動作をさせないことでもあるから，この2つの場合を厳密に区別することは困難であり，かつ，不要であろう。

5　業務妨害

「業務を妨害した」とは，電子計算機の動作阻害を通じて，電子計算機による業務の遂行に外形的混乱を生ぜしめることをいう。通常の業務妨害罪と同じく侵害犯と解すべきであり，多少とも電子計算機による業務の遂行に支障を来したことを必要とする。[3] したがって，電子計算機の無権限使用や情報の不正入手行為のように外形的混乱を生じないものは本罪にあたらない。また，個別的業務遂行の内容的な適正を誤らせる場合を含まないから，データベースのデータの一部を改ざんし，ユーザーに誤ったデータを提供させる行為や偽造のキャッシュカードを使用してATM機から現金を引き出す行為等の場合，業務自体は通常どおり行われているのであるから本罪にはあたらない。

4　不正アクセス禁止法

1　意　　義

コンピュータ・システムに対する不正なアクセスとハッキング行為はネットワークの進展により日本国内からのみならず世界中のどこからでも可能となっている。このような不正行為はコンピュータ社会の安全性にとって深刻な脅威となっているといえよう。このような事態に対処するため平成11年8月に成立したのが不正アクセス行為の禁止等に関する法律（法128号，以下，不正アクセス禁止法という）である。

---

3)　立案当局は，危険犯であるとしている。米沢編〔横畠〕103頁。

146　第2編　個人的法益に対する罪　第5章　信用および業務に対する罪

2　内　容

不正アクセス禁止法の内容はつぎのとおりである。

同法3条は,「何人も,不正アクセス行為をしてはならない。」と規定し,同法11条は,その違反行為につき3年以下の懲役または100万円以下の罰金に処する旨を規定している。

不正アクセス行為とは,同法2条4項によれば,つぎのような行為をいう。

①アクセス制御機能を有する特定電子計算機に電気通信回線を通じて当該アクセス制御機能に係る他人の識別符号を入力して当該電子計算機を作動させ,当該アクセス制御機能により制限されている特定利用をし得る状態にさせる行為

②アクセス制御機能を有する特定電子計算機に電気通信回線を通じて当該アクセス制御機能による特定利用の制限を免れることができる情報（識別符号であるものを除く）または指令を入力して当該特定電子計算機を作動させ,その制限されている特定利用をし得る状態にさせる行為

③電気通信回線を介して接続された他の特定電子計算機が有するアクセス制御機能によりその特定利用を制限されている特定電子計算機に電気通信回線を通じてその制限を免れることができる情報または指令を入力して当該特定電子計算機を作動させ,その制限されている特定利用をし得る状態にさせる行為

上記のように法文はきわめて難解であるが,その内容を簡単にいえば,ネットワークを通じて,他人のID番号やパスワードなどの識別符号を不正に入力して,他人になりすましてコンピュータを利用できる状態にする行為,あるいは,コンピュータの弱点（セキュリティホール）を突いて不正にアクセスし,他人のコンピュータを利用できる状態にする行為を禁止するものである。他人のパスワードなどを入力することによってオンラインゲームやコミュニティサイトを他人になりすまして利用する行為,インターネットショッピングを不正に利用する行為,あるいは,他人の電子メールなどを閲覧する行為などが典型例である。

さらに,いわゆるフィッシング詐欺による被害が急増していることに伴い,平成24年の改正によって,識別符号を不正に取得する行為やフィッシ

ング行為などが処罰されることになった。改正前から他人の識別符号を利用権者以外の者に提供する行為が禁止，処罰されていたが（同法5条・12条2号），改正法によって，不正アクセスの用に供する目的で他人の識別符号を取得する行為（同法4条・12条1号），不正に取得された他人の識別符号を保管する行為（同法6条・12条3号）が処罰対象に含められた。さらに，フィッシング行為については，フィッシングサイトを開設する行為や識別符号を入力することを求める内容の電子メールを送信する行為などを禁止し，処罰対象としている（同法7条・12条4号）。これは，識別符号を不正に取得する行為のさらに前段階の行為を処罰対象に含めるものである。

　以上のように不正アクセス禁止法は，ハッキング行為などを処罰することにより，コンピュータによる業務処理，情報処理の安全性・確実性を保護することを目的とするものである。同法は，不正アクセスといういわば入り口の行為を処罰するものにすぎないが，すでに述べたコンピュータウイルス問題への対策として，また，コンピュータ情報の不正入手対策として一定の役割を果たすものである。

---

4) フィッシング（Phishing）詐欺とは，キャッシュカードやインターネットバンキングの暗証番号など他人の識別符号を不正に入手する行為の総称である。たとえば金融機関等からのお知らせを装った電子メールを利用者に送付し，リンクをクリックさせるなどして，本物のサイトに類似した偽サイト（フィッシングサイト）に誘導し，そこで暗証番号やパスワードなどの入力を求める行為などがその典型である。

第6章　財産に対する罪

第1節　財産罪総説

1　刑法における財産の保護

　財産は，生命，身体，自由とならんで個人の社会生活にとって重要な意義を有する。その保護のため，刑法典は，その235条以下において，窃盗罪，強盗罪，詐欺罪，電子計算機使用詐欺罪，背任罪，恐喝罪，横領罪，盗品関与罪，毀棄・隠匿罪を規定している。もっとも，その保護の態様が断片的なものにすぎないことは，民法709条（不法行為）と比較すれば明らかであろう。しかし，このような断片的な保護も，歴史的・比較法的にみれば，変遷を重ねてきたものなのである（芝原邦爾・刑法の社会的機能83頁以下〔1973〕，同「財産の刑法上の保護」芦部信喜ほか編・岩波講座基本法学3巻3221頁以下〔1983〕，内田238頁以下，平川317頁以下参照）。

　その変化を促した要因はまず第一に財産の利用形態の変化である。すなわち，産業革命以前の前市場経済の時代においては，財産の利用形態は自己使用が中心であったから，そこでは財物（もっぱら動産）に対する事実的支配を侵害する窃盗・強盗罪が財産犯の中核であった。しかし，近代資本主義の発達とともに商品交換経済に移行すると，財物は取引の対象とされ，その利用も，委託，貸与，交換の形態をとることになる。このような経済活動を保護するために詐欺罪，横領罪の類型が処罰の対象とされたのである。さらに，取引主体が個人から法人を含めた組織体になったことにより対内的関係において財産を保護するために背任罪の類型が新たに処罰の対象とされたのである（旧刑法には背任罪は存在しなかった）。第二の要因が財産の存在形態の変化である。財物の利用形態の変化は，同時に，財物の利用権，担保権，その他の債権という財産権を生ぜしめた。これに伴い財産犯の範囲も財物罪から利得罪・利益罪へと拡張されたのである（旧刑法には，いわゆ

る2項犯罪は存在しなかった）。現在ではさらに，無体財産権・知的所有権とい
う第三の財産権が出現したため，各種の無体財産権法（特許法196条1項，著作
権法119条，商標法78条等）が無体財産権の無断使用を犯罪として処罰している。
また，最近では，無体財産権にまで至っていないノウ・ハウ（know how）
や，財産的価値を有する営業秘密（trade secret＝在庫管理システム，顧客名簿
等）の保護が，いわゆる産業スパイ事件や内部者による情報漏洩事件の頻
発により大きな社会問題となっている。この問題は，後に述べるように，
窃盗罪，横領罪，背任罪等の財産犯処罰規定および不正アクセス禁止法に
よって対処されてきた。しかし，これらの情報犯罪（情報の漏示，不正入手，
窃用）の特徴は，情報内容自体はなくならない点（非移転性）にある。こ
れに通常の財物移転罪・領得罪の規定を適用しうるかは問題が多く，立法
による対処が必要であった。この点で平成15年の改正によって不正競争防
止法に営業秘密侵害罪が導入されて以来，その処罰範囲は徐々に拡張され
てきたことが注目に値する。特に平成21年の改正不正競争防止法21条にお
いて「不正競争の目的」が「不正の利益を得る目的で，又はその保有者に
損害を加える目的（図利・加害目的）」と修正されたことにより，同法の営
業秘密侵害罪は財産犯的な色彩を強くもつようになったといえよう。

2　財産犯の分類

　財産犯はいくつかの視点から分類される。ただ，既述のように財産犯の
処罰類型自体が断片的な性格をもっているから，この分類も体系的なもの
ではなく，各犯罪の共通点，相違点の理解が容易になるというだけのもの
にすぎない。

1　財物罪と利益罪

　財産犯は，その行為客体に応じて財物罪と利益（利得）罪に区別される。

1）　既述のように，改正刑法草案318条は企業秘密漏示罪の新設を予定していた。さらに，芝
　原邦爾＝西田典之＝林陽一＝山口厚「財産的情報の刑法的保護」刑法30巻1号1頁以下，吉岡
　一男「企業秘密と情報財1（2・完）」法学論叢117巻3号1頁以下・4号1頁以下，加藤佐
　千夫「企業秘密の刑法的保護1（2・完）」名古屋大学法政論集116号207頁以下・117号283頁
　以下，佐久間修・刑法における無形的財産の保護（1991）参照。
2）　この改正につき，中原裕彦「不正競争防止法の一部を改正する法律の概要」NBL906号
　66頁，土肥一史「営業秘密侵害罪に関する不正競争防止法の改正について」ジュリ1385号78
　頁参照。

150 第2編　個人的法益に対する罪　第6章　財産に対する罪

まず，窃盗罪，不動産侵奪罪，横領罪，盗品関与罪，毀棄・隠匿罪は財物・物についてしか成立しない。利益窃盗および利益横領は不可罰である。このため，後にみるように，可罰的な2項詐欺罪の限界や背任罪の利益横領としての理解が問題となるのである。つぎに，強盗罪，詐欺罪，恐喝罪は，財物と財産上の利益の双方を客体とする。財産上の利益が客体となる場合が各条の2項に規定されているため，2項犯罪とも呼ばれる。背任罪の保護法益は，被害者の全体財産であるが，行為の客体としては財物と財産上の利益の両方が問題となる。最後に，電子計算機使用詐欺罪は，その文言から明らかなように，2項詐欺罪の特別類型であって，財産上の利益のみを客体とする。

2　全体財産に対する罪と個別財産に対する罪

背任罪は，全体としての財産の減少を必要とする全体財産に対する罪であるのに対し，それ以外の財産犯は，個々の財物や債権等の個別財産に対する罪であるとするのが通説である。この区別の実益は，個別財産に対する罪においては，個々の財物等の喪失があれば，それだけで財産犯の成立を認めうることにあると解されている（後述220頁参照）。しかし，個別財産に対する罪であっても，財産犯である以上は，刑法的保護に値する財産的損害の発生を要件とするべきであると思われる。

3　領得罪と毀棄罪

財物罪は，財物を経済的に利用する意思としての不法領得の意思（詳細は後述170頁以下参照）を要する領得罪と財物の利用を妨害あるいは不可能にする毀棄・隠匿罪に区別される。窃盗罪，不動産侵奪罪，強盗罪，詐欺罪，恐喝罪，横領罪は領得罪である。盗品関与罪は，盗品運搬罪，盗品保管罪等を含む点でやや異なるが，他人の領得行為を継承し助長するという意味では領得罪に含めてよいであろう[3]。

領得罪は，さらに占有の移転を伴う占有移転罪（奪取罪ともいう）と占有の移転を伴わない横領罪とに区別される。そして，占有移転罪はさらに占有の移転が相手方の意思に反する盗取罪（窃盗罪，不動産侵奪罪，強盗罪）と相手方の意思に基づく交付罪（詐欺罪，恐喝罪）とに区別されるのである。

3）　中森100頁，平野199頁は間接領得罪とする。

第2節　窃　盗　罪

1　総　説

窃盗罪は，他人の占有する他人の財物を占有者の意思に反して取得する罪である。ただし，自己の財物であっても，他人が占有し，または公務所の命令により他人が看守するものであるときは，他人の財物とみなされるが（242条），その意義については，後述のように本罪の保護法益との関係で問題となる。他人の意思に反して財物の占有を取得する点で交付罪である詐欺罪と区別され，暴行・脅迫を手段としない点で強盗罪と区別される。また，財産上の利益についての窃盗（利益窃盗）は不可罰である。他人の財物を窃取する場合が窃盗罪（235条）であり，他人の不動産を侵奪する場合が不動産侵奪罪（235条の2）である。いずれの場合も親族相盗例（244条）が適用される。また，窃盗罪については，電気は財物とみなされている（245条）。

なお，平成18年改正により，選択刑として「50万円以下」の罰金刑が導入された。困窮犯としての性格も有する窃盗罪に罰金刑を設けることには根本的疑問があるかもしれない。しかし，現実には，経済力のある犯人による万引き行為などが頻発している。これまでは，正式起訴するのは適当でないとして起訴猶予によって対応されてきたが，被害者感情を考慮するとともに一定の抑止力を確保するために中間的な刑として罰金刑が導入されたものである。現実には，刑事訴訟法461条以下の略式命令によって処理されることになろう。

2　窃　盗　罪

> 他人の財物を窃取した者は，窃盗の罪とし，10年以下の懲役又は50万円以下の罰金に処する（235条）。

1　客体（財物の意義）

本罪の客体は「財物」であるが，その意義についてはつぎのような点が

152 第2編 個人的法益に対する罪 第6章 財産に対する罪

問題となる。なお，ここで述べることは，同じ財物罪である強盗罪（236条1項），詐欺罪（246条1項），恐喝罪（249条1項），「物」を客体とする横領罪（252条～254条），盗品関与罪（256条），器物損壊罪（261条）にも原則的に妥当する。

(1) **有体物性**　本罪の客体は「財物」であるが，その意義については，管理可能性説と有体物説とが対立している。管理可能性説は，旧刑法下の電気窃盗事件に由来する。すなわち，大審院は，窃盗罪における「所有物」（旧366条）の意義について，これを有体物に限定する必然性はなく可動性と管理可能性を有すれば足りるとして電気窃盗の可罰性を肯定したのである（大判明治36・5・21刑録9輯874頁〔169〕）。この説によれば，財物とは管理可能性を要件とし，有体物であることを要しないから，電気や熱等のエネルギーも財物たりうる（団藤548頁，大塚172頁，福田215頁，藤木270頁）。この見地からは，電気を財物とみなす245条は当然のことを規定した注意規定ということになる[1]。これに対して，有体物説によれば，財物とは有体物をいう（民法85条参照）。すなわち，有体物とは「空間の一部を占めて有形的存在を有するもの」（我妻栄・新訂民法総則201頁〔1965〕）であり，具体的には固体，液体，気体に限定される。したがって，冷気や熱気は財物であるが，電気，熱，冷たさ等の無体物は財物たりえないのである。この見地からは，245条は例外規定ということになる。

たしかに，財物という概念を目的論的に解釈すれば管理可能性説にも合理性があることは否定しえない。しかし，この見解は，つぎの理由により妥当でないというべきであろう。その第一は，245条の文言である。この規定は，前掲電気窃盗事件以後も反対説が有力であったために置かれたものであり，「電気は，財物とみなす」という文言は，電気が財物でないことを前提とするといわざるをえないであろう（平野200頁）。第二は，管理可能性説のような解釈はその限界がきわめて不明確であり，罪刑法定主義に反するといわざるをえない点である。この説によれば，管理可能性のみが財物の要件なのであるから，電気，熱，水力，放射線，牛馬の牽引力のようなエネルギーの不正利用のみに限られず，無断観劇，無賃乗車，電話の

---

1) なお，改正刑法草案335条も同様の性格をもつことになる。

無断使用，ひいては債権侵害（無権代理人が他人の預金通帳と印鑑によって預金の払戻しを受ける行為），情報の不正入手（他人の会社に忍び込んで機密書類を複写・撮影する行為）までも窃盗罪を成立させることになろう。なぜなら，劇場，電車，電話，債権，情報は，いずれも物理的あるいは事務的に管理されているものだからである。事実，管理可能性説の中には，ほとんどすべての利益窃盗を可罰的とする見解も存したのである（牧野546頁以下，瀧川108頁以下）。しかし，それでは，利益窃盗を不可罰とする現行法の立場を逸脱するといわざるをえない。このため，管理可能性説の中でも，事務的管理可能性を除外し物理的管理可能性に限るとか（小野228頁），電気と同じような自然力の利用によるエネルギーに限る（団藤548頁），物質性を備えたものに限る（大塚172頁）といった限定を設ける見解が主流となっている。しかし，このような限定が理論的合理性を有するとはいえないであろう。このように，管理可能性説は財物概念を無限定なものとする解釈であり，実質的に罪刑法定主義に反するといわざるをえないのである。このように考えれば，現行法の解釈としては，物理的管理可能性説を含めて，管理可能性説をとるべきではなく，245条は例外規定と解して有体物説をとるべきだと思われる。判例でも，前掲電気窃盗事件以外に無体物を財物とした例はなく，学説でも現在はむしろ有体物説の方が支配的だといえよう（平野200頁，中山195頁，大谷184頁，内田232頁，曽根106頁，中森102頁，町野96頁，堀内108頁，山口173頁，山中255頁，高橋205頁）。

(2) **不動産**　本条にいう「財物」に不動産を含むかについて，通説・判例は否定説をとっていたが，学説上は争われていた（詳細は，不動産侵奪罪の項参照）。しかし，昭和35年の改正により235条の2（不動産侵奪罪）が新設されたことにより，本条の「財物」に不動産を含まないことが明確となった。ただし，この解釈は窃盗罪についてのみ妥当するものであることに注意する必要がある（他の財産犯についてはそれぞれの項参照）。

(3) **所有権の対象物**　有体物であっても，所有権の対象となっていないものは財物性が否定される。この点で問題となるのはつぎの場合である。

(a) **無主物**　空気，自然水，海中の魚のような無主物は財物にはあたらない。したがって，禁猟区の鳥獣を捕獲する行為は鳥獣保護法違反とはなっても本罪は成立しない。他人が所有権を放棄した物についても同様

154 第2編 個人的法益に対する罪 第6章 財産に対する罪

である。ただし，無主物先占（民法239条）によって他人が所有権を取得すれば当然に財物性が肯定される。

* **ロストボール事件** ゴルフ場にゴルファーが放置したロストボールは，所有権を放棄された物とみうるから，本来無主物であるが，人が所有権を獲得すれば本罪の客体となる。たとえば，最決昭和62・4・10（刑集41巻3号221頁〔185〕）は，ゴルフ場の人工池内のロストボールは，ゴルフ場側が回収・再利用を予定していた場合には，無主物先占あるいはゴルファーからの権利の承継的取得によりゴルフ場側の所有に属し，かつ，占有も認められるから，このボールを領得する行為は本罪にあたると解している。

(b) **納棺物** 死体，遺骨，遺髪または棺に納めてある物を領得する行為については，本罪と納棺物領得罪（190条）との観念的競合を認める見解もある（小野154頁，団藤363頁）。しかし，190条が本罪よりも低い法定刑（3年以下の懲役）を定めているのは，死体その他の納棺物は，それが祭祀の対象物となっているかぎり所有権が放棄されたものとみうることによると思われるから，その趣旨を没却しないためには，190条のみが成立すると解すべきであろう（大判大正4・6・24刑録21輯886頁，平野201頁，大塚176頁，中森103頁）。もっとも，これらのものが，たとえば標本として祭祀の対象物でなくなったときは財物性を有するといってよい。

(c) **禁制品** 偽造文書，偽造通貨，麻薬，銃砲刀剣類，わいせつ物のような禁制品[2]が財物たりうるかも問題となる。事実，大審院の判例には，偽造文書は所有権の対象でないという理由で詐欺罪の成立を否定したものも存したのである[3]。しかし，禁制品も，一定の場合には許可等を条件に所有・所持しうることが示すように所有権の対象たりうるものである。また，違法な所持であっても，刑法における没収制度（19条，刑事訴訟法490条以下参照）や第三者没収制度（刑事事件における第三者所有物の没収手続に関する応急措置法参照）の存在は，禁制品が所有権の対象たりうることを前提としているといえよう（出田孝一・大コンメ1巻437頁以下，町野106頁参照）。最高裁は，禁制品につき物の所持という事実上の状態それ自体が財物罪の保護法益であるという理由により窃盗罪や詐欺罪の成立を認めているが（隠匿物資の詐取につき，最判

---

2) 法律が何人の所有・所持をも禁止する物と定義される。大塚175頁参照。
3) 大判明治42・11・9刑録15輯1536頁，偽造の借用証書につき詐欺罪を否定したものとして，大判大正元・12・20刑録18輯1563頁〔172〕。

昭和24・2・15刑集 3 巻 2 号175頁〔173〕〔215〕，密造酒の窃取につき，最判昭和26・8・9 裁集51号363頁），そこでも禁制品の財物性は当然の前提とされていると思われる。

(4) **財産的価値**　財物といえるためには，刑法的保護に値する財産的価値を有することが必要である。もっとも，客観的な交換価値のみでなく，主観的な使用価値のほか悪用の恐れの防止といった消極的価値も財産的価値に含まれる[4]。しかし，客観的・主観的価値のいずれも欠ける場合には財物性は否定されるべきである。これに対して，判例は，財物とは所有権の目的となりうべき物をいい，その財産的価値は問わないとして，無効な約束手形（大判明治43・2・15刑録16輯256頁），価格 2 銭位の石塊（大判大正元・11・25刑録18輯1421頁），神社内に安置された木像 1 体と石塊（大判大正 4・6・22刑録21輯879頁），政党の中央指令綴（最判昭和25・8・29刑集 4 巻 9 号1585頁〔176〕），消印済の収入印紙（最決昭和30・8・9 刑集 9 巻 9 号2008頁〔175〕）などについて財物性を認めている。しかし，そのほとんどは前記の基準からも財物性を認めうるものであるといえよう。また，下級審の裁判例には，メモ用紙 1 枚（大阪高判昭和43・3・4 判タ221号224頁），ちり紙13枚（東京高判昭和45・4・6 判タ255号235頁〔177〕），はずれ馬券（札幌簡判昭和51・12・6 刑月 8 巻11＝12号525頁）といった軽微な価値しかない物を窃取した場合について，窃盗未遂の成立しか認めないものもあることに注意すべきであろう。

2　占　　有

(1) **総説**　窃盗罪は他人の占有する財物について成立する。ここでいう占有とは，財物に対する事実的支配・管理の意味であり（大判大正 4・3・18刑録21輯309頁），民法における占有概念とは異なる。すなわち，「自己のためにする意思」（民法180条）は必要でなく，他人のための占有も含まれる。他方，代理占有や間接占有（民法181条），占有改定（民法183条）のような観念的な占有は含まれず，また，相続による占有の継承ということも認められないのである。

財物の占有については，占有の有無・限界と占有の帰属とが問題になる。

4）　たとえば，使用済の乗車券につき，大阪高判昭和29・6・24判特28号148頁，失効した運転免許証につき，東京地判昭和39・7・31下刑 6 巻7=8号891頁。

前者は，財物の領得行為が窃盗罪と占有離脱物横領罪（254条）のいずれにあたるかという区別の問題であり，後者は，財物の占有に複数人が関与しているとき，領得行為が窃盗罪と委託物横領罪（252条・253条）のいずれにあたるかという区別の問題である。この区別は，法定刑に差があるために実際的にも重要である。

(2) 占有の有無

(a) 事実的支配　窃盗罪における占有は，客観的に他人がその財物を事実上支配している状態または支配を推認せしめる客観的状況があって，かつ，主観的な占有の意思がある場合に認められるべきであろう。ただし，占有の意思はあくまでも事実的支配を補充するにすぎないものと解すべきである。

すなわち，①人の事実的支配領域内にある財物は，握持または監視されている財物でなくても，その人の占有に属する。したがって，たとえば自宅内の財物は，たとえその所在を失念していてもなお占有が認められる（大判大正15・10・8刑集5巻440頁）。留守中に配達された郵便物についても同様である。②人の支配領域外であっても，他人の事実的支配を推認せしめる状況がある場合には占有を認めてよい。たとえば，自宅前の公道に放置された自転車（福岡高判昭和30・4・25高刑8巻3号418頁〔178〕），看守者のいないお堂に安置された仏像（大判大正3・10・21刑録20輯1898頁），公設または事実上の自転車置場に放置された自転車（福岡高判昭和58・2・28判時1083号156頁〔189〕）などがその例である。③特殊な例として，飼育された猟犬のように飼い主のもとへ復帰の習性をもつ動物には，なお事実的支配が及んでいるとしてよいであろう（最判昭和32・7・16刑集11巻7号1829頁〔186〕，春日神社の鹿につき大判大正5・5・1刑録22輯672頁）。④ある者が占有を失っても，その財物が建物の管理者など第三者の占有に移る場合は，なお占有が認められる。たとえば，宿泊客が旅館内のトイレに遺失した財布（大判大正8・4・4刑録25輯382頁〔182〕），旅館内の風呂の脱衣所に置き忘れた時計（札幌高判昭和28・5・7判特32号26頁）は旅館主の占有に属するのである。ただし，電車の座席や網棚のように，一般人の立入りが自由であり管理者の事実的支配が十分及んでい

5）　ただし，その理由づけは占有の意思を重視している。

ないような場所に置き忘れられた物については占有が否定される（列車内に置き忘れた毛布につき，大判大正15・11・2刑集5巻491頁〔183〕）。この意味で，公衆電話機内に残された硬貨につき電話局長の管理を認めた事例（東京高判昭和33・3・10裁特5巻3号89頁〔184〕）は疑問である。

問題となるのは，公道，駅の待合室，ホーム，バスの停留所等の公共的場所に放置された財物である。最高裁は，バスの改札口で行列をしているうちにカメラを置き忘れたが，すぐに気がついて引き返したところすでに持ち去られており，その距離は約20メートル，時間にして約5分であったという事案に関し，「刑法上の占有は人が物を実力的に支配する関係」であるが，「必ずしも物の現実の所持又は監視を必要とするものではなく，物が占有者の支配力の及ぶ場所に存在するを以て足りると解すべきである。しかして，その物がなお占有者の支配内にあるというを得るか否かは通常人ならば何人も首肯するであろうところの社会通念によって決するの外はない」として占有を認めている（最判昭和32・11・8刑集11巻12号3061頁〔179〕）。たしかに，この事案では，バス待ちの行列は続いていたのであるから，他人の事実的支配の継続を推認せしめる状況があったといってよいであろう（前記②の類型）。列車待ちの乗客の列の中にボストンバッグを置いたまま，電報を打つため約10分間離れた事例（東京高判昭和30・3・31裁特2巻7号242頁）も同様である。これに反して，そのような客観的状況がない場合にまで，時間的・距離的接着性のみを理由に占有を認めることには疑問がある。公園のベンチにポシェットを忘れ200メートル離れた所で気がついたが，忘れるのを見ていた被告人により被害者が27メートル離れた時点で持ち去られていたという事案につき，最高裁は「本件の事実関係の下では」「被害者が本件ポシェットのことを一時的に失念したまま現場から立ち去りつつあったことを考慮しても，被害者の本件ポシェットに対する占有はなお失われておらず，被告人の本件領得行為は窃盗罪に当たる」としている（最決平成16・8・25刑集58巻6号515頁〔181〕）。たしかに，本件の特徴は，犯人が被害者による忘れ物をする現場を見ており，被害者が立ち去った直後に忘れ物を領得した点，距離的・時間的に接着した時点で被害者が忘れ物に気づき取りに帰っている点にある（同様の事例で窃盗罪の成立を認めた例として，東京高判昭和54・4・12刑月11巻4号277頁がある）。このような被害者が忘れ物に気づいて

直ちに戻ってくるかもしれないという状況は，被害者による占有の継続を推認せしめる状況といえるかもしれない。しかし，本件のような客観的状況において被害者が忘れ物をする状況を全く認識していない者が同様の行為をした場合には，客観的には窃盗であるが主観的には占有離脱物横領の故意しかないとして38条2項により占有離脱物横領罪の成立を認めることになろう。これに対して，本件の犯人の場合には事実の錯誤は否定されるであろう。このように，客観的事情は全く同一であるのに，犯人が被害者が忘れ物をするのを見ていたという事実を重視して占有の継続を認め窃盗罪の成立を肯定することには，なお疑問があるように思われる。むしろ，スーパーの6階のベンチに置き忘れた財布を地下1階で思い出し取りに帰った事案（その間約10分）につき占有を否定した裁判例（東京高判平成3・4・1判時1400号128頁〔180〕）の方が妥当だと思われる。

（b）　占有の意思　　財物の所在を失念することにより占有の意思が欠如する場合に占有離脱物となることは当然であるが（仙台高判昭和30・4・26高刑8巻3号423頁，東京高判昭和36・8・8高刑14巻5号316頁），他方，占有の意思さえあれば占有ありとするのは妥当でないと思われる。判例は，関東大震災のとき，公道に搬出してあった氏名不詳者所有の布団につき，所有者がその存在を認識し放棄する意思がなかったときは占有を認めうるとしているが（大判大正13・6・10刑集3巻473頁〔187〕）不当であろう（田中利幸「刑法における『占有』の概念」現代的展開192頁）。やはり，事実的支配の継続を推認させるなんらかの客観的状況が必要と解すべきである。

（c）　死者の占有　　人の死亡後に，その死者が生前占有していた財物を領得する行為の罪責が問題となる。問題となるのは，①最初から領得の意思で人を殺害し，財物を奪取する場合，②殺害後に領得の意思を生じ，死者から財物を領得する場合，③無関係の第三者が死者から財物を領得する場合である。①の場合に強盗殺人罪（240条）が成立することについては学説・判例上異論はない（184頁参照）。

問題は，②③である。判例は，③について占有離脱物横領罪とするが（大判大正13・3・28新聞2247号22頁），②については，「被害者が生前有していた財物の所持はその死亡直後においてもなお継続して保護するのが法の目的にかなう」という理由で「被害者からその財物の占有を離脱させた自己の

行為を利用して右財物を奪取した一連の被告人の行為は，これを全体的に考察して」窃盗罪を構成するとしている（最判昭和41・4・8刑集20巻4号207頁〔192〕）。学説では，判例を支持する見解が多数説であるが（団藤572頁，大塚187頁，福田225頁，前田170頁），自己の行為の利用という点を重視して強盗罪まで認める見解（藤木302頁），②③ともに，死亡直後のなまなましい死体から奪う場合（小野清一郎・刑事判例評釈集5巻256頁），あるいは，一般人の立場からみて財物が外形上他人の支配を排除する状態にある場合（野村稔・基本講座5巻79頁以下）には，端的に死者の占有を認めて窃盗罪とする見解もある。しかし，これらの見解は，相対的であれ絶対的であれ，占有の喪失時期が不明確である点で疑問がある。[6] そして，なによりも，被害者の死亡によって，財物の占有は客観的・主観的に失われるのであるから，②③の場合は，やはり占有離脱物横領罪しか成立しないと解すべきであろう（平野204頁，大谷208頁以下，曽根118頁，中森110頁，堀内110頁，山口183頁以下，山中273頁，松宮210頁，高橋241頁，松原199頁）。

(3) **占有の帰属**　　財物の占有に複数人が関与している場合には，占有が誰に帰属しているかによって，（業務上）横領罪と窃盗罪のいずれが成立するかが区別される。

(a)　まず，共同占有の場合，共同保管者の1人が，他の保管者の同意を得ず，領得の意思で単独の占有に移した時は，窃盗罪が成立する（大判大正8・4・5刑録25輯489頁〔197〕，共同保管にかかる有価証券の領得）。

(b)　つぎに，複数の占有に上下関係がある場合には，占有は上位の者に属する。たとえば，商店主と店員の場合，店内の品物は店員が事実上管理しているとしても，それは，いわば占有の補助者にすぎず，占有は店主に属し，したがって，店員による領得は横領ではなく窃盗になる（大判大正3・3・6新聞929号28頁〔196〕）。同様に，倉庫番の保管する政府管理米の占有は農業会長に（大判昭和21・11・26刑集25巻50頁），客の着用している丹前・浴衣の占有は旅館主に属するのである（最決昭和31・1・19刑集10巻1号67頁〔201〕）。

---

6)　占有を肯定したものとして東京高判昭和39・6・8高刑17巻5号446頁〔194〕（殺害3時間ないし86時間後），占有を否定したものとして東京地判昭和37・12・3判時323号33頁〔193〕（殺害9時間後），新潟地判昭和60・7・2刑月17巻7=8号663頁〔195〕（殺害5日ないし10日）がある。

160　第2編　個人的法益に対する罪　第6章　財産に対する罪

(c)　委託された封緘物の中身の占有は委託者に残ると解するのが通説であり，判例の主流である。したがって，郵便集配人が配達中の信書を開封し小為替証書を抜き取る行為（大判明治45・4・26刑録18輯536頁〔198〕），委託された縄掛け梱包した行李から衣類を領得する行為（最決昭和32・4・25刑集11巻4号1427頁）は（業務上）横領罪ではなく，窃盗罪となると解すべきであろう[7]。この場合，先行する横領は窃盗罪の手段として，窃盗罪に吸収されることになる（大谷211頁，山口182頁，高橋238頁以下）。

> **占有の継続を推認させる客観的状況**　東京高判平成24年10月17日（東時63巻1=12号211頁〔190〕）は，被害者が駅近くの空き地に無施錠で自転車を止めて，電車で高校に登校し，そのまま祖母の家に行ったところ，被害者が自転車を止めてから半日後に被告人が自転車を持ち去ったが，被害者が自転車を止めた空き地は有料の自転車駐輪場である建物の敷地の一部であるものの，空き地自体は駐輪場ではなく，事実上，駐輪場として利用されていた状況もないという事案について，「被告人が本件自転車を持ち去った時点において，被害者は，本件空き地から遠く離れて，相当長時間にわたって，本件自転車を管理することが可能な範囲内にいなかった上，本件自転車に施錠がされていたとか，置いた場所が一般に駐輪場として利用されている場所であるなどといった，本件自転車に対する所有者等の支配意思をうかがわせる状況もなかった」として，被害者の占有を否定している。また，東京高判平成24年4月11日（東時63巻1=12号60頁）も，被害者が歩道上の植え込み部分に無施錠の自転車を止めて，約12キロメートル離れた遠方まで遊びに行っていた事件について，「本件被害場所は……放置自転車等を撤去する旨の放置禁止区域の警告板が現に設置され，実際にほぼ毎日放置自転車が撤去されていた道路の一部であり，事実上にしろ，駐輪場として社会的に容認された場所であるとはいえない」と判示して，被害者の占有を否定している。これらの事例の被害者は，自転車の所在を失念したわけではなく，意識的に特定の場所に止めているが，自転車との時間的・場所的離隔が大きく，かつ，自転車を止めた場所が一般的に駐輪場所として評価される場所ではなく，支配の継続を推認させる事情が乏しいことから，被害者の占有が否定されている。

3　行　為

(1)　**窃取**　行為は窃取である。窃取とは，他人の占有する財物を，その占有者の意思に反して自己または第三者の占有に移転させる行為をいう。

---

7)　これに対し，（業務上）横領罪とする見解として，牧野628頁，中森111頁，大判大正7・11・19刑録24輯1365頁〔199〕がある。

窃取とは，本来ひそかに取るという意味であるが公然と行われても本罪が成立する（大判大正15・7・16刑集5巻316頁）。占有者の意思に反するものであればよいから，パチンコ店の管理者による「通常の遊戯方法以外は禁止する」旨の明示の禁止に反して，体感器と称する機械を使用し大当たりを連発させて不正にメダルを獲得する行為は，通常の遊技方法の範囲を逸脱し管理者の意思に反するものであるから，体感器を身体に装着して遊技を開始したときに窃盗の着手があり，それゆえ，体感器の使用との因果関係を問うことなく取得された全てのメダルにつき窃盗罪が成立する（最決平成19・4・13刑集61巻3号340頁〔204〕，ただし，最決平成21・6・29刑集63巻5号461頁〔205〕参照）。また，他人から買い受けた銀行口座に振り込め詐欺・恐喝により被害者から振り込まれた金員を振込先の口座のATM機から引き出す役割を担当する者（これを出し子という）の行為も，口座やキャッシュカードの譲受け人は，特別な事情（たとえば，預金者と夫婦，親子関係にあるなど）のない限り，約款上金融機関との関係において当該口座の預貯金者であると主張できず，したがって，預貯金を払い戻す正当な権限者ではないから，当該預金の払い出し行為は金融機関の「意思に反するもの」であって窃盗罪が成立する[8]（東京地判平成17・8・1公刊物未登載，その控訴審である東京高判平成17・12・15東時56巻1=12号107頁。なお，上告棄却）。

　第三者に占有を移転させる行為でもよいとするのが通説であり，判例も，他人の所有・占有にかかる財物を情を知らない第三者に売却して搬出させた場合に本罪の成立を認めている（最決昭和31・7・3刑集10巻7号955頁）。原則的には妥当であるが，行為者自身が領得するのと同視しうる場合に限られると解すべきであろう。したがって，商店の店員が客による商品の持去りを黙認する行為は，不法領得の意思が欠けるため窃盗の間接正犯とはならず，背任または器物損壊が成立するにとどまると解すべきである。他方，他人の庭にあるボールを自分のだと偽って第三者に持ってこさせる場合の

8）　その評釈として，田辺泰弘「判批」警論59巻6号205頁，橋爪隆「銀行預金の引出しと財産犯の成否」研修735号3頁参照。ただし，自己名義の銀行口座に振り込め詐欺により入金された預金をATM機から引き出す行為，または，窓口で払戻しを受ける行為についてまで窃盗罪，詐欺罪の成立を認めることが可能かも問題となる。橋爪・前掲論文は，振り込め詐欺・恐喝の場合に限ってこれを肯定する。傾聴に値する見解であるが理論的に有効な歯止めたりうるか，なお検討を必要としよう。

ように，情を知らない第三者をして目的物の占有を自己に移転させる行為は当然に窃盗の間接正犯である。しかし，他人の飼育している小鳥を籠から逃がす行為は占有の取得および領得の意思が欠如するから器物損壊が成立するにとどまる。

> **自己名義の預金口座からの払戻し** 名古屋高判平成24年7月5日（高刑速（平24）207頁〔206〕）は，被告人が，振り込め詐欺の被害金が振り込まれていることを知りながら，ATM機を利用して，自己名義の預金口座から現金を払い戻した行為について，金融機関は預金口座が法令や公序良俗に反する行為に利用されている場合には，口座を凍結して払戻請求に応じないことができることなどから，被告人の本件行為は「自己名義の口座からの預貯金の払戻しであっても，ATM管理者の意思に反するものというべき」として，窃盗罪の成立を認めている。

(2) **着手時期** 判例によれば，本罪の着手は，他人の財物に対する事実上の支配を侵すにつき密接なる行為をなしたときに認められ（大判昭和9・10・19刑集13巻1473頁），占有侵害行為の開始を必要としない。したがって，それは，実質的客観説すなわち結果発生の具体的危険を生じたときに着手を認める立場だといえよう。窃盗罪の着手時期は事後強盗罪（238条）との関係で重要な意義を有する。なぜなら，事後強盗罪の主体は「窃盗が」とされており，同罪の未遂・既遂は窃盗の点が未遂か既遂かによって決定されると解されているからである。また，強盗致死傷罪（240条）との関係でも，同罪の主体は「強盗が」とされており，この場合は強盗（事後強盗も含む）の既遂・未遂を問わないと解されているからである。詳細は，後述199頁以下参照。

具体的には，侵入窃盗の場合，窃盗の目的で他人の住居に侵入しただけでは本罪の着手は認められない（東京高判昭和34・1・31東時10巻1号84頁）。しかし，金品物色のためタンスに近寄ったとき（前掲大判昭和9・10・19），懐中電灯で財物を物色したとき（最判昭和23・4・17刑集2巻4号399頁），電気店に侵入後，なるべく現金を取りたいので煙草売り場の方に行きかけたとき（最決昭和40・3・9刑集19巻2号69頁）には着手がある（物色説）。これに対して，土蔵のように財物しか存在しない建物への侵入窃盗の場合は，外扉の錠や壁の破壊を開始した時点で着手を認める裁判例もある（名古屋高判昭和25・11・14高刑3巻4号748頁。反対，平野110頁）。さらに，スリ行為については，財物の存否を確かめるためのアタリ行為は着手といえないが，窃取の意思で他人の

ズボンのポケットの外側に触れる行為は着手にあたる（最決昭和29・5・6刑集8巻5号634頁）。

(3) **既遂時期**　本罪の既遂時期は，他人の占有を侵害して財物を自己または第三者の占有に移したときと解するのが通説・判例である（取得説）。一般的には妥当といってよいが，具体的には，①財物の大小，②搬出の容易性，③他の者の支配の領域内か否か等の要素を総合的に考慮して決定すべきであろう。たとえば，目的物が小さい物である場合には，占有の取得をもってただちに既遂を認めてよい。したがって，店頭で品物をポケットに入れれば本罪の既遂である（大判大正12・4・9刑集2巻330頁）。他人方の浴場で発見した金の指輪を，領得の意思で室内の他人の容易に発見できない場所に隠匿する行為も占有を確保したといえるから既遂となる（大判大正12・7・3刑集2巻624頁〔207〕）。鉄道機関士が予定の地点で積み荷を突き落とした場合も同様に考えてよいであろう（最判昭和24・12・22刑集3巻12号2070頁〔208〕）。これに対して，重量物または容積の大きいものについては搬出の容易性，犯行場所からの逃走の容易性が基準となる。たとえば，自動車はエンジンを始動させ発進可能な状態にすれば既遂といえよう（広島高判昭和45・5・28判タ255号275頁〔209〕）。スーパーの店内で食料品等35点を買物かごに入れてレジの外側に持ち出したときも，代金を支払った一般の買物客と外観上区別がつかず取得の蓋然性が高まるから既遂を認めてよい（東京高判平成4・10・28判タ823号252頁〔211〕）。大型店舗の家電売り場から，領得の意思で，大型液晶テレビを買い物カートで男子トイレに運び，洗面台の下の収納棚に隠す行為は，その後，このテレビを隠して持ち出すための袋を購入する際に怪しまれて発覚した場合でも，当該テレビを被害者側の把握困難な場所に移動させており，袋を購入する際に不審を抱かれなければ，これを店外に運び出すことが十分可能な状態に置いたのであるから，自己の支配内に移したといえ窃盗は既遂である（東京高判平成21・12・22判タ1333号282頁〔212〕）。しかし，障壁，守衛等の設備のある工場内の資材小屋から重量物を取り出し塀の側に置いただけでは未遂と解すべきであろう（大阪高判昭和29・5・4高刑7巻4号591頁〔210〕）。これに対して，フェンスで囲まれた工事現場内の自動販売機を損壊し，持ち運びの容易なコインホルダーを取り出した場合は，容易に逃走しうるのであるから既遂を認めてよいであろう

（東京高判平成 5 ・ 2 ・ 25判タ823号254頁）。

4 保護法益

(1) **問題の所在** 窃盗罪の客体は「財物」であり，行為の態様は財物の「占有侵害」である。しかし，その保護法益については，本権説と占有説とが対立してきた。この論争は，形式的には242条にいう「他人の占有」の解釈問題に帰着する。そして，同条は窃盗罪，不動産侵奪罪，強盗罪のほか251条により詐欺罪，恐喝罪に準用されているから，財物罪に共通する問題ということになる。

本権説によれば，235条は「他人の」物を客体とするから，その保護法益は所有権である。もっとも，そうするとAがBに賃貸借中のAの物を勝手に取り戻した場合は，本来同条の構成要件に該当しないことになる。このため242条は自己物についても窃盗罪の構成要件を拡張しているが，そこにいう「自己の財物であっても，他人が占有」する場合とは，他人の占有が質権，賃借権，留置権等の私法上の適法な権限（これを本権という）に基づく場合に限られ，したがって，窃盗犯人から自己物を取り戻すような場合は，そもそも窃盗罪の構成要件に該当しないのである。このように，本権説によれば，窃盗罪の保護法益は所有権その他の本権であるとされるのである（小野235頁，瀧川119頁）。これに対して，占有説（所持説）は，財物の占有または所持それ自体が窃盗罪の保護法益であって，少なくとも構成要件のレベルでは占有の法的正当性を問題にすべきではないとする。したがって，242条は単なる注意規定にすぎず，すべての占有が保護の客体になる。その結果，窃盗犯人からの自己物の取戻しも窃盗罪の構成要件に該当し，ただ自救行為として違法性阻却を認めうるにすぎないことになるのである。この占有説を支えるのは自力救済の禁止という思想である。民法の規定する占有訴権の制度（民法188条以下，とくに202条 2 項）は，まさしく本権に基づく自力救済を禁止し，権利の実現には国家の民事訴訟制度を利用すべきことを予定している。それは事実としての財産状態の尊重を要求するものであるから，占有は占有として独自に保護されるべきであり，その帰結として，窃盗犯人の占有も一応保護されることになるとするのである（牧野594頁以下，木村106頁，川端308頁）。

このように，本権説と占有説の対立は，窃盗罪によって私法上の正当な

権利関係と事実としての財産的秩序のいずれを保護すべきかという問題，さらには，どの範囲で自力救済を刑事法的に禁止すべきかという問題をめぐる対立であるといえよう。それゆえ，この問題への対応は，窃盗犯人からの自己物の取戻しの刑法的処理を超えて，たとえば，賃料未払いによるリース物件の取戻し，割賦金の未払いによる割賦販売物の引揚げ，期限の到来による譲渡担保物の収容といった民事紛争に刑法がどこまで介入すべきであるかという実際的な問題への解答をも含んでいるのである。

(2) **判例の変遷**　この問題に関する判例は大きく変遷している。すなわち，戦前の大審院の判例は明らかに本権説の立場をとっていた。たとえば，①恩給法によって担保とすることを禁止された恩給年金証書を担保として債権者に交付した債務者が，この証書を詐取または窃取した事案に関し，242条・251条は「占有者カ適法ニ其占有権ヲ以テ所有者ニ対抗シ得ル場合ニ限リテ適用セラレルヘキモノニシテ此ノ如キ対抗権ノ存セサル場合ニ於テハ此規定ニ依リ占有者ヲ保護シ所有者ヲ処罰スヘキ理由ヲ存セス」とした事例（大判大正7・9・25刑録24輯1219頁〔213〕），②甲・乙共有の乳牛を甲が丙に賃貸していたところ，乙が丙に無断で乳牛を連れ去った事案に関し，①と同様，242条は「占有者カ適法ニ其占有権ヲ以テ所有者ニ対抗シ得ベキ場合ニ限リテ適用セラレルヘキモノナルヲ以テ」賃貸借が有効といえるか否かによって犯罪の成否が決まるとして，窃盗罪の成立を認めた原判決を破棄移送した事例（大判大正12・6・9刑集2巻508頁〔214〕）などがその例である。そこでは，242条にいう「占有」が私法上の適法な権限に基づく場合に限定されると同時に，この権限の有無について判断することが前提とされていたのである。

　これに対して，戦後の経済的混乱期において最高裁判例は本権説から占有説へと移行した。すなわち，③禁制品である隠匿物資の元軍用アルコールを詐取した事案に関し，「刑法における財物取罪の規定は人の財物に対する事実上の所持を保護せんとするものであって，これを所持するものが，法律上正当にこれを所持する権限を有するかどうかを問はず，たとい刑法上その所持を禁ぜられている場合でも現実にこれを所持している事実がある以上社会の法的秩序を維持する必要からして，物の所持という事実上の状態それ自体が独立の法益として保護せられみだりに不正の手段によって，

これを侵すことを許さぬとする趣意である」として詐欺罪の成立を肯定したのである（最判昭和24・2・15刑集3巻2号175頁〔173〕〔215〕）。そして，④不法に所持する占領軍物資を喝取した事例（最判昭和25・4・11刑集4巻4号528頁），⑤盗品を運搬中の者から盗品を喝取した事例（最判昭和24・2・8刑集3巻2号83頁〔216〕）についても恐喝罪の成立を認め，さらには，⑥担保に差し入れた国鉄年金証書を債務者が詐取した事案については，前記①を明示的に変更し，占有説の論理によって詐欺罪の成立を認めたのである（最判昭和34・8・28刑集13巻10号2906頁〔217〕）。また，窃盗罪については，⑦譲渡担保権者が更生管財人の保管にかかる自動車を無断で運び去ったが，この自動車の所有権の帰属は債務者からの弁済の充当関係が不明確なため民事裁判によらなければ確定しがたい状態であったという事案に関し，占有説の論理で窃盗罪が肯定されている（最判昭和35・4・26刑集14巻6号748頁〔218〕）。また，⑧自動車金融を行っていた債権者が，債務者との間に買戻約款付きの自動車売買契約を締結し，債務者が買戻権を喪失した直後に，ひそかに作成しておいたスペア・キーを使用して債務者に無断で自動車を引き揚げたという事案についても，占有説の論理で窃盗罪が認められている（最決平成元・7・7刑集43巻7号607頁〔219〕）。すなわち，原審は，本件契約が出資法違反の暴利行為として無効の可能性のあること，有効であるとしても権利濫用で買戻権喪失事由が発生しているか疑問であることから，「担保提供者の占有はいまだ法律上の保護に値する利益を有していた」という理由で窃盗罪を認めたのに対し，最高裁は「被告人が自動車を引き揚げた時点においては，自動車は借主の事実上の支配内にあったことが明らかであるから，かりに被告人にその所有権があったとしても，被告人の引揚行為は，刑法242条にいう他人の占有に属する物を窃取したものとして窃盗罪を構成するというべきであり，かつ，その行為は，社会通念上借主に受忍を求める限度を超えた違法なものというほかはない」としたのである。

　このように，戦後の最高裁判例は，財産的秩序維持の立場から占有説をとり，例外的に違法阻却の余地を認めるという解釈を選択した。同様の判断は後にみる権利行使と恐喝罪の成否についても採用されている（最判昭和30・10・14刑集9巻11号2173頁〔294〕）。そして，その背後には，刑事裁判においては民事上の権利関係の判断を原則的に回避しようとする政策判断が存在

するように思われる。[9]

(3) **学説の状況**　このような判例の変化に対応し学説も大きく変化した。それまでの純粋な本権説から，本権説と占有説の中間に線を引き，民事上の権限の裏づけをもたない占有であってもなお窃盗罪によって保護されるという中間説が有力となったのである。たとえば，「一応理由のある占有」（小野清一郎「判批」警研33巻1号105頁），「平穏な占有」（平野206頁，西原211頁），「一見不法な占有とみられない財物の占有」（大塚181・182頁），「本権の裏付けがあるとの一応の外観を呈する占有」（藤木273頁）などの見解がそれである。そのなかでも最も有力となったのは平穏占有説である。それは，占有の開始において平穏な占有を保護法益とするから，窃盗犯人からの自己物の取戻しの場合のみを構成要件レベルで窃盗罪から排除するものであるが，その他の点では純粋占有説と同じものであるといえよう。

これに対して，純粋占有説からは，判例理論を支持する論拠として，(i)民法における自力救済の禁止から，構成要件レベルでは法的根拠を問題とせずすべての占有を保護の対象とすべきである（牧野594頁，川端309頁），(ii)窃盗犯人からの自己物の取戻しも含めて，権利行使の場合は行為の必要性，緊急性，手段の相当性を総合的に考慮して違法阻却を認めれば足りる（牧野598頁，大谷193頁，前田153頁，木村光江・財産犯論の研究507頁以下〔1988〕），(iii)禁制品の窃取，第三者による窃盗犯人からの盗品の窃取について窃盗罪の成立を認めることが統一的に説明できる（前田152頁，木村・前掲書488頁以下）と主張されている。

たしかに，自力救済の禁止は近代法における重要な法原則である。しかし，そのことのゆえに保護に値する利益を伴わない占有も含めてすべての占有を窃盗罪の保護対象とすることは，刑法による個人財産の保護という本来の任務を超えて，自力救済の禁止・民事訴訟の強制という過度の法治国家思想に奉仕するものではなかろうか。この点で，占有訴訟につき本権に関する理由を抗弁とすることを禁じた民法202条2項の解釈として，本権に基づく反訴は許されるとした民事判例は（最判昭和40・3・4民集19巻2号

9）後述304頁，建造物損壊罪における建造物の他人性の判断に関する最決昭和61・7・18刑集40巻5号438頁〔434〕参照。

197頁），民事訴訟の領域においても実質的には自力救済の禁止が緩和される傾向にあることを示すものといえよう（島田禮介・民法判例百選Ⅰ（第3版）148頁〔1989〕，青山善充「占有の訴と本権の訴との関係」民法の争点Ⅰ132頁以下〔1985〕参照）。もっとも，純粋占有説は，窃盗犯人からの自己物の取戻しの場合に構成要件該当性を認めても，自救行為による違法阻却を認めるのであるから，結論は本権説や中間説と異ならないようにもみえる。しかしながら，そこでは，行為の必要性，緊急性，手段の相当性が要求される結果，たとえば，窃盗犯人の住居に侵入して取り戻すような行為は違法性が阻却されないことになるのである（香城敏麿・最判解刑平成元年度222頁参照）。

　しかし，手段が不相当であることのゆえに，占有者に保護に値する利益がなくとも財産犯が成立するとすることは不当である。占有の背後に保護に値する利益があるか否かは，やはり構成要件該当性のレベルで判断されるべきであり，手段の違法（前記の例では，住居侵入罪の成否）は別途考慮すべきものと思われる（中森喜彦・百選Ⅱ（第4版）50頁〔1997〕，芝原邦爾「財産犯の保護法益」現代的展開172頁）。そして，自救行為による違法阻却は，占有者にこのような利益が肯定される場合，すなわち，窃盗罪の構成要件該当性は肯定されるが，なお緊急に権利保全の必要性があるとして行われた占有奪取行為の手段の点の違法性についてのみ考慮されるべきなのである。つぎに，禁制品や盗品の窃取の場合であるが，まず，禁制品については，それが所有権の対象たりうると解すべきことはすでに述べたとおりである（前述154頁参照）。だとすれば，その所持がたとえ法律上違法であるとしても，その違法は国家が正当な手続により押収，没収しうることを意味するにすぎず，私人による占有侵害に対してはなお保護に値するといってよいのである。これに対して，盗品の場合は，たしかに窃盗犯人の占有には保護に値する利益が欠如し，その点では（盗品であることを知らない場合に）せいぜい窃盗未遂が成立するにすぎないと解する余地もありえよう。しかし，本来の所有権者の追求権がさらに侵害されるにもかかわらず，盗品関与罪が成立しえない点を考慮すれば，なお窃盗罪としての可罰性を肯定することができると思われる[*]（植松361頁，平野205頁，内田250頁，曽根113頁，中森107頁，山口192頁，井田199頁，占有離脱物横領罪の成立にとどめる見解として，松原185頁）。したがって，前記判例③④⑤の結論は肯定しうるものである。

他方，民事上適法な権限に基づく占有のみを保護の対象とし，かつ，刑事裁判においても刑事責任の先決問題として，民事上の権利関係についての確定的判断を示すべきであるとする純粋本権説（林幹人・財産犯の保護法益237頁〔1984〕，同「本権説と占有説」判時1387号5頁参照）にも無理があるように思われる。なぜなら，まず第一に，前記⑥国鉄年金証書事件にみられるように，担保とすることが私法上違法であっても，債務者がそのことを知りつつ担保に供した場合には，担保権者の占有が刑法的保護に値しないとまではいえないからである。つぎに，被害者の側に清算の利益や同時履行の抗弁権のような保護に値する利益が存在する場合にその占有が保護されることは当然であるが，そのような利益の存在が確定的には確認できない場合でも，その占有に一応の合理的理由があると認められる場合には，やはり民事訴訟による解決を待つべきであり，その意味では刑法的な保護に値する利益の存在を肯定すべきであろう（芝原・前掲現代的展開173頁，前記判例⑧の原審判断参照。山口193頁，山中265頁以下）。

以上のように考えれば，被害者と行為者との関係において一見明白に保護に値しない占有については窃盗罪の構成要件該当性が否定されるべきであり，その意味で窃盗罪（財物罪）の保護法益は合理的理由のある占有と解すべきであろう。この見解は，すでにみた中間説の1つであるが，平穏占有説よりは窃盗罪の成立範囲が限定されることになる。すなわち，窃盗犯人からの自己物の取戻しの場合に限らず，たとえば，使用貸借において借主が期限を超えて財物を返却しないため，貸主がこれを無断で取り返す行為，所有権留保付きの割賦販売において買主が弁済を行わず，清算の利益も存しないことが明白な場合に売主が目的物を回収する行為などについては窃盗罪の成立を否定することが可能となるのである。そして，この観点からは，前記判例⑥⑦⑧の結論自体は十分に是認しうるものといえよう。

---

10)　中森106頁，芝原・前掲現代的展開173頁。これに対して，林幹人・前掲書229頁，曽根威彦・刑法の重要問題（各論）（増訂版）125頁（1996）は詐欺罪の成立を否定する。他方，松宮200頁は，本権説の見地からも詐欺罪を肯定しうるとする。

11)　曽根113頁，芝原・前掲現代的展開174頁，西田・法教55号159頁。

12)　東京地判昭和42・6・30判タ211号187頁は，同種の事案に関し，自救行為の範囲を逸脱しているが，社会的に相当な行為として構成要件該当性もしくは違法性を欠くとしている。

170　第2編　個人的法益に対する罪　第6章　財産に対する罪

＊　**所有権の再度の侵害**　所有権の再度の侵害という理由づけについては，直接領得罪である窃盗罪の処罰根拠としては無理があるとの批判がある（木村・前掲財産犯論の研究489頁）。しかし，たとえば，甲が乙に貸与していた財物を丙が窃取した場合，丙は乙の賃借権に基づく占有を侵害すると同時に甲の所有権に基づく返還請求権をも侵害しているのである（なお，親族相盗例に関する最決平成6・7・19刑集48巻5号190頁〔243〕，後述179頁以下参照）。それゆえにこそ，この場合，乙のみでなく甲も被害者としての告訴権を有するのである。この点は，乙が甲から窃取した盗品を丙がさらに窃取した場合も基本的には同一であるといってよい。この場合も，丙は甲の返還請求権の行使をさらに困難にしているからである。たしかに，この処罰根拠は後に述べる盗品関与罪と同一であるが，それは，盗品関与罪が所有権に対する罪であるからにほかならない。ただ，この場合は，本犯助長的性格がないから盗品関与罪では処罰しえないが，客観的には同様の法益侵害が生じている以上，所有権の再度の侵害という理由づけによって窃盗罪の成立を認めることは可能といえよう。

5　不法領得の意思

(1)　**総説**　窃盗罪の構成要件的行為は他人の占有する財物の奪取である。したがって，本罪の故意は，この客観面の認識で足りることになる。しかし，判例は，古くから故意とは別個の（書かれざる）主観的構成要件要素として不法領得の意思を必要と解してきた。その内容は，「権利者を排除して，他人の物を自己の所有物として，その経済的用法に従い，利用し処分する意思」と定義されている（大判大正4・5・21録21輯663頁〔130〕〔220〕，最判昭和26・7・13刑集5巻8号1437頁〔232〕）。前半の権利者排除意思は，どの程度に占有を侵害する意思であったか（占有侵害の程度）によって，軽微な無断一時使用（使用窃盗）を窃盗罪から除外する機能をもつ（可罰性限定機能）。後半の利用・処分意思は，占有侵害の目的を利用可能性の取得に限定することにより，窃盗罪と利用妨害を目的とする毀棄・隠匿罪とを区別する機能（犯罪個別化機能）をもつのである。

これに対して，学説では，①判例の不法領得の意思概念を支持する見解が主流であるが（瀧川122頁，藤木280頁，平野207頁，大谷195頁以下，中森113頁，山口198頁，井田206頁以下，松原207頁），②窃盗罪の成立には占有侵害の認識があれば足り不法領得の意思は不要であるとする見解（大塚197頁，植松375頁，中137頁，内田255頁，曽根121頁以下，平川347頁），③不法領得の意思を「その財物につきみ

ずから所有者としてふるまう意思」とし，使用窃盗は不可罰とするが，毀棄目的の場合には不法領得の意思を肯定する見解（団藤563頁，小野237頁，福田230頁以下，佐久間189頁），④不法領得の意思を「他人の物によって何らかの経済的利益を取得する意思」とし，毀棄罪との区別では不法領得の意思を必要とするが，使用窃盗は原則的に可罰的とする見解（江家270頁，岡野104頁以下，中山概説Ⅱ129頁，高橋223頁）も有力に主張されている。したがって，窃盗罪と毀棄・隠匿罪との区別に関しては，①④説と②③説が対立し，使用窃盗の不可罰性については，①③説と②④説とが対立することになる。

(2) **保護法益論との関係**　　不法領得の意思の要否については，窃盗罪の保護法益論との理論的関連性を指摘する見解もある。すなわち，本権説に立てば，所有権という観念的な権利は（悪意の場合の）取得時効にかからない限り存続し，単なる占有侵害だけでは所有権の存否自体には影響がないから，所有権侵害に向けられた意思（権利者排除意思）という形で，所有権侵害の要素を構成要件の中に取り込むことが必要とされ（団藤564頁），反対に，占有説の見地からは，占有を侵害することの認識があれば足りるから当然に不要説に至るとされるのである（牧野583頁，大塚202頁）。しかし，判例が占有・所持説に移行して以後も不法領得の意思必要説を堅持していること，反対に，本権説の立場からも不要説が主張されていること（(1)の②説の植松，内田，曽根，平川）にも示されているように，この両者の結びつきに論理的必然性はないというべきであろう。なぜなら，まず第一に，本権説をとっても，占有侵害があれば当該財物の使用，収益，処分という本権の機能は害されるのであるから，その外に所有権侵害の意思を要求する必要性はないといってよい。また，占有説に立つとしても，占有侵害のいかなる範囲を窃盗罪で処罰するかは別個の問題となりうるのであり，この意味で不法領得の意思の要否・内容を検討することが必要となるからである。

(3) **毀棄・隠匿罪との区別**　　まず，毀棄・隠匿罪との区別の必要性から検討しよう。この関係で不法領得の意思を不要とする見解は，占有の取得により財物の利用可能性を生じたことで足りること（曽根122頁），毀棄も所有権者でなければできない行為であること（団藤563頁）を理由とする。しかし，この見解によれば，まず，器物損壊罪（261条）は財物の占有を奪わずに損壊した場合にしか認められないし，占有を奪って隠匿する行為もみ

な窃盗罪とせざるをえないという不合理な解釈を認めざるをえないことになる。さらに，この見解は，窃盗罪と器物損壊罪の法定刑の差異を説明できない。法益侵害という点では，回復可能性のない損壊罪の方が大きいともいえるのに，窃盗罪が損壊罪よりも重く処罰されるのは，財物を利用しようという動機，目的の方がより強い非難に値し，また，一般予防の見地からも抑止の必要性が高いからである。だとすれば，同じ占有侵害行為であっても，それが利用可能性の取得と利用妨害のいずれを目的とするかという主観によって窃盗罪と損壊罪を区別せざるをえないのである。したがって，この意味での領得の意思は主観的責任要素なのである（大谷196頁，平野龍一「不法領得の意思をめぐって(1)」警研61巻 5 号 5 頁，山口203頁）。

これに対して，不要説からは，毀棄目的で奪取したが毀棄せずに放置したり，後に領得の意思を生じたりした場合が不可罰となり処罰の間隙を生じるとか（大塚200頁，曽根123頁），占有離脱物横領罪（254条）も領得罪であるのに毀棄罪よりも法定刑が軽いことを説明できない（内田文昭「不法領得意思をめぐる最近の議論について」曹時35巻 9 号10頁）という批判がある。しかし，前者の場合は，隠匿も毀棄にあたるとすれば器物損壊罪で処罰できるし，また，占有離脱物横領の成立を認めることも可能である。後者についても，占有離脱物横領罪の法定刑の低さは，占有（利用可能性）侵害がないという意味での違法性の欠如と，その誘惑的要素の大きさのために責任が低いことによるのである（中森喜彦「不法領得の意思」現代的展開183頁，山口203頁）。

判例も，この問題に関しては，領得の意思必要説を堅持している。古くは，校長を失脚させる目的で教育勅語を持ち出し隠匿した事例（前掲大判大正 4・5・21），競売を延期させる目的で競売記録を持ち出し隠匿した事例（大判昭和 9・12・22刑集13巻1789頁〔221〕〔439〕）において，最近では，最初から自首するつもりで財物を奪取した事例（広島地判昭和50・6・24刑月 7 巻 6 号692頁〔224〕），犯行の発覚を防ぐため殺害後の死体から貴金属を取り去った事例（東京地判昭和62・10・6 判時1259号137頁〔226〕），欺罔により支払督促正本を受領した後，ただちにこれを廃棄した事例（最決平成16・11・30刑集58巻 8 号1005頁〔228〕）において，利用意思の欠如を理由として窃盗罪・詐欺罪の成立が否定されているのである。

他方，物の利用意思とは，その財物自体のもつ利益や効用を享受する意

思であればよく（前掲東京地判昭和62・10・6，中森・前掲現代的展開183頁），その物の経済的用法や本来の用法に従ったものである必要はないと解すべきであろう。したがって，木材を繋留するために電線を切り取る行為（最決昭和35・9・9刑集14巻11号1457頁〔230〕），性的目的で女性の下着を取る行為（最決昭和37・6・26裁集143号201頁），コピー目的で機密資料を持ち出す行為（東京地判昭和59・6・15判時1126号3頁〔237〕）についても不法領得の意思を認めうるといってよい。

(4) **使用窃盗**　使用窃盗すなわち他人の財物の無断一時使用を不可罰として窃盗罪から排除することは，その場合の損害が軽微であるため，あえて刑事罰を用いる必要はないという可罰的違法性の考え方に基づくものである（藤木279頁）。たとえば，他人の消しゴムやサンダルを一時借用してから返却する行為などがその典型例である。判例における不法領得の意思の定義にいう「権利者を排除し，他人の物を自己の所有物として……利用する意思」とは，このような場合には，権利者を排除する程度の利用意思がないとして，主観面において窃盗罪の成立を排除する機能を有しているのである。

　判例は，当初，使用窃盗としての不可罰の基準を返還意思の有無に求めていたといえよう。すなわち，大審院は，自転車の無断使用に関し，自己の所持に入れた際に，一時使用の意思しかないときは窃盗罪を構成しないが，乗り捨ての意思（返還しない意思）のときは不法領得の意思が認められるとしたのである（大判大正9・2・4刑録26輯26頁〔231〕）。強盗犯人が逃走のため他人の船を乗り捨ての意思で利用した事案について領得の意思を肯定した最高裁判例（最判昭和26・7・13刑集5巻8号1437頁〔232〕）も同様の考え方をとるものである。事実，下級審判例には，2〜3時間後に返還する意思で他人の自転車を無断使用した事例につき不法領得の意思を否定したものも存するのである（京都地判昭和51・12・17判時847号112頁〔234〕）。このように返還意思を基準とすることは，被害回復の容易性が考慮されていたともいうことができよう。

　しかし，その後の判例においては，返還意思のある無断一時使用についても不法領得の意思を肯定する方向が主流となっている。たとえば，①他人の自動車を午前7時から翌日午前1時まで18時間乗り回した事例（東京

174　第2編　個人的法益に対する罪　第6章　財産に対する罪

高判昭和33・3・4高刑11巻2号67頁），②盗品運搬のため他人の自動車を夜間使用し翌朝元の場所に戻す行為を繰り返した事例（最決昭和43・9・17判時534号85頁〔233〕），③他人の自動車を約4時間乗り回したうえ事故を起こした事例（札幌高判昭和51・10・12判時861号129頁），④他人の自動車を約4時間乗り回していて無免許運転で検挙された事例（最決昭和55・10・30刑集34巻5号357頁〔235〕）につき不法領得の意思が肯定され，また，⑤景品交換の目的でパチンコ機械からパチンコ玉を磁石で取る行為（最決昭和31・8・22刑集10巻8号1260頁〔238〕），⑥コピー目的で機密資料を持ち出し，コピー後約2時間で元の場所に戻した事例（東京地判昭和55・2・14刑月12巻1=2号47頁〔236〕），⑦商品の返品を装って金銭の交付を受ける目的でスーパーから商品を持ち出す行為（大阪地判昭和63・12・22判タ707号267頁〔239〕）についても不法領得の意思が肯定されているのである。

　このような判例の変化に対応して，学説でも，使用窃盗を原則的に可罰的と解し，この関連では不法領得の意思を不要とする見解が有力となっている（前記5(1)の④説参照）。ただ，この見解も，客観的に被害が軽微な場合には占有の侵害（大塚201頁）または可罰的違法性（植松370頁，中137頁，岡野106頁，高橋223頁）を否定することにより窃盗罪の成立を認めないのである。しかし，まず，無断一時使用の場合に占有の侵害（移転）を否定することは困難であろう。さらに，占有奪取後の客観的利用の程度を考慮することも理論的に困難である。なぜなら，窃盗罪が状態犯である以上，無断一時使用の可罰性の判断も占有の奪取時になされる必要があり，したがって，事後の客観的利用の程度（権利者排除の程度）が可罰的違法性を有するかの判断も，占有奪取時の利用意思の内容として主観面で考慮するしかないからである。このように，無断一時使用（使用窃盗）を一定限度不可罰とするかぎり，主観的違法要素としての不法領得の意思の必要性は否定しえないと思われる（中森・前掲現代的展開180頁，林幹人「不法領得の意思」法セミ406号105頁，山口200頁）。

　もっとも，可罰的な権利者排除の意思としての不法領得の意思の判断にあたっては，返還の意思はもはや基準となりえない。現代における物の利用価値の重要性を考慮すれば，その内容は，一般に権利者が許容しないであろう程度・態様の利用をする意思と解すべきであろう（平野207頁）。その

具体的判断にあたっては，返還意思の有無や一時使用の時間的長短のみを基準とするのではなく，当該無断使用によって権利者の被った損害や損害の可能性も考慮されなくてはならない。この意味で，前記⑤⑥⑦の事例のように，権利者にさらなる損害を与えるような目的での一時使用については当然に不法領得の意思が肯定されてよいと思われる。

> 仙台高判平成23・7・12 LEX/DB25472600は，環境保護団体のメンバーとして，反捕鯨活動を行っていた被告人らが，調査捕鯨船の船員が鯨肉を勝手に持ち帰っているなどの情報を得たことから，その真偽を確認するための調査活動の一環として，船員が配達を依頼した鯨肉の入った段ボール箱の占有を取得した事件について，「証拠資料を収集する目的の下に，権利者を排除し，本件段ボール箱ごと本件鯨肉の支配を取得し，開披して中身を確認後に，本件鯨肉について，撮影をしたり，サンプルを採取して保全するという，所有者にして初めてなし得るといえるような方法により，本件段ボール箱ごと本件鯨肉を利用しようとする意思に基づき，本件鯨肉の入った本件段ボール箱の占有を取得したものである」として，不法領得の意思を認めている。

3　不動産侵奪罪

> 他人の不動産を侵奪した者は，10年以下の懲役に処する（235条の2）。

1　総　説

本罪は，昭和35（1960）年の改正により境界損壊罪（262条の2）とともに新設されたものである。この改正前には，窃盗罪にいう「財物」に不動産を含むかについて争いがあった。一部の，しかし有力な学説は，境界線を越えて隣地の一部を取り込むような有形的な占有の侵害について不動産窃盗を肯定し（小野234頁），さらには，偽造文書を登記官吏に提出し登記簿上の名義を変更させる行為についても不動産窃盗を肯定したのである（牧野611頁以下，木村105頁，瀧川109頁）。しかし，通説・判例はこれを否定してきた。その理由は，「窃取」という文言が占有の場所的移転を要すると解されたこと（団藤574頁）もあろうが，なによりも，不動産（土地，建物）は，まさに不動であって所在が不明になることはないから，民事訴訟手続による被害の回復が容易であり，したがって，刑罰による一般予防の必要はないと解されたことによるといえよう（藤木266頁）。

176 第2編　個人的法益に対する罪　第6章　財産に対する罪

しかし，昭和20年代，終戦後の混乱の中で，不法占拠事件が相次ぎ，民事訴訟手続も遅延するようになったため，被害の回復が困難になった。このような事態に対処するため昭和35年に不動産侵奪罪が新設され，不動産も刑法的保護の対象とされるようになったのである。この改正によって，同時に，235条の「財物」に不動産を含まないという解釈が確定されたといえよう。

2　客　　体

本罪の客体は，他人の占有する他人の不動産である。ただし，自己物の特則 (242条) および親族相盗例 (244条) が適用される。また，自己の占有する他人の不動産であっても，資材置場として土地を賃借していた者が勝手に住宅を建てた場合のように，占有に質的変化を生じ，新たな占有侵害と評価しうる場合には本罪の成立を肯定してもよいと思われる (河上和雄=髙部道彦・大コンメ12巻317頁)。最高裁も，建物の賃借権とこれに付随する土地の利用権を有する者が，その土地に廃棄物を堆積させ容易に原状回復することが困難にした場合には，所有権者の間接占有を侵奪するものとして本罪が成立するとしている (最決平成11・12・9刑集53巻9号1117頁〔249〕)。

不動産とは，土地および建物等その定着物をいう (民法86条1項)。土地には，その上の空間および地下を含む。また，建物の1室も不動産である (福岡高判昭和37・8・22高刑15巻5号405頁，東京高判昭和46・9・9高刑24巻3号537頁)。土地の定着物である立木や石灯篭も，これを伐採するなどして領得するときは，動産と化しているから窃盗罪が成立する。建物の一部を損壊して領得する場合も同様であるが，建物そのものを移動させて領得する場合も本罪ではなく窃盗罪と解すべきであろう (反対，河上=髙部314頁)。なぜなら，本罪は，その立法の経緯からみて，不動産の場所的移動を伴わない不法占拠を処罰するものと解すべきだからである。

3　行　　為

本罪の行為は侵奪である。侵奪とは，他人の占有を排除して自己または第三者の占有を設定することをいう。たとえば，他人の土地に不法に住宅を建てる行為のほか，他人の農地を無断で耕作し播種する行為 (新潟地相川支判昭和39・1・10下刑6巻1=2号25頁)，隣接する他人の土地の上に突き出して自宅2階部分を増築する行為 (大阪地判昭和43・11・15判タ235号280頁)，他人の土地

を掘削し廃棄物を投棄する行為（大阪高判昭和58・8・26判時1102号155頁〔251〕），土地の無断転借人が土地上の簡易施設を改造して本格的店舗を構築する行為（最決平成12・12・15刑集54巻9号1049頁〔250〕）がこれにあたる。これに対して，他人のマンションの入口に立入禁止の貼紙をし，玄関ドアの鍵を交換しただけでは未遂にとどまるから，その後の関与者も本罪の共同正犯となる（東京高判平成11・8・27判タ1049号326頁）。他方，侵奪とは，事実的支配の侵害をいうから，登記名義の改ざんや虚偽申請による改変は本罪を構成せず，公文書偽変造（155条），公正証書原本不実記載（157条）にあたるのみである[13]。また，他人の土地の不法使用であっても，テントを設置するとか，排水口を設置する行為のように，原状回復が容易であり損害も皆無に等しい場合であれば侵奪にはあたらないと解するか（大阪高判昭和40・12・17高刑18巻7号877頁），または，使用侵奪として不法領得の意思が欠けると解すべきであろう[14]。

4　罪　質

　本罪は，窃盗罪と同じく，不動産に対する占有を獲得したとき既遂に達し，その後は違法状態が続くにすぎない状態犯である。したがって，土地や家屋の賃借人が期限を過ぎてなお占有を継続しても本罪にはあたらない（東京高判昭和53・3・29高刑31巻1号48頁）。また，本条施行前から継続している不法占拠も侵奪行為がないから本罪は不成立である（福岡高判昭和37・7・23高刑15巻5号387頁）。もっとも，すでに述べたように，占有に質的変化を生じ，新たな占有侵害と評価しうる場合には本罪の成立を肯定してもよいから，最高裁が，本条施行前から他人の土地にバラックの物置小屋を建て資材置場として無断使用していた者が，施行後台風により小屋が倒壊した後に半永久的なコンクリートブロック塀を構築した行為につき，「被告人の新たな行為」を処罰するものであり，遡及処罰にあたらないと解しているのは（最決昭和42・11・2刑集21巻9号1179頁〔248〕），妥当といえよう[15]。

---

13)　判例は詐欺罪の成立も否定している。後述231頁以下参照。

14)　最判平成12・12・15刑集54巻9号923頁〔246〕は，原状回復の難易，占有侵害の態様，占有排除および占有設定の意思の強弱，相手方に与えた損害の有無などを総合的に判断して，本罪の成立を認めている。

15)　この判例に反対の見解として，町野朔・刑法判例百選Ⅱ各論（第2版）71頁（1984），中山227頁。中森117頁注36）は，被告人による土地の占有がいったん失われたとすれば是認できるとする。

178 第2編　個人的法益に対する罪　　第6章　財産に対する罪

4　親族間の特例（親族相盗例）

　配偶者，直系血族又は同居の親族との間で第235条の罪，第235条の2の罪
又はこれらの罪の未遂罪を犯した者は，その刑を免除する（244条1項）。前項
に規定する親族以外の親族との間で犯した同項に規定する罪は，告訴がなけ
れば公訴を提起することができない（同条2項）。前2項の規定は，親族でな
い共犯については，適用しない（同条3項）。

1　特例の法的性質

　本条は，配偶者，直系血族または同居の親族との間で窃盗罪，不動産侵
奪罪，これらの未遂罪を犯した者の刑を免除し，その他の親族間で行われ
た場合を親告罪とする特例を認めたものである。これを親族相盗と呼ぶ。
本条は，詐欺罪，恐喝罪，横領罪，背任罪にも準用されている（251条・255
条）。判例は，さらに特別法である森林法上の窃盗罪への準用を認めてい
る（最判昭和33・2・4刑集12巻2号109頁）。横領罪につき，後述249頁参照。

　本条1項の刑の免除の法的性質については，「法は家庭に入らず」とい
う法諺が示すように，家庭内の紛争には国家が干渉しない方がよいという
法政策に基づくものであって，行為の違法性や責任とは無関係の一身的刑
罰阻却事由を定めたものとする見解（政策説・一身的刑罰阻却事由説）が通
説・判例（最判昭和25・12・12刑集4巻12号2543頁）である。しかし，法政策とい
うだけでは，本条が財産犯に限定されていることを合理的に説明できない
として，家族間での財産の所有・占有は合同的であり厳格に区別されたも
のではないから，可罰的違法性を阻却し（違法阻却説）（佐伯千仭・刑法講義
（総論）（4訂版）221頁〔1981〕，中山234頁）または行為の違法性が減少するという
見解（違法減少説）（平野207頁，中森118頁以下），親族関係という誘惑的要因か
ら反対動機の形成を強く期待できないため（可罰的）責任を阻却し（責任
阻却説）（瀧川113頁，松原芳博・基本講座5巻323頁），または責任が減少する（責任
減少説）（曽根126頁）という見解も主張されている。

　本条2項が，同居していない親族の場合を親告罪としていることをも合
理的に説明するためには政策説をとらざるをえないが，少なくとも，1項
の刑の免除の根拠としては，より実質的な理由づけを必要としよう。そし
て，(i)財産の所有関係が明確な場合にも本条1項はなお適用されること，

(ii)本条３項が親族でない共犯について本条の特例を排除している点は制限従属性説による責任の個別性という説明が合理的であること，(iii)刑の免除はあくまでも有罪判決の一種であること，を考慮すれば責任減少説が妥当であるといえよう。

2　適用の要件

(1)　**親族等の意義**　　本条にいう親族の範囲は，民法の定めるところ（民法725条）による。配偶者については，内縁関係への準用を認める見解（大谷222頁）もあるが，最高裁は「免除を受ける者の範囲は明確に定める必要がある」として否定説をとっている（最決平成18・8・30刑集60巻6号479頁〔242〕）。他方，戸籍上の婚姻であっても，財産をだまし取る手段として結婚したにすぎない場合には本条の適用はないと解すべきである（東京高判昭和49・6・27高刑27巻3号291頁）。同居の親族とは，同じ住居で日常生活を共同にしている者をいい，家屋の1室を賃借したり，一時宿泊した者は含まれない。

(2)　**親族関係の必要な人的範囲**　　窃取の目的物の所有者と占有者とが異なるような場合，本条の親族関係が窃盗犯人と誰との間に必要かが問題となる。①所有者と犯人の間にあればよいとする見解（瀧川113頁），②占有者と犯人の間にあればよいとする見解（中148頁，前田（初版）234頁〔1988〕）もあるが，③所有者と占有者の双方と犯人の間に必要とする見解が通説である。従来の最高裁判例には「窃盗罪の直接被害者たる占有者と犯人との関係についていうものであって，……所有権者と犯人との関係について規定したものではない」として②説をとると解しうるものもあったため（最判昭和24・5・21刑集3巻6号858頁），下級審判例は，②説をとるもの（東京高判昭和38・1・24高刑16巻1号16頁）と③説をとるもの（札幌高判昭和36・12・25高刑14巻10号681頁）とに分かれていた。しかし，最高裁は，甲が乙から預かり保管中の現金を甲と同居していない親族丙が窃取した場合，改正前の本条1項後段（現2項）により親告罪となるかが争われた事案に関し「窃盗犯人が所有者以外の者の占有する財物を窃取した場合において，刑法244条1項が適用されるためには，同条1項所定の親族関係は，窃盗犯人と財物の占有者との間のみならず，所有者との間にも存することを要するものと解するのが相当である」として，③説の立場をとることを明確にしている（最決平成6・7・19刑集48巻5号190頁〔243〕）。

この問題は，窃盗罪の保護法益論と関係する。①説は本権説に基づくものであるが，賃貸借や使用貸借のような正当な権限による占有者との間の親族関係も不要とする点で，本権説の趣旨に反するものである。③説は，窃盗罪の保護法益を所有権および占有と解することの帰結といってよい（ただし，この場合の占有は刑法的保護に値する合理的占有に限るべきであろう）。なぜなら，占有者とともに所有者も被害者であり告訴権を有することを前提とするからである（井田224頁）。

もっとも，占有説からも同様の結論が導かれうる（牧野603頁，木村116頁。なお，高橋直哉「判批」判時1543号〔判評442号〕249頁参照）。なぜなら，占有説とは，財物の占有・所持自体が所有権等の本権とは独立の法益たりうることを認める説であって，本権たる所有権の法益性までも否定する説ではないからである。これに対して，占有のみが窃盗罪等の保護法益だとすれば，②説に至るのが論理的であろう。

3 錯 誤

本条の特例の法的性格の理解は，親族関係の錯誤の処理に影響を及ぼす。たとえば，甲が父親乙の占有する財物を乙の所有であると思って窃取したところ，実際は他人丙から預かったものであった場合，一身的刑罰阻却事由説によれば，この錯誤は行為の犯罪性と無関係な錯誤であるから，甲の罪責には影響しないことになる[16]。しかし，すでに述べたように，本条1項の規定する刑の免除は責任の減少という実質的理由に基づくと解すれば，同条項は一種の減軽類型としての構成要件を規定したものということができる。それゆえ，この場合の親族関係の錯誤は，38条2項により抽象的事実の錯誤となるから，本条1項の適用を認めるべきであろう[17]。これに対して，本条2項は政策説に基づくものと解すべきであるから，同項の規定する親族関係の錯誤があっても，親告罪として処理する必要はないと解すべきである。

---

16) 大谷225頁，前田182頁，大阪高判昭和28・11・18高刑6巻11号1603頁〔245〕。一身的刑罰阻却事由説からも本条を準用する見解として，内田267頁。

17) 曽根126頁，福岡高判昭和25・10・17高刑3巻3号487頁，広島高岡山支判昭和28・2・17判特31号67頁〔244〕。なお，違法減少説からも同様の結論となる。中森119頁参照。

4　1項と2項の不均衡

　本条2項の場合が親告罪であるのに対して，本条1項の場合が有罪判決の一種である刑の免除にとどまるため，告訴がない場合を比較すれば，理論的には，より近い親族関係の者が不利益な取扱いを受けることになる。この不均衡を是正するため，学説では，1項の場合も親告罪と解する見解（団藤582頁），刑事訴訟法337条の免訴の扱いを認める見解（植松381頁），刑事訴訟法339条1項2号に準じて公訴棄却の扱いを認める見解（藤木288頁，大谷224頁，中森120頁）などが主張されている。しかし，いずれも解釈論としては無理があり，立法的解決によるべきであろう（改正刑法草案334条参照）。1項の刑の免除は必要的であるから，同項の親族関係がある場合に起訴されることは，告訴の有無にかかわらず実際にはないといってよい（濱邦久・大コンメ13巻445頁参照）。

第3節 強 盗 罪

強盗罪は，窃盗罪と同じ盗取罪であるが，暴行または脅迫を手段とする点，財物のみでなく，財産上の利益をも客体とする点で異なる。刑法は，基本となる強盗罪（236条）のほかに，これに準ずる類型（準強盗）として，事後強盗罪（238条），昏酔強盗罪（239条）を規定し，さらに，その加重類型として，強盗致死傷罪（240条），強盗・強制性交等罪および同致死罪（241条）を設けている。

1 強 盗 罪

> 暴行又は脅迫を用いて他人の財物を強取した者は，強盗の罪とし，5年以上の有期懲役に処する（236条1項）。前項の方法により，財産上不法の利益を得，又は他人にこれを得させた者も，同項と同様とする（同条2項）。未遂（243条）および予備（237条）を罰する。

1 手段たる暴行・脅迫

強盗罪の手段たる暴行・脅迫は，被害者の反抗を抑圧するに足るものでなければならず，この点で，恐喝罪（249条）と区別される。被害者の反抗を抑圧するに足るものか否かは，犯人および被害者の性別，年齢，犯行の状況，凶器の有無等の具体的事情を考慮して判断されねばならない（肯定例として東京高判昭和29・10・7東時5巻9号380頁〔254〕，否定例として東京高判昭和37・10・31東時13巻10号267頁〔255〕）。ただ問題となるのは，その暴行・脅迫により，被害者が現実に反抗を抑圧されたことを必要とするかである。この点に関し，判例は，強盗の手段たる暴行・脅迫であるか否かは，社会通念上一般に被害者の反抗を抑圧するに足る程度のものか否かという客観的基準により決定されるものであり，具体的被害者の主観を基準とすべきではないとしており（最判昭和24・2・8刑集3巻2号75頁〔252〕），通説もこれを支持している。

しかし，その場合でも，客観的には反抗を抑圧するに足る程度のもので

あったが，現実の被害者は，反抗を抑圧されるに至らなかった場合の処理が問題となる。判例は，その場合も，強盗既遂とするが（前掲最判昭和24・2・8，同旨，最判昭和23・11・18刑集2巻12号1614頁）[1]，学説では，強盗未遂と恐喝既遂の観念的競合とする見解が支配的である（裁判例として，大阪地判平成4・9・22判タ828号281頁〔253〕）。この場合，刑法54条の解釈として，「その最も重い刑」とは，未遂罪についても，未遂減軽をしない法定刑によって定まるから（大判大正2・2・3刑録19輯173頁），結局，強盗未遂として処断されることになる[2]。判例の立場は立証の簡易化を重視したものかもしれないが，本罪は被害者の反抗を抑圧して奪取するという因果関係を予定しているのであるから，やはり強盗未遂と解すべきであろう。反対に手段が客観的に恐喝の程度であれば，たとえ被害者が臆病者であったため反抗を抑圧されたとしても，恐喝既遂にとどまると解すべきである。この場合に，犯人が被害者の臆病な性格を知っていた場合には強盗とする見解もあるが（団藤587頁，大塚213頁，大谷228頁，山口218頁，山中305頁，井田229頁），客観的基準をとる以上は一貫性に欠けると思われる。

いわゆる「ひったくり」行為も，暴行を手段とするものであるが，窃盗罪にしかならないと解すべきである。なぜなら，この場合には，反抗の抑圧に向けられた暴行ではないからである。ただし，この場合も，被害者を背後から押し倒すとか，被害者が財物を離さないために，なおも暴行を継続したような場合には，その客観的な程度に応じて強盗罪または恐喝罪が成立するのは当然である（最決昭和45・12・22刑集24巻13号1882頁〔257〕，札幌地判平成4・10・30判タ817号215頁）。また，不意に被害者を殴って気絶させたような場合も，その反抗を抑圧したものであるから強盗罪となる。被害者が畏怖するという心理状態は，強盗罪の必須の要件ではないのである。

　＊　**客観的区別の問題点**　このように，強盗罪と恐喝罪の区別を，その客観的な手段の程度により区別するならば，恐喝罪は交付罪から盗取罪に変質することになる

---

1) これを支持するものとして，藤木294頁以下，前田188頁，ただし，被害者が全く畏怖せず，憐憫の情から財物を与えたような場合には，強盗罪の予定する因果関係が欠けるから未遂とする。
2) ただし，団藤588頁は，恐喝行為があったとはいえないから，恐喝既遂との観念的競合を認めるべきでなく，単純に強盗未遂とするが，財物を奪取した点を評価の外に置く点で疑問がある。

184 第2編 個人的法益に対する罪 第6章 財産に対する罪

可能性があることに注意すべきであろう。なぜなら，この論理を徹底する場合，手段が恐喝である以上，被害者が完全に反抗を抑圧されても恐喝罪ということになるが，そこでは財物の（瑕疵ありとはいえ）任意の交付・処分行為ということが理論的にありえないからである。

2 強取の意義

(1) **暴行・脅迫と奪取との因果関係** 暴行・脅迫と財物・財産上の利益の奪取の間には，被害者の反抗を抑圧して奪取したという因果関係が必要である。このような形態における奪取を強取と呼ぶ。したがって，被害者の反抗が抑圧されているならば，その不知の間に取る行為（最判昭和23・12・24刑集2巻14号1883頁〔256〕），被害者が差し出す物を受け取る行為（東京高判昭和42・6・20東時18巻6号193頁），被害者が放置して逃走した物を取る行為（名古屋高判昭和32・3・4裁特4巻6号116頁）も強取である。しかし，被害者が逃走中に落とした物を取る行為は，強盗未遂と窃盗既遂の観念的競合である（名古屋高判昭和30・5・4裁特2巻11号501頁）。

他方，窃取または詐取等の手段により財物を取得した後に暴行・脅迫を行う場合は，暴行・脅迫が奪取の手段となっていないから，2項強盗罪が成立することはあっても1項強盗罪は成立しない（最決昭和61・11・18刑集40巻7号523頁〔260〕）。もっとも，判例は，強盗の犯意のもとに，奪取した財物の占有を確保するため暴行・脅迫を行う場合には1項強盗になるとしている（最判昭和24・2・15刑集3巻2号164頁〔259〕。同旨，藤木293頁，大塚216頁，大谷232頁）。窃盗が未遂の段階であれば当然であるが（居直り強盗），既遂に達したとみられる場合には疑問であろう。犯罪の既遂と終了を区別することは可能であるが，別に事後強盗罪が存在する以上，窃盗既遂以後の暴行・脅迫は事後強盗罪として処理すべきように思われる。

(2) **強盗殺人と強取の範囲** 強盗の犯意で人を殺害してから財物を奪取すれば，当然に強盗殺人罪（240条後段）である（大判大正2・10・21刑録19輯982頁）。殺害によって占有離脱物となるからといって，殺人罪と占有離脱物横領罪が成立するわけではない[3]。他方，殺害の瞬間に財物の占有が移転するという見解（木村133頁，植松403頁）は，あまりに早くて妥当でない。殺害は

---

3) 旧法に関し，相続人の占有を侵害するとしたものとして，大判明治39・4・16刑録12輯472頁。

単に財物の占有を離脱させるものでしかなく，現実に財物を取得した時点で強取の結果を生じると解すべきであろう（団藤572頁）。

問題は，殺害後の財物取得がどの範囲まで強盗殺人として評価されるかである。もっとも，後に述べるように，殺害の時点ですでに強盗殺人罪の既遂を認めるとすれば，この議論には実益がないようにもみえる。しかし，強盗殺人罪も財産犯である以上，その範囲は量刑上意味があるし，とくに，財物の取得にのみ関与した者がある場合には，承継的共犯についていかなる見解をとるかによるが，通説に従うかぎり，強盗罪，占有離脱物横領罪のいずれの共犯になるかという重大な差が生ずるのである。

殺害は占有を喪失させる究極的手段であるから，強取の意思で殺害すれば，その後の財物取得は，時間的・場所的接着性がなくても，すべて強盗殺人となるともいえよう[4]。しかし，たとえば，殺害時は被害者の所持する現金のみが目的であったが，1週間後に被害者宅にある置物のことを思い出してそれを取りに行ったり，死体を埋めて1週間後に被害者が指輪を着けていたことを思い出して掘り返して取った場合にまで強盗殺人を認めることは妥当とは思われない。他方，殺害時に強取を予定していた財物に限られるわけでもない。たとえば，甲が乙を殺害して懐にある現金を取ろうと思い，殺害してみたところ，現金の他に宝石もあったので，それも取ったという場合には，宝石についても強盗殺人が成立するといってよい。結局，殺害によってすでに占有を離脱させているのであるから，殺害時の強取の意思の継続性，単一性が認められる範囲での財物取得は強取と解すべきであろう。したがって，殺害により目的とした金銭を奪えば，2日後，死体を埋める際に新たに発見した別の金銭については占有離脱物横領罪（死者の占有を肯定する場合は窃盗罪）が成立するにとどまる[5]。反対に，はじめから計画していた場合には，甲が乙を殺害した後に乙宅へ赴き，その財物を取るのも強盗殺人の結果だといってよい[6]。*

＊　客観的関係を基準とする見解　町野163頁以下は，行為者の主観・意図を問題

4）　このような方向を示すものとして，東京高判昭和53・9・13判時916号104頁。

5）　窃盗罪を認めるものとして，仙台高判昭和31・6・13裁特3巻24号1149頁。

6）　松山で強盗殺人を犯した後，翌日上京して，被害者宅の財物を奪った事例として，東京高判昭和57・1・21刑月14巻1=2号1頁〔119〕〔258〕，被害者を殺害後，3日ないし8日経ってから被害者宅の財物を奪った事例として，東京高判昭和60・4・24判タ577号91頁参照。

とすべきではなく，殺害行為が後の占有の取得に直接結びついているという客観的な関係によって判断すべきであるとし，前掲仙台高判昭和31年6月13日の事案についても強盗殺人を認め，他方，被害者をアメリカで殺害後，数ヶ月経って，日本の被害者宅から財物を奪った場合は，たとえ計画どおりでも強盗殺人を否定する。しかし，別人の占有侵害を必要としない限り，殺害後の財物取得は殺害行為と直接結びついているといえよう。そこでは，むしろ主観による限定が必要だと思われる。

⑶　**暴行・脅迫後の領得意思**　　他の目的，たとえば強制性交の目的で暴行・脅迫を加え，被害者の反抗が抑圧された段階で不法領得の意思を生じて財物を奪った場合，強盗罪が成立するか。すなわち，本来，強盗罪は強取の意思をもって暴行・脅迫を開始することを予定しているが，これとは異なり，自己の先行行為としての暴行・脅迫による被害者の反抗抑圧状態を利用して取る場合，新たな奪取の手段としての暴行・脅迫が行われていないときでも強盗罪を認めてよいか，ということである。

　財物の強取に向けられた新たな暴行・脅迫を必要とするのが通説であるが，不要説も有力である（藤木294頁，同・新版刑法演習講座397頁以下〔1970〕）。その理由としては，①238条（事後強盗）は，窃取後の暴行・脅迫をもって強盗罪としているが，この類型では，暴行・脅迫と財物奪取との因果性はより強く認められる。②通説は，甲が強盗の目的で丙に暴行・脅迫を加え反抗を抑圧した後に，乙が奪取にのみ関与した場合，乙を強盗罪の承継的共犯であるとするが，これとの均衡をはかるならば，自らの先行行為の利用の場合にも強盗罪を認めるべきである。③新たな暴行・脅迫が必要とすれば，被害者が最初の暴行で気絶した場合には，その可能性が認められず強盗とならないが，より情状の重い方が軽く処罰されるのは不都合である，という点があげられる（藤木302頁）。しかし，238条は，あくまでも例外的な類型であり，強盗罪においては，やはり，強取に向けられた暴行・脅迫が必要と解すべきである。とくに，178条（準強制性交等）のように，抗拒不能に「乗じた」行為を処罰する明文規定が欠如する強盗罪においては不要説をとることはできないというべきであろう。

　判例には，明確に不要説に立つものもあるが（大阪高判昭47・8・4高刑25巻3号368頁，東京高判昭57・8・6判時1083号150頁〔264〕），財物を領得するための新たな暴行・脅迫が必要だとするものが主流である（東京高判昭48・3・26高

刑26巻1号85頁〔261〕，大阪高判平成元・3・3判タ712号248頁）。もっとも，このような場合には，暴行・脅迫の程度も，自己の先行行為によりつくられた反抗抑圧状態を継続させるに足りるものであればよいとすれば，新たな暴行・脅迫を認定することも，それほど困難ではないであろう。たとえば，強制性交の目的で暴行・脅迫を加えてすでに被害者の反抗を抑圧したような場合には，極端にいえば犯人の存在それ自体や些細な言動でも新たな強盗の手段たる脅迫にあたるといえよう。それゆえ，実際問題として，この対立が結論に影響するのは，殺害ないし気絶させた後に領得意思を生じた場合に限られよう。この場合，不要説からは強盗罪の成立を認めることになるが，判例は，気絶させた場合（高松高判昭和34・2・11高刑12巻1号18頁，札幌高判平成7・6・29判時1551号142頁〔262〕），死亡させた場合（最判昭和41・4・8刑集20巻4号207頁〔192〕）について窃盗罪の成立を認めており，基本的には必要説に立脚しているといえよう。

> **＊ 強盗罪と承継的共犯** 甲が強盗の目的で丙に暴行・脅迫を加え反抗を抑圧した後に，乙が財物の奪取にのみ関与した場合，①乙は自らの関与しない部分については責任を負わないから，窃盗罪の共同正犯にとどまるとする考え方，②乙は甲の先行行為たる暴行・脅迫の結果丙が畏怖しているのを利用しているから強盗罪の共同正犯とする考え方，③乙は甲の強取行為に関与している（強取の結果を左右しうる）から強盗罪の共同正犯である，とする考え方がある（西田・刑法の基本判例68頁参照）。

3 客 体

(1) 財物の意義については，前述151頁以下参照。窃盗罪の場合と同様に，242条の適用がある。不動産を含まないから，暴行・脅迫により登記名義を移転させる場合はもちろん，不動産侵奪を行う場合も2項強盗罪になると解するのが通説であるが，相手の反抗を抑圧して登記名義を移転させ，その処分可能性を取得した場合には1項強盗罪を認めてよいと思われる。

(2) 「財産上不法の利益」とは，利益自体が不法であることを意味せず，

---

7) 東京高判平成20・3・19判タ1274号342頁〔265〕は，強制わいせつ目的で被害者を殴打し両手首を後ろ手に縛った状態でわいせつ行為をしている途中で，被害者の携帯電話を領得したという事案に関し，「被告人において，この緊縛状態を解消しない限り，違法な自由侵害状態に乗じた財物の取得は，強盗罪に当たる」としているが，この場合も，緊縛状態の継続が，強取に向けられた新たな暴行といいうるから，必要説をとるものといえよう。

188 第2編 個人的法益に対する罪 第6章 財産に対する罪

財産上の利益を不法に移転させることを意味する。利益の移転については
いくつかの問題がある。

まず，利益の移転ありとするために，債務免除や支払猶予の意思表示と
いった被害者の処分行為が必要かが問題となる。当初，判例は利益移転の
外形的事実の発生を要するとして，処分行為が必要であるとしていた（大
判明治43・6・17刑録16輯1210頁〔266〕）。しかし，その後，タクシー強盗の事例
では，債務免除の意思表示を要しない旨の判断を示し（大判昭和6・5・8刑
集10巻205頁〔267〕），ついには処分行為不要説をとる旨を明示するに至ってい
る（最判昭和32・9・13刑集11巻9号2263頁〔268〕）。詐欺ないし恐喝の場合におい
ては，瑕疵あるとはいえ任意の意思表示がなされるのに対し，強盗の場合
には，相手は反抗を抑圧されており，任意性を要件とする処分行為の介入
する余地はないといえるから不要説が正当である。

ただ，旧判例が必要説をとっていたのは，2項強盗の処罰範囲を限定す
る意図に出たものと思われる。利益の移転を抽象的に考えれば，債務者が
債権者を殺害する場合や共同相続人の1人が他の相続人を殺害する行為も，
ただちに2項強盗にあたりうることになるからである。したがって，そこ
では，行為者の暴行・脅迫により1項強盗における財物の移転と同視でき
るだけの財産的利益の移転の具体性および確実性が必要であると解すべき
であろう。たとえば，債務者が債権者を殺害した場合でも，本罪が成立す
るには，債権者の死亡により，債務の存在を知る者がいなくなる等の理由
により，事実上支払いを免れたのと同じ状態を作りだしたことが必要であ
り（前掲最判昭和32・9・13の事案は，このような場合である），同時に，行為者がそ
のような事情を認識していたことが必要である。したがって，唯一の相続
人が，相続を目的として，被相続人である両親を殺害した場合でも，相続
という形の地位の承継によってはいまだ2項強盗が予定する利益の具体的
移転がないから強盗殺人にはあたらないし（東京高判平成元・2・27高刑42巻1号
87頁〔270〕）。会社の経営権の取得を目的として実質的経営者を殺害し，実
際に経営権を取得しても，殺害行為自体によって被害者から「経営上の権
益」が移転したとはいえないから，強盗殺人にはあたらない（神戸地判平成
17・4・26判時1904号152頁〔271〕）。これに対して，被害者から銀行等のキャッ
シュカードを窃取した者が暗証番号がわからないため，さらに被害者に対

して反抗を抑圧するに足りる暴行・脅迫を加えて暗証番号を聞き出す行為は「キャッシュカードとその暗証番号を併せ持つことは，ATMを操作してその預貯金残額の範囲内で金銭の払戻しを受ける地位を得ることであるといえ，このような経済的利益は，同条（236条）2項にいう『財産上不法の利益』として財物と同様に保護するのに十分な具体性，現実性をもった利益であるとみるのが相当である」として2項強盗罪の成立を肯定したもの（神戸地判平成19・8・28公刊物未登載，確定），同様の事案で「キャッシュカードを窃取した犯人が被害者からその暗証番号を聞き出した場合には，犯人は，被害者の預貯金債権そのものを取得するわけではないものの，同キャッシュカードとその暗証番号を用いて，事実上，ATMを通して当該預貯金口座から預貯金の払戻しを受け得る地位という財産上の利益を得たものというべきである。」とした裁判例（東京高判平成21・11・16判時2103号158頁〔273〕，上告棄却により確定）がある。暗証番号を聞き出すことにより，犯人が自力でまたは共犯者を介して直ちにかつ容易にATM機から現金を引き出したり，他の預金口座に振り込み入金が可能であるという事情があれば，この結論を支持してもよいであろう。

　(3)　しかし，その後の下級審判例には，2項強盗における利益の範囲を拡張するような判断がみられる。すなわち，大阪高判昭和59年11月28日（高刑37巻3号438頁〔269〕）は，債務者が債権者を殺害した事例で，債権者のもとには債権に関する物的証拠が多数残っており，したがって殺害により債務者が事実上債務を免れたとすることはできない場合でも，2項強盗が認められるためには，支払いの請求を永続的に免れる場合でなくとも，相続人による速やかな債権の行使を当分の間不可能にさせ，債権者による支払猶予の処分行為を受けたのと同視できるだけの利益を得たことで足りるとしたのである。しかし，この考え方には疑問がある。本判決が認定した事情のもとでは，債権の行使はなお確実に行われうる場合であった。そこでは利益移転の具体性・確実性が欠けるとして2項強盗の成立を否定すべき

---

8)　本判決および関連する裁判例の解説として，樋口正行「判批」研修724号111頁参照。

9)　これに対して，原審のさいたま地川越支判平成21・6・1公刊物未登載は，暗証番号を聞き出すことは，いまだ236条1項にいう財物の取得と同視できる程度に具体的・現実的な利益の移転があったとはいえないとして強要罪の成立を認めるに止めていた。

であったように思われる。たしかに2項詐欺や2項恐喝において，判例・通説は支払いの一時猶予も財産上不法の利益にあたるとすることから，2項強盗においても同じだとする考え方もありえよう。しかし，2項強盗の成立範囲をそこまで拡張するとすれば，結局債権者の殺害は，ほとんどすべて2項強盗にかかる強盗殺人ということになり，妥当ではないように思われる。むしろ，2項詐欺や2項恐喝における利益移転の認定の方を限定的に解すべきであると思われる。

　また，大津地判平成15年1月31日（判タ1134号311頁〔272〕）は，闇金融業者甲から暴利で借金をした被告人が貸金債務を免れるため甲を殺害しようとして未遂に終わった事案につき，貸金契約が暴利行為として無効であるか，または，利息制限法により既に完済されている可能性があっても，「不法な手段によって財産法秩序を乱す行為を容認することは，結局，私人の財産上の正当な権利・利益の実現を不能ならしめることになるから，暴利行為による債務の弁済を免れるという利益も，強盗利得罪の客体となる」として強盗殺人未遂罪の成立を認めている。しかし，貸金債務が無効または不存在であることが明らかである場合にまで，2項強盗の成立を肯定することは不当である（同旨，最前線Ⅱ62頁〔井田〕）。

　(4)　財物を詐取した後（たとえば，最初から代金支払いの意思なく無銭飲食をした後），暴行・脅迫によって，その代金請求を免れた場合の罪責について，下級審の判例は，①1項詐欺と暴行または脅迫の併合罪が成立するにとどまるとするもの（神戸地判昭和34・9・25下刑1巻9号2069頁）。②1項詐欺と2項強盗の併合罪とするもの（大分地判昭和52・9・26判時879号161頁），③1項詐欺と2項強盗の成立を認めつつ，重い2項強盗の包括一罪とするもの（大阪地判昭和57・7・9判時1083号158頁）とに分かれていたが，最高裁は③の立場をとる旨を明らかにしている（前掲最決昭和61・11・18）。財物そのものが詐欺罪により保護されるのと同じように，被害者の有する代金請求権も別個の保護に値するから，2罪の成立を認めるべきであるが，結局は同一の財産的利益の保護にほかならないから，包括一罪とする最高裁の立場が妥当といえよう。なお，先行する犯罪が窃盗の場合にも，暴行・脅迫により返還請求を免れる行為は，事後強盗が成立する場合を除き，窃盗罪と2項強盗罪が成立し，重い2項強盗の包括一罪となる*（前掲最決昭和61・11・18）。これに

対し，先行する犯罪が窃盗罪の場合には，不可罰的事後行為にすぎないとして2項強盗の成立を否定する見解（古田佑紀「判批」研修464号63頁），共罰的事後行為であるとしつつも，窃盗罪と2項強盗罪の択一的成立しか認めない見解（町野143頁）もあるが妥当とは思われない。

　　* **共罰的事後（事前）行為**　　詐欺の後に代金支払いを免れるのは，あたかも窃盗の後に目的物を損壊するのと同じく，不可罰的事後行為にすぎない，という批判もある。しかし，このような行為は，そもそも不可罰なのではなく，共罰的事後行為だと考えるべきである。すなわち，窃盗犯人による盗品の損壊の場合，器物損壊罪も成立するが，窃盗というより重い犯罪の中で評価され尽くしているため，窃盗罪で処罰する場合には，あらためて処罰しないという関係なのである。もし不可罰ならば，損壊行為にのみ関与した者，あるいは先行する窃盗の段階では責任無能力であった者の損壊行為は処罰できないことになろう。1項詐欺の後に2項強盗が問題となる場合においても，詐欺は共罰的事前行為であるが，強盗の方が重いから，2項強盗1罪となるのである。

2　事後強盗罪

　窃盗が，財物を得てこれを取り返されることを防ぎ，逮捕を免れ，又は罪跡を隠滅するために，暴行又は脅迫をしたときは，強盗として論ずる（238条）。未遂を罰する（243条）。

1　意　　義

　本罪の意義については，窃盗犯人が逃亡する際に，暴行・脅迫を加えることが多いという刑事学的実態に着目して，人身保護の観点から，強盗と同じく処断するものと解する見解もある（大谷240頁）。これに対して，窃盗犯人が財物を得た後，これを確保するために暴行・脅迫を加える場合は，実質的にみて暴行・脅迫によって財物を得たと評価しうることから，強盗と同じく処断するものと解する見解もありうる。事実，旧刑法382条は「窃盗財ヲ得テ其取還ヲ拒ク為メ臨時暴行脅迫ヲ為シタル者ハ強盗ヲ以テ論ス」と規定していたし，現行法のように目的が拡張されたことについても，立案者は，その趣旨は同じと説明していたのである[10]（田中正身・改正刑法

---
　10)　そこから，松宮232頁は，「事後強盗罪に逮捕を免れまたは罪跡を隠滅する目的を加えておくことには，再考の余地があろう」とするが妥当であろう。

192　第2編　個人的法益に対する罪　　第6章　財産に対する罪

釈義下巻1300頁（1908））。後者の立場に立つときは，後述のように，本罪の未
遂の成立範囲も影響を受けることになる。

「窃盗が」とは，窃盗犯人の意味である。本条は既遂類型であり，その
未遂は窃盗の点が未遂の場合をいうとするのが通説・判例であるから，本
条にいう「窃盗が」は窃盗既遂犯人を意味することになる。本条の「窃盗
が」が，窃盗未遂を含むとすれば，窃盗未遂犯人が逮捕免脱の目的で暴行
すれば，それだけで本条にあたることになって不当である*。「強盗として
論ずる」とは，法定刑のみでなく，他の罰条（たとえば，240条・241条）との関
係でも，強盗として処理するという意味である。

＊　旧規定　　平成7年改正前の238条は「窃盗財物ヲ得テ其取還ヲ拒キ又ハ逮捕ヲ
免レ若クハ罪跡ヲ湮滅スル為メ暴行又ハ脅迫ヲ為シタルトキハ強盗ヲ以テ論ス」と
規定していたから，「財物ヲ得テ」は，取還拒否，逮捕免脱，罪跡湮滅目的のすべ
てにかかると解することが可能であった。そして，238条が既遂類型を規定したも
のである以上は，そのような解釈が妥当であったというべきであろう。しかし，新
規定では「財物を得て」が取返し防止にのみかかるよう改められた。その結果，人
身保護の観点を重視する場合には，逮捕免脱，罪跡隠滅目的のときは，窃盗が未遂
でも，なお本条（既遂）にあたるという解釈が可能となったのである[11]。もっとも，
後述するように，通説・判例とも本罪の既遂・未遂は窃盗の点が既遂か未遂かによ
って決まるとするから，現在のところ問題はないが，この解釈を明確にするために
は，「財物を得て，」とすべきであったと思われる。

2　暴行・脅迫と窃盗の機会の継続性

事後強盗罪においても，暴行・脅迫の程度が問題となる。すなわち，本
罪も強盗として処理される以上，単なる暴行・脅迫ではなく，相手の反抗
を抑圧するに足る暴行・脅迫でなければならない（福岡地判昭和62・2・9判時
1233号157頁〔275〕，大阪高判平成16・2・19判時1878号155頁）。もっとも，本罪の性質
上，暴行・脅迫の対象は，窃盗の被害者に限られず，追跡・逮捕しようと
した第三者や警察官であってもよい。しかし，本罪が強盗として処理され
る点からみて，窃盗行為と暴行・脅迫との間には，時間的・場所的接着性
が必要であり，窃盗犯人と被害者側とが対立・拮抗状態にある窃盗の現場

11）　旧規定の解釈としてもこの立場をとるものとして草野豹一郎・刑法要論342頁（1956）が
　あった。

または窃盗の機会の継続中に行われたことを要すると解すべきである。

　最高裁は，被告人が被害者宅において指輪を窃取した後天井裏に潜んでいたところ，帰宅した被害者に呼ばれた警察官により，約3時間後に発見され，逮捕を免れようとして暴行・傷害を負わせた事案につき「窃盗の機会の継続中」にあたるとして，事後強盗致傷罪の成立を認めたが（最決平成14・2・14刑集56巻2号86頁〔279〕，安田拓人・平成14年度重判151頁参照），他方，窃盗既遂犯人が，いったん被害者宅から約1キロメートル離れた場所まで移動したが，盗品が少なかったことから再度窃盗をする目的で被害者宅に戻った際に発見されて追跡されたため，逮捕を免れるために脅迫をした事案については，「被告人が被害者等から容易に発見されて，財物を取り返され，あるいは逮捕され得る状況はなくなった」として「窃盗の機会の継続中」ではないとしている（最判平成16・12・10刑集58巻9号1047頁〔280〕）。また，東京高裁は，被告人が，被害者宅に侵入しバッグを窃取した後，誰からも追跡されることなく自宅に戻り盗品を置いたが，被害者に見られたかもしれないと思い，約15分後に被害者宅に戻り，罪跡隠滅の目的で被害者を殺害した事案につき，事後強盗殺人を認めた原審判決を破棄自判し窃盗と殺人の成立を認めているが，その理由は，「被告人は，被害者側の支配領域から完全に離脱したというべきであるから，被害者等から容易に発見されて，財物を取り返され，あるいは逮捕され得る状況がなくなったと認めるのが相当である。本件殺害は，窃盗の機会の継続中に行われたものということはできない」ことに求められている（東京高判平成17・8・16判タ1194号289頁〔281〕，上告棄却により確定）。これらの判例を総合的に判断すれば，「窃盗の機会の継続中」か否かは，窃盗犯人が被害者側の追跡を受けることなく，その支配領域から完全に離脱し，いわば安全圏に入ったか否かを基準として判断されているといえよう。

　なお，この他の肯定例としては，①窃盗既遂犯人が，現場から逃走し約30分後，距離にして1キロメートルあたりで追いかけてきた被害者に暴行・傷害を加えた事例（広島高判昭和28・5・27判特31号15頁〔276〕），②スリの現行犯として車掌に逮捕された犯人が警察官に引き渡すためホームに降ろされた際に車掌に暴行を加えた事例（最決昭和34・3・23刑集13巻3号391頁〔277〕），③窃盗犯人を被害者が現場から自動車で追跡したが発見できず，現場に戻

194 第2編 個人的法益に対する罪 第6章 財産に対する罪

ったところ，道に迷った犯人が再び現場付近に現れたため，再度被害者による追跡を受けたため包丁で刺殺した事例（福岡高判昭和42・6・22下刑9巻6号784頁），④被害者とともに飲酒し寝入ったところで現金在中の財布を窃取したうえ，罪跡隠滅のため被害者を殺害しようとしたが，友人が来訪したため，窃取行為から約11時間後に被害者を殺害した事例（千葉地木更津支判昭和53・3・16判時903号109頁），⑤窃盗犯人2名が被害者を睡眠薬で眠らせた後，被害者のクレジットカードやキャッシュカードを窃取したうえ，これを利用してクレジット詐欺やATM機からの現金の窃盗を行ったが，罪跡隠滅のため，さらに睡眠薬を飲ませながら被害者を自動車に乗せて山中へと向かい窃盗行為から約40時間後，百数十キロメートル離れた別荘地で被害者を殺害した事例（名古屋高判平成15・7・8中村孝・研修669号85頁参照）などがある。④においては時間的離隔が長いが，自宅において眠らせていたことを考慮すれば，なお，自己の支配下にあり対立・拮抗状態は存続していたといえるし，⑤においては時間的距離的離隔は大きいが，やはり，被害者を終始自己の支配下に置いていたことを考慮すれば事後強盗の成立を肯定してよいであろう[12]。

　他方，否定例としては，⑥窃盗の現場から200メートル離れた所で警ら中の警察官の職務質問にあったため警察官に暴行を加えた事例（東京高判昭和27・6・26判特34号86頁），⑦窃盗未遂の犯行後，追跡を受けることなく100メートルほど離れた所まで来て1時間くらい休憩し，さらに帰宅するため100メートル余り来たところで，被害届により捜査中の警察官に誰何されて逃走し結局同人を殺害した事例（福岡高判昭和29・5・29高刑7巻6号866頁，この裁判例には若干疑問が残る），⑧窃盗未遂の犯人が，被害者から約70分にわたって自首するように説得を受け，犯人もこれに応じて被害者とともに警察署に行く途中で逃走のため被害者に暴行・傷害を負わせた事案につき「被告人がAの説得に応諾した段階で逮捕状態は消滅したものとみられ」るとした事例（京都地判昭和51・10・15刑月8巻9=10号431頁〔278〕）などがある。

3　窃盗罪との関係

　いわゆる居直り強盗の場合，すなわち窃盗に着手し，またはそれ以前の

---

12)　なお，井上弘通「刑法240条における致死傷の結果と強盗の機会」植村立郎判事退官記念論文集第1巻141頁以下（2011）参照。

段階で発見されたために，あらためて財物強取の目的で暴行・脅迫を行った場合は236条の強盗である。窃盗既遂の後，さらに暴行・脅迫により財物を強取した場合は，包括して強盗既遂の一罪となる（高松高判昭和28・7・27高刑6巻11号1442頁）。これとの関係で問題なのは，窃盗既遂の後に，強盗の犯意で暴行・脅迫を行ったが，逮捕されそうになったため，暴行・脅迫により逃走した場合の罪責である。この場合，窃盗の既遂と強盗の未遂とが包括一罪になるとすれば，強盗に着手することなく暴行・脅迫により逃走した場合に事後強盗の既遂となることとの均衡を失することになる。したがって，逃走のための暴行を，当初の窃盗によって得た財物の取返しを防ぐ目的でもなされたものとして，全体を事後強盗既遂一罪としてよいように思われる（広島高判昭和32・9・25高刑10巻9号701頁）。もっとも，窃盗既遂の後に強盗に着手したが，パトカーのサイレンが聞こえたので，そのまま逃走したような場合には，窃盗既遂と強盗未遂の観念的競合となる。

4 本罪の未遂

事後強盗罪の既遂・未遂は，先行する窃盗の既遂・未遂によって決定されるとするのが通説・判例である（最判昭和24・7・9刑集3巻8号1188頁）。したがって，本罪の未遂が成立するには，窃盗に着手したことが必要であり，着手前に発見されたため暴行に及んでも，243条は適用されない（東京高判昭和24・12・10高刑2巻3号292頁）。また，取返し防止の場合には本罪の未遂はありえず，逮捕免脱，罪跡隠滅の場合にのみ，窃盗の点が未遂のとき本罪の未遂が認められることになる[13]。これに対して，窃盗の点が未遂のときを本罪の未遂とする点では，通説と見解を同じくしつつも，窃盗が既遂の場合でも，最終的に財物を取り戻された場合は，なお本罪の未遂とする見解もある（植松394頁以下，曽根136頁）。本罪が，財産犯であり，窃盗の延長において財物の確保を目的として行われるのが基本的類型であること，243条が，取返し防止の類型についても未遂を予定していることを考えれば，後者の見解が妥当であると思われるが，なお疑問を留保しておきたい。

＊ **事後強盗罪の未遂** そもそも事後強盗罪が強盗として扱われるのは，窃盗によ

---

13) 大谷240頁は，逮捕免脱・罪跡隠滅目的のときは，窃盗未遂犯人でも238条の主体たりうるとするが，他方で，大谷242頁が，窃盗が未遂のときは本罪も未遂であるとするのは矛盾しているといわざるをえない。

196　第 2 編　個人的法益に対する罪　第 6 章　財産に対する罪

り財物を得たその状況において，取得した財物を確保する手段として暴行・脅迫を用いることが，236条において財物を得るために暴行・脅迫を加えることと規範的に同じだと考えられるからであるとすれば，本罪は，当然，財物を得たことを前提としており，それゆえ，窃盗が未遂のときには事後強盗罪は未遂も含めておよそ成立しえず，[14]窃盗が既遂のときに暴行・脅迫を行ったが結局財物を確保できなかった場合にのみ事後強盗罪の未遂とする見解も可能だと思われるが，ここでは疑問を留保するにとどめる。

5　本罪の予備

事後強盗罪にも予備罪の成立を肯定するのが判例である（最決昭和54・11・19刑集33巻 7 号710頁〔274〕。同旨，団藤598頁，大谷254頁，前田218頁）。具体的には，窃盗に着手後発見されたら，逃走の際に暴行・脅迫を行うとの意図で凶器を携帯する場合がこれにあたることになる。これに対しては，刑法典の条文の位置として，予備罪（237条）より後に事後強盗罪の規定があるから，237条にいう「強盗の罪を犯す目的」には事後強盗の目的は含まれないという批判も考えられるが，昏酔強盗（239条）の目的で睡眠薬を準備するのも237条にあたるといわざるをえないから，条文の位置は決定的な論拠とはいいえない。また，事後強盗の予備を処罰することは，実質的に現行法上不可罰な窃盗の予備を処罰することになるから妥当でないとの見解も有力である（大塚237頁，内田284頁，曽根136頁，中森127頁，松宮231頁，高橋273頁，松原255頁）。しかし，238条が事後強盗につき「強盗として論ずる」と規定していること（大谷254頁），さらに，居直り強盗と事後強盗との差は紙一重であること（山口230頁以下，井田253頁）を考慮すれば判例の結論をもって妥当とすべきであろう（この点は，従来の見解を改める）。

6　身分犯か否か

事後強盗罪は身分犯かも争われている。具体的には，窃盗犯人甲が丙から財物を得て逃走中，追跡してきた丙に対して暴行（脅迫）を加える場面で，乙が情を知って関与し，結果的に丙に傷害を負わせたような場合，乙を事後強盗（致傷）の共同正犯または幇助犯となしうるかが問題となるのである。学説および裁判例は，①窃盗犯人たる地位を65条 2 項にいう加減

---

14)　西村克彦・強盗罪考述118頁以下〔1983〕。ただし，本罪には未遂犯は考えられないとする。

的身分・不真正身分であるとし，甲には強盗致傷罪が成立するが，乙は，暴行・傷害罪にとどまるとする立場（東京地判昭和60・3・19判時1172号155頁〔283〕，内田285頁，大谷243頁，松宮235頁），②窃盗犯人たる地位を65条1項の構成的身分・真正身分であるとし，乙を事後強盗（致傷）の共犯とする立場（大阪高判昭和62・7・17判時1253号141頁〔284〕，前田200頁，堀内135頁），③財物の取返しを防ぐ目的の場合は65条1項の身分（違法身分）であるが，逮捕を免れる目的，罪跡を隠滅する目的の場合は65条2項の身分（責任身分）であるとして，前者の場合のみ乙を事後強盗（致傷）の共犯とする立場（佐伯仁志「事後強盗罪の共犯」研修632号3頁），④事後強盗罪の身分犯性ではなく結合犯と解しつつ，(a)承継的共犯の理論により承継を認めて乙を事後強盗（致傷）の共犯とする立場（中森喜彦「判批」判時1273号〔判評353号〕216頁），(b)反対に，承継を否定して暴行・傷害のみの共犯とする立場（山口233頁，山中325頁，松原255頁〔2項強盗罪の共同正犯の成立する余地を認める〕）とに分かれている。

　問題の実質は結局，①乙はあくまでも暴行に関与したにすぎないとして，暴行・傷害の限度でのみ罪責を問うべきであるとの立場をとるのか，②乙が関与した暴行は，甲が財物の取返しを防ぐという財産犯としての実質をもった行為だから，事後強盗の罪責を問いうるが，甲の窃盗が未遂の場合には財産犯としての実質をもたないから乙を事後強盗の共犯とすべきではないとする立場をとるかに帰着する。その場合，身分犯と承継的共犯のいずれの理論構成も可能であろう。①の見地から身分犯としての解決をとれば，238条にいう「窃盗が」を65条2項の身分と解することになる。また，承継的共犯として解決すれば，事後強盗の点についての承継を否定することになる。これに対して②の見地をとる場合には，身分犯論によって解決することはできない。なぜなら，甲が窃盗既遂のときは65条1項の身分でよいが，甲が窃盗未遂のときにまで65条1項により乙に事後強盗（致傷）の罪責を負わせることは妥当でないからである。この点，本罪を結合犯だと解するなら②の見解を実現することは可能となる。なぜなら，甲の窃盗が既遂の場合には事後的な暴行（脅迫）は実質的に強盗の手段としての評価を受け，これに情を知って加功した乙についても事後強盗の部分を承継するとして事後強盗（致傷）罪の共犯を肯定しうるが，甲の窃盗が未遂のときには事後的な暴行（脅迫）は実質的には強盗の手段としての評価を受

けないから，乙は事後強盗の部分を承継せず，暴行（脅迫）・傷害の限度でしか共犯たりえないと解しうるからである。もっとも，結合犯説をとる場合でも，後行者はすでに過去の出来事である先行者の行為や結果とは因果性を有しないという理由で，およそ承継的共犯を認めない立場からは，甲の窃盗が既遂の場合でも乙は暴行（脅迫）・傷害の共犯にしかなりえないことになる（山口233頁，山中325頁）。しかし，238条は236条2項（利益強盗）の一種の特別類型なのであって，甲の窃盗が既遂である以上，甲が238条所定の目的をもって暴行・脅迫を行うことは，まさに盗品の返還請求を妨げるものとして2項強盗罪が成立しうる限りにおいて，これと法条競合の関係にたつ事後強盗罪を構成するといえよう。そして，その行為は決して過去のものではなく，まさに現在行われている犯罪なのであるから，承継的共犯否定説であっても乙を事後強盗（致傷）罪の共犯とせざるをえないであろう。以上から，本罪は身分犯ではなく結合犯と解すべきであり，かつ，窃盗が既遂の場合には，事後強盗の手段たる暴行（傷害）・脅迫にのみ情を知って関与した者は，2項強盗罪も成立しうる限りにおいて，事後強盗（致傷）罪の共犯となると解すべきであろう。

3　昏酔強盗罪

> 人を昏酔させてその財物を盗取した者は，強盗として論ずる（239条）。未遂を罰する（243条）。

　昏酔させるとは，睡眠薬，麻酔薬，アルコール等によって，意識作用に一時的または継続的な障害を生ぜしめることをいう。昏酔の手段は，被害者の同意に基づかない有形力の行使として暴行にあたりうる場合もありうるが，本条は，刑法が暴行の概念を定義していないことから，そのような場合も強盗に準ずる旨を明確にしたものといえよう（大塚226頁）。行為者がみずから被害者を昏酔させることを要し，すでに被害者が昏酔状態にあることを利用する場合は含まれない。

　本条については，予備を処罰するものと解するが，事後強盗の場合と同じく予備罪（237条）の適用を否定する見解（大塚237頁，松宮231頁以下）もある。

　なお，下級審判例には，ＢＣがスナックの経営者Ｘを睡眠薬で眠らせて

金品を強取する昏睡強盗を企画し，Ａも誘われて仲間となった。しかし，Ｂは，Ｘに飲ませた睡眠薬が効果を生じないため苛立ってＸに暴行・傷害を加え気絶させた上で金品を強取した。Ａは，Ｂから誘われるまま，気絶したＸから金品を奪取したという事案に関し，被告人Ａには「昏睡強盗とは手段方法が質的に異なっている暴行脅迫を手段とする強盗についての共謀が認められないのであれば，右暴行によって生じた致傷の結果について直ちに被告人に責任を負わせることはできない」とし昏睡強盗の未遂としたが，Ｂによって作出されたＸの抵抗不能状態を利用して金品を奪取した点は，強盗罪の承継的共同正犯としての罪責を負うとした裁判例がある（東京地判平成 7・10・9 判時1598号155頁）。ＡＢの共謀が，あくまでも昏睡強盗に止まるのであれば，暴行を手段とした強盗は共謀の射程の範囲外であり，したがって，Ｂによる強盗致傷の罪責をＡに負わせることはできないと解すべきであろう。

4 強盗致死傷罪

> 強盗が，人を負傷させたときは無期又は 6 年以上の懲役に処し，死亡させたときは死刑又は無期懲役に処する（240条）。未遂を罰する（243条）。

1 「強盗」とは，強盗犯人の意味であり，既遂・未遂を問わないとするのが判例・通説である（最判昭和23・6・12刑集 2 巻 7 号676頁）。236条の強盗のみでなく，事後強盗，昏酔強盗の犯人も含む。

2 本罪は，結果的加重犯としての規定形式を有するため，傷害・殺人の故意のある場合を含むかが問題となる。かつて判例は，強盗殺人の場合を，殺人罪と強盗致死罪の観念的競合としたが（大判明治43・10・27刑録16輯1764頁），その後，判例を変更し，240条後段のみを適用するに至っており（大連判大正11・12・22刑集 1 巻815頁），通説もこれを支持している。両罪の成立を認めることは，死亡の結果を二重に評価することになって妥当でないから，240条後段のみの成立を認めるべきであろう。したがって，本条は，強盗殺人，強盗致死，強盗傷害，強盗致傷の 4 つの構成要件を含むことに

---

15) これを支持するものとして，小野244頁，瀧川132頁，香川531頁。

なる。

* **改正刑法草案** 改正刑法草案は，強盗致死罪（327条後段）と強盗殺人罪（328条）とを区別して規定することにより，この問題を解決するとともに，両罪の法定刑に差異を設けている。

3 死傷の結果については，強盗の手段としての暴行・脅迫から生じたものに限られるとする見解（手段説）もあるが（瀧川131頁），強盗の機会になされたもので足りるとする見解（機会説）が通説・判例である（最判昭和24・5・28刑集3巻6号873頁〔286〕）。本条にいう「強盗」が事後強盗を含む以上，手段説が妥当でないことは明らかであるが，通常の強盗の場合も，これとの均衡上，機会説をとるべきである。すなわち，窃盗犯人が逮捕を免れるため追跡者に暴行を加え，死傷の結果を生ずれば238条に基づき240条が適用されるが，強盗犯人の場合は，同じ行為をしても，窃盗でないという理由で240条が適用されないとするのは不合理だからである。しかし，強盗の機会というだけでは，たとえば，強盗犯人が逃走中，以前から殺したいと思っていた者にたまたま出会ったので殺害した場合や強盗の共犯者相互が仲間割れをして殺し合った場合も含まれることになる。そこで，このような場合を除外するために，強盗行為と密接な関連性を有する行為により生じた結果に限るとする見解も有力であるが（大塚231頁，大谷248頁，曽根138頁），十分な限定とはいえないように思われる（中森130頁注55）。上に述べた機会説の実質的な論拠からは，端的に，強盗の手段たる暴行・脅迫と事後強盗類似の状況における暴行・脅迫に限定されるべきであろう。

4 本条にいう死傷の結果は，強盗の機会に行われた暴行・脅迫から生じればよいのであるから，暴行のみでなく脅迫の結果的加重犯の場合を含むと解すべきである（大阪高判昭和60・2・6高刑38巻1号50頁〔285〕）。しかし，少なくとも，暴行・脅迫についての故意は必要であり，強盗の過程で誤って嬰児を踏み殺した場合のように，純然たる過失犯としての死傷の結果は除かれると解すべきであろう（大塚233頁，大谷248頁。反対，藤木300頁）。また，すでに述べたように，本条の法定刑の重さを考慮すれば，軽微な傷害は除くべきである（傷害概念の相対性）と解されてきたが，平成16年の改正により本条前段の有期刑の下限が6年とされたことにより，問題はほぼ解消されたといえよう（44頁参照）。

＊ **脅迫からの致傷** 判例には，強盗犯人が脅迫の目的で突きつけた日本刀に被害
者がしがみついて負傷したという事案につき，日本刀を突きつける行為自体が暴行
であるとして，強盗致傷を認めたものもあるが (最決昭和28・2・19刑集7巻2号280
頁〔41〕)，本条が脅迫の結果の加重犯も含むと解すれば，少なくとも強盗罪におい
ては，このような暴行概念の拡張は不要になると思われる。

5 本罪の未遂 (243条) の意義についても争いがある。本罪は，人身の
保護を重視するものであるから，死傷の結果が生じれば，強盗が未遂であ
っても，本罪の既遂とするのが判例・通説である。傷害の故意で傷害の点
が未遂となった場合，手段は暴行であり，強盗にとどまるから，結局，本
罪の未遂とは，殺人の点が未遂の場合のみを意味することになる (大連判大
正11・12・22刑集1巻815頁)。これに対して，殺人の点が未遂の場合のみでなく，
強盗の点が未遂の場合も強盗殺人罪の未遂とする見解も有力である (平野
211頁，中山259頁，曽根140頁)。それは，本罪の財産犯的側面を考慮するもので
あろう。しかし，殺人が既遂で，強盗が未遂の場合でも強盗殺人未遂罪と
することは，殺人が既遂の点を軽視しすぎるように思われる。やはり，通
説・判例が妥当であろう。[16]

＊ **結果的加重犯説** 240条を純粋な結果的加重犯とする説によれば，致死・致傷
にいたらなかった場合には，その点で240条の未遂ということはないから，強盗が
未遂の場合をいうということにならざるをえない。したがって，殺人が既遂で，強
盗が未遂の場合，殺人既遂と強盗致死未遂の観念的競合を認めることになる (香川
534頁)。

5 強盗・強制性交等罪・同致死罪

　強盗の罪若しくはその未遂罪を犯した者が強制性交等の罪（第179条第2
項の罪〔監護者性交等罪〕を除く。以下この項において同じ。）若しくはその未
遂罪をも犯したとき，又は強制性交等の罪若しくはその未遂罪を犯した者が
強盗の罪若しくはその未遂罪をも犯したときは，無期又は7年以上の懲役に
処する (241条1項)。前項の場合のうち，その犯した罪がいずれも未遂罪であ
るときは，人を死傷させたときを除き，その刑を減軽することができる。た

---

16) これに対して，大塚233頁，内田295頁は強盗傷害未遂 (240条，243条) とする。

> だし，自己の意思によりいずれかの犯罪を中止したときは，その刑を減軽し，又は免除する（同条2項）。第1項の罪に当たる行為により人を死亡させた者は，死刑又は無期懲役に処する（同条3項）。3項の罪の未遂を罰する（243条）。

1 平成29年改正前の241条前段は「強盗が女子を強姦したときは，無期又は7年以上の懲役に処する」と規定していた。したがって，強盗犯人が強姦行為に及んだ場合に限って本罪が成立し，強姦の後に強盗の犯意を生じて財物を強取した場合は，本罪が成立せず，強姦罪と強盗罪の併合罪とされていた（最判昭和24・12・24刑集3巻12号2114頁）。もっとも，本罪の刑の加重の根拠は，同一の機会に強盗と強姦という重大犯罪が行われることの悪質性に求められるべきであるから，強盗と強姦の先後関係は必ずしも重要ではない。このような問題意識から，平成29年改正によって，強盗と強制性交等が同一の機会に行われていれば足り，両者の先後関係を問わないこととされた。

本罪が成立するためには，強盗罪（またはその未遂）と強制性交等罪（またはその未遂）が同一の機会に行われることが必要である。強盗罪と強制性交等罪では，実行行為として要求される暴行・脅迫の程度も，また，故意の内容も異なるが，両罪の成立要件をともに満たす必要があることは当然である。したがって，はじめから財物を強取し，かつ，強制性交等をする意図で，反抗抑圧に足る暴行・脅迫を加えた場合には，この段階で両罪の未遂が成立することになるから，本罪が成立する（ただし，2項が適用される）。これに対して，強制性交等の行為に出た後，はじめて財物奪取の意思を生じた場合には，通説的見解からは，財物奪取の意思が生じた後に，反抗抑圧に足る新たな暴行・脅迫が加えられた場合に限って，本罪が成立する。

2 改正前の強盗強姦罪については，既遂・未遂の区別は，強姦行為を基準とするのが通説の理解であったが，改正法241条2項は，強盗罪と強制性交等罪がいずれも未遂であり，かつ，死傷結果が発生していない場合に限って，刑の任意的減軽を定めている。同条1項は，強盗罪と強制性交等罪がいずれも未遂の場合であっても，強盗・強制性交等罪（既遂）が成立する旨を規定しているから，強盗・強制性交等罪には未遂犯を観念する

ことができず，43条の規定も適用されない。したがって，同条2項の規定
も，同罪の未遂犯を処罰する趣旨の規定ではないが，強盗および強制性交
等がいずれも未遂であり，しかも，死傷結果が生じていない場合には，法
益侵害が必ずしも重大とはいえないことから，刑の任意的減軽を可能とし
たものである（加藤俊治「性犯罪に対処するための刑法改正の概要」ひろば70巻8号60頁参
照）。

　さらに2項が適用される場合のうち，行為者が「自己の意思によりいず
れかの犯罪を中止したとき」は，刑が必要的に減免される（同項ただし書）。
これも正確にいえば，中止未遂に関する規定ではないが，少なくとも一方
の犯罪について自らの意思による中止行為があったことを考慮して，中止
未遂と同様に刑の必要的減免を定めたものである。2項ただし書は，「い
ずれかの犯罪」を任意に中止すれば適用可能であるから，たとえば強盗を
自らの意思で中止した後，さらに強制性交等に着手したが，これは障害未
遂に終わった場合であっても，刑が必要的に減免される。

　3　改正前の241条後段は，強盗強姦罪の犯人が「よって女子を死亡さ
せたときは，死刑又は無期懲役に処する」旨を規定していたが（強盗強姦
致死罪），平成29年改正による241条3項は，強盗強姦罪を強盗・強制性交
等罪に拡張した点以外に，さらに2つの方向で本罪の構成要件を拡張して
いる。

　第1に，死亡結果の原因行為の範囲の拡張である。改正前の強盗強姦致
死罪は，強姦行為またはそれに随伴する行為から死亡結果が生じたことを
要求していたが，改正法では「第1項の罪に当たる行為」から死亡結果が
生じていれば足りるため，強盗行為，強制性交等行為のいずれから死亡結
果が発生した場合についても，本罪の成立が認められる。

　第2に，殺意が認められる場合である。改正前の241条後段は「よっ
て」という文言が用いられていることから，結果的加重犯として規定され
ており，それゆえ殺意のない場合に限って適用可能であると解されてきた
（大判昭和10・5・13刑集14巻514頁）。これに対して，改正法では，「よって」と
いう文言を用いないことにより，殺意のある場合も含むことが明らかにさ
れた（加藤・前掲60頁）。なお，241条3項については，未遂犯処罰が可能と
されているが（243条参照），殺意のある場合にも本罪が成立しうることから，

既遂・未遂は故意の殺害行為を基準として区別されることになる。

　なお，本条は，強盗・強制性交等致傷の場合について規定していない。平成29年改正前から，この場合には強盗強姦罪のみの成立を認めれば足りるとする立場が有力であったが（大判昭和8・6・29刑集12巻1269頁，東京地判平成元・10・31判時1363号158頁，大谷252頁，曽根141頁，中森132頁），平成29年改正はこのような解釈を変更する趣旨のものではない。強盗・強制性交等罪の法定刑にかんがみれば，これらの行為から致傷結果が生ずることは，本罪としての処罰にすでに織り込まれていると解することができる。平成29年改正前は，傷害結果が発生したが，強姦が未遂に終わった場合に強盗強姦罪が未遂減軽されることから，強盗強姦罪と強盗致傷罪の観念的競合を認める見解も有力であったが（第6版もこの立場であった），改正法によれば，この場合にも刑の減軽の余地はないため（241条2項本文参照），強盗致傷罪の成立を認める実益は失われている。

第4節 詐欺罪 1 総説 *205*

第4節 詐 欺 罪

1 総 説

1 意 義

　詐欺罪は，人を欺いて錯誤を生ぜしめ，その錯誤による瑕疵ある意思に基づいて財物や財産上の利益を交付させる罪である。財産上の利益についても成立する点（2項詐欺罪）で窃盗罪と異なり，相手方の（瑕疵ある）意思に基づいて財物や財産上の利益が移転する点（交付罪）で，窃盗罪，強盗罪と区別される。すなわち，本罪の成立には，欺く行為（欺罔行為）→錯誤 → 処分（交付）行為 → 詐取（旧規定では騙取と呼ばれていた）という因果の系列を経て，財物や財産上の利益を取得することが必要なのである。他方，同じく交付罪とされる恐喝罪とは，同罪の手段が恐喝（暴行または脅迫）である点で区別される。

　刑法は，基本となる詐欺罪（246条）のほか，これに準ずるものとして準詐欺罪（248条）を規定している。さらに，昭和62（1987）年改正により，電子計算機の不正使用による利得行為を処罰するための電子計算機使用詐欺罪（246条の2）が新設されている。

2 国家的法益についての詐欺

　詐欺罪は個人的法益としての財産的法益に対する罪であるから，本来の国家的法益に向けられた欺罔的行為は詐欺罪の定型性を欠くとして本罪の成立を否定する見解も有力である（団藤607頁，大塚240頁，福田249頁）。しかし，国家，地方公共団体も財産権の主体たりうる以上，詐欺罪の成立を認める通説の立場が妥当といえよう。たしかに，判例は，脱税（大判明治44・5・25刑録17輯959頁），欺罔的手段による旅券，印鑑証明書の取得（最判昭和27・12・25刑集6巻12号1387頁〔338〕〔520〕，大判大正12・7・14刑集2巻650頁〔337〕）については詐欺罪の成立を否定している。しかし，各種税法における租税逋脱罪は詐欺罪の特別法であるといえるし，欺罔的手段による各種証明書の取得は，後述のように（222頁以下参照），別個の理由に基づき本罪にあたらないと解すべきなのである。したがって，欺罔的手段によって封鎖預金の払戻しを

受ける行為（最判昭和25・3・23刑集4巻3号382頁），配給食糧を不正に受給する行為（最判昭和23・11・4刑集2巻12号1446頁），営農意思を偽って国有地を買い受ける行為（最決昭和51・4・1刑集30巻3号425頁〔332〕），地方公共団体からの水道工事の請負人が下請け代金分として自己の口座に振り込まれた前払金につき，下請け業者に無断で同人の口座を開設し銀行係員を欺罔して振り込み入金させる行為（最決平成19・7・10刑集61巻5号405頁）につき本罪の成立を認めた判例は妥当であるといえよう。

2 詐 欺 罪

> 人を欺いて財物を交付させた者は，10年以下の懲役に処する（246条1項）。前項の方法により，財産上不法の利益を得，又は他人にこれを得させた者も，同項と同様とする（同条2項）。未遂を罰する（250条）。

1 客 体

本罪の客体は，財物（1項）および財産上の利益（2項）である。

(1) **財物**　財物とは，他人の占有する他人の財物である。財物の意義については窃盗罪の項（本章第2節）参照。本罪についても，電気は財物とみなされる（251条・245条）。また，自己物の特例および親族相盗例が準用される（251条・242条・244条）。

窃盗罪と異なり，1項にいう「財物」には，動産のみでなく不動産も含まれる。欺罔行為による登記名義の移転により行為者は当該不動産の処分可能性を取得するから，不動産の占有が移転したといいうるからである。[1]とすれば，権利証その他移転登記に必要な一切の書類を詐取したときも不動産の詐取を認めてよいであろう（藤木・経済取引104頁）。これに対して，たとえば，賃借料を支払う意思がないのにアパートの一室や一軒家を借り受ける場合，勤労の意思がないのに雇用契約を締結した上で社宅に入居するような場合，暴力団の組事務所として使用する目的を秘してマンションを賃借する場合，過激派の構成員が活動拠点として利用する意図を秘してマ[2]

---

1) したがって，登記移転のとき既遂となる。大判大正11・12・15刑集1巻763頁〔307〕。
2) いかなる事情があれば暴力団による組事務所として使用する意図を秘した賃貸借が2項詐欺にあたりうるかについては，水上嘉寛「暴力団組長らによる不動産賃貸借詐欺の事案について」捜査研究681号44頁以下参照。

ンションを賃借する場合（大阪地判平成17・3・29判タ1194号293頁）には，たとえ不動産の占有を取得したとしても，それは単なる利用可能性の取得にすぎないのであるから，賃借料相当額の利益または端的に居住の利益を得たものとして，2項詐欺の成立を認めるべきであろう。

(2) **財産上の利益**　2項にいう「財産上不法の利益」とは，不法に財産上の利益を得ることをいい，利益自体が不法性を有する必要はない。通説・判例によれば，財産上の利益とは，財物以外の財産的利益の一切をいい，債権や担保権の取得，労務・サービスを提供させる等の積極的利得のほか，債務免除や支払猶予を得るような消極的利得をも含むとされている。基本的には妥当であるが，なおつぎの点に注意する必要があろう。

(a)　終局的に財物の詐取を目的とした行為である場合には，そのための前提としての債権取得行為はあくまで1項詐欺の未遂であって，これを2項詐欺の既遂とするには特別の事情がなければならない。たとえば，欺罔行為により被欺罔者に金銭の交付を約束をさせたが，まだ受け取っていない場合には，1項詐欺の未遂にとどまると解すべきである。判例も，不動産の詐取については，単に所有権移転の意思表示をさせただけでは足りず，現実に占有を移転するか所有権移転登記をすることにより1項詐欺の既遂となるとしている（前掲大判大正11・12・15）。これに対して，詐欺賭博によって，客に債務を負担させた段階ですでに2項詐欺の既遂とする判例（最決昭和43・10・24刑集22巻10号946頁〔308〕）には疑問が残ろう。[3]

(b)　債務免除のほか債務の履行や弁済の一時猶予も財産上の利益にあたるとするのが通説・判例である（大判明治44・10・5刑録17輯1598頁，大判大正12・6・14刑集2巻537頁〔306〕，最決昭和34・3・12刑集13巻3号298頁）。しかし，すでに2項強盗罪のところで述べたように，財産上の利益を得たというには，財物の移転と同視しうるだけの具体性・確実性が必要である。したがって，債務の履行の一時猶予の場合には，これにより債権の財産的価値が減少したことが必要であろう（平野219頁）。すでに履行遅滞の状態にある債務者が，欺罔手段によって督促を一時免れたという事案に関し，財産上の利益を得

---

3)　大谷275頁，中森142頁，曽根150頁。ただ，この事案では，犯人が暴力団員であるため，約束をすれば実際に金員を渡したのと同視しうると考えられたのかもしれない。

たというためには「債権者がもし欺罔されなかったとすれば，その督促，要求により，債務の全部または一部の履行，あるいは，これに代りまたはこれを担保すべき何らかの具体的措置が，ぜひとも行われざるをえなかったであろうといえるような，特段の情況」が必要であるとした判例（最判昭和30・4・8刑集9巻4号827頁〔305〕）は，この趣旨を認めたものといえよう。実際にも，一時猶予が財産上の利益にあたるとされた事案のほとんどは支払いの一時猶予を名目に事実上債務の支払いを免れようとしたものである。

(c) 労務の提供　通説は，労務・サービスの提供も当然に財産上の利益にあたるとする。しかし，たとえば，母親が急病だと偽って友人の車で送ってもらった場合にも2項詐欺罪が成立すると解すべきではないから，有償の役務，対価を伴う役務に限定すべきであろう（有償役務説）（平野219頁，中森104頁，曽根109頁，山口248頁，高橋299頁）。さらに最近では，労務の提供自体は，その非移転性のゆえに財産上の利益にはあたらず，有償の役務を利用しつつ終局的に対価の支払いを免れることが財産上の利益であるとする見解（債務免脱説）も有力となっている（町野128頁以下，結論同旨，内田274頁以下）。両説の違いは，たとえば料金を支払う意思がないのにタクシーに乗った場合，有償役務説によれば，タクシーの運行が開始された時点で2項詐欺が既遂となるのに対し，債務免脱説によれば，代金の支払いを欺罔手段によって免れた場合にのみ2項詐欺が既遂となり，それ以前の段階は，当初から欺罔手段によって代金の支払いを免れる意図であれば2項詐欺未遂となり，また，当初から逃走することによって代金の支払いを免れる意図であれば（処分行為に向けられた詐欺行為が存しないから）不可罰となる点にある。債務免脱説にも合理性があると思われるが，その処罰範囲の限定性を考慮すれば有償役務説をとるべきである。

2 欺罔行為

「人を欺いて」とは，欺罔手段により人に錯誤を生ぜしめることをいう。旧規定では，「人ヲ欺罔シテ」とされていたため，欺罔行為と呼ばれていた。現在は，法文上の文言ではないが，学説・判例においては，なおこの言葉が使われているため，本書でも「人を欺く行為」を欺罔または欺罔行為と呼ぶことにする。

(1) 詐欺罪は，欺罔 → 錯誤 → 処分行為 → 詐取という因果系列を予

定するものであるから，欺罔行為は，まず第一に，人に向けられたもので
なければならない。すなわち，機械は錯誤に陥らないから，通貨類似の金
属片を自動販売機に入れてジュース，煙草，乗車券等を不正に取得する行
為は，詐欺罪ではなく窃盗罪となる。同様に，偽造のキャッシュカードや
拾得・窃取したキャッシュカードにより ATM 機（現金自動支払機）から
金銭を引き出す行為も，詐欺ではなく窃盗とするのが判例である（東京高判
昭和55・3・3判時975号132頁〔302〕，札幌地判昭和59・3・27判時1116号143頁＝北海道銀行
事件）。これに対して，通貨類似の金属片を利用して，公衆電話機，コイン
ロッカー，ゲームセンターのゲーム機等を不正に利用しても，利益窃盗で
あるから，現行法上は詐欺にも窃盗にもならず不可罰である。

　第二に，欺罔行為は，財物または財産上の利益の処分行為に向けられた
ものでなければならない。したがって，買い物客を装って洋服を試着中に
逃走する行為や偽電話により家人を外出させた間に家に侵入して財物を領
得する行為などは，偽計的手段を用いてはいるが，それ自体としては処分
行為を目的としたものではないから，窃盗罪が成立し，本罪は成立しない。
その場合，詐欺罪については未遂も成立しないのである。

　＊　**自動設備の不正利用**　　改正刑法草案339条１項は，「不正の手段を用い，対価を
　　支払わないで，自動販売機，公衆電話その他有料の自動設備を利用して，財物又は
　　不法の利益を得た者は，３年以下の懲役，20万円以下の罰金，拘留又は科料に処す
　　る」と規定している。この規定は，現在も窃盗罪で処罰しうる財物に関する類型と，
　　現行法では処罰できない利益窃盗の類型とを併せて規定し，事案の軽微性に鑑みて，
　　窃盗罪よりも軽い刑を定めるものである。

　(2)　欺罔行為とは，取引の相手方が真実を知っていれば財産的処分行為
を行わないような重要な事実を偽ることをいう。したがって，品物の名称
を偽っても，その品質・価格に変わりがなく，買い主も名称にこだわらず
自己の鑑識をもって購入した場合（大判大正8・3・27刑録25輯396頁），担保物
である絵画が偽物であっても十分な担保価値を有する場合（大判大正4・10・
25新聞1049号34頁）には詐欺にあたらないとするのが判例である。また，判例
は，談合入札についても，予定価格以下の受注である以上，注文者には価
格の点についての錯誤が欠けると解していたが（大判大正8・2・27刑録25輯252
頁），この問題は昭和16年の改正により談合罪（現行法の96条の6第2項）が新

設されたことによって解決された。

さらに，一般の取引において多少のかけひきや誇張は許容されるから，欺罔行為であるというためには，取引の相手方の知識，経験を基準とした場合に，一般人を錯誤に陥らせるに足る程度の事実の虚構等であることが必要である（団藤611頁）。その程度に至らない場合には，不可罰か虚偽広告の罪（軽犯罪法1条34号）が成立しうるにとどまる。

(3) 欺罔行為は不作為によっても可能である。不作為による欺罔とは，すでに相手方が錯誤に陥っていることを知りながら真実を告知しないことをいう*。ただし，この場合は，法律上の告知義務が必要とされるが（大判大正6・11・29刑録23輯1449頁），判例は，生命保険契約の締結に際して既往症を告知しなかった場合（大判昭和7・2・19刑集11巻85頁〔297〕）のように，法令上告知義務がある場合（保険法4条，37条，66条）のほかに，準禁治産者（現被保佐人）が，そのことを秘して金銭を借り受けた場合（大判大正7・7・17刑録24輯939頁〔295〕），抵当権が設定登記済であることを秘して不動産を売却した場合（大判昭和4・3・7刑集8巻107頁〔296〕），誤振込みであることを秘して預金の払戻しを受ける場合（最決平成15・3・12刑集57巻3号322頁〔304〕，なお255頁参照）などについて，信義誠実の原則に基づき，かなり広い範囲で告知義務を認めている。しかし，この場合も，個別的な取引の内容に関する重要な事実か否か，相手方の知識，経験，調査能力等の諸事情を考慮して告知義務の存否を判断すべきであろう（その趣旨の裁判例として，東京高判平成元・3・14判タ700号266頁〔299〕）。ただし，個別的な契約の履行意思や履行能力と異なり，一般的な営業状態，信用状態については告知義務が認められないと解すべきである（大判大正13・11・28新聞2382号16頁，福岡高判昭和27・3・20判特19号72頁〔298〕，前掲東京高判平成元・3・14）。

不作為による欺罔と区別すべきなのが挙動による欺罔である。たとえば，最初から支払いの意思も能力もなく，食堂で注文して飲食する行為は，不作為の欺罔のようにも見えるが，注文の際には支払意思を伴うのが通常であるから，支払意思があるかのように装って注文するという作為による欺罔と解してよいのである（最決昭和30・7・7刑集9巻9号1856頁〔312〕）。取り込み詐欺についても，支払いの意思も能力もないのに商品等を注文し納入させるということが作為による欺罔であるとするのが判例である（最決昭和

第4節　詐　欺　罪　　2　詐　欺　罪　　*211*

43・6・6刑集22巻6号434頁）。

* **釣り銭詐欺**　500円の物を買うのに1000円札を出したところ，売主が1万円札を受け取ったと勘違いし，釣り銭として9500円返却した場合，受け取ってから気がついたが黙って持っていく行為は占有離脱物横領になる。しかし，売主が釣り銭を渡すときに気がついたのに9500円受け取り領得する行為は，信義則上釣り銭が多いことの告知義務があり，不作為による欺罔に当たるとするのが通説である。これに対して，不作為の欺罔を認めるのは，相手方の財産の保護義務を認めることであるから，通常の取引関係については認めるべきでないとして，この場合に詐欺罪の成立を否定する見解もある（中森137頁，井田261頁，松原266頁）。

3　処分行為

(1)　**総説**　既述のように，詐欺罪が成立するには，欺罔により錯誤を生ぜしめ，この錯誤による瑕疵ある意思に基づいて財物または財産上の利益を相手方に移転させる処分行為が必要である。したがって，処分（交付）行為に向けられた欺罔行為はあるが，相手方が錯誤に陥らず，別の理由で（たとえば憐憫の気持ちから）財物を交付した場合には，詐欺罪の予定する因果関係が切れるため未遂犯が成立するにとどまる。

　交付の相手方は欺罔行為者以外の第三者でもよいが，実質的に行為者に交付したといえる場合か，行為者が第三者に利得させることを目的とした場合に限るべきであり（大判大正5・9・28刑録22輯1467頁，大阪高判平成12・8・24判時1736号130頁〔326〕），全く無関係の第三者に交付させた場合は，毀棄罪等が成立することは格別，本罪は成立しないと解すべきであろう。欺罔行為により，いったん財物を放棄させてから領得する場合については，窃盗罪と解する説（団藤616頁），占有離脱物横領罪と解する説（瀧川159頁）もあるが，放棄させた後ただちに拾得しうる場合には詐欺罪の成立を認めてよいと思われる。

(2)　**処分意思の要否**　処分行為は，窃盗罪と詐欺罪とを区別する要素である。両罪の区別は，財物に関するかぎり犯罪の個別化の問題にすぎない。しかし，財産上の利益に関しては，詐欺利得罪が処罰されるのに対し（246条2項），利益窃盗は不可罰であるから，処分行為の有無は可罰性の限界を画することになる。このため処分行為を認めるための要件が重要になるのである。

　処分行為があるというためには，まず，被欺罔者の瑕疵ある意思に基づ

いて財物の占有が終局的に移転したことが必要である。したがって，自動車の試乗のため一定時間の単独走行をさせる行為は処分行為であり詐欺罪となるが（東京地八王子支判平成3・8・28判タ768号249頁〔311〕），洋服の試着を許された者が，店員の隙をみて逃走する行為は，被欺罔者の意思に基づく占有の終局的移転がないから窃盗罪しか成立しないことになるのである（広島高判昭和30・9・6高刑8巻8号1021頁）。判例には，詐欺目的で金銭を用意させたが，被欺罔者が現金を玄関に置いて便所に行った隙にこれを持ち逃げした行為につき本罪の成立を認めたものもあるが（最判昭和26・12・14刑集5巻13号2518頁〔309〕），この場合，占有はなお被欺罔者に残っており，意思に基づく占有の終局的移転はないというべきであろう。

　問題は，移転する財物や財産上の利益についての認識がない場合である。たとえば甲が乙の本に1万円札がはさまっていることに気づきながら，その本を100円で買い受けた場合，1万円について詐欺罪と窃盗罪のいずれが成立するであろうか。処分行為があるというためには，ある特定の財物を相手方に移転させるという認識まで必要とする立場（意識的処分行為説）によれば窃盗罪が成立する。他方，ある財物の占有が被欺罔者の意思によって終局的に移転したといえる場合には，被欺罔者の認識が個々の財物の移転についてまで及んでいる必要はないとする立場（無意識的処分行為説）によれば1項詐欺罪が成立することになる。すなわち，甲が乙宅において，都内に電話をかけさせてくれと欺罔し，実際には国際電話を利用しながら10円しか支払わなかった場合，無意識的処分行為説によれば2項詐欺罪が成立しうるが，意識的処分行為説によれば不可罰の利益窃盗となるのである。

　学説では，意識的処分行為説も有力であるが（中山272頁，曽根147頁，平川371頁，山口厚「詐欺罪における処分行為」平野龍一先生古稀祝賀論文集(上)441頁以下〔1990〕，林幹人「詐欺罪における処分行為」現代的展開215頁参照，松原272頁），(ⅰ)財物や財産上の利益の占有が被欺罔者の意思に基づいて相手方に移転したといえれば詐欺罪を肯定してよいと思われること，(ⅱ)相手方に，移転する客体を認識させないという最も典型的な類型を詐欺罪から除外するのは妥当でないことから，本罪の処分行為は無意識的なもので足りると解すべきであろう[4]（平野215頁，中森139頁，大谷275頁，高橋311頁）。判例は，一方で，文書の内容を偽って

債務証書に署名させる行為は文書偽造であって詐欺罪は成立しないとするが（大判明治43・10・7刑録16輯1647頁），他方，電気計量器の針を逆回転させて料金の支払いを免れる行為のように利益の移転について認識のない場合にも詐欺罪の成立を認めている（大判昭和9・3・29刑集13巻335頁〔320〕）。以下では，処分意思の要否が問題になる無銭飲食・宿泊，キセル乗車の事例を検討することにしよう。

(3) **無銭飲食・宿泊**　すでに述べたように，無銭飲食・宿泊も，当初から支払意思がない場合には挙動による欺罔として，料理等を注文・飲食した時点で少なくとも1項詐欺罪が成立する。問題は，当初支払いの意思があった場合である。この場合には，店員等の隙をみて逃走したときは利益窃盗として不可罰である。これに対して，なんらかの偽計手段によって支払いを免れた場合，どこまで2項詐欺罪の成立を認めうるかが問題となる。

判例は，無銭飲食・宿泊した後に，自動車で帰宅する知人を見送ると欺いて店先に出たまま逃走したという事案に関し，傍論ではあるが，「債権者を欺罔して債務免除の意思表示をなさしめることを要するものであって，単に逃走して事実上支払をしなかっただけで足りるものではない」とし，意識的処分行為を必要とする立場をとっている（最決昭和30・7・7刑集9巻9号1856頁〔312〕）[5]。このため，その後の下級審判例では，この判例に従い，「映画を見に行ってくる」と偽って外出したまま帰らなかった事例につき，債務を免除するとか支払いを猶予するという意識的な処分行為が必要として無罪としたものもある（東京高判昭和31・12・5東時7巻12号460頁〔313〕）。しかし，他方で，「外出して夕方帰ってくる」と偽り逃走した事例につき2項詐欺罪の成立を認めたもの（仙台高判昭和30・7・19裁特2巻16=17号821頁），「今晩必ず帰ってくる」と欺いて外出し逃走した場合につき，黙示的な支払猶予

---

4)　現在では意識的処分行為説の立場からも，処分意思の内容を大幅に緩和する見解が有力であり，無意識的処分行為説との相違は実質的にほとんど解消されている。なお，井田266頁は，1項詐欺については具体的な財物の占有移転についての認識を要求しつつ，2項詐欺については，緩和された処分意思があれば足りるとする。佐伯仁志「詐欺罪(2)」法教373号119頁以下も同様の理解を示す。

5)　これに対し，大判大正15・10・23新聞2637号9頁は，同種の事案に関し無意識的処分行為で足りるとする立場をとっていた。

の意思表示を認めて2項詐欺の成立を認めたもの（東京高判昭和33・7・7裁特5巻8号313頁〔314〕）もあるのである。

前掲最決昭和30年7月7日に対する意識的処分行為説の対応は必ずしも明確ではないが，処分意思（利益の移転という結果の認識）を必要としつつ，偽計による逃走の類型については債権の存在が認識されているという理由で処分行為を肯定しうるとする見解（曽根151頁，大塚262頁も同旨であろう）は理論的一貫性を欠くように思われる。これに対して，無意識的処分行為で足りるとする見解によれば，「映画を見に行ってくる」とか「散歩に行ってくる」といって外出することを認めた場合，そこでは財産上の利益（代金債権の準占有）が被害者の意思に基づいて欺罔行為者に終局的に移転したといえるから処分行為を認めうるといえよう（大谷276頁）。ただし，すでに述べたように，処分行為の要件としては，被害者の意思に基づく利益の終局的移転が必要であるから，たとえば同じ店内のトイレに行くとか（福岡地小倉支判昭和34・10・29下刑1巻10号2295頁），知人を見送りに行くといって玄関先に出たにすぎない場合（前掲最決昭和30・7・7）には，いまだ相手方に事実上財産上の利益の処分を委ねるという外形的事実の認識がなく，したがって利益の終局的移転の認識を欠くから処分行為の存在は否定されるべきであろう。

(4) **キセル乗車**　　キセル乗車とは，たとえばJR線のA―B駅間の乗車券を購入し，A駅の改札係甲に呈示して改札口を通過して電車に乗り，あらかじめ購入してあったC―D駅間の定期券をD駅の集札係乙に呈示して改札口を通過することによりB―C間の運賃の支払いを免れる行為をいう。キセル乗車については，2項詐欺罪を肯定する説とこれを否定し鉄道営業法29条の無賃乗車罪（罰金等臨時措置法2条により2万円以下の罰金または科料）の成立のみを認める説とが対立している。

まず，否定説は，①A―B駅間の乗車券は有効であり，かつ，行為者には乗越しの申告義務がないから，乗車駅においては甲に対する欺罔行為が認められない，②下車駅の乙は，B―C間の運賃債権の存在すら認識していないから，意識的処分行為必要説からは処分行為が認められないという理由に基づく（東京高判昭和35・2・22東時11巻2号43頁〔316〕。同旨，岡野161頁，曽根151頁以下，平川372頁，山中390頁以下）。これに対して，肯定説は，さらに2つに

分かれる。その第一は乗車駅基準説であり、①A—B駅間の乗車券は無効であり、これを有効と誤信して入構、乗車を許容した甲に対する欺罔行為を認めうる、②その結果、電車の職員が行為者をD駅まで運搬するという役務・輸送の利益を提供したことが処分行為であるとして、A駅を出発した時点で既遂を認める見解である（大阪高判昭和44・8・7刑月1巻8号795頁〔317〕）。しかし、まず、A—B駅間の乗車券を無効と解するのは不当であろう。さらに、直接欺罔行為の対象となっていない電車の職員を処分行為者とすることはできない（平野216頁）。また、改札係の甲に運搬という役務提供の処分権限まで認めることには無理があるように思われる。第二は、下車駅基準説であり、C—D駅間しか乗車していなかったかのように集札係乙を欺いてB—C間の差額運賃の請求をさせずに、その支払いを免れた点を捉えて2項詐欺罪の成立を認める見解である（平野216頁、内田318頁、福田259頁）。

　詐欺罪の成立を認めるとすれば、下車駅基準説の方が理論的に妥当である。しかし、ここでも、問題は処分意思の要否にある。すなわち、下車駅の集札係乙はB—C間の差額運賃の請求権の存在を認識していないのであるから、そこでは意識的処分行為を肯定しえないのである。したがって、下車駅基準説をとる以上は、無意識的処分行為説を前提にすべきであろう。意識的処分行為を必要としながら、この場合には、被欺罔者に債権の価値について決済する意思があるから処分意思を認めうるとする見解（山口・前掲455頁、同261頁）もあるが、集札係乙は、債権の存在すら認識していないのであるから、この理由づけには無理があるように思われる。

　しかし、現在、多くの駅に設置されている自動改札装置を利用した場合は、キセル乗車も詐欺罪を構成する余地はない（なお、電子計算機使用詐欺罪の成立を認めた裁判例については、241頁を参照）。これに対処するには、技術的措置が第一であるが、なお刑罰的対応が必要だとすれば改正刑法草案339条2項のような立法が必要であろう。

6）　同旨、大塚264頁、大谷278頁。ただし、両説とも甲が役務提供の処分行為者であるとする。

7）　もっとも、乗車駅基準説の論者は、A駅の改札を通過した後にキセル乗車の意思を生じた場合を捕捉するため下車駅基準説をも併用している。

8）　改正刑法草案339条2項「不正の手段を用い、対価を支払わないで、公衆のための交通機

216 第2編 個人的法益に対する罪 第6章 財産に対する罪

* **有料道路のキセル利用** 福井地判昭和56年8月31日判時1022号144頁〔319〕は，A―C間の有料道路を利用しながら，あらかじめCインターチェンジに近いBインターチェンジからの通行券を用意しておき，B―C間の料金しか支払わなかった事例につき，Cインターチェンジの料金徴収員の過少請求行為が処分行為にあたるとしているが，これも無意識的処分行為説を前提とするものといえよう（芝原邦爾「社会現象の変化と刑法の解釈」法セミ333号131頁）。

4 三角詐欺

(1) **意義** たとえば，銀行の支店長を欺罔して融資を受けた場合，被欺罔者および処分行為者（交付者）はその支店長だが，被害者は銀行である。このように，詐欺罪においては，被欺罔者と被害者が異なる場合がある。これを三角詐欺と呼ぶ。三角詐欺においては，被欺罔者と被害者は異なってもよいが，被欺罔者と処分行為者とは一致しなければならない。なぜなら，この両者が一致しなければ，詐欺罪の本質的要素である錯誤に基づく処分行為が欠けることになるからである。さらに，その場合も，被欺罔者には被害者の財産を処分する権限のあることが必要である。たとえば，AがBにC宅の庭にあるボールは自分のものだから取ってきてくれと欺いて取らせた場合，BにはCの庭のボールを処分する事実上ないし法律上の権限はないから，Aは窃盗の間接正犯であって，詐欺罪は成立しない。また，Aがアパートの管理人Bに，居住者Cの親だと偽ってCの部屋の鍵を開けさせてCの財物を持ち去った場合も，Bには処分権限がないから，Aの行為は（住居侵入罪と）窃盗罪にしかならないのである。

(2) **訴訟詐欺** 三角詐欺として問題となるのが，訴訟詐欺である。たとえば，Aが売買契約に基づく不動産引渡請求訴訟をBに対して提起し，Aが偽証行為により，裁判所を欺いて不動産を明け渡すべき旨の給付判決をなさしめ，それを強制執行させることによりAに移転させた場合である。この場合に詐欺罪を否定する見解がある。その理由は，第一に，裁判所は，民事訴訟において形式的真実主義ないし弁論主義を採用することから，Aの主張が虚偽だとわかっていてもA勝訴の判決を下さなければならないから，この場合錯誤が欠けることになる，第二に，BがAに土地を明け渡す

関を利用した者も，前項と同じである」。

行為は，Bの意思に反しており，意思に基づく交付行為とはいえないという点に求められている（団藤614頁）。このうち，第二の点は，Bが処分行為者であることを前提とするものであろうが，この場合は，裁判所が欺罔されかつ処分行為を行うのであって，Bは被害者にすぎない。すなわち，裁判所という処分権限者を欺罔してBに被害をもたらす三角詐欺の一類型と考えれば問題はないといえよう（平野217頁，虚偽の公示催告申立てにより除権判決を得た例につき大判明治44・11・27刑録17輯2041頁〔321〕，虚偽の証書に基づき支払命令を申請した例につき大判大正5・5・2刑録22輯681頁〔322〕）。

　これに対して，第一の点には十分な理由があるが，裁判所が虚偽だとわかっていながらA勝訴の判決を下さなければならない場合はきわめて限られている。すなわち，実際上は，Bが口頭弁論期日に欠席し，そのことにより原告の主張を認めたことになる擬制自白の場合（民訴法159条）である。この場合，弁論主義からは，裁判所はAの主張が虚偽だとわかっていても，A勝訴の判決を下すことになる。しかし，欠席すれば敗訴することがわかっていながらBはそうしたのであるから，そこではそもそも被害者の承諾により詐欺罪の構成要件該当性は失われ，詐欺罪が成立しないと解することも可能であろう。そして，それ以外の場合には，自由心証主義により，民事訴訟においても証拠の評価は裁判所の自由な心証によるのであるから，やはり裁判所に対する欺罔行為を考えることは可能だというべきであろう。

　このように原告・被告の権利関係について判断する判決手続の場合に対して，強制執行段階においては裁判所は処分権限を有しないから，訴訟詐欺は成立しない。たとえば，Aと共謀したBがCになりすまし，簡易裁判所において，C名義の土地の所有権につきAに移転登記手続を行う旨の即決和解を申し立て，裁判官によって作成された和解調書を登記官吏に提出して，CからAへの所有権移転登記手続を行わせた場合，簡易裁判所裁判官および登記官吏には当該不動産を処分する権限はないから詐欺罪は成立しない（最決昭和42・12・21刑集21巻10号1453頁〔323〕）。また，XがAとの間の無効となった和解調書を利用して執行文の付与を受け執行官にBの占有下にある家屋をXの占有に移転させても詐欺罪は成立しないのである（最判昭和45・3・26刑集24巻3号55頁〔324〕。ただし，この場合は，不動産侵奪罪の間接正犯となりうるであろう）。

(3) **クレジットカードの不正使用**　クレジットカードとは，クレジット会社Ｃと会員契約を締結したＡが，Ｃと加盟店契約を結んだＢから商品を購入するとＢはＣから立替払いを受け，その後，Ａは銀行の口座からＣに対して自動決済で代金を支払うというシステムである。それでは，Ａが銀行の口座に十分な預金がないことを知りつつ，Ｂから商品を購入した場合，詐欺罪が成立するであろうか。この場合，ＢはいずれにせよＣから立替払いを受けられるのであるから，ＡがＣに対する支払意思・能力をもたないとしても，Ｂに対する欺罔行為およびＢの錯誤は存在しないとして詐欺罪の成立を否定する見解もある（吉田敏雄・刑法判例百選Ⅱ各論（第3版）91頁〔1992〕）。しかし，もし，ＢがＡに支払いの意思・能力がないことを知っていた場合には，ＢＣ間の立替払いの契約があるとはいえ，Ｃは信義則違反を理由に支払いを拒絶しうるというべきであろう。だとすれば，ＢはＡの支払いの意思・能力に無関心ではありえず，その点についての欺罔・錯誤を認めることは可能だと思われる。

　詐欺罪の成立を認める場合も，その理論構成はいくつかに分かれている。第一は，加盟店Ｂが被欺罔者であり，かつ被害者であるとして1項詐欺を認める見解である（福岡高判昭和56・9・21刑月13巻8=9号527頁〔328〕，大谷265頁，大塚250頁）。この見解は，もっとも簡明であるが，ＢはＣからの立替払いによって損失を被らない以上被害者といいうるかという点で疑問が残るといわざるをえない。第二は，Ａが加盟店Ｂを介してクレジット会社Ｃを欺罔し，Ｂに立替払いをさせて利得したとして2項詐欺罪の成立を認める見解である（藤木370頁）。しかし，Ｃは欺罔されたことを知っていても立替払いをせざるをえないから，そこに錯誤に基づく処分行為を認めることは困難であろう。そこで，現在では，Ｂを被欺罔者・処分行為者，Ｃを被害者とする三角詐欺の構成が有力となっている。その場合も，①ＣがＢに立替払いをする点を捉えて1項詐欺を認める見解（芝原邦爾「クレジットカードの不正使用と詐欺罪」法セミ334号116頁），②ＣがＢに立替払いをすることによりＡが債務を免れる時点で2項詐欺の既遂とする見解（山口厚・刑法判例百選Ⅱ各論（第2版）97頁〔1984〕），③Ａが商品を得て利得しＣが債務を負担して損害を受けた点を捉え，商品購入の時点で2項詐欺の既遂を認める見解（中森喜彦「クレジット・カードの不正使用と詐欺罪の成立」判タ526号79頁）がある。このうち①は，Ａの

得たものは債務の免脱である以上，1項詐欺とする点で，②は立替払いまでを未遂とする点で疑問がある。こうして③が妥当であるが，この見解もＡの獲得したものとＣの損失とが一致しない点で疑問が残るように思われる。結局，クレジット契約の実体を債務引受けと解すれば（クレジット契約の民事法的理解については，長谷川貞之「クレジットカード」森泉章=池田真朗編・消費者保護の法律問題85頁以下〔1994〕参照），Ａが商品を購入した時点で，Ｃがその債務を引き受けることによりＡは代金債務を免れるという利益を得ており，それゆえ，この時点で2項詐欺の既遂が成立すると解すべきであろう（松原290頁も同旨）。

つぎに，判例は，クレジットカードの名義人以外の者が名義人に成り済まし同カードでガソリンの給油を受ける行為につき「仮に，被告人が，本件クレジットカードの名義人から同カードの使用を許されており，かつ，自らの使用に係る同カードの利用代金が会員規約に従い名義人において決済されるものと誤信していたという事情があったとしても，本件詐欺罪の成立は左右されない」との立場をとった（最決平成16・2・9刑集58巻2号89頁〔327〕）。そこでは，名義人本人がカードを使用すべきであるというクレジットカード・システムそのものが詐欺罪によって保護されているともいえる。だとすれば，名義人本人も詐欺罪の共犯たりうることになろう。しかし，名義人に依頼されて他人が使用する場合や名義人の親族が使用する場合などには，少なくとも，詐欺罪の実質的違法性はないとすべきであろう（なお，山中364頁）。

(4) **二重抵当**　三角詐欺との関係では，さらに，ＡがＢのために1番抵当権を設定した後，さらにＣのためにも抵当権を設定して，Ｃの抵当権を先に登記した場合（二重抵当）が問題となる。この場合，Ｃは1番抵当の登記を得ている以上，財産上の損害はないからＣに対する詐欺罪を認めることは困難である。そこで，判例はＢが被害者，Ｃが被欺罔者・処分行為者であるという形で三角詐欺を認めていた（大判大正元・11・28刑録18輯1431頁）。しかし，ＣにはＢの財産を処分するような授権関係がないから，この場合に三角詐欺を認めることはできないというべきである。そのため，現在の判例は，二重抵当は背任罪にあたるとしている（最判昭和31・12・7刑集10巻12号1592頁〔394〕）。

220 第2編 個人的法益に対する罪 第6章 財産に対する罪

5 財産的損害

詐欺罪の成立に，財産上の損害という要件は必要であろうか。通説は，詐欺罪があくまでも財産犯である以上，なんらかの財産上の損害の発生を必要とするとしつつも，財物や財産上の利益の交付（財物等の喪失）自体が損害であると解しており（団藤619頁，福田250頁，大塚255頁），実質的には財産上の損害を不要とする立場とかわりがないといえよう。しかし，詐欺罪が財産犯である以上，やはり実質的な財産上の損害という要件が必要であるように思われる（実質的個別財産説）。判例も，本来受領する権限を有する工事の請負代金を詐欺的手段によって早期に受領したという事案につき「欺罔手段を用いなかった場合に得られたであろう請負代金の支払とは社会通念上別個の支払に当たるといい得る程度の期間支払時期を早めたものであることを要する」としている（最判平成13・7・19刑集55巻5号371頁〔349〕，伊藤渉「判批」判例セレクト'02 35頁参照）。この問題を，あくまでも246条の書かれざる構成要件としてではなく，欺罔行為または錯誤という要件の理解として解決しようとする見解（山口268頁，佐伯・最前線Ⅱ106頁，井田275頁以下）もあるが，結論に差があるとは思えないし，判例も財産的損害がないとして詐欺罪を否定するものが多いように思われる。

(1) **相当対価の給付** この点でもっとも問題となるのは，価格相当の商品を提供してもなお詐欺罪が成立するかという問題である。判例は，①市価2100円のバイブレータ（電気アンマ器）を中風や小児麻痺に効果のある特殊治療器であり，高価なもののように偽って2200円で売却した事例について，「たとえ価格相当の商品を提供したとしても，事実を告知するときは相手方が金員を交付しないような場合」には詐欺罪が成立するとしている（最決昭和34・9・28刑集13巻11号2993頁〔331〕）。そして，この判例は，財産上の損害が詐欺罪の要件でないがゆえに正当だと理解されているのである。しかし，他方で，②ある薬を相当価格で売る場合において，自分が医者であると詐称した事例について被害者に財産上の損害はないから詐欺罪不成立とした判例もあるのである（大決昭和3・12・21刑集7巻772頁〔330〕）。

では，この2つの判例は矛盾するのであろうか。被害者が失ったものと得たものとが金銭的価値において客観的に同じであれば財産上の損害がないという考え方をとれば矛盾するともいえる。しかし，比較すべきは被欺

第4節 詐 欺 罪　2 詐 欺 罪　*221*

罔者が当該取引において「獲得しようとしたもの」と「給付したもの」で
なければならない（伊藤渉「詐欺罪における財産的損害(2)」警研63巻5号28頁以下参照）。
①において，被害者が獲得しようとしていたものは，購入価格以上の価値
であり，したがって，そこに財産上の損害があるといえる。これに対して，
②において被害者が得ようとしたものは，まさしくその薬であって，定価
どおりで効能も同じであるならば，医者と詐称したことは財産上の損害を
基礎づける要因とはいえないのである。このように，実質的な財産上の損
害の有無は被害者が獲得しようとして失敗したものが，経済的に評価して
損害といいうるものかどうかということにより決定すべきである。そして，
損害の概念をこのように考えるならば，詐欺罪も財産上の損害を要件とす
ると解すべきであろう。

　同様の考え方は，配給詐欺や国有地の不正取得についても妥当する。判
例は，受給資格を偽って配給を受ける行為（最大判昭和23・6・9刑集2巻7号
653頁〔333〕），営農意思を偽って国有地の払下げを受ける行為（最決昭和51・
4・1刑集30巻3号425頁〔332〕）について詐欺罪の成立を認めている。これに対
して，学説では，行政的規制に反した点が問題であるにすぎず詐欺罪とし
ての定型性にかけるとする見解も有力である（団藤607頁，福田249頁）。たしか
に，これらの場合，公定価格は支払われているであろう。しかし，これら
の場合の食糧や農地の価格は本来よりも低く設定されているであろうから，
そこに財産的な被害を認めうるといえよう。さらに，限られた資源を国家
政策により公平または効率的に配分するという利益自体も経済的価値を有
するといってよいのである。通説も，結論的には詐欺罪の成立を肯定する。
ただ，その理由づけは，財物の交付自体が損害であるとするものである。
しかしながら，この見解によれば，医者の処方箋を偽造して要処方薬を購
入する行為や18歳未満の者には購入の禁止されている書籍を17歳の者が年
齢を偽って購入する行為までも詐欺罪にあたることになろう。しかし，こ
の結論は財産上の損害という見地から不当である。薬の規制や，書籍等の
年齢制限は，その財貨の配分とはなんら関係がなく，もっぱらその使用に
よる有害な影響の防止が目的となっているにすぎないからである。

───────────────

9）　詐欺罪の成立を否定したものとして，東京地判昭和37・11・29判タ140号117頁〔335〕。
　これに対し，平野220頁は詐欺罪を肯定する。

(2) **証明書の詐取**　　財産的損害の要件との関連では，虚偽の申立てにより各種証明書の交付を受ける行為が問題となる。判例は，建物所有証明書（大判大正3・6・11刑録20輯1171頁），印鑑証明書（大判大正12・7・14刑集2巻650頁〔337〕），旅券（最判昭和27・12・25刑集6巻12号1387頁〔338〕〔520〕），運転免許証再交付（高松地丸亀支判昭和38・9・16下刑5巻9=10号867頁〔336〕）について詐欺罪の成立を否定している。その理由づけについては，行政的規制の潜脱であって詐欺罪の定型性を欠くという見解（団藤608頁）もあるが，一般には，財物性・財産上の利益が欠如するためとする見解が有力である（平野219頁，なお，中森135頁）。たしかにそのような側面はある。上記の印鑑証明書の詐取に関する大正12年判決が「詐欺罪は財産権を侵害すべき行為を要素とするものなるが故に仮令人を欺罔して一定の意思表示を為さしむるも其の行為にして上叙の性質を有せざる場合に在りては同罪を構成するを得ざること勿論なり」と述べているのがその一例である。そこでは，これらの文書が資格や事実証明に関するものであり財産権と関係するものではないことが考慮されているのである。しかし，他方で，157条2項（免状等不実記載罪）の存在も考慮さるべきであろう。同条項は，免状，鑑札，旅券についての間接無形偽造を罰するものであるが，そこでは，当然に内容虚偽の証明書の受交付という詐欺罪の類型まで含んで処罰されており，別途詐欺罪の成立を認めることはできない（前掲最判昭和27・12・25参照）。そこから，さらに，虚偽の申立てによる免状，鑑札，旅券以外の証明書の詐取を詐欺罪で処罰することは，157条2項と246条との刑の均衡という観点からみて，原則的には許されないというべきであろう。

　　もっとも，157条2項は，それ自体としては経済的価値の低い事実証明についての公文書の間接無形偽造を処罰するものであるから，同条項の対象とならない公的文書であって社会生活上重要な経済的価値を有するものである場合（とくに一定の給付を内容とする文書）には，詐欺罪の成立を認めてもよいであろう。この意味で，米穀通帳（最判昭和24・11・17刑集3巻11号1808頁），輸出証明書（大阪高判昭和42・11・29判時518号83頁），国民健康保険証（大阪高判昭和59・5・23高刑37巻2号328頁〔339〕，最決平成18・8・21判タ1227号184頁〔341〕。否定例として，名古屋地判昭和54・4・27刑月11巻4号358頁），簡易生命保険証書（最決平成12・3・27刑集54巻3号402頁〔340〕）の不正受交付につき詐欺罪の成立を認め

た判例は妥当といえよう。なぜなら，いずれも，単に国家その他の公的機関による事実証明の作用を侵害したに止まらず，明らかに財産的損害を与えまたは与える可能性のある文書といえるからである。

　(3)　**預金通帳の詐取**　　なお，私文書についても同様のことが妥当するといってよい。最高裁は，①他人名義で銀行預金口座を開設し預金通帳の交付を受けた事案に関し，「預金通帳は，それ自体として所有権の対象となり得るものであるにとどまらず，これを利用して預金の預入れ，払戻しを受けられるなどの財産的な価値を有するものと認められるから，他人名義で預金口座を開設し，それに伴って銀行から交付される場合であっても，刑法246条１項の財物に当たると解するのが相当である」としている（最決平成14・10・21刑集56巻８号670頁〔343〕）。さらに，②第三者に譲渡する意図を秘して自己名義の預金口座を開設し預金通帳（およびキャッシュカード）の交付を受ける行為についても「銀行支店の行員に対し預金口座の開設等を申し込むこと自体，申し込んだ本人がこれを自分自身で利用する意思であることを表しているというべきであるから，預金通帳及びキャッシュカードを第三者に譲渡する意図であるのにこれを秘して上記申込みを行う行為は，詐欺罪にいう欺罔行為にほかならず，これにより預金通帳及びキャッシュカードの交付を受けた行為が刑法246条１項の詐欺罪を構成することは明らかである」としている（最決平成19・７・17刑集61巻５号521頁〔344〕）。①においては，預金通帳が財物にあたるとし，②においては第三者に譲渡する意図を秘した申込み行為が挙動による欺罔行為にあたることを判示したものであり，そこでは，銀行における財産的損害の存否は全く問題にされていないのである。

　このような判例が，仮名口座や借名口座がマネーロンダリングその他の犯罪，とくに，振り込め詐欺の受け皿として利用されているという憂慮すべき社会的事情を考慮したものであることは，ほぼ間違いがないと思われる。それは，平成19年（法133号）に振り込め詐欺等の被害者保護のために，いわゆる「振り込め詐欺救済法」が制定され翌年の６月から施行されていることにも現れている。この問題について，犯罪収益移転防止法28条（旧本人確認法16条の２）は「他人になりすまして特定事業者……との間における預貯金契約……に係る役務の提供を受けること又はこれを第三者にさせる

224 第2編 個人的法益に対する罪 第6章 財産に対する罪

ことを目的として，当該預貯金契約に係る預貯金通帳，預貯金の引出用の
カード，預貯金の引出し又は振込みに必要な情報その他特定事業者との間
における預貯金契約に係る役務の提供を受けるために必要なものとして政
令で定めるもの……を譲り受け，その交付を受け，又はその提供を受け」
る行為を犯罪化し，処罰している。しかし，この規定は，すでに銀行など
の金融機関から交付を受けた預金通帳の譲受け，交付，提供を処罰するも
のであり，銀行等から直接預金通帳の交付を受ける場面について規定する
ものではなく，そこは，上記①②の判例による詐欺罪の成否の判断に委ね
られているのである[10]。

　そこで，上記①②の判例の当否が問題となる。この点について，まず①
に対して，銀行員は口座契約および通帳の交付により相手方に預金の出し
入れや ATM 機の利用などの便益を与えることによる銀行の経済的負担に
ついては完全に認識しているから「法益処分の有無・量・目的についての
錯誤（法益関係的錯誤）」が存在しないとして詐欺罪の成立を否定する見解
（佐伯・最前線Ⅱ112頁，高橋334頁），同様に，他人名義で預金通帳の交付を受け
る行為は，「銀行側にとって経済的損得に関する重要な事実の錯誤をもた
らすものではなく，1項詐欺を認めることは妥当でない」とする見解（伊
藤渉「判批」ジュリ1277号139頁）がある。この見解によれば，②の判例は自己名
義の預金通帳の交付を受ける事案であるから，当然に詐欺罪の成立を否定
すべきことになろう[11]。

　これに対して，①②の判例の結論を支持する立場からは次のような見解
がある。すなわち，詐欺罪において財物はそれ自体として保護されるので
はなく「一定の目的達成手段」として保護されるのであるから，この目的
の達成が失敗に終わったときにのみ欺罔行為または錯誤が認められる。そ
して，預金通帳の場合には，上記のような社会状況の変化を考慮すれば①
②の判例ともに「本人確認がなされた者に通帳を交付する」，「自己が使用
する目的の者に通帳を交付する」という目的の不達成が認められるから詐

---

10) 町田鉄男「金融機関等による顧客等の本人確認等に関する法律の一部を改正する法律に
　　ついて」研修685号59頁以下参照。
11) 事実，①の控訴審判決である福岡高判平成13・6・25（刑集56巻8号686頁参照）は，他
　　人名義の預金口座開設による利益は詐欺罪の予想する利益の定型性を欠くとして詐欺罪を否
　　定していた。

欺罪の成立を認めてよいとするのである。たしかに，この目的不達成理論がかなりの説得力を有することは否定できない。しかし，この「目的」をどのようなものとして設定するかは，かなり不明確である。たとえば，「本人確認がなされた者に預金通帳を交付すること」が目的だとすれば，①の事例では目的の不達成である。しかし，これは②の事案には妥当しない。そこでは，さらに「預金通帳を交付後も名義人自身に当該通帳を使用させること」にまで目的を拡張しなければ目的の不達成を肯定できないであろう（足立友子「判批」刑ジャ11号123頁）。さらに，この見解によれば，これまで詐欺罪が否定されてきた成年者であると欺罔されて未成年者に有害図書を定価で販売する行為や偽造された処方箋で要処方薬を定価で販売する行為などまでが詐欺罪にあたりうることになるといえよう（事実，長井・前掲注12）182頁はこれを認める）。事実，②の平成19年決定の調査官解説においては，振り込め詐欺やマネーロンダリングの防止という観点が詐欺罪を肯定する底流にあることを認めた上で，未成年者への酒，タバコ，有害図書の販売の事例について詐欺罪が成立しないとする現在の通説的見解に対し，「上記のようなコンセンサスは，それらに対する規制及びその運用やこれを取り巻く社会の意識が『おおらかな時代』には妥当したものと思われるが，決して所与のものでも不動のものでもないのではなかろうか。この設例についても，現今の法規制や社会情勢を踏まえ，成人のみに対する販売を重視し，励行しているという販売者が決して珍しくない中で，そのような販売者に対して敢行されたのであれば，上記行為について詐欺罪の成立は妨げられないという解釈をするのがむしろ自然であるように思われる」としている（前田巌・平成19年度最判解刑119頁以下〔143頁〕）。しかし，このような解釈は，詐欺罪を財産犯から国家的法益に対する罪，社会的法益に対する罪へと変容させるものとして妥当ではないと思われる（佐伯仁志「詐欺罪(1)」法教372号106頁以下〔113頁〕，松原280頁参照）。

　実質的個別財産説から財産的損害が必要であるとする以上，たとえ目的不達成論をとるとしても，そこには銀行等の金融機関がなんらかの財産的

---

12)　山口厚・新判例から見た刑法234頁（第2版，2008），同旨のものとして，長井圓「判批」平成19年度重判181頁，松澤伸「判批」判例セレクト2007・34頁，橋爪隆「詐欺罪成立の限界について」植村立郎判事退官記念論文集第1巻175頁以下（2011）。

損害を被ることまたはその可能性が必要とされるべきであろう。では，②の判例の事案において銀行に財産的損害またはその可能性を肯定できるであろうか。AからBに譲渡されたX銀行のA名義の口座がBによって欺罔された被害者Cからの振り込め詐欺に利用された場合，Bは正当な預金契約者ではないのであるからB自身がATM機から当該金銭を引き出す行為，または，窓口で払戻しを受ける行為は窃盗・詐欺となりうる。もっとも，この場合，口座の名義人であるAの承諾があるともいえる。たしかに，誤振込みに関する平成8年の民事判例によれば原因関係のいかんを問わず，Aは有効に預金債権を取得する。それゆえ，Aの承諾のもとに行われたBの行為は犯罪とならないように見える。しかし，その後，最高裁は平成15年決定で誤振込みの場合に，これを奇貨として払戻しを受けた者に誤振込みである旨の告知義務を認め不作為による詐欺罪を認めた。さらに平成20年の最高裁民事判例（最判平成20・10・10民集62巻9号2361頁）は，X銀行による犯罪行為者Bへの払戻行為はX銀行に過失があっても有効であるとした原審判断を取り消し，X銀行によるBへの支払いが債権の準占有者への弁済として有効か否かを審理させるために破棄差戻しをしている。

　以上をまとめれば次のような結論となる。銀行から他人名義の預金通帳の交付を受ける行為，自己名義であっても第三者に譲渡する意図を秘して預金通帳の交付を受ける行為は，欺罔行為によって預金通帳という財物を取得しているから詐欺罪の客観的構成要件に該当する。そして，この場合，事情を知らない銀行から不正に預金通帳を取得し振り込め詐欺等の犯罪に利用して，当該口座に被害者から振り込まれた金銭の払戻しを受けた者がいた場合，銀行は債権の準占有者（受領権者としての外観を有するもの）に対する弁済として預金債務を免れうることもあるが，場合によっては被害者による不当利得の返還請求または不法行為に基づく損害賠償責任を負う可能性が残されている。銀行が，このようなリスクを負うことは，財産的損害の可能性ということができる。この意味において，①②の判例の事案についても財産上の損害の可能性がある以上，その結論は実質的個別財産説の見地からも妥当と解してよいであろう。

　同様の問題点は，別人を飛行機に搭乗させる目的を秘して，自己が搭乗する者であるように欺罔して搭乗券の交付を受けたという事件についても

認められるといってよい。事案は，被告人ＡがＢと共謀のうえ，トランジットエリアで待機している中国人Ｃに搭乗券を渡し，同人をカナダに密入国させる目的で，Ｂが自己名義で正規に購入した航空券と旅券をチェックインカウンターに提示し搭乗券の交付を受けたというものである。被告人，弁護人は，本件搭乗券の交付により航空会社に取引上の損失は生じていない，入管行政の秩序維持のために，本件搭乗券の交付を財産的処分として位置づけることは不当であると主張した。控訴審判決（大阪高判平成20・3・18刑集64巻5号859頁参照）は，詐欺罪の成立を認めたが，その際「同一性がない者による搭乗券の使用，すなわち航空機への搭乗は，航空機の運航の安全上重大な弊害をもたらす危険性を含み，航空会社に対する社会的信用の低下，業績の悪化に結び付くものであり，さらに，本件の事案では，航空会社は，自社の発券の不備によって搭乗券の使用者にカナダへの不法入国をさせてしまった場合，同国政府に最高額で3000ドルを支払わなければならないことも認められ，航空会社にとって，搭乗券の不正使用を防ぐ財産的利益は極めて大きい」という点も理由としていた。

　これに対して，最高裁は，「このように厳重な本人確認が行われていたのは，航空券に氏名が記載されている乗客以外の者の航空機への搭乗が航空機の運航の安全上重大な弊害をもたらす危険性を含むものであったことや，本件航空会社がカナダ政府から同国への不法入国を防止するために搭乗券の発券を適切に行うことを義務付けられていたこと等の点において，当該乗客以外の者を航空機に搭乗させないことが本件航空会社の航空運送事業の経営上重要性を有していたからであって，……本件係員らは，搭乗券の交付を請求する者がこれを更に他の者に渡して当該乗客以外の者を搭乗させる意図を有していることが分かっていれば，その交付に応じることはなかった。」「搭乗券の交付を請求する者自身が航空機に搭乗するかどうかは，本件係員らにおいてその交付の判断の基礎となる重要な事項であるというべきであるから，自己に対する搭乗券を他の者に渡してその者を搭乗させる意図であるのにこれを秘して本件係員らに対してその搭乗券の交付を請求する行為は，詐欺罪にいう人を欺く行為にほかならず，これによりその交付を受けた行為が刑法246条1項の詐欺罪を構成することは明らかである」として上告を棄却した（最決平成22・7・29刑集64巻5号829頁〔345〕）。

228 第2編 個人的法益に対する罪 第6章 財産に対する罪

控訴審判決と比較した場合，本判決が財産上の損害という要素を詐欺罪の要件から排除しようとしていることは明らかであるが，搭乗券および搭乗者の適切な管理が航空機の運航の安全上重要なことは明らかであり，その不適切な管理は，当該航空会社の業務に対する信頼を失わせ，ひいては，航空会社運営の経済的運営にも重大な影響をおよぼすものといえるから，本件において，財産上の損害の危険性・可能性を肯定することは十分に可能であったように思われる（本決定を支持する見解として，伊藤渉「判批」判例セレクト2010［Ⅰ］36頁，批判的な見解として，照沼亮介「判批」刑ジャ27号87頁，高橋335頁注90，松原281頁参照）。

(4) **不法原因給付と詐欺罪**　民法708条は「不法な原因のために給付をした者は，その給付したものの返還を請求することができない。ただし，不法な原因が受益者についてのみ存したときは，この限りでない。」と規定している。したがって，同条本文によれば，麻薬を売ってやると欺いて代金を詐取した場合でも，給付者は代金の返還を請求できないこととなり，詐欺罪は成立しないのではないかが問題となる。

しかし，判例は一貫して詐欺罪の成立を認めている。通貨偽造の資金と欺いて金銭を詐取した事例（大判明治43・5・23刑録16輯906頁），やみ米を買ってやると欺いて金銭を詐取した事例（最判昭和25・12・5刑集4巻12号2475頁〔352〕），売春をすると偽って前借金を詐取した事例（最決昭和33・9・1刑集12巻13号2833頁），詐欺賭博（最決昭和43・10・24刑集22巻10号946頁〔308〕）等がその例である。その理由は「欺罔手段によって相手方の財物に対する支配権を侵害した以上，たとい相手方の財物交付が不法の原因に基いたものであって民法上其返還又は損害賠償を請求することができない場合であっても詐欺罪の成立をさまたげるものではないからである」（最判昭和25・7・4刑集4巻7号1168頁＝統制物資の詐取）という点に求められている。

学説では，民法708条本文により返還請求が認められない以上，財産上の損害はなく詐欺罪は成立しないとする見解（瀧川157頁，松原295頁）もあるが，通説は詐欺罪を肯定する。もっとも，その理由づけは，①被害者は欺かれなければ財物を交付しなかったであろうからとするもの（福田・旧注釈(6)241頁，大塚253頁，大谷282頁）と，②交付する財物・財産上の利益そのものは，交付するまでは不法性あるものではなく，むしろ詐欺行為によって被害者

の適法な財産状態を侵害するものであるからとするもの（平野220頁，中森135頁，林幹人・刑法の基本判例154頁）とに分かれている。たしかに，この場合を詐欺罪で処罰しても，不法を促進するものでなく，むしろ抑止するものであるから，②説によれば，詐欺罪の成立を肯定することにも合理性があるといえよう。しかし，この立場でも，給付物の返還請求権を否定するのであれば，財産的損害の見地から疑問が残ろう。また，返還請求権がないのであれば，少なくとも追求権説（後述289頁参照）の見地からは盗品性が認められない（したがって，盗品等に関する罪は成立しない）ことになる点も問題であろう。[13]

　②説が，この場合の処罰根拠を，行為者が不法の原因を作りだした点に求めるのだとすれば，それは結局，不法の原因が受益者についてのみ存すると解することにほかならないともいいうるから，この場合は民法708条ただし書が適用され，それゆえ返還請求権が認められ，したがって詐欺罪が成立すると解することも可能であるように思われる。[14]

　つぎに，代金を支払うと欺いて売春させたり，報酬を支払うと偽って犯罪行為を行わせた上で，支払いを免れたような場合にも，2項詐欺罪が成立するかが問題となる。売春の事例につき裁判例は分かれている。[15]詐欺罪の処罰根拠は，単に被害者の財産の保護のみにあるのではなく，かかる違法な手段による行為は社会秩序を乱すことにあるとして2項詐欺罪の成立を認めるものもあるが（名古屋高判昭和30・12・13裁特2巻24号1276頁〔350〕。同旨，団藤618頁，福田・旧注釈(6)242頁，内田307頁），売春行為は公序良俗に反するから，契約は無効であって債務を負担することはないとして同罪の成立を否定するものもある（札幌高判昭和27・11・20高刑5巻11号2018頁〔351〕，福岡高判昭和29・3・9判特26号70頁。同旨，大塚253頁以下，平野220頁，曽根156頁，中森108頁注22）。売春行為が公序良俗に反する以上，それ自体法的保護に値する財産上の利益とはいえない。したがって，詐欺行為により代金の支払いを免れることも財産

---

13)　中森166頁は，追求権説をとりつつも，詐欺罪が成立する以上，この場合も盗品性を認めうるとする。

14)　あへんを密輸入すると偽って消費貸借名下に金銭を詐取した事例に関し，民法708条の適用を認めず返還請求を認めた例として，最判昭和29・8・31民集8巻8号1557頁がある。

15)　もっとも，既述のように，売春行為，犯罪行為という労務の提供自体は財産上の利益でないとする見解をとるとすれば，新たな詐欺行為によって支払いを免れることが必要になる。

230　第2編　個人的法益に対する罪　第6章　財産に対する罪

上の損害を生ぜしめるものではないと解すべきであろう。

6　他罪との関係

　まず，各種偽造罪との関連では，文書偽造・同行使と本罪，有価証券偽造・同行使と本罪の関係は牽連犯とするのが通説・判例である（大判大正4・3・2刑録21輯221頁，大判昭和8・10・2刑集12巻1721頁）。これに対して，通貨偽造・同行使と本罪の関係については，詐欺罪は偽造通貨行使罪に吸収され別罪を構成しないとするのが通説・判例である（大判明治43・6・30刑録16輯1314頁）。詐欺罪の成立を認めるとすれば，偽造通貨と知らずに取得したのち情を知って行使する行為（152条，収得後知情行使罪）の法定刑が，責任の減少を考慮して「その額面価格の3倍以下の罰金又は科料」とされている趣旨を没却するからである。

　つぎに，窃取または詐取した財物を，さらに詐欺行為の手段として財物・財産上の利益を取得する行為は，新たな法益侵害を伴う場合には，共罰的（不可罰的）事後行為ではなく，別に詐欺罪が成立し併合罪となる。たとえば，窃取した郵便貯金通帳を利用して郵便局員から払戻しを受ける行為（最判昭和25・2・24刑集4巻2号255頁），タクシー乗車券を窃取し，これを使用してタクシーを利用する行為（秋田地判昭和59・4・13判時1136号161頁〔329〕）などがその例である。なお，横領罪，背任罪と本罪との関係については，後述する（267頁，284頁以下参照）。

　さらに，返還意思なく詐取した限度額付きのローンカードを使用してローン会社のATM機から現金を引き出す行為については，詐欺罪1罪の成立を認める裁判例とカードの詐取と現金の窃盗の併合罪とする裁判例とに分かれていたが，最高裁は，併合罪説を採用した（最決平成14・2・8刑集56巻2号71頁〔303〕，林美月子・平成14年度重判148頁参照）。この結論は，ローンカードの交付の際にATM機内の現金についても処分意思が及んでいるとはいえないこと，限度枠内で数回，異なったATM機から現金を引き出した場合の処理としては窃盗罪を認めるべきであることから妥当というべきであろう。なお，この理は，10万円の寸借詐欺の場合に，被害者が現金を持っていなかったためにキャッシュカードを交付し，詐欺者が銀行のATM機から10万円を引き出した場合にも妥当する。すなわち，カードの詐取と銀行に対する現金の窃盗の併合罪となるのである（詳細は，西田「キャッシュカード

第4節 詐 欺 罪　2 詐 欺 罪　*231*

等の詐取とその不正利用について」研修621号３頁参照）。

　東京高判平成27・１・29東時66巻1=12号１頁〔342〕は，被告人が，他人名義で
住民基本台帳カード（以下「住基カード」）の交付を申請し，他人名義の住基カード
の交付を受けた事件について，本件の住基カードを使用すると，証明書自動交付機
によって証明書等の交付を受けることが可能であり，しかも，窓口で交付を受ける
場合よりも手数料が安くなっていることなどから，「市区町村が，住基カードを交
付することには，公的な証明書の交付という性質のみならず，財産的な負担を伴う
ようなサービスを提供すること（あるいは提供する可能性のあること）を内包してい
る」として，詐欺罪の成立を認めている。住基カードの不正取得が，単に公的機関
による事実証明の作用を害するものにとどまらず，交付者に財産的な損害を与えま
たは与える可能性があることを重視して，詐欺罪の成立を認めたものといえよう。
　暴力団関係者が身分を秘してゴルフ場の施設利用を申し込む行為については，最
判平成26・３・28刑集68巻３号582頁〔346〕（＝判例①）が詐欺罪の成立を否定する
一方，最決平成26・３・28刑集68巻３号646頁〔347〕（＝判例②）が詐欺罪の成立を
肯定している。いずれの事件においても，ゴルフ場が暴力団関係者による施設利用
を拒絶する方針を示していたことは共通である。もっとも，判例①では，利用客が
暴力団関係者でないことを従業員が確認したり，利用者に誓約させるなどの具体的
な措置は講じられていなかったこと，さらに周辺のゴルフ場においても，暴力団関
係者の施設利用を許可，黙認する例が多数あったことなどから，「上記の事実関係
の下において，暴力団関係者であるビジター利用客が，暴力団関係者であることを
申告せずに，一般の利用客と同様に，氏名を含む所定事項を偽りなく記入した『ビ
ジター受付表』等をフロント係の従業員に提出して施設利用を申し込む行為自体は，
申込者が当該ゴルフ場の施設を通常の方法で利用し，利用後に所定の料金を支払う
旨の意思を表すものではあるが，それ以上に申込者が当然に暴力団関係者でないこ
とまで表しているとは認められ」ず，被告人らのゴルフ場の利用申込み行為は「詐
欺罪にいう人を欺く行為には当たらない」として，詐欺罪の成立が否定された。こ
れに対して，判例②は，(1)ゴルフ場が暴力団関係者の施設利用を拒絶するのは，利
用客の減少やゴルフ場としての信用，格付け等の毀損を未然に防止する意図による
ものであり，ゴルフ場の経営上の観点からとられている措置であること，(2)本件ゴ
ルフ場では，入会審査にあたり暴力団関係者を同伴，紹介しない旨誓約させるなど
の方策を講じていたほか，暴力団排除情報をデータベース化した上，予約時または
受付時に確認することで暴力団関係者の利用を未然に防いでいたことなどを指摘し
た上で，「入会の際に暴力団関係者の同伴，紹介をしない旨誓約していた本件ゴル
フ倶楽部の会員であるＡが同伴者の施設利用を申し込むこと自体，その同伴者が
暴力団関係者でないことを保証する旨の意思を表している上，利用客が暴力団関係
者かどうかは，本件ゴルフ倶楽部の従業員において施設利用の許否の判断の基礎と
なる重要な事項であるから，同伴者が暴力団関係者であるのにこれを申告せずに施

232　第2編　個人的法益に対する罪　第6章　財産に対する罪

設利用を申し込む行為は，その同伴者が暴力団関係者でないことを従業員に誤信さ
せようとするものであり，詐欺罪にいう人を欺く行為にほかなら」ないとして，2
項詐欺罪の成立を認めている。

　判例②においては，(a)施設利用を申し込む行為それ自体が「挙動による欺罔」に
該当するかという観点と，(b)欺かれた内容が「施設利用の許否の判断の基礎となる
重要な事項」にあたるかという観点（重要事項性）から，詐欺罪の成否が判断され
ている（野原俊郎「判解」曹時68巻4号270頁参照）。(a)挙動による欺罔行為性は，申込
行為それ自体が一定の意思や事実を表明する行為と評価できるかの問題であり，当
該行為の社会的意味や当事者の関心などによって判断される。これに対して，(b)重
要事項性は，最決平成22・7・29（227頁参照）が，搭乗券の交付を請求する者が自
ら搭乗するか否かが「交付の判断の基礎となる重要な事項」にあたると判示したの
を受けたものであり，経営上重要性を有する事実について欺かれたといえるか否か
を問題にするものである。判例②が，詐欺罪の成立要件として財産上の損害の発生
を要求するものか否かは必ずしも明らかではないが，実質的損害の存否は事実上，
この「重要事項性」の判断に取り込まれていると評価することもできる。

　判例②は，(a)(b)の判断要素を明確に区別していないが，(a)の判断については，本
件ゴルフ場が暴力団関係者の利用を防止するために厳格な対応を講じていたという
事実が重要であり，(b)の判断では，暴力団関係者のゴルフ場利用によって，利用客
の減少などゴルフ場の経営に支障が生じうるという事実が重要であると解する余地
もあるだろう。

　これに対して，判例①は，問題となったゴルフ場では，利用客が暴力団関係者か
否かについて，必ずしも厳重な確認措置が採られていなかったことから，ビジター
利用客が施設利用を申し込んだとしても，その行為によって自らが暴力団関係者で
はないことまでが表明されているわけではないとして，(a)挙動による欺罔行為性が
否定されたものである。本判決は(a)を否定することで詐欺罪の成立を否定している
ため，(b)本件ゴルフ場にとって利用客が暴力団関係者か否かが「重要な事項」とい
えるかについては，具体的な判断が示されていない。

　最決平成26・4・7刑集68巻4号715頁〔348〕は，被告人が，自己が暴力団員で
あるのにこれを秘して，被告人名義の総合口座の開設を申し込み，被告人名義の総
合口座通帳等の交付を受ける行為について，①政府の指針策定を受けて，本件銀行
においても，暴力団員を含む反社会的勢力に対しては口座の利用を認めない方針が
採られていたこと，②総合口座利用申込書には，申込者が反社会的勢力でないこと
を表明・確約する旨の記載があり，被告人に応対した職員も，その記載を確認して
いたことなどを指摘した上で，「総合口座の開設並びにこれに伴う総合口座通帳及
びキャッシュカードの交付を申し込む者が暴力団員を含む反社会的勢力であるかど
うかは，本件局員らにおいてその交付の判断の基礎となる重要な事項であるという
べきであるから，暴力団員である者が，自己が暴力団員でないことを表明，確約し

て上記申込みを行う行為は，詐欺罪にいう人を欺く行為に当た」るとして，1項詐欺罪の成立を認めている。

　本決定においては，口座の開設を申し込む者が暴力団員等であるか否かが「交付の判断の基礎となる重要な事項」であるとして，欺罔行為性が認められている。これは金融機関としては，暴力団員等に口座を開設させないことについて，経営上重大な利害を有しているという理解に基づくものであろう。なお，本決定では，挙動による欺罔行為性については具体的判断が示されていないが，本件被告人は，自らが反社会的勢力でないことを表明・確約する記載のある枠内に自ら署名押印していることから，署名押印を伴う本件申込行為が挙動による欺罔に該当することは明らかであるという評価を前提にするものであろう（橋爪隆「判批」金法2025号10頁）。

3　電子計算機使用詐欺罪

前条に規定するもののほか，人の事務処理に使用する電子計算機に虚偽の情報若しくは不正な指令を与えて財産権の得喪若しくは変更に係る不実の電磁的記録を作り，又は財産権の得喪若しくは変更に係る虚偽の電磁的記録を人の事務処理の用に供して，財産上不法の利益を得，又は他人にこれを得させた者は，10年以下の懲役に処する（246条の2）。未遂を罰する（250条）。

1　立法の必要性

コンピュータ・システムの普及により，多くの取引決済が人の判断作用を介在させることなく，コンピュータにより自動的に処理されるようになったが，本条はこのようなシステムを悪用する新たな財産侵害行為に対処するため，昭和62（1987）年の改正（法52号）により設けられたものである。

　たとえば，他人のキャッシュカードを不正に利用して，ATM機から現金を引き出す行為は金融機関を被害者とする窃盗罪で処罰しうるが（東京高判昭和55・3・3判時975号132頁〔302〕，札幌地判昭和59・3・27判時1116号143頁＝北海道銀行事件参照），ATM機により他人の預金を自己の口座に振替送金する行為は，それだけではいまだ「財物」を取得したとはいえないために窃盗たりえない。さらに，自己の口座に他人の預金を不正に付け替えた後，いまだ現金化しない間に自動振替によって，電話料金，電気・水道料金等が引き落とされたような場合には，結局，一度も現金を入手していないために，およそ窃盗罪の成立を認めることは困難だったのである。また，金融機関の職員による自己の口座への架空入金データの入力のような不正行為も，

234 第2編 個人的法益に対する罪 第6章 財産に対する罪

事実上自由に処分しうる財産上の利益を得たといえるにもかかわらず，コンピュータの不正操作の段階では，人の判断作用が介在しないために，詐欺・錯誤の要件が欠け，2項詐欺罪は成立しないと解さざるをえなかった（大阪地判昭和57・7・27判時1059号158頁＝三和銀行茨木支店事件参照）。もちろん，一定の部内者については背任罪による処罰が可能であったが，そこでは，一定の権限を有する「事務処理者」であることが必要であるために，背任による対処にも限界があったのである。本条は，このような処罰の間隙に対処するために新設されたものである（米澤編〔的場〕113頁以下，西田典之「コンピュータの不正操作と財産犯」ジュリ885号16頁参照）。

2 罪 質

本罪は，「財産上不法の利益を得，又は他人にこれを得させた者は」という文言からも明らかなように，不法利得罪である。そして，本罪が詐欺罪のつぎに置かれ，その法定刑も10年以下の懲役であること，さらには，本条に「前条に規定するもののほか」という文言のあることに鑑みれば，本罪は，基本的には246条2項の詐欺利得罪の補充類型であるといってよい。それは，2項詐欺罪における欺罔・錯誤の要件を不要とすることによって，「機械は錯誤に陥らない」という詐欺罪不成立の根拠を立法的に除去したものといえよう。したがって，たとえば，入金伝票を偽造して処分権限のある為替係員を欺き，コンピュータにより架空の送金処理をさせたような場合には，本罪ではなく，246条2項の詐欺利得罪が成立することになるのである（米沢編〔的場〕136頁。その例として，大阪地判昭和63・10・7判時1295号151頁がある）。

なお，本罪についても親族相盗例（244条）が準用される（251条）。

3 行 為

本条の行為類型は前段と後段に分かれる。

⑴ 前段は，コンピュータに「虚偽の情報」「不正な指令」を与えて「財産権の得喪若しくは変更に係る不実の電磁的記録」を作成し，これによって自己または第三者に財産上の利益を得せしめる行為である。ここでいう「不実の電磁的記録」とは，「財産権の得喪，変更の事実又はその得喪，変更を生じさせるべき事実を記録した電磁的記録であって，一定の取引場面において，その作出（更新）により事実上当該財産権の得喪・変更が生じる

こととなる」（米沢編〔的場〕118頁）ものを意味するから，銀行等の顧客元帳ファイルにおける預金残高記録，振替社債，振替株式に関する振替口座簿中の顧客口座の記録内容（社債，株式等の振替に関する法律68条，129条）等はこれにあたるが，キャッシュカードやクレジットカードの磁気ストライプ部分の記録，自動車登録ファイル，不動産登記ファイルのように，一定の資格や事実を証明するためのものであって，その作出・変更がただちに財産権の得喪・変更に結びつかないものは含まれない。

「虚偽の情報」とは，当該コンピュータ・システムにおいて予定されている事務処理の目的に照らし，その内容が真実に反する情報をいう（米沢編〔的場〕121頁）。たとえば，すでに述べた預金の不正な付け替え，架空入金データの入力等がその例である。これに対して，金融機関の役職員が，金融機関名義で不良貸付や支払能力の乏しい手形の割引のため，コンピュータの端末を操作して貸付先や割引先の口座へ貸付金や割引金を入金処理する行為は本罪にあたらない。なぜなら，たとえ，これらの行為が背任になるとしても，貸付行為や割引行為自体は民事法上有効とされる結果，電子計算機に与えられた情報も虚偽のものとはいえず，作出された電磁的記録も不実のものとはいえないことになるからである（米沢編〔的場〕142頁，西田・前掲ジュリ885号19頁参照）。しかし，他方で，預金，貸付，送金依頼等なんらかの原因関係を伴わない入金・送金処理は，たとえ金融機関の支店長のような包括的権限者によってなされる場合でも，虚偽の情報にあたると解すべきである*（東京高判平成5・6・29高刑46巻2号189頁〔353〕）。

つぎに「不正な指令」の例としては，プログラムを改変することにより，自己の口座への不実の振替入金を実現する場合等が考えられよう。

* **神田信用金庫事件**　神田信用金庫S支店の支店長が自己の債務の弁済および当座預金の手当てのために，第三者の口座および自己の当座預金口座に架空の入金処理をした事案に関し，第1審判決は，支店長は入金・送金の権限を有するから背任罪が成立するにとどまるとしたが（東京地判平成4・10・30判時1440号158頁，その評釈として，西田典之「判批」ジュリ1021号95頁参照），東京高裁は，「被告人が係員に指示して電子計算機に入力させた振込入金等に関する情報は，いずれも現実にこれに見合う現金の受入れ等がなく，全く経済的・資金的実体を伴わないものであることが明らかであるから，『虚偽ノ情報』に当たり電子計算機使用詐欺罪が成立する」と解している（前掲東京高判平成5・6・29，西田典之「判批」判時1515号〔判評433号〕

252頁参照）。もっとも，現実の銀行実務においては，顧客の依頼により現金の入金がないのに振込送金の手続をとることもありうると思われる。そのような場合に，本罪が成立しないのは当然としても，もし，その後顧客からの入金がなされなかった場合に，いかなる理由づけで本罪の成立を否定するかはなお問題として残る。この場合の入金処理は，立替払い＝貸付行為であって銀行の業務といえ「虚偽の情報」にあたらないから本罪は成立せず，また，このような入金処理が銀行の内規に反していたとしても，顧客との取引維持のためであれば，本人（銀行）のためにする意思であって，図利・加害目的が欠け背任罪にもならないと解するのが妥当であると思われる。

(2) 前段の行為は，さらに，積極利得型と債務免脱型に分けられる。

　まず積極利得型の典型例は，すでに述べたキャッシュカードの不正利用による預金の付け替え，架空の入金データの入力であるが，近時では，ファームバンキング・システムを利用した架空の振替送金データの入力の事例も発生している。そこでは，事実に反するデータの入力が「虚偽の情報」にあたり，その結果改変された顧客元帳ファイル上の口座残高記録が「不実の電磁的記録」であり，そのことによって事実上預金を自由に処分できるに至ったことが「財産上不法の利益」にあたることになる。*

＊　積極利得型の事例　　金融機関のオンラインシステムの不正操作につき，本条の適用された事例としては，前述の神田信金事件のほか，次のものがある。①預金・為替業務に従事する銀行員である被告人が，顧客Ａが預金通帳等を貸金庫に預けたままにしているのを利用し，新たにＡ名義の普通預金通帳を作成し，これを使用してオンラインシステムの端末機を不正に操作し，顧客の口座から自己の口座および第三者の口座に合計160万円を振替入金した事例（大阪地判昭和63・10・7判時1295号151頁＝第一勧銀事件），②信用金庫の為替係の職員であった被告人が，Ｘと共謀の上，オンラインシステムの端末機を不正に操作し，実際には振込依頼を受けた事実がないにもかかわらず，Ｘが設定した預金口座に合計９億7000万円の入金処理を行った事例（東京地八王子支判平成2・4・23判時1351号158頁＝青梅信金事件），③電話回線に接続したパソコンを操作して銀行のオンラインシステムに虚偽の振込送金情報を入力し，他の預金者の口座から共犯者らの口座に合計16億3000万円を付け替えた事例（名古屋地判平成9・1・10判時1627号158頁＝東海銀行事件），④窃取したクレジットカードの情報をクレジット業者の電子計算機に送信し，名義人本人が購入したとする財産権の得喪に係る不実の電磁的記録を作り，携帯電話で利用する約11万円相当の電子マネーの利用権を取得した事例（最決平成18・2・14刑集60巻2号165頁〔356〕，ただし，これは，つぎに述べる債務免脱型ともいいうるようにも思われる）。

第4節　詐　欺　罪　　3　電子計算機使用詐欺罪　　*237*

つぎに，債務免脱型としては，各種課金ファイルの改ざん，架空の弁済データの入力，借入金データの消去等が考えられる[*]。また，他人の ID 番号とパスワードを無断で使用しデータベースを利用する行為も，その他人が利用したものとして課金ファイルの記録が変化し，その結果，不正利用者は事実上利用代金の請求を免れるから，債務免脱型の電算機詐欺が成立すると考えることも可能であろう。同様のことは，他人の電話を無断使用する行為についても，電話料金の課金ファイルとの関係で妥当することになる。事実，他人の電話回線の配線盤に電話機様の器具を接続させて，自己の開設したダイヤル Q^2（電話によって提供されていた有料情報サービス）の番組に電話をかけ，NTT からその情報料金を自己の口座に振り込ませた事案につき，「不正の指令」にあたるとして本罪の成立を認めた裁判例もある[16]。これらの不正使用の事例については，契約者の ID 番号とパスワードによる利用である以上，それは契約者による利用であって，「虚偽の情報」を与えたものとはいえないとする見解[17]も有力である。しかし，この論理を認めるとすれば，拾得したキャッシュカードによる預金の付け替えも，それが契約者のキャッシュカードと暗証番号を利用して行われている以上，本罪にあたらないことになるのではないかという疑問が残る。この点で，不正に取得した他人のクレジット情報を利用し，インターネットを経由して当該他人名義で多数のソフトを購入しダウンロードしたうえ代金の支払いを免れた事案につき，ソフト販売業者の「電子計算機内に，自己ではない上記カード番号の真の所有者が購入したものとする財産権の得喪又は変更に係る不実の電磁的記録を作り，よって上記代金の支払を免れ，もって財産上不法の利益を得た」として本罪の成立を肯定した裁判例[18]は，まさしく本書のような立場を前提とするものであろう[19]。

---

16)　水戸地土浦支判平成5・5・27公刊物未登載。大森良明・警察公論48巻11号85頁に紹介がある。

17)　米沢編〔的場〕132頁。したがって，他人の電話の無断使用についても，契約された電話回線の利用である以上，虚偽の情報ではないということになろう。

18)　東京地判平成16・6・1公刊物未登載。岩山伸二「電子計算機使用詐欺罪の適用が問題となった事例」研修688号93頁に起訴段階での紹介がある。

19)　この点につき，詳細は，西田典之「電子計算機使用詐欺罪についての覚書」植村立郎判事退官記念論文集第1巻155頁以下（2011）参照。

これとの関連で，拾得したテレホンカードで公衆電話を利用するような行為が問題となるが，この場合は，利用の結果カードの磁気情報部分（残度数）が変化するとしても，それは利用の結果であって，「不実の電磁的記録」の作出自体を財産的利得とみることはできないから，本罪にはあたらない。

* **債務免脱型の事例**　東京地判平成7年2月13日（判時1529号158頁〔355〕）は，国際電話サービスを提供していたKDDの料金着信払いサービスを利用して，外国との電話回線に接続させた後，パソコンからの不正信号により，この申込みを取り消しながら同時に外国の電話交換システムからKDDへの取消信号の送信を妨害することにより，KDD，外国の電話会社いずれも自らが課金すべき通話であると認識させないようにして通話をし，通話料の支払いを免れたという事例に関し，本条前段の成立を認めている。そこでは，料金着信払いサービスを利用する意思がないのに，これを利用する旨の番号を送出したことが「不正の指令」にあたり，KDDの課金システムに料金着信払いの通話である旨のファイルを作出させた点が，「不実の電磁的記録」にあたるとされている。

(3)　本条後段は，「財産権の得喪若しくは変更に係る虚偽の電磁的記録を人の事務処理の用に供して」自己または第三者に財産上の利益を得させる行為である。その典型例としては，内容虚偽の銀行の元帳ファイルを作成し，正規のものと差し替えて口座残高を変更させる行為，内容虚偽のプリペイドカードやICカードを作成・使用して不法にサーヴィスの提供を受け代金の支払いを免れる行為が考えられよう。たとえば，偽造・変造のテレホンカードで公衆電話を利用する行為，偽造のスイカカードでJRの電車を不正に利用する行為等がこれにあたる。これに対して，偽造のスイカカードでJRの電車の切符を自動販売機から取得する行為については窃盗罪が成立する。

4　着手・既遂時期

本罪の着手時期は，前段の行為については，虚偽の情報または不正の指令を与える行為に着手した時点であり，後段の行為については，虚偽の電磁的記録を人の事務処理の用に供する行為に着手した時点である。具体的には，偽造のキャッシュカードで預金を付け替えるためにATM機に挿入しようとした時点，架空の入金データを入力しようとした時点，偽造のテレホンカードを公衆電話に差し込もうとした時点である。

既遂時期は，不実の電磁的記録を作出し，または，虚偽の電磁的記録を人の事務処理の用に供して，財産上の不法の利益を得たときである。

まず，自己の預金口座に不正に振替入金したような場合に既遂を認めることに問題はない。第三者の預金口座に振替入金した場合でも，第三者の印鑑と通帳またはキャッシュカードを所持している場合には，やはり既遂を認めてよいであろう。これに対して，印鑑，通帳，キャッシュカードを偽造しなければ引き出すことの不可能な他人の口座に振り替えた場合には，そもそも本罪は成立せず，窓口から払戻しを受ける場合は1項詐欺が，偽造のキャッシュカードで引き出せば窃盗が，偽造のキャッシュカードで振替送金をすれば，その行為につき本罪が成立すると解すべきであろう。

つぎに，どの段階の不実の電磁的記録の作出が財産上の利得といいうるかが問題となる。たとえば，会社の内部で作成される給与データファイルの内容（給与の等級，号俸，残業時間数等）を改ざんした場合，この段階では既遂でないが，このデータに基づき最終的に仕向け銀行に持ち込まれる振込依頼用の磁気テープやフロッピーディスクが作成されれば既遂と解する見解が有力である（米沢編〔的場〕119頁）。それは，このような電磁的記録が作出されれば，あとは必然的に被仕向け銀行の行為者の口座残高ファイルが書き替わるという理由に基づくものであろう。しかし，既遂の要件である財産上の利益の取得を厳密に考えれば，行為者が自由に処分しうる状態が必要であり，したがって，行為者の口座残高ファイルが変更されたことまでを必要とする見解，すなわち，行為者の口座残高の電磁的記録の変更をもって既遂と解する見解の方が原則的には妥当であるように思われる。[*]もっとも，以上のような処理がコンピュータネットワークのオンラインシステムを利用して瞬時に，かつ，自動的に行われるようになった昨今では別異に考えることも可能であろう。

*　既遂時期に関する裁判例　　岡山地判平成4年8月4日（公刊物未登載〔354〕）（芝原邦爾「判批」ジュリ1025号91頁参照）は，変造したテレホンカードを用いて，公衆電話から自己の開設したダイヤル Q^2 の番組に電話をかけ，NTTからその情報料金を自己の口座に振り込ませようとしたが，電話をかける段階で発覚した事案につき，本罪の未遂を認めているが，その際，NTTの関連会社がダイヤル Q^2 の開設者に情報料金を振り込むため銀行に持ち込む銀行別振込依頼用のフロッピーディスク

240 第2編 個人的法益に対する罪 第6章 財産に対する罪

が「財産権の得喪若しくは変更に係る不実の電磁的記録」にあたるという見解をとっている。

5 他罪との関係・罪数

(1) すでに述べたように，本罪は，246条2項の詐欺利得罪の補充類型であるから，コンピュータによる事務処理の過程に人が介在し，その人に対する詐欺行為，処分行為が認められる場合には，2項詐欺罪が成立する。たとえば，入金伝票を偽造して処分権限のある為替係員を欺き，コンピュータにより架空の送金処理をさせたような場合には，本罪ではなく，2項詐欺罪が成立することになるのである（大阪地判昭和63・10・7判時1295号151頁）。

(2) コンピュータによる入金や送金処理の前提となる原因関係である，貸付，弁済，手形割引等が背任罪を構成する場合でも，貸付行為や割引行為自体は民事法上有効とされる結果，電子計算機に与えられた情報も虚偽のものとはいえず，本罪は成立しない（前掲東京高判平成5・6・29）。しかし，他方で，本罪が存在しなかったため従来は背任罪で処理されていた事案，たとえば，銀行の支店長が債務者のために債務の弁済があった旨を記帳した場合（松江地判昭和33・1・21一審刑集1巻1号41頁），銀行の外国為替業務担当者が顧客の輸出荷為替手形を買い取ったことにして，顧客の当座預金元帳に入金記帳させた場合（東京高判昭和53・10・20高検速2316号）も，架空の入金処理がコンピュータの不正操作により行われる場合は，今後本罪によって処理されることになる。

(3) キャッシュカードの不正利用や架空の入金データの入力により預金口座残高記録を改変したような場合，161条の2第1項および3項の電磁的記録不正作出，供用罪ならびに本条前段の罪が成立するが，これらは1個の行為によるものであるから，観念的競合の関係にあると解すべきであろう（和田雅樹・大コンメ8巻243頁）。さらに，本罪成立後，銀行の窓口あるいはATM機から現金を引き出した場合は，別途，詐欺罪または窃盗罪が成立するが，本罪との関係は包括一罪と解すべきであろう（米澤編〔的場〕138頁）。他方，たとえば，テレホンカードのようなプリペイドカードを偽造・変造して，これを公衆電話機で使用する行為は，それぞれ段階を追って行われるから，161条の2第1項および3項の電磁的記録不正作出，供用罪ならびに本条後段の罪の牽連犯と解すべきであろう（米澤編〔的場〕143

頁）。ただし，判例は，テレホンカードの磁気情報部分の偽造・変造について有価証券偽造・変造罪の成立を認めるから（最決平成3・4・5刑集45巻4号171頁），有価証券偽造・変造（162条），同行使（163条）と本罪との牽連犯となる。

(4) 架空入金データの入力のような本条前段にあたる行為が多数回行われた場合，同一犯行日に行われた数回の行為は包括一罪を構成し，犯行日が異なれば併合罪である（東京地八王子支判平成2・4・23判時1351号158頁）。

東京地判平成24・6・25判タ1384号363頁〔357〕は，自動改札機を利用したキセル乗車について，本罪の成立を認めている。本件の被告人らは，130円区間有効の乗車券を使用して上野駅などから入場し，JR東日本の列車に乗車して，東北本線の宇都宮駅に到着したが，その際，雀宮駅から岡本駅までを有効区間とする回数券を自動改札機に投入して，同改札口を通過して出場した（雀宮駅と岡本駅はそれぞれ宇都宮駅に隣接する駅である）。復路においても，180円区間有効の乗車券を使用して宇都宮駅から入場し，東京都の赤羽駅などに到着すると，同駅設置の自動精算機に対し，往路に用いた上野駅から130円区間有効の乗車券を投入して精算手続を行い，これによって入手した精算券を自動改札機に投入し，同改札口を通過して出場した。なお，JR東日本の自動改札機のシステムによれば，入場時に乗車券等を自動改札機に投入すると，その入場に関する情報がエンコードされ，出場時にこの入場情報が確認できない場合には自動改札機が開扉しないことになっていたが，自動改札機未設置駅を有効区間に含む回数券については，乗客の利便性等に配慮して，入場情報がなくても，下車駅の自動改札を通過することが可能であり，まさに岡本駅が自動改札機未設置駅であった。本判決は，本罪における「虚偽の電磁的記録」の意義について，本文（235頁）と同様の定義を示した上で，往路において，宇都宮駅で回数券を自動改札機に投入する行為は，「実質的には，宇都宮駅の自動改札機に対し，本件回数券を持った旅客が有効区間内の自動改札機未設置駅（岡本駅）から入場したとの入場情報を読み取らせるものであ」り，「本件回数券の電磁的記録は……虚偽のものである」と判示した。復路についても同様に，本件乗車券は上野駅を発駅とする入場情報がエンコードされており，「実際の乗車駅である宇都宮駅と異なる虚偽のものである」として，本罪の成立を認めている。

246条の2後段の行為における「虚偽の電磁的記録」としては偽造・変造のプリペイドカードなどがその典型とされてきたが，本件で利用された回数券，乗車券はいずれも正規に発行されたものであり，不正な改変がなされているわけではない。本判決は，自動改札機等に投入された回数券，乗車券が，具体的に利用された局面においてどのような意味を示すものかを問題にすることによって，現実の乗車と異なる入場情報を読み取らせる記録であるとして，虚偽性を肯定したものである。

242 第2編 個人的法益に対する罪 第6章 財産に対する罪

4 準詐欺罪

> 未成年者の知慮浅薄又は人の心神耗弱に乗じて，その財物を交付させ，又は財産上不法の利益を得，若しくは他人にこれを得させた者は，10年以下の懲役に処する（248条）。未遂を罰する（250条）。

1 意　義

本罪は，詐欺罪におけるような欺罔行為を伴わない場合であっても，相手方の知慮浅薄または心神耗弱を利用して財物を交付させ，または財産上不法の利益を得，もしくは他人にこれを得させる行為を詐欺罪と同様に処罰するものである。したがって，手段が欺罔行為である場合には，通常の詐欺罪が成立する（大判大正4・6・15刑録21輯818頁）。まったく意思能力を欠く幼者または心神喪失者からその財物を取得する行為は本罪ではなく窃盗罪と解するのが通説である（本罪の成立を認める見解として木村137頁，植松430頁）。

詐欺罪と同じく，242条・244条・245条が準用される（251条）。

2 行　為

「未成年者」とは20歳未満の者をいう（民法4条）。婚姻による成年擬制（民法753条）は，未成年者保護の見地から考えて本罪については適用されないと解すべきであろう。「知慮浅薄」とは，知識が乏しく思慮の足りないことをいう。「心神耗弱」とは，意思能力はあるが精神の健全を欠き，事物の判断をするのに十分な普通人の知能を備えない状態をいう（大判明治45・7・16刑録18輯1087頁）。39条2項の心神耗弱とは意味が異なる点に注意する必要がある。「乗じて」とは，利用してという意味であり，たとえば，幼児や精神薄弱者の知識の乏しさにつけこみ，菓子やプラモデルと交換に高価な時計や宝石を交付させる行為などが本罪にあたる。

第5節　恐　喝　罪

> 人を恐喝して財物を交付させた者は，10年以下の懲役に処する（249条1項）。前項の方法により，財産上不法の利益を得，又は他人にこれを得させた者も，同項と同様とする（同条2項）。未遂を罰する（250条）。

　恐喝罪は，人を恐喝して財物または財産上の利益を交付させる罪である。手段は，暴行・脅迫であるが，反抗を抑圧するに至らない程度のものであり，それゆえに，瑕疵はあるが任意性ある意思に基づく財物・利益の移転という点で，詐欺罪と同じ交付罪と理解されている。詐欺罪と同じく，民法上取り消しうる行為であるが（民法96条1項），民法上の取消権の行使は処罰の前提ではない。

1　客　　体

　他人の占有する財物（1項）または財産上の利益（2項）である。財物については，242条・245条が準用されるほか，全体につき244条が準用される（251条）。

　財物には，不動産を含む（大判明治44・12・4刑録17輯2095頁）。詐欺罪の場合と同様に，登記名義や権利書の喝取により不動産の処分可能性を取得したときは1項恐喝，単に事実上の利用可能性を取得したにすぎないときは2項恐喝と解すべきであろう。財産上の利益については，詐欺罪の項参照。

2　恐　　喝

　恐喝とは，財物または財産上の利益を交付させる手段として行われる暴行・脅迫であって，被害者の反抗を抑圧するに至らない程度のものをいう。最高裁の判例には，恐喝の手段を脅迫に限定し，暴行も，要求に応じないときはさらに暴行を受けるかもしれないと畏怖させるという意味において脅迫にあたるとする傾向がみられた[1]（最決昭和33・3・6刑集12巻3号452頁）。これは，恐喝罪が，沿革的には名誉毀損的事実の暴露を告知することにより財物を交付させる行為（chantage, black mail）から発展してきたことによる

---

1)　恐喝を脅迫と解する見解として，木村138頁，伊達秋雄・ポケット註釈574頁。

（木村138頁，植松433頁参照）。しかし，現在の判例・通説は，正面から，暴行も恐喝の手段たりうることを肯定しているといってよい（最判昭和24・2・8刑集3巻2号75頁〔252〕。団藤624頁，植松433頁，福田266頁，大谷291頁，小倉正三・大コンメ13巻261頁以下）。そして，すでに強盗罪のところでみたように（182頁），強盗罪と恐喝罪とは，その手段たる暴行・脅迫が，社会通念上一般に被害者の反抗を抑圧するに足る程度のものか否かという客観的な基準によって区別されるのである（前掲最判昭和24・2・8）。

暴行は，被害者（財物等を交付する者）に対するものでなければならない。もっとも，第三者に対する暴行は，一定の限度で被害者に対する脅迫となりうるであろう。脅迫は，相手方を畏怖せしめるに足る害悪の告知でなければならず，相手方を，単に困惑させる場合は含まれない*（藤木323頁，大塚273頁。札幌地判昭和41・4・20下刑8巻4号658頁）。害悪の内容自体は違法であることを必要とせず，捜査機関への犯罪告発の口止め料を提供させる行為も本罪にあたる（最判昭和29・4・6刑集8巻4号407頁）。脅迫罪・強要罪（222条・223条）にいう脅迫と異なり，相手方またはその親族に対する加害の告知に限られず，友人，縁故者その他の第三者に対する加害の告知であってもよいとされる（大判大正11・11・22刑集1巻681頁。小倉・大コンメ13巻271頁，大塚273頁）。しかし，人質強要罪との区別を明確にするためにも，被害者となんらの人的関係も存しない者に対する加害の告知は，一般的に人を畏怖せしむるに足りないものとして，本罪の脅迫にあたらないと解すべきであろう。

＊　**準恐喝罪**　改正刑法草案346条は，人を困惑させて財物等を交付させる場合について，準恐喝罪を新設している。ただし，大判昭和8年10月16日（刑集12巻1807頁）は，医師の人気投票結果を連日新聞に掲載した事案につき，恐喝とは「凡ソ人ヲ困惑セシムヘキ手段ヲ包含スル」としている[2)]。

3　処分行為

本罪の成立には，詐欺罪と同様に，恐喝の手段により被害者を畏怖させた結果として，被害者の意思に基づいて財物または財産上の利益を相手方に移転させる処分（交付）行為が必要である。したがって，被害者が，全く畏怖せず別の理由から財物等を交付した場合，本罪は未遂である。交付

2）　もっとも，この事案も，畏怖の範疇に入るとするものとして，小倉・大コンメ13巻272頁参照。

を受ける者は，第三者であってもよいが，行為者と全く無関係な者は含まれないと解すべきである。処分行為は，黙示のものであってもよいから，被害者が畏怖して黙認しているのに乗じて財物を持ち去る場合（最判昭和24・1・11刑集3巻1号1頁），明示の支払猶予の意思表示がなくても，代金請求を断念させる場合（最決昭和43・12・11刑集22巻13号1469頁〔291〕）には本罪が成立する。

　もっとも，すでに述べたように，暴行も恐喝の手段たりうるとし，さらに，強盗と恐喝の区別を一般人をして反抗を抑圧するに足りる暴行・脅迫か否かという客観的基準に求めることにより，本罪における処分行為の要件は，判例上，その重要性を失っているように思われる。たとえば，暴行・脅迫により畏怖した被害者が，若干の金銭を与えようとして取り出した財布を隙をみて奪った行為につき，恐喝未遂と窃盗既遂の観念的競合ではなく恐喝既遂のみを認めた事例（名古屋高判昭和30・2・16高刑8巻1号82頁〔290〕），恐喝の被害者が現場で落とした腕時計を被害者が不知の間に拾って領得した行為につき恐喝既遂のみを認めた事例（浦和地判昭和36・7・13下刑3巻7=8号693頁[3]）等がその例である。そこでは，強盗について，被害者の反抗が現実に抑圧されなくても，強盗既遂であるとされるのと同様に，恐喝の手段により財物を奪取した場合に恐喝既遂が認められているのである。このような方向をつきつめれば，結局，強盗罪と恐喝罪との間に質的な差異はなく，恐喝罪は，いわばミニ強盗罪として位置づけられることになろう。

4　権利行使と恐喝

(1)　自己の正当な権利を実現するために恐喝の手段（暴行・脅迫）を使用した場合にも恐喝罪が成立するであろうか（同様のことは，詐欺行為による権利の実現についても問題となる）。その第一は，他人が不法に占有している自己の所有物を取り返す場合であるが，この問題は，すでに述べた財物罪の法益保護，すなわち251条により恐喝罪に準用されている242条の解釈問題に帰着する。第二は，正当な債権を有する者が，恐喝手段によって弁済を受ける場合（たとえば，消費貸借の貸主が借主から貸金を取り立てる場合）であ

---

3)　小倉・大コンメ13巻276頁は，この判例を不当としている。

246　第2編　個人的法益に対する罪　　第6章　財産に対する罪

る。これが従来から「権利行使と恐喝」として争われてきた問題であるが，これも本権説・占有説の対立の延長線上にあるといえよう[4]。

(2)　この問題に関し，戦前の判例は恐喝罪の成立を否定していた。すなわち，①権利の行使に藉口する場合は別論として，正当な権利者が権利の実行に際して恐喝の手段を用いても，それが権利の範囲内であれば恐喝罪は成立しない（大連判大正2・12・23刑録19輯1502頁〔292〕）。②ただし，手段が正当な範囲を超えた場合には，脅迫罪を構成する（大判昭和5・5・26刑集9巻342頁〔293〕）としていたのである。

　戦後の最高裁も，しばらくはこの見解を踏襲していたが（最判昭和26・6・1刑集5巻7号1222頁），財物罪の保護法益論における占有説への移行に対応して恐喝罪の成立を肯定する立場へと移行した。すなわち，3万円の債権取立てに際し脅迫等の手段により6万円を交付させたという事案に関し，権利の実行が「その権利の範囲内であり且つその方法が社会通念上一般に忍容すべきものと認められる程度を超えない限り，何等違法の問題を生じないけれども，右の範囲程度を逸脱するときは違法となり，恐喝罪の成立することがある」とするに至ったのである（最判昭和30・10・14刑集9巻11号2173頁〔294〕）。その後の下級審判例は，この昭和30年判決に従っており，忍容の限度を超えないとして恐喝罪の成立を否定したものはあるが（東京高判昭和36・11・27東時12巻11号236頁，福岡地小倉支判昭和47・4・28判タ279号365頁），手段の違法のみを捉えて脅迫罪の成立を認めたものはなくなっている。

(3)　このような判例の変化に対応して，学説でも，恐喝罪説が支配的となっている。すなわち，現に所持する財物（現金等）を交付した以上，財産上の損害は否定されないから，①権利の範囲内であること，②実力行使の必要性があること，③手段が社会通念上相当であることという要件が満足される場合にのみ恐喝罪の違法性が阻却されるとするのである[5]。しかし，債務者の側に期限の利益，同時履行の抗弁権，清算の利益等の保護に値す

4）　西田典之「権利の行使と恐喝」刑法の争点（新版）285頁（1987）参照。これに対して，両者は次元を異にするという見解として，町野・百選Ⅱ（第4版）102頁（1997）。

5）　大塚277頁，福田270頁，大谷295頁，前田260頁，木村光江・基本講座5巻212頁以下，高橋354頁以下。なお，町野・前掲103頁は，違法阻却説からも脅迫罪のみの成立を認めうるとする。

る利益のある場合を除けば，権利の行使が債権の範囲内にとどまるかぎり，債務者に財産上の損害はないというべきであろう。財物の交付をもって直ちに財産上の損害とするのは，損害概念をあまりにも形骸化するものである。したがって，少なくとも恐喝罪の成立は否定すべきであろう（瀧川167頁，内田335頁，中森136頁，山中408頁，松原305頁。なお，曽根164頁）。もちろん，手段の違法性は放置されるべきではないから，その程度によっては，暴行罪，脅迫罪の成立が認められる[6]。しかし，その場合も，そのような手段の必要性と相当性がある場合には，なお違法阻却の可能性が認められるべきであろう。

　なお，以上のことは，不法行為や債務不履行を根拠とする損害賠償請求権のような内容が未確定の債権については原則として妥当しないと解すべきであろう。なぜなら，この場合の債務者には，その内容を民事裁判で争う正当な利益があるからである。もちろん，手段が恐喝罪の予定する暴行・脅迫の程度に至らない場合は和解・示談が成立したといえるから恐喝罪は成立しない。

5　他罪との関係

　恐喝罪の手段たる暴行・脅迫は本罪に吸収される。傷害の結果を生じたときは，本罪と傷害罪との観念的競合になる（最判昭和23・7・29刑集2巻9号1062頁）。詐欺的手段と恐喝手段とが併用された場合，被害者が畏怖した結果財物や財産上の利益を交付したときは本罪のみが成立する（最判昭和24・2・8刑集3巻2号83頁〔216〕）。恐喝手段により賄賂を収受した場合については，本罪と収賄罪の観念的競合であり，贈賄罪も成立しうるとする判例があり（大判昭和10・12・21刑集14巻1434頁，福岡高判昭和44・12・18刑月1巻12号1110頁〔620〕），学説も一般にこの立場を支持している（江家320頁，内田339頁，大谷293頁，中森147頁，井田597頁以下）。しかし，最高裁は，公務員に職務執行の意思がなく，単に職務の執行に名を借りて恐喝した場合には恐喝罪のみが成立するとしており（最判昭和25・4・6刑集4巻4号481頁〔619〕），その理は公務員に職務執行の意思がある場合にも妥当すべきであろう。なぜなら，第1に，公務

---

6)　野村稔・百選Ⅱ（第5版）111頁は，行為違法と結果違法を区別する違法二元論の見地から，この場合，恐喝未遂の成立を認めるべきだとする興味深い見解を主張する。

員の職務執行の意思の有無という主観によって，収賄罪・贈賄罪の成否が左右されるのは合理的とはいえず，第2に，恐喝罪の成立を認める以上，たとえ被害者になお意思決定の自由は残っているとはいえ，喝取されること＝贈賄を禁止することは難きを強いるものといわざるをえないからである。そして，このように贈賄罪の成立を否定する以上，収賄罪の成立も認めるべきではないであろう（小倉・大コンメ13巻316頁）。

第6節 横 領 罪

1 総　説

　刑法典第38章「横領の罪」は，占有侵害を伴わないで財物を領得する罪である。単純横領罪（252条，委託物横領罪ともいう），業務上横領罪（253条）と占有離脱物横領罪（254条）に分かれる。いずれも未遂を処罰する規定がない。また，いずれも占有侵害を伴わない点で共通する。このため，単純横領罪を占有離脱物横領罪の加重類型と解する見解もある（木村164頁，瀧川142頁。なお，内田359頁参照）。しかし，占有離脱物横領罪が，もっとも単純な領得罪であるのに対して，単純横領罪，業務上横領罪が委託に基づき自己の占有する他人の財物を領得する点で背信性を有することを考慮すれば，両者は罪質を異にし，後者は，むしろ背任罪（247条）と共通する背信罪の類型であると解すべきであろう[1]。

　単純横領罪の法定刑は5年以下の懲役であり，窃盗や詐欺よりも軽い。これは，客体が自分の占有している他人の物であることから，自由に処分できる状況にあり，他人の占有を排除して領得するというものではないという意味において，動機においては誘惑的であるため責任非難が減少するし，他人の物の利用妨害という側面が少なく違法性も減少するためだといえよう（瀧川幸辰・刑法講義（改訂版）243頁〔1930〕，団藤628頁）。さらに，占有離脱物横領罪の法定刑が1年以下の懲役または10万円以下の罰金もしくは科料と著しく軽減されているのは，占有侵害という違法性が欠けるとともに，その行為が動機において，より誘惑的であるため有責性がきわめて低いことを考慮したものと思われる。

　本章の罪には，親族相盗例（244条）が準用される（255条）。委託物横領罪の主たる保護法益は所有権であるから，親族関係は，行為者と委託者のみでなく所有者との間にも存在しなければならない（大判昭和6・11・17刑集10巻604頁）。占有離脱物横領罪の場合には，委託関係がないから，行為者と所

1）　団藤627頁，改正刑法草案350条以下も横領罪と背任罪とを同一の章に規定している。

有者との間に存在すれば足りる。

　なお，後見人と被後見人との間に244条所定の親族関係があるときに，後見人が自己の管理する被後見人の財物を横領した場合にも同条の準用が認められるかについて最高裁は注目すべき判断を示した。すなわち，家庭裁判所により未成年後見人に選任された祖母Aが孫Xの財産を管理していたが，Xとは別居の叔父夫婦と共謀のうえ，後見事務として業務上預かり保管中のXの貯金1500万円余りを引き出して費消したという事案について，最高裁は，①244条の立法趣旨が「法は家庭に入らず」という政策的な理由に基づくこと，②未成年後見人は，被後見人の財産を管理するにあたり善管注意義務を負うこと（民法859条1項，869条，644条），③家庭裁判所は後見人に対する監督権を有し，場合によっては職権で解任できること（民法863条，846条）を指摘した上で「そうすると，未成年後見人の後見の事務は公的性格を有するものであって，家庭裁判所から選任された未成年後見人が，業務上占有する未成年被後見人の所有の財物を横領した場合に，……刑法244条1項を準用して刑法上の処罰を免れるものと解する余地はないというべきである。」として，244条1項の準用を否定したのである（最決平成20・2・18刑集62巻2号37頁〔240〕）。本件第1審判決（福島地判平成18・10・25前掲刑集63頁参照）は，家庭裁判所が委託者であるという理由で244条1項の準用を否定したが，控訴審判決（仙台高判平成19・5・31前掲刑集76頁参照）は，このような理論構成を採用せず未成年後見人については親族だからといって法益侵害の程度が低くなる理由も，犯罪への誘惑が高くなる理由もないから政策的配慮をする必要性はないとして準用を否定していた。

　本決定は，控訴審判決とほぼ同様の立場から，祖母と孫という親族関係よりも未成年後見人と被後見人という関係の公的性格を重視・強調することにより，244条1項の立法趣旨から同条の準用を否定したものといえよう。この理由づけに対しては，家庭裁判所を委託者となしえないのであれば未成年者である孫Xと後見人である祖母Aとの間に244条1項所定の親族関係がある以上，同条項の準用を認めないのは罪刑法定主義に反するとの批判にも相当な理由があるといってよい（堀内捷三「未成年後見人の横領行為と刑法244条1項の準用の有無について」中央ロージャーナル5巻1号99頁，松宮孝明「判批」法セ647号128頁，川口浩一「判批」平成20年度重判192頁。山口厚「判批」刑ジャ13号91頁も同様

の懸念を示している）。しかし，本書のように244条1項の特例の根拠を親族間の「甘えの構造」から責任が減少するという点に求めるならば，後見人という職務の公的性格からは責任の減少を認める余地は到底存在しないといえるから最高裁の見解は十分支持しうると解する。

　同様の事件は，成年後見人についても生じている。下級審裁判例においては，やはり244条1項の準用は否定されており（秋田地判平成18・10・25判タ1236号342頁，および，その控訴審である仙台高秋田支判平成19・2・8判タ1236号104頁（確定))[2]，後述のように，最高裁判例（最決平成24・10・9）も，同項の準用を否定するに至った。

　以上のような事件は今後も増加することが予想される。しかし，本件最高裁決定のような244条1項の解釈による対応にも限界がある。たとえば，任意後見契約に関する法律に基づく任意後見人にも本決定が当然に及ぶものとはいえないであろう（家令和典「判解」ジュリ1358号168頁）。また，未成年後見ではなく養子縁組により養親となった者が養子の財産を費消する場合も問題となる。これらの点を考慮すれば，244条は，すでに時代遅れの規定として削除するか，または，配偶者・直系血族・同居の親族についてのみ親告罪とすることにとどめるのが妥当であるように思われる。

　　最決平成24・10・9刑集66巻10号981頁〔241〕は，家庭裁判所から選任された成年後見人であり，かつ，成年被後見人の養父である被告人が，後見の事務として保管中の成年被後見人の預貯金を引き出して横領したという事件について，「家庭裁判所から選任された成年後見人の後見の事務は公的性格を有するものであって，成年被後見人のためにその財産を誠実に管理すべき法律上の義務を負っているのであるから，成年後見人が業務上占有する成年被後見人所有の財物を横領した場合，成年後見人と成年被後見人との間に刑法244条1項所定の親族関係があっても，同条項を準用して刑法上の処罰を免除することができないことはもとより，その量刑に当たりこの関係を酌むべき事情として考慮するのも相当ではない」と判示している。

　　未成年後見人による横領行為については，すでに判例（前掲最決平成20・2・18）が244条1項の準用を否定していたのは本文のとおりであるが，本決定は，後見人の後見の事務が公的性格を有している点においては，成年後見人と未成年後見人と

2）　ただし，第1審判決は家庭裁判所が委託者であるからという理由づけをとった。控訴審は，家庭裁判所は法的には委託者ではないから被害者ではなく告訴権もないとしつつも，なお，成年後見制度の趣旨から実質的には家庭裁判所が委託者であるとしているが，この理論構成は上記平成20年決定により排斥されたといえよう。これらの裁判例の評釈として，小池信太郎「判批」刑ジャ10号108頁参照。

で変わりがないことから，成年後見人による横領行為についても，同項の準用による刑の免除ができないことを明らかにしたものである。さらに本決定は，同項所定の親族関係の存在それ自体を量刑上酌むべき事情として考慮すべきである旨の主張を排斥している（石田寿一「判解」ジュリ1484号106頁参照）。

2　単純横領罪

自己の占有する他人の物を横領した者は，5年以下の懲役に処する（252条1項）。自己の物であっても，公務所から保管を命ぜられた場合において，これを横領した者も，前項と同様とする（同条2項）。

1　主　体
本罪の主体は，他人の物の占有者，公務所の命令による自己物の保管者に限られるから，本罪は65条1項の（真正）身分犯である（最判昭和27・9・19刑集6巻8号1083頁）。それは，本条所定の形態における法益侵害（所有権ならびに法的保護に値する委託関係の侵害）の可能性を限定するものであるから，違法身分である[3]。

2　客　体
(1)　**物**　本罪の客体は，「物」である。その意義は，窃盗罪等における「財物」と同じであるが，動産のほかに不動産も含まれる。窃盗罪・詐欺罪と異なり245条が準用されていないから，有体物説をとるかぎり電気は本罪の客体たりえない。また，権利や利益も本罪の客体ではないから（反対，瀧川136頁，牧野783頁），委託により債権証書を保管中に債権を行使して債務者から金銭を取得しても本罪にはあたらない（大判明治42・11・25刑録15輯1672頁）。すなわち，いわゆる2項横領は不可罰である[4]。

(2)　**委託関係**　本条1項の客体は自己の占有する他人の物であるが，254条との関係から，占有は所有者その他の権限者からの委託に基づくものであることが必要である。したがって，たとえば相手方が間違えて釣り銭を渡そうとしている場合，あるいは誤って商品や郵便物が配達された場合，そのことに気づきながらだまって受け取って領得すれば，不作為の欺

3）　横領罪における共犯と身分の問題については業務上横領罪の項参照。

4）　ただし，背任として処罰される場合があることにつき後述285頁参照。

罔による1項詐欺が成立しうるが，受け取った後に間違いに気づいたのに，そのまま領得した場合には，当該金銭，商品，郵便物の占有は委託信任関係に基づくものではないため横領罪は成立せず，占有離脱物横領罪が成立するにとどまる。[5]

委託関係は，委任，寄託，賃貸借，使用貸借のような物の保管を内容とする契約の場合のほか，法定代理人や法人の代表者たる地位，売買契約の売主としての地位，雇用契約等によっても認められる。判例によれば，後述する二重売買の場合，指名債権の譲渡人が債務者から弁済を受けた場合（最決昭和33・5・1刑集12巻7号1286頁〔358〕），集金を業務とする者が最初から領得する意図で集金した場合*（東京高判昭和28・6・12高刑6巻6号769頁）にも本罪の成立が認められている。

> * **集金横領**　集金を業務とする者が，最初から領得する意図で集金した場合，集金先を被害者とする詐欺罪が成立すると解することも可能である。事実，集金手続に関する会社の内規に反した集金について，具体的な集金権限を否定して詐欺罪を認めた裁判例も存在する（千葉地判昭和58・11・11判時1128号160頁）。しかし，①抽象的な集金権限を有する者による集金である以上弁済として有効とみうること，②かりに受領権限がないとしても，この場合の弁済は，結局，準占有者（受領権者としての外観を有するもの）に対する弁済（民法478条）として有効となりうること，③そのような集金人を雇っていた者に責めに帰すべき点があることから，弁済を有効とし（業務上）横領罪を認める方が妥当であろう。

(3)　占有の意義　本罪の客体は，自己の「占有する」他人の物である。他人の占有する物または共同占有に属する物を領得する場合は窃盗罪が成立する。その限界については，すでに窃盗罪のところで述べたとおりである（159頁以下参照）。

窃盗罪等の奪取罪においては，占有は事実的支配を意味するのに対して，本罪における占有はそれより広く，事実的支配のみでなく法律的支配をも含む。たとえば，不動産の登記名義人であることは，当該不動産を占有し（大判明治44・2・3刑録17輯33頁，最判昭和30・12・26刑集9巻14号3053頁〔365〕），倉荷証券や船荷証券等の物権的有価証券の所持人であることは，当該動産を占有するものといってよい（大判大正7・10・19刑録24輯1274頁〔367〕）。なぜなら，

5）　誤配達された郵便物に関し，大判大正6・10・15刑録23輯1113頁〔359〕。

横領罪にいう占有とは，自己が占有することにより処分可能性を有するということにほかならないのであって，不動産は登記名義人であることにより，倉荷・船荷証券はその所持により，客体を処分をする可能性を有することになるからである。このように，占有とは処分可能性だとすると，抵当権の設定に必要な一切の書類（登記済権利書その他実印等）を委託された者についても当該不動産の占有が認められることになる（福岡高判昭和53・4・24判時905号123頁〔366〕，中森152頁，山中413頁，反対，山口294頁）。もっとも，未登記不動産については，事実上，それを支配・管理する者にしか占有は認められないが（最決昭和32・12・19刑集11巻13号3316頁），建物工事完了引渡証明書の交付を受けたり，表示の登記を完了したり，建物の鍵の引渡しを受けたりしていれば占有を認めうるであろう（大阪地判平成22・1・8判タ1322号269頁）。

　法律的支配としての占有を認めうるかが問題となるのは銀行預金である。すなわち，預金者は，預金相当額の（銀行にある）金銭を占有しているといえるかが問題となるのである。判例・通説は，これを肯定する。すなわち，乙銀行に100万円の預金を有する甲は，乙銀行が所持しているであろう現金のうちの預金相当額についての占有を有することになる。したがって，たとえば，村長が，自己の保管する村有金を銀行に預金しても，この金員はなお自己の占有する他人の物にあたり，不法領得の意思で引き出す行為自体が横領になるとするのである（大判大正元・10・8刑録18輯1231頁〔368〕。その他，東京高判昭和51・7・13東時27巻7号83頁，広島高判昭和56・6・15判時1009号140頁）。

　しかし，これに対しては，銀行預金はその契約の性質においては消費寄託（同種，同等，同量のものを期日までに返還すべきことを約してする寄託〔民法666条〕）であって，これにより預金者は預金の払戻請求権を取得するにすぎず，したがって，100万円の預金債権者だということは，銀行にある100万円の現金について占有をもっているということにはならない，という見解も可能である。この見解によれば，前記の村長の事例も，引き出した後の現金についてのみ横領が問題となりうるにすぎない。また，振替送金のように，預金債権のままで処分したときは背任にしかならないことになるのである（片岡聡・続民・商事をめぐる犯罪200問284頁〔1993〕，松宮281頁，なお山中414頁が，預金による占有を肯定しつつ，この場合に背任の成立しか認めていないのは疑問である）。たしか

に，横領罪における占有は法律的支配を含むが，すでに述べた登記名義人や倉荷証券の所持人の例では，占有という概念が拡張されているにすぎず，財物という概念には何の修正もなされていない。これに対して，預金による金銭の占有を認めることは，結局，預金の占有を認めるものであって，財物概念までも修正することになるのではないかという疑問を考慮すれば，以上の見解にも十分の理由があるといってよいであろう。しかし，委託された金銭を保管のために預金するという類型の場合に，現金のまま持っていれば領得する行為が横領になり，預金の形態にしてこれを預金のまま処分すれば背任にしかならないというのは不合理であるという批判（的場純男・刑法の基本判例134頁）は無視しえないように思われる。この点を考慮するならば，委託物横領・業務上横領についてだけは預金による金銭の占有（預金の占有ではない）を認めるのが妥当であろう（山口295頁，井田300頁）。そして，このように預金による金銭の占有を肯定する以上は，正当な預金者（正当に預金の出し入れをする権限を有する者を含む）がATM機を利用して預金を移動させることにより領得する場合には，「虚偽の情報」とはいえないから電子計算機使用詐欺罪（246条の2）は成立せず（業務上）横領のみが成立すると解すべきであろう。

* **誤振込みの処理**　誤振込み，すなわち甲がX銀行の乙の口座に振込・振替送金しようとしたが，名前のよく似た丙の口座に振り込まれた場合に，これを奇貨とした丙が，①銀行の窓口から引き出した場合，②ATM機からカードで引き出した場合，③ATM機を使い自分の債務の弁済として他人の口座に振替送金した場合にいかなる罪責を負うかが問題となる。預金による占有という考え方をこの場合にも認めるとすれば，丙の罪責は占有離脱物横領罪ということになろう（東京地判昭和47・10・19研修337号69頁，曽根171頁，林281頁）。しかし，預金による占有という考え方は，委託物横領罪についてのみ認めうるにすぎないとすれば，誤振込みされた金銭の占有は，X銀行にあると考えるべきであり，したがって，①では，1項詐欺（札幌高判昭和51・11・11判タ347号300頁），②では，窃盗，③では，電子計算機使用詐欺が成立すると解すべきであろう。たとえば，送金銀行が円建てをドル建てと間違えたために，自己の口座に過剰入金された金銭をATM機からカードで引き出した場合につき，東京高判平成6年9月12日（判時1545号113頁）は，この金銭の占有は銀行に属するとして窃盗罪の成立を認めている。もっとも，その後，最判平成8

---

6)　この点，西田典之「コンピュータの不正操作と財産犯」ジュリ885号16頁の見解を改める。

年4月26日（民集50巻5号1267頁）は，原因となる法律関係の有無にかかわらず，誤振込を受けた受取人の預金債権が成立するとの判断を示した。しかし，この判決は，誤振込みに係る預金を差し押えた受取人の債権者に対する振込依頼人からの第三者異議の訴えを退けたにとどまるものであり，刑法的に，本来権限のない受取人の払戻請求権を正面から認めたものではないと解すべきであろう。したがって，銀行が誤振込の事実を熟知しているのに払戻しに応じるような場合を別とすれば，前述のような類型に応じた刑法的処理が妥当すると思われる（西田「判批」判例セレクト'98 30頁参照）。最高裁も誤振込みの場合にこれを是正する組戻し等の銀行実務の存在を前提とすれば，受取人には「銀行に上記の措置を講じさせるため，誤った振込みがあった旨を銀行に告知すべき信義則上の義務があると解される」として，誤振込みであることを秘して預金の払戻しを受けた場合に詐欺罪の成立を肯定している[7]（最決平成15・3・12刑集57巻3号322頁〔304〕，これを支持するものとして，長井圓=渡辺靖明「『誤振込』の告知義務と民刑の法的統一」横浜国際経済法学13巻1号1頁以下，反対のものとして，林幹人・平成15年度重判165頁以下，松宮189頁以下）。

(4)　**物の他人性**　本罪の客体は，自己の占有する「他人の」物である。他人と共有する物も，これに含まれる（大判明治44・4・17刑録17輯587頁）。民法理論との関係で，物の他人性が問題となるものとしてつぎのような場合がある。

　(a)　委託された金銭　まず封金のように，金銭が特定物として委託された場合に，受託者がこれを領得する場合には，その所有権のみでなく内容物の占有も委託者にあるから窃盗罪が成立する。他方，委託の趣旨が消費を許す消費寄託の類型である場合には（たとえば，銀行預金，社内預金など），当該金銭の所有権は当然に受託者に移転し，これを費消しても横領の問題を生じない。問題は，使途を限定して委託された金銭や債権の取立てを委任されて取り立てた金銭を費消した場合である。

　民事法の理論では，金銭の所有と占有は一致するという見解が支配的であり（我妻栄=有泉亨・新訂物権法185頁以下〔1983〕），甲が乙に100万円を委託した

7）　誤振込みの刑法的処理について論じた文献として，佐藤文哉「誤って振り込まれた預金の引出しと財産犯」佐々木喜寿327頁（2002），今井猛嘉「預金の占有・誤振込と財産犯の成否」現代刑事法5巻11号104頁，大谷實「誤振込みによる預金の払戻と刑法上の取扱い」研修662号3頁，穴沢大輔「いわゆる『誤振込・誤記帳』事案における財産犯の成否1（2・完）」上智法学48巻2号322頁，同3＝4号428頁，黒川ひとみ「誤振込と財産犯の成否」慶應法学9号151頁などがある。

という場合，当該100万円という金銭の占有が乙に移ると同時にその所有
権も乙に移ると解されている。したがって，民事法の理論によれば，不特
定物として委託された金銭は，自己の占有する自己の物だということになり横領罪は成立しないことになるのである。しかし，民事法において所有
と占有が一致するとされるのは，金銭というきわめて流通性の高い交換・
決済手段に関しては，取引の安全・動的安全保護のために，即時取得（民
法192条）の適用をまつまでもなく所有権の移転を認める必要があることに
よる。すなわち，乙が不法に当該100万円を丙に交付した場合でも，丙は
その善意・無過失を問題とせず，当然にその所有権を取得するのである。
これに対して，刑事法は，甲—乙間の静的な権利関係を保護する。したが
って，刑事法においては，委託された金銭も，他の動産と同じく委託者の
所有に属すると解するのが通説・判例である。

　しかし，他方で，金銭というものを全くの特定物として扱うこともでき
ないであろう。さもなくば，甲が乙に100万円を委託した場合，乙が別に
100万円をもっている場合に甲から委託された100万円を使う行為や，単に
両替する行為までも，客観的には横領にあたることになって不合理だから
である。したがって，刑法上は特定物としての金銭の所有権ではなく，む
しろ不特定物としての金額所有権を認めるべきだということになる（藤木
332頁）。そうなると，今度は一時流用が問題となる。ここでは，まず，客
観面を問題にしなければならない。委託された100万円を費消し，しかも
不法領得の意思があるという場合であっても，まだ，別の現金100万円を
もっているとか，銀行預金として100万円もっており，頼まれたものを買
う期限までには自分が現実に現金を持っているのと同じような状況が維持
されている場合には，金額所有権という考え方を認める以上，客観的には
横領行為がないというべきであろう。

　　＊　**民事法における金銭の所有と占有**　民事法において金銭の所有と占有の一致が
　　　説かれる理由は，さらに，代替性をもつ金銭については，特定の金銭についての物
　　　権的返還請求権を認めることが不必要であり，かつ，不可能であるという点にも求

8）　最判昭和26・5・25刑集5巻6号1186頁〔360〕，債権取立ての委任について，大判昭和
　　8・9・11刑集12巻1599頁。西田・刑法判例百選Ⅱ各論（第2版）112頁（1984）参照。
9）　山口302頁，なお，後述不法領得の意思の項（264頁以下）参照。

258　第2編　個人的法益に対する罪　第6章　財産に対する罪

められよう。それゆえに，最判昭和39年1月24日（判時365号26頁）は，「金銭は，特別の場合を除いては，物としての個性を有せず，単なる価値そのものと考えるべきであり，価値は金銭の所在に随伴するものであるから，金銭の所有権者は，特段の事情のないかぎり，その占有者と一致すると解すべき」と述べて，XがYから詐取した金銭を自分のだと偽って執行官に提出した事案につき，Yからの第三者異議の訴え（民事執行法38条）をしりぞけたのである。

　（b）二重売買　　民法の意思主義（同法176条）によれば，売買契約の成立により所有権は売主から買主に移転するから，Aが動産または不動産をBに売却したのち，さらにCにも売却し，Cに引渡しまたは移転登記を完了した場合には横領罪が成立するというのが通説・判例である。[10]しかし，売買とくに不動産の売買における所有権の移転時期については，民事法の学説も変化している。刑法上も，横領罪としての保護に値する所有権の実質を備えたことが必要であるから，単にAB間に売買契約が成立するとか，手付金の授受が行われただけでは，いまだ物の他人性が完全でないため横領とはならず，代金の決済が終了するか，少なくとも，代金の大部分の授受が終了していることを要すると解すべきであろう。[11]なお，Aが不動産をBに売却したが移転登記が完了していない間にCに対する債務の担保として抵当権設定登記を了する行為も同じく横領になる。この理は，AC間の抵当権設定登記が通謀虚偽表示である場合にも妥当する。最高裁も，Aが，不動産をBに譲渡した後，登記名義がAにあることを奇貨としてBから原状回復を名目とする解決金を得ようとしてCと共謀のうえ，Cを登記権利者とする不実の抵当権設定仮登記をした事案に関し，横領罪と電磁的公正証書不実記録罪・同供用罪が成立し，両罪は観念的競合になるとしているが（最決平成21・3・26刑集63巻3号291頁〔372〕）妥当であろう。

　他方，Aによる二重売買が既遂となるのは，第二譲受人であるCへの移転登記が完了した時点である。それ以前のAC間における売買契約の成立，代金の授受によって，Aの不法領得の意思は外部に発現したといえなくも

10）　動産につき，大判明治30・10・29刑録3輯139頁，名古屋高判昭和29・2・25判特33号72頁。不動産につき，最判昭和30・12・26刑集9巻14号3053頁〔365〕。
11）　代金の決済が必要とする見解として，藤木・経済取引116頁，大塚298頁，大谷315頁，中森150頁。

第6節 横 領 罪　2 単純横領罪　*259*

ないが，Cが対抗要件を備えることにより，Bが確定的に所有権を喪失した段階で既遂とすれば足りると思われる（藤木・経済取引115頁）。

　第二譲受人であるCについては，2つの点が問題となる。第1に，Cが善意である場合には，AにはCに対する詐欺罪も成立するのではないかが問題となるが，Cへの移転登記が完了していれば，Cにはなんら財産上の損害を生じないから，詐欺罪を肯定すべきではない。また，この場合，CにはBの財産を処分する権限はないから，Cを処分行為者，Bを被害者とする三角詐欺も成立しないことになる。ただ，AC間で代金の授受が行われたが，Bが先に移転登記を完了したような場合には，Bに対する横領罪は成立せず，Cに対する詐欺罪を認めるべきである（東京高判昭和48・11・20高刑26巻5号548頁〔371〕参照）。第2は，Cが悪意の場合，CがAの横領罪の共同正犯になるかである。判例はこれを否定する（最判昭和31・6・26刑集10巻6号874頁〔369〕〔373〕）。それは，民法理論において，Cが単純悪意にとどまる場合には，なお民法177条の「第三者」にあたり，Cは民法上有効に所有権を取得できると解されていることとの整合性を図るものといえよう。だとすれば，もしCが民法177条の第三者にあたらない背信的悪意者の場合には，Cは民法上有効に所有権を取得しないから，Aの共犯として処罰してもよいという結論が導かれよう（福岡高判昭和47・11・22刑月4巻11号1803頁〔370〕）。

　(c) 譲渡担保　　譲渡担保とは，たとえばAがBに100万円を貸し，かわりにBが自己の動産・不動産の所有権をAに移転するが，期日までに元利合計金を支払ったときには買い戻すことができるという特約付きの契約をいう。すなわち，譲渡担保とは，形式的には所有権の移転という形をとるが，実質的には担保権の一類型であって（非典型担保と呼ぶ），債務不履行に備えて，あらかじめ担保目的物の所有権を債権者に移転しておく制度を意味するのである。譲渡担保は，動産にあっては，担保物の占有を債務者に留めておけるというメリットが，不動産にあっては，競売という換価方法を回避しうるというメリットがあるために利用されるのである。

　古くは，所有権が債務者から債権者へ，①外部的にのみ移転する類型

---

12)　したがって，三角詐欺の成立を認めた大判昭和2・9・10新聞2746号16頁は不当である。

（処分清算型─債権額と担保物の価格に差があるときは清算を必要とする）と，②内外部ともに移転する類型（帰属清算型─差額の清算を必要としない丸取り型）とに区別されていた。[13]この区別によれば，①において，期日前に債権者が目的物を他に売却する行為は横領罪とされ（大判昭和11・3・30刑集15巻396頁），②において，債務者が目的物を他に売却する行為も横領罪とされたのである（名古屋高判昭和25・6・20判特11号68頁）。しかし，譲渡担保が，いったん所有権を債権者に移転させるものである以上，履行期前における債権者による処分は背任の問題にしかならないと解すべきであろう。[14]

　問題は，債務者による不法な処分を横領としてよいかである。譲渡担保の実質が担保だということを考えると，債務者は元利合計の支払いまでは善管注意義務をもって目的物を保管する義務があるにすぎず，したがって，背任罪が成立するにとどまるという見解もありうる（平川381頁）。そして，譲渡担保について原則的に清算義務を認めた民事判例（最判昭和46・3・25民集25巻2号208頁）の出現により，背任罪説は，より一層の合理性を有するに至ったとされる（神山敏雄・刑法の基本判例162頁）。しかし，この判例は，帰属清算型を譲渡担保の原則型とするものであり，むしろ，目的物の所有権が債権者に帰属することを認めるものともいえよう。だとすれば，債務者による不法な処分は横領罪を構成すると解すべきであろう。

　(d) 所有権留保　所有権留保とは，AがBに品物（たとえば，自動車）を売り，BはAに代金を月賦で支払うにあたって，代金の割賦払いが完了するまで所有権はAに残る（Aが所有権を留保する）という契約であり，売買契約における売主の代金債権の担保のために行われるものである（割賦販売法7条参照）。問題は，代金完済前に買主Bが自動車を他に売却する等した場合の刑事責任である。判例は，BがAから自動車を代金は24回の月賦払い，完済まではAに所有権を留保するという約定のもとに購入したが，Bは3回分払った時点で資金不足のため自動車を金融業者に担保として提供したという事案に関し横領罪の成立を認めている（最決昭和55・7・15判時972号129頁〔364〕）。学説は，①横領罪説（通説），②早い時期の無断処分につ

---

13) 大連判大正13・12・24民集3巻555頁は②が原則であるとしていた。
14) 大阪高判昭和55・7・29刑月12巻7号525頁〔362〕。なお，同種事案につき，不法行為ではなく履行不能による債務不履行とした最判昭和35・12・15民集14巻14号3060頁参照。

いては横領とする説（中森151頁），③背任罪説（藤木・各論372頁）に分かれている。所有権留保が，実質的には担保であるとしても，売主に留保された所有権は，なお刑法的に保護されるべきであるから，やはり①説が妥当であろう。ただし，代金の支払状況によっては可罰的違法性の欠如する場合を認めるべきである。[16]

(e) 不法原因給付物・委託物　民法708条本文は，不法の原因に基づいて給付をなした者は，不当利得の返還請求ができない旨を規定している。したがって，たとえば妾関係を継続するためAがBに建物を贈与した場合，AがBに不当利得の返還請求ができないのは当然であるが，判例は，所有権に基づく物権的返還請求権の行使も許されず，その反射的効果として目的物の所有権はBに帰属するものと解している（最大判昭和45・10・21民集24巻11号1560頁）。この考え方によれば，AがBにCの殺害を依頼し，その報酬の前渡し金として100万円を交付したが，BはCを殺害することなく，この100万円を費消したとしても，Bに横領罪は成立しないことになる。

問題は，この考え方が，不法な原因に基づく委託物にも適用されるかである。判例は，贈賄の依頼を受けて委託された金銭を費消した事案につき，たとえ民法708条の適用があるとしても「横領罪の目的物は単に犯人の占有する他人の物であることを要件としているのであって必ずしも物の給付者において民法上その返還を請求し得べきものであることを要件としていない」として横領罪の成立を肯定している（最判昭和23・6・5刑集2巻7号641頁〔375〕，同旨大判明治43・7・5刑録16輯1361頁，密輸出品の購入資金につき大判昭和11・11・12刑集15巻1431頁参照）。学説では，判例を支持する見解も有力である（藤木340頁，内田363頁，前田267頁）。しかし，もし，708条の適用を認めるのだとすれば，委託者による返還請求は認められないのであるから，民法上保護されない所有権を刑法において保護することは法秩序の統一という見地からみて疑問だと思われる。[17] たしかに，この場合も，受託者による自主的返還は非債弁済ではなく，委託者には返還品を受領する権限は残るが，これを

---

15) 民法学説として，米倉明「月賦品処分の刑法的処理」北大法学論集17巻1号27頁参照。

16) 阿部純二「割賦売買と横領罪」法学52巻3号13頁は，故意または責任の阻却を認める。

17) 団藤637頁，平野224頁，中森149頁以下，井田305頁，松原330頁。この場合の受託物はもはや「他人の物」とはいえないとする見解として大塚291頁，植松444頁。

262 第2編 個人的法益に対する罪 第6章 財産に対する罪

処罰根拠とするのでは（藤木340頁）不十分であろう。

しかし，問題は，不法の原因に基づく委託も，民法708条にいう「給付」にあたるかである。民法理論によれば，給付とは，終局的な利益の移転をいうと解されている。だとすれば，麻薬の購入や贈賄という不法な目的に基づき金銭を委託するのは，委託であって給付にはあたらず，なお返還請求権があると解することも可能といえよう。この見地からは，不法原因委託の場合には，なお横領罪の成立が認められることになる。このような解釈に対しては，贈賄等の不法を促進するもので妥当でないとの批判もありえよう。しかし，委託者に返還請求権を認めることは，不法を阻止する意味をもちうる。すなわち，受託者が処罰されるのは，贈賄しなかったからではなく，これを中止して，委託された金銭を委託者に返還しなかったからなのである。

（f）盗品等の処分代金　盗品等を委託された保管者がその盗品を領得したり，盗品等の有償の処分をあっせんした者がその売得金を領得した場合も横領罪が成立するとするのが判例である。たしかに，この場合は，不法原因委託であるから民法708条の適用はない。しかし，横領罪が所有権に対する罪であり，委託者である本犯者に所有権がない以上，横領罪は成立しないと解すべきである。これに対して，第三者による窃盗犯人からの盗品の窃取についても窃盗罪の成立を認め，窃盗犯人の占有も保護に値すると解する以上（ただし，前述167頁以下参照），この場合の委託信任関係も保護に値すると解すべきであるとして横領罪の成立を認める見解もあるが（前田267頁以下，大谷308頁），横領罪は委託信任関係自体を保護するものではない。そのことは，たとえば，占有離脱物を拾得した甲が乙に交番への届出を委託した場合，乙がこれを領得したとしても，横領罪が成立するもので

---

18) 我妻栄・債権各論(下) I 1156頁（1972），谷口知平・不法原因給付の研究（第3版）199頁（1970）。

19) 詳細は，林幹人・財産犯の保護法益169頁以下（1984）参照。これに対して，佐伯仁志＝道垣内弘人・刑法と民法の対話48頁（2001）は，この区別が民法学説ではとられていないとする。

20) 林幹人・刑法の基本判例153頁。なお，江家324頁は，この場合に民法708条の適用を否定しつつも，委託関係が保護に値しないとして占有離脱物横領罪の成立を認める。

21) 売得金につき，最判昭和36・10・10刑集15巻9号1580頁〔376〕。これを支持するものとして，藤木340頁，大谷308頁，前田267頁。

はなく占有離脱物横領にとどまると解すべきことからも明らかであろう。なお，本犯の被害者との関係で占有離脱物横領罪の成立は考えられるが，間接的所有権侵害としての盗品保管罪・処分あっせん罪 (256条2項) が成立する以上，より重い後者に吸収されて包括一罪となると解すべきであろう[22]。

(5) **公務所から保管を命ぜられた自己の物**　　自己の物であっても，公務所から保管を命ぜられた場合には，なお本条の客体となる (252条2項)。具体的には，民事執行法や国税徴収法において，強制執行や滞納処分としての差押えがなされた場合において，差し押さえた物を債務者や滞納者に保管させるような場合である (民事執行法123条3項・4項，国税徴収法60条・61条参照)。

3　行　為

(1) **越権行為説と領得行為説**　　横領行為の意義については，不法領得の意思を必要と解する領得行為説 (通説) と不要とする越権行為説 (牧野797頁，木村158頁，大塚295頁，内田364頁) とが対立している。越権行為説によれば，受託者が委託の趣旨に反し占有物に対しその権限を越えた行為をすればすべて横領となる。したがって，占有物を毀棄・隠匿する行為も横領ということになる。しかし，横領罪は，単なる背信罪ではなく，背信的領得罪であり利欲犯としての性格を有すると解すべきであるから，領得行為説が妥当である。判例も，領得の意思必要説をとり，そこから越権的な占有物の処分であっても，それが委託者本人のためにする意思である場合，横領罪は成立しないとしている*。

*　**本人のためにする意思**　　判例は，寺院の住職が，檀家総代の同意および主務官庁の認可を得ずに自己の保管する寺院の什器を買戻しの特約つきで売却した場合でも，それが寺院建設費にあてる目的であった場合 (大判大正15・4・20刑集5巻136頁〔386〕)，農業共同組合の組合長が組合の定款に反し，総会および理事会の議決も経ずに組合名義で貨物自動車営業を経営し組合資金を支出した場合でも，それが組合のためになされた場合 (最判昭和28・12・25刑集7巻13号2721頁〔387〕) には，不法領得の意思を欠き横領罪は成立しないとしている。また，いわゆる納金スト，争議行為の手段として，会社のため集金した金銭を納金せず，保管のため労働組合員の個人名義で銀行に預金する行為も，不法領得の意思を欠くとされている (最判昭和

---

22)　大塚292頁，曽根173頁，中森149頁。なお，かつての判例として，大判大正11・7・12刑集1巻393頁〔378〕。

264 第2編 個人的法益に対する罪 第6章 財産に対する罪

33・9・19刑集12巻13号3047頁[23])。

(2) 不法領得の意思

(a) 判例によれば，本罪における不法領得の意思は「他人の物の占有者が委託の任務に背いて，その物につき権限がないのに所有者でなければできないような処分をする意思」をいうとされている（最判昭和24・3・8刑集3巻3号276頁〔381〕）。この定義は，窃盗罪において判例のとる領得意思の定義とはかなり異なっている。その理由の1つは，占有侵害が欠けるため権利者の排除という要素がないことによるが，経済的用法に従った利用・処分という要件をも不要とするのであれば疑問である。本罪における領得の意思も，基本的には窃盗罪におけるそれと同様のものであり，自己の占有する他人の物を，委託の趣旨に反して，その物の経済的用法に従い利用・処分する意思と解すべきであろう。したがって，まず，自己の占有する他人の物を毀棄・隠匿する行為は，不法領得の意思を欠き，本罪にあたらないと解すべきである。これに対して古い判例には，自己の保管する公文書の隠匿行為につき本罪の成立を認めたものもある（大判大正2・12・16刑録19輯1440頁〔383〕）。不法領得の意思を所有者としてふるまう意思と解する見解からは本判決が支持されているが（団藤630頁），やはり妥当でないと思われる。

つぎに，委託の趣旨に反する一時使用（使用横領）も，その利用が，権利者が許容しないであろう程度・態様のものである場合には，領得の意思を肯定してよい。したがって，大切に預かってくれといわれて保管中の車に無断で乗る行為がただちに横領となるわけではないが，短時間の使用を許された自動車を8日間乗り回す行為（大阪高判昭和46・11・26高刑24巻4号741頁〔379〕），自己の保管する会社の機密資料をコピーのため一時社外に持ち出し，その後返還する行為（東京地判昭和60・2・13刑月17巻1=2号22頁＝新潟鉄工事件〔380〕）は，権利者による許容ということが考えられないから，たとえ返還の意思があっても本罪にあたるといってよい。

---

23) これに対し，平野226頁は，本人のための占有が継続されていることを理由とすべきであるとする。

24) 平野225頁，大谷313頁，中森153頁，ただし，費消の目的で隠匿する場合に領得意思を認めうることはもちろんである。大判大正8・6・7新聞1582号20頁参照。

第6節 横領罪 2 単純横領罪 *265*

（b） 第三者に領得させる意思も不法領得の意思に含まれるとするのが通説・判例である（大判大正12・12・1刑集2巻895頁〔384〕）。しかし，横領罪が利欲犯である以上，自分と全く無関係の第三者に領得させる行為は，背任罪，毀棄罪にはなりえても，本罪にはあたらないと解すべきであろう（平野226頁）。第三者を含むとしても，それは行為者自身が領得するのと同視しうる場合に限られるべきである。判例が第三者領得を認めた事例も，行為者が代表社員である合資会社（前掲大判大正12・12・1）や専務取締役である会社に領得させた場合であり（大判昭和8・3・16刑集12巻275頁〔385〕），実質的には自己領得といいうるものである。

（c） 金銭の横領に関し，集金人が使い込んだ金銭の穴を埋めるために，順次集金した金銭を充当した場合（穴埋め横領），穴埋めのために利用した金銭についても横領罪が成立するかが問題となる。判例は，一般にこれを肯定するが（大判昭和6・12・17刑集10巻789頁，東京高判昭和26・12・27判特25号134頁），単なる犯跡隠蔽工作であって不法領得の意思を欠くとする見解もある（藤木・経済取引54頁）。しかし，穴埋め目的とはいえ，自己の自由な処分に委ねているのであるから，領得の意思を肯定すべきであろう。この場合，実損額は当然に被害額より小さくなるが，それは事後の情状にすぎないというべきであろう。

（d） 使途を特定された金銭その他の不特定物の保管者による一時流用は，後日これを補填する意思と資力があっても，不法領得の意思に欠けるところはなく，横領罪が成立するとするのが確立した判例である（大判明治42・6・10刑録15輯759頁，最判昭和24・3・8刑集3巻3号276頁〔381〕）。これに対し，学説では，確実な補填の意思と能力がある場合には，①領得行為にあたらない（町野朔・刑法判例百選Ⅱ各論（第2版）117頁〔1984〕，前田270頁。平野223頁も同旨であろう），②可罰的違法性が欠如する（藤木・経済取引44頁。傍論として，東京高判昭和31・8・9裁特3巻17号826頁〔382〕），③不法領得の意思が欠ける（大塚304頁，大谷304頁）という理由で横領罪の成立を否定する見解が有力である。金銭等においては，すでに述べたように，その特定性は問題でないから，委託さ

25） 詐欺罪について，この趣旨を認めたと解しうる判例として，大判大正5・9・28刑録22輯1467頁参照。

26） ただし，同278頁は流用の時点で金銭の所有権が移転するとする。

れた金銭と同額の金銭を保有しているのと同視しうる状況にあれば（たとえば，自宅にある別の金銭，預貯金等）客観的に領得行為がないといいえよう。しかし，これをこえて，手形その他の確実な債権を有するにすぎないような場合には，領得行為がないとすることは困難であり，流用の額や予想された補填の確実性等から可罰的違法性または不法領得の意思の欠如を認めうるにとどまると思われる（西田・刑法判例百選Ⅱ各論（第2版）113頁〔1984〕参照）。

(3) **横領行為**　　領得行為説によれば，横領行為とは，自己の占有する他人の物について不法領得の意思を実現する一切の行為をいうとされる（共犯者に金銭を交付する行為につき，大判大正6・7・14刑録23輯886頁）。売買，質入れ，贈与，抵当権の設定等の法律行為，費消，着服（自己のための占有にきりかえる行為），拐帯（持ち逃げ），抑留（返還しない行為）等の事実行為のいずれであってもよく，また，不作為の場合も含まれる（警察官が職務上保管すべき他人の物について領置手続をしなかった事例につき，大判昭和10・3・25刑集14巻325頁）。これに対して，質権者が新たに質権を設定すること（転質）は，それが原質権の範囲内であるかぎり横領とはならない（最決昭和45・3・27刑集24巻3号76頁）。

　横領には未遂を処罰する規定がなく，不法領得の意思が外部に発現したときはただちに既遂になるとするのが通説・判例である。たとえば，動産の売却は，売却の意思表示により既遂に達し，相手方の買受けの意思表示は不要である[27]（大判大正2・6・12刑録19輯714頁）。質権設定においては担保供与の申込みがあればよく（大判大正11・2・23刑集1巻69頁），預金は払戻しを受けた段階で既遂となる（大判明治43・7・26刑録16輯1431頁）。自己の所有物であるとして民事訴訟を起こすことも横領である（大判昭和8・10・19刑集12巻1828頁）。ただし，不動産の二重売買や抵当権設定のように，登記が対抗要件である場合については，登記完了をもって既遂と解する見解が有力である（藤木・経済取引116頁・120頁，大塚300頁，大谷311頁）。他方，着服横領や拐帯横領のような場合には，集金人が逃走するとか，期限までに納金しないなどの事実によって，不法領得の意思が外部的にも認識されることが必要である（藤木335頁）。

---

27)　したがって相手方には横領罪の共犯ではなく，盗品譲受け罪が成立する。

＊　**横領罪の未遂**　　現行法が未遂を罰していないのは，理論的に横領には未遂があ
りえないからであるという見解も有力であるが（藤木333頁），不動産の二重売買の
場合には，第二譲受人への売買の意思表示では既遂とならないとすれば，理論的に
も実際的にも横領の未遂を認めうるといってよい。むしろ，動産の売却の場合に，
売却の意思表示で既遂とする判例のほうが検討を要すると思われる。

4　他罪との関係

　まず，同一の物を2回横領することはできないから，他人の不動産の登
記名義人が，その地位を利用して不法に抵当権を設定・登記した場合は，
その時点で横領罪が成立し，その後に2番抵当権を設定・登記する行為や
当該不動産を売却する行為は不可罰的事後行為であって再度横領罪を構成
するものではないとするのが従来の判例であったが（大判明治43・10・25刑録16
輯1747頁，最判昭和31・6・26刑集10巻6号874頁〔369〕〔373〕），最高裁は明示的にこ
れらの先例を変更し「先行の抵当権設定行為が存在することは，後行の所
有権移転行為について犯罪の成立自体を妨げる事情にはならないと解する
のが相当である」として横領罪の成立を肯定するに至った（最大判平成15・
4・23刑集57巻4号467頁〔374〕，これに反対のものとして，浅田和茂・平成15年度重判168頁）。
それは，抵当権設定後の売却行為を所有権に対する新たな侵害行為と解す
るものであり，先行する抵当権設定を共罰的事前行為とするものであろう
（詳細は，西田「抵当権の設定による横領について」研修657号3頁参照）。

　つぎに，横領罪の客体は自己の占有する他人の物であるから，詐欺的手
段によってその返還を免れても占有の移転がないため1項詐欺罪は成立し
ない（大判明治43・2・7刑録16輯175頁，大判大正12・3・1刑集2巻162頁）。もっとも，
2項詐欺罪の成立を認めることは理論的に可能であるといえよう（牧野806
頁，佐伯165頁，藤木342頁）。たとえば，他人からの委託物を不法に売却して横
領した後，返還請求を受けたため泥棒に盗まれたと欺いて請求を免れた場
合，返還請求権も別途保護に値する財産上の利益だとすれば，単純横領罪
と2項詐欺罪とが成立し，前者は法定刑の重い後者に吸収されて包括一罪
になると解することも十分可能であろう。しかし，すでに述べたように，
単純横領罪の法定刑が窃盗罪や詐欺罪よりも軽いのは，その誘惑的要素に
基づく責任の減少を考慮したものである。その趣旨を没却しないためには，
横領罪と同一の被害者に対し横領物を確保するために行われた詐欺行為は

不可罰的事後行為と解すべきように思われる。これに対して，他人から借りた物を自分の物のように装い担保に供して金銭を借り入れる行為は，異なる被害者に対する新たな法益侵害を伴うから，横領罪と1項詐欺罪の観念的競合となろう（東京高判昭和42・4・28判タ210号222頁）。なお，背任罪との関係については285頁以下参照。

3　業務上横領罪

> 業務上自己の占有する他人の物を横領した者は，10年以下の懲役に処する（253条）。

1　総　説

本罪は，業務上他人の物を占有する者を主体とする単純横領罪の加重類型である。他人の物の占有者という身分（65条1項）と同時に業務者という身分を必要とするから，二重の意味で身分犯である。業務者という身分による加重の根拠については，物の保管を業務とする場合は多数人の信頼を害することから，法益侵害の範囲が広いためと解する見解もある（大塚308頁，中森155頁）。しかし，個別の横領行為について，そのような理解は妥当しないから，やはり，責任非難が増大するからと解すべきであろう（中山313頁，大谷316頁，曽根177頁）。したがって，業務者という身分は責任身分（65条2項）である。

本罪の成立要件は，ほぼ単純横領罪と同じであるので，ここでは業務の意義と共犯と身分の問題についてのみ述べる。なお，他罪との関係については，とくに背任罪との区別につき285頁以下参照。

2　業務の意義

業務とは一般に，社会生活上の地位に基づき反復・継続して行われる事務をいうが，本罪の業務は，その性格上，金銭その他の財物を委託を受けて保管することを内容とする職業もしくは職務をいう。質屋，倉庫業者，一時預かり業者がこれにあたるのは当然であるが，もっとも一般的なのは，銀行その他の会社や官庁において，職務上金銭を保管する従業員や公務員である。会社，団体の代表権を有する役職員は，その会社，団体の財産を保管する者といってよいであろう（反対，大判大正2・11・4刑録19輯1090頁）。遺

失物の保管業務についても本罪にあたるとする見解もあるが（中森156頁），所有権者からの直接・間接の委託がないから，単純横領罪および本罪の成立を認めることには疑問がある。

業務の根拠は，法令，契約のほか慣例による場合を含む[28]。また，本来の業務に付随する事務として物を保管する場合も含むとするのが判例であるが（大判大正11・5・17刑集1巻282頁），その場合は，本来の業務との間に密接な関連性が必要であろう（団藤644頁）。業務者としての保管責任は，業務者としての地位を喪失しても，事務を後任者に引き継ぐまでは存続する（名古屋高判昭和28・2・26判特33号11頁）。

3 共犯関係

本罪は二重の身分犯であるため，業務者でも占有者でもない者が本罪に関与した場合の処理が65条の適用とからんで問題となる。

判例は，古くから，非身分者は65条1項により本罪の共犯（共同正犯を含む）となるが，65条2項により単純横領罪の刑を科すべきものとしてきた（大判明治44・8・25刑録17輯1510頁，大判昭和15・3・1刑集19巻63頁）。65条1項は，真正・不真正身分犯を通じて共犯の成立に関する規定であり，65条2項は，不真正身分犯について，非身分者には科刑の点でのみ通常の刑を科する旨の規定であると解する見解は，この処理を妥当とする（団藤643頁，大塚311頁）[29]。しかし，この見解は，罪名と科刑の分離を認める点で妥当でないと思われる[30]。つぎに，非身分者には占有者の身分がないから，65条2項の適用はなく，65条1項により本罪の共犯を認めるべきとする見解は（植松450頁，香川575頁），関与者が占有者である場合に軽い単純横領罪が成立することを考慮すれば不合理である。また，この不均衡を是正するために判例のような処理を妥当とする見解（内田372頁，なお，中森156頁）も，理論的な説得力をもちえない。65条1項は真正身分犯，2項は不真正身分犯に関する規定であると解する通説の見地からは，1項により単純横領罪の共犯が成立し，2

---

28) 慣例による共有金の保管につき大判明治44・10・26刑録17輯1795頁，慣例による集金につき札幌高判昭和28・6・9判特32号29頁。

29) むしろ，この見解はこのような判例を根拠に主張されているともいえよう。

30) 65条2項により罪名においても単純横領罪が成立するとするものとして最判昭和25・9・19刑集4巻9号1664頁。

270　第2編　個人的法益に対する罪　第6章　財産に対する罪

項により業務者には重い本罪が成立すると解することになろう（大谷320頁）。しかし，真正・不真正あるいは構成的・加重的身分犯という形式的区別によるならば，単純横領罪も占有離脱物横領罪の加重類型と解しうるのであるから，この場合，非身分者には65条2項により軽い占有離脱物横領罪が成立すると解すべきことになろう[31]。65条1項は違法身分の連帯性を，2項は責任身分の個別性を規定したものと解する本書の見地からは，占有者たる身分は違法身分であり，業務者は責任身分であるから，業務者および非身分者は，まず，65条1項により単純横領罪の共犯（共同正犯）となり，業務者については，65条2項により，重い本罪が成立することになる（西田・共犯と身分245頁以下参照）。

4　占有離脱物横領罪（遺失物等横領罪）

> 遺失物，漂流物その他占有を離れた他人の物を横領した者は，1年以下の懲役又は10万円以下の罰金若しくは科料に処する（254条）。

1　客　体

「占有を離れた他人の物」とは，占有者の意思に基づかずにその占有を離れた物で，誰の占有にも属していないもの，および，委託関係に基づかないで行為者の占有に帰属したものをいう。遺失物，漂流物はその例示であるが，この他，過誤払いの金銭（大判明治43・12・2刑録16輯2129頁），誤配達された郵便物（大判大正6・10・15刑録23輯1113頁〔359〕），自己物と誤信して占有した物，隣家から飛んできた洗濯物等が占有離脱物にあたる。窃盗罪との限界における占有の有無については，前述156頁以下参照。

他人が所有権を放棄した物や無主物は本罪の客体たりえない。もっとも，他人の所有に係る物と認められれば足り，所有権の帰属が明らかである必要はない（最判昭和25・6・27刑集4巻6号1090頁）。判例は，ゴルフ場のいわゆるロストボールについて，無主物先占の法理によりゴルフ場経営者に所有権と占有が認められるとし（最決昭和62・4・10刑集41巻3号221頁〔185〕），大きな湖に養殖の生け簀から逃げだした錦鯉（最決昭和56・2・20刑集35巻1号15頁），

---

31)　この結論を認めるものとして，木村164頁があったが，現在ではほとんど支持されていない。

第6節 横 領 罪　4　占有離脱物横領罪（遺失物等横領罪）　*271*

1500年以上を経た古墳内の埋蔵物（大判昭和 8・3・9 刑集12巻232頁）について
も，無主物ではなく本罪の客体たりうるとしている。

2　行　　為

横領とは，領得行為をいう。最初から不法領得の意思をもって占有離脱
物を自己の事実上の支配内に置けば，そのときが既遂であり，当初領得の
意思なく取得した占有離脱物については，これを隠匿所持するなど不法領
得の意思を発現する行為があれば既遂に達する（大判大正10・10・14刑録27輯625
頁）。

3　他罪との関係

本罪が領得罪であるにもかかわらず，その法定刑が極端に軽いのは，既
述のように，占有侵害という違法性が欠けるとともに，きわめて誘惑的要
素が大きく，そのため有責性が低い点を考慮したものである。したがって，
横領した財物の通常の利用・処分は，共罰的事後行為ではなく，不可罰的
事後行為として別罪を構成しないと考えるべきであろう。たとえば，横領
した占有離脱物の損壊は，もし共罰的事後行為だとすれば，法定刑の重い
器物損壊罪（261条）が成立することになるが，本罪の不可罰的事後行為と[32]
解すべきである。拾得した（旧）国鉄の乗車券の払戻しを受けた事案につ
き詐欺罪の成立を否定した裁判例（浦和地判昭和37・9・24下刑 4 巻9=10号879頁）
も同様の考え方によるものであろう。しかし，この場合には，異なる被害
者に対する新たな法益侵害を伴うのであるから詐欺罪の成立を認めてもよ
いと思われる。

---

[32]　林幹人「罪数論」芝原ほか編・刑法理論の現代的展開総論Ⅱ282頁（1990）。これに対し，
虫明満・包括一罪の研究257頁（1992）は併合罪とする。

272　第2編　個人的法益に対する罪　第6章　財産に対する罪

第7節　背　任　罪

1　総　説

1　罪　質

　背任罪は，他人の事務処理者が自己もしくは第三者の利益を図り，または本人に損害を加える目的で任務違背の行為を行い，本人に財産上の損害を与えることにより成立する全体財産に対する罪である。本罪の加重類型として会社法960条以下は，株式会社の取締役等による特別背任罪を規定[1]するが，その成立要件は主体の点を除き本罪と同じである（この他，保険業法322条以下参照）。

　本罪は，明治13年の旧刑法には存在せず，明治40年の現行刑法において新設された犯罪類型である。刑法典では「第37章　詐欺及び恐喝の罪」の中に置かれているが，信任違背という点では，むしろ委託物横領罪と共通性をもつと解するのが通説・判例である。改正刑法草案も両者を併せて同一の章（第39章　横領及び背任の罪）に規定している。したがって，背任罪と（業務上）横領罪の両方が成立しうる場合には，（業務上）横領罪のみが成立し[2]，また，客体が財物でない場合（たとえば，後述する二重抵当の事例）に，背任罪はいわば二項横領罪としての機能を果たすことになるのである。

2　背任の意義

　背任罪をどのような内容の財産犯として理解するかについては，権限濫用説（代理権濫用説）と背信説とが対立している。権限濫用説は，背任罪を委託者（247条にいう他人＝本人）によって与えられた法的処分権限（代理権）の濫用による財産侵害と解するものである（瀧川170頁）。この見解の長所は，主体（他人の事務処理者）の範囲が法的代理権を有する者に限られ，行為も法律行為しか問題とならないから，本罪の成立範囲が明確にな

---

1)　法定刑は7年以下の懲役または300万円以下の罰金であったが，平成9年の改正により，10年以下の懲役もしくは1000万円以下の罰金，または，これらの併科に引き上げられている。

2)　大判明治45・6・17刑録18輯856頁，大判大正11・3・8刑集1巻124頁。この理が，平成9年改正後の会社法960条にも妥当するかは疑問とする余地があるが，ここでは問題を提起するに止める。

第7節 背 任 罪 1 総 説 *273*

る点にある。さらに，本罪が詐欺，恐喝（強迫）という民法上取り消しう
る法律行為を内容とする犯罪類型と同一の章に置かれていることとも整合
性を有するといえよう。しかし，他方で，委託者本人との対内的関係での
背任行為，事実行為，権限逸脱行為が含まれないから，たとえば，財物の
保管を委託された者による財物の毀損行為，第三者による搬出を黙認する
不作為，企業の営業秘密の管理者による秘密漏示行為等，かなり広い範囲
で当罰的な行為が捕捉されないという不都合を招くことになるのである。
このため，通説は，信任関係に違背した財産侵害が背任であるという背信
説をとっている。判例も，質物の保管者が質物を債務者に返還した事例
（大判明治44・10・13刑録17輯1698頁〔409〕），帳簿への虚偽記入（大判大正3・6・20刑
録20輯1313頁），架空入金の記帳（松江地判昭和33・1・21一審刑集1巻1号41頁），コ
ンピュータ・プログラムの不正入力（東京地判昭和60・3・6判時1147号162頁
〔390〕）のような権限逸脱の事実行為について背任罪の成立を認めており，
背信説をとるといえよう。

　これに対し，最近の学説においては，背任罪の成立範囲を明確にすると
いう目的から，再度権限濫用説を評価する動きがみられる。その1つは，
背信的権限濫用説であり，権限の意味を法的代理権に限定せず，他人の財
産の管理権限あるいは事実上の事務処理権限として広く捉えた上で，横領
はその権限逸脱，背任は権限濫用として理解する見解である（植松458頁，藤
木354頁，内田345頁，前田291頁）。しかし，権限の意義をここまで広げるのであ
れば，その実質は背信説と異ならないように思われる。さらに，この見解
は，後述する横領と背任の区別を主眼として主張されたものであるが，明
らかな権限逸脱である二重抵当も，その侵害客体が財物でないため，これ
を背任として可罰的とする以上，背信的権限濫用説は，背任罪の理解とし
ての一般的妥当性をもちえないというべきであろう。第2は，意思内容決
定説であり，基本的には旧来の権限濫用説を維持しつつ，事務処理者の範
囲を本人の財産処分についての意思内容決定を委託された者と解すること
により，直接の権限はないが意思内容決定過程に関与する者，意思内容決
定過程を監督する者にまで拡張する見解である（上嶌一高・背任罪理解の再構成
238頁以下〔1997〕）。この見解によれば，事実行為や二重抵当は背任罪にあた

3）　平川390頁，山口319頁以下，松原339頁も，これに近い立場をとる。

274　第2編　個人的法益に対する罪　第6章　財産に対する罪

らないから，その成立範囲は明確になるが，反面，刑事政策的に十分な処罰範囲を確保しうるかという点で疑問が残るように思われる。

＊　**架空入金の処理**　銀行の支店長が，債務者のため架空の債務弁済があった旨を帳簿に記載する行為（前掲松江地判昭和33・1・21），銀行の外国為替業務担当係長が架空の輸出荷為替手形を買い取ったことにして，売主の当座預金元帳に入金記帳させる行為（東京高判昭和53・10・20高検速2316号）については，他罪による処罰ができないため，従来背任罪の成立が認められてきた。しかし，昭和62年改正により，電子計算機使用詐欺罪が新設されたから，今後架空入金処理がコンピュータの不正操作により行われる場合には，246条の2によって処理されることになろう（西田「判批」ジュリ1021号95頁参照）。

＊＊　**綜合コンピュータ事件**　株式会社綜合コンピュータのインストラクターで，同社の納入したコンピュータにのみ同社の開発したプログラムを入力する業務を担当する者が，他社の設置したコンピュータに会社に無断でプログラムを入力し，入力代金相当額の財産上の損害を加えた事件である。

3　本罪には，242条・245条のほか244条（親族間の犯罪に関する特例）が準用される（251条）。親族関係は行為者と事務の委託者および財産上の損害を受けた者との間に存することが必要であろう（中森157頁注110）。

2　背　任　罪

> 他人のためにその事務を処理する者が，自己若しくは第三者の利益を図り又は本人に損害を加える目的で，その任務に背く行為をし，本人に財産上の損害を加えたときは，5年以下の懲役又は50万円以下の罰金に処する（247条）。未遂を罰する（250条）。

1　主　体

(1)　本罪の主体は「他人のためにその事務を処理する者」＝「他人の事務処理者」に限られる。したがって，本罪は65条1項の身分犯である。「他人」とは，事務処理の委託者をいい，本条にいう「本人」の意味である。自然人のほか法人，法人格なき社団を含み，法人は国および地方公共団体を含む。

(2)　委託された事務の性質については，限定の必要はなく結果として財産上の損害を加えればよいとする見解もあるが（植松454頁），本罪が財産犯

であることを考慮すれば，財産上の事務に限定されると解すべきであろう（通説）。したがって，治療を委託された医師による任務の懈怠や秘密の漏示は別罪（たとえば，秘密漏示罪）を構成しても本罪にはあたらない。事務処理の原因は，法令，契約のほか慣習や事務管理に基づくものであってもよいとするのが判例であるが（事実上の収入役代理につき，大判大正3・9・22刑録20輯1620頁），本人との間に直接・間接の信任関係が全くない場合にまで本罪の成立を認めることは疑問である。事務処理権限については，独立して権限を有する者のほか，その補助者，代行者も含まれる（大判大正5・6・3刑録22輯874頁）。ただし，行為者が直接担当する事務に限られるから，たとえば，企業の営業秘密の保管・管理の任務を有する役職員以外の従業者が，たまたま知りえた企業秘密や不正な手段で取得した秘密を他に漏示した場合には，別罪（たとえば，窃盗罪，詐欺罪）を構成することはあっても本罪にはあたらない（神戸地判昭和56・3・27判時1012号35頁＝東洋レーヨン事件〔389〕）。事務処理の内容については，ある程度包括的，裁量的であることを要し，物の監視や使者などの機械的事務を含まないとする見解が有力であるが（団藤652頁，大谷329頁），判例は，質物の保管者，登記協力義務を負う抵当権設定者など裁量の余地のない事務処理についても本罪の成立を認めている。

(3)　事務は他人の事務でなければならない。他人の事務を処理するとは，他人固有の事務を本人に代わって行うことをいう（大判大正3・10・12新聞974号30頁）。したがって，売買，消費貸借等の契約における売主の目的物を引き渡す義務，買主の代金支払義務，借主の返済義務等は，相手方の「ための」事務ではあるが，なお自己の事務であるから，その義務違反は，単なる債務不履行であって本罪にはあたらない。また，物の賃借人は，その保管について善管注意義務を負うが，その返還義務の不履行は横領になることはあっても本罪にはあたらないのである。

　判例も当初は，鉱業権の二重譲渡に関し，譲渡人が譲受人の対抗要件である登録申請に協力する義務は譲受人のために「其事務を処理するの任務を負ひたるものと解すべからざるを以て」二重に譲渡して第二譲受人に登録を完了しても背任罪を構成しないとしていた（大判大正8・7・15新聞1605号21頁〔391〕）。しかし，その後，判例は，①登録を対抗要件とする電話加入権の二重譲渡（大判昭和7・10・31刑集11巻1541頁〔392〕），②二重抵当（最判昭和

276 第2編 個人的法益に対する罪 第6章 財産に対する罪

31・12・7刑集10巻12号1592頁〔394〕)，③農地の売買において県知事の許可がないため所有権移転の効力が発生しない間に売主が第三者に抵当権を設定した事例 (最決昭和38・7・9刑集17巻6号608頁〔395〕〔410〕) について背任罪の成立を認めている。これに対しては，登記，登録に協力する義務は売買契約，抵当権設定契約上の自己の義務であって，他人の事務とはいえないとの疑問も提起されている。しかし，これらの事案に共通しているのは，登記，登録という対抗要件を備えなければ権利を保全できないこと，①では贈与により，②③では代金の完済により，財産の実質的な処分権は契約の相手方に移転していたと解しうることである (香城敏麿・刑法の基本判例156頁)。このような場合に限定すれば，登録・登記名義人として相手方の財産を処分できる地位にある者は，相手方の財産を直接的に左右しうるのであるから，その登録・登記協力義務は他人の事務と解すべきであろう。不動産の二重売買が横領罪になることとの均衡からも，このような解釈が合理性をもつように思われる。また，判例は，④株式質権の設定者が株券を質権者に交付した後，裁判所を欺いて除権判決を得て株券を失効させた事例について，質権設定者に担保価値保全義務を認め「この担保価値保全の任務は，他人である質権者のために負うものと解される」として本罪の成立を認めている (最決平成15・3・18刑集57巻3号356頁〔396〕，山本輝之・平成15年度重判171頁参照)。すでに述べたように，対抗要件を備えさせる事務を他人の事務と解する以上は，対抗力を超えて質権そのものを失効させる行為はなおさら背任と解すべきであり，したがって，この場合の質権保全義務は，他人の事務にあたると解すべきであろう (山中457頁，反対，山口323頁)。

---

4) なお，指名債権の二重譲渡につき背任罪の成立を認めた例として，名古屋高判昭和28・2・26判特33号9頁〔393〕参照。

5) 平野229頁，中山334頁，芝原邦爾・刑法の社会的機能101頁 (1973)。さらに，背任罪の成立を否定する見解として，上嶌・前掲書241頁，平川392頁，山口324頁，松宮298頁〔担保権の保全が信託されていた場合に限って背任罪の成立を認める〕，松原341頁がある。

6) 247条にいう「その事務を処理する者」の「その」は「自己の事務」と解することにより判例を支持する見解 (林272頁)，二重抵当の場合には，抵当権設定契約上の義務を履行しないという債務不履行を超えて，本来は第二抵当権しか有しない者に一番抵当権者としての登記をさせたところに単なる債務不履行を超えた損害を生じさせたからという理由により判例を支持する見解 (塩見淳「背任罪」法教297号52頁) もある。

2 任務違背行為

行為は「任務に背く行為」である。背信説では，権限濫用説のような限定はなく，誠実な事務処理者としてなすべきものと法的に期待されるところに反する行為をいう。売買，消費貸借，債務負担行為のような法律行為のみでなく，保管物の毀損，秘密の漏示のような事実行為も含まれることはすでに述べたとおりである。

任務違背の有無は，一般的にいえば，個々の事務内容，事務処理者の地位や権限，行為当時の状況等によって判断されることになるが，具体的には，法令，予算，通達，定款，内規，契約等に反する行為であれば，それが財産的損害を生ぜしめる性質のものであるかぎり原則的に任務違背行為であり，あとは財産的加害の認識および図利・加害目的（反対にいえば，本人のためにする意思の欠如）の有無を検討すれば足りると思われる。[7] 株式取引，商品先物取引，デリバティブ取引等の一定の危険を伴ういわゆる冒険的取引は，金融機関等の資金運用担当者が行うときは，裁量権の範囲内であるかぎり任務違背とならないが，役職者を含め担当外の者が別の用途に使用すべき資金を流用して行うときは本罪にあたりうる。以上に対して，任務違背性は，より実質的に理解すべきであるとする見解（山口326頁）もあるが，そのように解すると本罪の故意（任務違背性の認識）のほかに図利・加害目的を要件とした意味が失われることとなり妥当でないというべきであろう。

典型的な背任行為としてはつぎのような類型がある。①不良貸付―銀行等の金融機関の役職員が，回収する見込みがないのに十分な担保や保証を提供させることなく金銭を貸し付ける場合をいう。信用力の低い手形の割引，当座預金口座に資金的手当てのない小切手を現金化する過振りなどもこの類型に含まれる。②粉飾決算―法令・定款に違反して虚偽の決算を行い，利益がないのにあったように仮装して株主に利益配当をしたり（違法配当，蛸配当ともいう），役員賞与を支給したりする場合をいう。[8] ③債務負

7）　ただし，内規に違反して，限度額を超えて融資したが，十分な担保をとっている場合などは別論である。

8）　会社法963条5項2号は違法配当罪を規定しているが，背任罪が成立する場合には，同罪は成立しないと解されている。

担行為―会社の役職員が，その権限を濫用して会社名義で約束手形や小切手の振出，手形の裏書，債務保証等を行い会社に債務を負担させる場合をいう。④会社との自己取引―会社法356条に違反して，取締役が取締役会の承認を受けずに会社に自己の財産を譲渡したり，会社から金銭の貸付を受けたりする場合をいう。

> 最決平成21・11・9刑集63巻9号1117頁（北海道拓殖銀行事件）〔399〕は，銀行頭取らが実質倒産状態に陥っている企業グループに対して，実質無担保で融資を継続した事件について，特別背任罪の成立を肯定したが，任務違背性の判断について，①銀行の取締役が負うべき注意義務については，いわゆる経営判断の原則が適用される余地があるが，②銀行業務の特殊性やその社会的影響等にかんがみて，銀行の取締役の注意義務の程度は一般の取締役よりも高い水準であり，経営判断の原則が適用される余地も限定的になる旨を判示している。
>
> 本決定は，任務違背性の判断において経営判断の原則が適用される余地があることを明示した判例として重要である。したがって，任務違背性の判断においては，経営上の裁量判断が一定の範囲内で尊重されることになる。もっとも本決定は，銀行業務の特殊性を考慮して，銀行の取締役については，経営判断の原則の適用の余地が限定的になるとしている。したがって，実質倒産企業に対する救済融資が例外的に正当化されるためには，「その融資判断が合理性のあるものでなければならず，手続的には銀行内部での明確な計画の策定とその正式な承認を欠かせない」ことになる（本決定については，青柳勤「判解」ジュリ1444号99頁参照）。

3　図利・加害の目的

本罪の成立には，任務違背と財産的加害の認識という故意のほかに自己もしくは第三者の利益を図る目的（図利目的）または本人に損害を加える目的（加害目的）が必要である。第三者とは，自己と本人以外の者をいい，共犯者もこれに含まれる（大判明治45・6・17刑録18輯856頁）。したがって，本罪は利欲罪的性格と毀棄罪的性格の両方を有している。

不良貸付において貸付先の利益を図る目的，違法配当において株主の利益を図る目的が第三者図利目的であり，不良貸付においてリベートをもらうとか，粉飾決算により役員賞与を得る目的は自己図利目的である。本罪が財産犯であることから，ここでいう利益は財産上の利益に限定すべきであるとの見解も有力であるが（団藤655頁，大塚326頁，大谷331頁，曽根187頁），図利目的は犯罪の動機なのであるから，財産上の利益に限定する必然性はなく，自己の地位保全や信用・面目を維持する等の身分上の利益（保身の利

益）をも含むと解すべきであろう（大判大正 3・10・16刑録20輯1867頁，最決昭和63・11・21刑集42巻 9 号1251頁＝東京相互銀行事件〔401〕，山口328頁，山中464頁）。加害の目的とは，不良貸付，保管物の毀損，秘密の漏示等によって本人に損害を加える目的をいう。この場合の加害の内容も，財産的損害に限られず，本人の信用・面目を失墜させるような場合を含むといえよう。

　図利・加害の目的については，図利・加害の事実についての確定的認識または意欲を必要とする見解も有力であるが（藤木348頁，大塚327頁，大谷332頁，曽根187頁），判例は意欲ないし積極的認容までは必要でないと解している（前掲最決昭和63・11・21＝東京相互銀行事件）。たしかに，本罪は財産上の損害という結果を必要とするから，その認識は故意の要件である。したがって，もし，加害の目的が未必的認識でも足りるとすれば，本罪の故意があれば同時に加害目的も肯定されることになり，加害目的を故意とは別個の主観的要件として規定した意味は失われるし，図利目的を選択的に規定した意味も失われるようにも思われる。しかし，図利・加害の目的という要件は，結局，当該任務違背行為が本人のためにする意思（本人図利目的）で行われたものでないという要件を裏側から規定したものといってよいから（香城敏麿・基本講座 5 巻265頁，中森161頁，山口327頁，高橋402頁），本人図利目的が認められない場合，本罪の要件としての図利・加害目的は未必的なもので足りると解すべきであろう。これを消極的動機説という（図利加害の動機を要求する反対説〔積極的動機説〕として，斎藤194頁，佐伯仁志「判批」ジュリ1232号192頁，松原345頁）。

　図利・加害目的と本人図利目的とが併存する場合には，2 つの目的の主従によって本罪の成否が決定される（違法配当につき，前掲大判大正 3・10・16）。たとえば，違法配当において，会社の業績が良好なように仮装して銀行からの融資を引き出すことと，同時に株主の利益や自己の地位の保全を図ることを目的とする場合，無担保の追加融資において，債務者の倒産を防ぎひいては債権回収を可能にすることと，同時に貸付先の利益や自己の保身を図ることを目的とする場合などには，いずれの目的が主であったかによって本罪の成否が決定されることになるのである（最決平成10・11・25刑集52巻 8 号570頁＝平和相互銀行事件〔402〕）。

　　最決平成17・10・7 刑集59巻 8 号779頁（イトマン事件）〔403〕は，総合商社 I

の代表取締役社長であった被告人が，ゴルフ場開発を計画するなどしていたK社の社長Aからプロジェクトの提案を受け，K社に対して多額の融資を実行していたが，その後，決算期に経常利益を黒字にするために，Aに対して100億円の企画料の入金を求め，その見返りとして，230億円の無担保融資を実行した事件について，「被告人が本件融資を実行した動機は，Iの利益よりも自己やAの利益を図ることにあったと認められ，また，Iに損害を加えることの認識，認容も認められるのであるから，被告人には特別背任罪における図利目的はもとより加害目的をも認めることができる」と判示している。

本決定は図利加害目的における図利目的だけではなく，加害目的が認められることを判示した点において重要である。本決定は被告人の加害目的を認定しているが，I社に害を加える動機を具体的に認定しているわけではないから，積極的動機説を前提にするものではない。むしろ，①Iに損害を加えることの認識・認容があることを前提に，②Iの利益を図る動機が本件融資の主たる動機とはいえないことを根拠として，加害目的を認定しており，消極的動機説に親和的な判断と評価することができる（上田哲「判解」最判解刑平成17年度383頁以下参照）。

4　財産上の損害

本罪は結果犯であり，任務違背行為により本人に財産上の損害が発生したことが必要である。財産上の損害とは「経済的見地において本人の財産状態を評価し，被告人の行為によって，本人の財産の価値が減少したとき又は増加すべかりし価値が増加しなかったときをいう」（最決昭和58・5・24刑集37巻4号437頁＝信用保証協会事件〔405〕）。すなわち，回収の見込みがないのに1000万円を無担保で貸し付けた場合でも，1000万円という金銭の代わりに同額の債権を取得しているのであるから，法律的には損害はなく，その危険があるにすぎないともいいうる。しかし，経済的に評価すれば，回収の見込みや担保がない以上，損害はすでに発生しているといってよいのである。前掲信用保証協会事件決定は，これを正面から認めたものである。したがって，その後債務者が宝くじに当選したため弁済できたとしても，それは犯罪後の情状にすぎない。この場合，債務の履行期前であれば背任未遂とする見解もあるが（岡本勝「背任罪における『財産上ノ損害』について」荘子邦雄先生古稀祝賀・刑事法の思想と理論430頁〔1991〕），履行期前であれば常に背任未遂にしかならないというのは不合理である。任務に違背した貸付行為の時

9）　最判昭和37・2・13刑集16巻2号68頁〔404〕は，このような見地から，実害発生の危険も財産上の損害に含まれるとしていた。

点で，回収不能と判断しうる場合は既遂であり，貸付行為が任務に違背している場合は，回収の見込みがある程度あり，かつ，履行期には弁済されたような場合にのみ未遂を認めるべきであろう。

背任罪は全体財産に対する罪であるから，一方において損害があっても，同時に，他方においてこれに対応する反対給付があるときは，財産上の損害を否定するのが通説である。しかし，問題は，いかなる場合に「対応する反対給付」があったといえるかにある。たとえば，すでに1億円の不良貸付により背任罪の成立が認められる場合に，さらに2億円を追加融資し，顧客との事前の合意により，そのうちの1億円は既存の債務の弁済に充てさせるような場合（これを「穴埋め横領」に準じて「穴埋め背任」と呼ぶことができよう），弁済に充てられた1億円について，これを財産上の損害といえるかが問題となるのである。この場合，追加融資が実行されて顧客の口座に入金された以上，その時点で，追加融資分については回収不能の状態が生じて背任罪は既遂に達し，その後当該融資金がどのような支払いに充てられたかは犯罪成立後の情状の問題にすぎないと解すべきであろう（新潟地判昭和59・5・17判時1123号3頁＝大光相互銀行事件〔400〕）。他方，背任罪を構成する貸付の期限が到来したため，帳簿上返済があったかのように記帳し，同時に同額の新規貸付を起こすという方法により旧貸付を新貸付に書き替えたという場合には，資金の現実的移動・流出がないから財産上の損害を否定すべきであろう（東京地判昭和40・4・10判時411号35頁＝第一相互銀行事件）。最高裁は，過振り行為によって債務超過に陥り返済能力のない顧客の振り出した融通手形に銀行の支店長が銀行名義の手形保証をしたが，顧客が，この手形の割引を受けた後，割引金を当座預金の貸越債務の弁済のため入金し，しかも，手形保証と割引と入金が同一の場所で同時に行われたという事案に関し，行為者らが，その後も過振り行為を継続する目的であったという事実関係のもとでは「右入金により当該手形の保証に見合う経済的利益が同銀行に確定的に帰属したものということはでき」ないという理由により，財産上の損害を肯定している[10]（最決平成8・2・6刑集50巻2号129頁〔406〕）。前述の不良貸付の場合と対比すれば，債務負担行為の場合には，これに見合う

---

10) これに対して，第1審判決は，財産上の損害を否定している。この立場を支持する見解として，佐伯仁志「判批」金法1460号78頁，山口330頁，松原347頁参照。

反対給付が確実に帰属することが必要であると解すべきであるから，最高裁の判断は妥当だと思われる（西田典之「判批」研修607号13頁，高橋405頁）。

任務違背行為に着手したが，財産上の損害が発生しなければ未遂である（250条）。判例において未遂とされたものとして，電話加入権の二重譲渡において第二譲受人への名義書換えが終了していなかった事例（大判昭和7・10・31刑集11巻1541頁〔392〕），農地の二重譲渡において県知事の許可前に第二譲受人のため所有権移転請求権保全の仮登記をしたが本登記には至らなかった事例（東京高判昭和42・9・14東時18巻9号249頁）がある。

＊　**信用保証協会事件**　中小企業者が銀行等の金融機関から融資を受ける場合に，その債務保証を行う信用保証協会の支所長が，企業者が倒産寸前であることを知りつつ，かつ，委任された限度額を超えて債務保証を専決したという事件である。最高裁は，当該企業者の「債務がいまだ不履行の段階に至らず，したがって同協会の財産に，代位弁済による現実の損失がいまだ生じていないとしても，経済的見地においては，同協会の財産的価値は減少したものと評価される」として，財産上の損害を肯定した。

5　共　　犯

背任にあたる不良貸付等は民事上有効な法律行為であるが，その相手方も本罪の共同正犯たりうるとするのが判例である（大判昭和8・9・29刑集12巻1683頁，最決昭和63・11・21刑集42巻9号1251頁〔401〕）。ただ，この場合の相手方は，貸付の事務処理者とは異なる利害関係を有し，担保の評価等においても異なった認識をもちうるものであるから，共同正犯としての罪責を問う場合の要件が問題となる[11]。これまでの裁判例として「任務を有する者が抱いた任務違背の認識と略同程度の任務違背の認識を有することを必要とする」という要件のもとに借り手側の罪責を否定した事例（東京高判昭和38・11・11公刊物未登載＝千葉銀行事件控訴審判決），「身分のない借り手につき金融機関に対する特別背任罪の共謀共同正犯が成立するためには，……〔その金融機関の〕職員の任務に違背することを明確に認識しながら同人との間に背任行為に

---

11)　この問題については，中森喜彦「背任罪の共同正犯」研修609号3頁以下，関哲夫「背任罪の共同正犯についての一考察」佐々木史朗先生喜寿祝賀347頁以下（2002），林幹人「背任罪の共同正犯」判時1854号3頁，伊東研祐「特別背任罪における正犯性」板倉宏博士古稀祝賀・現代社会型犯罪の諸問題275頁以下（2004）参照。

ついて意思の連絡を遂げ，あるいはその職員に影響力を行使し得るような関係を利用したり，社会通念上許容されないような方法を用いるなどして積極的に働き掛けて背任行為を強いるなど，当該職員の背任行為を殊更に利用して借り手側の犯罪としても実行させたと認められるような加功をしたことを要する〔かっこ内は筆者〕」として借り手側の共同正犯を否定した事例（東京地判平成12・5・12判タ1064号254頁＝高峰リゾート開発事件），「非身分者と身分者との関係，非身分者における身分者の任務違背に関する認識内容やその任務違背行為に対する働きかけの形態等を踏まえ，身分者の任務違背行為そのものに対する非身分者の関与の程度につき，それが通常の融資等の取引の在り方から明らかに逸脱しているといえるか否か」を判断基準として，借り手側の共同正犯性を肯定した事例（大阪高判平成14・10・31判時1844号123頁）などがある。最高裁も，Ａ住宅金融専門会社の融資担当者である乙らから，Ａ社から継続的に融資を受けてきた不動産会社Ｂ社の代表取締役甲が，実質的に無担保状態であるのに，なお迂回融資の形態で継続して融資を受けたという事案について「甲は，乙ら融資担当者がその任務に違背するに当たり，支配的な影響力を行使することもなく，また，社会通念上許されないような方法を用いるなどして積極的に働き掛けることもなかったものの，乙らの任務違背，Ａ社の財産上の損害について高度の認識を有していたことに加え，乙らが自己及びＢ社の利益を図る目的を有していることを認識し，本件融資に応じざるを得ない状況にあることを利用しつつ，Ａ社が迂回融資の手順を採ることに協力するなどして，本件融資の実現に加担しているのであって，乙らの特別背任行為について共同加功をしたとの評価を免れないというべきである」との判断を示した（最決平成15・2・18刑集57巻2号161頁＝住専事件〔407〕）。さらに，Ｅ社の社長である被告人が，Ｂ銀行から百数十億円の融資を受けてゴルフ場を造成したが，会員権の販売が低迷して工事を受注したＧ社への工事代金に窮したため，「再生スキーム」と称するプランをＢ銀行の代表取締役Ｄに提案した。そのプランとは，本件ゴルフ場を被告人が実質的経営者であるＣ社に買い取らせるため，Ｂ銀行がＣ社に57億円を貸し付け，その資金から，Ｇ社に一部弁済を行い，その残余の大部分をＣ社からＥ社に環流させた上でＥ社がＢ銀行に対する債務の返済に当てることによりＢ銀行のＥ社に対する不良債権額を縮小さ

せ，債権回収が進行しているかのような偽装工作を行うというものであった。B銀行のD頭取は，この計画を実行に移し，C社を迂回して被告人に57億円を貸し付けた。このような事実関係について，最高裁は「被告人は，特別背任罪の行為主体の身分を有していないが，上記認識の下〔Dらの保身の利益を図る目的や任務違背性の認識をいう—筆者注〕，単に本件融資の申込みをしたにとどまらず，本件融資の前提となる再生スキームをDらに提案し，G社との債権譲渡の交渉を進めさせ，不動産鑑定士にいわば指し値で本件ゴルフ場の担保価値を大幅に水増しする不動産鑑定評価書を作らせ，本件ゴルフ場の譲渡先となるCを新たに設立した上，Dらと融資の条件について協議するなど，本件融資の実現に積極的に加担したものと評価することができるのであって，被告人に特別背任罪の共同正犯の成立を認めた原判断は相当である」との判断を示している（最決平成20・5・19刑集62巻6号1623頁＝石川銀行事件〔408〕）。これらの判例から，融資を受ける者が，①融資担当者の図利・加害目的や任務違背性の認識などを十分認識していること，②迂回融資などの不正融資工作に積極的に関与していること，③自らも図利・加害目的を有することなどの要件を満たす場合には融資を受ける者にも（特別）背任罪の共同正犯が成立するという判例理論が，ほぼ明らかにされたといえよう。

　なお，判例は，取締役による特別背任罪に関与した非身分者につき，65条1項により会社法960条の罪の共同正犯となり，65条2項により刑法247条の刑を科すべきものとするが（東京高判昭和54・12・11東時30巻12号179頁），特別背任罪が責任による加重類型だとすれば，65条1項により，刑法247条の共同正犯が成立し，取締役には同条2項により重い会社法960条の罪が成立すると解すべきであろう。

6　他罪との関係

⑴　**詐欺罪との関係**　　任務違背行為が本人に対する詐欺行為を含み，これによって本人に財物・財産上の利益を交付させた場合については，詐欺罪のみの成立を認めるのが判例である。たとえば，保険会社の勧誘員Aが，被保険者を健康体であると欺いて，会社にAを受取人とする保険契約を締結させ保険証券を交付させた事例（大判昭和7・6・29刑集11巻974頁），山林立木の売買において，買主である会社の係員が売主と共謀して立木の数

を過大に報告して購入させ，会社に損害を与えたという事例 (最判昭和28・5・8刑集7巻5号965頁) につき背任罪の主張を退け詐欺罪のみの成立を認めている[12]。これに対して，通説は詐欺罪と背任罪の観念的競合であるとする。しかし，この対立はさほど重要なものではない。むしろ，背任罪の法定刑の軽さから判断して，この場合にも，単純横領罪と詐欺罪との関係におけるような考慮が必要であり，したがって，背任罪のみの成立を認める (小野275頁) べきであるかが問題であろう。本人に対する詐欺行為と本人による処分行為が存在し，これによって行為者が財物または利益を自己領得する場合は詐欺罪を認め，あくまでも本人の事務処理として行われた任務違背行為であれば，その過程に詐欺的手段があっても (たとえば，不良貸付における担保の仮装や過大評価)，背任罪のみの成立を認めるべきであると思われる。

　他方，背任罪と電子計算機使用詐欺罪との関係について，判例は，たとえば，不良貸付がコンピュータ端末を操作する振替入金によって行われる場合のように，背任ではあっても貸付が一応民事上有効であれば，この操作は資金的実体を有し「虚偽の情報」とはいえないから，電子計算機使用詐欺罪は成立しないとしている (東京高判平成5・6・29高刑46巻2号189頁〔353〕)。

(2) 横領罪との関係

　(a) 区別の必要性　　財物の賃借人が不法に賃借物を売却するような場合，賃借人は他人の事務処理者とはいえないから，横領罪が成立するにとどまる。他方，たとえば，二重抵当のように財物以外の権利が客体である場合には，財物罪である横領罪は成立しえず，背任罪が成立することになる。しかし，他人の事務処理者が自己の占有する他人の財物を不法に処分した場合は，同じ背信罪である横領罪と背任罪の両方が成立するようにみえるが，両罪は法条競合の関係に立ち，より重い横領罪のみが成立するとするのが通説・判例 (大判明治43・12・16刑録16輯2214頁) である。そこで，(業務上) 横領罪と背任罪との区別の基準が問題となる。

　(b) 学説　　両罪の区別の基準としては，①背任罪は法律上の処分権限の濫用という法律行為であるのに対し，横領罪は事実行為による特定物

---

12)　背任罪が補充的財産犯であることを理由に判例を支持するものとして，中森163頁。

286 第2編 個人的法益に対する罪 第6章 財産に対する罪

または特定の利益の侵害であるとする見解（瀧川173頁），②両罪を客体によって区別し，財物に対する背信行為が横領罪であり，財物以外の利益についての背信行為が背任罪であるとする見解（牧野759頁，小野274頁，木村150頁，江家321頁，岡野190頁），③一般的権限の逸脱が横領罪，一般的権限の濫用が背任罪であるとする見解（植松458頁，大塚320頁，内田345頁，藤木354頁，佐久間250頁以下），④財物についての領得行為が横領罪であり，その他の背信行為が背任罪とする見解（平野231頁，曽根184頁，中森163頁，山口333頁，高橋410頁，松原351頁。なお，大谷336頁）の諸説が主張されている。

①説は，背任罪の本質を権限（代理権）の濫用に求める権限濫用説からの帰結であるが，すでに述べたように事実行為による背任をも肯定すべきである以上この説はとりえない。②説は，背任罪を実質的に2項（利益）横領罪として理解する見解である。たしかに，背任罪が2項横領罪的な機能を有していることは事実である。しかし，構成要件のかなり異なる両罪を単純に財物罪と利益罪として対置することには無理があり，財物についても背任罪の成立を認めるべき場合のあることは否定できないと思われる。③説は，横領罪についての越権行為説の帰結であるが，領得行為説の立場からも主張されているものである（藤木354頁）。しかし，まず，二重抵当や秘密漏示行為のように明らかな権限逸脱の場合も，その侵害客体が利益であるため背任罪の成立を認めるとすれば（内田347頁参照），この区別は一般的妥当性をもちえないというべきであろう。さらに，客体が財物である場合も，横領罪を単に財物についての背信行為ではなく背信的領得行為と解すべきである以上，単なる権限逸脱（越権行為）のみで横領罪の成立を認めることは妥当でないと思われる。このように考えれば④説が妥当である。

　(c) 判例　判例は，まず，背信行為の客体が所有権以外の権利・利益の場合には，明らかに権限逸脱の場合であっても背任罪の成立を認めている。たとえば，質物の保管者が質物を債務者に返還した事案につき，侵害の対象が質権であって所有権ではないことを理由に背任罪の成立を認めた事例（大判明治44・10・13刑録17輯1698頁〔409〕）のほか，電話加入権の二重譲渡（大判昭和7・10・31刑集11巻1541頁〔392〕），二重抵当（最判昭和31・12・7刑集10巻

---

13)　なお，井田323頁は④説を前提としつつも，客観的な領得行為が認められるか否かの判断基準としては，権限逸脱か権限濫用かの区別を用いるべきであるとする。

第7節 背任罪 2 背任罪 *287*

12号1592頁〔394〕),農地の売買において県知事の許可がないため所有権移転の効力が発生しない間に売主が第三者に抵当権を設定した事例(最決昭和38・7・9刑集17巻6号608頁〔395〕〔410〕)などが背任罪とされている。ここでは,権利・利益の領得行為につき,背任罪が2項横領罪として運用されているのである。この限度で背任罪に横領罪の補充的機能を認めることは合理的であるといえよう。

つぎに,他人の事務処理者が自己の占有する他人の財物を不法に処分した場合,それが自己のための費消であれば,たとえ支払いの一般的権限があっても当然に(業務上)横領罪が成立する(大判大正6・12・20刑録23輯1541頁)。他方,第三者の利益を図った場合について,判例の主流は,本人の名義・計算で行われた場合は背任罪,自己の名義・計算で行われた場合は横領罪の成立を認めている。たとえば,村の収入役が自己の保管する公金を村の名義でなく第三者に貸し付けた場合は業務上横領罪(大判昭和10・7・3刑集14巻745頁〔412〕),村長が自己の保管する公金を村の計算で第三者に貸し付けた場合は背任罪(大判昭和9・7・19刑集13巻983頁〔413〕)が成立するとされているのである。それは,処分が本人の名義・計算で,すなわち,本人の事務処理として行われていれば,その経済的効果は反対債権の取得等により本人に帰属するから領得行為とは認められないのに対し,自己の名義・計算で行われる場合にはいったん自己に領得した物を第三者に交付したと解されるからであろう(平野231頁)。したがって,たとえ名目的には本人の名義による貸付であっても,正規の貸付手続を踏まず帳簿に記載することもなく貸し付けた場合(広島高岡山支判昭和28・6・25高刑6巻12号1631頁),信用組合の支店長が成績向上のため特別の預金謝礼金を支払い,その不足分を補填するため組合員への架空貸付によりプールした金銭を高利で員外貸付した場合(最判昭和33・10・10刑集12巻14号3246頁〔414〕)には,その経済的効果が本人に帰属するとはいえないから,自己の計算で行われたものとして業務上横領罪が成立するのである。

もっとも,判例の中には前記③説により権限の逸脱があれば横領罪の成立を認めたものも存在する。たとえば,取締役が贈賄のために保管金を支

---

14) 同じく架空貸付の事例として,東京地判昭和58・10・6判時1096号151頁参照。

288　第2編　個人的法益に対する罪　第6章　財産に対する罪

出した事例（大判明治45・7・4刑録18輯1009頁〔418〕），町の収入役が公金を町の行政事務に属しない町会議員慰労費用に支出した事例（大判昭和9・12・12刑集13巻1717頁〔415〕），森林組合の組合長が組合員へ転貸すること以外への流用を禁止された政府貸付金を組合名義で第三者たる地方公共団体に貸し付けた事例（最判昭和34・2・13刑集13巻2号101頁〔419〕）について業務上横領罪の成立を認めた判例がそれである。それは，本人の権限にも属しない処分は，その名義・計算のいかんを問わず当然に横領となるとするものであろう。しかし，本人の事務として行われ，また，本人のために行われた処分には，不法領得の意思が欠けるのであるから，利欲犯としての横領罪の成立を認めることは疑問だというべきであろう。この点で，株の買占めに対抗するためであれば，（行為当時の商法によれば）違法な自己株式の取得のために自己の保管する会社の資金を支出しても不法領得の意思が欠け，業務上横領罪は成立しないとした地裁判決（東京地判平成6・6・7判時1536号122頁＝国際航業事件），目的が違法などの理由から金員の委託者である会社自体が行えない場合には，金員の占有者がこれを行うことは本人のためとはいえないことをも理由として，この原判決を破棄した控訴審判決（東京高判平成8・2・26判タ904号216頁），さらに，結論において不法領得の意思を肯定したが，もっぱら会社のためにする意思であるときは不法領得の意思が認められず業務上横領罪は成立しないとした上で，被告人の行為が商法その他の法令に違反するという一事から，ただちに不法領得の意思を認めることはできないとした最高裁決定（最決平成13・11・5刑集55巻6号546頁〔388〕〔420〕）が注目に値しよう。

第8節　盗品等に関する罪（賍物罪）

1　総　　説

1　本罪は，「盗品その他財産に対する罪に当たる行為によって領得された物」（以下，盗品等または盗品と呼ぶことにする）の事後的な処分に関与する罪である。本書では，以下本罪を盗品関与罪と呼ぶことにしたい。

旧規定では，本罪の客体を「賍物（賍物）」としており，その意義は必ずしも明確でなかったために，学説では，①追求権説（通説）と②違法状態維持説（木村166頁，伊東239頁以下）が対立していた。すなわち，①説が，本罪を財産犯罪の被害者が，被害財物に対して有する回復請求権（追求権）の実現を困難にする行為と解し，したがって，賍物とは財産犯によって領得された物と解するのに対し，②説は，本罪が，すべての犯罪により生ぜしめられた違法な財産状態を維持しようとする行為と解し，したがって，賍物も財産犯の被害物に限らず，財産犯以外の犯罪によって得られた不法な物，たとえば収賄，賭博，特別法に規定された密猟・密輸等によって得られた目的物をも含むと主張したのである。しかし，本罪が財産犯の一種として規定されていること，特別法には，別個に本罪に準じる規定（特別法として，森林法201条，関税法112条，鳥獣保護法27条・84条1項5号等参照）があることを考慮すれば，①説が妥当であったといえよう。判例も，本罪は「所有者ノ物ニ対スル追求権ノ実行ヲ困難ナラシムルヲ本質トス」（大判大正11・7・12刑集1巻393頁〔378〕，同旨，最決昭和34・2・9刑集13巻1号76頁〔422〕）として，一貫して①説の立場をとってきたのである。

平成7（1995）年の改正により，「賍物」という文言は，前記のように「盗品その他財産に対する罪に当たる行為によって領得された物」と改められた。これによって，少なくとも本罪の客体に関するかぎり，①説をとることが立法的に明確化されたといえよう。改正刑法草案358条は，「賍物」の代案として「盗品その他財産に対する罪によって得た物」を提案していた。今回の改正は，これに「当たる行為」を付加し，「得た物」を「領得された物」に変えた点で草案の規定とも異なっている。前者は，財

産に対する罪が犯罪として成立している必要のないこと（たとえば，責任無能力者による窃取物）を示したものである。後者は，本罪の客体である財物が，財産犯罪によって直接的に領得された物でなければならないことを表現したものである。したがって，会社の機密資料を一時持ち出し，これをコピーした後に元に戻しておく行為が窃盗や業務上横領にあたる場合であっても，当該コピーは財産犯によって直接領得された物ではないから，本罪の「盗品等」にあたらないし，会社の機密資料をカメラで撮影して，そのネガフィルムを売却する行為が背任にあたるとしても，当該ネガフィルム自体は背任行為の直接的な客体ではないから，本罪の「盗品等」にあたらないのである。

2　しかし，盗品関与罪には，追求権の侵害だけでは説明のつかない面もある。すなわち，256条2項の類型については，10年以下の懲役と50万円以下の罰金の併科という，窃盗・詐欺等より重い刑が規定されている点である。単に追求権を害するというだけでは，このような法定刑の差は説明しにくい。そこでは，本罪の前提となる財産犯の本犯者による盗品の保持や換金行為を事後的に援助することにより，財産犯罪が制度的に助長されるという性格が考慮されているといえよう（本犯助長的・事後共犯的性格）。このような性格は，つぎのような意味において認められる。職業的な犯人は，通常，現金を対象とすることが多く，たとえば宝石などのように発覚しやすい物は避けるものと考えられる。ところが，それを買い取ってくれる者や売買のあっせん者が存在することによって，宝石などでも対象とすることができるようになる。したがって，その存在は財産犯を助長するという性格を有することになるのである。さらに，これらの盗品関与行為は，財産犯から得られた財物を無償で譲り受けたり，その処分に関与することによって自らも利益を得るという側面ももっている（利益関与的性格）。盗品関与罪は，このように本犯助長的性格，利益関与的性格を有するがゆえに類型的に予防の必要性が高いのである。そこに本罪の刑事政策的な重罰の根拠がある。本罪の，このような複合的性格を考慮して，学説では，本罪を追求権の侵害としてのみ捉えるべきではないとして，財産犯の枠内における違法状態維持説との折衷ないし結合を主張する見解も有力となっている（たとえば，団藤660頁以下，大塚333頁以下，前田296頁以下）。さらに，

最近では，個人的法益である追求権の保護という側面を否定し，本罪を「財産領得罪を禁止する刑法規範の実効性」という抽象化された法益に対する罪として把握する見解も現れるに至っている（井田良「贓物罪」現代的展開257頁以下，同330頁）。たしかに，このような複合的性格が本罪の解釈論に影響することは否定できないが，本罪を個人的法益である財産に対する罪の一類型として位置づける以上，その当否は慎重に検討されるべきであろう。

2　盗品関与罪

盗品その他財産に対する罪に当たる行為によって領得された物を無償で譲り受けた者は，3年以下の懲役に処する（256条1項）。前項に規定する物を運搬し，保管し，若しくは有償で譲り受け，又はその有償の処分のあっせんをした者は，10年以下の懲役及び50万円以下の罰金に処する（同条2項）。

＊　**旧規定**　本条の旧規定はつぎのとおりである。「贓物ヲ収受シタル者ハ3年以下ノ懲役ニ処ス（1項）。贓物ノ運搬，寄蔵，故買又ハ牙保ヲ為シタル者ハ10年以下ノ懲役及ヒ50万円以下ノ罰金ニ処ス（2項）」

1　盗品等の意義

(1)　追求権説によれば，盗品等とは，財産罪によって領得された財物であって，被害者が法律上追求することのできるものをいう（大判大正12・4・14刑集2巻336頁）。権利を含まないが，動産のみでなく不動産をも含む。不動産は所在を移転しないから，追求権を害することがなく盗品等たりえないとする見解（伊達秋雄・ポケット註釈596頁。なお，平野234頁以下参照）もあるが，登記による不動産の占有を認める以上，登記名義の移転による無償譲受け，保管，有償譲受け（そのためのあっせん）もありうるから，追求権説の見地からもその盗品性は当然に認められる。本犯たる財産犯は，構成要件に該当し違法であればよく，有責であることを要しない（大判明治44・12・18刑録17輯2208頁）。追求権の有無は有責性とは無関係だからである。また，本犯者が親族相盗例により刑を免除される場合（大判大正5・7・13刑録22輯1267頁），公訴時効が完成した場合（大判明治42・4・12刑録15輯435頁），免責特権によりわが国の裁判権が及ばない場合（福岡高判昭和27・1・23判特19号60頁）でも本罪が成立する。ただし，本犯は既遂に達していなければならず，窃盗を企図

した者の依頼に応じ将来窃取すべき物の売却をあっせんしても窃盗幇助罪が成立するにすぎない（最決昭和35・12・13刑集14巻13号1929頁）。本犯が外国人により外国で行われ，わが国の財産犯規定が適用されないときに，その盗品等がわが国に持ち込まれた場合，これを本条にいう盗品等といいうるかについては，国際的取締りの見地から，これを肯定する見解が有力であるが（団藤663頁以下，藤木359頁，大谷341頁，前田雅英「贓物の意義について」ジュリ1003号90頁以下，井田・前掲261頁等参照），「財産罪によって領得された財物」という文言の解釈は，「わが国の財産罪」という意味に解すべきであるから，否定説（河上和雄=渡辺咲子・大コンメ13巻479頁）が妥当であろう。

(2)　追求権説によれば，本罪の客体は，被害者が法律上追求することのできるものをいう。被害者に追求権がなく，または，これを喪失した場合には盗品性は失われる。たとえば，第三者が盗品を即時取得（民法192条）した場合には，それ以後は盗品性が失われる（大判大正6・5・23刑集23輯517頁）。ただし，民法193条により，盗難または遺失のときは2年間返還請求権が認められるので，その間は盗品性も失われない（最決昭和34・2・9刑集13巻1号76頁〔422〕）。また，民法243条の動産の付加や同246条の加工にあたる場合も盗品性は失われるが，判例上，付合や加工にあたるとした例は見当たらない（大判大正4・6・2刑録21輯721頁〔421〕，最判昭和24・10・20刑集3巻10号1660頁〔427〕）。不法原因給付の場合，一律に盗品性を肯定する立場（藤木359頁），一律に盗品性を否定する立場（中山概説Ⅱ188頁），本犯たる財産犯の成否に応じて区別し，横領罪については否定，詐欺罪・恐喝罪については肯定する立場（大塚326頁，中森166頁，井田335頁）とに分かれている。既述のように，横領罪については，不法原因「給付」にあたる以上犯罪不成立であり，盗品性は否定されるべきである。他方，詐欺罪について，不法原因給付にあたることを肯定しつつもなお詐欺罪の成立を認める見解では，民法708条により返還請求権が否定されるから本罪の成立を認めることは困難であろう。また，不法原因給付の場合，返還請求権はあるが，民法708条本文は，その裁判による強制的実現を否定するにすぎないという理由で盗品性を肯定する見解もあるが（大谷342頁以下），追求権の意義をそこまで拡張しうるか疑問が残ろう。以上に対して，不法原因給付と詐欺の場合には民法708条ただし書の適用を認めうるとすれば（前述228頁以下参照），本罪の成立を認め

うることになる。

2　追求権の意義

　追求権は，通常は物権的返還請求権であると考えられるが，厳密にそうであるとは限らない。たとえば，既述のように，即時取得の場合，被害者は2年間は代金を支払って目的物を回復することができる。判例は，これを物権的返還請求権であるとするが（大判大正10・7・8民録27輯1373頁），学説上は債権的返還請求権であると解する立場が有力である。また，本犯が詐欺・恐喝の場合にも類似の状況が生ずる。すなわち，被害者が詐欺・強迫による意思表示の取消しを行っていない段階で行為者が本犯者から買い受けた場合，買い受けた時点には所有権は本犯者にあるのだから，被害者には物権的返還請求権はない。しかし，これらの場合にも，盗品関与罪の成立を認めるべき以上，追求権とは，厳密な意味での物権的返還請求権に限るべきではなく，被害者が法律上有する追求可能性と解すべきである。判例も，追求権が物権的返還請求権である必要のないことを認めている（前掲大判大正12・4・14）。

3　盗品等の同一性

　追求権は，当該盗品等に対するものであるから，盗品等がその同一性を失った場合には同時に追求権も失われる。窃取した金銭を貰えば無償譲受けになりうるが，窃取した金でカレーライスを御馳走してもらった場合，このカレーはもはや盗品とはいえないのである（平野234頁）。同様に，盗品を換金して得られた金銭も盗品ではない。もっとも，判例は，横領した紙幣を両替して得られた金銭（大判大正2・3・25刑録19輯374頁），詐取した小切手を現金化して得られた金銭（大判大正11・2・28刑集1巻82頁〔428〕）についても盗品性を認めている。前者は，すでに述べた金額所有権という観点から肯定しうるが，後者については，換金行為自体が詐欺罪になり，それゆえに盗品性が肯定されると解すべきであろう（内田384頁，大谷343頁，前田297頁，松原358頁）。なお，機密資料を持ち出してコピーし，原本は返却したうえコピーのみを第三者に売却した場合，持ち出し行為が窃盗にあたる場合でも，コピーは「領得された物」にあたらないから，盗品といえないことは前述のとおりである。

4 行 為

行為は，無償譲受け（256条1項），運搬，保管，有償譲受け，有償の処分のあっせん（同条2項）である。これらの行為は，いずれも，盗品等を被害者または本犯者から移転させることにより，その回復を困難にするという点で共通性をもつ。いずれも原則として行為の時点で盗品等であるという事情を知っていること（知情）が必要である（ただし，保管に関し後述295頁参照）。盗品性の認識は未必的なもので足り（最判昭和23・3・16刑集2巻3号227頁），なんらかの財産罪により領得されたものであることを認識していればよい。また，本犯者，被害者が誰であるかも知る必要はない。また，盗品等の移転も，必ずしも本犯者からの直接的移転である必要はなく，譲り受けた者，あっせん者から情を知って買う行為も有償譲受けである。もっとも，情を知って盗品等を移転させるというだけなら，本犯者から窃取したり，本犯者が遺失した物を横領する場合も同様であるが，この場合に本罪が成立しないのは（遺失物横領につき，最判昭和23・12・24刑集2巻14号1877頁参照），本罪特有の本犯助長的・事後従犯的な性格が欠けるからである（平野234頁）。

* **旧規定との対応**　平成7年の改正では，256条1項の収受が無償譲受け，同条2項の寄蔵が保管，故買が有償譲受け，牙保が有償の処分のあっせんに置き換えられた。

(1) 無償譲受けとは，無償で交付を受け取得することをいう。約束だけでは足りず，盗品等の移転が必要である。2項の行為と較べて刑が軽いのは，他人の犯罪による利益にあずかる行為にすぎないからである。

(2) 運搬とは，委託を受けて盗品等を場所的に移転させることをいう。有償，無償を問わない。また，判例によれば，移転の距離の遠近を問わないとされている（最判昭和33・10・24刑集12巻14号3368頁）。ただし，盗品等を被害者のもとへ運搬する行為は，追求権を回復するという見地からは原則として本罪にあたらないというべきである（大塚338頁，曽根194頁）。しかし，本罪の本犯助長的性格を考慮すれば，盗品等の運搬が被害者の依頼等により被害者の利益のために被害者側に立って行われた場合は本罪を構成しないが，窃盗犯人等の利益のために犯人側に立って行われた場合には本罪の成立を肯定してよいであろう。判例は，被害者からの依頼を受けて本犯者と被害者とを仲介し代金を支払わせた上で盗品を運搬した場合には，盗品等の

「正常なる回復」を困難にしたとして本罪の成立を認めている（最決昭和27・7・10刑集6巻7号876頁〔423〕）。単に「正常なる回復」を困難にすれば本罪が成立するとすれば，窃盗の被害者自身が窃盗犯と交渉して代金を支払って取り戻した場合も本罪が成立するという奇妙な結論になるから，この理由づけが十分とは思われない。しかし，本件の事案は，仲介・運搬をした被告人が窃盗犯人と密接な交渉を持ち易い環境にあって窃盗犯人を探知しながら警察に届け出をせず，被害者をして警察に連絡することを断念させたり，盗品と絡んで被告人が被害者から金銭を喝取していたというものであるから，本決定が，被告人は「本件贓物の運搬は被害者のためになしたものではなく，窃盗犯人の利益のためにその領得を継受して贓物の所在を移転したもの」として本罪の成立を認めたことは妥当であろう（中森167頁，前田300頁，山口346頁，井田338頁。この点は従来の見解を改める。反対説として，大谷345頁，高橋422頁，松原363頁）。

（3）　保管とは，委託を受けて盗品等の保管をすることをいう。有償，無償を問わない（大判大正3・3・23刑録20輯326頁）。盗品だと知らずに委託を受けて保管していた者が，その後事情を知ったがなお保管を継続したという場合，事情を知った以後は本罪の成立を認めるのが判例である（最決昭和50・6・12刑集29巻6号365頁〔426〕）。したがって，本罪は継続犯ということになる。*これに対しては，批判的な見解も多い（平野235頁，曽根196頁，中森168頁，高橋423頁，井田337頁，松原365頁）。それは，他の盗品関与罪が，盗品等の移転のときに盗品性の認識を必要とすること，さらには，追求権という側面に着目すると，委託を受けることによって盗品等の占有が移転することこそが追求を困難にするのであり，したがって盗品性の認識は占有が移転する段階で存在しなければならないことを理由とするものであろう。この立場は，本罪を状態犯だと理解することになる。[1]しかし，委託による盗品等の移転のみでなく，移転後の保管行為も，盗品等の発覚を防止し，本犯者による盗品等の処分を容易にするなどの点で追求権を困難にする面をもつといってよい。その上，保管行為のもつ本犯助長的性格を考慮するならば肯定説が妥当と思われる（大谷346頁，西田典之「判批」警研56巻2号68頁）。

1）　もっとも，中森168頁は，本罪が継続犯であっても，知情後に保管を終了させる義務はないとして，判例の結論に反対する。

＊　**継続犯と状態犯**　　一般に継続犯は監禁罪のように，行為の継続中は法益侵害も継続するものであるのに対し，状態犯は窃盗罪のように，行為の終了によって犯罪も終了し，あとは法益侵害の状態が続いているにすぎないものだとされるが，この定義だけでは両者の区別は必ずしも明らかではない。そのため，当初の法益侵害と同じ程度の侵害状態が継続する場合が継続犯（監禁中は自由の剥奪という法益侵害が絶えず同程度に継続している），そうでない場合が状態犯（窃盗の場合，当初の占有侵害に比べると，その後目的物を利用できないという不利益は程度の低いものにすぎない）だとする理解（平野龍一・刑法総論Ｉ132頁〔1972〕）が提唱されている。しかし，継続しているのが構成要件該当行為なのか（監禁はその継続中，監禁行為そのものが継続しているといえる），それとも単に法益侵害の状態が継続しているにすぎないのか（窃盗の場合，構成要件に該当するためには占有の侵害と利用の妨害の両者が必要であるが，行為後は占有の奪取という部分が欠落する以上，構成要件に該当する行為は終わっている）という基準による説明（林美月子「状態犯と継続犯」神奈川法学24巻3=4号1頁以下，町野朔・刑法総論講義案Ｉ（第２版）148頁〔1995〕）の方が妥当であろう。

(4)　有償譲受けとは，有償で取得することをいう。売買，交換，代物弁済等いかなる形態であってもよい。単に，契約が成立しただけでは足りず，盗品等の移転を必要とする（大判大正12・1・25刑集2巻19頁）。

(5)　有償の処分のあっせんとは，売買，質入れなど盗品等の処分を仲介することをいう。処分自体は有償であることを要するが，あっせん行為は有償，無償を問わない（最判昭和25・8・9刑集4巻8号1556頁）。あっせんの依頼を受けただけではもちろん本罪にあたらないが，あっせん行為がなされれば本罪が成立し，盗品等の移転はおろか契約の成立も必要でないとするのが判例である。その理由として，当初は，あっせん行為がなされた事実があれば，すでに被害者の追求権の行使を困難にしたからとしていたが（最判昭和23・11・9刑集2巻12号1504頁〔425〕），さすがにこの論理には無理があると考えたのか，その後は，本罪の成立にはあっせん行為があれば足りるという形式的理由とともに，本罪の本犯助長的性格を強調するに至っている（最判昭和26・1・30刑集5巻1号117頁）。学説は，判例を支持する見解（前田301頁），契約の成立を必要とする見解（内藤謙・旧注釈(6)567頁，大塚339頁，大谷347頁，佐久間257頁），盗品等が本犯者からあっせんの相手方に移転したことを必要とする見解（曽根195頁）とに分かれている。追求権の侵害という観点からは，移転したことを必要とすべきであろう。

また，判例は，盗難物件である約束手形を被害者関係者に売却する仲介をした者についても本罪の成立を肯定した。すなわち，「窃盗等の被害者を処分の相手方とする場合であっても，被害者による盗品等の正常な回復を困難にするばかりでなく，窃盗等の犯罪を助長し誘発するおそれのある行為であるから，刑法256条2項にいう盗品等の『有償の処分のあっせん』に当たる」としたのである（最決平成14・7・1刑集56巻6号265頁〔424〕）。本件の事案も被害者側の利益のためでなく，主として犯人側の利益のための斡旋行為と見てよいから妥当と解すべきであろう（山口346頁，朝山芳史「判批」最判解平成14年度115頁以下，鈴木左斗志「盗品等関与罪」争点214頁。この点も見解を修正する。反対の見解として髙山佳奈子・平成14年度重判155頁）。

5 他罪との関係

(1) 本犯が横領罪の場合，情を知って目的物を買い受ける行為は横領罪の共犯なのか，有償譲受けなのかが問題になる。判例は，買受けの意思表示をまたず売却の意思表示によって不法領得の意思が発現し横領罪が既遂になることを理由に有償譲受け罪のみが成立するとしている（大判大正2・6・12刑録19輯714頁）。しかし，不動産の二重売買の場合に，第二譲受人が背信的悪意者である場合には，横領罪の共同正犯が認められるのであるから，この理解を一般化することはできないであろう（大谷341頁以下）。その場合，後述するように，本犯の共犯と盗品関与罪の関係をどう理解するかの問題を生じる。

(2) 有償の処分のあっせんの場合，情を知らない相手方から代金を受け取ることは，あっせんの当然の結果であるから詐欺罪にあたらず，あっせん罪のみが成立するというのが判例である（大判大正8・11・19刑録25輯1133頁〔377〕）。目的物が動産の場合には，相手方が善意取得するし，不動産の場合でも，善意の買主は民法96条3項によって保護されるから，この結論を支持できよう。[2]ただし，これは，既述のように，盗品等の移転をあっせん罪の要件とした場合であり，契約の成立であっせん罪が既遂になるとすると，代金は受け取ったが，動産の占有や不動産の登記が移転していないため対抗要件を欠き，買主が損害を被る場合もありうるから，一律に詐欺罪

2） 民法193条の存在を理由に反対するものとして，河上＝渡辺・大コンメ13巻519頁。

298　第2編　個人的法益に対する罪　第6章　財産に対する罪

不成立とするのは不当である。この点からも，盗品等の移転を必要とする
説の妥当性が根拠づけられるように思われる。

　(3)　本犯者については盗品関与罪は成立しない。たとえば，甲が窃取し
た物を乙と共同して運搬した場合，乙についてのみ運搬罪が成立する。本
罪の本犯助長的性格から考えて，この場合の甲は，本来，運搬罪の主体た
りえないと解すべきである。したがって，それは，共罰的事後行為ではな
く，不可罰的事後行為ということになる[3]。さもなくば，窃盗犯人が，盗品
の保管を第三者に委託した場合，保管罪が継続犯だとすれば，窃盗行為自
体は公訴時効にかかっても，なお保管罪の共犯として可罰的となって不当
だからである。

　(4)　本犯の共犯行為と盗品関与罪，たとえば，窃盗教唆と盗品の有償譲
受け（大判明治44・5・2刑録17輯745頁，最判昭和25・11・10裁集35号461頁），窃盗教唆
と盗品の有償の処分のあっせん（最判昭和24・7・30刑集3巻8号1418頁），窃盗幇
助と盗品保管（最判昭和28・3・6裁集75号435頁）とは併合罪とするのが確立し
た判例である。学説も，併合罪説（植松469頁，大谷349頁，河上＝渡辺・大コンメ13
巻516頁，井田・現代的展開264頁）と牽連犯説（大塚340頁，曽根192頁，中森168頁）との
相違はあるが両罪の成立を認めている。その理由は，両罪の罪質の相違，
すなわち本罪の本犯助長的性格を重視すると，盗品関与行為には本犯の共
犯行為を超えた不法があるという点に求められている（中森168頁）。しかし，
追求権の侵害という点からみた場合，本犯への関与行為は直接的な占有・
所有権侵害への関与なのであるから，本犯の共同正犯について本罪の成立
を否定する以上，その他の関与行為も本罪で処罰することはできないよう
に思われる。とくに，共謀共同正犯を肯定するなら，見張り行為が共同正
犯と幇助犯のいずれになるかにより，その後の盗品関与行為の可罰性が左
右されるのは不合理であろう。

　(5)　盗品等の保管者が，その盗品を領得したり，有償の処分のあっせん
者が売得代金を領得した場合も横領罪が成立するとするのが判例である[4]。
しかし，この場合には，占有離脱物横領罪が成立するにとどまり，それも

---

　3)　これに対し，大谷214頁は共罰的事後行為であるとする。
　4)　売得代金につき，最判昭和36・10・10刑集15巻9号1580頁〔376〕。これを支持するもの
　　として，藤木340頁，大谷308頁，前田267頁。

第8節　盗品等に関する罪（贓物罪）　3　親族間の特例　*299*

間接的所有権侵害としての保管・あっせん罪に吸収されると解すべきであろう。詳細は横領罪について述べたところ（262頁以下）参照。

3　親族間の特例

> 　配偶者との間又は直系血族，同居の親族若しくはこれらの者の配偶者との間で前条〔256条〕の罪を犯した者は，その刑を免除する（257条1項）。前項の規定は，親族でない共犯については，適用しない（同条2項）。

　本条の意義については，追求権説を徹底する立場から，244条の親族相盗例と同旨と解し，本犯の被害者と盗品関与罪の犯人との間に親族関係を必要とする見解（植松470頁，香川592頁）[5]もある。しかし，それなら，244条を準用すれば足りたはずであるし，本条の文理からも，この解釈は無理であろう。本条は，むしろ，105条と同じ趣旨であって，本罪の事後共犯的性格から，一定の親族間でなされる場合には期待可能性すなわち責任が減少するという理由に基づくものである。2項は，制限従属性説に基づいて責任の個別性を規定したものといえよう。したがって，本条の規定する関係は，本犯者と盗品関与罪の犯人との間にあることが必要である（通説，最決昭和38・11・8刑集17巻11号2357頁〔429〕）。問題は，盗品関与罪の犯人相互に本条の関係が存するときにも本条を適用しうるか，換言すれば，盗品関与罪の犯人も本犯者といえるかである。通説・判例（前掲最決昭和38・11・8）はこれを否定する。これに対して，肯定説は，盗品関与罪もそれ自体財産犯であること，この場合にも責任の減少という立法理由は同様に妥当するという理由に基づく（曽根197頁，中森170頁）。しかし，本罪の本犯助長的性格を考慮すれば，盗品関与行為は本来，本罪以外の領得罪を対象とするというべきであり，否定説が妥当であろう。

5）　なお，曽根197頁，中山概説Ⅱ190頁は，257条1項が，この場合にも適用可能とする。

第9節　毀棄・隠匿罪

1　総　　説

1　「第40章　毀棄及び隠匿の罪」は，毀棄・隠匿により，財物の効用を減失させ，その利用を妨げる罪である。公用文書毀棄罪，私用文書毀棄罪，建造物損壊罪，器物損壊罪，信書隠匿罪のほか，昭和35年に不動産侵奪罪（235条の2）の新設に伴い，境界損壊罪が新設された。また，昭和62年のコンピュータ犯罪に対応するための改正の一環として，公用文書毀棄罪，私用文書毀棄罪に電磁的記録が加えられている。

財物の毀棄は，場合によって財物の利用を永久に不可能にする点で窃盗罪よりも法益侵害性は高いともいえるが，不法領得の意思を欠く点で粗暴犯であり，一般予防の必要性が高くない点を考慮して，法定刑は領得罪よりも低いものとされている。

2　毀棄，損壊とは，物理的損壊に限らず，物の効用を害する一切の行為をいう（効用侵害説）。したがって，たとえば，食器に放尿する行為（大判明治42・4・16刑録15輯452頁〔437〕），養魚池の鯉を流失させる行為（大判明治44・2・27刑録17輯197頁〔438〕），競売事件の記録を持ち出し隠匿する行為（大判昭和9・12・22刑集13巻1789頁〔221〕〔439〕），看板を取り去って隠す行為（最判昭和32・4・4刑集11巻4号1327頁〔441〕）のように，心理的に使用不能にする行為，占有を喪失させる行為，隠匿行為等も損壊にあたるとするのが通説・判例である。このような解釈が妥当な理由としては，第一に物理的損壊に限定するのでは処罰範囲が狭すぎるという点，第二には，窃盗罪において不法領得の意思が欠けるとされる場合（たとえば，競売記録を持ち出した場合）を毀棄罪で捕捉する必要性があげられよう。これに対して，窃盗罪において，不法領得の意思を不要とする見解では，毀棄・隠匿の意思で占有を奪うことも窃盗に含まれるから，毀棄概念を拡張する必要性は低く，物質的損壊に限定したり（曽根199頁。なお木村174頁参照），占有を奪わずに隠匿して使用を妨げること（大塚346頁，内田396頁）と解されることになる。物質的損壊説は処罰範囲が明確であるが，窃盗罪の理解に疑問があるだけでなく，食器に

放尿する行為や池の鯉を流失させる行為，小鳥を逃がす行為のように占有
の取得がない場合を捕捉できない点で狭きに失すると思われる。

  ＊　財物奪取罪　　窃盗に不法領得の意思を必要としつつ，毀棄・損壊概念を物質的
  損壊に限定する場合には，スイス刑法143条，オーストリア刑法135条のような，財
  物の占有を侵害して利用を妨げることのみを処罰する財物奪取罪（Sachentzie-
  hung）の新設を考えざるをえないであろう。なお，旧西ドイツの1962年草案251条
  参照。

2　公用文書毀棄罪

> 　公務所の用に供する文書又は電磁的記録を毀棄した者は，3月以上7年以
> 下の懲役に処する（258条）。

　1　客体は，「公務所の用に供する文書」であって，155条の公文書とは
区別されなければならない。すなわち，ここでは公務所がその事務処理上
保管している文書はすべて客体となるのであって，公務所の作るべき（公
務所が作成名義人となるべき）文書とは異なるのである。それゆえ，私文書
や偽造文書であっても，たとえば警察が捜査のために保管している場合に
は本条の客体となる。判例によれば，収税官吏が差し押さえた帳簿（最決
昭和28・7・24刑集7巻7号1638頁），村役場に保存された偽造の徴税書（大判大正
9・12・17刑録26輯921頁〔431〕），国鉄の助役がチョークで列車案内を記載した
急告板（最判昭和38・12・24刑集17巻12号2485頁〔432〕）等がこれにあたるとされる。
なお，未完成文書でも，すでに文書としての意味内容を備えるに至ってい
れば，公務所において現に使用している文書にあたるとされている（被疑
者，司法警察員の署名，押印を欠く弁解録取書につき，最決昭和32・1・29刑集11巻1号325
頁）。
　本罪には公務妨害罪的な性格もあるが，95条と異なり，公務の適法性は
必ずしも要件とされていない。このため，判例は，警察官による取調べが
違法であっても，作成中の供述調書がすでに文書としての意味内容を備え
るに至っている以上は，それを将来公務所において適法に使用する可能性

1）　改正刑法草案148条は，本罪を公務妨害罪の章に移している。

があり，そのために公務所が保管すべきものであるとして本罪の成立を認めている（最判昭和57・6・24刑集36巻5号646頁〔433〕）。

「電磁的記録」の意義については，7条の2参照。公務所の用に供する電磁的記録とは，その性質上，現に公務所に保管されているもののみでなく，外部にあってもアクセス可能な形で公務所が支配・管理しているものを含む（米沢編〔的場〕152頁）。具体的には，自動車登録ファイル，住民登録ファイル，不動産登記ファイル，特許原簿等がこれにあたる。

2　行為は毀棄である。物理的損壊のほか隠匿を含む。損壊は，公正証書に貼付されている印紙の剥離のように文書の実質的部分を害しない場合も含む（大判明治44・8・15刑録17輯1488頁）。電磁的記録については，媒体の損壊や記録の消去がこれにあたる。文書，電磁的記録とも，内容の消去，改変が新たな証明力を生じさせる場合は文書偽造，電磁的記録不正作出の問題となる。

3　私用文書毀棄罪

> 権利又は義務に関する他人の文書又は電磁的記録を毀棄した者は，5年以下の懲役に処する（259条）。親告罪である（264条）。

「権利又は義務に関する文書」とは，権利，義務の存否，得喪変更を証明するための文書をいう。私文書偽造罪（159条）と異なり，単なる「事実証明に関する文書」を含まない。債務証書，公務員の退職届（大判大正10・9・24刑録27輯589頁）のほか，有価証券も含まれる（最決昭和44・5・1刑集23巻6号907頁）。「他人の文書」とは，その名義人のいかんを問わず，他人の所有に属するものをいう。ただし，自己の物でも，差押えを受け，物権を負担し，または賃貸したものは本罪の客体となる（262条）。電磁的記録の例としては，銀行の口座残高ファイル，電話料金の課金ファイル，プリペイドカードの磁気情報部分等がこれにあたる。

4　建造物損壊罪・建造物損壊致死傷罪

> 他人の建造物又は艦船を損壊した者は，5年以下の懲役に処する。よって人を死傷させた者は，傷害の罪と比較して，重い刑により処断する（260条）。

　1　まず，「建造物」とは家屋その他これに類似する建築物をいい，屋根があって壁または柱により支持されて土地に定着し，少なくともその内部に人が出入りできるものをいう（大判大正3・6・20刑録20輯1300頁〔435〕〔451〕）。したがって，単に棟上げを終えただけのもの（大判昭和4・10・14刑集8巻477頁），くぐり戸のついた門，塀はこれにあたらない。また，建造物の骨格をなす柱・屋根・壁と結びついていて容易に取り外せないもの（敷居・鴨居・屋根瓦など）を損壊すると本罪が成立するが，取り外し可能な窓ガラス，襖，障子，雨戸などを損壊しても器物損壊にとどまるとするのが従来の判例であった。しかし，最高裁は，集合住宅1階の居室の金属製のドアを金属バットで叩いてへこませた行為につき建造物損壊罪の成立を認めた原判決に対し，本件ドアは適切な工具を使用すれば容易に取り外し可能であるから器物損壊にしか当たらないとする上告趣意に対して「建造物損壊罪の客体に当たるか否かは，当該物と建造物との接合の程度のほか，当該物の建造物における機能上の重要性をも総合考慮して決すべきものであるところ，……本件ドアは，住居の玄関ドアとして外壁と接続し，外界とのしゃ断，防犯，防風，防音等の重要な役割を果たしているから，建造物損壊罪の客体に当たるものと認められ，適切な工具を使用すれば損壊せずに同ドアの取り外しが可能であるとしても，この結論は左右されない」として上告を棄却した（最決平成19・3・20刑集61巻2号66頁〔436〕）。近時における建築技術や建築材料の発達と変化により適切な工具を使えば取り外し可能な建材は増加している。たとえば，本件玄関ドアや，居室内のしきりのドア，はめ殺しのアルミサッシの窓枠，スレート葺きの屋根などである。このような現状に鑑みれば，本決定が「接合の程度のほか，当該物の建造物における機能上の重要性」を建造物と器物との区別の基準として建造物の範囲を拡張したことは肯定してよいであろう。ただし，このような建造物概念の拡張は，その限界づけが不明確である点，建造物放火罪の既遂と

未遂の区別にも影響を与えうる点なども考慮すると慎重に判断すべきであると思われる（城下裕二「判批」平成19年度重判183頁参照）。つぎに本条にいう「艦船」とは，軍艦と船舶の意味である。

「他人の」とは，建造物等の所有権が他人にあることをいう，ただし，自己の建造物でも，差押えを受け，物権を負担し，または賃貸したものは本罪の客体となる（262条）。この他人性の判断に関し，判例は，「他人の所有権が将来民事訴訟等において否定される可能性がないということまでは要しない」とする（最決昭和61・7・18刑集40巻5号438頁〔434〕）。したがって，たとえば，甲が乙に家屋を売却し登記も移転したが，詐欺を理由に契約を取り消したのち（民法96条1項），この家屋を損壊しても，なお本罪が成立しうることになる。すなわち，本決定は，窃盗罪の保護法益についてと同様に，刑事事件において民事の権利関係について判断することに消極的な立場をとったことになる。基本的には妥当であるが，詐欺による取消事由のあることが一見明白である場合には，他人性を否定する余地を認めるべきであろう。本決定における長島敦裁判官の補足意見が「民事法上の所有権を否定すべき明白な事由がないときは」という留保を付しているのも同趣旨であると思われる。

＊　**262条の解釈**　　同様のことは，262条についても問題となる。本決定に従えば，家主甲が，正当事由ありとして賃借人乙に対し，賃貸借契約の更新を拒絶してから借家を損壊した場合にも，刑事事件において民事上の正当事由の有無に立ち入って判断すべきではなく本罪が成立することになる。しかし，ここでも，自力救済という違法阻却の前に，正当事由の存在が明白な場合には，262条の適用を否定する余地を認めるべきであろう。

2　損壊は物理的損壊に限らず効用の滅失も含む。このような観点から，判例は，建造物の壁，ガラス扉，窓ガラス等に1回500枚ないし2500枚のビラを3回にわたり貼付した事例について本罪の成立を認めたが（最決昭和41・6・10刑集20巻5号374頁〔443〕），他方，ビラ34枚を板壁や腰板に貼付した事例については本罪の成立を否定している（最判昭和39・11・24刑集18巻9号610頁）。下級審の判例には，建造物の美観・威容も建物としての効用であるとし，この見地からビラ貼りを本罪にあたるとするものもある（名古屋高判昭和39・12・28下刑6巻11=12号1240頁）。また，最高裁も，公園の公衆便所の外壁

にラッカースプレーで「反戦」と大書した行為につき「本件建物の外観ないし美観を著しく汚損し，原状回復に相当の困難を生じさせたものというべきであるから」本条の「損壊」にあたるとしている（最決平成18・1・17刑集60巻1号29頁〔444〕）。しかし，文化的価値のある建造物以外について，建造物の外観・美観をその効用に含めることは疑問である。原状回復の容易性の程度，採光，通風その他の点で建造物としての利用に支障を来したか否かが基準とされるべきであろう。

　3　他人の建造物等を損壊し，その結果，人を死傷させた場合は，傷害の罪と比較して，重い刑により処断される（その意義については前述22頁参照）。結果的加重犯である。

5　器物損壊罪

> 　前三条〔258条・259条・260条〕に規定するもののほか，他人の物を損壊し，又は傷害した者は，3年以下の懲役又は30万円以下の罰金若しくは科料に処する（261条）。親告罪である（264条）。

　1　客体は，公用文書毀棄罪（258条），私用文書毀棄罪（259条），建造物損壊罪（260条）の客体とならない物すべてである。ここでも，262条の場合を除き，物とは当然に他人の物を意味する。動物・植物を含めた動産のほか，土地等の不動産も含まれる。旧電信法違反の電話施設の器物（最判昭和25・3・17刑集4巻3号378頁）や公職選挙法違反のポスター（最決昭和55・2・29刑集34巻2号56頁〔445〕）など他の法規上違法な物も本罪の客体たりうるとするのが判例である。

　2　損壊の意義については前掲1参照[2)]。敷地を掘り起こして作物を植えつける行為（大判昭和4・10・14刑集8巻477頁），学校の校庭に幅6間（約11メートル），長さ20間（約36メートル）の範囲で杭を打ち込む行為（最決昭和35・12・27刑集14巻14号2229頁〔440〕）は，不動産の損壊にあたる。傷害とは動物を殺傷して，その効用を害することをいう。

---

　2)　前掲大判明治44・2・27刑録17輯197頁〔438〕のほか，捕獲されたイルカを逃がした場合につき静岡地沼津支判昭和56・3・12判時999号131頁。

306 第2編 個人的法益に対する罪 第6章 財産に対する罪

東京地判平成23・7・20判タ1393号366頁〔442〕は，被告人が，いわゆるイカタコウイルス（またはタコイカウイルス）と呼ばれるコンピュータウイルスを音楽ファイルなどに仮装してインターネット上に公開し，被害者に受信，実行させた行為について，「本件ウイルスの機能・作用により，本件ウイルスを実行した時点で，パソコンのハードディスクに保存されていたファイルは，高速で順次イカやタコの画像のファイルに置き換えられてしまい，利用者が保存していたファイルをそのとおりに読み出すことが不可能になる。これは，そのファイルを保存していた部分についてハードディスクの読み出し機能が失われたとみることができる」などと判示して，ハードディスクの本来の効用が害されており，それゆえハードディスクが「損壊」されたとして，器物損壊罪の成立を認めている。なお，本件は不正指令電磁的記録作成等罪（168条の2）が新設される前の事件であるが，現在においては，本件行為については同罪も成立しうることになる。

6 境界損壊罪

境界標を損壊し，移動し，若しくは除去し，又はその他の方法により，土地の境界を認識することができないようにした者は，5年以下の懲役又は50万円以下の罰金に処する（262条の2）。

本罪は毀棄罪の一種として位置づけられているが，その保護法益は，土地の権利関係の明確性に求められるべきであろう（中森175頁）。この権利関係は，私法上，公法上いずれのものでもよく，また，所有権のみでなく，地上権，借地権等を含む。

行為は，土地の境界を不明にする一切の行為をいう。境界標の損壊，移動，除去は，その例示である。「その他の方法」としては，境界の溝を埋め立てる行為，川の流れを変更する行為等が考えられよう。本罪が成立するには，境界の認識ができなくなるという結果の発生が必要であり，境界標を損壊したが，いまだ境界が不明にならない場合は，器物損壊罪にはなっても本罪は成立しない（最判昭和43・6・28刑集22巻6号569頁）。ただし，事実上の境界を不明にすれば足り，登記簿等によって，新たに境界を確定することが可能であっても本罪の成立を妨げない（団藤679頁）。

7 信書隠匿罪

> 他人の信書を隠匿した者は，6月以下の懲役若しくは禁錮又は10万円以下
> の罰金若しくは科料に処する（263条）。親告罪である（264条）。

　「他人の信書」とは，特定人から特定人にあてられた意思を伝達する文
書で，他人の所有に属するものをいう。

　行為は隠匿であるが，隠匿も本来は毀棄に含まれるとすれば，本罪は，
信書の隠匿のみを261条よりも軽く処罰する規定と解することになる（平野
236頁）。これに対して，毀棄を物質的損壊に限定する見解では，本罪はま
さに信書の毀棄とは別に隠匿を独自に処罰するものということになる（曽
根205頁）。他方，隠匿も損壊の一態様であるとしつつ，信書の利用を不可
能にする程度の隠匿は損壊であるが，被害者による信書の発見に妨害を与
える程度の隠匿は本罪にあたるとする見解（団藤680頁，大塚355頁）もあるが，
そのような区別が可能か疑問である上に，信書についてのみ処罰範囲を拡
張することは妥当でないというべきであろう。

第3編　社会的法益に対する罪

第1章　公共危険罪

第1節　総　　説

　公共危険罪とは，不特定または多数人の生命，身体，財産を侵害する犯罪をいう。その多くは，抽象的危険犯であることが特徴である。刑法は，群衆心理に基づく人による公共危険罪として騒乱罪を，火による公共危険罪として放火罪を，水による公共危険罪として出水罪を規定している。公衆の利用する交通機関に対する侵害である往来を妨害する罪や公衆の健康に対する罪であるあへん煙に関する罪，飲料水に関する罪も一種の公共危険罪である。

310　第3編　社会的法益に対する罪　第1章　公共危険罪

第2節　騒　乱　罪

1　総　　説

　刑法典第8章「騒乱の罪」（旧規定では騒擾ノ罪）は，集団的な暴行・脅迫行為である騒乱罪（106条）とその前段階である多衆不解散罪（107条）とを規定している。騒乱罪は戦前および戦後の昭和20年代までは多く適用されていたが，昭和43（1968）年に発生した新宿駅騒乱事件を最後に適用された例はない。

　騒乱罪の保護法益について，判例は，公共の静謐または平穏であると解している（最判昭和35・12・8刑集14巻13号1818頁＝平事件）。学説にもこれを支持する見解が多い（団藤173頁，大塚359頁，大谷365頁）。しかし，公共の平穏とは何かは，必ずしも明確とはいえない。また，この見解では，特定少数の者に対する集団的暴力行為や官憲に対する抗議行動についても，容易に騒乱罪の成立が認められることになるであろう。しかし，集団行動を取り締まる本罪は，憲法の保障する集会の自由（憲法21条）の観点からも，安易に適用されるべきではないであろう。したがって，本罪は，公共危険罪であり，不特定・多数人の生命，身体，財産を侵害する危険を生じさせた場合にはじめて成立すると解するのが妥当であると思われる（平野241頁，中山369頁，内田415頁，中森179頁，平川91頁，山口367頁，井田365頁，松原425頁）。警官隊に対する集団的暴行行為が，いまだ一般住民の生命，身体，財産に危害を及ぼすおそれのある程度に達していないことを理由に騒乱罪の成立を否定した下級審の判例も同様の理解に基づくものであろう（東京高判昭和47・11・21高刑25巻5号479頁＝メーデー事件，福岡高那覇支判昭和50・5・10刑月7巻5号586頁＝宮古農民騒乱事件）。

　＊　戦後の主な騒乱事件　　戦後の四大騒乱（騒擾）事件と呼ばれるのが，昭和24（1949）年の平事件，昭和27（1952）年のメーデー事件，吹田事件，大須事件である。(1)平事件　昭和24年6月，福島県平市において，共産党員や労働組合員が，共産党新聞の掲示板の撤去に抗議して平警察署に乱入，占拠した事件。230人余が逮捕され，159人が騒擾罪で起訴された。前掲最判昭和35年12月8日で有罪確定。(2)メーデー事件　昭和27年5月1日，皇居前広場が使用禁止とされたことに端を発し，

一部デモ隊合計約7000名が皇居前広場で警官隊との間で起こした衝突・乱闘事件。1232人が検挙，261人が騒擾罪で起訴されたが，集団の同一性や静謐侵害性の否定を理由に，前掲東京高判昭和47年11月21日で無罪が確定。(3)吹田事件　昭和27年6月，朝鮮動乱2周年記念前夜祭に集合した群衆のうち約1000人のデモ隊が，吹田操車場，吹田駅に乱入し，警官隊と衝突した事件。約250名が検挙され，111名が騒擾罪で起訴されたが，同罪については，共同意思の否定を理由に，大阪高判昭和43年7月25日（判時525号3頁）で不成立が確定。(4)大須事件　昭和27年7月，名古屋市の大須球場で行われた中ソ訪問議員団歓迎報告会の終了後，同球場外へと行進した約1000名のデモ隊が火炎びんを投げるなどして警官隊と衝突した事件。最決昭和53年9月4日（刑集32巻6号1077頁）で騒擾罪の成立確定。

＊＊　**新宿駅騒乱事件**　昭和43年10月21日の国際反戦デーの当日，約1500人のデモ隊が新宿駅を占拠し，数万の群衆が見守るなか，機動隊との衝突を繰り返した事件。734人が逮捕され，そのうち21名が騒擾罪で起訴された。最決昭和59年12月21日（刑集38巻12号3071頁）で有罪が確定。

2　騒　乱　罪

> 多衆で集合して暴行又は脅迫をした者は，騒乱の罪とし，次の区別に従って処断する。(1)首謀者は，1年以上10年以下の懲役又は禁錮に処する。(2)他人を指揮し，又は他人に率先して勢いを助けた者は，6月以上7年以下の懲役又は禁錮に処する。(3)付和随行した者は，10万円以下の罰金に処する（106条）。

1　主　　体

(1)　**多衆**　本罪の主体は集合した多衆である。判例によれば，「多衆」とは，一地方における公共の静謐を害するに足る暴行・脅迫をなすに適当な多数人をいうとされている（大判大正2・10・3刑録19輯910頁，前掲最判昭和35・12・8＝平事件）。他方，本罪を公共危険罪とする立場からは，「これに属する個々の人の意思では支配できない程度の集団」をいうとする見解（平野241頁，中森180頁），「一見しただけでは人数が把握できないほどの大集団」をいうとする見解（曽根210頁，小暮編（岡本）266頁）等が主張されている。その具体的な規模・人数を示すことはできないが，集団構成員の性質，集合の場所・時間，凶器の有無等も考慮に入れて，相当多数の一般住民，通行人，その他の者の生命，身体，財産に危険を及ぼすことが可能な程度の多数人

をいうと解すべきであろう（山口367頁以下）。このような危険が認められない集団的暴力行為については，暴力行為等処罰ニ関スル法律１条の集団的暴行・脅迫・毀棄罪が成立するにとどまると解すべきである。

集団は，内乱罪（77条）におけるような組織化されたものである必要はなく，偶発的な烏合の衆であってもよい。したがって，共通の目的や首謀者が欠ける場合でもよい。また，最初は平和的な集団が途中から暴徒化した場合にも本罪は成立する（大判大正４・11・６刑録21輯1897頁）。

(2) **集団犯**　本罪に関与した者はその役割に基づいて処罰が区別されている。首謀者とは，騒乱行為を首唱・画策し，多衆をしてその合同力により暴行・脅迫を行わせる者をいう（最判昭和28・５・21刑集７巻５号1053頁＝佐世保事件）。指揮者とは，騒乱行為への参加者の全部または一部を指揮，誘導，煽動した者をいう（大判昭和５・４・24刑集９巻265頁）。率先助勢者とは，衆に抜きんでて騒乱の勢いを増大させるような行為をした者をいう（前掲最決昭和53・９・４＝大須事件）。付和随行者とは，その他の者であって，付和雷同的に参加した者をいい，自ら暴行・脅迫をなす必要はない（大判大正４・10・30刑録21輯1763頁）。首謀者，指揮者，率先助勢者は，必ずしも騒乱の現場にいる必要はないとするのが通説・判例である。

(3) **共犯の成否**　本罪は必要的共犯の１つの集団犯であることから，本条に規定された各関与行為については，刑法総則の共犯規定の適用を認めない見解も有力である[1]（団藤181頁，大塚362頁，内田427頁）。しかし，たとえば，首謀者等の騒乱行為を教唆・幇助しつつ，自らは現場に赴かなかった者を不可罰とする合理性はないから，共犯規定の適用を認めるべきであると思われる（藤木81頁，大谷372頁，曽根213頁，中森182頁）。

2　行　為

行為は集団による暴行・脅迫である。ただし，この暴行・脅迫は，「多衆の合同力」すなわち集団全体によるものと認められる場合でなければならない。したがって，集団の全員が暴行・脅迫を行うことは不要であるが，集団の一部が偶発的に行ったものでは足りない。暴行は最広義のものであり，器物損壊，建造物侵入などの物に対する有形力の行使も含まれる（前

---

1)　謀議参与者を不可罰としたものとして，大判明治44・９・25刑録17輯1550頁がある。

掲最判昭和35・12・8＝平事件）。

判例は，本罪の保護法益を公共の平穏・静謐に求めるため，本罪における暴行・脅迫の程度も「一地方の平穏を害するに足りる程度のもの」であることを要するとしている（前掲大判大正2・10・3，前掲最判昭和35・12・8＝平事件）。その結果，本罪は，多衆による暴行・脅迫がなされればただちに既遂に達する抽象的危険犯とされ，特定の個人や警官隊を目的とした集団的暴行の場合にも本罪の成立が認められている（前掲最判昭和28・5・21＝佐世保事件，大判大正12・4・7刑集2巻318頁）。それは，このような行為によっても，公共の平穏すなわち治安はすでに侵害されたと解するからであろう。しかし，本罪を公共危険罪と解する場合には，不特定・多数人の生命，身体，財産に危険を及ぼすに足りる程度の暴行・脅迫が必要であろう（平野242頁）。したがって，特定の個人や警官隊を目的とした集団的暴行の場合には，その暴行の対象が拡大し，付近の一般住民や通行人にも危険が及ぶ可能性を生じたことが必要であるというべきである。この意味で，本罪は具体的危険犯である。このような観点からは，新宿駅およびその一帯も「一地方」にあたるという理由で本罪の成立を認めた最高裁決定（前掲最決昭和59・12・21＝新宿駅騒乱事件）は妥当といえよう。

3　共同意思

本罪の主観的要件としては，集団による暴行・脅迫と自己の果たした役割の認識のほかに，共同意思を必要とするのが，通説・判例である[2]。判例によれば，共同意思とは，「多衆の合同力を恃んで自ら暴行又は脅迫をなす意思ないしは多衆をしてこれをなさしめる意思」と「かかる暴行又は脅迫に同意を表し，その合同力に加わる意思」とに分かれ，「集合した多衆が前者の意思を有する者と後者の意思を有する者とで構成されているときは，その多衆の共同意思があるものとなる」とされている（前掲最判昭和35・12・8＝平事件）。さらに，その際，「必ずしも確定的に具体的な個々の暴行脅迫の認識を要するものではない」し，また，「多衆全部間における意思の連絡ないし相互認識の交換までは必ずしもこれを必要と」しないが（前

2）　大判明治43・4・19刑録16輯657頁，大判大正2・10・3刑録19輯910頁，前掲最判昭和35・12・8＝平事件。これを不要とするものとして，平場安治「騒擾罪の構造」法学論叢71巻5号1頁以下参照。

掲最判昭和35・12・8＝平事件），「共同意思が存するといいうるためには，騒擾行為に加担する意思において確定的であることを要する」（前掲最決昭和53・9・4＝大須事件）とされている。

この共同意思は，一方で，暴行・脅迫が「多衆の合同力」すなわち集団全体によるものと認められるための要件であるが，他方で，集団の構成員による暴行・脅迫の結果を他の構成員（主として，付和随行者）に帰責するためのものであるといえよう。なぜなら，騒乱罪は集団犯であるから，ゆるやかな意味での共同正犯の一種であり，集団に参加していること自体が集団の行動に対する一定の影響力を有するとしても，そのことについての責任を問うには，最低限加担の意思を必要とするからである。それゆえ，集団的暴行・脅迫が開始されても，これを制止するためとどまった者や集団から離脱しようとした者などは加担意思が欠如するから本罪は不成立と解すべきである。

4　他罪との関係

本罪の行為は暴行・脅迫であるから，暴行罪，脅迫罪は本罪に吸収される。したがって，付和随行者が暴行・脅迫を行った場合は，かえって軽く処罰されることになるが，それは，群衆心理に基づく責任の減軽を考慮したものといえよう（団藤181頁）。判例は，本罪の暴行・脅迫が他の罪名に触れない程度のもので足りることを理由に，建造物侵入罪，建造物損壊罪，公務執行妨害罪との観念的競合を肯定している（前掲最判昭和35・12・8＝平事件）。これに対して，学説では，指揮者・率先助勢者の刑を基準として，これより軽い刑にあたる罪は本罪（付和随行）に吸収されるとする見解（団藤181頁），法定刑と関係なく騒乱罪に予定されている罪は吸収されるとする見解（西原389頁，大谷373頁）などが主張されている。しかし，付和随行者の行為も多様でありうることを考慮すれば，判例の立場が妥当であろう（中森182頁）。

3　多衆不解散罪

暴行又は脅迫をするため多衆が集合した場合において，権限のある公務員から解散の命令を3回以上受けたにもかかわらず，なお解散しなかったとき

は，首謀者は 3 年以下の懲役又は禁錮に処し，その他の者は10万円以下の罰金に処する（107条）。

　本罪は，騒乱罪の予備段階を処罰するものであり，真正不作為犯である。本罪が成立しても，その後に騒乱罪が成立するときは，本罪もそこに吸収される。本罪の成立には，現実に暴行・脅迫が行われる切迫した危険が必要である。

　解散命令の根拠規定として，戦前は治安警察法があったが[3)]，同法は新憲法の下で廃止されている。このため，現在では，警察官職務執行法 5 条の規定する警察官の制止権を根拠規定と解する見解が通説である（団藤185頁，大塚366頁，藤木82頁）。批判的な見解も有力であるが（平野242頁），本条を機能させるためには，通説が妥当であろう。「 3 回以上」とあるが， 3 回目の解散命令の後解散のために必要な時間が経過したとき既遂を認めるべきであろう[4)]。

---

3)　その 8 条 1 項は，警察官に安寧秩序を保持するため必要な場合に集会の解散命令権を認めていた。
4)　これに対して， 3 回目で既遂を認める見解として，団藤185頁，中森183頁参照。

第3節　放火罪・失火罪

1　総　説

1　放火罪・失火罪は，火による公共危険罪である。すなわち，建造物その他への放火や失火は，その客体の焼損にとどまらず，他の多くの建造物その他へと延焼することにより，不特定または多数人の生命，身体，財産に甚大な被害を及ぼしうるのである。このような危険は，現行刑法制定時のみでなく現在も木造建築が主流をなすわが国においてはとくに顕著であるといえよう。

2　まず，放火罪の基本的な類型は，その客体に応じて3つに分かれる。第1は，「現に人が住居に使用する」建造物等（以下，現住建造物と呼ぶ），または「現に人がいる」建造物等（以下，現在建造物と呼ぶ）であり（108条，現住建造物等放火罪），第2は，「現に人が住居に使用せず，かつ，現に人がいない」建造物等（109条，非現住建造物等放火罪）であり，第3は，「前二条に規定する物以外の物」（110条，建造物等以外放火罪）である。このうち，現住建造物・現在建造物放火罪は，特定の個人の生命，身体に対する罪としての側面を濃厚に有している。109条1項と108条との法定刑の差，および，108条の法定刑が殺人罪と同等であることは，同罪が，直接放火の客体となった建造物内の人に対する危険と公共の危険を併せもつことにより初めて理解しうるというべきであろう。他方，放火罪は，火による建造物・器物損壊という意味で，個人法益たる財産侵害犯的側面も有している。それは，109条2項，110条2項が，放火の客体が自己所有物である場合に刑を減軽している点に現れている。

3　放火罪は，さらに，抽象的危険犯と具体的危険犯とに区別される。すなわち，文理上「公共の危険」の発生が要求されている109条2項および110条では，他の物件へ延焼する具体的危険の存在が必要であるが，このような文言の欠ける108条・109条1項は，抽象的危険犯であり，所定の行為がなされれば，常に「公共の危険」すなわち，延焼の危険があると擬制されていると解するのが通説・判例である（団藤187頁，大判明治44・4・24刑

録17輯655頁)。

4 過失犯である失火罪には，失火罪 (116条) と業務上失火罪・重失火罪 (117条の2) の2つがあり，放火罪と同様に，客体によって抽象的危険犯と具体的危険犯とに区別されている。刑法典は，このほか，109条2項・110条2項の結果的加重犯としての延焼罪 (111条) および消火妨害罪 (114条) を規定し，さらに，放火罪・失火罪に準ずるものとして，激発物破裂罪 (117条)，ガス等漏出罪 (118条) を規定している。

2 現住建造物等放火罪

> 放火して，現に人が住居に使用し又は現に人がいる建造物，汽車，電車，艦船又は鉱坑を焼損した者は，死刑又は無期若しくは5年以上の懲役に処する (108条)。未遂 (112条) および予備 (113条) を罰する。

1 客 体

(1) 建造物等の意義 本罪の客体は，すでに述べたように，現住建造物等または現在建造物等である。建造物とは，家屋その他これに類する工作物であって，土地に定着し，人の起居出入に適する構造を有する物体をいう (建築資材小屋に関し，大判大正13・5・31刑集3巻459頁)。建造物損壊罪にいう建造物とほぼ同じ定義である (大判大正3・6・20刑録20輯1300頁〔435〕〔451〕参照)。一間半四方の藁葺き藁囲いの掘立小屋 (大判昭和7・6・20刑集11巻886頁)，炭焼き小屋 (仙台高判昭和43・5・23下刑10巻5号542頁) なども建造物にあたる。最近では，ホームレスの建物であっても地中に打ち込まれた柱を有し，壁や天井もコンパネ張りの堅牢な造りであり，実際に人が出入りしていた場合は (108条の) 建造物にあたるとされている (東京地判平成17・4・6判時1931号166頁)。「汽車」にはガソリンカー (往来妨害罪に関し，大判昭和15・8・22刑集19巻540頁)，ディーゼルカーが含まれるが，バスや航空機は本罪の対象ではない (この点につき改正刑法草案177条参照)。「艦船」とは軍艦および船舶をいい，「鉱坑」とは，炭坑のように地下の鉱物を採取するための設備をいう。

建具その他の家屋の従物は，毀損しなければ取り外せない状態にある場合にのみ建造物の一部となる (最判昭和25・12・14刑集4巻12号2548頁〔453〕)。したがって，布団，畳，障子，襖などは建造物ではなく，これを焼損しても

318 第3編 社会的法益に対する罪 第1章 公共危険罪

本罪の未遂にすぎない。ただし，建造物損壊罪（260条）における建造物の意義および範囲に関する最決平成19年3月20日（刑集61巻2号66頁〔436〕）参照（303頁）。

「人」とは，犯人（共犯者を含む。大判昭和9・9・29刑集13巻1245頁）以外の者をいうから，犯人の家族や同居人がいる場合は本罪の客体となるが，犯人のみが単独で居住し，他に現在する者のいない家屋は本罪の客体ではなく，109条の客体となる（大判昭和4・6・13刑集8巻338頁）。また，居住者全員を殺害した後に放火する行為は，本罪ではなく109条にあたるとするのが判例である（大判大正6・4・13刑録23輯312頁〔455〕）。したがって，たまたま外出者がいても，居住者全員を殺害したと誤信して放火した場合は，38条2項により，本罪ではなく109条が成立することになろう[1]。

(2) 現住建造物

(a) 現住性の意義 本条は，109条と対比した場合，現在建造物と現住建造物の双方について同様に刑を加重している。このため現住建造物の意義が問題となる（詳細は，西田「放火罪」現代的展開280頁以下参照）。判例によれば，現住建造物すなわち住居とは，現に人の起臥寝食の場所として日常使用されるものをいい，昼夜間断なく人の現在することを要しないとされている（大判大正2・12・24刑録19輯1517頁〔454〕）。そして，このように日常生活に使用されている建造物であれば，放火の時点において人が現在することを必要としないとするのが通説・判例である（大判明治44・12・25刑録17輯2310頁，大判昭和4・2・22刑集8巻95頁）。その理由は，現住建造物が現在建造物と対置されているという文理と，現住建造物放火は，一般的に人の生命に対する危険を伴うという点（大判大正14・2・18刑集4巻59頁）に求められている。すなわち，そこでは「住居であれば，いつ何時居住者や来訪者が中に立ち入り，放火により生命身体に危険を被るかもしれないことが考慮されている」（香城敏麿「判解」最判解刑平成元年度249頁）といわざるをえないであろう。これに対して，現住建造物放火罪の加重根拠を，「住居」すなわち「生活の本拠」を奪う点に求める見解（平野龍一「刑法各論の諸問題(14)」法セミ221号46頁）もあるが，判例は，学校の宿直室（前掲大判大正2・12・24）や待合の離れ座敷

---

1) この判例に疑問を呈する見解として，団藤197頁，青柳165頁参照。

（最判昭和24・6・28刑集3巻7号1129頁〔461〕）についても現住性を認めており，この見解をとってはいない。また，居住者を全員移動させ，または，その不在を十分に確認した場合には，108条による処罰を否定する見解も主張されているが（内田443頁，同旨，山口380頁），現住建造物が現在建造物と対置されているという文理からは無理があるといわざるをえないし，さらに，「居住者は誰もいないと思った」という錯誤が安易に108条の適用排除を許容することになって妥当でないように思われる（井田良・基本講座6巻184頁参照）。

　このように，判例によれば，現住建造物放火罪は，抽象的公共危険犯であるばかりでなく，建造物内部に存在する可能性のある人の生命，身体についても抽象的危険犯とされており，二重の意味で抽象的危険犯性をもつことになるのである。そこでは，現住性のみが唯一限定的な機能をもちうるゆえに，「現に人が住居に使用し」という文言の意義が，かなり慎重に解釈すべきであるといえよう。それゆえ，放火の時点で当該建造物が現実に継続的な起臥寝食の場所として使用されていない場合には，その現住性は否定されるべきであろう。このような観点から，たとえば，シーズンオフで閉められている別荘，長期海外出張により閉ざされている家屋等は現住建造物でないと解すべきであろう（藤木89頁，小暮編（岡本）285頁，村瀬均・大コンメ7巻68頁，山口379頁，松原390頁。反対，植松100頁，大谷381頁，高橋458頁注32）。この点で，犯人の妻が家出中の家屋につき，妻がなお「自分の住居であるとの意思」を有していたとの理由で現住性を認めた裁判例（横浜地判昭和58・7・20判時1108号138頁〔456〕）には疑問がある。他方，自己の所有する家屋に対する競売手続を妨害するため，従業員5名を宿泊させていたが，保険金詐欺を企て，この5名を旅行に連れ出し，旅行中に共犯者に放火させた事案につき現住性を認めた判例（最決平成9・10・21刑集51巻9号755頁〔457〕）は妥当であろう。

　　（b）　複合建造物の現住性　　複合建造物の一部に現住性が認められる場合には，その全体を現住建造物としてよいかが問題になる（詳細は，西田・前掲論文283頁以下参照）。判例は，これまで，2階建て校舎の1階の1室が宿直室となっている建造物の2階部分（大判大正2・12・24刑録19輯1517頁〔454〕），棟割り長屋の空き家部分（大判昭和3・5・24新聞2873号16頁），羽目板，壁のあ

る中廊下で接続された複数の建物の人のいない部分等について現住性，現在性を肯定してきた（東京高判昭和28・6・18東時4巻1号5頁〔452〕）。さらに，最高裁は，複数の建造物が長い回廊でつながり，その一部が社務所，守衛詰所であった平安神宮の社殿に夜間放火したという事件に関し「右社殿は，その一部に放火されることにより全体に危険が及ぶと考えられる一体の構造であり，また，全体が一体として日夜人の起居に利用されていたものと認められる」として現住性を肯定している（最決平成元・7・14刑集43巻7号641頁〔459〕）。

これらの判例は，いずれも建造物の構造的・物理的一体性からみて，現住部分への類型的な延焼可能性が認められることを根拠に現住性を肯定したものであり，その限りで妥当であるといえよう。問題となるのは，前掲平成元年決定のように，利用上の機能的一体性を考慮すべきかである。たしかに，現住部分とは別個独立の建造物であっても，便所や台所のように，日常生活に使用される場合があることは否定できない。現住部分への延焼可能性がほとんどない不燃性集合住宅の共用部分であるエレベータへの放火を現住建造物放火とした最高裁決定（最決平成元・7・7判時1326号157頁〔450〕〔464〕）もこのような機能的一体性を重視したものであろう。また，裁判所と宿直室が別棟であったが，宿直人が敷地内に住んで裁判所を巡回していた場合に，裁判所自体を現住建造物とした判例（大判大正3・6・9刑録20輯1147頁〔460〕）も同様である。しかし，日常生活において居住部分と一体として使用されているかという基準はかなり不明確であり，このような解釈が妥当とは思われない。すでに述べたように，現住建造物という概念はかなり抽象的な危険を取り込むものである。そのうえさらに，機能的一体性という基準によって，その概念を拡張することにはかなり慎重であるべきだと思われる（中森187頁，井田・前掲194頁）。

　　　(c)　不燃性建造物の現住性　　不燃性（難燃性）建造物である集合住宅の専用部分であって，住居としては使用されていない部屋（空き室を含む）に放火をした場合に，現住建造物放火罪が成立するかも，上の(b)と同

---
2)　ただし，木造トタン葺の渡り廊下によって連接された部分については一体性を否定した。また，福岡地判平成14・1・17判タ1097号305頁〔465〕は，渡り廊下によって接続された難燃性の建造物について，延焼の蓋然性がないとして一体性を否定している。

様の問題である。すなわち，この場合は，構造上は一体のものであるが，各専用部分が耐火構造をもつため，他の居住部分に延焼しにくく，そのため放火の客体が居住部分も含めた全体として１個の現住建造物となるのか，それとも非居住部分を独立の非現住建造物とみるべきかが問題となるのである。

下級審の判例には，鉄筋コンクリート10階建てマンションの１階の医院に放火した事案に関し「一般的には他区画へは容易に延焼しないすぐれた防火構造を有する建物である」として非現住建造物放火罪にとどめたもの（仙台地判昭和58・3・28刑月15巻3号279頁〔462〕）と，鉄筋コンクリート3階建てマンションの空き室に放火したが未遂に終わった事案に関し，その具体的構造から「耐火構造といっても，各室間の延焼が容易ではないというだけで，状況によっては，火勢が他の部屋へ及ぶおそれが絶対にないとはいえない」として，現住建造物放火未遂罪を認めたもの（東京高判昭和58・6・20刑月15巻4=5=6号299頁〔463〕），鉄筋コンクリート造4階建ての銀行寮の中の空き室に放火した事案につき，火災による有毒ガスが他の居室に入り人に危険を及ぼす可能性および階段や通路から他の居室に延焼する可能性もあったことから物理的・機能的一体性があったことを理由に現住建造物放火を認めたもの（東京地判平成16・4・20判時1877号154頁）とに分かれている。その結論の当否は別にして，そこに示された判断方法は妥当というべきであろう。すなわち，ここでも，問題解決の基準は，当該集合住宅の具体的耐火構造から判断した居住部分への類型的な延焼可能性の程度に求められるべきだと思われる。

2 行　為

「放火して」とは，原則として目的物に点火することをいう。目的物への直接的な点火のみでなく，媒介物（たとえば新聞紙）への点火でもよい。点火行為がない場合でも，ガソリンのように引火性の高い物質を散布するような場合には，実行の着手を認めてよいであろう（広島地判昭和49・4・3判タ316号289頁，横浜地判昭和58・7・20判時1108号138頁〔456〕）。これに対して，現住建造物の玄関板張り床上に灯油を散布したうえ玄関前屋外において新聞紙にライターで火を付けたが，その段階で通行人に新聞紙をはたき落とされた事例につき，放火罪の着手を認めず放火予備とした裁判例（千葉地判平成

322 第3編 社会的法益に対する罪 第1章 公共危険罪

16・5・25判タ1188号347頁）もある。放火は，作為のみでなく，不作為によっても可能である。判例は，過失により発生させた火力を，容易に消火しうるのに放置するような場合に，不作為による放火を広い範囲で認める傾向にある（西田「不作為犯論」芝原邦爾ほか編・刑法理論の現代的展開総論 I 90頁以下〔1988〕参照）。

3 既遂時期

(1) **焼損の意義**　本罪は，すでに述べた客体を「焼損＊」したときに既遂となる。焼損の意義について，学説上は，①火が媒介物を離れて，目的物が独立に燃焼を継続する状態に達すれば足りるとする独立燃焼説（団藤194頁，藤木88頁），②火力により目的物の重要部分が焼失して，その本来の効用を失ったことを要するとする効用喪失説（木村189頁，曽根218頁以下），③目的物が「燃え上がった」こと，すなわち，その重要部分が燃焼を始め容易に消しがたい状態に達したことを要するとする重要部分燃焼開始説（燃え上がり説）（小野75頁，福田67頁，松原396頁〔火力が制御困難な状態に陥ることを要求〕），④火力により目的物が毀棄罪にいう「損壊」の程度に達したことを要するとする毀棄説（大塚372頁，大谷378頁以下，山中524頁，井田382頁）が対立している。これに対して，判例は，放火罪が公共危険罪であることを根拠に，「焼燬トハ犯人ニ依テ点セラレタル火力媒介物ヲ離レ燃焼ノ目的物タル建造物其他同条列記ノ物ニ移リ独立シテ其燃焼ヲ継続スル事実ヲ指称スル」として，一貫して①説をとっている（大判大正7・3・15刑録24輯219頁）。その具体的適用として，住宅の屋根横4尺縦1間を焼いた場合（大判明治43・3・4刑録16輯384頁），天井板3尺4方を焼き，その上部の屋根裏約2坪を燻焼させた場合（大判昭和7・12・9新聞3508号15頁），床板1尺4方，押入れ床板および上段各3尺4方を焼いた場合（最判昭和25・5・25刑集4巻5号854頁）等において既遂が認められている。

②〜④説は，①説によるとあまりに既遂時期が早すぎ中止犯の余地がなくなるとして，判例理論を修正するために主張されたものである。③説は①説を基本としつつ既遂時期を遅らせるものであり，④説は②説を基本としつつ既遂時期を早めるものといえよう。しかし，③説では何が「重要部分」であるか不明確であるし，④説も，建造物が独立して燃焼する状態になれば，同時に建造物を損壊したといえるであろうから①説を制約しうる

かは疑わしいように思われる。これに対して，②説によれば，建造物が全焼または半焼したことを要するであろうから，明らかに既遂時期は遅くなる。しかし，②説は，あまりにも放火罪の財産犯的側面を重視しすぎるように思われる。すでに述べたように，放火罪は公共危険罪である。そして，いまだ木造建造物が主流のわが国においては，放火の客体たる建造物が独立燃焼を継続しうる状態に達すれば，その時点で，少なくとも抽象的には他の物件への延焼の危険が生じたというべきであるから，判例の独立燃焼説に合理性があると思われる。ただ，注意すべきは，この独立燃焼とは，あくまでも「火が媒介物を離れて当該目的建造物の部分に燃え移り，爾後その火が独立して燃焼を維持する程度に達したこと」（東京地判昭和59・6・22刑月16巻5=6号467頁＝東京交通会館事件〔449〕）をいうのであり，その意味では，ある程度の継続可能性を予定するものであるという点である。したがって，単に客体に着火・燃焼しただけでは足りないと解すべきであろう（丸山雅夫「判例理論としてのいわゆる『独立燃焼説』(下)」判時1397号148頁，山口385頁，高橋453頁，前田321頁）。

＊　**焼燬と焼損**　　平成7年の改正前の旧規定は，客体を「焼燬〔しょうき〕シタル者」としていたが，漢字制限のため焼損と改められた。このため語感としては，効用喪失説，毀棄説のニュアンスが強くなったといえるが，この改正は，そのような意味を有するものではない（松尾・刑法の平易化48頁参照）。

(2)　**不燃性建造物の既遂時期**　　焼損の概念をめぐる論争は，近時，不燃性建造物について新たな議論を生ぜしめている。すなわち，最近増加してきた不燃性（難燃性）建造物については，媒介物の火力によって建材やコンクリート壁が剝落し家屋としての効用が滅失しても独立燃焼に至らぬ場合が多い。このため，放火により，建造物本体が独立に燃焼することがなかったとしても，媒介物の火力によって建造物が効用を失うに至った場合には既遂を認めるべきであるという新効用喪失説が提唱されている（河上和雄「放火罪に関する若干の問題について」捜査研究26巻3号36頁以下）。

　学説には，この新見解に好意的な立場もある。たとえば，独立燃焼説と効用喪失説の「併用」を説く見解（団藤195頁），火力による目的物の損壊により有毒ガスの発生など燃焼するのと同様の公共の危険を生じさせる可能性があるときは既遂とする見解（大谷379頁，井田384頁）等がそれである。し

かし，これらの見解は判例によって受け入れられてはいない。すなわち，鉄筋コンクリート造りのビル地下２階にある塵芥処理場の多量の紙屑に火をつけたが，同処理場のコンクリート内壁のモルタルを剥離・脱落させ，天井表面の石綿を損傷・剥離させる等にとどまったという事例において，東京地裁は，検察側からの新効用喪失説の主張を退け，「火が媒介物を離れて……建造物自体に燃え移り，独立して燃焼を維持する程度に達した事実」はないとして，独立燃焼説の立場から現住建造物放火未遂の成立を認めるにとどまっているし（前掲東京地判昭和59・6・22＝東京交通会館事件），その他の下級審判例も，不燃性建造物に関し，独立燃焼説の立場から既遂・未遂を判断する立場を維持しているのである（東京高判昭和49・10・22東時25巻10号90頁〔448〕，東京高判昭和52・5・4判時861号122頁）。

　新効用喪失説にも，実質的に考えれば同調しうる点があることは否めない。建造物自体は燃焼しなくても，媒介物の火力や非建造物である室内の物品の燃焼により，建造物の効用が毀損され，室内の人の生命・身体に危険が生じ，さらには，他の建造物への延焼の危険を生じうるからである。しかし，同説の難点は，やはり，「建造物を焼損する」ことによって公共の危険を生ぜしめるという放火罪の予定する構成要件を充足しないところにある。それは，効用喪失説と独立燃焼説のいずれをとろうと免れがたい制約なのである。新効用喪失説やこれを支持する実質論は，建造物の「焼損（燃焼）」という根本的な文理上の制約を無視する場合にのみ可能な見解であるように思われる（中森185頁，山口386頁，高橋454頁）。したがって，新効用喪失説が問題とするような事態は，現行法上は110条によって処理されるべきであろう（村瀬・大コンメ７巻28頁）。

4　罪数・他罪との関係

　本罪は，公共危険罪であるから，１個または数個の行為で現住建造物に放火した場合でも，生じた公共の危険が１個と判断される場合は，包括して本罪一罪が成立する（曽根216頁，中森186頁）。また，１個または数個の行為で現住建造物等のほかに109条物件，110条物件を焼損しても，同様に包括して本罪一罪が成立するのみである（大判昭和8・4・25刑集12巻482頁）。つぎに，本罪の故意で，現住建造物等に隣接する109条物件，110条物件に放火した場合は，109条物件，110条物件の焼損に至らなくても，本罪の未遂が

成立する。

　　最決平成29・12・19（裁判所ウェブサイト）〔467〕は，他人の住居である建造物を
　全焼させ，居住者2名が死亡した事件について，「放火罪は，火力によって不特定
　又は多数の者の生命，身体及び財産に対する危険を惹起することを内容とする罪で
　あり，人の死傷結果は，それ自体犯罪の構成要件要素とはされていないものの，上
　記危険の内容として本来想定されている範囲に含まれるものである。とりわけ現住
　建造物等放火罪においては，現に人が住居に使用し又は現に人がいる建造物，汽車，
　電車，艦船又は鉱坑を客体とするものであるから，類型的に人が死傷する結果が発
　生する相当程度の蓋然性があるといえるところ，その法定刑が死刑を含む重いもの
　とされており，上記危険が現実に人が死傷する結果として生じた場合について，他
　により重く処罰する特別な犯罪類型が設けられていないことからすれば，同罪の量
　刑において，かかる人の死傷結果を考慮することは，法律上当然に予定されている
　ものと解される。したがって，現住建造物等放火罪に該当する行為により生じた人
　の死傷結果を，その法定刑の枠内で，量刑上考慮することは許されるというべきで
　ある」と判示している。
　　現住建造物等放火罪と殺人罪・傷害罪が観念的競合の関係に立つことについては
　見解の一致があるが，放火犯人が過失によって人を死傷させた場合，①現住建造物
　等放火罪と過失致死傷罪が観念的競合の関係に立つか，それとも，②後者の罪は前
　者の罪に吸収されるかについては，争いがある。本判決は②の立場と親和的なもの
　と評価することができるだろう。本決定は放火罪一般の罪質に言及しつつも，「と
　りわけ現住建造物等放火罪」の特殊性を重視した判断を示しているから，それ以外
　の類型の放火罪については，異なる判断の余地を残していると解される。

3　非現住建造物等放火罪

> 　放火して，現に人が住居に使用せず，かつ，現に人がいない建造物，艦船
> 又は鉱坑を焼損した者は，2年以上の有期懲役に処する（109条1項）。未遂
> （112条）および予備（113条）を罰する。前項の物が自己の所有に係るときは，
> 6月以上7年以下の懲役に処する。ただし，公共の危険を生じなかったとき
> は，罰しない（同条2項）。

1　総　　説

　109条1項によれば，客体が他人所有の非現住建造物等であるときは抽
象的危険犯であるが，建造物内部の人の生命・身体への危険が存在しない
ために，その法定刑は，108条に比べてかなり減軽されている。つぎに，

本条2項によれば，客体が自己所有物である場合には，財産侵害が欠如する点を考慮し，具体的危険犯であると同時に法定刑はさらに減軽されている。したがって，所有者の同意がある場合や無主物の場合も同様に考えてよいであろう。また，本条1項の場合は，その未遂，予備を罰するが，本条2項の場合には未遂・予備を処罰しない。ただし，自己所有物であっても，それが「差押えを受け，物権を負担し，賃貸し，又は保険に付したものである場合」には，本条1項により処罰され（115条），その結果，未遂・予備も可罰的になる（大判昭和7・6・15刑集11巻841頁）。それは，他人の財産侵害の面を含むため，2項の予定する刑の減軽理由が欠如するからである。なお，本条1項の既遂時期は，客体の焼損のときであるが，2項の場合は，具体的公共の危険を生じたときである。

2 客 体

本条1項の客体は，現に人が住居に使用せず，かつ，現に人がいない建造物，艦船または鉱坑である。108条と異なり，汽車，電車は含まれないから，これらへの放火は，110条が適用されることになる。109条物件の典型は，物置小屋，倉庫，納屋等であるが，すでに述べたように，居住者全員を殺害した場合の住居も109条にあたるとするのが判例である（318頁参照）。

下級審の判例には，建造物類似の構造物であり人の起居出入が可能なものであっても，その性質上人の出入りが全く予定されていない豚小屋，犬小屋，堆肥小屋等は本条にいう建造物には該当しないとするものもある[3]。しかし，本条の客体は，すでに述べたように，建造物内部の人の生命，身体の危険がないことを前提としているのであるから，人の出入りが全く予定されていないかどうかによって，建造物性を判断する合理的根拠はないように思われる。他の建造物等への延焼の抽象的危険という本条の処罰根拠からすれば，当該建造物が人の起居出入が可能な程度の規模のものであれば，動物小屋のようなものでも，むしろ建造物にあたると解すべきであろう（藤木英雄・旧注釈(3)166頁，植松99頁も同趣旨であろう）。

3 公共の危険とその認識

本条2項の自己所有非現住建造物放火については，具体的な公共の危険

---

3) 東京高判昭和28・6・18東時4巻1号5頁〔452〕，これを支持するものとして，前田325頁。

の発生が必要とされている。そこで，具体的な公共の危険とは何か，また，その認識を必要とするかが問題となる。同様のことは，110条についても問題となるが，ここで一括して説明することにしよう。

　従来の判例によれば，公共の危険とは「第108条及第109条ノ物件ニ延焼スル結果ヲ発生スヘキ虞アリト思料セシムルニ相当スル状態」(110条に関し，大判明治44・4・24刑録17輯655頁) と定義されてきた。その実体は108条，109条物件への延焼の危険と解することができよう (限定説)。このように解することは，111条 (延焼罪) が，109条2項・110条2項の結果的加重犯として108条・109条1項物件への延焼を処罰していることとも符合するものである。下級審の裁判例も，人家を遠く離れた山腹の炭焼き小屋に放火したが延焼の危険がなかった場合 (広島高岡山支判昭和30・11・15裁特2巻22号1173頁 〔470〕)，他人の自動車のボディカバーに放火したが，付近の建造物への延焼の危険がなかった場合 (浦和地判平成2・11・22判時1374号141頁 〔471〕) について109条2項・110条1項の成立を否定してきたのである。しかし，最高裁は，110条1項についてではあるが，次のように述べて従来の限定説から無限定説に移行する判断を示した。「110条1項にいう『公共の危険』は，必ずしも同法108条及び109条1項に規定する建造物等に対する延焼の危険のみに限られるものではなく，不特定又は多数の人の生命，身体又は前記建造物等以外の財産に対する危険も含まれると解するのが相当である」(最決平成15・4・14刑集57巻4号445頁 〔469〕)。しかし，このような無限定説は，それ自体の中に限定の論理をもたないから，まさに，その適用範囲を無限定にするものであって妥当でないように思われる (詳細は，建造物等以外放火罪の項 (329頁以下) 参照)。公共危険罪としての放火罪の処罰根拠は，建造物への延焼を介して火災が燃え広がることによって不特定または多数人の生命・身体・財産に被害を及ぼすところに求めるべきであると思われる (山口389頁)。

　次の問題は，109条2項，110条の主観的 (故意の) 要件として，この具体的公共危険の認識を要するかである。この点で，判例と学説は真っ向から対立してきた。

　判例は，110条1項に関し「公共ノ危険ヲ生セシメタルコトヲ以テ該犯罪構成ノ要件トナセトモ火ヲ放チ同条所定ノ物ヲ焼燬スル認識アレハ足リ

公共ノ危険ヲ生セシメル認識アルコトヲ要スルモノニ非サルコト同条ノ解釈上明白ナリ」（大判昭和6・7・2刑集10巻303頁）と解して以来ほぼ一貫して不要説をとってきた[4]。そして，最高裁も，甲が，配下の乙ほか数名の者に，丙の単車の焼損を命じたところ，乙らが丙方の庭において丙の単車に火を放ち，同車を焼損するとともに丙方に延焼させたという事案に関し「110条1項の放火罪が成立するためには，火を放って同条所定の物を焼燬する認識のあることが必要であるが，焼燬の結果公共の危険を発生させることまでを認識する必要はない」（最判昭和60・3・28刑集39巻2号75頁〔473〕）と説示して，不要説の立場を堅持する旨を明確にしている。

　これに対して，学説では，不要説は少数であり（藤木92頁，香川144頁以下，前田329頁，村瀬・大コンメ7巻17頁），必要説の立場が支配的である（団藤199頁，大塚380頁，大谷387頁，曽根221頁，中森189頁，平川107頁，山口390頁，山中534頁以下，高橋452頁，井田390頁，松原405頁以下）。その理由は，①109条2項・110条2項の自己所有物の焼損は本来違法行為ではなく，公共の危険によってはじめて犯罪となるのであるから，その認識を必要と解すべきである。②110条1項が器物損壊よりも重い公共危険罪を構成する理由は，具体的な公共の危険の発生にあるのであるから，その認識を必要と解すべきである，という点に求められている。

　このような認識必要説の主張にも合理性のあることは否定しえない。しかし，公共の危険の内容が既述のように他の物件への延焼の危険であるとすれば，その認識を要求することは，むしろ，108条・109条1項の故意を要求することにならざるをえないように思われる。それは，結果的加重犯である傷害致死罪の致死の結果について，その具体的危険の認識を要求すれば，結局，殺人罪の故意を認めることにならざるをえないのと同様である。必要説は，これに対して，「公共の危険の発生についての予見はあるが延焼を容認することのない心理状態」（植松104頁，同旨，曽根221頁以下，さらに山口390頁〔延焼の認識と延焼の危険の認識を区別する〕，山中536頁以下〔延焼に関する実現意思の存否を問題とする〕）とか「延焼の危険はないが，なおその幻影におびえるのが一般的であるということの認識」（中207頁，同趣旨の理解として，中森189頁）

4）　ただし，必要説をとるものとして，名古屋高判昭和39・4・27高刑17巻3号262頁〔472〕がある。

という内容の認識を主張しているが，はたして，そのような心理状態が存在しうるかはかなり疑わしいといえよう。もし，そのような心理状態がありうるとしても，公共の危険に関し全く無頓着に自己所有の家屋に火をつけた者を失火罪とし，公共の危険を認識し，または，一般人が延焼の危惧感をもつであろうと思った者を109条2項で重く処罰する合理性はないというべきであろう。

　このように考えれば，不要説が妥当であると思われる。ただし，後述するように，109条2項・110条2項の結果的加重犯としての111条は，108条・109条1項物件への延焼の結果について予見可能性を前提とすると解すべきである。だとすれば，109条2項・110条についても，公共の危険＝延焼の危険の部分については予見可能性すなわち過失を要するといわねばならない。この意味で，109条2項・110条は故意犯と過失犯の複合的な犯罪類型だということになる。必要説の立場からは，前掲昭和60年判決のような共犯過剰の事例において必要説の理論的正当性が示されると説かれるが，具体的公共危険の発生についての共犯者の過失の有無によって区別すれば，不要説からも妥当な帰結を導くことが可能であろう。すなわち，単車の焼損を指示する際に，人家から離れた所で焼けと厳重に注意を与えたような場合には，過失が否定され，器物損壊罪の共犯（共同正犯）が成立するにとどまるのである。

4　建造物等以外放火罪

　放火して，前二条〔108条・109条〕に規定する物以外の物を焼損し，よって公共の危険を生じさせた者は，1年以上10年以下の懲役に処する（110条1項）。前項の物が自己の所有に係るときは，1年以下の懲役又は10万円以下の罰金に処する（同条2項）。

1　客　体
　本罪の客体は，108条・109条に規定されている客体以外の物すなわち非建造物である。本条2項は，客体が自己所有物である場合には，財産侵害が欠如する点を考慮して法定刑を減軽している。したがって，所有者の同意がある場合や無主物の場合（大阪地判昭和41・9・19判タ200号180頁〔468〕）も同

様に考えてよいであろう。ただし，自己所有物であっても，それが「差押えを受け，物権を負担し，賃貸し，又は保険に付したものである場合」には，本条1項により処罰される（115条）。

2　公共の危険

本罪は客体が他人所有・自己所有いずれの場合も，「よって公共の危険を生じさせた」場合にのみ処罰される。したがって，具体的公共危険罪である。108条・109条1項物件への延焼の危険を生じさせたことが必要であり，その時点で既遂となると解すべきである。しかし，最高裁は，すでに述べたように本条の公共の危険は，このような延焼の危険に限定されるものではなく不特定または多数人の生命・身体・財産に対する危険も含まれるという無限定説をとっている（前掲最決平成15・4・14）[5]。すなわち，市街地の駐車場において，午後10時頃他人の車にガソリンをかけて火をつけたが，被害車両の左右には2台の車が駐車してあり，また，3.8メートル離れた所には約300キログラムの可燃性ゴミが置かれ，さらに，道路を隔てて小学校や農業共同組合の建造物があったという事案に関し，前記のような一般論を前提としつつ「第1，第2車両に延焼の危険が及んだ等の本件事実関係の下では，同法110条1項にいう『公共の危険』の発生を肯定することができるというべきである。」と説示したのである。しかし，この見解によれば，最初から3台の車両にガソリンをかけて火をつければ器物損壊罪しか成立しないことになることと不均衡ではないかという疑問がある。また，多数の自転車がある駐輪場で1台の自転車にガソリンをかけて火をつければ本罪が成立するというのは不当であろう。本決定も，可燃性ゴミへの延焼を介して小学校や農業共同組合の建造物に延焼する危険のあったことを考慮していると解すべきように思われる。「第1，第2車両に延焼の危険が及んだ等の本件事実関係の下では」という説示は，このような限定を含意しているといえよう[6]。

5）　本決定を支持するものとして，山中538頁，高橋448頁，芦澤政治「判解」最判解平成15年度254頁以下，大塚裕史・平成15年度重判175頁，古川伸彦「判批」ジュリ1275号179頁参照。

6）　もっとも，人の現在するバス等に放火した場合に，108条も本罪も成立しないとするのは不当であるようにも思われる。東京地判昭和59・4・24判時1119号40頁＝新宿バス放火事件が建造物への延焼の危険を認定することなく本罪の成立を肯定したのも，この点を考慮した

109条2項について述べたように (326頁以下), 延焼の危険の認識を必要とすれば, 108条・109条1項物件への放火の故意を認めることになるから, ここでも, 公共の危険を生じることの認識は不要であり, 危険の発生についての過失を要するにすぎないと解すべきである。ただし, 自分のタバコに火をつけて, その不始末から自宅を延焼した場合は, 当然に失火罪 (116条) であって, 110条2項・111条が適用されるわけではない。したがって, この場合と区別するために, 110条にいう建造物以外の物とは, 当該客体を焼損すること, および, その態様が, それ自体として直接的に108条・109条1項物件への延焼につながるような危険性を有する場合に限定されるべきであろう[7]。

5 延 焼 罪

第109条第2項又は前条〔110条〕第2項の罪を犯し, よって第108条又は第109条第1項に規定する物に延焼させたときは, 3月以上10年以下の懲役に処する (111条1項)。前条第2項の罪を犯し, よって同条第1項に規定する物に延焼させたときは, 3年以下の懲役に処する (同条2項)。

本条1項は, 109条2項・110条2項の放火罪から, 108条・109条1項物件への延焼の結果を生じた場合を重く処罰する結果的加重犯である。110条1項の他人の非建造物を焼損した場合が含まれていないのは, 同条項の法定刑の方が重いからである。115条の適用により他人所有として取り扱われる物件に延焼した場合にも本条項の適用を認めてよいと思われる (内田463頁, 中森190頁。反対, 大塚381頁, 大谷391頁, 平川113頁)。本罪の成立には, 109条2項・110条2項の放火行為から, 直接的に延焼の結果を生じたこと, および, その結果発生につき過失 (予見可能性) のあったことが必要である。

本条2項は, 110条2項の放火罪から, 同条1項の他人所有の非建造物への延焼の結果を生じた場合をより重く処罰する結果的加重犯である。

ものであろう。しかし, この問題には生命, 身体に対する罪を別途認めることで対応すべきであろう。

7) このような方向を示すものとして, 中野次雄・ポケット註釈279頁, 藤木92頁参照。

332 第3編 社会的法益に対する罪 第1章 公共危険罪

6 消火妨害罪

> 火災の際に，消火用の物を隠匿し，若しくは損壊し，又はその他の方法により，消火を妨害した者は，1年以上10年以下の懲役に処する（114条）。

本罪は，火災の際に消火行為を妨害する罪である（関連するものとして，消防法38条以下，軽犯罪法1条8号参照）。本罪も抽象的公共危険犯であり，妨害行為がなされれば，現実に消火行為が妨害されたことを必要としない（団藤203頁，大塚383頁）。

「火災の際」とは，火災の原因を問わず，火災が発生している場合および発生しようとしている場合をいうが，火の勢いが強く延焼の危険を生じたことを必要としよう。「消火用の物」とは，消防車，消防ホース，消火器等である。「その他の方法」としては，消防車の出動を妨害する行為，消防士の活動を妨害する行為などが考えられよう。

7 失 火 罪

> 失火により，第108条に規定する物又は他人の所有に係る第109条に規定する物を焼損した者は，50万円以下の罰金に処する（116条1項）。失火により，第109条に規定する物であって自己の所有に係るもの又は第110条に規定する物を焼損し，よって公共の危険を生じさせた者も，前項と同様とする（同条2項）。
> 第116条又は前条（117条）第1項の行為が業務上必要な注意を怠ったことによるとき，又は重大な過失によるときは，3年以下の禁錮又は150万円以下の罰金に処する（117条の2）。

「失火により」とは，過失により出火させることをいう。結果的に，108条・109条1項物件を焼損したときは，抽象的危険犯であるが，109条2項・110条物件を焼損したときは，具体的危険犯であり，公共の危険すなわち108条・109条1項物件への延焼の危険を生じたことが必要である。116条1項については，ここでも115条の適用を認めるべきであろう（中森190頁）。

117条の2は，昭和16年に新設されたものであり，業務上失火罪と重失

火罪に関する加重規定である。業務とは「職務として火気の安全に配慮すべき社会生活上の地位をいう」（最決昭和60・10・21刑集39巻6号362頁〔77〕）。したがって，喫煙や調理などの家庭内の行為は，反復継続されるものであっても職務行為ではないから業務には含まれない（大塚384頁）。本条の業務としては，①火気を直接取り扱う職務，②火気の発生しやすい物質，器具，設備を取り扱う職務，③火災を発見防止する職務の3つの類型が考えられよう（大谷394頁）。つぎに，重大な過失とは，不注意の程度が著しい場合をいい，盛夏晴天の日にガソリン給油所のガソリン罐の間近でライターを使用した場合（最判昭和23・6・8裁集2号329頁），石油ストーブの燃料にガソリンを使用した場合（東京高判平成元・2・20判タ697号269頁）などに認められる。

8　激発物破裂罪・過失激発物破裂罪

> 　火薬，ボイラーその他の激発すべき物を破裂させて，第108条に規定する物又は他人の所有に係る第109条に規定する物を損壊した者は，放火の例による。第109条に規定する物であって自己の所有に係るもの又は第110条に規定する物を損壊し，よって公共の危険を生じさせた者も，同様とする（117条1項）。前項の行為が過失によるときは，失火の例による（同条2項）。

　本条は，激発物を破裂させて物を損壊する行為を放火罪・失火罪に準じて処罰するものである。

　「激発すべき物」とは，急激に膨張・破裂して物を破壊する力を有する物質をいう。例示された火薬，ボイラーのほか，高圧ガス，液化ガスなどがこれにあたる。爆発物取締罰則にいう「爆発物」も激発物の一種であるが，同罰則は，本条の特別法と解すべきであるから，爆発物の使用については，同罰則の爆発物使用罪（同罰則1条，法定刑は死刑または無期もしくは7年以上の懲役または禁錮）のみが成立すると解すべきであろう。

8）　調理師など。溶接作業員につき，名古屋高判昭和61・9・30高刑39巻4号371頁。

9）　プロパンガス販売者につき，最決昭和42・10・12刑集21巻8号1083頁，サウナ風呂の製作担当者につき，最決昭和54・11・19刑集33巻7号728頁，給油作業員につき，最決昭和57・11・8刑集36巻11号879頁，易燃物であるウレタンフォームの管理者につき，前掲最決昭和60・10・21。

10）　夜警につき，最判昭和33・7・25刑集12巻12号2746頁。

11）　大塚386頁，ただし，判例は観念的競合とする。大判大正11・3・31刑集1巻186頁。

334   第3編   社会的法益に対する罪   第1章   公共危険罪

9   ガス等漏出罪

> ガス，電気又は蒸気を漏出させ，流出させ，又は遮断し，よって人の生命，身体又は財産に危険を生じさせた者は，3年以下の懲役又は10万円以下の罰金に処する（118条1項）。ガス，電気又は蒸気を漏出させ，流出させ，又は遮断し，よって人を死傷させた者は，傷害の罪と比較して，重い刑により処断する（同条2項）。

　本条にいう「人」とは，犯人以外の特定かつ少数人をいうから，本罪は，個人的法益に対する関係では具体的危険犯であるが，このような行為は，同時に，不特定・多数人の生命，身体，財産に危険を生じさせうるがゆえに，抽象的公共危険罪の一種とされている。ここでも，109条2項・110条の場合と同様に，具体的危険の認識を要しないと解すべきであろう（藤木107頁，通説は反対である）。

　本条2項は，1項の行為の結果的加重犯である。「傷害の罪と比較して，重い刑により処断する」の意味については，22頁参照。

第4節　出水罪・水利妨害罪

1　総　　説

　出水罪は，水による公共危険犯であり，放火罪・失火罪とほぼ同様の構成を有している（119条～122条）。これに対して，水利妨害罪（123条前段）は，財産権の一種である水利権を保護法益とするから，直接的には公共危険罪ではないが，その手段が出水罪と共通しているために，第10章「出水及び水利に関する罪」に併せて規定されているのである。

2　現住建造物等浸害罪

> 　出水させて，現に人が住居に使用し又は現に人がいる建造物，汽車，電車又は鉱坑を浸害した者は，死刑又は無期若しくは3年以上の懲役に処する（119条）。

　本罪は，放火罪における現住建造物等放火罪（108条）に相当する抽象的公共危険犯である。
1　客　　体
108条と同じであるが，艦船は除かれている。
2　行　　為
「出水させて」とは，人によって管理・制圧された水力を解放して氾濫させることをいう。流水であると貯水であると問わない。ダムや堤防を決壊させる行為，水流をせき止める行為等がこれにあたる。「浸害」とは，水による客体の流失，損壊，その他の効用喪失をいう。効用の喪失は一時的なものであってもよい。

3　非現住建造物等浸害罪

> 　出水させて，前条〔119条〕に規定する物以外の物を浸害し，よって公共の危険を生じさせた者は，1年以上10年以下の懲役に処する（120条1項）。浸害

した物が自己の所有に係るときは，その物が差押えを受け，物権を負担し，賃貸し，又は保険に付したものである場合に限り，前項の例による（同条2項）。

　本罪は，放火罪における非現住建造物放火罪（109条），建造物等以外放火罪（110条）に相当する。具体的公共危険犯であり，119条物件を浸害する具体的危険の発生を要し，その時点で既遂となる。109条1項物件についての浸害が具体的公共危険犯とされている点で異なる。自己所有の非現住建造物，非建物の浸害の場合には，その物が差押えを受け，物権を負担し，賃貸し，または保険に付したものである場合に限り，本条1項の例により処罰される。ここでも，具体的公共危険の認識を要求すると，119条の故意を認めることに帰着するから，公共危険の認識は不要と解すべきであろう（反対，大塚391頁，大谷400頁，中森194頁）。

4　水防妨害罪

　水害の際に，水防用の物を隠匿し，若しくは損壊し，又はその他の方法により，水防を妨害した者は，1年以上10年以下の懲役に処する（121条）。

　本条は，放火罪・失火罪における消火妨害罪（114条）に相当するものであるから，本条の解釈については，同罪の解釈を参照されたい。

5　過失建造物等浸害罪

　過失により出水させて，第119条に規定する物を浸害した者又は第120条に規定する物を浸害し，よって公共の危険を生じさせた者は，20万円以下の罰金に処する（122条）。

　失火罪（116条）に相当する規定であるが，109条1項物件の過失浸害の場合にも公共の危険の発生が要求されている点，業務上過失，重過失についての加重規定がない点で失火罪と異なっている。

6 出水危険罪

> 堤防を決壊させ，水門を破壊し，その他出水させるべき行為をした者は，2年以下の懲役若しくは禁錮又は20万円以下の罰金に処する（123条後段）。

「出水させるべき行為」とは，出水の危険を有する行為をいう。堤防の決壊，水門の破壊は，その例示である。浸害の結果，危険を生じたことを要しない。したがって，本罪は，出水罪の未遂・予備の処罰としての機能を有することになる。

7 水利妨害罪

> 堤防を決壊させ，水門を破壊し，その他水利の妨害となるべき行為をした者は，2年以下の懲役若しくは禁錮又は20万円以下の罰金に処する（123条前段）。

本罪は，水利権を侵害する罪である。水利権とは，河川の流水を工業用水，灌漑用水，水道用水などとして利用する権利をいう。「水利の妨害となるべき行為」としては，例示されている堤防の決壊，水門の破壊のほか，水流の閉塞・変更，貯水の流失等がこれにあたる（大塚394頁）。水利権を妨害したことは必要でない。その意味で，本罪は具体的危険犯と解すべきであろう。ただ，水利を妨害する行為は，その手段が出水罪と共通し，また，出水の危険を伴うことが多いので，刑法は，同罪を出水罪と同じ章に規定したものである。

338 第3編 社会的法益に対する罪 第1章 公共危険罪

第5節 往来を妨害する罪

1 総 説

刑法典第11章「往来を妨害する罪」は，道路その他の交通施設，鉄道その他の交通機関に工作を加えて交通の安全を侵害する罪である。これらの行為は，交通機関を利用する者等の不特定・多数人の生命・身体・財産に対する危険を生じさせるものであるから，放火罪等と同じく公共危険罪である。

刑法典は，立法当時の交通事情に鑑み，道路等，鉄道，艦船の交通の安全についての規定しか設けておらず十分なものとはいえない。自動車や航空機等その後の交通手段の発達に伴い，これらを含めた交通の安全を保護するために，多くの特別法が制定されている。たとえば，鉄道交通に関し，鉄道営業法，新幹線鉄道における列車運行の安全を妨げる行為の処罰に関する特例法，道路および自動車交通に関し，道路法，高速自動車国道法，道路交通法，道路運送車両法，航空交通に関し，航空法，航空機の強取等の処罰に関する法律，航空の危険を生じさせる行為等の処罰に関する法律などがある。

2 往来妨害罪・同致死傷罪

> 陸路，水路又は橋を損壊し，又は閉塞して往来の妨害を生じさせた者は，2年以下の懲役又は20万円以下の罰金に処する（124条1項）。未遂を罰する（128条）。前項〔124条1項〕の罪を犯し，よって人を死傷させた者は，傷害の罪と比較して，重い刑により処断する（124条2項）。

本罪は，陸上，水上の交通を妨害する罪である。

1 「陸路」とは，道路の意味である。「水路」とは，船舶，筏などの航行の用に供される河川，運河，港口等をいう。「橋」には陸橋，桟橋を含むが，鉄道専用のものは125条（往来危険罪）の客体である。いずれも所有権の公有，私有を問わないが，公衆の往来の用に供せられていることが必

要である（大判昭和11・11・6新聞4072号17頁）。

2　行為は損壊と閉塞に限られる。したがって，虚偽の通行禁止の立札を立てることにより車両の通行を妨害するような行為は含まれない。通説によれば，「損壊」とは道路や橋の爆破等の物理的損壊に限られるから，汚穢を道路にまき散らし心理的に通行不可能にする行為は含まれない（反対，香川177頁）。「閉塞」とは，障害物により道路等を塞ぐことをいう。「往来の妨害」とは，損壊，閉塞の行為により人や車両等の通行が不可能または著しく困難になったことをいう（団藤223頁，大谷404頁）。ただし，本罪は具体的危険犯であるから，現実に往来妨害の結果が発生したことは必要でない。判例によれば，道路に立看板等を放置する行為も，わずかな注意で回避可能な場合や除去できる場合には本罪にあたらない（名古屋高判昭和35・4・25高刑13巻4号279頁）。他方，幅約6メートルの道路を4メートル遮断する形態であったが，路上で車を炎上させ燃料に引火・爆発する危険を生じさせた場合のように，道路を部分的に閉塞する行為であっても，往来の危険を生じさせた場合は，本罪が成立するとされている（最決昭和59・4・12刑集38巻6号2107頁）。

3　本条2項は，1項の往来妨害罪の結果的加重犯である。往来妨害罪が既遂に達していることを前提とするから，損壊行為や閉塞行為それ自体（たとえば，爆破行為）から死傷の結果が生じた場合は含まれないと解すべきであろう（通説。反対，前田340頁）。「傷害の罪と比較して，重い刑により処断する」の意味については，22頁参照。

3　往来危険罪

> 　鉄道若しくはその標識を損壊し，又はその他の方法により，汽車又は電車の往来の危険を生じさせた者は，2年以上の有期懲役に処する（125条1項）。灯台若しくは浮標を損壊し，又はその他の方法により，艦船の往来の危険を生じさせた者も，前項と同様とする（同条2項）。1項・2項とも未遂を罰する（128条）。

　本条は，重要な交通機関である汽車，電車，艦船の往来の危険を生じさせる行為を一般の往来妨害罪よりも加重して処罰する規定である。

340 第3編 社会的法益に対する罪 第1章 公共危険罪

1 「汽車」,「電車」とは軌道上を走行する交通機関であるが,同様の構造を有するものとして,汽車にはディーゼルカー,ガソリンカーを含み,電車にはモノレール,ケーブルカーを含む（大塚399頁）。しかし,バス,トロリーバス,ロープウェイ,航空機は含まれない。「浮標」とは,ブイのことであり,暗礁の所在や航路などを示すための水上の標識をいう。

「鉄道」の損壊とは,線路そのものだけでなく,汽車,電車の走行に必要な一切の施設,設備をいい,枕木,犬釘,トンネル等も含まれる。「その他の方法」としては,線路上に障害物を置く行為,虚偽信号の表示,無人電車を暴走させる行為（最大判昭和30・6・22刑集9巻8号1189頁＝三鷹事件〔478〕），正規の運転ダイヤによらない電車の運行（最判昭和36・12・1刑集15巻11号1807頁＝人民電車事件〔474〕）などがある。

2 本罪が既遂に達するには,「往来の危険」すなわち,汽車,電車の衝突,脱線,転覆,艦船の衝突,沈没の危険の可能性のある状態を生じさせたことが必要である。したがって,具体的危険犯である。往来の危険を生じさせる行為に着手したが,その具体的危険を生じるに至らなかった場合には本罪の未遂となる。本罪の故意には,具体的危険の認識を必要とするのが通説・判例（大判大正13・10・23刑集3巻711頁〔476〕）であるが,後述のように127条が本罪の結果的加重犯を,126条がその故意犯を処罰していることを考慮すれば,なお疑問がある（藤木114頁参照）。

> 最決平成15・6・2刑集57巻6号749頁〔475〕は,被告人が（旧）国鉄の鉄道用地と接する自己所有の土地を掘削した結果,土砂が崩壊するなどしたため,電車の運行が中止されるに至った事件について,本罪における「往来の危険」とは「汽車又は電車の脱線,転覆,衝突,破壊など,これらの交通機関の往来に危険な結果を生ずるおそれのある状態をいい,単に交通の妨害を生じさせただけでは足りないが,上記脱線等の実害の発生が必然的ないし蓋然的であることまで必要とするものではなく,上記実害の発生する可能性があれば足りる」という前提のもと,本件掘削行為の規模および位置関係や,（旧）国鉄職員および工事関係者らの認識を前提とすれば,「上記実害の発生する可能性があったと認められる」として,往来危険罪の成立を肯定している。
>
> 本決定は,往来危険罪を具体的危険犯として理解した上で,本件行為の物理的状況などの客観的事情のほか,関係者の危険に対する認識などを考慮して,具体的危

1） 改正刑法草案194条は,索道車,バス,航空機を加えている。

険性を肯定したものと解される（平木正洋「判解」最判解刑平成15年度347頁以下を参照）。

4　汽車転覆等の罪・同致死罪

現に人がいる汽車又は電車を転覆させ，又は破壊した者は，無期又は3年以上の懲役に処する（126条1項）。現に人がいる艦船を転覆させ，沈没させ，又は破壊した者も，前項と同様とする（同条2項）。1項・2項とも未遂を罰する（128条）。前二項〔126条1項・2項〕の罪を犯し，よって人を死亡させた者は，死刑又は無期懲役に処する（126条3項）。

本条1項・2項の罪は，汽車，電車，艦船を利用する不特定・多数人の生命・身体に対する抽象的危険犯である。

1　客　体

客体は，犯人以外の人が現在する汽車，電車，艦船である。停車・停泊中のものでもよいが，修理中のように交通機関としての機能を停止しているものは含まれないと解すべきであろう（大塚341頁，大谷407頁以下，中森198頁）。人が現在する時期については，転覆，破壊等の結果発生時に現在することを要するとし，車船に時限爆弾を仕掛けた時に人がいても爆発の際に人がいない場合は本罪の未遂とする見解もあるが（団藤231頁，松原417頁），本罪が抽象的危険犯であることを考慮すれば，実行の開始時期から結果発生時のいずれかの時点に人が現在すれば足りると解すべきであろう[2]（大塚401頁，大谷407頁，中森198頁，山中558頁，高橋477頁，井田493頁）。

2　行　為

行為は，人の現在する汽車，電車の転覆，破壊および艦船の転覆，沈没，破壊である。汽車，電車の「転覆」とは，汽車，電車を横転，転落させることをいい，単なる脱線は含まないとするのが通説であるが，疑問である。「破壊」とは「汽車または電車の実質を害して，その交通機関としての全部または一部を失わせる程度の損壊をいう[3]」（最判昭和46・4・22刑集25巻3号

2）　なお，大判大正12・3・15刑集2巻210頁は，実行の開始時に存在すれば足りるとしているが，この見解と対立するものではない。

3）　列車の1車両の天井や座席の一部を爆破して，その安全な運行の継続を不可能にした事例。

530頁)。したがって，投石により電車の車体に傷をつけたり，窓ガラスを破損した程度では破壊にあたらない（大判明治44・11・10刑録17輯1868頁）。艦船の「沈没」は座礁を含まない。ただし，判例は，厳寒期に千島列島の海岸に漁船を座礁させたうえ，バルブを抜いて海水を流入させ航行を不能にしたという事案に関し，このような事実関係の下においては船体自体に破損がなくても「破壊」にあたると解している（最決昭和55・12・9刑集34巻7号513頁〔477〕）。

3　結果的加重犯

　本条3項は，1項・2項の罪の結果的加重犯を規定している。汽車，電車，艦船の転覆，破壊等の結果として人が死亡することを前提としているから，1項・2項の罪が未遂に終わったときは本項の適用はない。したがって，転覆，破壊等の行為（たとえば爆破行為）自体から死亡の結果が生じた場合も含まれないと解すべきである（平野244頁，大谷409頁，中森199頁。反対，東京高判昭和45・8・11高刑23巻3号524頁）。つぎに，転覆，破壊の結果として，電車等の内部にいた人以外の人，たとえば，駅のホームの乗客，沿線の住民等を死亡させた場合が含まれるかが問題となる。判例は，これを肯定する（前掲最大判昭和30・6・22＝三鷹事件。同旨，団藤232頁，大塚403頁，大谷410頁，山中560頁）。否定説も有力であるが（中山406頁，曽根230頁，中森199頁，平川132頁，山口410頁，松原418頁），市街地では，電車の転覆等により沿線の住民等を死亡させる場合も十分予想されるから，肯定説が妥当であろう。

　殺意をもって電車等を転覆させ，よって人を死亡させた場合に，本項と殺人罪との関係が問題となるが，法定刑の均衡からみて，本項のみの成立を認めれば足りると思われる。ただし，死亡の結果を生じなかった場合は，本条1項・2項の罪と殺人未遂罪との観念的競合と解すべきであろう。

5　往来危険による汽車転覆等の罪

> 　第125条の罪を犯し，よって汽車若しくは電車を転覆させ，若しくは破壊し，又は艦船を転覆させ，沈没させ，若しくは破壊した者も，前条〔126条〕の例による（127条）。

　本罪は，往来危険罪（125条）の結果的加重犯である。たとえば，線路の

損壊の結果として電車を転覆させた場合（126条1項），その結果乗客を死亡させた場合（同条3項）が，その例であるが，電車の転覆を認識・予見していない場合に限られる。

問題は，往来危険により，無人の電車等を転覆させた場合にも126条1項の例によるのか，さらには，その結果として（当然のことながら）電車外の人を死亡させた場合にも126条3項の例によることができるかである。判例は，三鷹事件において，この双方を肯定した（前掲最大判昭和30・6・22）。学説上は，本条がとくに人の現在することを規定していないという文理から，判例を支持する見解も有力である（内田488頁，大谷412頁）。しかし，127条が，126条の例によると規定しているところからみれば，本条は少なくとも，その客体において人の現在する電車等を前提としていると解すべきであろう（団藤229頁，平野244頁，中森200頁，山口412頁，高橋480頁以下，井田405頁，松原419頁）。したがって，無人電車を走行させた場合は，そのことにより，他の有人電車を転覆させた場合にのみ126条の例によることになる。その結果，車内の人または車外の人を死亡させた場合は，126条3項が適用される。この場合に，本条が電車等の転覆等についてのみ規定していることから，126条3項の適用を否定する見解もあるが，「前条の例による」という文言からは無理があろう。以上に対して，無人電車を転覆させて，その結果として車外の人を死亡させた場合は，往来危険罪（125条）と殺人罪，過失致死罪等との観念的競合となる（平川133頁）。

　＊　**三鷹事件**　昭和24（1949）年7月，電車の車庫への出入りを妨害するため，中央線三鷹駅車庫に停車中の無人電車7両を暴走させたところ，三鷹駅1番線の車止めを突破して脱線転覆し，交番や民家を破壊して通行人ら6人を死亡させたという事件である。

4）　ただし，同条項の解釈として，車外の人を含まないとすれば，車内の人の死亡に限られることになる。

5）　曽根232頁，平川134頁は，本条の客体を有人の場合に限定しつつ，大塚405頁以下は，本条の客体が無人の場合も含むとしつつ，3項の適用を否定する。

344 第3編 社会的法益に対する罪 第1章 公共危険罪

6 過失往来危険罪

> 過失により，汽車，電車若しくは艦船の往来の危険を生じさせ，又は汽車若しくは電車を転覆させ，若しくは破壊し，若しくは艦船を転覆させ，沈没させ，若しくは破壊した者は，30万円以下の罰金に処する（129条1項）。その業務に従事する者が前項の罪を犯したときは，3年以下の禁錮又は50万円以下の罰金に処する（同条2項）。

　本条は，過失による往来危険罪，および，過失による汽車転覆等の罪を処罰するものである。この場合の汽車，電車等は無人の場合を含むと解すべきであろう。たとえば，自動車の運転者が踏切内でエンストを起こした場合等がその例である。よって死傷の結果が生じれば，（業務上）過失致死傷罪との観念的競合になる。

　「その業務に従事する者」とは，直接または間接に汽車，電車，艦船の運行の業務に関与する者をいい（大判昭和2・11・28刑集6巻472頁），運転手，車掌，船長，保線係等がこれにあたる。

第 6 節　あへん煙に関する罪

　刑法典第14章「あへん煙に関する罪」は，あへんの有害な薬理作用と依存性とに鑑み，その輸入，販売等を禁止して，不特定・多数人の健康を保護しようとするものである。

　あへん煙とは，けしの液汁を凝固させたうえキセル，パイプ等による吸引に適するように加工したもの（あへん煙膏）をいう。刑法は，あへん煙輸入等の罪（136条），あへん煙吸食器具輸入等の罪（137条），税関職員によるあへん煙輸入等の罪（138条），あへん煙吸食罪および吸食のための場所提供罪（139条），あへん煙等所持罪（140条）を規定している。しかし，現在では，あへん法が，より包括的な取締規定を設けており，あへん煙吸食器具の輸入等の罪（137条・138条および140条の一部）以外は，あへん法による処罰が可能である。さらに，現在の薬物犯罪の主流は麻薬，覚せい剤，大麻であるため，刑法におけるあへん煙に関する罪はほとんど適用されることがないといってよい。このため，本書では，本章の説明を省略する。

　ただし，身体に有害で依存性を有する薬物の濫用およびその助長行為自体はきわめて深刻な社会問題であり，これらの薬物を規制するために，前記あへん法のほか，覚せい剤取締法，麻薬及び向精神薬取締法，大麻取締法のいわゆる薬物四法があり，シンナー等の有機溶剤については毒物及び劇物取締法がある。さらに，平成 3（1991）年には，国際的な協力の下に規制薬物に係る不正行為を助長する行為等の防止を図るための麻薬及び向精神薬取締法等の特例等に関する法律（一般に麻薬特例法と呼ばれている）が制定され，業として行う不法輸入等の罪（5条），薬物犯罪収益等隠匿罪（6条），薬物犯罪収益等収受罪（7条）の新設，薬物犯罪収益等の没収・追徴制度の整備・拡充，没収・追徴の保全手続の新設のほか，捜査手法としての泳がせ捜査（コントロールド・デリバリー）などを規定している。

　1）　けしの液汁を凝固させただけの生あへんは，あへん法 3 条 2 号・51条以下で規制されている。

346　第3編　社会的法益に対する罪　第1章　公共危険罪

第7節　飲料水に関する罪

1　総　　説

　刑法典第15章「飲料水に関する罪」は，飲料水を利用する不特定・多数人の生命・身体の安全を侵害する抽象的公共危険罪の一種である。刑法は，浄水汚染罪（142条），浄水毒物混入罪（144条），これらの罪による致死傷罪（145条）と水道汚染罪（143条），同致死傷罪（145条），水道毒物混入罪・同致死罪（146条）とを規定し，後者の場合，その被害の範囲が広くなりうることから刑を加重している。水道損壊罪（147条）は，これらと性格を異にする水道利用妨害罪であるが，同じ水道に関する罪であるため本章に規定されたものと思われる。

2　浄水汚染罪

> 　人の飲料に供する浄水を汚染し，よって使用することができないようにした者は，6月以下の懲役又は10万円以下の罰金に処する（142条）。

　「人の飲料に供する浄水」とは，人の飲料に供することが予定されている水であって，飲料水に適する程度に清潔・清浄なものをいう。したがって，山間の渓流の水などは含まれない。本罪は公共危険罪であるから，「人」とは，不特定・多数人をいう（大判昭和8・6・5刑集12巻736頁）。したがって，特定人の飲料に供するためコップに汲み置かれた水等は含まれない。ただし，143条が「公衆に供給する飲料の浄水」の汚染を加重して処罰していることと区別するため，多数といっても，ある程度の多数で足り，1家族の飲料に供される水甕や井戸の浄水も含むと解するのが通説である（団藤239頁，大塚505頁，大谷415頁。反対，平野龍一・法セミ221号49頁）。

　行為は，汚染することにより物理的・心理的に使用できないようにすることである。泥や塵芥の投入，底土の撹拌等のほか，井戸水に食紅を投入して飲料水として一般に使用することを心理的に不能ならしめた場合も本罪にあたるとされている（最判昭和36・9・8刑集15巻8号1309頁）。

3 水道汚染罪

水道により公衆に供給する飲料の浄水又はその水源を汚染し，よって使用することができないようにした者は，6月以上7年以下の懲役に処する（143条）。

本罪は，水道により不特定または多数人に供給される飲料水またはその水源を汚染する行為を，その被害が広範囲に及ぶ可能性から加重して処罰するものである。「水道」とは，飲料用の浄水を供給するための人工的設備をいい，「水源」とは，水道に入る前の水，すなわち貯水池，浄水池などの水をいう。汚染の意義については，浄水汚染罪の項参照。

4 浄水毒物混入罪

人の飲料に供する浄水に毒物その他人の健康を害すべき物を混入した者は，3年以下の懲役に処する（144条）。

浄水の意義については，浄水汚染罪の項参照。「その他人の健康を害すべき物」とは，その飲用により人の健康を害するに足る有害物をいう。病原菌，寄生虫などが，その例であるが，日常的に飲用されることにより体内に蓄積された結果健康を害するような物質も含まれる。

5 浄水汚染等致死傷罪

前三条〔142条・143条・144条〕の罪を犯し，よって人を死傷させた者は，傷害の罪と比較して，重い刑により処断する（145条）。

本罪は，浄水汚染罪（142条），水道汚染罪（143条），浄水毒物混入罪（144条）の結果的加重犯である。「傷害の罪と比較して，重い刑により処断する」の意味については，前述22頁参照。死傷の結果について故意がある場合は，浄水汚染罪，水道汚染罪，浄水毒物混入罪と傷害罪，殺人罪との観念的競合になる。

348　第3編　社会的法益に対する罪　第1章　公共危険罪

6　水道毒物混入罪・同致死罪

> 　水道により公衆に供給する飲料の浄水又はその水源に毒物その他人の健康を害すべき物を混入した者は，2年以上の有期懲役に処する。よって人を死亡させた者は，死刑又は無期若しくは5年以上の懲役に処する（146条）。

　客体および行為については，水道汚染罪，浄水毒物混入罪の項（347頁）参照。結果的加重犯は死亡の場合に限られている。傷害の結果を生じた場合は，その法定刑からみて，本条前段の罪のみが成立すると解すべきであろう。死亡の結果について故意があるときは，本条後段の罪のみの成立を認めれば足りる。ただし，未遂の場合には，本条前段の罪と殺人未遂罪との観念的競合となる。

7　水道損壊罪

> 　公衆の飲料に供する浄水の水道を損壊し，又は閉塞した者は，1年以上10年以下の懲役に処する（147条）。

　本条は，水道設備を損壊または閉塞することにより，不特定または多数人に対する飲料水の供給を不可能または著しく困難にさせる行為を処罰するものである。本条の特別法として，水道法51条がある。

第2章 取引の安全に対する罪

　現代の資本主義社会においては，経済取引の安全，経済取引秩序を保護しなければならない。このため，刑法典は通貨偽造の罪（第16章），文書偽造の罪（第17章），有価証券偽造の罪（第18章），支払用カード電磁的記録に関する罪（第18章の2），印章偽造の罪（第19章）という一連の偽造罪を規定している。このうち，通貨と有価証券とは経済取引における決済手段として重要性を有するものである。また，文書や印章も経済取引における契約その他の権利，義務に関する事実関係の証拠として重要性を有するものである。通貨や有価証券，文書等の真正が偽られ人々が信用しなくなれば，経済取引は停滞し，経済秩序の混乱を招くことになる。このため，刑法典は，これらの偽造を処罰し，これらに対する公共の信用を保護しているのである。もっとも，文書は，身分関係その他の事実証明の手段としても重要であり，その意味では，経済取引の安全とのみ関係するものではないが，公共の信用の対象としては通貨や有価証券と同様の保護に値するといってよいであろう。

第1節　通貨偽造の罪

1　保護法益

刑法典第16章「通貨偽造の罪」は，通貨偽造・同行使罪 (148条)，外国通貨偽造・同行使罪 (149条)，偽造通貨収得罪 (150条)，収得後知情行使罪 (152条) 等を処罰している。

その保護法益が，通貨の真正に対する公共の信用であることには問題がないといえよう。問題は，このほかに，国の通貨発行権 (通貨高権) をも保護法益と解するかである。通説は，これを否定するのに対して，判例および一部の学説は肯定している (最判昭和22・12・17刑集1巻94頁，木村232頁，植松130頁，大塚410・411頁)。たしかに，国の通貨発行権を国家の威信や権力と解するのであれば，そのようなものを法益とするのは妥当ではない (平川426頁)。しかし，これを通貨発行量 (マネーサプライ) の調節という国の金融政策的な権限と捉えれば，副次的な法益と解することも可能であるように思われる。
*

**　*　新円切替え事件**　　昭和21 (1946) 年の新円切替えに際して，国民1人に対して100円に相当する証紙を配付し旧円に貼付する方法がとられたところ，不要な者からこの証紙を買い取り，100円の限度額を超えて旧円に貼付した事件が通貨偽造罪で起訴された。最高裁は「通貨偽造罪は通貨発行権者の発行権を保障することによって通貨に対する社会の信用を確保しようとするにあるのであるから作成者が通貨発行の権限を有たない者である限り」その作成行為は通貨偽造罪にあたるとした (前掲最判昭和22・12・17)。これに対して，学説では，この場合の違法に作成された新円は合法に作成されたものと区別しえず，したがって，結局有効として通用させざるをえないから，通貨の真正に対する信用は害されておらず，本罪の成立を認めるのは不当であるという批判が有力である (平野256頁，中森206頁注3)。たしかに，この場合には，違法に作成された新円を無効とすることはできず，また，本来国が予定していた通貨発行量の限度を超えてはいないのであるから通貨偽造罪の成立を認めたことは妥当でないというべきである。しかし，たとえば，材質・形態ともに真貨と同一の10万円記念硬貨を偽造し，これが流通している場合，日銀券と異なり，どの硬貨が無効かを特定することは不可能であろうから有効とせざるをえないであろう。しかし，この場合を不可罰とすることは妥当とはいえない。可罰性を認める

第1節　通貨偽造の罪　　2　通貨偽造罪　　*351*

とすれば，国の通貨発行権の侵害を根拠にするしかないように思われる。

2　通貨偽造罪

> 　行使の目的で，通用する貨幣，紙幣又は銀行券を偽造し，又は変造した者
> は，無期又は3年以上の懲役に処する（148条1項）。未遂を罰する（151条）。

1　客　　体

　本罪の客体は，「通用する貨幣，紙幣又は銀行券」である。「通用する」
とは事実上流通することではなく，強制通用力を有することを意味する。
貨幣，紙幣とは政府が発行する通貨，銀行券とは，政府の認許により特定
の銀行が発行する貨幣代用証券をいうが，現在のわが国では，政府の製
造・発行する貨幣（硬貨）と日本銀行の発行する銀行券（日銀券）のみが
通貨である（通貨の単位及び貨幣の発行等に関する法律（昭和62年法42号）2条・4条参
照）。

2　行　　為

　本罪の行為は行使目的での偽造または変造である。すべての者の国外犯
を罰する（2条4号）。「偽造」とは，権限のない者が通貨に似た外観のもの
を作成することをいう。カラーコピー等による作成がその典型例である。
一般人をして真正の通貨と誤認せしめる程度のものであることが必要であ
り（大判昭和2・1・28新聞2664号10頁，最判昭和25・2・18判例体系32巻596頁），その程
度に至らないものは「模造」として通貨及証券模造取締法（明治28年法28号）
の対象となるにすぎない。変造とは，権限のない者が真正な通貨に加工し
て通貨に似た外観のものを作成することをいう。たとえば，千円札2枚の
表裏を剥がして切断・加工して4つ折または8つ折にしたような外観のも
の6個を作成する行為（最判昭和50・6・13刑集29巻6号375頁）がその例である。
偽造と変造は，いずれにせよ本条項により処罰されるのであるから，両者
の区別は重要ではない。

3　目　　的

　本罪は，「行使の目的」で行われることが必要である（目的犯）。行使と
は偽造通貨を真正なものとして流通に置くことをいう。行使の目的がある
ことによってはじめて，通貨の真正に対する公共の信用を害する危険を生

352　第3編　社会的法益に対する罪　　第2章　取引の安全に対する罪

じる。その意味で，この目的は主観的違法要素である。したがって，たとえば，演劇の小道具として使用する目的である場合などは本罪にあたらない。この目的が欠如する偽造行為は模造として処罰されうるにすぎない。

3　偽造通貨行使罪

> 偽造又は変造の貨幣，紙幣又は銀行券を行使し，又は行使の目的で人に交付し，若しくは輸入した者も，前項〔148条1項〕と同様とする（148条2項）。未遂を罰する（151条）。

1　客　　体

　本罪の客体は，偽造または変造された貨幣，紙幣または銀行券（これらを総称して偽貨という）である。行使の目的で偽造されたものである必要はなく，誰が作成したものかも問題とはならない。たとえば，他人が演劇の小道具として作成したものを真正な通貨として使用すれば本罪が成立する。

2　行　　為

　本罪の行為は，偽貨の行使，行使の目的による交付，輸入である。すべての者の国外犯を罰する（2条4号）。行使とは，偽貨を真正な通貨として流通に置くことをいう。売買代金や債務弁済に使用することなどのほか，贈与することも含む。自動販売機等に使用する行為も，いずれは流通することになるから本罪にあたる（東京高判昭和53・3・22刑月10巻3号217頁）。使用方法が適法であることは要件でないと解すべきであるから，賭博の賭金とするのも本罪にあたる（大判明治41・9・4刑録14輯755頁）。これに対して，いわゆる「見せ金」として示す行為や保管のために委託する行為は流通に置くものとはいえないから本罪を構成しない。

　つぎに，交付とは，偽貨であることを告げて，または，すでに偽貨であることを知っている相手に渡すことをいう。有償・無償を問わない。偽貨であることを知らない者に買い物を頼んで偽貨を渡す行為については，交付とする見解（大判明治43・3・10刑録16輯402頁，平野258頁）もあるが，自動販売機の場合と同様に行使にあたると解すべきであろう（団藤252頁，大塚416頁，中森209頁注7，山口425頁）。輸入とは，領海・領空内に搬入すれば足りるとする見解（植松136頁，大塚416頁）もあるが，薬物等の密輸入と同様（最判昭和58・

第1節　通貨偽造の罪　　4　外国通貨偽造罪・偽造外国通貨行使罪　　*353*

9・29刑集37巻7号1110頁参照），船の場合は陸揚げ，航空機の場合は着陸した
ことが必要と解すべきである。

3　罪数・他罪との関係

通貨を偽造・変造した者が本罪を犯せば牽連犯となる。偽貨によって品
物を購入するような場合は，本罪のほかに詐欺罪も成立しそうであるが，
詐欺罪は本罪に吸収されると解するのが通説・判例である（大判明治43・6・
30刑録16輯1314頁）。その理由は，後述するように，詐欺罪の成立を認めれば
収得後知情行使罪（152条）をとくに軽く処罰していることの趣旨が没却さ
れるからである。

4　外国通貨偽造罪・偽造外国通貨行使罪

> 　行使の目的で，日本国内に流通している外国の貨幣，紙幣又は銀行券を偽
> 造し，又は変造した者は，2年以上の有期懲役に処する（149条1項）。偽造又
> は変造の外国の貨幣，紙幣又は銀行券を行使し，又は行使の目的で人に交付
> し，若しくは輸入した者も，前項と同様とする（同条2項）。1項・2項とも
> 未遂を罰する（151条）。

1　客　　体

外国通貨偽造罪の客体は，「日本国内に流通している外国の貨幣，紙幣
又は銀行券」である。「日本国内」とは，日本の主権の及ぶ範囲内をいう。
判例は，日米安保条約に基づき日本に駐留する米軍施設内で流通していた
ドル表示軍票も本罪の客体にあたるとしている。[1]「流通している」とは，
強制通用力をもつという意味ではなく，事実上流通しているという意味で
ある。その他の点については，通貨偽造罪の項参照。

偽造外国通貨行使罪の客体は，「偽造又は変造の外国の貨幣，紙幣又は
銀行券」である。明文はないが，この場合も「日本国内に流通している」
外国通貨の偽貨であるべきことは当然である（大塚418頁）。

2　行　　為

外国通貨偽造罪・偽造外国通貨行使罪の行為については，通貨偽造罪・
偽造通貨行使罪について述べたところ参照。

1）　最決昭和28・5・25刑集7巻5号1128頁。これに反対の見解として，平川431頁。

354　第3編　社会的法益に対する罪　第2章　取引の安全に対する罪

5　偽造通貨収得罪

> 行使の目的で，偽造又は変造の貨幣，紙幣又は銀行券を収得した者は，3年以下の懲役に処する（150条）。未遂を罰する（151条）。

　本罪の客体は，偽造または変造された貨幣，紙幣または銀行券である。明文はないが，前二条を受けた規定であるから，「貨幣，紙幣又は銀行券」とは，日本の通貨のみでなく日本国内で流通している外国通貨をも含むと解するのが通説である。ただし，行使の目的で偽造されたものであることを要しない。行為は，行使の目的で，偽貨であることを知りつつ収得することである。「収得」とは，偽貨を自己に取得する一切の行為をいう。有償・無償を問わず，買い受け，交付を受けること，拾得，窃取，詐取などがこれにあたる。本罪は行使の前段階の行為であるから横領も含むと解してよいであろう（中森210頁）。収得後に行使した場合には行使罪が成立し，本罪と牽連犯になる。

6　収得後知情行使罪

> 貨幣，紙幣又は銀行券を収得した後に，それが偽造又は変造のものであることを知って，これを行使し，又は行使の目的で人に交付した者は，その額面価格の3倍以下の罰金又は科料に処する。ただし，2000円以下にすることはできない（152条）。

　本罪は，偽貨を収得した後にはじめて，それが偽貨であることを知り，それにもかかわらず，これを行使し，または，行使の目的で人に交付する行為をきわめて軽い法定刑で処罰するものである。その理由は，偽貨の取得によって生じた損害を他人に転嫁する行為は類型的に適法行為の期待可能性が低いと解されたことによる。したがって，本罪が成立する場合，詐欺罪の成立は排除される（通説）。このような立法趣旨に照らせば，本罪にいう収得とは適法な場合にかぎり，窃取や詐取等の違法な場合を除くと解すべきであろう（通説）。行使の目的による「交付」の意義は，偽造通貨行使罪（148条2項）にいう交付と同じである。偽貨であることを知って交付を

受ける行為は，偽造通貨収得罪（150条）を構成し，さらに行使すれば通常の行使罪が成立することになる。この場合には期待可能性の低下が認められないからである。

本罪の主体は，偽貨を収得した後にはじめて，それが偽貨であることを知った者に限られるから身分犯というべきであろう。そして，この身分は責任を減少させるものであるから，65条2項の身分である（西田・共犯と身分245頁以下参照）。だとすれば，収得後知情者に行使することを教唆した者には，65条2項により，通常の偽造通貨行使罪の共犯が成立すると解すべきであろう。

「その額面価格の3倍以下の罰金」とは，収得した偽貨が偽1万円札であった場合には，3万円以下の罰金を意味することになる。

7　通貨偽造準備罪

> 貨幣，紙幣又は銀行券の偽造又は変造の用に供する目的で，器械又は原料を準備した者は，3月以上5年以下の懲役に処する（153条）。

本罪は，通貨偽造・変造罪の予備行為の中で，器械または原料を準備する行為のみを処罰するものである。自らの偽造行為の準備行為である場合（自己予備行為）のほか，他人の偽造行為を幇助するための準備行為である場合（他人予備行為）を含むと解すべきである（大判昭和7・11・24刑集11巻1720頁，団藤255頁，大塚420頁，大谷434頁，中森208頁，井田423頁）。本罪は予備罪の一種であるから，故意のほかに「偽造又は変造の用に供する目的」が必要である。このほかに，準備行為をする者自身に「行使の目的」が必要であるかが問題となる。自己予備行為であれば当然に必要となるが，他人予備行為の場合であっても，行使の目的は主観的違法要素であるから，正犯者に行使の目的があることを認識していれば足りるというべきである。

本罪における準備行為自体を幇助する行為，たとえば器械や原料の購入代金を提供する行為が62条により本罪の幇助犯として可罰的であるかについては争いがある。通説・判例は幇助犯の成立を肯定するが（大判昭和4・2・19刑集8巻84頁），予備罪の共犯や幇助の幇助を否定する見地から幇助犯の成立を否定する見解（大塚422頁，中山424頁）のほか，本罪が独立予備罪で

あることを根拠に限定的に肯定する見解（団藤256頁，福田88頁）もある。否定説は，共犯規定（60条〜62条）にいう「実行」や「正犯」という文言の意義を基本的構成要件に該当する行為に限定し，共犯行為や予備行為を含まないとする見解の帰結である。しかし，共犯行為や予備行為も，それ自体，修正された構成要件に該当する行為であって，共犯規定の解釈に関しては実行行為といいうるのであるから，これを幇助する行為は当然に幇助犯たりうるというべきであろう（詳細は，西田典之「実行および正犯の概念と共犯成立の限界」香川達夫博士古稀祝賀・刑事法学の課題と展望341頁以下〔1996〕参照）。

第2節　有価証券偽造の罪

1　総　　説

　刑法典第18章「有価証券偽造の罪」は，有価証券の偽造，変造，虚偽記入等を処罰する。その保護法益は，有価証券の真正に対する公共の信用である。有価証券も権利・義務に関する文書の一種であるから，刑法典は本章の罪を文書偽造罪（第17章）の後に規定している。しかし，有価証券は，その機能からいって通貨に準ずるものであるし，その意味で，刑法典も通貨偽造と同様に偽造有価証券の行使の目的による交付，輸入まで処罰しているのである。このような観点から，本書では，通貨偽造罪のつぎに有価証券偽造の罪を説明することにする。

2　有価証券偽造・虚偽記入罪

> 　行使の目的で，公債証書，官庁の証券，会社の株券その他の有価証券を偽造し，又は変造した者は，3月以上10年以下の懲役に処する（162条1項）。行使の目的で，有価証券に虚偽の記入をした者も，前項と同様とする（同条2項）。

1　客　　体

　本罪の客体は有価証券である。公債証書（たとえば，国債証書），官庁の証券（たとえば，財務省証券），会社の株券は，その例示である。有価証券とは，商法・金融商品取引法的な意味では，権利の発生，移転，行使の全部について証券が必要なもの（完全有価証券）をいうであろうが，本罪にいう有価証券の意義は，これより広く，判例によれば，財産権を表章した証券であって，その権利の行使または移転にその証券の占有を必要とするものと解されている（大判明治42・3・16刑録15輯261頁〔530〕，最判昭和34・12・4刑集13巻12号3127頁）。それゆえ，本罪にいう有価証券に該当するものとしては，設権証券・呈示証券である約束手形，小切手はもちろん，権利の移転，行使について証券が必要となる貨物引換証（大判大正10・2・2刑録27輯722頁），船荷

358　第3編　社会的法益に対する罪　　第2章　取引の安全に対する罪

証券等，権利の行使に証券が必要となる乗車券（最判昭和25・9・5刑集4巻9号1620頁），定期券（最判昭和32・7・25刑集11巻7号2037頁〔531〕），商品券，宝くじ（最決昭和33・1・16刑集12巻1号25頁），競輪の車券（名古屋高判昭和27・12・22判特30号23頁），競馬の馬券（東京高判昭和34・11・28高刑12巻10号974頁）などがある。このほか，ビール券やタクシーのチケットなども有価証券にあたるといえよう。さらに，判例によれば，磁気情報部分と一体になったテレホンカードのようなプリペイドカードも有価証券にあたるとされているが（最決平成3・4・5刑集45巻4号171頁），この点については後述 **4** 参照。以上に対して，預金通帳や貯金通帳（大判昭和6・3・11刑集10巻75頁），無記名定期預金証書（最決昭和31・12・27刑集10巻12号1798頁）は証拠証券であって権利を化体するものではないから有価証券にはあたらない。また，下足札，手荷物預り証も免責証券にすぎないから同様に有価証券にはあたらない。ゴルフクラブの入会保証金預託証書については，下級審の判断が分かれていたが（否定例として，東京高判昭和53・2・16高刑31巻1号22頁，肯定例として，東京地判昭和53・3・28判時911号166頁），最高裁は，収賄罪における没収・追徴との関係でではあるが，ゴルフクラブ会員権を表章したものとはいえないとして，有価証券性を否定している（最決昭和55・12・22刑集34巻7号747頁〔622〕）。また，印紙や郵便切手は，金券であって私法上の権利を化体したものではないから有価証券にはあたらない。これらについては，印紙犯罪処罰法1条，郵便法84条・85条参照。

2　行　　為

本罪の行為は，有価証券の偽造，変造，虚偽記入である。

まず，偽造とは，作成権限のない者が他人名義または虚無人名義の有価証券を作成することをいう。一般人をして真正の有価証券であると誤信させるに足る外観を備えることが必要であるが，法律の定める要件を完備していることを要しない[1]。つぎに，変造とは，権限のない者が真正に成立した有価証券に改ざんを加えることをいう。たとえば，小切手の金額を改ざんするような場合（最判昭和36・9・26刑集15巻8号1525頁）である。最後に，虚

---

1)　たとえば，振出地の記載のない約束手形でもよい。東京高判昭和58・5・26東時34巻4=5=6号18頁。

偽記入の意義については，判例と学説とが対立している。判例によれば，虚偽記入とは，基本的証券行為についての無形偽造（権限ある者が内容虚偽の証券を作成すること），たとえば，現実には物の引渡しがないのに貨物引換証を発行する行為（大判大正15・9・18刑集5巻413頁）のほか，付随的証券行為については，無形偽造のほか有形偽造（権限のない者による行為），たとえば，手形・小切手に裏書，保証の記入をすることを含むと解されている（大判大正2・6・12刑録19輯705頁）。これに対して，学説では，基本的証券行為であれ付随的証券行為であれ，無形偽造のみが虚偽記入であり，有形偽造は付随的証券行為であっても本条1項の偽造にあたると解するのが通説である。もっとも，結局は本条の罪が成立するのであるから，この区別は重要ではない。なお，本罪の成立には行使の目的が必要であるが，行使の意義については，偽造有価証券行使罪の項参照。

3　権限の逸脱と濫用

　法人または人の代表者または代理人による有価証券の作成の場合で，その作成権限に一定の目的，限度，方式等の制限があるときに，この制限に違反してなされた作成行為につき本罪の成否が問題となる。

　判例は，代表取締役のような包括的権限者による小切手，手形の作成の場合でも，それが贈賄目的の場合（大判明治45・7・4刑録18輯1009頁〔418〕）や自己または第三者の利益を図る目的の場合（大判大正3・12・17刑録20輯2426頁）には本罪が成立すると解していた。しかし，大審院は，その後判例を変更し，銀行支配人が自己の利益のために銀行名義の小切手を振り出した事例において，客観的に権限内の行為であれば本罪は成立しないとしたのである（大連判大正11・10・20刑集1巻558頁〔510〕）。他方，有価証券作成の一般的権限を有せず，権限者の承諾した範囲内で機械的補助者として有価証券を作成しうるにすぎない者（たとえば，経理係員）などが，その範囲外で有価証券を作成した場合は本罪の成立が認められている（大判大正11・12・6刑集1巻736頁，大判昭和18・3・31新聞4837号10頁）。したがって，判例は，作成権限の濫用か逸脱かで本罪の成否を決定しているといえよう。ただ，問題となるのは，包括的権限者であっても，その権限に内部的制限があるときである。最高裁は，漁業共同組合の参事で約束手形の発行事務を担当していた者が，融通手形の発行については専務理事甲の決裁が要件とされていたのに，決

裁を受けずに融通手形を作成したという事案に関し，融通手形については「作成権限はすべて専務理事甲に属するものとされ，被告人は単なる起案者，補佐役として右手形作成に関与していたにすぎない」から，「単に同人の手形作成権限の行使方法について内部的制約があったというにとどまるものではなく，実質的には同人に右手形の作成権限そのものがなかったものとみるべきである」として本罪の成立を肯定している（最決昭和43・6・25刑集22巻6号490頁〔512〕）。これに対して，このような場合には，会社法11条3項の準用（水産業協同組合法45条3項参照）により，代理権に加えた制限は善意の第三者に対抗できないから，これによって手形等が私法上有効になる場合には本罪の成立を認める必要はないという見解もありえよう。しかし，外観理論または善意者保護の規定は，取引の安全を保護するための規定とはいえ個別的救済を図るものにすぎず，多くの場合は，有価証券の受領者に善意（場合によりさらに無過失）の立証責任を負わせるものである。その限りにおいて，この場合にも有価証券に対する公共の信用は，やはり害されているといわざるをえないように思われる。事実，判例は，株式会社の取締役が退任後その登記前に取締役名義で約束手形を振り出した行為につき本罪の成立を認めているのである（大判大正15・2・24刑集5巻56頁〔511〕）。このように考えれば，私法上の相対的有効性によって本罪の成否が左右されるべきではないというべきであろう。したがって，本罪の成否は，実質的にみて有価証券の作成権限の有無によって決定され，内部的制約が権限を否定する趣旨の場合には本罪が成立し，単に権限の行使方法についての手続的制約にすぎない場合は本罪は成立しないと解すべきであろう（藤木英雄・旧注釈(4)198頁，岡田雄一・大コンメ8巻270頁，鬼塚賢太郎・最判解刑昭和43年度203頁参照）。さらに，経理部長のように，包括的権限者ではないが，一定限度で小切手等の振出し権限を与えられている場合も問題となるが，事務処理手続において小切手等の振出しに必要な印鑑等のすべてを保管し，上司の決裁を受けることなく振り出すことが認められている場合には，たとえ上限

---

2) 町野312頁はこの趣旨とも解しうる。
3) 商法9条・会社法908条によれば，退任の事実を善意の第三者に対抗しえず手形は会社が責任を負う。その趣旨の判例として，最判昭和35・4・14民集14巻5号833頁。

の金額が決められていたとしても作成権限を肯定すべきであろう。[4]

4 テレホンカードの偽造・変造

(1) **問題点**　テレホンカード（以下，テレカと略称する）の裏面に印磁された磁気情報部分（電磁的記録）を改ざんし，たとえば，50度数のテレカを500度数に変造した場合いかなる犯罪が成立するであろうか。電磁的記録が刑法上の文書にあたらないということを前提とした昭和62年の改正によれば，磁気情報部分の改ざんは，161条の2第1項（私電磁的記録不正作出罪）に，変造テレカを公衆電話機に使用する行為は，同条3項（供用罪）にあたると同時に，246条の2後段の電子計算機使用詐欺罪として処罰されることに異論はないであろう。しかし，最初に問題となった変造テレカの事件は，磁気情報部分の通話可能度数を改ざんした変造テレカを，変造である旨を告げて金券屋に売り渡したというものであった。161条の2第3項には交付罪は規定されていない。この行為を処罰するには，163条1項の変造有価証券交付罪を適用するしかなかったのである。そして，東京地裁はこの結論を肯定した（東京地判平成元・8・8判時1319号158頁）。ここから，テレカの変造・偽造が有価証券偽造・変造罪にあたるかという問題の議論が始まったのである。

(2) **判例と学説**　当初の下級審判例には，昭和62年の改正の経緯から考えれば，テレカのような電磁的記録は有価証券（文書）とはいえないという理由で本罪の成立を否定したもの（千葉地判平成元・11・2判時1332号150頁）もあったが，最高裁は本罪の成立を肯定した。すなわち，有価証券を「財産上の権利が証券に表示され，その表示された財産上の権利の行使につきその証券の占有を必要とするものをいう」と定義した上で，「テレホンカードの右の磁気情報部分並びにその券面上の記載及び外観を一体としてみれば，電話の役務の提供を受ける財産上の権利がその証券上に表示されていると認められ，かつ，これをカード式公衆電話機に挿入することにより使用するものであるから，テレホンカードは，有価証券に当たると解するのが相当である」とし，昭和62年改正もこの解釈を妨げるものではないと

4）　藤木・経済取引278頁，金額に制限がない場合の総務部長につき本罪の成立を否定したものとして，広島高判昭和56・6・15判時1009号140頁。

362　第3編　社会的法益に対する罪　第2章　取引の安全に対する罪

したのである。なお，本決定には補足意見が付されているが，その内容は券面上にテレカであることの記載が全くないホワイトカードを問題とし，法廷意見によってもホワイトカードについては有価証券偽造・変造を肯定しえないが，その利用可能性においては通常のテレカと異ならないのに，これを不可罰とするのは均衡を失するので，テレカ等のプリペイドカードについて総合的見地から立法的解決を図ることが望ましいというものであった（最決平成3・4・5刑集45巻4号171頁）。これに対して，学説は3つに分かれた。第一は，有価証券とは財産権を化体したものであればよく，電磁的記録も当然に有価証券たりうるのであるからテレカは当然に有価証券であり，ホワイトカードでもよいとする見解[5]（無限定説），第二は，有価証券は可視的文書である必要性はないが，磁気情報部分のみではなくテレカの券面上の記載（テレカであること，および，使用可能度数）とが一体となって有価証券を構成するとし，電話機に対する使用も行使の目的にあたるが，ホワイトカードは有価証券にあたらないとする見解[6]（一体説），第三は，有価証券が文書であることは当然の前提であり，通常の文書について昭和62年改正で電磁的記録が文書でないとされた以上，磁気情報を含むテレカも有価証券にはあたらないとする見解[7]（非文書説）である。前掲最高裁決定は，第二説を基本としつつ第一説の論理を加味したものといってよい。

(3)　**検討**　　無限定説は，一貫して有価証券の可読性を要求せず，人が変造テレカを真正なものと誤信する可能性すら要求しないから，ホワイトカードを作っても本罪が成立しうるとする点にある。しかし，問題は，それが文書犯罪の一種とされる本罪の保護法益の枠を逸脱していないかという点である。文書犯罪とは，偽変造の文書が流通することにより，文書に対する社会的信用が害され流通が停滞することによって制度の維持が困難になることを予定するものである。しかし，テレカの場合は，そのようなプロセスでプリペイドカード制度を侵害するものではなく，変造テレカが使用されることにより端的にNTTが財産的損害を受けることによって，

---

5)　古田佑紀「判批」研修495号41頁。

6)　大谷487頁，大塚426・427頁，岡野251頁以下。

7)　山口厚「判批」ジュリ951号52頁，西田典之「判批」研修537号3頁，団藤259頁，中森230頁注42，平川435頁。

制度を侵害するものなのである。このように考えると，無限定説は，NTT
の事務処理阻害というテレカ変造の実体を端的に捉えるものではあっても，
もはや，文書犯罪の一類型である有価証券偽変造罪の枠を超えた理論であ
るといわざるをえないように思われる。

　一体説は，前掲最高裁決定がそうであるように，ホワイトカードの場合
を除外することによって，テレカの変造をあくまでも文書犯罪の枠内に位
置づけようとしたものである。しかし，券面上の記載を有価証券の要件と
する以上，それは人間による認識可能性，すなわち，可視性，可読性を問
題とすることにほかならない。しかし，一体説をとりながら，行使の目的
の要件については，人による誤信の可能性を全く考慮しないのであれば，
反対に，有価証券性のところでは，何ゆえに有価証券としての外観が必要
であるのかが問われることになろう。

　以上のように考えれば，テレカの偽変造を本罪の中に取り込むことには
無理があり，その意味で非文書説が妥当であったと思われる。しかし，こ
の問題点は，後述のように，平成13年の刑法改正により支払用カード電磁
的記録に関する罪（刑法典第18章の2）が新設されたことにより立法的に解
決された。その結果，前掲最高裁決定は判例としての意義を失うに至った
のである（詳細は，後述365頁以下参照）。

3　偽造有価証券行使罪

> 　偽造若しくは変造の有価証券又は虚偽の記入がある有価証券を行使し，又
> は行使の目的で人に交付し，若しくは輸入した者は，3月以上10年以下の懲
> 役に処する（163条1項）。未遂を罰する（同条2項）。

　本罪の客体は偽造，変造，虚偽記入された有価証券であるが，自ら作成
したものであることを必要とせず，また，行使の目的で作成されたもので
あることも必要ではない。

　行使とは，偽造等の有価証券を真正な，または，内容真実の有価証券と
して使用することをいう。偽造通貨行使罪の場合と異なり，流通に置くこ
とを必要としないというのが判例である（大判明治44・3・31刑録17輯482頁）。
したがって，自己の管理する財産の浪費を隠蔽するため手形貸付を装い偽

造の手形を親族に呈示する行為（前掲大判明治44・3・31），手形割引を依頼するため偽造の為替手形を呈示する行為（大判昭和13・12・6刑集17巻907頁），自己の資産状態を誤信させるため見せ手形として使用する行為（大判昭和7・5・5刑集11巻578頁）なども行使にあたるとされている。その理由は「他人ノ閲覧ニ供スルニ於テハ公共ノ信用ヲ害スル危険ハ既ニ発生」する点に求められている（前掲大判昭和13・12・6）。通説もこのような判例の見解を是認しているが，偽造通貨ですら流通に置くことが必要ならば，偽造有価証券等はなおさら流通に置かれることが必要だと思われる。見せ手形等の行為は，それが詐欺罪の手段とされた場合には，詐欺罪の成立を認めれば足りるのではなかろうか。偽造・変造されたテレホンカードの場合の行使の目的については，前述24参照。交付および輸入の意義については，偽造通貨行使罪の項参照。

第３節　支払用カード電磁的記録に関する罪

1　総　　説

1　意　　義

　平成13年の刑法改正（法97号）により刑法典「第18章の２　支払用カード電磁的記録に関する罪」が新設され，163条の２から163条の５までが新たに設けられた。その内容は，電磁的記録を構成部分とするクレジットカードなどの支払用カードの不正作出・供用等，不正作出カードの所持，不正作出の準備などを処罰するものである。同時に２条が改正され，これらの犯罪については，すべての者の国外犯が処罰されることとなった。また，改正法の附則２項により関税定率法21条１項３号が改正され，不正作出された支払用カードが輸入禁制品とされたほか所要の改正が行われている（現行法では関税法69条の11第１項６号に規定されている）。

　なお，クレジットカードの電磁的記録ではなく，カードの表面に刻印されたカード番号や有効期限等の情報の保護については割賦販売法49条の２（117頁）参照。

2　立法の背景

　クレジットカードなどの電磁的記録を構成部分とする支払用カードは広く普及して対面的取引における支払決済手段として使用されているところ，近時，カードの磁気情報を機械的手段によりひそかに取得するスキミングといわれる行為が横行し，その情報を用いてカードを偽造し，この偽造カードを使用して商品を購入・換金する等の行為が頻発していた。偽造クレジットカードによる被害額は平成12年で約140億円といわれていた。クレジットカードの偽造自体には，刑法161条の２第１項の私電磁的記録不正作出罪によっても対処可能であるが，①法定刑が有価証券偽造罪に比べ低いこと，②交付罪や輸入罪がないこと，③カード情報の不正取得自体も処罰の必要があること，④比較法的にみれば偽造カードの所持自体も処罰する必要があることなどの理由から新たな立法が必要となったものである。

366 第 3 編 社会的法益に対する罪 第 2 章 取引の安全に対する罪

2 支払用カード電磁的記録不正作出・供用・譲り渡し等の罪

> 人の財産上の事務処理を誤らせる目的で，その事務処理の用に供する電磁的記録であって，クレジットカードその他の代金又は料金の支払用のカードを構成するものを不正に作った者は，10年以下の懲役又は100万円以下の罰金に処する。預貯金の引出用のカードを構成する電磁的記録を不正に作った者も，同様とする（163条の 2 第 1 項）。不正に作られた前項の電磁的記録を，同項の目的で，人の財産上の事務処理の用に供した者も，同項と同様とする（同条 2 項）。不正に作られた第 1 項の電磁的記録をその構成部分とするカードを，同項の目的で，譲り渡し，貸し渡し，又は輸入した者も，同項と同様とする（同条 3 項）。未遂を罰する（163条の 5）。

1 保護法益

立案当局の説明によれば，本罪の保護法益は，支払用カードを構成している電磁的記録の真正，ひいては，これらの支払用カードを用いた支払システムに対する社会的信頼であり，したがって，現行の通貨偽造の罪，有価証券偽造の罪と並ぶ偽造罪の一種として位置づけられている（長瀬敬昭「刑法の一部を改正する法律について」警論54巻 9 号107頁）。たしかに，不正に作出された偽造のクレジットカードを使用して商品等を詐取して換金するような場合には，クレジットカードの真正性に対する社会的信頼を損なうものとして偽造罪としての性格を有するといえよう。しかし，後述するように，本罪の客体にはプリペイドカードやデビットカードのように，対人的にではなく機械に対してのみ使用される支払用カードも含まれている。それゆえにこそ，真正なカードの外観を伴わないカード，たとえば，ホワイトカードに電磁的記録を貼付しただけのカードを不正に作出した場合にも本罪の成立が認められるのである。だとすれば，本罪の罪質も偽造罪と並んで，あるいは，それを超えて，電磁的記録を構成部分とする支払用カードによる支払決済システムの安全かつ円滑な運用であると解すべきであるように思われる。

2 客 体

(1) **支払用カードの意義** 本条 1 項前段にいう電磁的記録を構成部分とする「代金又は料金の支払用カード」には，例示されているクレジット

カード（後払い式）のほかプリペイドカード（前払い式）などの商品購入や
サービスの対価の支払決済を目的とするカードが含まれる。他方，1項後
段の「預貯金の引出用カード」とは，郵便貯金および各種金融機関の預金
の引出し・預入れ用のカード，すなわちキャッシュカードをいう。このよ
うにキャッシュカードが，後段に独立して規定された結果，いわゆるデビ
ット（即時振替決済）機能の付加されたキャッシュカードすなわちデビッ
トカードも支払用カードの一種ではあるが，その不正作出は前段ではなく
後段のキャッシュカードの不正作出に含まれることとなった。これに対し
て，貸金業者の発行するいわゆるローンカード，預貯金以外の金銭取引に
係るATMカードである生命保険カード（保険契約者がATM機において契約貸
付金の借入れ，積立配当金の引出しを行うカード），証券カード（証券総合口座の利
用者がATM機において出入金を行うカード）などは支払用カードには含まれな
い。立案担当者の解説によれば，各種スーパー，飲食店，電化製品量販店，
航空会社などの発行するポイントカードも支払用カードには含まれないと
されている。しかし，近時，ポイントカードの普及は著しく，現金決済の
一手段として利用される機会も規模も大きくなっている現状に鑑みれば，
本罪の客体にあたると解してもよいように思われる。

(2)　**プリペイドカード**　　本条1項前段の支払用カードには，各種のプ
リペイドカードも含まれる。カード式の電子マネーなどもこれに含まれる。
額面が低額で磁気情報のスキミングも考えられないプリペイドカードにつ
いては除外すべきとの見解もあったが，国民生活に広く普及している状況
に鑑み，本罪の客体に含めることとされた。

　プリペイドカードに関しては，テレホンカードの磁気情報部分の改ざん
に関し券面上の記載と磁気情報部分とが一体として刑法162条の有価証券
にあたるとし，磁気情報部分の残度数の改ざんが有価証券偽造罪にあたる
とした最高裁決定（最決平成3・4・5刑集45巻4号171頁）との関係が問題となる。
なぜなら，本罪の法定刑が「10年以下の懲役又は100万円以下の罰金」で
あるのに対し，有価証券偽造罪の法定刑は「3月以上10年以下の懲役」で

---

1)　長瀬・前掲108頁。なお，このようにキャッシュカードが後段に独立して規定されるに至
　った経緯については，西田典之「カード犯罪と刑法改正」ジュリ1209号11頁参照。

368 第3編 社会的法益に対する罪 第2章 取引の安全に対する罪

あることから，この判例が維持されるとすれば，不正作出されたテレホンカード等のプリペイドカードについては有価証券偽造罪が優先的に適用されるべきことになるからである。しかし，この判例は，本罪の新設によって修正されたと解するべきであろう。なぜなら，プリペイドカードは通常公衆電話機などの機械に対して使用されるものであり，そこで重要なのは機械の利用を可能にする電磁的記録であるところ，この電磁的記録部分の改ざん・不正作出については，今後は163条の2以下の規制対象となるからである（長瀬・前掲110頁）。このような解釈は，プリペイドカードの不正作出の個別の被害額が比較的低額であることを考慮して，本条の法定刑に罰金刑が規定されていることによっても補強されるであろう。したがって，今後は，ホワイトカードに磁気情報部分のみを貼付した場合も含めて，プリペイドカードの偽造には本条が適用されることになる。

なお，上記のように解した場合でも，①プリペイドカードの券面上の記載（図案，発行名義，ロゴマークなど）とともに裏面の電磁的記録部分を不正作出した場合，②券面上の記載は偽造したが，裏面にはなんらの電磁的記録も印磁されていないカードを不正に作った場合の処理が問題となるが，①については，本罪と私文書偽造罪（159条）または商標侵害罪（商標法78条）とが成立し両者は観念的競合となり，②については，私文書偽造罪または商標侵害罪のみが成立すると解すれば足りると思われる。

3 行　　為

(1) **目的犯**　本罪の行為は，支払用カード電磁的記録の不正作出（1項），不正電磁的記録カードの供用（2項），不正電磁的記録カードの譲り渡し，貸し渡し，輸入（3項）であるが，いずれも「人の財産上の事務処理を誤らせる目的」が必要である。その意味で，これらの犯罪は目的犯である。その実体は不正に作出された支払用カードを支払システムの中で機械に対して使用する目的という意味である。この目的は，本条3項の不正電磁的記録カードの譲り渡し，貸し渡し，輸入の罪および163条の3の不正電磁的記録カード所持罪についても必要とされるが，この場合は，自らが供用する目的を有しない場合でも，誰かが最終的に供用するであろうことを認識していれば，この目的の存在を肯定しうることは一般の偽造罪の場合と同様である。支払用カードとして供用する目的のみでなく，クレジッ

トカードやキャッシュカードのもつキャッシングの機能を利用する目的の場合もこの目的の中に含まれうる。これに対して，身分を証明する目的，友人に見せる目的等の場合は除外される。

(2) **不正作出**　不正作出とは，権限なくまたは権限を濫用して支払システムにおいて供用可能な支払用カードの電磁的記録を作出することをいう。文言上「電磁的記録であって，……支払用のカードを構成するもの」と規定されていることから，カードと一体となっている状態の電磁的記録のみを意味し，カードと一体になっている電磁的記録を不正に作出し支払システムにおいて供用可能な状態の完成品を作成したときに既遂となる。したがって，カードとは分離された状態で電磁的記録（たとえば，磁気情報部分）のみを不正に作出したが，いまだカードに貼付されていないような場合には，不正作出の未遂（163条の5）または準備（163条の4）にとどまる。

不正作出の客体はカードと一体になった電磁的記録であるから，本罪の場合には，有価証券偽造罪などと異なり，正規のカードとしての外観を備えている必要はなく，一見して偽造・変造とわかるようなものであっても，支払用カードとして供用可能なものを作成すれば本罪の既遂である。電磁的記録の内容は真実のもの，すなわち現実に供用可能なものでなければ意味がないから，最初から使用不可能なことが明らかなデタラメの電磁的記録を作出する行為は，「財産上の事務処理を誤らせる目的」が欠如するものとして本罪の既遂・未遂は成立しないことになろう。これに対して，真実の情報であったが，電磁的記録を作出する際，印磁するときに，その内容を一部誤ったため供用不可能なカードが作成されたような場合には本罪の未遂が成立することになろう。また，支払用カードの正当な所持人が，カードの紛失などに備えて複製を作成する場合などには目的が欠如すると解する余地があるが，他人に譲渡するような目的の場合には本罪が成立するといえよう。

不正作出の未遂は罰せられる（163条の5）。具体例としては，カードと一体になった電磁的記録部分にカード情報を印磁しようとしたが失敗したような場合である。

(3) **供用**　供用とは，不正に作出された支払用カードの電磁的記録を人の財産上の事務処理の用に供することをいう。具体的には，プリペイド

370 第3編 社会的法益に対する罪 第2章 取引の安全に対する罪

カードの電話機等に対する使用，クレジットカードの加盟店における
CAT（信用照会端末）に対する使用，キャッシュカード（デビットカード）の
ATM 機，デビットカード端末機に対する使用などがこれにあたる。本罪
の未遂も罰せられる。公衆電話機や ATM 機にカードを挿入しようとした
時点で検挙された場合などが未遂であり，挿入後，電磁的記録の内容が読
み取り可能となれば既遂である。

(4) **譲り渡し，貸し渡し，輸入** 本罪の客体は，不正に作出された電磁
的記録を構成部分とする支払用カードである。譲り渡し，貸し渡しとはカ
ードを引き渡す行為であり，譲り渡しとはカードの処分権限を相手方に移
転する行為，貸し渡しとはカードの使用のみを許可する行為をいう。偽造
通貨交付罪（148条2項），偽造有価証券交付罪（163条1項）にいう「交付」が
偽造であることの情を知った相手方に偽造通貨等の占有を移転する行為で
あるのに対し，本罪の成立には相手方の知情の有無を問わない。したがっ
て，真正な支払用カードとして相手方に譲り渡したり，貸し渡したりする
行為も含まれる。ここで貸し渡し行為まで規制の対象とされているのは，
不正作出の支払用カードを譲渡はせずに多数の者（買い子）を利用しカー
ドによる商品の購入などをさせる行為をも規制する必要があるからである。
　つぎに，輸入とは国外からわが国に不正作出のカードを搬入する行為を
いう。すでに述べたように，現行の関税法の規定する輸入禁制品の中に本
条1項の規定する不正作出電磁的記録支払用カードが追加されているから，
これを輸入する行為については，関税法109条1項の禁制品輸入罪（5年以
下の懲役もしくは3000万円以下の罰金またはこれらの併科）も成立しうる。この場
合の両罪の関係については観念的競合と解することになろう。ただし，本
罪や禁制品輸入罪が成立するには，不正に作出された支払用カードが完成
していることが要件となるから，未完成品を輸入する行為は本罪にあたら
ないことになる。その場合には，未完成品の状態にもよるが，商標侵害罪，
無許可輸入罪（関税法111条）や後に述べる163条の4第3項の不正作出準備
罪が成立することになろう。

　譲り渡し，貸し渡しの罪については，当然に予想される譲り受け，借り
受け行為が処罰の対象となっていない点が問題となる。覚せい剤取締法30
条の9・41条の4第1項4号においては覚せい剤の譲り渡しと譲り受けの

双方が可罰的な行為とされていることと対比すれば，譲り受け行為，借り受け行為は必要的共犯の理論によって不可罰とされることになろう。ただし，譲り受け行為，借り受け行為が支払用カードが不正に作出されたものであることを知って行われた場合には，その偽造カードを所持している以上，163条の3の不正電磁的記録カード所持罪が成立することになる。それは，偽造通貨の「交付」を受けた者が交付罪の共犯としては不可罰でも偽造通貨収得罪（150条）になるのと同様である。この場合に問題となるのは，情を知りつつ譲り渡しと譲り受けとの周旋・媒介を行った者の罪責である。譲り渡し，貸し渡した側の共犯であれば可罰的，譲り受け，借り受けた側の共犯であれば不可罰となるが，媒介の際に，いったん偽造カードを所持した場合には所持罪の正犯が成立し，所持していない場合にも，譲り受け，借り受けた側に所持罪が成立すれば，その共犯として可罰的と解することになろう。本罪についても未遂を罰する。

3　不正電磁的記録カード所持罪

前条〔163条の2〕第1項の目的で，同条第3項のカードを所持した者は，5年以下の懲役又は50万円以下の罰金に処する（163条の3）。

1　意　　義

本罪は，「人の財産上の事務処理を誤らせる目的」で「不正に作られた……電磁的記録をその構成部分とするカード」を所持する行為を規制するものである。刑法典の偽造罪においては，偽造通貨，偽造文書，不正作出電磁的記録の所持を処罰する規定はないことからみれば，本罪は支払用カード電磁的記録不正作出罪に特有の規定である。その立法理由は，①偽造の支払用カードについては，反復使用が可能であるため，その所持による法益侵害の危険性がとくに高いこと，②不正に作出された支払用カードは，その内容・外観ともに真正なカードと同一であるため，機械に対する使用の段階では，発見・検挙が困難であることに求められている。③このほか，諸外国の支払用カード偽造に関する立法例が，いずれも所持罪に対し厳しい法定刑で臨んでいることも理由の1つに挙げられよう。

2 行 為

「人の財産上の事務処理を誤らせる目的」とは，供用目的ということである。自ら供用する場合のみでなく，他人が供用するであろうことを認識していれば足りる。不正作出のカードはいわば完成品であることが必要であるから，未完成のものを所持していても本罪は成立せず，163条の4第3項の準備罪が成立しうるにとどまる。所持の意義については，薬物犯罪における所持の概念が妥当するであろうから，「不正作出された支払用カードを保管する実力支配関係」をいうと解することとなろう。薬物犯罪におけると同様に，所持罪の共犯は共謀共同正犯も含めて認められることになろう。なお，不正使用されたクレジットカード4枚中の3枚について使用停止措置がとられていた場合でも，使用停止措置が解除されれば当該カードを使用することも可能であった場合には，不正使用目的による所持罪の成立を認めてよいであろう（広島高判平成18・10・31高刑速（平18）279頁）。

4 支払用カード電磁的記録不正作出準備罪

> 第163条の2第1項の犯罪行為の用に供する目的で，同項の電磁的記録の情報を取得した者は，3年以下の懲役又は50万円以下の罰金に処する。情を知って，その情報を提供した者も，同様とする（163条の4第1項）。不正に取得された第163条の2第1項の電磁的記録の情報を，前項の目的で保管した者も，同項と同様とする（同条2項）。第1項の目的で，器械又は原料を準備した者も，同項と同様とする（同条3項）。本条第1項の未遂は罰する（163条の5）。

1 意 義

本罪は，支払用カードの不正作出に不可欠の予備的な行為としてのカード情報の取得とカード作成のための器械または原料の準備行為を規制するものである。本条1項・2項は，カード情報の取得，提供，保管を処罰するが，これは，カード情報の取得から電磁的記録の不正作出までの間に多数の関与者がいるという現実を考慮して，各段階での不正行為について的確に対処しようとするものである。

2 客　　体

本条にいう「電磁的記録の情報」とは，包括的なカード情報を意味し，真正なカードの情報と同一のものであって，それをカードライターなどで印磁すればただちに供用可能なカードが不正作出可能なものをいう。したがって，カード表面のエンボス情報などカード情報の一部分のみでは，本条にいう「情報」には含まれない。客体である「情報」の意義がこのように限定されることから，情報の取得や保管の意義もおのずから限定されることになる。

3 行　　為

本条の行為は，カード情報の取得，提供，保管と器械・原料の準備である。取得の典型例は，いわゆるスキミング行為であり，加盟店の CAT（信用照会端末）やデビットカード端末機にカード情報をそっくり読み取り・蓄積する器械（スキマー）を設置して情報を取得する行為であるが，このようにして取得された情報の提供を受ける行為も取得である。スキマーの設置により情報を取得したり，取得した情報を提供する行為については，スキマーに蓄積された情報の回収前に検挙される場合もあるため，本条1項の罪については，その未遂まで処罰されることとされている（163条の5）。本条2項にいう保管とはすでに述べたような「カード情報」の保管である。その形態は，スキマーの中にデジタル情報として保管したり，USB メモリーなどに移し変えて保管することが多いであろうが，数字情報として紙媒体に記録して保管する場合もありえよう。本条3項のカード偽造の目的で器械・原料を準備する行為については，153条の通貨偽造準備罪の解釈を参考とすれば，ここでいう器械とは，支払用カードの不正作出にとって必要な一切の器械をいい，スキマー，カードライター，エンボス機器，ロゴマークの印刷機などが含まれよう[2]。原料としては，生カード，未完成のカード，印刷用の材料などが含まれるであろう。本条についても国外犯が処罰されるから，国外において未完成のカードを作成し日本国内に搬入する行為については，すでに述べたように，163条の2第3項の輸入罪は成立しないが，本条3項の罪として可罰的である。

2）　ただし，長瀬・前掲116頁は，スキミングのための機械・装置の販売・購入は準備罪の準備行為であるため本罪にはあたらないとする。

5 罪 数

　本章の罪は，準備罪，不正作出罪，所持罪，供用罪という順序で行われるのが通常であるが，その罪数関係はつぎのようになると思われる。まず，163条の4の不正作出準備罪の情報の不正取得と保管，提供はそれぞれ牽連犯となる。つぎに，準備罪から不正作出に至った場合は，準備罪は不正作出に吸収されて163条の2第1項の不正作出罪のみが成立すると解すべきであろう。第3に，不正作出罪，所持罪，供用罪とは牽連犯の関係に立つ。また，供用罪とその結果の詐欺罪も牽連犯の関係になる。この場合，たとえば，10枚の支払用カードを不正作出し，所持し，供用し，10個の店舗から商品を詐取した場合，10個の不正作出と詐欺罪が成立しうるが，所持は包括一罪となり，所持と供用，詐欺は牽連犯であるから，いわゆるかすがい現象により，所持と10個の詐欺罪とは牽連犯として科刑上一罪として処断されることになろう。

第4節　文書偽造の罪

　刑法典第17章「文書偽造の罪」は，公文書および私文書に対する公共の信用を保護するため，詔書偽造罪 (154条)，公文書偽造罪 (155条)，虚偽公文書作成罪 (156条)，公正証書原本不実記載罪 (157条)，偽造公文書行使罪 (158条)，私文書偽造罪 (159条)，虚偽診断書作成罪 (160条)，偽造私文書行使罪 (161条)，電磁的記録不正作出・供用罪 (161条の2) を規定している。刑法は，公文書と私文書では，公文書の証明力や社会的信用がより高いことから，その偽造と虚偽作成の双方を処罰しているが，私文書については偽造の処罰を原則とし，虚偽作成は例外的に処罰するにすぎない。また，偽造の場合も，作成名義人の印章・署名のある場合の方が社会的信用がより高いことから，有印の偽造を無印の偽造より重く処罰している。さらに，公証事務や民間の事務処理が大幅にコンピュータ化されたことに伴い電磁的記録の証明機能を刑法的に保護することが必要となったため，昭和62 (1987) 年の改正により161条の2が新設されるとともに，157条・158条にも対応する改正がなされている。

1　総　　説

1　保護法益

　文書偽造の罪の保護法益は文書に対する公共の信用といわれる。その具体的な内容は，つぎのとおりである。文書はわれわれの日常的な社会生活において，権利・義務の関係や一定の事実を証明する手段として重要な役割を果たしている。たとえば，各種の契約書，出生証明書，卒業証明書，納税証明書，印鑑証明書など各種の証明書，請求書，領収書などがその例である。これらの文書は，名義人の意思表示の内容が固定化されていることによって高い証明力をもち，その結果，証拠価値を有するのである (川端526頁，同・文書偽造罪の理論 (新版) 6頁〔1999〕)。われわれは，これらの文書を真実なものとして信用し，これを基礎として新たな権利・義務関係，身分関係を形成してゆく。その際，文書の内容が真実であるか否かをいちいち調査する必要があるとすれば，社会生活は停滞してしまうであろう。そこ

376 第3編 社会的法益に対する罪 第2章 取引の安全に対する罪

では，文書の作成名義人が当該文書を作成したという事実すなわち文書の成立における真正性が担保されていれば，その文書の内容も真実であると信用されて社会に流通しているのである。もちろん，文書の中には内容虚偽のものも存在するであろう。しかし，その場合でも，最低限，文書の作成主体すなわち名義人に偽りがなければ，名義人に対して法的責任を追及することが可能である。したがって，文書の作成名義を偽ること，すなわち，文書作成の責任の所在をわからなくすることは，とくに刑法によって禁圧される必要があるのである。その意味で，文書偽造の罪の保護法益は，文書のもつ証拠としての機能であり，その機能は内容虚偽の文書によっても害されるが，より本質的には，文書の責任明示機能を害することによって侵害されるのである。[1]

2 文書の意義

(1) **可読性** 文書とは，文字その他の可視的・可読的符号により，一定期間永続する状態で，ある物体の上に意思または観念を表示したものをいう（大判明治43・9・30刑録16輯1572頁〔480〕）。したがって，点字，速記記号，バーコードなどによる表示も文書といえる。また，入札用陶器への記載（前掲大判明治43・9・30）黒板のチョークによる記載（最判昭和38・12・24刑集17巻12号2485頁〔432〕。ただし，公用文書毀棄について）も文書である。これに対して，音声テープ，ビデオテープ，電磁的記録などは文書にあたらない。電磁的記録については，すでに述べたように昭和62年に立法的な手当てがなされた。他方，文書といいうるためには，一定の意味を有することが必要であるから，単なる番号札などは文書ではない。ただし，郵便局の日付印のようなものは，簡略化されていても一定の意味を有するから文書（省略文書）である（反対説については407頁以下参照）。ホテルの刻印のあるクロークの番号札なども同様であろう。また，郵便送達報告書へ本人を装った者による受領者としての押印（最決平成16・11・30刑集58巻8号1005頁〔228〕），他人名義のクレジットカードを不正利用した者による売上票への他人名義の自署

---

1) 川端535頁，中森216頁，平川441頁，山口429頁，松原444頁，今井猛嘉「文書概念の解釈を巡る近時の動向について」松尾浩也先生古稀祝賀論文集(上)461頁（1998）。詳細は，同「文書偽造罪の一考察(3)(4)(6・完)」法協114巻7号72頁以下・116巻6号88頁以下・8号160頁以下参照。

（名古屋高判平成19・10・4判タ1270号440頁）も私文書偽造であって，単なる署名偽造（167条1項）に止まるものではない。

(2) **社会的重要性**　すでに述べたように，文書偽造の罪は，社会生活において文書がもつ証拠としての機能を保護するものであるから，文書といえるためには，そこに表示された意思や観念が社会生活における重要な事実についての証拠となるものでなければならない（最決昭和33・9・16刑集12巻13号3031頁〔527〕）。私文書偽造罪が，その客体を「権利，義務若しくは事実証明に関する文書」に限定しているのはそのためである。学術論文や小説は，この意味で刑法上は文書にあたらないのである。公文書については，このような文言はないが，同様の限定が必要と解すべきである。

(3) **名義人の存在**　文書の証拠としての価値は，最低限，その作成名義人に表示された意思や観念の内容についての責任を追及できるというところにある。それゆえ，責任主体である名義人の表示がない文書あるいは名義人を特定できない文書は信用性の度合いも低く刑法的保護に値しないから偽造罪にいう文書にはあたらない。しかし，名義人の直接的記載はなくても，文書の内容，形式，筆跡，付属物から名義人を特定しうる場合は文書性を肯定してよいであろう。

名義人は自然人，法人，法人格なき社団のいずれでもよい。また，名義人は実在することを要しない。たしかに，勝手に名義を使われた場合（これを作成名義の冒用という），なんらかの被害を被るのは実在者に限られるであろう。しかし，このような冒用された名義人の利益の保護は，業務妨害罪（233条）や背任罪（247条）の問題である。文書偽造罪は，名義人が存在し文書の内容について責任を負うことについての一般人の信頼を保護するのである。それゆえ，架空人名義であっても，一般的に人が実在すると誤信するのであれば文書偽造罪として処罰してよいのである。判例も，当初は名義人の実在を必要としていたが（大判明治45・2・1刑録18輯75頁〔484〕），現在

2）　甲町会議員代表という名義で虚偽の事実を記載した葉書を出した事例につき，大判昭和3・7・14刑集7巻490頁〔482〕。

3）　甲酒造株式会社という社名のある焼酎びんに虚偽のアルコール含有量証明書を貼付した事例につき，大判昭和7・5・23刑集11巻665頁〔483〕。大谷439頁は，文書それ自体から判別できることが必要とする。

378 第3編 社会的法益に対する罪 第2章 取引の安全に対する罪

では架空人でもよいとしている。[4]

(4) **原本性** 文書は，名義人が直接的に，その意思または観念を表示し，または，表示させたものでなければならない。したがって，文書の写しは，そのような文書が存在するという観念を表示したものではあるが，原本と相違ない旨の認証文言と署名または押印がないかぎり，名義人が存在しないから文書にはあたらないのである。このことは，真正に成立した文書の一部を改ざんした上で，その写真コピーを作成した場合でも同様である。判例は，この場合について，写真コピーは，その内容，筆跡，形状において原本と全く同じく正確に再現されているという外観をもつため，それと同一の原本が存在することについて強力な証明力をもちうることを理由に，「原本作成名義人の印章，署名のある文書として公文書偽造罪の客体たりうる」としており（最判昭和51・4・30刑集30巻3号453頁〔486〕，最決昭和54・5・30刑集33巻4号324頁），これを支持する見解も有力である。[5]また，改ざんした公文書をファクシミリで送信して写しとして行使した事例について，公文書偽造の成立を肯定した下級審判例も存在する（広島高岡山支判平成8・5・22高刑49巻2号246頁〔488〕）。しかし，改ざんした文書が原本である文書の偽造・変造といいうる場合や写真コピーを原本として行使した場合は別として，偽造・変造に至らない文書を利用してその写しを作成した場合に，その写しがいかに精巧にできているからといって，それを原本と解することは類推解釈として否定されるべきであろう。[6]

3 偽造の概念

(1) **偽造の意義** 偽造とは，権限なく他人名義の文書を作成することをいい，その結果，作成された文書を不真正文書・偽造文書という。これに対して，文書の作成権限を有する者が内容虚偽の文書を作成することを虚偽作成といい，その結果，作成された文書を虚偽文書という。講学上は，

---

4) 私文書につき，最判昭和28・11・13刑集7巻11号2096頁，公文書につき最判昭和36・3・30刑集15巻3号667頁〔485〕。

5) 藤木144頁，西原264頁，川端544頁，前田375頁以下。無印の偽造を肯定する見解として，大塚444頁。

6) 平野龍一・犯罪論の諸問題(下)413頁（1982），団藤273頁，中山429頁，大谷442頁，中森215頁，曽根243頁，平川444頁，町野324頁，山口433頁，松宮380頁，松原440頁以下，今井・前掲松尾古稀463頁。

偽造という概念に両者を含め，狭義の偽造を有形偽造，虚偽作成を無形偽造と呼ぶ。さらに，広義の偽造には変造も含まれる。変造とは，真正に成立した文書に変更を加えることであり，権限なく行われた場合を有形変造，権限ある者による場合を無形変造と呼ぶ。刑法は，公文書については有形偽造・変造（154条・155条）と無形偽造・変造（156条）の双方を処罰しているが，私文書については，有形偽造・変造の処罰を原則とし（159条），無形偽造は例外的にのみ処罰し（160条），無形変造は処罰していない。

（2）**形式主義と実質主義**　偽造文書の作成すなわち有形偽造の処罰を原則とする立場を形式主義といい，虚偽文書の作成すなわち無形偽造の処罰を原則とする立場を実質主義という。前者は，文書の成立の真正（形式的真実）を重視するのに対して，後者は，文書の内容的真実（実質的真実）を重視するためこのように呼ばれるのである。刑法典は，すでに述べたように，公文書については形式主義と実質主義を併用し，私文書については形式主義を原則としている。これに対して，実質主義の見地から，文書偽造罪の処罰根拠は，内容虚偽の文書が証拠とされることによって事実の真相が害されることにあるから，たとえ権限なく作成された文書であっても，内容が真実と合致するときは不可罰とすべきであるという主張もある[7]。それゆえ，この立場では，たとえば，甲が乙に100万円を貸し付けたが，乙の作成した借用証書を紛失したため，勝手に乙名義の借用証書を作成しても実害はないとして偽造にならないことになろう。しかし，この論理は逆転しているように思われる。当該借用証書が意味をもつのは，甲乙間で権利関係についての紛争を生じたときである。その場合，当該借用証書は，究極的には裁判において権利関係の有無・範囲についての重要な証拠となるのである。それにもかかわらず，文書の内容が真実であれば偽造でないとするのは結果論であり，証明の対象と証明の根拠を混同するものである。文書のもつ証拠としての価値を重視するのであれば，その文書の成立についての真正性を重視する形式主義をとるべきだと思われる（民事訴訟法228条参照）。

7）　牧野151頁。部分的に，この見解を支持するものとして，瀧川245頁，平野261頁，曽根239頁。

380　第3編　社会的法益に対する罪　第2章　取引の安全に対する罪

(3)　**有形偽造の意義**　　狭義での偽造すなわち有形偽造とは，すでに述べたように権限がないのに他人の名義を勝手に使用して文書を作成し文書作成の責任主体を偽ること（作成名義の冒用）であるが，最近では，文書の名義人と作成者との人格の同一性を偽ることという定義も用いられている[8]。この2つの定義は結局同義であるが，後者のような定義が登場したのは，一定範囲で通用している通称名で文書を作成した場合などには，作成名義の冒用という判断よりも，作成者が自己と異なる人格を名義人（文書作成の責任主体）として認識させようとしたか否かを問題とする方が理解が容易だからである。

名義人とは，当該文書から一般人が認識する意思や観念の表示主体をいう。これに対して，作成者については，物理的に文書を作成した者をいうとする行為説と文書に意思や観念を表示した者または表示させた者をいうとする意思説とがありうる（詳細は，林幹人・現代の経済犯罪103頁以下〔1989〕，伊東研祐「偽造罪」現代的展開311頁以下，今井・前掲論文(4)法協116巻6号79頁以下参照）。行為説によれば，秘書が社長に命じられて社長名義の文書を作成した場合，秘書による作成行為は文書偽造の構成要件に該当するが，名義人である社長の承諾があるために違法性が阻却されることになる。しかし，この場合，秘書は名義人である社長の意思を表示しているのであるから作成者は社長自身なのであり，それゆえ作成者と名義人は一致するとして偽造の成立を否定する意思説のほうが妥当と解すべきであろう。

(4)　**偽造の程度**　　狭義の偽造罪が成立するには，他人名義で作成された文書が一般人からみて真正に作成されたものであると誤信させるに足りる外観を有することが必要である。そのような外観を有する文書を作成したときに偽造罪は既遂に達する（大判明治44・9・14刑録17輯1531頁）。偽造罪の成立に必要な文書の外観は，当該文書の行使方法により変化するものと解すべきではないように思われる（山口439頁，反対の見解として高橋502頁，松宮379頁）。それゆえ，写真コピーによる写しの呈示が行使にあたりうるとしても，その前提としては，原本自体が偽造といいうる外観をもつことが必要

---

8)　最判昭和59・2・17刑集38巻3号336頁〔501〕は，偽造とは作成名義の冒用をいい，その本質は文書の名義人と作成者との人格の同一性を偽る点にあるとして，両者を結合させている。

なのである。これに対して，下級審判例には，消費者金融から融資を受けるため自己名義の免許証に他人の免許証の写しから氏名等を切り抜いたものを置き，全体にメンディングテープを貼付して固定し，これをイメージスキャナーを通してディスプレイに表示させた事案につき，このような間接的な行使の形態を考慮すれば公文書偽造にあたるとしたもの（大阪地判平成8・7・8判タ960号293頁〔492〕），自衛官診療証をコピーし，その生年月日欄・指名欄を黒色スタンプやボールペンで記入したものをスキャナーを通して端末画面に表示させた事案につき，偽造文書にあたるか否かは，その行使態様をも考慮して判断すべきであるとして有印公文書偽造にあたるとしたもの（札幌高判平成17・5・17高検速（平17）343頁，その評釈として，小野正弘「判批」研修688号103頁），公安委員会から交付されていた駐車禁止除外指定車標章の有効期限欄や発行日の数字の部分に，その期限を延長する目的で異なる数字が印字された紙片を置いて密着させ，ビニール製のケースの間に挟み込んで同紙片を固定した行為につき，同標章の数字が，あたかも正規の有効期限であるかの外観を呈するものであったこと，および，警察官等がフロントガラス越しに確認するという，同標章の本来的な用法も併せ考慮すれば，紙片に印字された数字が他の数字の位置と上下にずれていたなどの事実があったとしても，「本件標章が，一般人をして……真正な公文書と信じさせるに足る程度の外観を備えたものといえる」として有印公文書偽造罪の成立を肯定したもの（東京地判平成22・9・6判時2112号139頁〔493〕）がある。しかし，他方で，自分の国民健康保険証を3枚白黒コピーしたうえ，そのコピーの被保険者の生年月日欄，住所欄に他のコピーから切り抜いた数字を糊で貼り付けて作り出した改ざん物をファクシミリで携帯電話会社に送信し閲覧させて契約を締結させたうえ通話可能になった携帯電話2台を取得したという事案について，本件の改ざん物を電子機器を介するのでなく肉眼で見る限り，一般人がこれを保険証の原本であると誤信することは考えがたいから保険証の原本の偽造とはいえないとしつつも，本件改ざん物は保険証の真正な写し・コピーであると誤信させる外観は備えているとして保険証の写しの偽造と行使につき有印公文書偽造・同行使罪の成立を認めた裁判例もある（東京高判平成20・7・18判タ1306号311頁）。ここでは行使態様により偽造概念そのものを変化させるべきではないという考え方が現

れている。もっとも，この東京高裁の見解は「写し」の偽造を肯定するのであるから，公文書の写しの作成権限は公務所にしかないという前提に立つことになる点で疑問が残る。また，この点を認めるとしても，本件改ざん物には写しである旨の認証文言と記名押印が無いのであるから無印公文書偽造罪とすべきであったように思われる（藤木英雄「公文書の『写』の偽造と文書偽造罪の成否」警研45巻10号3頁以下参照）。

2　詔書偽造罪

> 　行使の目的で，御璽，国璽若しくは御名を使用して詔書その他の文書を偽造し，又は偽造した御璽，国璽若しくは御名を使用して詔書その他の文書を偽造した者は，無期又は3年以上の懲役に処する（154条1項）。御璽若しくは国璽を押し又は御名を署した詔書その他の文書を変造した者も，前項と同様とする（同条2項）。

　本罪は，天皇文書の偽造・変造をとくに重く処罰する規定である。

　御璽とは天皇の印章，国璽とは日本国の印章，御名とは天皇の署名をいう。詔書とは，天皇が，一定の国事行為についての意思表示を公示する文書であって詔書という名称で呼ばれるものをいう。国会の召集詔書，衆議院の解散詔書などがその例である。その他の文書とは，詔書以外の天皇文書であり，法律の公布文書，内閣総理大臣，最高裁判所長官の任命文書，国務大臣の任免の認証文書などがある。

3　公文書偽造罪

> 　行使の目的で，公務所若しくは公務員の印章若しくは署名を使用して公務所若しくは公務員の作成すべき文書若しくは図画を偽造し，又は偽造した公務所若しくは公務員の印章若しくは署名を使用して公務所若しくは公務員の作成すべき文書若しくは図画を偽造した者は，1年以上10年以下の懲役に処する（155条1項）。公務所又は公務員が押印し又は署名した文書又は図画を変造した者も，前項と同様とする（同条2項）。前二項に規定するもののほか，公務所若しくは公務員の作成すべき文書若しくは図画を偽造し，又は公務所若しくは公務員が作成した文書若しくは図画を変造した者は，3年以下の懲役又は20万円以下の罰金に処する（同条3項）。

1 客 体

本罪の客体は，公務所または公務員の作成すべき文書（公文書），図画（公図画）である。公務所とは，「官公庁その他公務員が職務を行う所をいう」（7条2項）。具体的には，国または地方公共団体の役所などである。公務員とは，「国又は地方公共団体の職員その他法令により公務に従事する議員，委員その他の職員をいう」（7条1項）。みなし公務員を含む（詳細は，後述446頁参照）。公文書，公図画とは，公務所または公務員がその作成権限に基づき，その公務所または公務員を名義人として作成するものをいう。ただし，当該公務所または公務員に作成権限がない場合であっても，一般人をして公務所または公務員の職務権限内で作成されたものと信じさせるに足る形式，外観を備えているときには，本罪の公文書に含まれる[9]。他方，公務員が作成したものであっても，その職務権限に基づき，職務に関して作成したものとはいえない場合には，本罪の公文書には含まれない[10]。公文書の例としては，運転免許証，納税証明書，外国人登録証明書，印鑑証明書などがある。郵便局の日付印も事実を証明するものとして公文書にあたる[11]。図画とは，象形的符号により記載された意思または観念の表示をいう。公図画の例としては，旧専売公社が発売していたタバコ「光」の外箱（最判昭和33・4・10刑集12巻5号743頁〔489〕），地方法務局の土地台帳付属の地図（最決昭和45・6・30判時596号96頁〔490〕），死体検案書の人体図などがある。以下では，公文書についてのみ述べることにする。

2 行 為

本罪の行為は，①有印公文書偽造（1項），②有印公文書変造（2項），③無印公文書偽造・変造（3項）である。有印の場合すなわち公務所または公務員の印章・署名を用いた公文書の方が社会的信用が高いため，その偽造は重く処罰されている。

①有印公文書偽造とは，行使の目的で，(i)公務所または公務員の印章も

---

9) 大分県議会事務局名義の工事委託書につき，最判昭和28・2・20刑集7巻2号426頁。

10) 村役場の書記の退職届出書につき，大判大正10・9・24刑録27輯589頁，公務員名義による政党機関紙への「祝発展」という広告文につき，最決昭和33・9・16刑集12巻13号3031頁〔527〕。

11) 大判昭和3・10・9刑集7巻683頁〔481〕。反対，団藤301頁，大塚495頁。

384　第3編　社会的法益に対する罪　第2章　取引の安全に対する罪

しくは署名を使用して公務所または公務員の作成すべき文書を偽造する行為，(ii)偽造した公務所または公務員の印章もしくは署名を使用して公務所または公務員の作成すべき文書を偽造する行為である。行使の目的の意義については，後述391頁参照。

　印章は，公務所または公務員を表象するものであれば，公印，私印，職印，認印のいずれであるかを問わない。ただし，印章とは印鑑ではなく，印影をいう。[12] 署名とは自署に限るとする見解も有力であるが（団藤302頁，大塚469頁，大谷455頁），公務所の自署というものはありえないから，記名（印刷やゴム印などによる名称の表記など）も含まれると解すべきであろう（大判大正4・10・20新聞1052号27頁，平野260頁，中森223頁。詳細は後述第5節参照）。

　①権限ある公務員を欺いて，別の文書であると誤信させたり，内容を認識させずに公文書を作成させた場合は，当該権限ある公務員には，その文書を作成する意思があったとはいえないから本罪が成立する（東京高判昭和28・8・3判特39号71頁〔509〕〔523〕）。しかし，②権限ある公務員に内容の認識がある場合には，たとえその内容が虚偽であっても本罪は成立せず，虚偽公文書作成罪の間接正犯の問題となる（386頁以下参照）。

　②有印公文書変造とは，行使の目的で，権限なく既存の真正に成立した公文書の非本質的部分に改ざん・変更を加えることである。公文書の本質的部分に改ざんを加えたときは変造ではなく偽造になる。[13] 変造にあたるとされた例としては，郵便貯金通帳の貯金受入れ年月日を改ざんした事例（大判昭和11・11・9新聞4074号15頁）などがある。

　③無印公文書偽造・変造とは，公務所または公務員の印章もしくは署名のない公文書を偽造・変造することである。無印公文書の例としては，旧国鉄の駅名札（大判明治42・6・28刑録15輯877頁），物品税証紙（最決昭和29・8・20刑集8巻8号1363頁）などがある。

3　補助公務員の作成権限

　現在のように官公庁の組織が巨大化し，事務量も膨大となると，現実の公文書作成は本来の作成権限者から代決者へ，さらには下位の補助公務員

---

12)　判例は印鑑を含むとするが，これに対する批判として，後述407頁以下参照。

13)　運転免許証の写真を他人のものに張り替え，生年月日を変更した事案につき偽造を認めた例として，最決昭和35・1・12刑集14巻1号9頁。

に委ねられているのが実情である。この補助者も，①単に事実上文書作成を行うにすぎない機械的補助者，②文書の起案は委ねられているが決裁は権限者が行う起案担当者，③職印などを保管し文書作成の一切を行い事後的に権限者が決裁を行う準代決者などに区別される。しかし，判例は，これらの補助公務員が内容虚偽の公文書を作成した場合，その態様が勝手に公印を使用したものであるときは，一律に本罪の成立を認めてきたのである[14]。これに対して，最高裁は，市民課調査係長が，申請書の提出，印影の照合，手数料の納付という手続をとらなかったため，代決者である市民課長の事後的決裁なしに印鑑証明書を作成したが，印影は真正なものであったという事案に関し，本罪の成立を認めた原判決を破棄し，被告人にも「その内容の正確性を確保することなど，その者への授権を基礎づける一定の基本的な条件に従う限度において」作成権限が認められるとの判断を示している（最判昭和51・5・6刑集30巻4号591頁〔496〕〔515〕）。しかし，刑法が公文書偽造（155条）と虚偽作成（156条）を区別している以上，文書の内容が正確ならば作成権限があるという解釈は，その建前に反するものというべきであろう（高橋509頁，松原461頁）。一定限度で独立の作成権限を認める以上，形式主義の見地からは内容の正確性という要件を付加することは不当である。本件を無罪とするならば，正面から作成権限を認めるべきであったように思われる（西田典之「判批」警研52巻11号48頁参照，なお，公文書偽造罪の成立を肯定する見解として，高橋509頁）。

4　虚偽公文書作成罪

> 公務員が，その職務に関し，行使の目的で，虚偽の文書若しくは図画を作成し，又は文書若しくは図画を変造したときは，印章又は署名の有無により区別して，前二条〔154条・155条〕の例による（156条）。

1　意　義

本条は，当該公文書を作成する権限のある公務員が（身分犯），行使の目的で，内容虚偽の公文書・公図画を作成する行為（無形偽造）と真正に

---

14)　大判大正5・12・16刑録22輯1905頁，最判昭和25・2・28刑集4巻2号268頁〔514〕〔593〕。上司の錯誤を利用する場合については，後述386頁参照。

成立した公文書・公図画を変造する行為（無形変造）とを処罰するものである。後述する私文書の場合と異なり，公文書の無形偽造は全面的に可罰的とされている。その理由は，一般に公文書の方が社会的信用が高いことに求められているが（大塚471頁，大谷456頁），おそらくは，国や地方公共団体が虚偽の内容について法的責任を負うことはできないと考えられたことも理由の１つであろう。

　具体的には，154条・155条に対応して，①有印の天皇文書の虚偽作成・変造，②有印の公文書虚偽作成・変造，③無印の公文書虚偽作成・変造が，それぞれの法定刑により処罰される。行使の目的の意義については，後述391頁参照。本条にいう変造とは，権限ある公務員が真正に成立した公文書・公図画に変更を加えて内容虚偽の公文書にすることをいう。以下では，公文書の虚偽作成（無形偽造）のみを対象とする。

2　公文書無形偽造の間接正犯

　本罪が身分犯であること，および，つぎに述べる公正証書等原本不実記載罪（157条）との関係から，非身分者（私人および作成権限のない公務員）による本罪の間接正犯の成否が問題とされてきた。

　戦前の判例は，非身分者による本罪の間接正犯を肯定していたといってよい。すなわち，①村助役が虚偽の記載をした選挙記録に情を知らない選挙長（村長）をして署名させた事案（大判昭和11・2・14刑集15巻113頁〔521〕），②村助役が虚偽の記載をした軍事扶助調書に情を知らない村長をして署名押印させた事案（大判昭和15・4・2刑集19巻181頁）について一般的に間接正犯の成立を肯定していたのである。しかし，戦後になって，最高裁は否定説へと変化した。すなわち，③私人が村役場に虚偽の申立てをして村長名義の日本において兵役に服したことがないという虚偽の証明書を作成させたという事案に関し156条の成立を認めた原判決を破棄して無罪としたのである（最判昭和27・12・25刑集6巻12号1387頁〔338〕〔520〕）。その理由は，刑法が「157条の処罰規定を設け，しかも右156条の場合の刑よりも著しく軽く罰しているに過ぎない点から見ると公務員でない者が虚偽の公文書偽造の間接正犯であるときは同法157条の場合の外これを処罰しない趣旨と解するのを相当とする」という点に求められている。しかし，最高裁は，その後さらに態度を修正した。すなわち，④地方事務所の建築係が情を知らない

所長をして虚偽の記載をした現場審査合格書に署名押印させた事案に関し，作成権限者たる公務員を補佐する公文書の起案担当者については，本罪の間接正犯の成立を認めてよいとしたのである（最判昭和32・10・4刑集11巻10号2464頁〔522〕）。

　学説では，作成権限ある公務員以外は本罪の間接正犯たりえないとする全面否定説もあるが（植松167頁，香川234頁），④の判例以来，本罪の主体を起案担当の公務員にまで拡張し，それ以外の者による間接正犯は否定するという修正された否定説が支配的となっている（団藤296頁，平野263頁，大塚474頁，大谷459頁，曽根250頁，町野350頁，山口449頁，山中628頁，井田444頁）。これに対して，非身分者による間接正犯を一般的に認めつつ，その行為が同時に157条にも該当するときは法条競合により157条の罪だけが成立するとする肯定説も有力に主張されている（瀧川幸辰・刑事法判決批評2巻128頁〔1937〕，牧野224頁，柏木274頁，川端553頁）。

　否定説の論拠は，第一に，157条が一定の公文書について156条の間接正犯的遂行態様を独立に，かつ，大幅に刑を減軽して処罰している以上，それ以外の公文書について156条の間接正犯を認めることは刑の均衡を失し，157条の存在理由が失われること，第二に，156条は身分犯であるから非身分者は間接正犯といえども正犯たりえないことに求められている。しかし，まず，157条の刑の減軽の根拠は，「虚偽の申立て」という行為態様がきわめて日常的であり犯罪を行わせる誘惑的要素をもつことから，責任が減少することによると解すべきであろう。だとすれば，このような「虚偽の申立て」という手段によらずに，情を知らない作成権限のある公務員（起案担当者を含む）を利用して虚偽公文書を作成させる行為は，なお，156条の間接正犯として可罰的であるというべきである。

　つぎに，本罪が身分犯であることも否定説の十分な根拠とはいえない。たしかに，間接正犯も正犯であるから156条の構成要件に該当しなければならない。しかし，この場合の構成要件該当性とは構成要件の実現を意味するのであり，非身分者も，情を知らない作成権限者（身分者）を利用して公文書の内容的真実性の偽りという構成要件的結果を実現しうる以上，本罪の間接正犯たりうるというべきであろう。

　他方で，156条の間接正犯を無制限に認める現在の肯定説にも疑問があ

る。すでに述べたように，157条の減軽処罰の根拠が，「虚偽の申立て」という行為態様による責任の減少にあるとすれば，このような行為態様による限り，156条の間接無形偽造は157条所定の公文書に関するもの以外不可罰とするのが立法者の意図であろう。その限りで，これまでの肯定説も修正される必要があると思われる（詳細は，西田典之「公文書無形偽造の間接正犯について」西原春夫先生古稀祝賀論文集3巻261頁以下〔1998〕参照）。以上のように考えれば，前掲③の判例の無罪という結論も，その事案が虚偽の申立てという行為態様であったことを考慮すれば妥当であるといってよいのである。これに対して，私人が夜間に役所に侵入し，作成権限者の机上にある公文書の中に内容虚偽の文書を紛れ込ませ，情を知らない公務員に署名押印させるような場合には，なお本罪の間接正犯を認めることができると解すべきであろう（松原463頁も同旨）。

5　公正証書原本等不実記載罪

> 　公務員に対し虚偽の申立てをして，登記簿，戸籍簿その他の権利若しくは義務に関する公正証書の原本に不実の記載をさせ，又は権利若しくは義務に関する公正証書の原本として用いられる電磁的記録に不実の記録をさせた者は，5年以下の懲役又は50万円以下の罰金に処する（157条1項）。公務員に対し虚偽の申立てをして，免状，鑑札又は旅券に不実の記載をさせた者は，1年以下の懲役又は20万円以下の罰金に処する（同条2項）。前二項の罪の未遂は，罰する（同条3項）。

1　意　義

　本条は，公正証書原本等不実記載罪（1項）と免状等不実記載罪（2項），および，両罪の未遂罪（3項）を処罰する。その実体は，156条の公文書無形偽造の間接正犯的遂行態様の一部であるが，すでに述べたように，虚偽の申立てという行為態様の誘惑的要素に基づく責任の減少を考慮して刑を減軽したものと解すべきであろう。

2　客　体

　1項の罪の客体である「権利若しくは義務に関する公正証書の原本」とは，公務員が，その職務上作成する文書であって，権利義務に関するある

事実を証明する効力を有するものをいう（最判昭和36・6・20刑集15巻6号984頁）。不動産登記簿，商業登記簿，戸籍簿は例示であり，このほか公証人の作成する公正証書，土地台帳（最判昭和36・3・30刑集15巻3号605頁〔524〕），住民票（前掲最判昭和36・6・20），外国人登録原票（名古屋高判平成10・12・14高刑51巻3号510頁），船籍簿（最決平成16・7・13判時1870号150頁）などがある。いずれも原本であることを要し，謄本や写しは含まれない。このような公証事務も次第にコンピュータ化されつつある現状を考慮して，昭和62年の改正で公正証書の原本として用いられる電磁的記録が追加された。自動車登録ファイル，特許原簿ファイル，住民基本台帳ファイルなどがその例である。不動産登記ファイル，商業登記ファイルなども含まれると解してよいであろう。2項の罪の客体は，免状，鑑札，旅券である。免状とは，特定の人に対して一定の行為を行う権利を付与する公務所または公務員の作成する証明書をいう（大判明治41・9・24刑録14輯797頁）。各種の運転免許証，医師免許証，狩猟免状などがその例である。鑑札とは，公務所の許可または公務所への登録があったことを証明する証票をいう。犬の鑑札（狂犬病予防法4条），古物営業の許可証（古物営業法5条2項）などがその例である。

3 行 為

本罪の行為は，公務員に虚偽の申立てをして，本条所定の公文書に不実の記載をさせることである。官庁が行う登記の嘱託も，官庁自身が取引主体である場合には申立てに含まれる（最決平成元・2・17刑集43巻2号81頁）。「虚偽」，「不実」とは，申立て，記載が重要な点において客観的事実に反することをいう。したがって，中間省略登記は本罪にあたらない（通説）。本罪の成立が多く認められる例としては，外国人との偽装の婚姻届，見せ金による資本金の仮装払込に基づく株式会社の設立登記，変更登記などがある。

4 他罪との関係

権限ある公務員と共謀のうえ虚偽の申立てをした場合，公務員には156条の虚偽公文書作成罪（電磁的記録の場合は161条の2第2項の公電磁的記録不正作出罪）が成立し，申立者も65条1項により同罪の共同正犯となるとするのが判例であるが（大判明治44・4・27刑録17輯687頁），本罪の減軽処罰の趣旨を考慮すれば，申立者には本罪が成立するにとどまると解すべきであろう（藤木149頁，中山442頁）。共謀がなく，公務員が一方的に虚偽であることを知

っていた場合，当該公務員について，実質的審査権限がある場合には156条の成立を認め，形式的審査権限しかないときは不可罰とする見解も有力であるが（福田103頁，大塚478頁），内容虚偽であることを知っている場合には申立ての受理が義務的であるとはいえないから，156条の罪が成立すると解すべきである（小野110頁，大谷462頁，中森223頁注32）。

また，本罪は虚偽の申立ての結果，内容虚偽の記載のある公正証書や免状等の交付を受けるという行為をも包含して処罰するものと解すべきであるから，別途詐欺罪は成立しないとするのが判例である（最判昭和27・12・25刑集6巻12号1387頁〔338〕〔520〕）。それゆえ，本罪所定の公文書以外の公文書を虚偽の申立てという行為態様によって交付を受ける行為も，本罪にあたらないことはもちろん，詐欺罪をも構成しないと解すべきであろう。ただし，不可罰の範囲は，証明書類似の公文書に限定されるべきであって，国民健康保険証のような財産的価値のあるものについては詐欺罪の成立を認めるべきである（前述222頁以下参照）。なお，他人所有の建物を委託により保管していた者が，金銭的利益を得るために同建物の登記記録に不実の抵当権設定仮登記をした場合には，電磁的公正証書原本不実記録罪とともに横領罪が成立し観念的競合となる（最決平成21・3・26刑集63巻3号291頁〔372〕，その評釈として，西田典之「判批」刑ジャ22号79頁参照）。

　　最判平成28・12・5刑集70巻8号749頁〔526〕は，暴力団員であるBが暴力団排除条例により自らは不動産業者と取引できないことから，被告人に対して，不動産の取得に関して名義を貸してくれるように依頼し，これを受けた被告人が，自らが代表取締役を務めるA社を買受名義人として，売主との間に本件土地の売買契約を締結し，売主からA社への所有権移転登記等がなされたが，売買契約はA社名義で行われ，Bのためにすることは一切表示されず，売主も契約の相手方がA社であると認識していたという事件について，電磁的公正証書原本不実記録罪における「虚偽の申立て」，「不実の記録」の要件は，「登記実務上許容されている例外的な場合を除き，当該登記が当該不動産に係る民事実体法上の物権変動の過程を忠実に反映しているか否かという観点から判断すべき」としつつ，本件の「売買契約の当事者は本件売主らとA社であり，本件各売買契約により本件各土地の所有権は，本件売主らからA社に移転したものと認めるのが相当である」ことから，「本件各登記は，当該不動産に係る民事実体法上の物権変動の過程を忠実に反映したものである」として，電磁的公正証書原本不実記録罪の成立を否定している。
　　本件においては，本件土地の所有権が売主からA社に移転したか，それとも，B

第4節　文書偽造の罪　　6　偽造公文書等行使罪　　*391*

に直接移転したといえるかが重要であり，民事上の売買契約の当事者の確定が争点
となったものと評価することができる。被告人が暴力団員Bに土地を取得させる意
図を秘して売買契約を締結したことは，詐欺罪における欺罔行為と評価する余地は
あるが，あくまでもA社が売買契約の当事者であり，本件土地の所有権を取得して
いる以上，本件の移転登記を「不実の記録」と評価することは困難であろう（松永
栄治「判解」ジュリ1513号109頁参照）。

6　偽造公文書等行使罪

　第154条から前条〔157条〕までの文書若しくは図画を行使し，又は前条
〔157条〕第1項の電磁的記録を公正証書の原本としての用に供した者は，そ
の文書若しくは図画を偽造し，若しくは変造し，虚偽の文書若しくは図画を
作成し，又は不実の記載若しくは記録をさせた者と同一の刑に処する（158条
1項）。未遂を罰する（同条2項）。

1　意　　義

　本罪は，154条から157条までの偽造・変造された公文書・公図画，虚偽
作成された公文書・公図画を行使する行為，157条1項の電磁的記録を公
正証書の原本としての用に供する行為（供用）を処罰する。それぞれの客
体ごとに，偽造，変造，虚偽作成，不実記載と同じく処罰される。未遂も
処罰される。電磁的記録の場合を別に規定しているのは，それが人に対し
て行使されるものではなく，コンピュータによる公証事務に用いられるも
のだからである。供用の意義については，後述405頁参照。以下では，偽
造文書，虚偽文書の行使についてのみ説明する。

2　行使の意義

　行使とは，偽造文書を真正な文書として，虚偽文書を内容真実な文書と
して使用することをいう。使用とは，人に文書の内容を認識させ，または，
認識可能な状態に置くことである（最大判昭和44・6・18刑集23巻7号950頁〔518〕）。
偽造文書や虚偽文書は，人が認識可能な状態に置かれることによって，は
じめて公共の信用を害することになる。したがって，各種の偽造罪で要求
されている「行使の目的」は，法益侵害結果を主観的要素の形で取り込む
ものであり，主観的違法要素である。もっとも，行使者自身が偽造・虚偽
作成したことは必要でなく，また，行使の目的で作成されたことも必要で

392　第3編　社会的法益に対する罪　第2章　取引の安全に対する罪

はない。

　行使の方法は問わない。呈示，交付，閲覧に供することなどがその例である。公衆の閲覧に供する戸籍簿，登記簿等は，公務員に不実の記載をさせ公務所に備え付けさせたときに既遂に達する（これを備付け行使と呼ぶ）（大判明治42・3・25刑録15輯324頁）。原本自体が，一般人がみて真正な文書と誤信する程度に偽造・変造されたといいうる場合には，その写真コピーを呈示する行為（東京高判昭和52・2・28高刑30巻1号108頁〔519〕），消費者金融における無人貸付機のイメージスキャナーを通してディスプレイに表示させて人に呈示する行為（大阪地判平成8・7・8判タ960号293頁〔492〕）も偽造文書の行使の一態様であるといえよう。これに対して，偽造の運転免許証を携帯しているだけでは行使にはあたらない（前掲最大判昭和44・6・18）。単なる携帯は行使の予備であって未遂にもならないと解すべきであろう。また，郵送の場合には，相手方に到達した時点で既遂となる（大判大正5・7・14刑録22輯1238頁）。

　行使の相手方は，偽造文書，虚偽文書であることを知らない者でなければならない。したがって，偽造の共犯者に呈示しても行使にはあたらないし（大判大正3・10・6刑録20輯1810頁），相手方が情を知らないと思って行使したが，情を知っていた場合には本罪の未遂にとどまる（大塚459頁，大谷451頁，偽造有価証券行使につき東京高判昭和53・2・8高刑31巻1号1頁）。偽造等であることの情を知らない者であっても，その文書についてなんらかの利害関係を有することが必要であり，保管を依頼して交付したり，老母を喜ばせる目的で偽造した郵便貯金通帳を見せた場合などは行使にあたらないとする見解もあるが（大塚458頁），文書内容の社会的重要性を文書の要件とすれば，このような限定は不要であろう（通説）。判例も，父親を喜ばせるため偽造した公立高校の卒業証書を見せた事例につき本罪の成立を認めている（最決昭和42・3・30刑集21巻2号447頁〔516〕）。

3　罪　数

　公文書偽造罪，虚偽公文書作成罪と本罪とは牽連犯である。公正証書原

---

15)　これは，携帯も行使にあたるとしていた最決昭和36・5・23刑集15巻5号812頁を変更したものである。

本不実記載罪とすでに述べた備付け行使も同様である[16]（大判明治42・11・25刑録15輯1667頁）。本罪と詐欺罪も牽連犯とするのが通説・判例（最決昭和42・8・28刑集21巻7号863頁）である[17]。

7 私文書偽造罪

> 　行使の目的で，他人の印章若しくは署名を使用して権利，義務若しくは事実証明に関する文書若しくは図画を偽造し，又は偽造した他人の印章若しくは署名を使用して権利，義務若しくは事実証明に関する文書若しくは図画を偽造した者は，3月以上5年以下の懲役に処する（159条1項）。他人が押印し又は署名した権利，義務又は事実証明に関する文書又は図画を変造した者も，前項と同様とする（同条2項）。前二項に規定するもののほか，権利，義務又は事実証明に関する文書又は図画を偽造し，又は変造した者は，1年以下の懲役又は10万円以下の罰金に処する（同条3項）。

1 意　義

　本条は，行使の目的による私文書・私図画の偽造・変造を処罰する。公文書の場合と同じく有印と無印を区別し，社会的信用の高い前者を重く処罰している。変造とは，私文書の非本質的部分に改ざん・変更を加えて，その証明力を変更することをいう。たとえば，借用証書の金額の側に別個の金額を記入する行為がその例である（大判明治44・11・9刑録17輯1843頁）。ただし，自己名義の私文書を改ざんする行為は無形変造であるから本罪は成立せず，場合によって文書毀棄罪（258条・259条）が成立するにとどまる（大判大正10・9・24刑録27輯589頁）[18]。

　図画の意義，行使の目的については前述したところ（383頁，391頁）参照。以下では，私文書偽造についてのみ説明する。

　刑法は，すでに述べたように，私文書については虚偽診断書作成罪（160条）を除き虚偽作成（無形偽造）を処罰せず，偽造（有形偽造）のみを処罰している。その理由は，たとえば，甲が乙に対して債務を負担していないにもかかわらず甲名義で100万円の借用証書を作成した場合には，甲が自

---

16)　観念的競合とする見解として，牧野235頁，大塚482頁，大谷476頁。

17)　観念的競合とする見解として，大塚482・483頁，中森221頁。

18)　自己名義の退職届の日付を改変する行為についてのもの。

らの意思でそのような内容虚偽の文書を作成した以上，甲にその法的責任を追及し，場合によっては100万円の債務を現実に負担させることも可能だからであろう。もっとも，事実証明文書については事情が異なる。たとえば，甲が自己の名義で「乙と丙とは夫婦であることを証明する」という内容虚偽の文書を作成した場合には虚偽の内容を現実化することはできない。その意味で甲は責任をとりえないことになる。それにもかかわらず，この行為が不可罰であるのは，刑法が，文書作成の責任主体＝名義人である甲に到達して，なんらかの法的責任（たとえば，不法行為責任）を追及できればよいという立場を採用しているからであろう。

2 客 体

本罪の客体は，私人が作成名義人である文書のうちで，権利・義務に関する文書および事実証明に関する文書に限定されている。権利・義務に関する文書とは，私法上または公法上の権利・義務の発生，消滅，変更を目的とする意思表示を内容とする文書をいう。たとえば，送金依頼の電報頼信紙（大判大正11・9・29刑集1巻505頁），借用証書（大判大正4・9・2新聞1043号31頁），弁論再開申立書（大判昭和14・2・15刑集18巻46頁），無記名定期預金証書（最決昭和31・12・27刑集10巻12号1798頁）などがその例である。事実証明に関する文書とは，社会生活に交渉を有する事項を証明する文書をいうとするのが判例である（最決昭和33・9・16刑集12巻13号3031頁〔527〕）。これに対して，学説では，判例の定義では広汎にすぎるとして，社会生活の重要な利害に関係のある事実を証明しうる文書と解する見解が有力であるが（大塚484・485頁，大谷466頁），程度の差にすぎないように思われる。事実証明に関する文書の例としては，郵便局への転居届（大判明治44・10・13刑録17輯1713頁），寄付金の賛助員芳名簿（大判大正14・9・22刑集4巻538頁），書画が真筆である旨を証明する書画の箱書（大判大正14・10・10刑集4巻599頁），政党の機関紙への「祝発展　佐賀県労働基準局長N」という広告文（前掲最決昭和33・9・16），私立大学の成績原簿（東京地判昭和56・11・6判時1043号151頁），自動車登録事項等証明書の交付申請書（東京高判平成2・2・20高判43巻1号11頁〔528〕），私立大学入学試験の答案（最決平成6・11・29刑集48巻7号453頁〔529〕），求職のための履歴書（最決平成11・12・20刑集53巻9号1495頁〔494〕）などがある。このうち，①証明書の交付申請書については，誰でも請求できるものであるから本罪による保

護に値しないという批判（岡野光雄・刑法判例百選Ⅱ各論（第3版）158頁〔1992〕），②入試の答案については，法的取引に関するものでないとする批判（伊東研祐・平成6年度重判147頁）がある。しかし，①については，誰が，どのような理由で証明書の交付を申請したかは社会的に重要な事実といえるし，②については，本罪は権利・義務に関する文書とは別個に事実証明に関する文書をも客体としているのであるから，これを法的取引に関する事実に限定する必然性はないというべきであろう。

3 行 為

本罪の行為は偽造である。すなわち，他人（虚無人を含む）の名義を冒用して本条所定の文書を作成することであり，その本質は，名義人と作成者の人格の同一性を偽ることにある。この場合の偽造は，すでに述べたように，意思説の意味において理解されるべきである。したがって，代理権のある者や名義人の承諾を受けた者による文書作成は原則として偽造にはならない。しかし，ここでは，文書の性質等から可罰的な有形偽造と不可罰の私文書無形偽造との限界がしばしば問題となっている。以下検討する。

(1) **代理名義の冒用** 代理権・代表権のない甲が「乙代理人甲」という名義で文書を作成した場合や支店長でない甲が「乙銀行支店長甲」名義で文書を作成した場合に本罪が成立するであろうか。この場合，文書には甲の名前も記載されているのであるから，文書の受取人は甲に到達し，その文書作成の責任を追及することも可能である。それゆえ，この場合は単なる肩書や資格の冒用にすぎず無形偽造として不可罰とすることも論理的には可能であろう。[19)]

これに対して，通説・判例は，代理名義の文書は，その効果が代理された本人（乙）に帰属する形式のものであるから，その名義人は本人（乙）であるという理由で有形偽造の成立を認めている（最決昭和45・9・4刑集24巻10号1319頁〔504〕）。しかし，代理名義の文書である以上，効果が本人に帰属するということのみを理由として，意思表示の主体が代理人と称する甲であることを否定することは困難であろう。他方で，たとえば見栄をはるために結婚式への出席通知に甲が乙銀行支店長甲と署名したからといって本

---

19) 無形偽造とする見解として，牧野164頁，木村250頁，ただし本条3項が成立するとする。

罪の成立を認める必要はないであろう。本罪の成否は，文書の性質と法令上の根拠（民法99条以下）からみて，代理人という肩書・資格が，当該文書に対する公共の信用の基礎となっている場合は，名義人の表示の一部となると解することにより判断されるべきであると思われる。その意味で，本罪の成立が肯定されるのは，文書の性質や受取人の関心からみて，代理資格と代理人の氏名とが一体として名義人（乙代理人甲）であると解されるのに，現実の作成者は代理権のない甲であるため，名義人と作成者の人格の同一性の偽りがある場合ということになるのである（植松155頁，福田96頁，山中612頁，宮澤浩一「偽造罪の客体」刑法講座(5)144頁〔1964〕，今井・前掲論文(5)法協116巻7号97頁以下）。したがって，ここでは，事実上の作成者に到達しうるが，規範的に名義人＝作成者として認識されるべき者，すなわち，文書の受取人が，その文書の性質等から一般的・類型的に期待することが当然といってよい属性を有する作成責任者には到達しえないがゆえに，なお有形偽造の成立が肯定されているのである。

　最高裁は，ジュネーブ条約に基づく国際運転免許証の発給権限を有しない「国際旅行連盟」という実在の団体名義で国際運転免許証に酷似した文書を作成したという事案に関し，「ジュネーブ条約に基づく国際運転免許証の発給権限を有する団体により作成されているということが，正に本件文書の社会的信用性を基礎付けるものといえるから，本件文書の名義人は，『ジュネーブ条約に基づく国際運転免許証の発給権限を有する団体である国際旅行連盟』であると解すべきである」とし，他方，作成者は発給権限を有しない「国際旅行連盟」であるから，そこには名義人と作成者の人格の同一性がないとして私文書偽造罪の成立を肯定している（最決平成15・10・6刑集57巻9号987頁〔506〕）。それは，まさしく上記の代理名義の冒用について述べた偽造の概念をとるものといえよう（今井猛嘉「文書偽造罪の成否(1)」現代刑事法61号109頁，長井長信・平成15年度重判177頁参照）。

　(2)　名義人の承諾　　すでに述べたように，有形偽造に関する意思説の立場からは，名義人の事前の承諾があれば，その名義で文書を作成しても本罪は成立しない。しかし，判例は，無免許運転中に交通違反で捕まった甲が事前に免許をもっている友人乙の承諾を得ており，交通事件原票（反則キップ）に乙名義を記載したという事案に関し「交通事件原票中の供述

第4節　文書偽造の罪　**7**　私文書偽造罪　*397*

書は，その文書の性質上，作成名義人以外の者がこれを作成することは法令上許されないものであって，右供述書を他人の名義で作成した場合は，あらかじめその他人の承諾を得ていたとしても，私文書偽造罪が成立する」としている（最決昭和56・4・8刑集35巻3号57頁〔497〕。同旨，最決昭和56・4・16刑集35巻3号107頁）。さらに，下級審判例には，同様の理由づけで，承諾を得た他人の名前で私立大学の入試答案を作成する行為（東京高判平成5・4・5判タ828号275頁）[20]（いわゆる替え玉入試），一般旅券発給申請書を作成する行為（東京地判平成10・8・19判時1653号154頁），承諾を得た他人の健康保険証を消費者金融の自動契約機を通じて提示して他人名義で申込書を作成してローンカードの作成・交付を受ける行為（仙台高判平成18・9・12高刑速（平18）329頁）についても本罪の成立が肯定されている。

　これに対して，学説では，名義人の承諾がある以上偽造罪は成立しないとする見解[21]と判例の結論を支持する見解とが対立している。判例の結論を支持する理由づけとしては，①違法な目的での承諾は無効であるから，承諾による作成権限は認められない[22]，②これらの文書は，その性質上自署性を必要とする[23]，③表示内容についての名義人への責任の転嫁がありえないこと（中森217頁，大谷471頁，高橋530頁，井田457頁）などが主張されている。しかし，①に対しては，違法目的での文書作成であっても，それによって文書の作成権限がなくなるわけではなく，このことは承諾についても同様である。②に対しては，この見解では，怪我のため代筆を頼むことも許されなくなる。また，自筆証書遺言の代筆をすることも本罪にあたることになるが，この場合は，単に民法の定める要式に反し無効であるにとどまり（民法968条参照），名義人の意思に基づく以上本罪の成立を認めるのは不当である。③に対しては，すでに述べたように，内容虚偽の事実証明文書については，名義人がその内容どおりの責任をとりえないこと（虚偽を真実にで

---

20)　ただし，傍論である。なお，運転免許申請書につき，大阪地判昭和54・8・15刑月11巻7＝8号816頁〔498〕。

21)　平野・前掲書408頁，林幹人「有形偽造に関する2つの新判例をめぐって」曹時45巻6号1頁，佐伯仁志・百選Ⅱ（第4版）177頁（1997），曽根253頁，平川451頁，松原450頁。

22)　最高裁の理由づけもこのように理解しうるほか，木村248頁，福田97頁以下参照。

23)　最高裁の理由づけのほか，前掲最決昭和56・4・16における谷口裁判官の補足意見，大谷471頁。川端博「判批」判時1445号〔判評410号〕228頁も同旨であろう。

きないこと）は本罪が当然に予定していることである，という批判が可能
であろう。

　しかし，上記のような批判にもかかわらず，結論的にはなお判例を支持
すべきであると思われる。それは，つぎのような理由による。すなわち，
これらの文書は，法令の趣旨（道路交通法126条，旅券法3条など参照）や文書の性
質からみて，一定の場所的状況において作成されることが当然に予定され
ている。交通事件原票は交通違反行為の現場で，入試の答案は試験場で，
旅券の申請書は公務所に出頭して作成されることが予定されているのであ
る。だとすれば，これらの文書の名義人は，単なる乙ではなく，警察官に
より違反者と認定された乙，実際に受験した乙，公務所に出頭した乙だと
いわねばならない。また，自動契約機によるローン契約の場合も申込書に
「私は，」申込みをする等の文言がある以上，その名義人は実際に自動契約
コーナーに来て申込書を作成した乙と解すべきである。したがって，甲に
よる作成行為が乙の意思に基づくものであり，意思説の意味では乙が作成者で
あるとしても，そこではなお名義人と作成者の同一性が偽られているから本
罪の成立を認めてよいように思われる（今井・前掲論文(4) 法協116巻6号106頁以下）。

　以上のように考えれば，名前の使用を承諾した者は，文書作成の名義人
ではないから，現実の作成者とともに文書に対する公共の信用を侵害した
者として，本罪の教唆犯，幇助犯，（共謀）共同正犯たりうるといえよう[24]。

　(3)　**通称名の使用**　　通称（芸名，ペンネーム，偽名）を使用して文書を
作成する場合も，受取人との関係で文書作成の責任主体を偽るものでない
かぎり本罪は成立しない。しかし，通称の使用により自己とは別の人格を
相手方に認識させる危険があり，かつ，その危険を認識している場合には
本罪の成立が認められる（交通事件原票につき，最決昭和56・12・22刑集35巻9号953頁
〔500〕）。最高裁は，日本国に密入国した後，25年以上も適法な在留資格を
有する乙の名義で生活していた甲が，出入国管理令（現在の出入国管理及び
難民認定法）26条による再入国許可申請書を乙名義で作成した事案につき，

---

24)　結論同旨，毛利晴光「名義人の承諾と文書偽造罪の成否(下)」警論43巻5号62頁，その例
　　として，前掲東京地判平成10・8・19。共同正犯を実行者に限定する立場から反対する見解
　　として，角田正紀「名義人の承諾と私文書偽造罪の成否」中山善房判事退官記念・刑事裁判
　　の理論と実務513頁（1998）。

人格の同一性を偽るものでないとして無罪とした原判決を破棄し，本件文書の名義人は適法な在留資格を有する乙であって在留資格を有しない甲とは別の人格であるから「そこに本件文書の名義人と作成者との人格の同一性に齟齬を生じている」として本罪の成立を肯定している（最判昭和59・2・17刑集38巻3号336頁〔501〕）。

　これに対して，学説では，乙という通称名が甲を識別する名前として定着していたことから本罪の成立を否定すべきであるとする見解も有力である（林・前掲論文16頁，清水一成「判批」警研61巻2号45頁，田中利幸・百選Ⅱ（第4版）173頁〔1997〕，曽根244頁，平川453頁，松宮386頁，松原455頁）。しかし，本罪の成立が認められるとすれば，それは1回目の申請のときでも同様であろうから，通称名の定着の度合いを問題とするのは妥当でないと思われる。たしかに，本件文書を手掛かりにして入国管理官は「乙こと甲」に事実上到達しうるであろう。しかし，この文書から認識される名義人は出入国管理を簡易迅速に行うという本件文書の性質や法令の趣旨から判断して，「適法な在留資格を有する」という書かれざる資格・属性を有する者なのである。その意味で，ここには判例のいうように人格の同一性の偽りがある（山口468頁，高橋522頁，井田455頁，今井猛嘉「判批」法教166号129頁，同・前掲論文（6・完）法協116巻8号114頁，137頁以下）。代理名義の冒用につき有形偽造を認めるとすれば，ここでも本罪の成立を肯定すべきように思われる。

　⑷　**偽名・仮名の使用**　　同様の考え方は，一回的な偽名・仮名の使用についても妥当する。最高裁は，指名手配中の者が就職のため虚偽の氏名，生年月日，住所，経歴等を記載したうえ，顔写真だけ自己のものを貼付した履歴書を就職先に提出，行使したという事例について，「これらの文書の性質，機能等に照らすと，たとえ被告人の顔写真がはり付けられ，あるいは被告人が右各文書から生ずる責任を免れようとする意思を有していなかったとしても，これらの文書に表示された名義人は，被告人とは別人格の者であることが明らかであるから，名義人と作成者との人格の同一性にそごを生じさせたものというべきである」として私文書偽造の成立を認めている（前掲最決平成11・12・20）。履歴書という文書の性質やこれに対する受取人の関心からみれば，そこには明らかに別人格を相手方に認識させる危

───────────

25)　ただし，外国人登録法（現在は廃止）3条・18条の新規登録不申請罪の成立は肯定している。

険性があり，その危険を認識していたのであるから，この判断は妥当であろう（山口470頁，高橋523頁，井田454頁）。

また，消費者金融会社の信用情報ブラックリストにより，それ以上の消費者ローンの利用ができなくなったAが，養父Xの承諾を得ないで，勝手に無効な養子縁組届けを行い戸籍上の氏名をBとした上で，自動車運転免許証を不正に取得し，これを利用して金融会社にB名義の借入基本契約申込書等を作成，提出し，同会社からキャッシングカードの交付を受け，ATM機から現金を引き出した行為につき，「融資適格者ではない被告人が，B名義を用いて……各書面を作成した行為は，当時の被告人の戸籍上の記載に基づく表示であったとしても，本件養子縁組が無効である以上，各被害会社に対し，以後の融資契約等の法律効果の帰属主体を，本件養子縁組以前のAすなわち被告人とは別個の人格であるBと偽り，その結果，融資契約等の法律効果が帰属する人格の経済的信用度を誤らせるもので，虚偽の人格の帰属主体を表示し，各文書の作成名義を偽るものにほかならず，いずれについても有印私文書偽造罪が成立する」とし，さらに，同行使罪，窃盗罪の成立を認めた下級審判例がある（東京地判平成15・1・31判時1838号158頁〔503〕，同旨の裁判例として，仙台高判平成16・5・10高刑速（平16）229頁がある）。この事例も無効の養子縁組を利用して偽名を使用した類型であるといえよう。

　⑸　**肩書の冒用**　　法学博士や弁護士でない者が，そのような肩書・資格を勝手に使用（冒用）して私文書を作成した場合でも，それによって文書作成の主体として別の人格が表示されることになる危険性があり，かつ，その危険性の認識がある場合を除いて本罪は成立しない。最高裁は，大阪にいる甲が，同姓同名の弁護士が東京にいることを認識しつつ，弁護士の肩書を使用して弁護士業務を行い弁護士報酬請求書などの文書を作成したという事案に関し，「本件各文書に表示された名義人は，第二東京弁護士会に所属する弁護士甲であって，弁護士資格を有しない被告人とは別人格の者であることが明らかであるから，本件各文書の名義人と作成者との人格の同一性にそごを生じさせたものというべきである」として本罪の成立を認めている（最決平成5・10・5刑集47巻8号7頁〔505〕）。本件文書は，前記⑴⑵⑶の場合と異なり，弁護士という肩書・資格がなければ作成しえない文

書というわけではないから，肩書の冒用がただちに本罪を基礎づけるものではない。しかし，「第二東京弁護士会所属弁護士甲」という名義で文書を作成した行為は，肩書・資格の冒用にとどまらず，明らかに別人格を作出したものといえるから本罪の成立を認めることができるといえよう（今井・前掲論文（6・完）149頁以下。反対，林幹人・平成5年度重判175頁，平川454頁）。

8　虚偽診断書作成罪

医師が公務所に提出すべき診断書，検案書又は死亡証書に虚偽の記載をしたときは，3年以下の禁錮又は30万円以下の罰金に処する（160条）。

本罪は私文書の無形偽造を例外的に処罰するものである[*]。医師の診断書等は権利・義務の得喪・変更に重大な関係を有することが多いためとくに規定されたものである。

主体は医師である（身分犯）。歯科医師も含まれると解すべきであろう（大塚487頁）。ただし，医師が同時に公務員である場合には本罪ではなく156条の罪が成立する。

客体は，公務所に提出すべき診断書，検案書，死亡証書である。「公務所に提出すべき」とは，提出が法令上義務づけられている場合に限る見解もあるが（藤木155頁），公務所への提出が予定されている場合も含むと解すべきである。埋葬許可のため市役所に提出する死亡診断書，入学のため国公立学校法人へ提出する健康診断書などがその例である。医師が自ら提出することを必要としないことは当然である。検案書とは死体検案書をいう。死亡証書とは主治医による死亡診断書（医師法20条）のことである。

虚偽とは客観的事実に反することをいい，病状，死因，死亡の日時等につき真実と異なる内容を記載した時点で本罪が成立する。

* **特別法**　特別法においては，私文書の無形偽造を処罰する規定が多い。政治資金規正法24条，所得税法242条，国家公務員法110条1項5号など参照。

9　偽造私文書等行使罪

前二条〔159条・160条〕の文書又は図画を行使した者は，その文書若しくは

図画を偽造し，若しくは変造し，又は虚偽の記載をした者と同一の刑に処する（161条1項）。未遂を罰する（同条2項）。

本罪は，偽造・変造された私文書，私図画を行使する行為，虚偽診断書を公務所に提出する行為を偽造，変造，虚偽記載と同様に処罰するものである。行使の意義については，前述偽造公文書等行使罪の項（391頁以下）参照。本罪と私文書偽造・変造罪，さらに，本罪と詐欺罪とは牽連犯である。もっとも，銀行の職員が相手方から金銭を詐取した後に，偽造の質権設定承諾書を交付した事例につき，詐欺罪と本罪の（混合的）包括一罪を認めた裁判例がある（東京地判平成4・4・21判時1424号141頁）。

10 電磁的記録不正作出・供用罪

人の事務処理を誤らせる目的で，その事務処理の用に供する権利，義務又は事実証明に関する電磁的記録を不正に作った者は，5年以下の懲役又は50万円以下の罰金に処する（161条の2第1項）。前項の罪が公務所又は公務員により作られるべき電磁的記録に係るときは，10年以下の懲役又は100万円以下の罰金に処する（同条2項）。不正に作られた権利，義務又は事実証明に関する電磁的記録を，第1項の目的で，人の事務処理の用に供した者は，その電磁的記録を不正に作った者と同一の刑に処する（同条3項）。前項の罪の未遂は，罰する（同条4項）。

1 意 義

本条は，すでに述べたとおり昭和62年の改正により新設されたものである。この改正前に問題となったのは，①自動車登録ファイルが旧157条の公正証書の原本にあたるか，②キャッシュカードの磁気ストライプ部分が159条の私文書にあたるかであったが，①については，最高裁が，理由づけを示すことなく原本性を肯定していた（最決昭和58・11・24刑集37巻9号1538頁）。②については，下級審判例が，読み取り機による磁気情報部分の再生可能性を理由に私文書性を肯定していた（大阪地判昭和57・9・9判時1067号159頁＝近畿相互銀行事件）。しかし，学説では，文書は可視性，可読性を要件とするとの反対説も強かったし，検察実務においても，ホワイトカードに偽造した磁気情報を貼付して，ATM機から現金を引き出した事例（札幌地判昭和59・

第4節　文書偽造の罪　**10　電磁的記録不正作出・供用罪**　*403*

3・27判時1116号143頁＝北海道銀行事件）においては，私文書偽造による起訴は見送られていたのである。このような状況の中で，問題を立法的に解決したのが本条である。本条は，私電磁的記録不正作出罪（1項），公電磁的記録不正作出罪（2項），不正作出電磁的記録供用罪（3項）とその未遂罪（4項）を規定している。その保護法益は，電磁的記録の証明機能である。規定の実体は，ほぼ文書偽造罪に対応しているが，文書と異なり，その作成過程に複数の者が関わること，一定のシステムの下で用いられることにより本来の証明機能を果たすことなどから，文書と同様の作成名義を観念することが困難なため，偽造，変造，虚偽作成などの概念の代わりに不正作出という概念が用いられている。

2　客　体

本罪の客体は，人の事務処理の用に供する権利，義務または事実証明に関する電磁的記録である（私電磁的記録）。電磁的記録とは，「電子的方式，磁気的方式その他人の知覚によっては認識することができない方式で作られる記録であって，電子計算機による情報処理の用に供されるものをいう」（7条の2）。磁気テープ，磁気ディスク，IC メモリーなどが，その例である。事務処理は，その性質を問わない。「権利，義務又は事実証明に関する」とは，私文書偽造罪（159条）と同じ意味である。権利・義務に関する電磁的記録としては，銀行の預金元帳ファイル，乗車券・馬券の裏の磁気情報部分（馬券につき，甲府地判平成元・3・31判時1311号160頁〔491〕）などがある。テレホンカードなどのプリペイドカードも本条1項の電磁的記録に含まれると解すべきであるが，かつての判例は，これを有価証券にあたるとしていたことはすでに述べたとおりである（前述361頁以下参照）。事実証明に関する電磁的記録としては，キャッシュカードの磁気ストライプ部分の記録（東京地判平成元・2・17判タ700号279頁，東京地判平成元・2・22判時1308号161頁），売掛金その他の会計帳簿ファイルの記録，パソコン通信のホストコンピュータ内の顧客データベースファイル（京都地判平成9・5・9判時1613号157頁）などがある。以上に対し，プログラムは，コンピュータに対するコマンドの組合わせの記録にすぎないから，本条にいう電磁的記録にはあたらない（米澤編〔鶴田＝横畠〕86頁）。

電磁的記録が，公務所または公務員によって作られるべきものである場

404 第3編 社会的法益に対する罪 第2章 取引の安全に対する罪

合（公電磁的記録）には，公文書偽造罪に対応して刑が加重されている。それは，公電磁的記録が私電磁的記録よりも社会的信用性が高く，より重要な役割を果たしていることを考慮したものである（米澤編〔鶴田=横畠〕82頁）。公電磁的記録としては，自動車登録ファイル，不動産登記ファイル，運転者管理マスターファイル，住民票ファイル（仙台地判平成2・9・11刑事裁判資料273号197頁）などがある。

3 行 為

行為は，他人の事務処理を誤らせる目的で（目的犯），**2**に述べた電磁的記録を不正に作出すること（不正作出）である。

「事務処理を誤らせる目的」とは，不正に作出された電磁的記録が用いられる結果，事務処理に過誤を生ぜしめることをいう。したがって，他人の電磁的記録を不正にコピーする行為（情報の不正入手行為）は，内容が同一であるかぎり事務処理を誤らせることはないので本罪からは除外されることになる（米澤編〔鶴田=横畠〕82頁）。文書偽造罪における「行使の目的」という用語が使われなかったのもこの点を考慮したためである。

本条の立案当局によれば，不正作出とは，作出権限なく，または，作出権限を濫用して電磁的記録を作成することをいうとされている（米澤編〔鶴田=横畠〕87頁）。すなわち，一定の作出権限を有する者であっても，当該コンピュータの設置運営主体の意思に反するような虚偽の電磁的記録を作成する場合は，権限の濫用として不正作出にあたる。それゆえ，銀行において入出金データの入力を任されている者が虚偽の入金データを入力する行為は設置運営主体である銀行の意思に反するものとして，不正作出にあたることになる。これに対して，設置運営主体そのものが虚偽の電磁的記録を作成する場合，たとえば，個人の営業主が脱税のために虚偽の帳簿ファイルを作成することは本罪にあたらないとされているが（米澤編〔鶴田=横畠〕88頁），きわめて限定された場合に限られよう。

不正作出の意義を，このように解する場合，本罪は，公文書については従来の処罰範囲に対応する反面，私文書については従来原則的に不可罰であった無形偽造を取り込むことになる（山口厚「電磁的記録と文書犯罪規定の改正」ジュリ885号8頁，中森喜彦「コンピュータ犯罪と刑法の一部改正」法教81号91頁）。それゆえ，本罪は，コンピュータによる情報処理の正確性を侵害する罪として

の性格を有することになるのである。これに対して，学説では，本罪にいう不正作出を権限のない場合に限定する見解もあるが（大谷477頁，曽根255頁，平川457頁），それでは逆に公文書の虚偽作成に対応する場合が本罪で処罰されないことになり妥当でないというべきであろう（中森229頁）。さらに，「義務に反して虚偽の記録を作出するのは，常に，無権限作出と解してよい」とするのであれば（大谷實「コンピュータ関連犯罪と刑法の一部改正㊥」判タ645号38頁），権限濫用を不正作出に含めることに帰着するように思われる。

これまでに本罪の成立が認められた例として，1項につき，はずれ馬券の裏の磁気情報部分の改ざん（前掲甲府地判平成元・3・31），キャッシュカードの磁気ストライプ部分の預金情報の改ざん（前掲東京地判平成元・2・17），パソコン通信のホストコンピュータ内の顧客データベースファイルの改ざん（前掲京都地判平成9・5・9），2項につき，市の職員による住民票ファイルへの不実記載（前掲仙台地判平成2・9・11）がある。

4 供 用

本条3項は，不正に作出された権利，義務または事実証明に関する私電磁的記録または公電磁的記録を，人の事務処理を誤らせる目的で，その事務処理の用に供する行為を，その客体に応じて不正作出と同様に処罰する。その未遂も処罰される（4項）。

本罪の客体は，不正に作出された電磁的記録である。供用者自身が不正に作出したものである必要はなく，また，不正作出の時点で人の事務処理を誤らせる目的が存在したことも必要ではない。事務処理の用に供する（供用）とは，不正に作出された電磁的記録を他人のコンピュータで使用しうる状態に置くことをいう。供用行為を開始したとき実行の着手があり，それが完了したとき既遂となる。たとえば，不正に作出されたキャッシュカードをATM機に差し込もうとしたときが着手であり，差し込んでコンピュータが記録を読み取ることが可能となったときが既遂である。これに対して，銀行の顧客元帳ファイルや住民票ファイルのような備付け型の電磁的記録の場合には，不正に虚偽の情報を入力し終わったとき供用行為も既遂に達することになる。ただし，備付け型であっても，別の場所で不正作出する場合には，これを他人のコンピュータに設置しようとしたときが着手であり，完了したとき既遂となる。

第5節　印章偽造の罪

1　総　説

　刑法典第19章「印章偽造の罪」は印章および署名の真正に対する公共の信用を保護するために，御璽偽造・不正使用等の罪（164条），公印偽造・不正使用等の罪（165条），公記号偽造・不正使用等の罪（166条），私印偽造・不正使用等の罪（167条），各不正使用罪の未遂罪（168条）を処罰しているが，その処罰対象とされている行為はいずれも印章等の偽造，印章等の不正使用，偽造された印章等の使用である。印章および署名は，人や公務所，公務員の同一性すなわち文書の名義人と作成者の同一性，書画の作成者の同一性，特定の物と人や公務所との関係などを表示するものであり，社会生活や取引関係においてきわめて重要な役割を果たしている。したがって，その真正に対する公共の信用を保護することは，事実証明や取引の安全の保護にとっても重要となるのである。また，すでにみたように，文書偽造罪が有印公文書偽造罪，有印私文書偽造罪を重く処罰していることからもわかるように，印章および署名の偽造等は文書偽造罪の一部として行われることが多い。この場合，文書偽造罪が既遂になれば，印章偽造等の罪は吸収されて独立の犯罪を構成することはない。したがって，「印章偽造の罪」は，未遂罪を処罰しない文書偽造罪さらには有価証券偽造罪の未遂犯を処罰するという機能をも果たすことになるのである（団藤301頁）。

2　印章・署名・記号の意義

　印章とは，人の同一性を証明するための一定の象形をいう。氏名が一般的であるが，拇印や花押（大判昭和12・12・14刑集16巻1603頁），雅印（大判大正3・6・3刑録20輯1108頁）も印章にあたる。印章の意義について，判例と通説は大きく対立している。判例によれば，印章とは印鑑（判子，印形）と印鑑を押捺した場合の印影の双方を含むと解している（大判明治43・11・21刑録16輯2093頁，大判大正3・10・30刑録20輯1980頁）。したがって，行使の目的で公務員や他人の印鑑を偽造した段階で印章偽造罪が成立することになる。学説でも，

165条以下の不正使用罪等の文理解釈として合理的であること（小西秀宣・大コンメ8巻311頁），印鑑がわが国の社会生活において重要な位置を占めること等を理由に判例を支持する見解（植松184頁，中野次雄・ポケット註釈396頁，香川259頁）も有力である。しかし，人の同一性を証明するのは，印鑑自体ではなく，あくまでも印影であること，印鑑に有合せ印（三文判）も含む（大判大正5・12・11刑録22輯1856頁）とすると，有合せ印の購入の時点で印章偽造罪が既遂になりかねないこと，印鑑の偽造は印影の偽造の予備行為にすぎないこと等を考慮すれば，やはり通説のように，印章とは印影のみを意味すると解すべきであろう。

　署名とは，自己を表彰する文字により氏名その他の呼称を表記したものをいう（前掲大判大正5・12・11）。商号（大判明治43・3・10刑録16輯414頁），屋号（大判明治43・9・30刑録16輯1572頁〔480〕），雅号（大判大正2・3・10刑録19輯327頁）などを表記した場合も署名にあたる。ゴム印や印刷による記名も署名にあたるとするのが判例である（大判大正2・9・5刑録19輯853頁）。学説は，自署に限定する説と記名も含むという説に分かれているが，主体の同一性が表示されていれば足りること，公務所の署名（165条1項）とは記名であること，株券等の署名も現実には印刷による記名であること等を考慮すれば，記名を含むと解すべきであるように思われる。

　以上の印章・署名は，権利・義務の証明に関するものである必要はないが，法律上あるいは取引上重要性を有するものでなければならない（通説）。判例は，書画の落款（大判大正14・10・10刑集4巻599頁），封筒裏面の氏名（大判昭和8・12・6刑集12巻2226頁）なども印章・署名にあたるとしている。

　印章・署名と省略文書との区別も問題となる。たとえば，郵便局の日付印は，その形態からみれば印章のようにも思われるが，一定の期日に受け付けたという事実を証明するものだとすれば，単に人の同一性を超えた内容の文書とみるべきことになる。判例は，このような見地から，郵便局の日付印を公文書と解している（大判昭和3・10・9刑集7巻683頁〔481〕）。物品税を課せられるべき物品である旨を表示する物品税表示証紙（最決昭和35・3・10刑集14巻3号333頁）についても同様である。この考え方によれば，書画の署名でも「甲書」と「甲写」のように意味が大きく異なる場合には署名ではなく私文書として扱うべきことになる（平野264頁）。これに対して，印

章・署名だけの場合と同視しうる程度に簡略化された形の文書は印章・署名だけの場合と同一に扱うべきであるとする見解も有力である（団藤301頁，平川470頁）。しかし，単に人の同一性を超えて一定の意味内容をもつ以上は，たといいかに省略されていても文書と解すべきように思われる。

　印章と公記号（166条）との区別も問題となる。印章は人の同一性を表示するのに対し，記号は一定の事実を証明・表示するものと解するのが通説である。判例も当初はこのような見解をとっていた[1]。しかし，その後，判例は，使用の目的物が文書である場合が印章，それ以外の場合が記号とする見解をとるようになった[2]。公記号の偽造等が印章の偽造等よりも軽く処罰されている趣旨を考慮すれば，通説の見解が妥当であろう。

3　偽造・使用の意義

　本章の罪の行為は，行使の目的による印章等の偽造，および，印章等の不正使用，偽造された印章等の使用である。偽造とは，権限がないのに，他人の印鑑等の印影，署名，公務所の記号を物体上に顕出させることをいう。偽造印，三文判等を使用する場合のほか，真正な印鑑を盗捺する場合も含まれると解すべきであろう（団藤305頁）。判例によれば，偽造印の作成自体も印章偽造になるとされるが（大判昭和8・8・23刑集12巻1434頁），前述のように，印章を印影に限定するとすれば，これは印章偽造の予備行為でしかないということになる。使用とは他人に対して用いること，すなわち，他人が閲覧可能な状態に置くことをいう。この場合には未遂を罰する。単に印影等を顕出させただけでは印章偽造にはなっても，使用罪等の未遂にはならないとするのが判例である（大判昭和4・11・1刑集8巻557頁）。使用罪は，真正に顕出された印影等を権限なく不正に使用する場合と偽造された印影等を使用する場合とに分かれる。

1）　税関の名称のない日付印につき，大判明治42・9・23刑録15輯1155頁，立木の伐採終了の検印につき，大判明治43・6・20刑録16輯1225頁。

2）　大判大正3・11・4刑録20輯2008頁，選挙管理委員会による選挙ポスターの検印につき，最判昭和30・1・11刑集9巻1号25頁。

4 御璽等偽造・不正使用罪

行使の目的で，御璽，国璽又は御名を偽造した者は，2年以上の有期懲役に処する（164条1項）。御璽，国璽若しくは御名を不正に使用し，又は偽造した御璽，国璽若しくは御名を使用した者も，前項と同様とする（同条2項）。本条2項については，未遂を罰する（168条）。

御璽とは天皇の印章の印影，国璽とは日本国の印章の印影，御名とは天皇の署名をいう。その他については前述のところ参照。

5 公印等偽造・不正使用罪

行使の目的で，公務所又は公務員の印章又は署名を偽造した者は，3月以上5年以下の懲役に処する（165条1項）。公務所若しくは公務員の印章若しくは署名を不正に使用し，又は偽造した公務所若しくは公務員の印章若しくは署名を使用した者も，前項と同様とする（同条2項）。本条2項については，未遂を罰する（168条）。

公務所の意義については，前述383頁参照。公務員の意義については，後述444頁以下参照。ここでも，印章とは印影のことである。公務所の署名とは，すでに述べたように記名を含む。その他については前述のところ参照。

6 公記号偽造・不正使用罪

行使の目的で，公務所の記号を偽造した者は，3年以下の懲役に処する（166条1項）。公務所の記号を不正に使用し，又は偽造した公務所の記号を使用した者も，前項と同様とする（同条2項）。本条2項については，未遂を罰する（168条）。

本条の意義については，前述のところ参照。

410　第3編　社会的法益に対する罪　　第2章　取引の安全に対する罪

7　私印偽造・不正使用罪

> 　行使の目的で，他人の印章又は署名を偽造した者は，3年以下の懲役に処する（167条1項）。他人の印章若しくは署名を不正に使用し，又は偽造した印章若しくは署名を使用した者も，前項と同様とする（同条2項）。本条2項については，未遂を罰する（168条）。

　「他人の印章又は署名」とは，公務所もしくは公務員の印章または署名および自己の印章または署名以外のものをいう。判例は，本罪の印章に記号も含まれるとするが（大判大正3・11・4刑録20輯2008頁），刑法典が記号と印章を区別している以上否定すべきであろう（通説）。その他については前述のところ参照。

第6節　不正指令電磁的記録に関する罪

1　総　　説

　刑法典第19章の2「不正指令電磁的記録に関する罪」は，平成13 (2001)
年に欧州評議会で採択された「サイバー犯罪条約」に加盟するための国内
担保法として平成23年の刑法一部改正により新設されたものである。[1] 本章
の罪は，コンピュータネットワークが全世界的な規模で展開している現状
から，コンピュータウイルス[*]のもたらす被害が，単なる個人に対する業務
妨害という性質を超えて，コンピュータネットワークによる情報処理シス
テムという社会的（場合によっては国家的）インフラを破壊する危険さえ有
していることを重視して設けられたものである。このため，本章の罪は，
社会的法益に対する罪とされ，条文の位置も文書犯罪の中に置かれている。

　＊　コンピュータウイルス　　人のコンピュータシステムの破壊やいたずら目的で不
　　正に作られた特殊なプログラムをいう。多くのウイルスが，感染のために，自分自
　　身を複製する仕組みを持ち，ウイルスが埋め込まれた電子メールやホームページの
　　閲覧を通して次々と増殖する。最近はインターネットの普及に伴い，電子メールを
　　プレビューしただけで感染するものや，ホームページを閲覧しただけで感染するも
　　のも増えている。ウイルスの中には，何らかのメッセージや画像を表示するだけの
　　ものもあるが，危険度が高いものの中には，ハードディスクに格納されているファ
　　イルを消去したり，コンピュータが起動できないようにしたり，パスワードなどの
　　データを外部に自動的に送信したりするタイプのものもある。そして，ウイルスと
　　いう名称からも分かるように，多くのコンピュータウイルスは増殖するための仕組

---

1)　この改正案は，すでに平成15年の法制審議会刑事法（ハイテク犯罪関係）部会において
　　法務大臣からの諮問第63号に対する答申として提出された改正要綱骨子において，その原型
　　は決定されていたものである。ただ，その他の改正事項，とくに組織犯罪処罰法への「共謀
　　罪」の導入を含んでいたために反対論が根強く，幾度も継続審議や廃案になった末，平成23
　　年の通常国会においてようやく成立したという経緯を持っている。平成15年の答申について
　　の解説として，北村篤「ハイテク犯罪に対処するための刑事法の整備に関する要綱（骨子）」
　　ジュリ1257号6頁以下，山口厚「サイバー犯罪に対する実体法的対応」ジュリ1257号15頁以
　　下参照。平成23年の改正については，「特集情報処理の高度化等に対処するための刑法等の
　　改正」ジュリ1431号における，吉田雅之「法改正の経緯及び概要」，今井猛嘉「実体法の視
　　点から」参照。

412　第3編　社会的法益に対する罪　　第2章　取引の安全に対する罪

みを持っており，たとえば，コンピュータ内のファイルに自動的に感染したり，ネットワークに接続している他のコンピュータのファイルに自動的に感染したりするなどの方法で自己増殖する。このため，世界中にウイルスが蔓延する大きな原因となっている。コンピュータウイルスによる攻撃により各国の政府機関やIMFのような国際機関が被害を受けているほか，私企業についても，わが国で平成23年9月に発覚した三菱重工業事件のような機密情報の流出事件が続発している。[2]

2　不正指令電磁的記録作成等の罪

> 　正当な理由がないのに，人の電子計算機における実行の用に供する目的で，次に掲げる電磁的記録その他の記録を作成し，又は提供した者は，3年以下の懲役又は50万円以下の罰金に処する。(1)人が電子計算機を使用するに際してその意図に沿うべき動作をさせず，又はその意図に反する動作をさせるべき不正な指令を与える電磁的記録。(2)前号に掲げるもののほか，同号の不正な指令を記述した電磁的記録その他の記録（168条の2第1項）。正当な理由がないのに，前項第1号に掲げる電磁的記録を人の電子計算機における実行の用に供した者も，同項と同様とする（同条2項）。前項の罪の未遂は，罰する（同条3項）。

1　保護法益

　コンピュータウイルスに感染し発症すれば，コンピュータデータの損壊，消去，外部への送信等による情報侵害などの結果が発生する。これらは，不正アクセス禁止法違反の罪，電子計算機損壊業務妨害罪，公用・私用電磁的記録損壊罪，不正競争防止法における営業秘密侵害罪などに該当することになる。それゆえ，コンピュータウイルス作成行為は，これらの犯罪の予備行為とも捉えうる点で個人法益に対する罪と解することも可能である。しかし，現代社会においては，世界的な規模でコンピュータネットワークが政治，経済，社会活動の重要なインフラとなっていることを考慮すると，コンピュータプログラムが健全に機能していることに対する社会一般の信頼を保護法益とする方が実体に即しているともいえよう。このため，

2）　コンピュータウイルスの詳細については，加賀谷伸一郎「コンピューターに感染する不正プログラムの現状」罪と罰48巻4号39頁以下参照。

今回の改正において，本罪は社会的法益に対する罪として文書偽造罪の一つとして位置づけられたのである。

2　客　体

本罪の客体は，まず，1項1号にいうコンピュータウイルスである。1号にいう「電子計算機」には，パーソナルコンピュータ等のほか同様の機能を有する携帯電話も含まれる。「意図に反する」とは，当該コンピュータプログラムの機能が一般的・類型的な使用者の意図に反するものをいう。それゆえ，たとえば，コンピュータデータを消去するプログラムであっても，その内容が公開ないし販売されており，使用者がその旨を知って使用することが前提となっている場合には「意図に反する」にはあたらない。また，「不正な指令」か否かは，そのプログラムの機能を考慮した場合に社会的に許容しうるものであるかという点が判断基準となる。たとえば，使用者のサイト閲覧の履歴から，使用者の嗜好に応じたバナー広告を表示させるアドウェアーなどは「不正な指令」からは除かれると解してよいが，詐欺目的のワンクリックウエアーなどは含まれることとなろう。1項2号にいう「同号の不正な指令を記述した電磁的記録その他の記録」とは，内容的にはコンピュータウイルスとして実質的に完成しているが，そのままではいまだ電子計算機において動作させる状態にないものをいう。たとえば，不正なプログラムのソースコードを記録した電磁的記録や，その内容を紙媒体に印刷したものなどがこれにあたる。

3　行　為

本罪の行為は，「正当な理由がないのに」「人の電子計算機における実行の用に供する目的で」コンピュータウイルスを作成，提供する行為（1項）および「正当な理由がないのに」コンピュータウイルスを人の電子計算機における実行の用に供する行為（2項の供用行為）である。また，2項については未遂も処罰される（3項）。

「正当な理由がなく」という文言は，国会審議の際に追加されたものである。たとえば，ウイルス対策ソフトの開発・作成のため自己または承諾を受けた他人の電子計算機において作動させるものとしてコンピュータウイルスを作成する行為は「供用目的」が欠けることになるが，この場合に本罪が成立しないことを一層明確にするために，この要件が付加されたも

414　第3編　社会的法益に対する罪　　第2章　取引の安全に対する罪

のである。他方，いわゆるプログラム作成の過程において多少の誤りや不具合であるプログラムバグが含まれている可能性を完全に排除することはできない。しかし，このようなバグを含んだコンピュータプログラムを作成する行為は，「不正な」の要件を欠くといえるし，また，本罪が故意犯であることから，作成段階でバグの存在を認識していない作成者には本罪の故意が欠けるともいえ，いずれにしても本罪は不成立である。

3　不正指令電磁的記録取得等の罪

> 　正当な理由がないのに，前条第1項の目的で，同項各号に掲げる電磁的記録その他の記録を取得し，又は保管した者は，2年以下の懲役又は30万円以下の罰金に処する（168条の3）。

　本条は，「正当な理由がないのに」「前条第1項の目的で」行われるコンピュータウイルス等の取得行為，保管行為を処罰するものである。「取得」とは，コンピュータウイルス等であることを知った上で，これを自己の支配下に移す一切の行為をいい，「保管」とは，コンピュータウイルス等を自己の実力支配内に置いておくことをいう。[4]

3）　吉田・前注1）22頁，園田寿・情報社会と刑法62頁以下（2011）参照。
4）　平成23年改正施行後に，略式命令ではあるが，初めて保管罪の成立を肯定した例として，東京簡判平成23・8・5公刊物未登載がある。

第3章　風俗に対する罪

　刑法典は，性生活，経済生活，宗教生活における社会的風俗・慣習を維持するために一定の行為を処罰の対象としている。第22章「わいせつ，強制性交等及び重婚の罪」，第23章「賭博及び富くじに関する罪」，第24章「礼拝所及び墳墓に関する罪」がそれである。それは，一種の精神的社会環境を保護するものともいえるが（団藤309頁），同時に，一定の社会倫理・道徳を強制するという側面をもつがゆえに，「被害者のない犯罪」として非犯罪化すべきであるという主張もなされていることに注意する必要がある。

416 第3編 社会的法益に対する罪 第3章 風俗に対する罪

第1節 わいせつおよび重婚の罪

1 総 説

1 刑法典第22章「わいせつ，強制性交等及び重婚の罪」は，強制わいせつ罪 (176条)，強制性交等罪 (177条) 等の性的自己決定の自由に対する罪を含んでいるが，これらの罪は，すでに述べたように個人的法益としての自由に対する罪に編別されるべきものであるから (74頁)，本節の対象は第22章の中の性的風俗に対する罪である公然わいせつ罪 (174条)，わいせつ物頒布罪 (175条)，淫行勧誘罪 (182条)，重婚罪 (184条) に限定される。なお，姦通罪 (183条) は婚姻中の妻による姦通のみを処罰していたが，男女平等に反するという理由で昭和22年の改正により削除されている。

2 通説・判例は，わいせつ罪の保護法益を健全な性的風俗，性道徳，性秩序の維持と解している (団藤310頁，最大判昭和32・3・13刑集11巻3号997頁＝チャタレイ事件)。これに対して，価値観の多様化した現代社会において，一定の性道徳を刑法によって強制することは妥当でないとして，成人の自由意思に基づくかぎり，わいせつ罪は不可罰とすべきであり，ただ，見たくない者の自由の侵害と性的に未発達な青少年の保護という観点からのみわいせつ罪の処罰が正当化されるとする見解も有力になっている (平野271頁)。基本的には妥当な見解であるが，現行法の解釈論としては無理があると思われる。[1] 判例も「刑法175条が，所論のように他人の見たくない権利を侵害した場合や未成年者に対する配慮を欠いた販売等の行為のみに適用されるとの限定解釈をしなければ違憲となるものではない」として明確にこの立場を否定している (最判昭和58・10・27刑集37巻8号1294頁)。

2 わいせつの意義と判断方法

わいせつの意義につき，判例は，「徒らに性慾を興奮又は刺激せしめ且

---

1) 解釈論として，この見解をとるものとして，田中久智・マスコミ判例百選（第2版）32頁（1985），内田文昭＝長井圓「性表現と刑法」石原一彦ほか編・現代刑罰法大系4巻257頁以下（1982），林美月子「性的自由・性表現に関する罪」現代的展開58頁以下参照。

つ普通人の正常な性的羞恥心を害し善良な性的道義観念に反するもの」と定義し（最判昭和26・5・10刑集5巻6号1026頁＝サンデー娯楽事件，前掲最大判昭和32・3・13＝チャタレイ事件），その判断は社会通念すなわち平均的一般人の意識を基準として行われるべきものと解している（前掲最大判昭和32・3・13＝チャタレイ事件）。

　また，わいせつ性の判断方法について，前掲チャタレイ事件判決は，部分的・絶対的わいせつ概念をとっていた。すなわち，文書や図画に部分的にせよわいせつな表現があれば，その文書等がたとえ高度の芸術性，科学性を有するものであってもわいせつ性を失うものではないとされたのである。しかし，その後の判例は，憲法21条の表現の自由との関連において一定限度でわいせつ性の判断を緩和する方向へ向かっている。すなわち，まず，悪徳の栄え事件判決においては，全体的考察方法をとり，文書のもつ芸術性，思想性が性的刺激を減少，緩和させて刑法が処罰の対象とする程度以下にわいせつ性を解消させることがありうることが認められた（最大判昭和44・10・15刑集23巻10号1239頁）。つぎに，四畳半襖の下張り事件判決においては，性的表現の程度や手法，文書全体に占める比重，文書の思想性や芸術性による性的刺激の緩和の程度などの観点から「文書を全体としてみたときに，主として，読者の好色的興味にうったえるものと認められるか否か」によって判断すべきものとされたのである（最判昭和55・11・28刑集34巻6号433頁，同旨，最判昭和58・3・8刑集37巻2号15頁）。

　このように，判例の傾向は，わいせつ処罰限定の方向にあるといってよい。しかし，その基準はなお明確とはいいがたく，また，読者の好色的興味に訴えることを主眼とした娯楽作品としての性的表現物の処罰範囲を限定する論理としては有効性をもたないといえよう。この点で，下級審判例[2]が，社会通念の可変性を根拠にわいせつ性の判断を事実認定の問題に還元し，警察による現実の取締りの状況や社会による受容の状況を判断基準とする見解を示しているのは注目に値しよう。また，近時の学説で有力となっている端的な春本・春画（いわゆるハード・コア・ポルノ）のみをわいせ

　2）　このような観点から，わいせつ罪の成立を否定したものとして，東京地判昭和50・11・26判時951号28頁＝日活ロマンポルノ事件，東京地判昭和54・10・19刑月11巻10号1247頁＝愛のコリーダ事件。

418 第3編 社会的法益に対する罪 第3章 風俗に対する罪

つとする見解も，わいせつ性判断の客観的明確性を確保するとともに，文芸作品と娯楽作品の双方に共通する処罰限定の論理として基本的には妥当な方向を示すものである。しかし，そのことは，同時に，その程度に至らないいわゆる準ハード・コア・ポルノについては，広く青少年や見たくない人の目に触れることを許容することになるという矛盾を含んでいる。この点を考慮すれば，準ハード・コア・ポルノについては，わいせつ性を肯定した上で，その販売，展示，広告の方法・態様，対象となった人の範囲や購買層，観客層との関係で可罰的違法性の阻却を認める方向が妥当であるように思われる（西田典之「判批」警研53巻7号45頁以下参照）。

3 公然わいせつ罪

> 公然とわいせつな行為をした者は，6月以下の懲役若しくは30万円以下の罰金又は拘留若しくは科料に処する（174条）。

「公然と」とは，わいせつ行為を不特定または多数人が認識できる状態をいう（最決昭和32・5・22刑集11巻5号1526頁）。たとえば，全裸で往来を歩く行為や多数の観客にわいせつ行為を観賞させる行為がその典型である（なお，軽犯罪法1条20号参照）。ただし，特定かつ少数の者にわいせつ行為を見せた場合でも，それが不特定多数の人を勧誘した結果であれば公然性を認めるのが判例である[4]。これに対して，わいせつ罪の保護法益を見たくない人の自由と捉える立場から，わいせつ行為を認識することに対して同意がある場合，成人について本罪（さらには，わいせつ物販売罪等）の成立を否定する見解もあるが（内田=長井・前掲282頁，林美月子・前掲65頁），すでに述べたように現行法の解釈としては無理であろう。

劇場等でわいせつ行為を観賞させる行為については，わいせつな映画等を観賞させた場合に，より重いわいせつ物陳列罪（175条）が成立することとの均衡から，同様にわいせつ物陳列罪の成立を認めるべきだとする見解

3） 藤木・各論117頁，大谷519頁，中森246頁。なお，前掲最判昭和58・3・8における伊藤正己裁判官の補足意見参照。

4） 最決昭和31・3・6裁集112号601頁。これに対し，行為の反復意思を要求する見解として，大谷519頁，中森246頁がある。

もあるが (植松206頁)，人をわいせつ「物」とすることはできないというべきであろう (平野271頁)。

4　わいせつ物頒布等の罪

> 　わいせつな文書，図画，電磁的記録に係る記録媒体その他の物を頒布し，又は公然と陳列した者は，2年以下の懲役若しくは250万円以下の罰金若しくは科料に処し，又は懲役及び罰金を併科する。電気通信の送信によりわいせつな電磁的記録その他の記録を頒布した者も，同様とする (175条1項)。有償で頒布する目的で，前項の物を所持し，又は同項の電磁的記録を保管した者も，同項と同様とする (同条2項)。

　(1)　本条は，近時，問題となっているサイバーポルノに対応するため，平成23年に一部改正された。本条1項前段は，旧175条1項に「電磁的記録に係る記録媒体」を追加した点，頒布・販売から有償・無償を問わず不特定，多数人に交付するという意味での「頒布」に一本化した点，懲役と罰金の併科を可能にした点で改正を加えている。これにより，わいせつな情報そのものが「わいせつ物」にあたるとした下級審裁判例は否定され，わいせつ情報を蔵置するコンピュータのハードディスク等がわいせつ物にあたるという後述の最高裁判例が維持されたことになる。さらに，後段は，その他のサイバーポルノに対処するための規定である。つぎに，本条2項は，「有償で頒布する目的」でわいせつ物を所持する行為，わいせつな電磁的記録を保管する行為を処罰する。1項の行為が頒布に統一されることにより，旧175条の「販売目的」が修正されている (改正の内容については，北村篤「ハイテク犯罪に対処するための刑事法の整備に関する要綱 (骨子)」ジュリ1257号6頁以下，山口厚「サイバー犯罪に対する実体法的対応」ジュリ1257号15頁以下参照)。

　(2)　本罪の客体は，わいせつな文書，図画，その他の物であった。図画には，①未現像の映画フィルム (名古屋高判昭和41・3・10高刑19巻2号104頁)，②ビデオテープ (最決昭和54・11・19刑集33巻7号754頁) を含み，その他の物には，③録音テープ (東京高判昭和46・12・23高刑24巻4号789頁)，④ダイヤルQ^{2}に接続されたデジタル信号による録音再生機 (大阪地判平成3・12・2判時1411号128頁) を含むとするのが判例であった (塩見淳「猥褻物と猥褻情報」判タ874号58頁参照)。

420　第3編　社会的法益に対する罪　　第3章　風俗に対する罪

さらに，最近では，⑤パソコンネットにおけるわいせつ画像のデータを記憶・蔵置させたコンピュータのハードディスク自体がわいせつ図画（東京地判平成8・4・22判時1597号151頁，大阪高判平成11・8・26高刑52巻1号42頁）あるいはわいせつ物（京都地判平成9・9・24判時1638号160頁）にあたるとする下級審裁判例が続出していたが，⑥最高裁もこれを是認していた[5]（最決平成13・7・16刑集55巻5号317頁〔532〕）。このように，従来の判例は，あくまでもなんらかの有体物がわいせつ物であるという線にとどまっていたが，今回の改正前には，コンピュータのハードディスクについて「有体物としてのコンピュータはなんらわいせつ性のない物であり，これをわいせつ物であるということはあまりに不自然かつ技巧的である」として，正面から「情報としての画像データ」自体がわいせつ図画にあたるという判断を示す下級審裁判例も現れるに至っており[6]，そのような判断を支持する見解も有力だったのである（堀内捷三「インターネットとポルノグラフィー」研修588号3頁，前田雅英「判批」都立大学法学会雑誌38巻1号607頁）。しかし，平成23年改正は，本条に「電磁的記録に係る記録媒体」を追加することにより，「情報としての画像データ」までを「わいせつ物」に含めるという解釈を否定したといえよう。ただし，「電磁的記録に係る記録媒体」の追加により，コンピュータのハードディスクなどは，今後，電磁的記録に係る記録媒体に含まれることになろう（井田500頁）。

(3)　行為は，わいせつ物の頒布，公然陳列，有償の頒布目的の所持である。頒布，公然陳列の相手方となる行為は，当然に予想される関与行為であるのに処罰規定がない以上，必要的共犯として不可罰である[*]。さらに，(1)で述べたように，電気通信の送信によりわいせつな電磁的記録その他の記録を頒布する行為も処罰されることとなる。

　「頒布」とは，不特定または多数の者に有償または無償で交付すること

---

5)　その他の判例の状況については，園田寿「わいせつの電子的存在について」関西大学法学論集47巻4号1頁，山口厚「コンピュータ・ネットワークと犯罪」ジュリ1117号73頁，佐久間修「ネットワーク犯罪におけるわいせつ物の公然陳列」西原春夫先生古稀祝賀論文集3巻217頁（1998），前田雅英「ハイテク犯罪の現状と課題」ジュリ1140号92頁等参照。

6)　岡山地判平成9・12・15判時1641号158頁。この裁判例は，同時に，マスク処理した画像データであっても，マスクを容易に取り外せる場合にはわいせつ図画にあたるという判断も示している。同旨，横浜地川崎支判平成12・7・6公刊物未登載〔533〕。

をいう。頒布罪が成立するには，現実にわいせつ物や電磁的記録その他の記録が交付されたことを要する（最判昭和34・3・5刑集13巻3号275頁）。ただし，反復継続する意思で行われた場合には，相手方が特定・少数であってもよい（大判大正6・5・19刑録23輯487頁）。客の持ち込んだ生テープに自己所有のわいせつビデオを録画して交付する行為は頒布にあたるといってよいが，客の持ち込んだ生テープに客所有のわいせつビデオを録画してやる行為は，わいせつ物を従来の所持者以外に移転，流出させたとはいえないから頒布にあたらないと解すべきであろう。本項後段では，電子メールによりわいせつな電磁的記録を添付して頒布する行為，ファクシミリによりわいせつ画像を頒布する行為などが新たに処罰されることとなる。

「公然陳列」とは，わいせつ物を不特定または多数人が視聴できるような状態にすることをいう。したがって，知人など特別の関係にある特定の16名の者にわいせつな映画を観覧させても本罪は成立しない（広島高判昭和25・7・24判特12号97頁）。映画やビデオテープの映写を観覧させる行為が陳列の典型例であるが，ダイヤルQ^2に録音再生機を接続し，電話をかけさえすれば最高15人が同時にわいせつな音声を聞けるようにする行為（前掲大阪地判平成3・12・2），パソコンネットのホストコンピュータのハードディスクに記憶・蔵置させたわいせつ画像のデータを電話回線によるパソコン通信により再生・閲覧可能な状況を設定する行為（前掲大阪高判平成11・8・26）も陳列にあたるとされている。本罪は，国外犯を処罰しないから，日本から外国のプロバイダーのサーバーにわいせつな画像データを蔵置して，日本からアクセス可能にする行為が公然陳列として処罰可能かが問題となる。公然陳列罪の結果である不特定・多数人がわいせつ物を閲覧可能な状態の設定が日本にも及んでいると解するか（山口513頁，井田502頁），または，外国のサーバーへのアップロード行為を本罪の実行行為の一部と考えれば（佐久間・前掲226頁，前田・前掲96頁），その可罰性を肯定することは可能であろう。

「有償の頒布目的の所持」とは，有償の頒布目的でわいせつ物を自己の

7）　販売罪の成立を肯定するものとして，大阪地堺支判昭和54・6・22判時970号173頁。

8）　新庄一郎＝河原俊也・大コンメ9巻49頁。ただし，前掲大阪地堺支判昭和54・6・22は販売罪の成立を認めている。

9）　実際に同種の事案を有罪とした例として，山形地判平成10・1・22公刊物未登載。

422　第3編　社会的法益に対する罪　第3章　風俗に対する罪

支配下に置くことをいい，有償頒布罪の予備を処罰するものである。有償の頒布であるから，有償の貸与を目的とした所持も含まれることになる。複製物を有償頒布する目的でわいせつビデオのマスターテープを所持した場合にも本罪の成立を認めた裁判例があるが，予備の予備を処罰することになるから妥当でないように思われる（松原507頁も同旨）。なお，175条は「わが国における健全な性風俗を維持するため」の規定であるから，日本国外で有償頒布する目的の場合は含まれないとするのが判例である（最判昭和52・12・22刑集31巻7号1176頁）。

＊　**必要的共犯**　犯罪類型そのものが，当然に複数人の関与を予定している場合を必要的共犯と呼ぶ。必要的共犯は，さらに，内乱罪，騒乱罪のように同一方向に向けられた共同行為を類型化する場合（集団犯）と贈賄・収賄罪のように対向的な共同行為を類型化する場合（対向犯）とに区別される。この対向犯は，さらに，①関与者を同等に処罰する場合（重婚罪），②関与者の法定刑に差異がある場合（贈賄・収賄罪），③当然予想される対向的な共同行為の一方について処罰規定がない場合に分かれる。問題となるのは③の場合である。論理的には刑法総則の共犯規定の適用を肯定することも可能であるが，通説は立法にあたり当然予想される関与行為につき処罰規定を設けなかったことは，これを不可罰とする立法者の意思の現われであるとして，必要的関与行為を不可罰と解しており（立法者意思説），判例もこの結論を認めている（弁護士法違反に関する，最判昭和43・12・24刑集22巻13号1625頁）。それゆえ，本罪の場合も，わいせつ物を売ってくれと頼んだ購入者は不可罰となるのである。ただし，学説のなかには，この必要的関与行為が通常予想される程度を超える場合，たとえば，わいせつ物の販売を執拗に迫ったような場合には教唆犯の成立を認める見解（団藤433頁）もあるが，処罰の範囲を不明確にするものであり妥当でないであろう（西田・総論375頁以下参照）。

　東京高判平成29・4・13（裁判所ウェブサイト）は，被告人が，①女性器を象った石膏ようの造形物を展示した行為については，「社会の平均的一般人が見た場合……これらが女性器であると認識し，あるいは，これらから性的刺激を受けるほど明確に女性器であると認識することは，困難である」として，わいせつ物公然陳列

---

10)　富山地判平成2・4・13判時1343号160頁，東京地判平成4・5・12判タ800号272頁。これを支持するものとして，前田418頁，大谷525頁。さらに最決平成18・5・16刑集60巻5号413頁〔534〕は，わいせつな画像データを記録したCDを販売する目的で，そのデータのバックアップとして作成した光磁気ディスクを所持していた事件について，改正前の販売目的所持罪の成立を肯定している（山口裕之「判解」ジュリ1336号113頁）。

罪の成立を否定しつつ，②自己の女性器の三次元形状データファイルをサーバコンピュータにアップロードして，不特定の者が再生・閲覧可能な状況を設定し，さらに，同データが記録された CD-R を販売した行為については，「本件各データ自体は女性器の立体的な視覚情報であって，それ自体から，性的刺激を大きく緩和させるほどの芸術性や思想性を読み取ることは困難であるというべきである」として，本件各データのわいせつ性を肯定し，わいせつ電磁的記録等送信頒布罪，わいせつ電磁的記録記録媒体頒布罪の成立を肯定している。

　最決平成26・11・25刑集68巻9号1053頁〔535〕は，被告人が，わいせつな動画等のデータファイルをサーバコンピュータに記録して，動画等の配信サイトを開設し，顧客にインターネットを介して，同データファイルをダウンロードさせた行為について，「刑法175条1項後段にいう『頒布』とは，不特定又は多数の者の記録媒体上に電磁的記録その他の記録を存在するに至らしめることをいう」とした上で，「被告人らが運営する前記配信サイトには，インターネットを介したダウンロード操作に応じて自動的にデータを送信する機能が備え付けられていたのであって，顧客による操作は被告人らが意図していた送信の契機となるものにすぎず，被告人らは，これに応じてサーバコンピュータから顧客のパーソナルコンピュータへデータを送信した」として，わいせつ電磁的記録等送信頒布罪の成立を肯定している。

　データファイルの「頒布」は，相手方のコンピュータの記録媒体に記録された段階で既遂に達するから，「頒布」の状態に達するためには，被告人がデータファイルを配信サイトにアップロードするだけではなく，顧客がダウンロード操作をすることが不可欠である。もっとも，本件においては，顧客がダウンロード操作をすることは被告人らが配信サイトを開設する段階ですでに織込み済みの事情といえることから，（顧客らの介在行為によって）顧客の記録媒体にわいせつなデータが記録，保存されるに至ったのは，まさに被告人の行為に基づくものといえるとして，本罪の成立が認められている（駒田秀和「判解」ジュリ1499号98頁参照）。

5　淫行勧誘罪

> 　営利の目的で，淫行の常習のない女子を勧誘して姦淫させた者は，3年以下の懲役又は30万円以下の罰金に処する（182条）。

　本罪は，営利の目的で，淫行の常習のない女子を勧誘して第三者と性交させる行為を処罰するものである。その罪質については，女子の性的自由や情操を保護法益とする個人的法益に対する罪と解する見解も有力であるが（団藤489頁，大谷128頁，中森65頁），営利の目的が要件となっていること，性交の相手方は不可罰と解されていること，親告罪でないこと等を考慮すれ

ば，やはり本罪は，営利の目的で男女間の性交の媒介をする行為を処罰するものであり，風俗犯の一種と解すべきであろう。したがって，本罪は，売春防止法の売春周旋罪等と同じ趣旨のものであり（亀山繼夫=河村博・大コンメ9巻110頁），実際にも，同法の制定により実質的には存在意義を失ったものといえよう。

6 重 婚 罪

> 配偶者のある者が重ねて婚姻をしたときは，2年以下の懲役に処する。その相手方となって婚姻をした者も，同様とする（184条）。

本罪は，民法732条の規定する一夫一婦制という婚姻制度を保護するものである。本条にいう「婚姻」とは法律婚を意味し，事実婚を含まないとするのが通説である。先行する法律婚における家庭生活を保護するため事実婚を含むとする見解（牧野293頁）もあるが，事実婚の範囲が不明確であることを考慮すれば妥当でないというべきであろう。したがって，本罪が成立するのは，戸籍係員が過誤により後行する婚姻の届けを受理した場合や偽装の離婚届けを提出してから後行する婚姻の届けを提出し受理されたような場合（名古屋高判昭和36・11・8高刑14巻8号563頁）に限られることになる。

第2節　賭博および富くじの罪

1　総　　説

賭博および富くじの罪の処罰根拠について，判例は，「勤労その他正当な原因に因るのでなく，単なる偶然の事情に因り財物の獲得を僥倖せんと相争うがごときは，国民をして怠惰浪費の弊風を生ぜしめ，健康で文化的な社会の基礎を成す勤労の美風を害する」点に求めており（最大判昭和25・11・22刑集4巻11号2380頁），通説もこれを支持している。これに対して，賭博罪は，射倖を望んで金を賭け，財産上の損害を受けること，あるいは他人の射倖心につけこんでその人の財産に損害を与えることを処罰するものであり，その意味で財産に対する罪であるとする見解もある（平野251頁）。しかし，たとえリーガルパターナリズムの観点に立つとしても，財産の自己加害行為まで処罰する合理的根拠はないから，少なくとも現行法の解釈としては，このような理解は無理というべきであろう。

本章の罪の特別法としては，金融商品取引法202条，商品先物取引法365条があり，反対に本章の罪を正当化する根拠法としては，当せん金附証票法（いわゆる宝くじ法），競馬法，自転車競技法，スポーツ振興投票の実施等に関する法律（いわゆるサッカーくじ法）等がある。

2　単純賭博罪

> 賭博をした者は，50万円以下の罰金又は科料に処する。ただし，一時の娯楽に供する物を賭けたにとどまるときは，この限りでない（185条）。

賭博とは，偶然の勝敗により財物や財産上の利益の得喪を争う行為をいう。賭けマージャン，賭け将棋，さいころ賭博などがその典型である。偶然性は，賭博行為者にとって主観的に存在すれば足りるから，過去の事実（たとえば，1年前の1月1日の天候の状況）のように客観的に確定していても，当事者にとって不確定であればよい（大判大正3・10・7刑録20輯1816頁）。また，囲碁，将棋のように，当事者の技量に差があっても偶然的要素があるかぎ

り本罪が成立する。他方，詐欺賭博は偶然性の要素が欠けるから詐欺罪が成立するのみであって本罪にはあたらない（大判昭和9・6・11刑集13巻730頁，最判昭和26・5・8刑集5巻6号1004頁）。

「一時の娯楽に供する物」を賭けた場合には，本罪は不成立である。僅少の価値の賭博には日常的娯楽の範囲内であり可罰的違法性に欠けるからである。飲食物，タバコを賭ける等がその典型例である。金銭そのものを賭ける場合には本罪の成立を認めるのが判例であるが（大判大正13・2・9刑集3巻95頁），食事代金を賭けることは許容されるであろうから，即時に消費する物自体でなくとも，それと同程度の金額であれば本条のただし書にあたると解すべきであろう（平野252頁，中森251頁）。

本罪は，賭博行為に着手すれば既遂に達し，現実に勝敗の決したこと，財物等のやりとりが行われたことを必要としない（最判昭和23・7・8刑集2巻8号822頁）。

本罪は国外犯を処罰しない。したがって，外国で賭博が許容されている所（たとえば，アメリカのラスベガス）へ行って賭博をすることを共謀したり，教唆する行為（いわゆる賭博ツアーの企画）は不可罰と解すべきであろう。[1]

3 常習賭博罪

常習として賭博をした者は，3年以下の懲役に処する（186条1項）。

1 本罪は，行為者の常習性という身分により単純賭博罪の刑を加重する加重的身分犯である。常習性とは，賭博行為を反復累行する習癖をいい（大判大正3・4・6刑録20輯465頁），いわゆる博徒，遊び人の類である必要はない。その認定は，賭博罪の前科のほか反復累行の事実，さらには賭博の性質，方法，賭け金額の諸事情を考慮して決定されるが（最判昭和24・2・10刑集3巻2号155頁），最終的には裁判所の自由な心証によるとされている（大判昭和6・3・9新聞3254号12頁）。なお，判例は，長期間営業する意思で5200万円の資金を投下して賭博遊戯機を設置し，摘発されるまで3日間営業した

---

1) その理由づけとして，町野朔・刑法総論講義案I（第2版）101頁（1995），山口厚「越境犯罪に対する刑法の適用」松尾浩也先生古稀祝賀論文集(上)423頁（1998）は刑法の適用がないとするが，古田佑紀・大コンメ（第1版）7巻74頁は違法性が阻却されるとする。

という事例（客数延べ140人，売上利益約70万円）についても常習性を認めている（最決昭和54・10・26刑集33巻 6 号665頁）。本罪は集合犯であるから，賭博行為が複数であっても包括して本罪一罪が成立するにすぎないが，反対に，習癖の発現と解されるかぎり，1 回の行為であっても本罪にあたる。したがって，本罪には，さらに累犯加重（56条）の適用が認められる（大判大正 7・7・15刑録24輯975頁）。

2 常習性の法的性格については，①行為者の属性であって責任要素とする見解（最大判昭和26・8・1 刑集 5 巻 9 号1709頁，団藤355頁），②行為の属性であって違法要素とする見解（平野252頁，内田524頁），③行為者の属性であるとともに行為の属性でもあるとする見解（大塚533頁，小暮・旧注釈(4)342頁）があるが，常習性が行為者の習癖であり，1 回の行為でも本罪にあたりうるとする以上，①説が妥当というべきであろう。

3 2 の議論は，共犯と身分の問題に関連する。通説は，常習性という身分が形式的に加重身分であることを理由に，(i)非常習者が常習者に賭博を教唆した場合に単純賭博の教唆犯，(ii)常習者が非常習者に賭博を教唆した場合に常習賭博の教唆犯の成立を認めている。結論的には妥当であるが，それは，65条 2 項が責任身分の個別性を規定したものであり，かつ，常習性が加重的責任身分であることの帰結であると解すべきであろう。これに対して，前記②の見解に立つならば，違法身分の連帯性を認めた65条 1 項により，前記(i)の場合は常習賭博の教唆犯，前記(ii)の場合は単純賭博の教唆犯の成立を認めるべきであろう。他方，常習性を責任身分としながら，前記(ii)の場合に，常習性が行為定型の要素でなく行為者定型の要素であることを理由に単純賭博の教唆犯の成立を認める見解もある（団藤356頁）。しかし，行為者定型の要素とするならば，なおさら常習賭博の教唆犯の成立を認めるべきだと思われる。なぜなら，賭博の習癖としての常習性は，教唆・幇助の共犯行為においても発現するといいうるからである（大連判大正 3・5・18刑録20輯932頁，西田・共犯と身分260頁参照）。

2） これに疑問を呈する見解として，同決定における塚本裁判官の反対意見，団藤354頁，大塚514頁参照。

428　第3編　社会的法益に対する罪　　第3章　風俗に対する罪

4　賭博場開張・博徒結合罪

> 賭博場を開張し，又は博徒を結合して利益を図った者は，3月以上5年以下の懲役に処する（186条2項）。

　賭博場開張罪とは，自ら主催者となって賭博をさせる場所を与えることをいう。いわゆる鉄火場やカジノの開催がその例である。判例は，電話を用いて賭博の申込みを受ける行為のように賭博参加者の場所的集合のない場合にも本罪の成立を認めている（野球賭博につき，最決昭和48・2・28刑集27巻1号68頁）。利益を図るとは，利益を得ることを目的とすることをいう。入場料，手数料，寺銭等の名義で賭博参加者から財産上の利益を得るような場合がこれにあたるが，現実に利益を得たことを必要としない。賭博の主催者が自らも賭博をした場合は，本罪と賭博罪の併合罪となる（大判明治42・5・27刑録15輯665頁）。

　博徒結合罪にいう博徒とは，常習的，職業的な賭博行為者をいい，結合して利益を図るとは，博徒との間に親分・子分的な関係を形成し，これらの者に一定の区域内（縄張り）において賭博を行う便宜を提供しつつ，その対価を得ようとする行為をいう（団藤358頁）。

> **賭博場の開帳**　大阪地判平成28・9・27 LEX/DB25544698は，被告人が携帯電話のアプリケーションソフトを用いて，賭客への情報の提供および賭客からの申込みを受けていた事案についても，被告人が，携帯電話を使用してこれらの行為を行った場所を本拠として賭博場を開張したと解することができるとして，賭博場開張罪の成立を認めている。これに対して，福岡地判平成27・10・28 LEX/DB25541477は，賭博に関する情報の収集，発信等が，もっぱら携帯電話等の電子メールを利用してなされている場合には，「賭博場」と評価できる一定の場所が観念できないとして，同罪の幇助犯の成立を否定している（常習賭博罪の幇助の成立を肯定）。

5　富 く じ 罪

> 富くじを発売した者は，2年以下の懲役又は150万円以下の罰金に処する（187条1項）。富くじ発売の取次ぎをした者は，1年以下の懲役又は100万円以下の罰金に処する（同条2項）。前二項に規定するもののほか，富くじを授

受した者は，20万円以下の罰金又は科料に処する（同条3項）。

　富くじとは，宝くじのように，あらかじめ番号札を発売して金銭その他の財物を集め，その後抽選その他の偶然的方法によって，購買者の間に不平等な利益の分配をすることである（団藤358頁）。賭博との差異は，富くじの発売者は財産を喪失する危険を負担しない点にある。判例によれば，当選しなかった者が拠出した財物を喪失しないかぎり本罪は成立せず，拠出金の利息を得ることができなかったような場合を含まないとされている（大判大正3・7・28刑録20輯1548頁）。しかし，この判例によれば，きわめて射倖性の高い金融商品（たとえば，抽選により当選者には高い利息をつけ，当選しなかった者の利息はゼロとするような場合）も許容されることになり疑問である。懸賞金付きの定期預金なども，その懸賞金が資金調達のコスト（利息）外の特別の財産的負担により行われているかぎりで本罪にあたらないと解すべきであろう。

　行為は，富くじの発売，発売の取次ぎ，授受である。取次ぎとは，発売者と購買者の間で周旋をすることをいい，授受とは，富くじの購入のほか発売と取次ぎ以外の授受行為をいう。

第3節　礼拝所および墳墓に関する罪

1　総　説

刑法典第24章「礼拝所及び墳墓に関する罪」は，国民の宗教生活における風俗・習慣および死者に対する国民一般の有する敬虔・尊崇の感情を保護するものである。それは，特定の宗教を保護するものではないから，憲法20条の保障する信教の自由に反するものではない。本章は，礼拝所不敬・説教等妨害罪 (188条)，墳墓発掘罪 (189条)，死体損壊等の罪 (190条)，墳墓発掘死体損壊等の罪 (191条)，変死者密葬罪 (192条) を規定しているが，192条の罪は，行政的な取締規定であって，その他の犯罪と区別される。

2　礼拝所不敬罪

> 神祠，仏堂，墓所その他の礼拝所に対し，公然と不敬な行為をした者は，6月以下の懲役若しくは禁錮又は10万円以下の罰金に処する (188条1項)。

本罪の客体は，神道，仏教の礼拝所，墓所，その他の (たとえば，キリスト教) の礼拝所である。特定の宗教によらない施設であっても，原爆慰霊碑やひめゆりの塔のように，一般的宗教感情により尊崇されているものであれば礼拝所にあたるといってよい (岩村修二・大コンメ9巻228頁以下)。しかし，礼拝所に付属する社務所や庫裏等は含まれない。

「公然と」とは，不特定または多数人が覚知できる状態をいうが，判例は，結果としての公然性を認め，午前2時ごろ通行人もいない共同墓地で墓碑約40本を押し倒した行為について本罪の成立を認めている (最決昭和43・6・5刑集22巻6号427頁)。「不敬な行為」とは，礼拝所の神聖を汚し一般的宗教感情を害する行為をいう。礼拝所や礼拝の対象物 (仏像等)，墓石の損壊，除去，転倒などのほか，汚物をかけたり，落書きをする行為がこれにあたる。判例には，墓所に対して放尿するような格好をした行為につき本罪の成立を認めたものがある (東京高判昭和27・8・5高刑5巻8号1364頁)。

3 説教等妨害罪

説教，礼拝又は葬式を妨害した者は，1年以下の懲役若しくは禁錮又は10万円以下の罰金に処する（188条2項）。

説教，礼拝または葬式を妨害する罪である。妨害の手段は，言語，動作のほか詐欺的手段を含む。現実に妨害されたことを必要としないと解するのが通説であるが，多少とも外形的な混乱を生じたことが必要であろう。

4 墳墓発掘罪

墳墓を発掘した者は，2年以下の懲役に処する（189条）。

「墳墓」とは，人の死体，遺骨，遺品等を埋葬して礼拝の対象とする場所をいう。死体には，人体の形状を具えた死胎を含むと解するのが通説である（なお，墓地，埋葬等に関する法律2条1項参照）。祭祀礼拝の対象となっていない古墳は，本罪の墳墓にはあたらないが（大判昭和9・6・13刑集13巻747頁），文化財保護法（196条）によって処罰される場合がある。「発掘」とは，「墳墓の覆土の全部又は一部を除去し，もしくは墓石等を破壊解体して，墳墓を損壊する行為」をいい，墳墓内の棺桶，遺骨，遺体等を外部に露出させることを要しないとするのが判例である（最決昭和39・3・11刑集18巻3号99頁）。

5 死体損壊等の罪

死体，遺骨，遺髪又は棺に納めてある物を損壊し，遺棄し，又は領得した者は，3年以下の懲役に処する（190条）。

死体には，死体の一部のほか人体の形状を具えた死胎を含むと解するのが通説・判例（大判昭和6・11・13刑集10巻597頁）である。「棺に納めてある物」すなわち納棺物とは副葬品である。損壊とは物理的損壊を意味する。遺棄とは死体等を移動させてから放棄，隠匿することであるが，法令，慣習上葬祭の義務を有する者の場合は，場所的移転を伴わない単なる放置も不真

正不作為犯として本罪の遺棄にあたるとするのが通説・判例（大判大正6・11・24刑録23輯1302頁）である。領得とは死体等の占有の取得をいう。死体の領得犯人から買い受ける行為も領得にあたる。問題となるのは，納棺物を領得した場合，窃盗罪における不法領得の意思があれば，本罪のほかに窃盗罪も成立するかである。肯定説も有力であるが（小野154頁，団藤363頁），すでに述べたように（154頁），本条が窃盗罪よりも軽い法定刑を定めている点を考慮すれば，本罪のみの成立を認めるべきであろう（大判大正4・6・24刑録21輯886頁，平野267頁，中森255頁，山口525頁，山中721頁）。殺人罪，傷害致死罪と本罪とは併合罪とするのが確立した判例である（大判昭和8・7・8刑集12輯1195頁，最判昭和34・2・19刑集13巻2号161頁）。

　　横浜地判平成28・5・25 LEX/DB25543379〔537〕は，被告人が，意識喪失状態にあった被害者Aを死亡したと誤信して海中に投棄した行為について，「被告人による遺棄行為は，Aの身体を海中に押し込んだ時点で終了したものとみるのは相当ではなく，その後，Aの身体が海中深くに沈み，外部から容易に発見されない状態になるまで相当時間続いて」おり，Aは遺棄行為が完了するまでに死亡していたことから，「結局，遺棄行為の最終段階においては，意図したとおり，死体遺棄の結果を生ぜしめるに至っている」として，死体遺棄罪の成立を認めている。本判決は，実行行為の途中でAが死亡し，その後は死体が遺棄される結果が新たに生じているとして，死体遺棄罪の成立を認めたものであり，あくまでも作為による死体遺棄罪の成否が問題とされている（井田514頁以下参照）。
　　不作為による死体遺棄罪　　大阪地判平成25・3・22判タ1413号386頁〔536〕は，被告人が被害者を殺害した後，作為によって死体を隠匿・遺棄する行為と，葬祭義務者である被告人が死体を放置し続けた不作為の死体遺棄行為が同時的に存在する事例について，「作為の形態による死体遺棄行為により本件事象の違法性が評価し尽くされている」ことから，「実体法上，作為の形態による死体遺棄罪が成立し，不作為による形態の死体遺棄罪は成立しない」と判示して，作為の遺棄行為の終了時点を公訴時効の起算点として，死体遺棄罪について公訴時効の完成を認めた（免訴）。これに対して，大阪地判平成28・11・8公刊物未登載は，「当初の遺棄行為後も死体を葬祭すべき作為義務が消滅せず，その義務違反行為が続いていると解されるような場合には，不作為による遺棄が継続して行われていると認めることができる」と判示して，死体を土を詰めたプラスチック製ケースに埋めた上で，自宅等に放置し続けた行為について，不作為の死体遺棄罪の実行行為が死体発見まで継続して行われていたとして，公訴時効の完成を否定している（本判決については，安田拓人「判批」法教443号140頁を参照）。
　　不作為犯の実行行為は作為義務の不履行である以上，作為可能性がありながら，

作為義務を履行しない状態が継続する場合には，その実行行為は継続していると解すべきであろう。作為の死体遺棄が同時または先行して成立している場合については，①もっぱら作為の死体遺棄罪が成立し，不作為の死体遺棄罪は不可罰的事後行為と評価されるのか，それとも，②実体法上はそれぞれの犯罪が成立した上で，包括一罪として評価されるのかが，理論上，問題となる。

6　墳墓発掘死体損壊等の罪

第189条の罪を犯して，死体，遺骨，遺髪又は棺に納めてある物を損壊し，遺棄し，又は領得した者は，3月以上5年以下の懲役に処する（191条）。

本罪は，墳墓発掘罪（189条）と死体損壊等の罪（190条）との結合犯である。墳墓の発掘は死体や納棺物の領得を目的とすることが多い点に着目して規定されたものであろう。墳墓発掘の犯人が死体等を領得した場合にはじめて本罪が成立し，墳墓を発掘し，死体等を領得した犯人から，その死体等を買い受ける行為は本罪ではなく，単に190条の罪が成立するのみである。

7　変死者密葬罪

検視を経ないで変死者を葬った者は，10万円以下の罰金又は科料に処する（192条）。

本罪は，警察目的，犯罪捜査目的の行政的取締法規である。したがって，本条にいう「検視」とは，犯罪による死亡でないことが明らかな自殺，行路病死の場合に行われる行政検視を含まず，刑事訴訟法229条の定める司法検視のみを意味すると解すべきであろう。判例によれば，「変死者」とは，不自然な死亡を遂げ，その死因が不明な者をいうとされている（大判大正9・12・24刑録26輯1437頁）。しかし，本罪が捜査の端緒を確保するという目的を有していることを考慮すれば，同法229条にいう「変死の疑のある死体」のほか，死因は明白であるが犯罪による死亡であることが明らかな場合も含まれると解すべきであろう（大谷542頁，中森256頁）。

第4編　国家的法益に対する罪

第1章　国家の存立に対する罪

第1節　内乱に関する罪

1　総　説

　刑法典第2編第2章「内乱に関する罪」は，日本国憲法の定める国家の政治的基本組織を暴力によって改変しようとする犯罪であり，憲法を否定するという意味で重大な犯罪である。第2章は，内乱罪（77条），内乱の予備・陰謀罪（78条），内乱等幇助罪（79条）を規定している。その法定刑はいずれも禁錮刑であるが，その理由は，これらの犯罪が，愛国心等に基づく政治犯，確信犯（いわゆる非破廉恥罪）であることに求められている（小野10頁）。また，犯罪の重大性により，高等裁判所が第1審となる（裁判所法16条）。

2　内　乱　罪

> 　国の統治機構を破壊し，又はその領土において国権を排除して権力を行使し，その他憲法の定める統治の基本秩序を壊乱することを目的として暴動をした者は，内乱の罪とし，次の区別に従って処断する。(1)首謀者は，死刑又は無期禁錮に処する。(2)謀議に参与し，又は群衆を指揮した者は無期又は3年以上の禁錮に処し，その他諸般の職務に従事した者は1年以上10年以下の禁錮に処する。(3)付和随行し，その他単に暴動に参加した者は，3年以下の禁錮に処する（77条1項）。前項の罪の未遂は，罰する。ただし，同項第3号に規定する者については，この限りでない（同条2項）。

　本罪は「憲法の定める統治の基本秩序を壊乱すること」を目的として暴動を起こすことによって成立する目的犯である。この点で騒乱罪（106条）と区別される。「国の統治機構を破壊し」とは，憲法の定める代表民主制

度や議院内閣制度等の統治の基本制度を廃止することを意味し，個々の内閣・政府の打倒を目的とする場合は含まれない（大判昭和10・10・24刑集14巻1267頁＝5・15事件）。「その領土において国権を排除して権力を行使し」とは，日本国の一部に独立国をつくりわが国の領土主権を排除することをいう。いずれも「憲法の定める統治の基本秩序を壊乱すること」の例示である。

暴動とは，多数人による集団的暴行，脅迫であり，その程度については，一地方の平穏を害する程度と解するのが通説である[1]。集団行動としての暴動を開始したが，一地方の平穏を害するに至らなかったときが本罪の未遂である。本罪の手段としての暴行，脅迫は騒乱罪と同じく最広義のものを意味する。しかし，暴動の内容として行われた殺人，放火等は別罪を構成せず本罪に吸収されるとするのが通説・判例（前掲大判昭和10・10・24）である（観念的競合とする見解として，松原635頁）。

本罪は必要的共犯である集団犯の一種であるが，関与者は，(1)首謀者，(2)謀議参与者，群衆指揮者，(3)諸般の職務従事者，(4)付和随行者に区別して処罰される。ただし，付和随行の未遂は不可罰である。騒乱罪と異なり，ある程度組織化された集団であることを要する。謀議参与者とは，内乱の計画謀議に関与して首謀者を補佐する者，群衆指揮者とは，暴動に際して群衆を指揮する者，諸般の職務従事者とは，内乱の実現において謀議参与，群衆指揮以外の重要な職務（たとえば，食料，弾薬の用意）に従事する者をいう。集団の外部にある者が，本罪の各行為者の共犯たりうるかについては，本罪が必要的共犯（集団犯）であることを理由にする否定説が有力である（団藤18頁，大塚552頁）。たしかに，幇助については後述する内乱等幇助の適用があるから，総則の幇助犯規定を適用する必要はない。しかし，内乱や内乱への参加を教唆したような場合に総則の共犯規定の適用を排除する理由はないように思われる（大谷549頁，中森261頁。なお，破壊活動防止法38条参照）。

---

1) 団藤17頁，大塚550頁。これに対して，国家の基本組織に動揺を与える程度の強力なものであることを要するとする見解として，内田597頁，大谷547頁，中森260頁がある。

3　内乱予備・陰謀罪

> 内乱の予備又は陰謀をした者は，1年以上10年以下の禁錮に処する（78条）。

　内乱の予備とは，内乱罪を実行する目的で，その準備をすることであり，武器，弾薬，食料を調達したり，参加者を集めるなどの行為がこれにあたる。陰謀とは，2人以上の者が内乱罪の実行を計画し合意することである。ただし，その計画は，具体的なものであることを必要としよう。本罪を犯した者が，暴動に至る前に自首したときは，刑が必要的に免除される（80条）。

4　内乱幇助罪

> 兵器，資金若しくは食糧を供給し，又はその他の行為により，前二条〔77条・78条〕の罪を幇助した者は，7年以下の禁錮に処する（79条）。

　本罪は，内乱罪および内乱予備・陰謀罪の幇助を独立の犯罪類型として規定したものである。「その他の行為」とは，陰謀のための場所の提供などである。本罪の成立要件として，①正犯としての内乱罪またはその予備・陰謀罪の成立を必要とする見解（団藤21頁，大塚554頁，曽根281頁，高橋590頁，井田524頁，松原636頁）と②不要とする見解（小野13頁，大谷550頁，中森262頁，前田432頁）とが対立しているが，予備・陰謀罪の成立以前に，その幇助を独立に処罰する必要性はないというべきであるから①説が妥当であろう。

　本罪を犯した者が，暴動に至る前に自首したときは，刑が必要的に免除される（80条）。

第2節　外患に関する罪

1　総　　説

　刑法典第3章「外患に関する罪」は，日本国に対して外部から武力を行使させたり，外部からの武力の行使に加担するなどして，わが国の存立を

438　第4編　国家的法益に対する罪　　第1章　国家の存立に対する罪

脅かす行為を処罰するものである。祖国に対する裏切りという性質をもつ
ため，法定刑は内乱罪と異なり懲役刑とされている。本章の罪は，憲法9
条「戦争の放棄」との関係で昭和22年に大幅に改正されており，81条・82
条の文言が修正されたほか，83条〜86条の敵国のために利を図る行為，敵
国のためのスパイ行為等を処罰する規定，89条の戦時同盟国に対する行為
を処罰する規定が削除されている。

2　外患誘致罪

> 外国と通謀して日本国に対し武力を行使させた者は，死刑に処する (81条)。
> 未遂 (87条)，予備・陰謀 (88条) を罰する。

「外国」とは，外国の政府，軍隊，外交使節等の国家機関をいい，私人
としての外国人や外国の私的団体を含まない。「武力を行使させた」とは，
軍事力を行使させてわが国の安全を害することをいい，必ずしも国際法上
の戦争に限られない。法定刑は死刑だけであり，選択刑を認めない点に本
罪の特徴がある。

3　外患援助罪

> 日本国に対して外国から武力の行使があったときに，これに加担して，そ
> の軍務に服し，その他これに軍事上の利益を与えた者は，死刑又は無期若し
> くは2年以上の懲役に処する (82条)。未遂 (87条)，予備・陰謀 (88条) を罰
> する。

本罪は，「日本国に対して外国から武力の行使があったとき」という構
成要件的状況のもとで，これに加担する行為を処罰するものである。「軍
務に服し」とは，非戦闘員の行為を含む。「軍事上の利益を与えた」とは，
武器，弾薬，食糧の供給，情報の提供等の行為をいう。

第2章　国交に関する罪

第1節　総　　説

　刑法典第4章「国交に関する罪」は，外国国章損壊罪 (92条)，私戦予備・陰謀罪 (93条)，中立命令違反罪 (94条) を規定する。その保護法益については，外国の国家的法益に対する罪と理解する見解もあるが (団藤164頁, 大塚648頁)，日本の刑法が外国の利益のみを保護していると解することは疑問であり，日本の外交上の利益を保護していると解すべきであろう (平野292頁, 大谷553頁, 中森265頁)。なお，刑法典は，日本に滞在する外国の君主，大統領に対する暴行，脅迫，侮辱 (90条)，日本に派遣された外国の使節に対する暴行，脅迫，侮辱 (91条) を処罰していたが，昭和22年の改正によって，皇室に対する罪 (73条〜76条) を削除することとの均衡上同じく削除されている。

第2節　国交に関する罪

1　外国国章損壊罪

> 外国に対して侮辱を加える目的で，その国の国旗その他の国章を損壊し，
> 除去し，又は汚損した者は，2年以下の懲役又は20万円以下の罰金に処する
> （92条1項）。前項の罪は，外国政府の請求がなければ公訴を提起することが
> できない（同条2項）。

　本罪は，外国に対して侮辱を加える目的で，その国の国章を損壊等する
ことにより成立する。その性質は，器物損壊罪的側面と外国に対する侮辱
罪的側面を有するが，究極的には，わが国の外交上の利益を保護法益とす
るものである。

　客体は，外国の国章である。「外国」にはわが国が承認しておらず，外
交関係のない国を含むとするのが通説である。未承認国であっても，将来
わが国が国交を結ぶ可能性もある以上妥当な見解であろう（小暮編（佐伯）
604頁）。しかし，国連などの超国家的な組織は含まれない。「国章」とは，
その国の権威を象徴する物件をいい，国旗のほか陸海空軍旗，大使館徽章
などが含まれる。本条にいう国章が公的に掲揚されているものに限定され
るかについては争いがある。本罪の成立をその国の国家機関により公的に
掲揚されている場合に限定することは狭きに失するとしても，本罪が外国
に対する侮辱罪的意味をもつことを考慮すれば，私人による掲揚は，その
国の権威を象徴するものとして公共の場所（たとえば，国際競技場）に掲揚
されている場合に限って本罪の成立を認めるべきであろう。

　行為は，国章の損壊，除去，汚損である。損壊とは物理的損壊を意味す
る。除去には，場所的移転のほか，ベニヤ板等によって遮蔽する行為も含
まれる（最決昭和40・4・16刑集19巻3号143頁）。汚損とはペンキや汚物を付着さ
せることにより汚し不潔にすることをいう。

　他罪との関係では，器物損壊罪（261条，法定刑は3年以下の懲役または30万円以
下の罰金もしくは科料）との関係が問題となる。学説の中には，本罪との観念

的競合を認める見解もあるが（大塚650頁，内田404頁，井田528頁以下），本罪のみの成立を認めるべきであろう（中山497頁，大谷555頁，中森266頁，山口537頁，高橋594頁）。本罪が，当然に器物損壊にあたりうるのに，より低い法定刑を定めているのは，本罪が外国に対する侮辱罪としての性格を有すること，および，国章の財産的価値自体は一般的に低いものだからであろう。にもかかわらず観念的競合を認めれば，常に器物損壊罪の刑が優先することになり，本罪がより低い法定刑を定めた意味が没却されるからである。[1]

2　私戦予備・陰謀罪

> 外国に対して私的に戦闘行為をする目的で，その予備又は陰謀をした者は，3月以上5年以下の禁錮に処する。ただし，自首した者は，その刑を免除する（93条）。

本罪は，外国に対して私的に戦闘行為をする目的で，その予備または陰謀をした者を処罰する。この場合の外国とは，国家権力の担い手としての外国を意味する。したがって，外国において外国人を殺傷したり，略奪行為を行う場合は含まれない。「私的に」とは，わが国の国家意思によらずにという意味である。戦闘行為とは，単なる暴行行為では足りず，組織的な武力による攻撃・防御をいう。本罪は，予備・陰謀を処罰するのみであり，私的な戦闘行為自体は処罰されていない。[2]したがって，殺人罪，放火罪等によって処罰されることになる。[3]

3　中立命令違反罪

> 外国が交戦している際に，局外中立に関する命令に違反した者は，3年以下の禁錮又は50万円以下の罰金に処する（94条）。

本罪は，外国が交戦している際に，わが国の中立の立場に反して交戦国

---

1) なお，外国の国章が，損壊者の私有物である場合には，本罪しか成立しえないが，本罪が，この場合のみを想定したと解するのは妥当とは思われない。
2) 改正刑法草案126条は私戦自体の処罰を，同4条は，その国外犯の処罰を予定している。
3) ただし，国外で行われた場合は，3条の国外犯処罰の範囲に限定される。

の一方当事者の利益を図る行為を処罰するものである。何が禁止の対象となるかは具体的な局外中立命令によってはじめて決定されるから，本条は白地刑罰法規である。ただし，政府の命令に直接刑罰規定を設けることはできないから，本条にいう「命令」とは，法律またはこれに基づく命令（政令）を意味すると解すべきであろう。

第3章　国家の作用に対する罪

　刑法典は，立法，司法，行政という国家の統治作用を保護するために，公務の執行を妨害する罪（第5章）として，公務執行妨害罪・職務強要罪（95条），封印等破棄罪（96条），強制執行・競売等を妨害する罪（96条の2〜96条の6）を，主として司法作用に対する罪として逃走の罪（第6章，97条〜102条），犯人蔵匿および証拠隠滅の罪（第7章，103条〜105条の2），偽証の罪（第20章，169条〜171条），虚偽告訴の罪（第21章，172条・173条）を，汚職の罪（第25章）として，公務員による職権濫用の罪（193条〜196条），収賄罪（197条以下）・贈賄罪（198条）を規定している。このうち公務の執行を妨害する罪と司法作用に対する罪は，国家の作用を外部から侵害する行為であるのに対して，汚職の罪は，国家の作用を内部から侵害する行為である。また，これらの罪のうちには，国家のみでなく地方公共団体の作用をも保護対象とするもの（たとえば，公務執行妨害罪・職務強要罪，競売等妨害罪，虚偽告訴の罪，汚職の罪）が含まれている。

　なお，封印等破棄罪，強制執行・競売等に関する犯罪については，平成23年の刑法の一部改正により大幅な修正が加えられた。

第1節　公務の執行を妨害する罪

1　公務執行妨害罪

> 公務員が職務を執行するに当たり，これに対して暴行又は脅迫を加えた者は，3年以下の懲役若しくは禁錮又は50万円以下の罰金に処する（95条1項）。

1　総　　説

本罪の行為の客体は公務員であるが，公務員の身体や自由を重く保護する趣旨ではなく，その保護法益は，あくまでも公務員による公務の円滑な執行である。[1]　ここにいう公務には，国および地方公共団体の立法・司法・行政のすべての作用が含まれる。なお，平成18年改正により，本条には選択刑として「50万円以下の罰金」が導入された。これは，執行猶予を付しても各種の資格制限を伴うことから，懲役・禁錮のみでは軽微事犯に対する対応としては適切でないことが考慮されたものである。

2　公務員

本罪の保護客体は，公務の執行であるが，その範囲は，公務員の職務とされているために，公務員の意義が問題となる。公務員の意義に関し，刑法7条1項は「国又は地方公共団体の職員その他法令により公務に従事する議員，委員その他の職員をいう」と定義しているが，その実質は「法令により公務に従事する職員」である。「議員」，「委員」はその例示であり，「国又は地方公共団体の職員」も同様に例示である。議員とは，衆参両院の議員や地方公共団体の議会の議員などをいい（この他，皇室会議，安全保障会議の構成員なども議員と呼ばれている），委員とは，法令により一定の公務を委任された非常勤の職員をいい，各種審議会の委員，労働委員会委員，教育委員会委員，調停委員などがこれにあたる（これに対し，公正取引委員会委員，証券取引等監視委員会委員などは通常の公務員である）。国または地方公共団体の職員とは，国家公務員法，地方公務員法上の職員をいう。外国の公務

1）　したがって，憲法14条に反するものではない。最判昭和28・10・2刑集7巻10号1883頁〔538〕。

員が含まれないのは当然である（最判昭和27・12・25刑集6巻12号1387頁〔338〕〔520〕）。

「法令により」とは，任用や職務について法律，命令，条例に根拠があることを意味する（大判昭和12・5・11刑集16巻725頁）。「公務」とは，国または地方公共団体の事務をいう。問題となるのは，一定の国家的目的のために設立された公共組合（たとえば，水害予防組合），公団，金庫，公庫などの公法人の職員の事務が本条にいう公務にあたるかである。判例は公法人の職員の事務を一般的に公務と解する傾向にあるが（たとえば，水利組合に関する大判昭和5・3・13刑集9巻180頁），学説では，当該公法人の事務の性質（公法的色彩の強弱）によって個別的に判断すべきであるとする見解が有力である（団藤39頁，大塚559頁）。しかし，公法人の事務の性質は今日さらに多彩のものになっており，公法的色彩といっても，その限界は明確でないこと，多くの公法人の職員について公務員とみなす旨の規定が置かれていることを考慮すれば，みなし公務員規定がない場合にまで公務員性を認める必要はないように思われる（平野277頁，大谷561頁，中森269頁，山口541頁，松原523頁）。「職員」の意義につき，大審院の判例は，官制・職制または法令上職員と称することのできない者は公務員ではないとして，旧憲法下における官吏・公吏以外の現業傭人である郵便集配人は職工・人夫と異なるところがないから職員でなく，公務執行妨害罪ではなく業務妨害罪のみが成立しうると解していた（大判大正8・4・2刑録25輯375頁）。これに対して，最高裁は，「単純な機械的，肉体的労務に従事するもの」は職員に含まれないとしつつも，郵便集配人の事務は民事訴訟法，郵便法等の諸規定に基づく精神的労務をも担当しているという理由で公務員にあたるという判断を示している（最判昭和35・3・1刑集14巻3号209頁）。このような最高裁判例の理由づけに対しては，学説上，機械的，肉体的労働に従事する者であっても，その事務が権力的なものである場合や国または地方公共団体の機関としての事務である場合には公務員と解すべきであるとの批判が有力である（平野277頁，大谷562頁，曽根286頁，中森269頁，山口541頁以下）。たしかに，この批判は妥当であるが，最高裁判例もこれを否定する趣旨でないことは「単純な」機械的，肉体的労務と述べているところから明らかであろう。このように解すれば，最高裁判例の示す限定は，「公務」としての要保護性の要件として，むし

ろ妥当なものというべきであろう。

> * **みなし公務員**　みなし公務員規定とは，特別法において公法人の職員その他の
> 者を「法令により公務に従事する職員とみなす」あるいは「刑法その他の罰則の適
> 用については，法令により公務に従事する職員とみなす」旨の規定をいう。この規
> 定により公務員とみなされた者には，刑法上公務員と同様の保護（公務執行妨害罪
> 等）と責任（収賄罪等）が認められる。その例として，準起訴手続における指定弁
> 護士（刑事訴訟法268条3項），日本銀行の役職員（日本銀行法30条），住宅金融支援機
> 構の役職員（独立行政法人住宅金融支援機構法12条），国家公務員共済組合の事務職員
> （国家公務員共済組合法13条）などがある。

3　職務の範囲

　本罪における職務の範囲について，判例は，すでにみたように単純な機械的・肉体的労務を除外すれば（前掲最判昭和35・3・1），「ひろく公務員が取り扱う各種各様の事務のすべてが含まれる」としている（最判昭和53・6・29刑集32巻4号816頁＝長田電報局事件〔541〕，旧国鉄職員の業務に関し，最決昭和59・5・8刑集38巻7号2621頁〔539〕）。これに対して，学説では，公務についてのみ公務執行妨害罪（95条）と業務妨害罪（233条・234条）の二重の保護を与えることには合理性がないとして，私企業的・現業的公務については業務妨害罪のみを，それ以外の公務については公務執行妨害罪のみの成立を認めるべきであるとする公務区分説も有力である（団藤48頁，中山503頁，曽根286頁，中森271頁）。しかし，公務は公共の福祉に奉仕するものとしてより厚く保護されてしかるべきであること，非現業的公務（たとえば，議会における議長の公務）が暴行・脅迫に対してしか保護されないとすれば公務の保護として不十分であることを考慮すれば，判例の立場が妥当であり（同旨，平野275頁，大塚563頁，大谷565頁，井田535頁），ただ妨害に対する自力排除力を有する公務のみが業務妨害罪の業務から排除されるとする限定積極説をとるべきであろう（詳細は，前述138頁以下参照）。

4　職務執行の範囲

　本罪は，公務員ではなく公務を保護するものであるから，公務員に対する暴行・脅迫も「職務を執行するに当たり」加えられるものでなくてはならない。その意義について，最高裁判例は，「具体的・個別的に特定された職務の執行を開始してからこれを終了するまでの時間的範囲およびまさ

に当該職務の執行を開始しようとしている場合のように当該職務の執行と時間的に接着しこれと切り離し得ない一体的関係にあるとみることができる範囲内の職務行為」に限定されるとして，旧国鉄の駅助役が点呼終了後に事務引継ぎの場所に赴くところで暴行を加えた行為について，この２つの職務は一連のものではないという理由により本罪の成立を否定している（最判昭和45・12・22刑集24巻13号1812頁＝国鉄東灘駅事件〔540〕）。この見解によれば，職務執行中の行為やまさに着手しようとする行為以外は職務の執行からは除外され，たとえば，職務執行の場所に赴く行為や執行の準備行為[2]，休憩中や待機中[3]，職務終了直後については本罪の成立が否定されることになろう。

　たしかに，前掲最高裁判例の限定的解釈は基本的には妥当であるが，職務執行との時間的接着性や一体性は形式的にではなく，具体的状況を考慮して実質的に判断されるべきであり，前掲判例の事案についても，点呼終了と事務引継ぎとは実質的にみて一体性が認められるから本罪の成立を認める余地はあったように思われる。同様に，職務行為と接着した準備行為や職務執行のために待機している場合などについては本罪の保護の対象とすべきであろう。このような観点からは，その後の最高裁判例が，電報局長のような統轄的職務はその性質上一体性，継続性を有するとの理由で，被告人に対応するため余儀なく職務を中断した局長に対する暴行につき本罪の成立を認め（前掲最判昭和53・6・29＝長田電報局事件），旧国鉄の運転士が乗務の交替の後，助役のところへ終業点呼を受けるために赴く際に暴行を加えた事例につき，終業点呼を受けることが乗務に直結する内容の職務であることを理由に本罪の成立を認め（最決昭和54・1・10刑集33巻1号1頁＝国鉄小牛田駅事件），県議会委員長が，被告人らの抗議により議事が紛糾したため，委員会の休憩を宣言して退出しようとした際に暴行を加えた事例につき，委員長は委員会の秩序を保持し，紛議に対処するための職務を執行していたと認められるとして本罪の成立を認めているのは（最決平成元・3・10刑集43

2）　否定例として，大阪高判昭和50・6・4高刑28巻3号257頁，肯定例として，高松高判昭和48・10・30高刑26巻4号512頁参照。

3）　当直勤務であるが休憩中の警察官につき本罪を否定した例として，大阪高判昭和53・12・15高刑31巻3号333頁。ただし，派出所内の警察官が用便中の場合に本罪を肯定したものとして，大阪高判昭和51・7・14刑月8巻6=7=8号332頁参照。

巻3号188頁＝熊本県議会事件〔542〕）妥当であるといえよう。

5　職務の適法性

（1）　**適法性の要否**　　本条項は明文で職務の適法性を要求してはいない。このため，本罪の成立には職務の執行が適法であることは必ずしも必要としないとする見解（小野20頁）もあったが，現在では，適法性を要求する立場が通説・判例（大判大正7・5・14刑録24輯605頁）である。職務の執行が違法である場合にまで，これを刑法によって保護する必要性はないし，違法な職務執行に対しては正当防衛すら可能であることを考えれば，公務が適法であることは当然の要件であり，それは「書かれざる構成要件要素」と解すべきであろう（通説）。しかし，問題はその先にある。すなわち，いかなる条件を備えたときに公務の執行は適法といえるか，また，誰が，どの時点で，それを判断するか等の問題が検討されねばならないのである。

（2）　**適法性の要件**　　職務執行の適法性の要件としては，学説・判例上，①職務の執行が当該公務員の抽象的職務権限に属すること，②当該公務員が当該職務を行う具体的職務権限を有すること，③当該職務の執行が公務としての有効要件である法律上の手続・方式の重要部分を履践していること，の3点が挙げられている。

　まず，①の要件は，公務員の職務権限が法治主義の原理により，法律上その範囲を限定されて付与されていることからは当然のものといえよう。判例も，警察官が入場料金の支払示談あっせんを行うことは，その抽象的職務権限に属さない以上，適法な職務行為とはいえないとしている（大判大正4・10・6刑録21輯1441頁）。

　つぎに，②の要件は，具体的職務行為が法律上の要件を具備することを必要とする趣旨である。したがって，たとえば，執行官は強制執行の抽象的権限を有するが適法に強制執行を行いうるには具体的に委任を受けた場合に限られる（執行官法2条）。また，刑事訴訟法212条の具体的要件を欠く場合には現行犯逮捕は許されないし（大阪地判昭和31・11・8判時93号25頁），警

4）　この点を明言するものとして，東京高判昭33・7・28裁特5巻9号370頁，鹿児島地判平成2・3・16判時1355号156頁〔553〕。

5）　これに対して，違法要素と解する見解として，団藤51頁，内田612頁，中森272頁，客観的処罰条件と解する見解として，香川39頁がある。

察官職務執行法2条2項の具体的要件を欠く場合に派出所への同行を求めることは違法である（静岡地沼津支判昭和35・12・26下刑2巻11=12号1562頁）。反対に，酒気帯び運転の疑いで職務質問中に発進しようとした車のエンジンを切る行為は適法な職務行為であり（最決昭和53・9・22刑集32巻6号1774頁），交通整理にあたっていた警察官に唾を吐きかけた者に対し，職務質問のため胸元を掴（つか）み歩道上に押し上げる行為は適法な職務行為である（最決平成元・9・26判時1357号147頁）。このほか，任意捜査として許容される実力行使の限界を超えた場合なども，②の要件に反するものとして適法性が否定されることになろう。

　最後に，③の要件は，法律が定めている公務執行の手続や方式についての要件を完全には具備していない職務の執行をどこまで本罪によって保護すべきかという要保護性の問題である。学説には，任意規定や訓示規定の違反に限って適法性を認める見解もあるが（大塚565・566頁，曽根288頁，松原530頁），公務の保護と国民の人権保護の調和という観点からは，職務執行の相手方の権利や利益の保護のために必要かつ重要な手続要件違反がないかぎりは，少なくとも刑法上は本罪による保護に値する適法な職務と解すべきであろう（藤木23頁，中森271頁，平川519頁，高橋602頁，井田536頁）。判例も，一般的な判断を示してはいないが，ほぼこのような方向にあると思われる。たとえば，収税官吏が検査章を携帯せずに所得税調査をしたという事案に関し，検査章の携帯を義務づけた規定は単なる訓示規定ではなく，相手方がその呈示を求めたのに，収税官吏がこれを携帯，呈示しなかったときは，その職務の執行は違法であるが，相手方がその呈示を求めていない場合は，たまたま携帯していなかったからといってただちに権限外の行為とはいえないとしたもの（最判昭和27・3・28刑集6巻3号546頁〔547〕），県議会議長の規則に反した議事運営に関し，仮に当該措置が会議規則に違反するものである等法令上の適法要件を完全には満たしていなかったとしても，刑法上は少なくとも暴行等による妨害から保護されるに値する職務行為にほかならないとしたもの（最大判昭和42・5・24刑集21巻4号505頁〔548〕），他方で，逮捕状の執行に際し，逮捕状を所持しているにもかかわらずこれを被疑者に示さなかったという事案に関し，「被疑者の逮捕のように，国家の権力意思を強制し，国民の基本的人権と正面から関渉するばあいには，その適法性の要

件は厳格に解しなければならない」として，本件逮捕行為は違法であって本条による保護に値しないとしたもの（大阪高判昭和32・7・22高刑10巻6号521頁）や，同様の観点から，被疑事実の要旨を告げずに行われた緊急逮捕を重要な手続を履践していないという理由で違法としたもの（東京高判昭和34・4・30高刑12巻5号486頁〔549〕。同旨，大阪地判平成3・3・7判タ771号278頁）などが，その例である。

(3) **適法性の判断基準**　職務の執行が適法性の要件を備えているか否かを誰が判断するかについては，公務員が真実その職務の執行と信じて行為したときは適法とする主観説（柏木77頁，大判昭和7・3・24刑集11巻296頁〔551〕），行為時における一般人の判断によるとする折衷説（木村301頁，川端653頁以下），裁判所により客観的に判断されるべきとする客観説（団藤53頁，平野278頁）などがあるが，現在では客観説が通説である。もっとも，客観説のなかには，適法性の判断時点を裁判時と解する純客観説もある（大塚567頁，福田14頁，中山504頁，曽根288頁以下，高橋605頁）。この見解によれば，適法な逮捕要件を備えていても，裁判時に無実であると判明すれば，逮捕行為は違法となり公務執行妨害罪は成立しないことになる。たしかに，無実の者に反抗しないことを期待することが困難であることを考えれば，この見解にも一理あるが，職務執行時に適法であれば，十分の要保護性をもつというべきであるから，行為時基準説が妥当だと思われる[6]（団藤53頁，平野278頁，大谷569頁，中森272頁，平川520頁，井田537頁）。[7]

(4) **適法性の錯誤**　職務の執行が客観的に適法であるにもかかわらず，これを違法であると誤信して妨害した場合の処理については，法律の錯誤として故意を阻却しないとする見解（藤木26頁，前掲大判昭和7・3・24），適法性は構成要件要素であるから事実の錯誤として故意を阻却するとする見解（植松25頁，吉川357頁，村井敏邦・公務執行妨害罪の研究287頁〔1984〕，平川521頁），適法性を基礎づける事実と適法性の評価を区別し，前者の誤認のみを事実の錯誤とする二分説[8]（中273頁，大塚572頁，福田15頁，曽根289頁，山口546頁，高橋605頁以下，

6）　内田618頁が緊急避難による無罪の余地を認めるのも同様の考慮に基づくものであろう。

7）　最決昭和41・4・14判時449号64頁〔550〕もこの立場をとるといえよう。

8）　大阪地判昭和47・9・6判タ306号298頁〔552〕もこの立場をとるものと思われる。なお，松原531頁は，職務の適法性について「素人的な意味の認識」を要求する。

井田538頁）とに分かれている。軽率な誤信から公務の執行を保護するという観点からは，法律の錯誤説にも合理性がある。すでにみた職務の適法性を構成要件要素とせず，違法要素あるいは客観的処罰条件と解する見解は，この点を考慮したものであろう。しかし，適法性を構成要件要素と解する以上，適法性に関する錯誤をすべて法律の錯誤と解することは妥当ではない。しかし，職務の適法性も，これを基礎づける事実と評価とに区別されるから，たとえば，逮捕状を示しているのに，その事実を認識しなかった場合のように適法性を基礎づける事実を誤認している場合には事実の錯誤として故意を阻却するが，前提事実の認識に欠けるところがなく，単にその評価を誤認している場合には法律の錯誤として故意を阻却しないと解すべきである。二分説をもって妥当とすべきであろう。

6　暴行・脅迫

　本罪の行為は暴行または脅迫である。本罪にいう暴行とは，暴行罪（208条）の暴行より広く，公務員の身体に加えられたものに限られず，直接・間接を問わず公務員に向けられた不法な有形力の行使（間接暴行）をいう（最判昭和37・1・23刑集16巻1号11頁〔543〕）。判例は，このような見地から本罪の暴行概念を拡張し，公務員が押収してトラックに積み込んだ煙草を路上に投げ捨てる行為（最判昭和26・3・20刑集5巻5号794頁），公務員が差し押さえた密造酒入りのびんを破砕する行為（最判昭和33・10・14刑集12巻14号3264頁），公務員が差し押さえた覚せい剤液入りのアンプルを損壊する行為（最決昭和34・8・27刑集13巻10号2769頁〔545〕），執行吏による強制執行の際に，その補助者に対して暴行を加える行為（最判昭和41・3・24刑集20巻3号129頁〔544〕）などについて本罪の成立を認めている。しかし，本罪が単なる「結果としての公務妨害」を処罰するものではない以上，暴行は間接的とはいえ公務員に「対して」加えられたことが必要と解すべきであろう。したがって，物や第三者に対して加えられた暴行であっても，それが間接的に公務員に対して物理的な影響力をもたない場合にまで本罪の暴行を認めることはできないというべきである（平野279頁，大塚570頁，曽根289頁，中森274頁，高橋607頁，松原532頁）。それゆえ，間接暴行を認めうるのは，当該行為が公務員の面前で行われた場合に限ると解すべきであろう（仙台高判昭和30・1・18高刑8巻1号1頁）。

他方，本罪にいう脅迫も，脅迫罪（222条）の脅迫より広く，およそ人を畏怖させるに足る害悪の告知をいう。公務員自身に対する害悪の告知はもちろん，第三者への加害の告知であって，それが人質強要罪を構成しない場合であっても，公務員という立場からは職務の執行を躊躇せざるをえないような場合には本罪の脅迫にあたると解すべきであるように思われる。

本罪の暴行・脅迫は公務員による職務の執行を妨害するに足りる程度のものであればよく，これにより職務執行妨害の結果が発生したことを必要とするものではない（最判昭和33・9・30刑集12巻13号3151頁＝湊川公園事件）。その意味で本罪は抽象的危険犯である（植松27頁，平野279頁，藤木21頁，大谷571頁）。このため，判例は，無許可のデモ行進を警察官が実力で解散させようとした状況において，警察官に1回投石したが命中しなかったという事案に関し，「未だ以て公務執行の妨害となるべきものとは思われない」とした原審の判断を破棄し，本件投石行為は，命中しなかった場合でも，相手の行動の自由を阻害すべき性質のものであるから，ただ1回の瞬間的なものでも本罪の暴行にあたるとし（前掲最判昭和33・9・30＝湊川公園事件，同旨，名古屋高判昭和27・9・24高刑5巻11号1856頁），また，県職員に対する抗議行動の過程においてパンフレットを丸めて職員の顔面に2，3回突きつけ1回は顎に接触させたという事案についても，本罪の暴行を認めている（最判平成元・3・9刑集43巻3号95頁）。しかし，本罪の保護の対象である公務には，自力排除力を有する権力的公務から非権力的公務まで様々なものが含まれるのであるから，「職務の執行を妨害するに足りる程度」も相対的に判断されるべきであり，警察官の実力行動に対して本罪を認めるには軽微な暴行・脅迫では足りないと解する余地もあるように思われる。

7　罪数・他罪との関係

本罪の保護法益は公務であるから，本罪の罪数も妨害された公務の数によって決定される（通説）。手段たる暴行・脅迫は別罪を構成せず本罪に吸収されるが，傷害罪，恐喝罪，強盗罪，殺人罪等が成立する場合は観念的競合となる（大塚572頁，中森274頁。反対，木村304頁）。なお，特別法には，本罪または業務妨害罪に至らない程度の公務妨害としての質問検査妨害罪が多数規定されている（たとえば，国税徴収法188条，国税通則法127条2号，食品衛生法75条1号，独占禁止法94条など）。

2　職務強要罪

　　公務員に，ある処分をさせ，若しくはさせないため，又はその職を辞させ
るために，暴行又は脅迫を加えた者も，前項〔95条1項〕と同様とする（95条
2項）。

　本罪は，強要罪（223条）の特別罪であるが，公務員の将来の職務を保護
するという意味では公務執行妨害罪を補完する機能を有するものである。
暴行・脅迫を加えることにより既遂に達し，公務員がある処分をしたこと
等を要しないから（大判昭和4・2・9刑集8巻59頁），強要罪と異なり未遂を罰
しない。本罪は目的犯であり，公務員に一定の作為，不作為または辞職を
強要する目的で暴行・脅迫を行うことが必要である。暴行・脅迫の意義は
公務執行妨害罪と同様である。
　本条にいう公務員の「処分」とは，広く公務員の職務上なしうる行為を
いう（大判明治43・1・31刑録16輯88頁）。たとえば，村会議員に村会への出席を
断念させる目的で暴行・脅迫を加える行為（大判大正8・7・22刑録25輯880頁），
市会議員の委員会における言論を阻止する目的で暴行を加える行為（大判
大正12・4・2刑集2巻291頁）などがその例である。それゆえ，当該公務員の
職務権限に属さない処分については，本罪は成立しないと解する見解が有
力である（大判昭和2・7・21刑集6巻357頁，平野280頁，大塚573頁，大谷574頁，曽根290
頁，井田543頁）。これに対して，最高裁は，本罪が公務員の正当な職務の執
行を保護するばかりでなく，広くその職務上の地位の安全をも保護しよう
とするものであるという理由により職務権限外の処分を含むとして，税務
署長に所得税の更正決定に関する要求事項すべてを承認する旨の書面の作
成を強要した事案につき本罪の成立を認めている（最判昭和28・1・22刑集7巻
1号8頁）。その理由づけは疑問であるが，公務員に違法な処分を強要する
ことは，公務の適正な遂行を妨害することになるから，本罪の成立を認め
てよいと思われる（中森275頁）。
　他方，適法な処分であっても，公務員には処分につき裁量の余地が認め
られるから正当な手続によらないかぎり本罪の成立が認められる（最判昭和
25・3・28刑集4巻3号425頁。反対，平野280頁，曽根290頁）。反対に，違法な処分を

454 第4編 国家的法益に対する罪 第3章 国家の作用に対する罪

させない場合には，本罪にいう処分も公務執行妨害罪におけると同様に適
法であることが必要であると解されるから，本罪の成立を否定すべきであ
る（団藤60頁，平野280頁，大塚574頁，大谷574頁）。

3 封印等破棄罪

> 公務員が施した封印若しくは差押えの表示を損壊し，又はその他の方法に
> よりその封印若しくは差押えの表示に係る命令若しくは処分を無効にした者
> は，3年以下の懲役若しくは250万円以下の罰金に処し，又はこれを併科す
> る（96条）。

1 客 体

(1) **保護法益** 本罪の客体は，公務員が施した封印もしくは差押えに
係る命令もしくは処分の効力である。「命令」とは，裁判所による命令，
たとえば，民事執行法における執行裁判所による執行官保管の保全処分命
令（55条1項）をいい，「処分」とは，執行官その他の公務員（たとえば，徴税
職員）による差押えの処分などをいう。それゆえ，本罪の保護法益は，こ
れらの封印もしくは差押えの表示によって達成される公務としての執行の
効力（たとえば，強制執行の効力）である。平成23年改正前の96条は「封印若
しくは差押えの表示」の存在を前提としていた。このため，判例は，仮処
分による差押えの表示が第三者によりすでに剥離損壊された後に，債務者
が差押え物件を搬出移転しても本罪は成立しないとし（最判昭和29・11・9刑
集8巻11号1742頁），また，債務者が仮処分命令の出ている自己の宅地に家屋
を建設する行為も，建設時に差押えの表示が存在していたかどうかが不明
であるときは本罪を構成しない（最判昭和33・3・28刑集12巻4号708頁）としてい
た。それゆえ，債務者が執行官の占有に属し工事の続行を禁止されていた
自己の土地において，情を知らない第三者に工事を続行させたが，その際，
差押えの公示札は包装紙で覆われビニール紐がかけられていたという事案
に関し，包装紙を外せば公示札の記載内容を明らかにすることができたと
いう理由により本罪の成立を認めた判例も存したのである（最決昭和62・9・

---

9) 本罪の成立を認めた名古屋高判昭和29・3・29判特33号73頁を破棄したものである。

30刑集41巻6号297頁）。しかし，たとえば，仮処分の存在自体は知っている者の行為について，その表示が消失した場合に本罪の成立を否定することは不合理である。それゆえ，本罪の客体は「表示」そのものから「命令若しくは処分の効力」に改められたのである。

(2) **封印・差押えの意義**　「封印」とは，主として動産につき，その開披，使用，その他現状の変更を禁止する処分として，権限ある公務員により，その外部に施された封緘等の物的設備をいう。通常は押印されたものであるが，執行官が穀物差押えのため俵に縄張りをし，これに必要事項を記入した紙片を巻きつけた場合も封印にあたる（大判大正6・2・6刑集23輯35頁）。強制執行において執行官によってなされる場合（民事執行法123条3項など），国税徴収官によってなされる場合（国税徴収法60条1項）が代表的な例であるが，この他，法令により通信事務員が郵便行嚢に施した封印（大判明治44・12・15刑録17輯2190頁），警察官が法令に基づき有毒物の入った清酒の販売を禁止するために桶に施した封印（大判大正5・7・31刑録22輯1297頁）も本罪の封印にあたるとされている。「差押え」とは，公務員が，その職務上保全すべき物を自己の占有に移す強制処分をいう（大判大正11・5・6刑集1巻261頁）。したがって，動産の差押えはもちろん，民事保全法における仮差押えや仮処分でも，占有移転という性格をもつかぎりこれに含まれる。不動産や債権の差押えは占有移転を含まないから，ここにいう差押えではないが，民事執行法による不動産の売却のための執行官保管の保全処分（同法55条1項）や担保権実行における執行官保管の保全処分（同法187条）は含まれる。また，国税徴収法（47条以下）による差押え，刑事訴訟法（107条以下）による差押えも，ここにいう差押えである。これに対して，他人に対して一定の作為や不作為を命ずる処分は，物の占有移転という性格をもたないから差押えにはあたらない（仙台高判昭和43・2・29下刑10巻2号6頁）。差押えの「表示」とは，貼り札，立て札のように差押えによって公務員の取得した占有を明白にするために施された表示であって，封印以外のものをいう。執行官保管の公示書などがその例である。なお，この表示は，必ずしも差押物自体になされることを要しない（高松高判昭和27・8・30高刑5巻10号1612頁）。

2　適法・有効な表示の存在

本罪も公務執行妨害罪の一種であるから，封印，差押えの表示は適法で

あることを必要とすべきである（大塚576頁，福田18頁，中森277頁，曽根291頁，山口550頁）。判例は，執行吏代理の誤解により債務者でない第三者の家屋に対してなされた占有保管の仮処分に関して，執行の瑕疵が重大・明白であって執行そのものが不存在と認められる場合ではないから，第三者である被告人は，執行方法の異議または第三者異議によって取消しを求めないかぎり本件家屋に入居することは許されないとしているが（最決昭和42・12・19刑集21巻10号1407頁〔554〕），妥当とは思われない。[10]

封印，差押えの表示の適法性に関する錯誤についても，公務執行妨害罪で述べた二分説が妥当する。差押えの主体が公務員でないとか，封印が偽物であると誤信した場合は，事実の錯誤として故意を阻却するが，単に法律上無効であると誤信したような場合には法律の錯誤にとどまることになる（最判昭和32・10・3刑集11巻10号2413頁）。これに対して，債務の弁済によって差押えの効力がなくなったと誤信した事案に関し，事実の錯誤を認めた判例もあるが（大決大正15・2・22刑集5巻97頁），差押えの表示は，当然無効または不存在と認められないかぎり，その取消しまでは効力を有するのであるから（大判昭和7・2・18刑集11巻42頁），妥当でないと思われる。

3 行 為

本罪の行為は，封印・差押えの表示を損壊し，またはその他の方法により，表示に係る命令または処分を無効にすることである。損壊とは，物理的に損壊する行為をいう。その他の方法としては，差押物件自体を搬出・売却する行為（大判昭和12・5・28刑集16巻811頁），封印のある桶から濁酒を漏出させる行為（大判明治44・7・10刑録17輯1409頁），執行官の占有に移り立入禁止の表示札があるにもかかわらず土地内に入って耕作する行為（前掲大判昭和7・2・18），執行官の占有に移し，債務者のみの使用を許す仮処分の公示書があるのに，パチンコ店をスタンドバーに改装する行為（最判昭和36・10・6刑集15巻9号1567頁），仮処分により執行官の占有に移った家屋に入居する行為（前掲最決昭和42・12・19），執行官の占有に移った土地で禁止された工事を続行する行為（前掲最決昭和62・9・30）などがこれにあたる。このような行為は，担保権の実行や一般債権の強制執行を妨害する目的で行われること

---

10) これを支持するものとして，藤木29頁，髙﨑秀雄・大コンメ6巻178頁以下。

が多い。平成23年改正は，いわゆるバブル経済崩壊後の債権回収手続において，執行妨害を排除する手段としての本罪の成立範囲を拡張したものである。

4　強制執行妨害罪

> 　強制執行を妨害する目的で，次の各号のいずれかに該当する行為をした者は，3年以下の懲役若しくは250万円以下の罰金に処し，又はこれを併科する。情を知って，第3号に規定する譲渡又は権利の設定の相手方となった者も，同様とする。(1)強制執行を受け，若しくは受けるべき財産を隠匿し，損壊し，若しくはその譲渡を仮装し，又は債務の負担を仮装する行為　(2)強制執行を受け，又は受けるべき財産について，その現状を改変して，価格を減損し，又は強制執行の費用を増大させる行為　(3)金銭執行を受けるべき財産について，無償その他の不利益な条件で，譲渡をし，又は権利の設定をする行為（96条の2）

1　改正の趣旨

　本条は，対物的加害行為により強制執行の進行を阻害する行為を処罰の対象とするものである。本条は，昭和16 (1941) 年に競売等妨害罪等とともに新設された規定であるが，平成23年改正で全面的に改正された。すなわち，旧96条の2よりも処罰範囲を拡張し，真実譲渡の場合をも一部捕捉する。また，本条にいう「強制執行」には，国税徴収法における滞納処分も含まれることが刑事法部会の審議において確認された[11]。本罪は，目的犯であるが，この点も，現行規定の「強制執行を免れる目的」から「強制執行を妨害する目的」に変更されている。これにより本罪の主体が債務者に限定されないこと，債務者が法人である場合も含まれることが明確になるとともに，強制執行の進行を一時的に阻害する行為（たとえば，不法占有により立退き料を取得する目的）も含まれることが明らかとなった。

2　保護法益

　本罪の保護法益については，①国家の作用としての強制執行の機能を保

---

11)　それゆえ，現行の96条の2には国税徴収法による滞納処分は含まれないとしていた最決昭和29・4・28刑集8巻4号596頁は，立法により否定されることになったといえよう。

護するとともに，あわせて債権者の債権の実現という利益を保護するものであるとする見解（団藤64頁，大塚578頁，福田20頁，大谷579頁，山口553頁，高橋614頁，松原538頁）と，②もっぱら債権者の債権の実現という利益を保護するものであるとする見解（平野281頁，藤木30頁，前田445頁）が対立している。最高裁は，「強制執行は要するに債権の実行のための手段であって，同条は究極するところ債権者の債権保護をその主眼とする規定である」として②説をとっていた（最判昭和35・6・24刑集14巻8号1103頁〔555〕）。しかし，強制執行制度は，社会の安定を図るために私人による自力救済・自力執行を禁止する代わりに，国家が私人の権利の実現を保障するものなのであるから，その適正かつ円滑な運用は，やはり公共の福祉に関係する国家的法益としての側面をもつというべきである。それゆえにこそ，刑法は本罪を公務の執行を妨害する罪の章に置いたものといえよう。したがって，①説が妥当である。このことは，平成23年改正により，「強制執行を免れる目的」が「強制執行を妨害する目的」と修正されたことによっても裏づけられよう。本罪にいう強制執行とは，私人の権利の実現を目的とするが，民事執行法または同法を準用する強制執行のほか，国税徴収法による滞納処分も含まれる。民事執行法1条にいう担保権の実行としての競売を含むことは当然である（最決平成21・7・14刑集63巻6号613頁）。また，本罪が公務執行妨害罪の一種である以上，強制執行が適法なものでなければならないのも当然である。

　なお，本罪に類似の犯罪として，破産手続における詐欺破産罪（破産法265条），会社更生手続における詐欺更生罪（会社更生法266条）がある。[12]

3　主　体

　旧規定は，「強制執行を免れる目的」と規定していたため，そこには「免れさせる目的」を含まないから債務者と共犯関係にない者による隠匿や損壊行為まで本罪にあたると解すべきではないとする見解と必ずしも債務者に限られず第三者でもよいとする判例・通説（大判昭和18・5・8刑集22巻130頁）とが対立していた。しかし，平成23年改正で，目的が修正されたこと，「財産の仮装譲渡」が「財産の譲渡の仮装」に，「仮装の債務負担」が「債務の負担の仮装」に修正されたことにより，本罪の主体が債務者に限

---

12)　その詳細については，小川新二「倒産法における刑事罰則の概要(上)(下)」NBL594号6頁以下・597号30頁以下，佐伯仁志「倒産犯罪」ジュリ1273号96頁以下参照。

定されないこと，債務者が法人である場合も含まれることが明確とされた。ただし，3号の行為主体は，その性質上，債務者に限られる。

4 目 的

本罪は「強制執行を妨害する目的」を必要とする目的犯である。したがって，現実に強制執行を妨害したことは必要でないし，現実に強制執行の全部または一部が実行されたことも必要ではない（最決昭和35・4・28刑集14巻6号836頁）。ただし，加害の対象として「強制執行を受けるべき財産」も含まれることから，単に目的が存するだけでは足りず，強制執行が切迫しているという客観的状況が必要と解すべきである。

また，旧規定に関する判例によれば，単に犯人の主観的意図だけでは足りず，「現実に強制執行を受けるおそれのある客観的な状態の下において……同条所定の行為を為すことを要する」とされており，それゆえ，執行名義が存在せず単に訴訟を提起されたにとどまるときは，「刑事訴訟の審理過程において，その基本たる債権の存在が肯定されなければならない」とされており（前掲最判昭和35・6・24），この見解を支持する学説も有力である（平野281頁，内田630頁，曽根292頁以下，高橋615頁，松原540頁）。しかし，権利関係について争いのあることを常態とする保全執行も本条の強制執行に含まれると解されること，国家的制度としての強制執行の機能を保護する必要のあることを考慮すれば，債務名義や債権存在の確定を要するものではなく，行為時に債権の存在する合理的可能性があれば足りると解すべきであろう（団藤64頁，大塚579頁，中森278頁，山口555頁）。

5 行 為

本条1号の行為は，財産の隠匿，損壊，譲渡の仮装および債務負担の仮装である。財産には，動産，不動産のほか債権も含まれる。①隠匿とは，強制執行の対象である財産の発見を不能または困難にすることをいう。物理的に隠す場合のほか，動産を執行官の眼前で搬出し所在を不明にする行為（高松高判昭和31・1・19裁特3巻3号51頁），架空の金銭債権を記載した公正証書に基づく競売手続により債務者の所有物件が仮装の競落人の所有に帰したように装う行為（最決昭和39・3・31刑集18巻3号115頁），金銭を他人名義で預金する行為（東京高判昭和33・12・22高検速776号），プレハブ造りの未登記建物を解体し，その解体資材を隠匿する行為（青森地判平成5・3・2公刊物未登載）の

ほか，抵当物件の賃貸借料の差押えを免れるため賃貸人をダミー会社に変更する行為（東京地判平成9・8・6公刊物未登載＝桃源社事件）なども隠匿にあたるといえよう。②損壊とは，物理的損壊のほか，財産の価値を減少させる一切の行為をいう。更地にして転売するために抵当物件であるホテルを損壊する行為は本罪のほか建造物損壊罪にあたる（東京地判平成5・10・4金融法務事情1381号38頁）。③譲渡の仮装とは，まず，債務者が，真実譲渡する意思がないのに第三者と通謀して形式上財産を第三者の所有とする行為，無断で第三者名義に変更する行為（東京高判昭和49・5・28判時757号124頁）などをいう。有償，無償を問わない。さらに，債務者との共謀がない場合でも，債務者が行方不明であることを利用して財産の所有権や債権の譲渡を受けたと詐称する場合も含まれる。④債務の負担の仮装とは，まず，債務者が，真実は債務がないのに債務があるように仮装することをいう。仮装の債務負担は，仮装の債権者に配当要求をさせ，配当金を債務者に還流させることにより強制執行を免れる行為である。第三者と通謀して仮装の抵当権を設定したり（福岡高判昭和47・1・24刑月4巻1号4頁），架空の公正証書により債務を負担する行為（福岡地大牟田支判平成5・7・15判夕828号278頁）もこれにあたる。第三者の名義を無断で借用する行為も含まれるのは譲渡の仮装の場合と同様である。したがって，これらの行為の相手方は必要的共犯として不可罰とはならないと解すべきである（大塚580頁，中森279頁。反対，藤木31頁，前田447頁，大谷581頁）。さらに，債務者が行方不明であることを利用して，真実は債権者でない者が，抵当権や賃貸借権などの権利（債務者からみれば，債務の負担）を僭称して，別除権，占有権限などを詐称する場合を含むと解すべきである。

　本条2号は，無用な増改築をし（いわゆる件外物件），その区分所有権を登記・仮登記する行為や不動産に大量の廃棄物を搬入する行為のように強制執行の目的財産の物的状況に改変を加え，目的財産の価格を減損させる行為や原状回復に過大な費用を必要とするため強制執行を費用倒れにしてしまう行為などを新たに処罰の対象とするものである。

　本条3号は，金銭債権の強制執行において法律行為により引き当て財産を減少させる行為を処罰する。法律行為であるため1号の損壊にあたらず，真実譲渡等であるため1号の譲渡の仮装にもあたらない事例を捕捉するも

のである。この点は，真実譲渡する意思が存する場合には，たとえ強制執行を免れる目的があっても，仮装譲渡や隠匿にあたらないとしていた従来の判例（大阪高判昭和32・12・18裁特4巻23号637頁）を修正して立法により処罰範囲を拡張するものである。「金銭執行を受けるべき財産」に限定されているのは，強制執行開始後の譲渡等には対抗しうるためである。「不利益な条件で」とは，無償に準じるような著しく低廉な価格，および，価格は相当であるが履行方法が著しく不利益（たとえば，支払期間を50年にするような場合）であることをいう。「権利の設定」とは，たとえば，地代年1万円で50年間の地上権を設定する場合などである。本号は，真実の譲渡・権利設定であるため必ず相手方がいる。この相手方を，必要的共犯の論理により不可罰としないために，本条柱書の後段は，相手方を処罰することを規定するものである。

5　強制執行行為妨害罪

> 　偽計又は威力を用いて，立入り，占有者の確認その他の強制執行の行為を妨害した者は，3年以下の懲役若しくは250万円以下の罰金に処し，又はこれを併科する（96条の3第1項）。強制執行の申立てをさせず又はその申立てを取り下げさせる目的で，申立権者又はその代理人に対して暴行又は脅迫を加えた者も，前項〔1項〕同様とする（同条2項）。

　本条は，対人的加害行為により強制執行の行為を妨害する行為を処罰する規定であり，平成23年改正により新設されたものである。

　本条1項は，強制執行の現場における執行官や徴税職員に対して行われる，偽計または威力によって対象物件への立入りや占有者の確定を妨害する行為を捕捉するものである。たとえば，敷地内に猛犬を放し飼いにする行為，占有者をつぎつぎに入れ替える行為などである。執行裁判所に対する行為は本項ではなく96条の4で捕捉される。本罪の手段が暴行，脅迫である場合には，本罪と公務執行妨害罪とは観念的競合となるが，本項の罰金刑の併科の部分は適用されると解すべきである。

　本条2項は，債権者やその代理人に対し，強制執行の申立てをさせないようにする行為を処罰する。「申立権者」には法人を含み，その場合は，

法人の代表者等に対する暴行・脅迫行為が本項にあたることになる。その意味で、本項は法人に対する脅迫・強要を認めるものともいえよう。「代理人」とは、法定代理人、任意代理人の双方を含む。本項の手段は、債務者による通常の言動（哀願、懇願、自暴自棄による言辞など）にまで及ばないように、暴行・脅迫に限定されている。

6　強制執行関係売却妨害罪

> 偽計又は威力を用いて、強制執行において行われ、又は行われるべき売却の公正を害すべき行為をした者は、3年以下の懲役若しくは250万円以下の罰金に処し、又はこれを併科する（96条の4）。

1　総　　説

本条は、旧96条の3に規定されていた「公の競売又は入札」から、公共工事の入札や公物の売却などの公共契約の締結と強制執行において行われる売却手続を分離し、後者につき、その公正を阻害する行為を処罰するものである。「強制執行において行われるべき売却」とすることにより、競売開始決定前の妨害行為にまで処罰範囲が拡張された。旧規定の「競売又は入札」に替えて「売却」という文言にしたのは、入札、競り売りのほか民事執行規則が規定する特別売却をも包含することを明確にするためである。旧96条の3第2項の談合が強制執行に関して行われる場合は、本条の「偽計」に含まれる。

本罪の保護法益は「強制執行における売却の公正」であるが、具体的には、売却手続が参加者の公正かつ自由な競争によって行われることにより、債権者や売却手続施行者の利益が確保されるという売却手続の機能と解すべきであろう（この点に関する詳細は、京藤哲久「競争と刑法」明治学院大学法学部20周年論文集353頁以下〔1987〕参照）。

民事執行法における不動産の強制競売や担保権の実行としての競売（売却）は債権実現の最終的手段として重要性を有するものであるが、従来の競売は暴力団がらみの競売屋と称される集団が一般人の競売参加を妨害し、最低競売価格（現在の民事執行法60条では、売却基準価額）の減少を図るなどの現象がみられ、競売制度は正常に機能しているとはいえなかった。この点

を改善するため，昭和54年に成立した民事執行法134条，民事執行規則34条・47条は期日入札のほかに期間入札の制度を導入し，郵便による入札を可能としたため，競売屋による入札妨害は激減したといってよい。しかし，平成2年以降のいわゆるバブル経済の崩壊に伴って発生した膨大な不良債権処理のための債権回収手続において，暴力団がらみの競売妨害事件は再び多発する傾向を示したため，本罪の重要性が再認識されるようになったのである（西田「競売妨害罪の成立要件」研修642号3頁参照）。

* **執行妨害対策**　執行妨害の代表的手口としては，いわゆる「占有屋」と呼ばれるものがある。これは，抵当物件である土地や建造物を不法に，あるいは短期賃貸借や使用貸借を主張して占拠する者をいう。このような占有者の存在が物件の現況調査報告書に記載され，一般の買受け希望者に閲覧されれば，一般の人はトラブルの発生を嫌って入札に参加しないことになり，競売において期待された競争売買の機能は働かず，競売価格は限りなく最低売却価格（売却基準価額）に近づくことになる。占有者は，これを利用して不当な立退き料を要求したり，第三者に廉価に競落させた上転売して利益を得たりするのである。このほかにも，抵当物件に暴力団○○組の代紋を貼りつける，競売物件の敷地内に駐車中の車に暴力団○○組という張り紙をする，一般の閲覧に供する物件明細書に暴力団の名刺をはさみ込むなどの執行妨害の手口がある。これも一般人の競売参加を妨害するものにほかならない。このような執行妨害に対処するため，平成5年には，暴力団対策法9条の暴力的要求行為の禁止のなかに12号が追加され，土地または建物についての支配の誇示が警察の中止命令の対象とされた。また，平成8年には民事執行法が改正され，売却のための保全処分の相手方が債務者から「不動産の占有者」にまで拡大され（55条），また不動産競売の開始決定前の保全処分が新設される（187条）等の手当てがなされている。これは，いうまでもなく前述の「占有屋」に対処するためのものである。さらに，平成10年の同法の改正では，執行手続の遅延を目的とする執行抗告の簡易却下の制度が導入され（10条5項4号），平成15年の民法改正では，短期賃貸借制度（旧民法395条）の廃止や滌除制度すなわち抵当不動産の第三取得者が抵当権者に一定の金額を支払いまたは供託して抵当権を消滅させる制度についても，抵当権者の増価買受け義務の廃止などを含む抵当権消滅請求制度への改善（民法378条以下），抵当権設定後に土地の上に新たに建設された建物（件外物件）についての一括競売制度の導入（同法389条）などの執行妨害対策が講じられた。

2 売却の意義

「強制執行」とは，民事執行法1条にいう一般債権の実現のための強制執行，担保権の実現のための競売および換価競売，ならびに，国税徴収法

94条1項にいう差押え財産の換価のための公売をいう。「売却」とは,「競り売り」,「入札」,「特別売却」をいう（民事執行法64条2項，民事執行規則34条，50条，51条，国税徴収法94条2項）。「競り売り」とは，強制執行において公の機関が物件の売却のため，多数の者から口頭または文書で買受けの申出を促し，最高価額の申出人に承諾を与えて売買する手続をいう。現在では，口頭によるものは少なく，むしろ文書による入札が原則である。「入札」とは，公の機関が強制執行において物件の売却のため，競争に加わる者に文書によって買受けの申出をさせ最高価額を提示した者に売却する手続をいう。すでに述べたように，現在では期間入札が一般的である。「特別売却」とは，入札において売却基準価額を超える落札者がいなかったとき，買受可能価額を決めて売却に付し最初の買受け申込者に売却する手続きをいう。平成23年改正で，本条の文言が「競売・入札」から「売却」に変更されているのは，この趣旨を明確にするためである（このことを肯定した裁判例として，札幌高判平成13・9・25高刑54巻2号128頁）。売却は，権限のある機関によって適法になされたものであることを要し（最判昭和41・9・16刑集20巻7号790頁），公の機関が実際は特定の業者と随意契約をするのに，入札手続を偽装したような場合は本条の入札にはあたらない（東京高判昭和36・5・4東時12巻5号59頁）。

3 行 為

本罪の行為は，偽計または威力を用いて，「強制執行において行われ，又は行われるべき売却の公正」を害すべき行為をすることである。「行われるべき売却の公正」まで含むことにより，競売開始決定（民事執行法45条）以前の行為にまで処罰範囲が拡張されている。ただし，強制執行が切迫していることが必要と解すべきである。手段たる偽計および威力の意義は業務妨害罪における偽計・威力と同じに解してよい（140頁以下参照）。これまでに「偽計」にあたるとされた例としては，現況調査（民事執行法57条参照）に赴いた執行官に対して，競売物件の占有者が虚偽の賃借権を主張し，その旨を現況調査報告書に記載させる行為（鳥取地米子支判平成4・7・3金融法務事情1330号54頁），不動産の競売開始決定後に，当該不動産につき決定前に短期賃貸借契約が締結されていた旨の内容虚偽の契約書を裁判所に提出する行為（最決平成10・7・14刑集52巻5号343頁〔556〕）などがある。なお，競落人は

第1節 公務の執行を妨害する罪　6　強制執行関係売却妨害罪　*465*

代金を納付したときに不動産を取得するから（民事執行法79条），売却許可決定後であっても，代金納付前に架空の賃貸借契約等の存在を理由として執行抗告を行う行為も偽計にあたるといってよい（高松地判平成10・4・27公刊物未登載）。「威力」にあたるとされた例としては，競売開始決定がなされた建物の玄関に暴力団名を大書したプレートを掲げる行為（岡山地判平成2・4・25判時1399号146頁），裁判所に備え付けられている物件明細書の写し（民事執行法62条参照）に暴力団名が印刷された名刺をはさみ込む行為（松山地判平成3・10・23判タ789号272頁），競落後代金納付前に最高価買受申出人に対し威力により不動産の取得を断念するよう要求する行為（最決平成10・11・4刑集52巻8号542頁〔557〕）などがある。今回の改正により，競売開始決定前であっても，競売が予定される物件に暴力団の代紋やネームプレートを貼り付けたり，その旨の立て札を建てる行為などが本条にあたることになる。「公正を害すべき行為」とは，強制執行における売却が参加者の公正かつ自由な競争によって行われることを阻害するおそれのある行為をいう。それゆえ，本罪は抽象的危険犯であり，現実に公正が害されたことは必要でない。

4　本罪の終了時期

刑訴法253条1項は，公訴時効は「犯罪行為が終った時から進行する」とし，同法250条2項6号によれば，本罪の公訴時効は3年で完成するため，本罪の終了時期が問題となる。近時の最高裁判例（最決平成18・12・13刑集60巻10号857頁〔558〕）では，この点が重要な問題となった。本件において，被告人らはバブル経済の崩壊により多大の債務を抱えることとなり，銀行等からの被告人らの経営する会社財産である土地，建物について強制執行を受ける状態となったが，これを妨害する目的で競売開始決定がなされた会社所有の土地，建物につき不動産競売による売却によっても効力を失わない建物賃借権の存在を仮装することとし，現況調査に来た執行官に対し，会社が10年以上前に当該土地，建物をダミー会社に対し一括賃貸して引き渡しており，さらに，ダミー会社が債務者たる会社の関連会社に借り主の地位を譲渡した旨の虚偽の事実を申し向け，同時に内容虚偽の契約書を提出して執行官を誤信させ，現況調査報告書に虚偽の事実を記載させて執行裁判所の裁判官に提出させた。執行官に虚偽の事実を申し向け内容虚偽の現況調査報告書を作成させた時点で偽計競売妨害罪は既遂に達して終了し

ており，それから４年を経ているので公訴時効が完成しており免訴となるべき旨の上告趣意に対して，最高裁は，内容虚偽の事実を申し向けたり内容虚偽の契約書を提出した行為は偽計競売妨害罪にあたるが「その時点をもって刑訴法253条１項にいう『犯罪行為が終つた時』と解すべきものではなく，上記虚偽の事実の陳述等に基づく競売手続が進行する限り，上記『犯罪行為が終つた時』には至らないものと解するのが相当である」と述べて，上告を棄却している。

　刑事訴訟法253条１項にいう「犯罪行為が終った時」とは犯罪結果の発生を含むとするのが判例である（最決昭和63・2・29刑集42巻２号314頁〔21〕）。それゆえ，本罪が監禁罪のように被害者の監禁状態が継続する限り構成要件該当行為も結果も継続しており，犯罪も終了していない継続犯と解しうるとすれば，本件最高裁の判断に問題はない。しかし，本罪は，従来即成犯ないし状態犯であると解されてきた。だとすれば，時効の完成を認めなかった本決定の妥当性が問題となる。この点で，近時は犯罪の既遂時期と終了時期を区別し，既遂に達していても終了していない限り公訴時効は開始しないという見解も有力である。たとえば，建造物損壊罪においては，建造物の一部を損壊したときに同罪は既遂に達する。しかし，なおも損壊行為を継続すれば実行行為も継続するし犯罪結果も増大するから建造物損壊罪は終了してはいないというべきであろう。また，傷害罪も即成犯ないし状態犯であり，傷害を負わせたときに既遂に達し，原則として犯罪も終了する。さもなくば，被害者の左腕を切り落としたような事例において傷害結果が永久に継続するから時効が完成することもないという不合理な結論になるからである。しかし，同じ傷害罪の場合でも，継続的に効果を発揮する薬物を服用させたような場合には犯罪結果は継続的に発生・増大しており犯罪は終了していないといえよう。それは，傷害箇所が次第に悪化して傷害結果が拡張していく場合も同様である（佐伯仁志「犯罪の終了時期について」研修556号15頁）。このような観点から危険犯である本罪をみた場合，確か

---

13)　即成犯・状態犯・継続犯の区別の基準に関して，詳細は，古田祐紀「犯罪の既遂と終了」判タ550号90頁，林幹人「即成犯・状態犯・継続犯」刑法の争点（第３版）30頁，林美月子「状態犯と継続犯」神奈川法学24巻２・３号279頁，松原芳博「継続犯と状態犯」新・刑法の争点28頁，渡邊卓也「犯罪の終了時期と公訴提起の時間的限界」姫路法学49号280頁参照。

に執行官に虚偽の事実を現況調査報告書に記載させたときに本罪は既遂に達する。しかし，その虚偽内容は裁判官に報告され，現況調査報告書に記載され，さらには物件明細書，評価書のいわゆる三点セットとして希望者の閲覧に供される。競売妨害の危険は，このようにして増大していき，場合によって競落人が出ないで競売手続が不調に終わらざるをえない事態に至って最高点に達するのである。そうだとすれば，本決定がいうように「競売手続が進行する限り」犯罪行為が終了したとはいえないと解することは十分に可能であり公訴時効の完成を否定した結論は妥当であるといえよう（松田俊哉「判解」ジュリ1339号157頁，林美月子「判批」平成19年度重判165頁以下参照）。

7 加重封印等破棄罪

> 報酬を得，又は得させる目的で，人の債務に関して，第96条から前条までの罪を犯した者は，5年以下の懲役若しくは500万円以下の罰金に処し，又はこれを併科する（96条の5）。

本条は，96条から96条の4までの罪が「報酬を得，又は得させる目的で」行われた場合（目的犯）を加重処罰する規定である。たとえば，占有屋が立退き料を得る目的で行った場合，上部団体である暴力団に立退き料を得させる目的で行った場合などがこれにあたる。「人の債務に関して」行われることを要するから，債務者自身による行為を含まない。債務者が第三者と共謀して本罪を犯した場合でも，本条の目的は，動機による責任加重身分と解しうるから，65条2項により債務者には96条から96条の4までの犯罪が成立すると解すべきであろう。また，本罪の目的は営利の目的よりも狭く，自らが競落人になって転売利益を得ようとする場合などは含まれないと解すべきであろう。

8 公契約関係競売等妨害罪

> 偽計又は威力を用いて，公の競売又は入札で契約を締結するためのものの公正を害すべき行為をした者は，3年以下の懲役若しくは250万円以下の罰金に処し，又はこれを併科する（96条の6第1項）。

468 第4編 国家的法益に対する罪 第3章 国家の作用に対する罪

　本条は，旧96条の3のうち強制執行に関するものを，平成23年改正により96条の4として独立して規定したため，残余の部分である公共工事の入札等を「契約を締結するためのもの」として規定し直すものである。「公の」競売・入札の意義につき，判例は「公の機関すなわち国又はこれに準ずる団体の実施する競売又は入札を指す」とし，公法人であっても「その事務が公務に該らない団体の実施する競売又は入札はこれに該当しない」としているが，公務員の意義について述べたところと同様に，その範囲を明確にするためにも，本条にいう「公の」競売・入札とは，公の機関が法令の根拠に基づいて行うものに限られると解すべきであろう。具体的には，会計法にいう競争入札 (同法29条の3)，予算決算及び会計令 (以下，予決令と呼ぶ) のせり売り (同令93条)，地方自治法にいう競争入札 (同法234条)，地方自治法施行令 (以下，自治令と呼ぶ) のせり売り (同令167条の14) などがその例である。

　本条にいう「偽計」とは，競争入札における予定価格を特定の入札予定者に漏示する行為 (最決昭和37・2・9刑集16巻2号54頁)，入札価格が下位にある入札参加者の入札価格を増額訂正して落札させる行為 (甲府地判昭和43・12・18下刑10巻12号1239頁) などをいい，「威力」とは，指名競争入札に際し，他の指名業者に談合に応じるよう脅迫する行為 (最決昭和58・5・9刑集37巻4号401頁)，入札を終えた落札者と弁護士を取り囲み入札の取下げを執拗に求める行為 (京都地判昭和58・8・1刑月15巻7=8号387頁) などをいう。

9 談合罪

　公正な価格を害し又は不正な利益を得る目的で，談合した者も，前項〔96条の6第1項〕と同様とする (96条の6第2項)。

1 本罪の沿革

　「談合」とは，競売・入札における落札者と落札価格についての協定をいうが (詳細は後述2参照)，昭和16年の改正で本罪 (旧96条の3第2項) が新設される以前には，談合が詐欺罪にあたるかが問題とされ，大審院は否定的な

---

14) したがって，健康保険組合の実施する入札は，本条の入札ではない。東京高判昭和36・3・31高刑14巻2号77頁。

立場をとっていた（大判大正8・2・27刑録25輯252頁[15]）。その結果，官公署の入札において半ば公然と談合が行われるようになり，刑法改正へと繋がったのである。政府によって提案されたものは，前述の公契約関係競売等妨害罪と談合罪とを統合したものであり，その内容は「偽計若くは威力を用ひ又は談合に依り，公の競売又は入札の公正を害すべき行為を為したる者は，2年以下の懲役又は5千円以下の罰金に処す」[16]というものであった。しかし，この案に対しては，すべての談合を違法とするのは誤りであり，正当な談合もありうるとの反対もあったため，原案から「又は談合に依り」を削除し，新たに2項を起こして「公正なる価格を害し又は不正の利益を得る目的を以て談合したる者亦同じ」[17]という修正案が可決されて旧96条の3第2項となり，さらに，平成23年改正で96条の6第2項となった。

　しかし，このような修正の過程で，「公正な価格」や「不正な利益」とは何か，いかなる談合を本罪から除外すべきなのかについての議論はほとんどなされなかった[18]。このような立法趣旨の不明確さゆえに，本条項の解釈・適用については後述するような問題を生じることとなったのである。

2 談合の意義と類型

　本罪にいう「談合」とは，国または地方公共団体の行う競売または競争入札において，本条項所定の目的で，競売または入札参加者が通謀して，ある特定の者に落札させるため，他の者は一定の価格以下または以上に入札する旨の協定をいう（最決昭和28・12・10刑集7巻12号2418頁〔559〕）。その結果，競売・入札における公正かつ自由な競争が阻害され，公正な自由競争によって形成されたであろう競落価格より低い価格（競売の場合）あるいは落札価格より高い価格（競争入札の場合）で契約が成立することになるために，競売物件の権利者や公共工事の発注者は経済的損失を被ることになる。そこに本罪の処罰根拠があるといえよう。

　本罪は当然に複数の関与者を予定するものであるから，必要的共犯の一

---

15) これに対して，肯定するものとして，朝鮮高等法院判大正6・5・10新聞1286号23頁。
16) カタカナをひらがなに直し，読点・濁点を付した。
17) カタカナをひらがなに直し，濁点を付した。
18) 本罪の立法の沿革については，高橋勝好・談合入札に関する研究（1952），牧野良三・競争入札と談合（1953），山本雅昭「談合罪の目的に関する一考察」法学61巻1号129頁以下参照。

つである集団犯であるが，入札等の参加者以外の者，たとえば，談合の仲介者（談合屋と呼ばれる）なども本罪の主体たりうる。また，自由競争を阻害する危険があるような談合であるかぎり，入札参加者の一部の者による談合も本罪を構成する（最判昭和32・12・13刑集11巻13号3207頁）。本罪は，所定の目的をもって談合すれば既遂に達し，談合の内容に従って行動することまでを必要とするものではない（前掲最決昭和28・12・10）。

談合の類型としては，談合金の授受またはその約束を伴う類型（これを不正利益獲得型と呼ぶ）と，これを伴わない類型（これを公正価格阻害型と呼ぶ）とに区別される（郷原信郎「入札談合・カルテル」藤永幸治編・会社犯罪（シリーズ捜査実務全書4）222頁〔1994〕）。不正利益獲得型の典型例は，談合により落札予定者および落札価格を協定し，その他の参加者等には，その代償として談合金を支払い，または，その約束をする場合である。その変則形としては，落札者が一定の金額を元請け料として受け取って工事を下請けに出し，残りの参加者には，この下請け業者から談合金が支払われる場合もある。また，共同企業体（ジョイントベンチャー）方式を装い，表面的には複数の業者が工事の請負を落札しながら，実際には，1名の業者が工事を行い，他の業者は名目的に技術者を派遣するなどして談合金の分配に与る場合もある。これに対し，公正価格阻害型は，談合金を分配するという方式をとらず，一定地域の建設業者などが，一定地域の一定の発注者からの公共工事の受注に関し，特定のルール（たとえば，順番による決定や受注実績による決定など）によって，受注調整を行い談合により利益を平準化する場合をいう。談合の実態は，不正利益獲得型から公正価格阻害型に移行しており，そのことが後述のように本罪による摘発を困難にしたといえよう。

3 目 的

本罪は目的犯であり，「公正な価格を害する目的」または「不正な利益を得る目的」を必要とするが，その意義については見解が対立している。

「公正な価格」の意義につき，最高裁判例においては，「入札なる観念を離れて客観的に測定せらるべき公正価格の意ではなく，当該入札において，公正な自由競争によって形成せられたであろう落札価格の謂に外ならない」として競争価格説の立場が確立しており（前掲最決昭和28・12・10，同旨のものとして，最判昭和32・1・22刑集11巻1号50頁などがある），通説もこれを支持して

いる。これに対して，下級審では，適正利潤価格説という立場が有力であった。それは，本罪の立法経過からみて正当な談合もあると考えられること，入札を完全な自由競争に委ねた場合には出血入札による叩き合いを生じ，業者の倒産や工事の不完全実施を招くことになる等の理由から，「公正な価格」の意義を「当該工事等に関し，最も有利な条件を有する者が，その者の実費に適正な利潤を加算した価格」と解する見解である。この見解からは，落札価格をこのような価格の範囲内とするような談合は公正価格阻害目的がなく，本罪を構成しないことになる（東京高判昭和28・7・20判特39号37頁，大阪高判昭和29・5・29判特28号133頁，大阪高判昭和29・10・30裁特1巻追録759頁，東京高判昭和32・5・24高刑10巻4号361頁）。この見解を支持する学説も有力である（大塚583頁，中山518頁，中森283頁）。この見解に立つ下級審判例の中で実務に大きな影響力をもったのが大津判決（大津地判昭和43・8・27下刑10巻8号866頁）である。同判決は，談合金を伴う談合は，入札価格にこれを算入して最低入札価格を引き上げ，または，手抜き工事により実費を削減することになるから違法であるが，単なる受注調整のみの談合は本罪にあたらないとした。この判決は，そのまま確定したこともあり，その後は，実務においても談合金を伴わない談合については，その摘発が困難になったといわれている（太田茂「判批」警論49巻11号179頁以下参照）。

　しかし，上にみた適正利潤価格説には合理性がないように思われる。その理由は，まず，適正利潤価格というものの内容が不明確であることである。なぜなら，工事の実費や利潤自体，コスト削減への企業努力によって可変的なものだからである。つぎに，もし，この説を一応肯定するとしても，もっとも有利な条件を有する者が落札者でない場合には妥当しないといわねばならない。前掲東京高判昭和28年7月20日は，この場合，落札者が自己の利潤を削減することにより適正利潤価格の範囲内で契約すれば本罪は成立しないとするが，そのような解釈は本説の前提と矛盾するように思われる。このように考えれば，公正な価格とは，競争価格説の意味において理解するのが妥当であろう（詳細は，西田典之「談合罪についての覚書」松尾浩也先生古稀祝賀論文集(上)429頁以下〔1998〕参照）。それゆえ，「公正な価格を害する目的」とは，競争入札の場合には，談合をせずに公正な自由競争が行われたならば，より低額で落札されるであろうことを認識しつつ，落札価格を

引き上げる目的をいい，競売の場合には，より高額で競落されるであろうことを認識しつつ，競落価格を引き下げる目的を意味することになる。近時の検察実務においては，競争価格説の見地からの談合罪による摘発が再び活発となり，下級審判例においても，同様の見地からの有罪判決が増加する傾向にある。たとえば，社会保険庁発注の目隠しシール談合事件判決などがその例である。[19]

「不正な利益」とは，判例によれば，談合によって得られる利益が，「社会通念上いわゆる『祝儀』の程度を越え，不当に高額の場合」をいうとされているが（前掲最判昭和32・1・22），落札者としての地位を譲る対価として提供されるものであれば，不当に高額であるか否かは問題とならないように思われる。「祝儀の程度」とは，このような対価性のない車代，日当，弁当代などをいうと解すべきであろう（山中783頁）。談合金がその典型であるが，落札者から下請けなどの形態で利益の分配を受ける場合も含まれる（前掲東京地判平成6・3・7）。ただし，受注調整によって将来受注の機会を得ること自体は，ここにいう利益には入らないと解すべきであろう。公正価格阻害目的と不正利益獲得目的とは併存することが多いが，両者は文理上別個の構成要件であるから，いずれかが認められれば，他の目的の立証は不要である（福岡高判昭和29・11・30高刑7巻10号1610頁）。談合金を支払う者は不正の利益を得る者ではないが，本罪の必要的共犯として処罰されることになる（高﨑秀雄・大コンメ6巻261頁）。

＊ 自動落札制度の例外 現在の国または地方公共団体による競争入札は予定価格制度をとり，あらかじめ設定された予定価格の限度内でもっとも有利な（すなわち低い）価格を提示した者が自動的に落札者となるのが原則である（自動落札制度）。しかし，この制度の下では，業者間の低価格競争が激しくなりすぎるおそれがある。また，あまりに低価格な落札は，手抜き工事等の弊害を生じるおそれもある。これらの点を考慮して，国については，低入札価格調査制度があり，落札者となる者の提示した価格では当該契約の内容に適合した履行がなされないこととなるおそれがある場合等には，逐次，次順位の最低価格入札者を契約の相手方とすることが認められている（会計法29条の6第1項ただし書，予決令84条以下参照）。また，地方公共

---

19) 東京地判平成6・3・7判タ874号291頁，その他，いずれも公刊物未登載であるが，神戸地姫路支判平成元・3・22，高松地判平成6・1・17，高知地判平成7・5・1など。詳細は，太田・前掲参照。

第 1 節　公務の執行を妨害する罪　　9　談　合　罪　　*473*

団体については，工事または製造の請負契約の場合に，予定価格と同時にあらかじ
め最低制限価格を設定するものとされている（地方自治法234条 3 項ただし書，自治令
167条の10第 2 項・167条の13参照）。

4　他罪との関係

　本罪にあたる行為は，同時に，独占禁止法の不当な取引制限罪（同法 3
条・89条・95条）にもあたりうることは，前記社会保険庁発注の目隠しシー
ル談合事件における法人業務主が同罪により告発・起訴されて有罪となっ
たことからも明らかである（東京高判平成 5・12・14判タ840号81頁参照）。ただし，
談合罪については，法人処罰が認められないこと，独占禁止法の不当な取
引制限罪については公正取引委員会の告発が訴訟条件である（専属告発）
などの点で両罪には相違点がある。また，不当な取引制限罪は，「一定の
取引分野」についての競争の実質的制限が必要であるから（同法 2 条 6 項），
その対象である入札談合は一定規模の地域的広がり，時間的継続性，取引
規模の大きさを必要とし，小規模の入札に関する 1 回限りの談合について
は本罪のみが成立すると解すべきであろう[20]。なお，自然人行為者（従業
者）について，この両罪は観念的競合の関係にたつと解すべきである。

---

20)　前掲最判昭和32・12・13，小木曽国隆「私的独占の禁止及び公正取引の確保に関する法
　　律（独占禁止法）」平野龍一ほか編・注解特別刑法補巻(3)Ⅳ65頁（1996）のほか，詳細は，
　　西田典之「独占禁止法と刑事罰」岩村正彦ほか編・岩波講座 現代の法 6 巻（1998）参照。

474 第4編 国家的法益に対する罪 第3章 国家の作用に対する罪

第2節 逃走の罪

1 総 説

刑法典第6章「逃走の罪」は，国家の拘禁作用を保護法益とする犯罪である。その拘禁は適法であることを必要とする。刑事司法手続における拘禁作用を主とするが，犯罪類型によっては必ずしもこれに限られない。

本章の罪は，自ら逃走する罪（97条・98条）と逃走させる罪（99条・100条・101条）とに分かれ，保護の対象である拘禁作用も犯罪類型に応じて異なっている。単純逃走罪は期待可能性が乏しいことから，これを不可罰とする立法例（たとえば，ドイツ刑法）もあるが，わが国の刑法典は，この考え方をとっていない。

2 単純逃走罪

> 裁判の執行により拘禁された既決又は未決の者が逃走したときは，1年以下の懲役に処する（97条）。未遂を罰する（102条）。

1 主 体

本罪の主体は，平成7年の改正前は「既決又ハ未決ノ囚人」とされていたが，「囚人」という用語はマイナスイメージが強いという理由で現在のように修正された。「裁判の執行により拘禁された」という文言は，逮捕された者を除く趣旨を明確にするために入れられたものである（松尾・刑法の平易化45頁参照）。

既決の者とは，確定判決によって刑事収容施設法にいう刑事施設に拘禁されている者をいう。自由刑（懲役，禁錮，拘留）の執行のため拘置されている者，死刑の言渡しが確定しその執行まで拘置されている者のほか，罰金や科料を完納することができないため換刑処分として労役場に留置されている者を含む。ただし，収容状が執行されたが収容前の者を含まないと解するのが通説である（反対，青柳101頁，植松38頁）。しかし，いったん収容されれば，移送や出廷のため護送中の者や刑事施設外で作業に従事してい

る者などは本罪の主体である。他方，少年院は刑事施設ではないから，保護処分として少年院に収容されている者は含まれない。未決の者とは，勾留状により拘置所または留置施設（刑事収容施設法14条2項2号）に拘禁されている被告人（刑事訴訟法60条以下），被疑者（同法207条）をいうとするのが通説である（判例として，宇都宮地判昭和25・12・20判例体系32-2巻137頁，札幌高判昭和28・7・9高刑6巻7号874頁がある）。これに対して，立法の沿革等から，逮捕状の執行により留置された被疑者を含むとする見解（平野283頁，同「逃走罪の処罰範囲」判時1556号3頁）も有力であるが，前述のように，平成7年の改正により立法的に解決された（もっとも，逮捕状を裁判官の許可状と解すれば，なお「裁判の執行により」とする余地もあるが，それでも現行犯逮捕・緊急逮捕による留置は入らないことになる）。勾留に引き続き行われた鑑定留置中（刑事訴訟法167条・224条）の者は含まれる。ただし，判例は，留置中の処遇が勾留と同一程度の拘禁状態であることを必要とするものが多い（仙台高判昭和33・9・24高刑11巻追録1頁，福井地判昭和46・2・16刑月3巻2号105頁など参照）。ここでも，勾留状の執行を受けたが引致中の者は含まれない。

2 行　為

　行為は逃走することである。逃走とは拘禁から離脱することをいう。本罪は未遂を罰するから，その着手時期が問題となる。刑事施設内で刑務作業に従事中や移動中などの場合は単に逃走を開始したことで足りるが，居室に拘禁中の場合は居室外に脱出したことが必要であろう（仙台高判昭和24・9・24判特5号31頁）。刑事施設（留置施設）外へ脱出したときや看守者の実力的支配を脱したとき既遂となる。したがって，刑事施設内の居室から脱出したがなお刑事施設内にいる場合（広島高判昭和25・10・27判特14号128頁），裁判所の便所から逃走後ただちに発見・追跡されて間もなく逮捕されたような場合は未遂にとどまる（福岡高判昭和29・1・12高刑7巻1号1頁）。これに対して，勾留中の警察の留置場から脱出して，街頭にいったん姿をくらましたときは緊急手配により30分後に逮捕されても既遂である（東京高判昭和29・7・26東時5巻7号295頁）。

3 加重逃走罪

前条〔97条〕に規定する者又は勾引状の執行を受けた者が拘禁場若しくは拘束のための器具を損壊し，暴行若しくは脅迫をし，又は2人以上通謀して，逃走したときは，3月以上5年以下の懲役に処する（98条）。未遂を罰する（102条）。

1 客　体

本罪の主体は，前条の主体のほかに「勾引状の執行を受けた者」にまで拡張されている。勾引とは，裁判所が被告人（刑事訴訟法58条），証人（同法135条，民事訴訟法194条），身体検査の対象者（刑事訴訟法135条）等について一定の場所に引致する裁判をいい，勾引状とは，その執行のための裁判書（令状）をいう。「執行を受けた者」とは，引致中を含み，引致されたことや留置されたことを要しない（団藤75頁，大塚587頁）。このほか，逮捕状によって逮捕された被疑者，収容状や勾留状の執行を受け収容前の者もこれに含まれるが，現行犯逮捕や緊急逮捕の被疑者は除くと解するのが通説である[1]。

2 行　為

本罪の行為は，①拘禁場または拘束のための器具を損壊すること，②暴行・脅迫，③2人以上通謀することを手段として逃走することである。①の拘束のための器具とは手錠，捕縄などをいう。損壊とは物理的損壊に限り，護送中の者が単に手錠および捕縄を損壊することなく外して逃走した場合には，単純逃走罪が成立するにとどまるとするのが判例である（広島高判昭和31・12・25高刑9巻12号1336頁）。本罪は手段の悪質性，重大性に着目したものであるから妥当であろう。②の暴行・脅迫は，看守者またはその協力者に対するものに限られる。第三者に対する暴行・脅迫は，看守者等に対する脅迫たりうる限度で本罪の手段となると解すべきであろう。③の通謀とは，逃走すること，その時期，方法等について意思連絡をすることをいう。多数人が同時に逃走することにより逃走が成功する危険が高まるこ

1）　逮捕状により留置されている者を含まないとした例として，福岡地小倉支判昭和29・7・26裁時166号132頁，反対に含むとした例として，東京高判昭和33・7・19高刑11巻6号347頁がある。

とが本罪の手段とされた理由であろう（平川535頁）。

①の類型の着手時期は，逃走を目的として拘禁場または拘束のための器具の損壊を開始したときとされているが（最判昭和54・12・25刑集33巻7号1105頁），拘禁場の一部を損壊しただけでただちに未遂とすることは疑問であり，拘禁場所から脱出する具体的な可能性を生じない場合には，建造物損壊罪にとどまると解すべきであろう（佐賀地判昭和35・6・27下刑2巻5＝6号938頁，山中789頁）。②の類型の着手時期は，逃走を目的として，その手段としての暴行・脅迫が開始されたときである（東京高判昭和54・4・24刑月11巻4号303頁）。③の類型の着手時期は，その加重理由からいって，2人以上の者が現実に逃走に着手することが必要であり（前掲佐賀地判昭和35・6・27），通謀して1人だけ逃走したときは，逃走した者につき単純逃走罪が成立し，通謀者は逃走援助罪（100条）が成立しうるにとどまる。既遂時期については前条参照。ただし，③の類型については，逃走した2人以上の者の各人について個別的に既遂・未遂を認定すべきである。

4 被拘禁者奪取罪

> 法令により拘禁された者を奪取した者は，3月以上5年以下の懲役に処する（99条）。未遂を罰する（102条）。

1 客 体

本罪の客体は，法令により拘禁された者であり，98条の主体をさらに拡張している。「法令により拘禁された者」とは，形式的に解釈すれば，およそ法令の根拠に基づき身体を拘束されている者すべてを含むことになろうが，本章の罪が主として刑事司法における拘禁作用を保護している点を考慮すれば，その拘束が，拘禁することを主目的とし，刑事司法作用に準じるような場合に限定されるべきであろう。

このように考えれば，97条・98条の裁判の執行により拘禁された既決・未決の者，勾引状またはこれに準じる令状の執行を受けた者のほか，現行犯逮捕や緊急逮捕により逮捕・留置された者，逃亡犯罪人引渡法により拘禁された者（同法5条），法廷等の秩序維持に関する法律により監置された者（同法2条），出入国管理及び難民認定法により入国者収容所等に収容さ

れた者（同法39条）などは本罪の客体であるが，精神保健及び精神障害者福祉に関する法律による措置入院（同法29条）や応急入院（同法33条の7）に付された者，少年法の保護処分として児童自立支援施設へ送致された者（同法24条，児童福祉法44条），警察官職務執行法により保護された者（同法3条）などは含まれない。問題となるのは，少年法により少年院や少年鑑別所に収容されている者（同法24条・17条）である。学説では，本罪の客体に含める見解が支配的であり（団藤76頁，大塚589頁，大谷595頁，山口572頁），この立場の下級審判例もあるが（福岡高宮崎支判昭和30・6・24裁特2巻12号628頁），その拘束の趣旨が保護処分であることを重視すれば否定すべきであろう（平野284頁，植松40頁，中山523頁，中森287頁）。

2　行　為

　本罪の行為である「奪取」については，被拘禁者を自己または第三者の実力的支配下に移すことをいい，単に解放するにすぎないときは逃走援助罪（100条）であって本罪ではないとするのが通説であるが，逃走援助と本罪の行為とでは類型を異にするから，単に解放するにすぎないときも本罪にあたると解すべきである。したがって，「奪取」とは，被拘禁者を拘禁者の支配から離脱させる一切の行為をいうと解すべきであろう（平野284頁，中森287頁）。

5　逃走援助罪

> 　法令により拘禁された者を逃走させる目的で，器具を提供し，その他逃走を容易にすべき行為をした者は，3年以下の懲役に処する（100条1項）。前項の目的で，暴行又は脅迫をした者は，3月以上5年以下の懲役に処する（同条2項）。ともに未遂を罰する（102条）。

　本罪は，逃走の教唆・幇助行為を処罰するものである。客体は「法令により拘禁された者」であるから，逃走する者自体には逃走罪が成立しない場合でも本罪が成立しうる。すでに述べたように，逃走罪は，期待可能性の低さから，その主体を限定し法定刑も軽減されているが，これを幇助する側には，そのような減軽要素がないから，これを逃走罪の教唆・幇助とすることは適当でないことから本条が設けられたものと思われる。その意

味で，本罪は，逃走罪等の独立教唆・幇助を処罰するものである。したがって，被拘禁者に逃走罪が成立する場合でも，その援助行為については本罪のみが成立する。

「法令により拘禁された者」の意義については，前記被拘禁者奪取罪の項参照。本罪の成立には「逃走させる目的」が必要である（目的犯）。行為は逃走用の器具を提供するなどの逃走を容易にする行為である。たとえば，脱出用の器具の提供，脱出経路や警備状況の告知等が含まれよう。逃走させる目的で暴行・脅迫をした者については刑が加重されている。この暴行・脅迫は，必ずしも看守者等に対して行われるものに限られないであろうが，逃走を容易にしたことが必要である。現実に逃走させたことを要しない。また，逃走を容易にすべき行為，逃走させる目的で暴行・脅迫をした時点で既遂に達するから，本罪の未遂はほとんど考えられないであろう。とくに，本条2項の暴行・脅迫の場合，前条の被拘禁者奪取の目的で暴行・脅迫を行い成功しなかった場合に未遂にとどまることとの不均衡は，法定刑が同じであるだけに否定できないが（団藤76頁，大塚590頁，大谷597頁，中森288頁注32），奪取目的と援助目的のいずれであったかによって区別するしかないであろう。

6 看守者等による逃走させる罪

> 法令により拘禁された者を看守し又は護送する者がその拘禁された者を逃走させたときは，1年以上10年以下の懲役に処する（101条）。未遂を罰する（102条）。

本罪は，看守者または護送者が被拘禁者を逃走させる罪である。主体は，看守者または護送者に限られるから身分犯である。看守者，護送者の意義については，法令上の根拠に基づき看守・護送の任務を行う者であれば足り公務員であることを要しないとするのが通説であるが，その法定刑の重さからみて公務員に限られると解すべきであろう（藤木38頁）。なぜなら，逃走の罪の中でも本罪の法定刑がもっとも重いのは，本罪が，単に国家の拘禁作用を害するだけでなく，それが本来拘禁作用を司るべき者によって行われる点で法益侵害の可能性も高く，また，職務犯罪の一種として公務

の適正な執行に対する国民の信頼という法益侵害をも伴う点に求められるべきだからである。

「法令により拘禁された者」の意義については，前記被拘禁者奪取罪の項参照。行為は逃走させることである。その意義については，被拘禁者の逃走を惹起し，または，これを容易にする一切の行為をいうとするのが通説であるが，本条の文言から考えて被拘禁者を積極的に解放するか，その逃走を黙認する行為に限定されると解すべきであろう（平野284頁，中森288頁）。したがって，本罪は前条（逃走援助罪）の加重類型ではなく，構成的身分犯であるから（山口575頁，山中793頁，松原555頁），本罪に加功した非身分者は65条1項により本罪の共犯となる。[2]

2）　もっとも，本罪を前条の加重類型であり，不真正身分犯であると解しても，本罪の加重理由は，前述のように行為の違法性に基づくものであるから，65条1項の適用を認めるべきであろう（反対，内田644頁，曽根299頁）。

第3節　犯人蔵匿および証拠隠滅の罪

1　総　　説

　刑法典第7章「犯人蔵匿及び証拠隠滅の罪」は，犯罪捜査，刑事裁判，刑の執行などの国の刑事司法作用を保護法益とするものである（最判昭和24・8・9刑集3巻9号1440頁〔560〕，最決平成元・5・1刑集43巻5号405頁〔564〕）。刑法典は，犯人蔵匿罪（103条），証拠隠滅罪（104条），証人威迫罪（105条の2）を規定しているが，前二者については爆発物取締罰則9条に加重類型がある。犯人蔵匿罪は，犯人の発見・身柄の拘束を妨げる罪であり，証拠隠滅罪は刑事裁判における適正な証拠の利用を妨げる罪である。いずれも犯人庇護のために犯されることが多い。刑法典は，これらの罪が犯人等の利益のためにその親族により犯された場合については特例を認めている（105条）。しかし，これらの罪は，無実の者に嫌疑をかけるために行われた場合にも適用されうるものである。証人威迫罪は，証人保護のために昭和33年の刑法の一部改正（法107号）により新設されたものであるが，証拠隠滅罪に類似するものとして本章に規定されたものである。

　なお，平成28年改正によって，犯人蔵匿罪，証拠隠滅罪，証人威迫罪の法定刑の上限がそれぞれ引き上げられた。

2　犯人蔵匿罪

> 　罰金以上の刑に当たる罪を犯した者又は拘禁中に逃走した者を蔵匿し，又は隠避させた者は，3年以下の懲役又は30万円以下の罰金に処する（103条）。

1　客　　体

　本罪の客体は，罰金以上の刑にあたる罪を犯した者または拘禁中に逃走した者である。「罰金以上の刑に当たる罪」とは法定刑に罰金以上の刑が含まれている罪をいう。したがって，拘留または科料にのみ処すべき罪は除外されるが（10条参照），その例は侮辱罪（231条）や軽犯罪法違反の罪など少数である。

482　第4編　国家的法益に対する罪　　第3章　国家の作用に対する罪

「犯した者」の意義については，①真犯人であることを必要とする説，②犯罪の嫌疑者として捜査の対象となっていれば足りるとする説，③この中間で客観的に犯罪の嫌疑が濃厚であることを必要とする説（大塚593頁，前田460頁以下，佐久間426頁以下）とが対立している。学説では，①説が支配的であるが，判例は「犯罪の嫌疑によって捜査中の者をも含むと解釈しなくては，立法の目的を達し得ない」とし一貫して②説をとっており（前掲最判昭和24・8・9，大判大正12・5・9刑集2巻401頁など），これを支持する見解も有力である（藤木212頁，岡野334頁，中森289頁，井田556頁）。このうち，まず，③説は基準が不明確であって実際の使用には耐えないように思われる。つぎに①説は，「犯した者」という文理，真犯人でない場合には刑事司法作用を侵害する程度（違法性の減少）も低く，また，真犯人でない者を匿う行為は期待可能性が低い（有責性の減少）ことを理由とする。しかし，被疑者・被告人の蔵匿・隠避に成功すれば，その真犯人性を立証することは困難である（中森290頁）。また，本罪の審理過程において被蔵匿者等の真犯人性を認定するとしても，その正確性には限度があるし，被蔵匿者が裁判で無罪となれば再審事由となることを認めざるをえないことになる。さらに，真犯人でないと確信すれば，本罪の故意は常に阻却されざるをえないであろう。そしてなによりも，被疑者・被告人を本罪の対象から除外すれば，その立法趣旨は大きく損なわれるといわざるをえない。このように考えれば，②説を妥当とすべきである[1]。

　これに対して，公訴時効の完成，刑の廃止，恩赦，親告罪における告訴権の消滅等により訴追，処罰の可能性がなくなった者を蔵匿・隠避する行為は刑事司法作用を害する危険がないから本罪にあたらない。しかし，親告罪において告訴がなされていないにとどまる者や，不起訴処分を受けたにとどまる者は本罪の客体たりうる。問題は，犯人が死亡していた場合である。下級審裁判例には，乙が酒気帯び運転の罪（道交法65条，117条の2）を犯し，川に転落したため，同乗者甲が自分が運転していたと警察官に虚偽の申告をしたが，その時点で乙はすでに死亡していたという事案に関し，

　1）　ただし，捜査開始前の段階では，真犯人性を必要とするのが判例であるように思われる。最判昭和28・10・2刑集7巻10号1879頁参照。藤木40頁はこれを支持するが理論的に一貫するか疑問である。

たとえ犯人が死亡していても，捜査機関に誰が犯人か分かっていない段階で虚偽の事実を申告する行為は，「犯人の発見を妨げる行為として捜査という刑事司法作用を妨害し」本条にいう「隠避」にあたるとしたものがあるが（札幌高判平成17・8・18判時1923号160頁〔561〕）妥当であろう。「犯した者」に共犯，未遂犯，可罰的とされている予備・陰謀が含まれるのは当然である。なお，共犯者が自己の犯罪の共犯者を蔵匿・隠避する行為につき本罪が成立するかが問題となるが，この点については，証拠隠滅罪の項参照。

「拘禁中に逃走した者」とは，法令により拘禁された者（99条参照）をいう。拘禁からの離脱につき逃走罪が成立することは必要でなく，奪取された者を含むと解されている。本罪を根拠に，被拘禁者奪取罪（99条）の客体を刑事手続による拘禁に限定する見解もある（平川539頁）。傾聴すべき見解ではあるが，本罪のこの部分は刑事司法作用の保護を他の手続にも拡張したものと解すべきように思われる。

2　行　為

本罪の行為は，犯人等を蔵匿し，隠避させることである。蔵匿とは場所を提供して匿うことをいい，隠避させるとは，蔵匿以外の方法により官憲による発見・身柄の拘束を免れさせる一切の行為をいう（大判昭和5・9・18刑集9巻668頁〔563〕）。官憲による発見・身柄の拘束を困難にするおそれを生じれば足りるから，本罪は抽象的危険犯である。それゆえ，蔵匿行為があれば，たとえ捜査官憲が被蔵匿者の所在を知っていても本罪が成立する（東京地判昭和52・7・18判時880号110頁）。ただし，逃亡を勧めたが犯人がこれに応じなかった場合のように全く危険を生じなかったときは除かれると解すべきであろう（中野次雄・ポケット註釈256頁）。

隠避行為にあたる例としては，逃亡先を明示した逃亡の勧告（大判明治44・4・25刑録17輯659頁），逃亡資金の供与（大判大正12・2・15刑集2巻65頁），留守宅の状況や捜査状況を知らせること（大判昭和5・9・18刑集9巻668頁〔563〕），第三者を身代わり犯人に仕立てること（大判大正4・8・24刑録21輯1244頁，高松高判昭和27・9・30高刑5巻12号2094頁）がある。このほか，警察官が現行犯を現認しながら故意に見逃すという不作為も本罪にあたるが（大判大正6・9・27刑録23輯1027頁），一般人による犯罪の不告知は例外規定（たとえば，爆発物取締罰則8条）がないかぎり本罪にはあたらない。問題となるのは，犯人がすで

484 第4編 国家的法益に対する罪 第3章 国家の作用に対する罪

に逮捕・勾留中に身代わり犯人を自首させる行為である。この場合には，すでに勾留中の犯人が釈放されてはじめて本罪が成立するという裁判例もあるが[2]，最高裁は「現になされている身柄の拘束を免れさせるような性質の行為」も本条の隠避に該当するとして本罪の成立を認めている（最決平成元・5・1刑集43巻5号405頁〔564〕）。本罪を抽象的危険犯と解する以上妥当とすべきであろう（大谷601頁，中森290頁）。

3 故 意

本罪の故意としては，正確に罰金以上の刑にあたる罪であることの認識を必要とすると解する見解が多数説であるが，客観的に罰金以上の刑にあたる罪であれば，罪名あるいは漠然と重大犯罪を犯した者という認識で足りると解すべきであろう（大塚595・596頁，大谷602頁，中森291頁）。ただ，明確に拘留または科料にのみ処せられる罪であることの認識があるときは故意が否定される。また，無実であると確信しているとき，前述の真犯人であることを要するという見解からは本罪の故意が否定されることになるが，犯罪の嫌疑があれば足りると解する場合には，本罪の故意は否定されない。

4 共犯関係

犯人自身は本罪の構成要件上その主体から除外されている。したがって，自己蔵匿，自己隠避行為は不可罰である。その理由は期待可能性の欠如に基づくものである。では，犯人が第三者に自己を蔵匿・隠避するよう教唆した場合，犯人に本罪の教唆犯が成立するであろうか。

判例は「防禦権の濫用」を根拠に一貫してこれを肯定してきた（大判昭和8・10・11刑集12巻1820頁，最決昭和35・7・18刑集14巻9号1189頁，最決昭和40・2・26刑集19巻1号59頁〔567〕参照）。学説においても，犯人が「他人に犯人蔵匿・証憑湮滅の罪を犯させてまでその目的を遂げるのは，みずから犯すばあいとは情状がちがい，もはや定型的に期待可能性がないとはいえない」との見解（団藤90頁）が有力である（同旨，大塚601頁，藤木40頁，内田652頁）。しかし，それは，共犯の処罰根拠を他人を罪責に陥れたことに求める責任共犯論の考え方にほかならないように思われる（西田典之「必要的共犯」刑法の争点（新版）121

---

2) 福岡地小倉支判昭和61・8・5判時1253号143頁。これを支持するものとして，日高義博「判批」法教108号88頁，井田良・平成元年度重判162頁。

頁〔1987〕参照）。犯人には正犯としてすら期待可能性がない以上，それより軽い犯罪形式である共犯の場合にはなおさら期待可能性がないとして不可罰と解すべきであろう（瀧川281頁，平野285頁，植松51頁，大谷603頁，山口582頁，高橋644頁）。

　　最決平成29・3・27刑集71巻3号183頁〔562〕は，Aが（平成25年改正前の）自動車運転過失致死罪などの被疑事実で通常逮捕され，勾留されている段階において，被告人が参考人として虚偽の供述をした事件について，「被告人は，前記道路交通法違反及び自動車運転過失致死の各罪の犯人がAであると知りながら，同人との間で，A車が盗まれたことにするという，Aを前記各罪の犯人として身柄の拘束を継続することに疑念を生じさせる内容の口裏合わせをした上，参考人として警察官に対して前記口裏合わせに基づいた虚偽の供述をしたものである。このような被告人の行為は，刑法103条にいう『罪を犯した者』をして現にされている身柄の拘束を免れさせるような性質の行為と認められるのであって，同条にいう『隠避させた』に当たると解するのが相当である」と判示して，犯人隠避罪の成立を認めている。

　　最高裁判例（前掲最決平成元・5・1）によれば，すでに犯人が身柄を確保されている場合であっても，身代わり犯人を出頭させる行為は本罪を構成する。また（身柄確保前の事件であるが）参考人として虚偽の供述をする行為について，本罪の成立を認めた裁判例が存在する（和歌山地判昭36・8・21下刑3巻7=8号783頁）。本決定は，これらの判例・裁判例を受けて，すでに犯人が勾留中の段階で参考人が虚偽の供述をする行為について，犯人隠避罪の成立を認めたものである。本決定は，同罪の成立を認めるにあたって，被告人の虚偽供述が「身柄の拘束を継続することに疑念を生じさせる内容」のものであり，かつ，Aとの事前の口裏合わせに基づいて行われたものであることを指摘している。このような事情は，Aの身柄解放に関する一定の危険性を基礎付ける意義を有していると解することもできるだろう。

3　証拠隠滅罪

　　他人の刑事事件に関する証拠を隠滅し，偽造し，若しくは変造し，又は偽造若しくは変造の証拠を使用した者は，3年以下の懲役又は30万円以下の罰金に処する（104条）。

1　客　体

　本罪の客体は「他人の」刑事事件の証拠に限られる。他人にとって有利な証拠であるか不利な証拠であるかを問わない。自己の刑事事件の証拠が除外されているのは期待可能性の欠如を考慮したものである。

486 第4編 国家的法益に対する罪 第3章 国家の作用に対する罪

　問題となるのは，共犯者の証拠である。もちろん共犯者のみについての証拠が他人の刑事事件の証拠にあたることは問題がないといってよい。問題は自己と共犯者とに共通の証拠である。この点については，①本罪の成立を肯定する見解（青柳26頁），②本罪の成立を否定する見解（平野286頁，中山528頁，内田657頁，中森291頁，山中802頁，松原562頁），③もっぱら共犯者の利益のために隠滅した場合には本罪の成立を肯定する見解（団藤86頁，大塚597頁，大谷604頁，前田464頁，平川543頁，山口584頁，井田560頁）が対立している。判例は，古くは①説に立っていたが（大判大正7・5・7刑録24輯555頁，大判昭和7・12・10刑集11巻1817頁），現在の下級審判例には③説のものが多い（広島高判昭和30・6・4高刑8巻4号585頁，東京地判昭和36・4・4判時274号34頁）。共通の証拠は自己の証拠でもある点で，まず①説は妥当でないであろう。期待可能性の欠如という点からは③説にも理由はあるが，主観的な面を重視することは基準として不明確といわざるをえない。共通の証拠は自己の証拠でもある以上，類型的に期待可能性の欠如を認めうるから②説が妥当であると思われる。

　つぎに，共犯者を蔵匿・隠避させる行為の処理が問題となる。共犯者も重要な人的証拠であるから自己の証拠であることに問題はない。しかし，その隠滅行為が同時に犯人蔵匿・隠避罪にあたる場合には，本罪は成立しないとしても，なお蔵匿・隠避罪が成立するであろうか。下級審判例の中には，蔵匿・隠避行為の方が刑事司法作用の侵害の度合いが強く，証拠隠滅罪としては期待不可能でも，蔵匿・隠避罪としては期待可能性を認めうるとして同罪の成立を認めるものもある[3]。たしかに，証拠隠滅行為が別罪（たとえば，放火罪，器物損壊罪）を構成する場合には別罪の成立が認められる。しかし，犯人蔵匿罪と証拠隠滅罪とは，法定刑も同一であり，保護法益も同一である。また，重要な証拠を隠滅する行為の法益侵害の度合いは犯人蔵匿罪と異ならないであろう。このように考えれば，共犯者の蔵匿・隠避行為は自己の証拠隠滅として不可罰と解すべきように思われる[4]。

　本条の証拠には「刑事事件に関する」ものだけで民事事件等の証拠は含

---

3)　旭川地判昭和57・9・29刑月14巻9号713頁〔568〕，これを支持するものとして，森本益之「判批」判時1070号〔判評295号〕157頁，前田462頁がある。

4)　同旨のものとして，柏木千秋「犯人蔵匿罪」法セミ96号54頁，吉田敏雄「判批」法セミ351号63頁，山口585頁，山中803頁。

まれない。犯罪の成否に関するものだけでなく，情状証拠も含まれる（前掲大判昭和7・12・10）。また，物的証拠のみでなく人的証拠（証人，参考人など）も含まれる。「刑事事件」とは，被告事件，被疑事件のみでなく捜査開始前の事件も含まれると解するのが判例・通説である（大判昭和10・9・28刑集14巻997頁）。旧規定では「刑事被告事件」とされていたために争いがあったが，平成7年の改正により立法的に解決された。

2　行　為

本罪の行為は，①証拠の隠滅，②証拠の偽造・変造，③偽造・変造された証拠の使用の3つである。

①　証拠の隠滅とは，証拠の顕出を妨げもしくはその効力を滅失・減少させる一切の行為をいう（大判明治43・3・25刑録16輯470頁〔572〕）。証拠物の物理的損壊はもちろん隠匿を含む（前掲大判明治43・3・25）。また，証人の殺害（柏木109頁），証人の隠匿（大判明治44・3・21刑録17輯445頁），参考人の隠匿（最決昭和36・8・17刑集15巻7号1293頁〔571〕）も隠滅にあたる。これらの隠滅行為が同時に殺人，窃盗，器物損壊等にあたるときは，これらの罪と本罪とは観念的競合となる。それゆえ，自己の刑事事件の証拠を隠滅する行為であっても，その限りでは犯人にも殺人，窃盗，器物損壊等の罪が成立することになる。

②　証拠の偽造とは，実在しない証拠を実在するかのように作出することをいい，変造とは，既存の証拠に改ざんを加えて証拠としての効力に変更を加えることをいうであろうが，両者の区別は重要ではない。文書偽造と異なり作成権限の有無を問わないから，作成名義人が内容虚偽の文書を作成することも証拠の偽造にあたる（仙台地気仙沼支判平成3・7・25判タ789号275頁）。また，検察官が証拠物であるフロッピーディスク内の文書ファイルの最終更新日時を書き替える行為は証拠の「変造」にあたる（大阪地判平成23・4・12判タ1398号374頁）。証人に偽証をさせる行為は，より重い偽証（教唆）罪にあたるから本罪を構成しないのは当然である。問題は，宣誓をしない証人に偽証させる行為が本罪にあたるかである。判例は否定的であるが（大判昭和9・8・4刑集13巻1059頁），一律に否定するのは疑問であろう（大塚598頁，大谷605頁）。

これとの関連で問題となるのが参考人の虚偽供述が本罪を構成するかで

ある。これまでのところ否定説が支配的であるといえよう（小野34頁，団藤87頁，平野287頁，藤木42頁）。判例も，①虚偽供述は偽証罪に限って処罰するのが刑法典の建前である（大阪地判昭和43・3・18判タ223号244頁，宮崎地日南支判昭和44・5・22刑月1巻5号535頁，千葉地判平成8・1・29判時1583号156頁），②本罪にいう証拠とは物理的な存在である証拠方法（物証，人証）に限られ，証拠方法から認識された無形の証拠資料を含まない（最決昭和28・10・19刑集7巻10号1945頁〔577〕，前掲大阪地判昭和43・3・18）という理由により本罪の成立を否定している。

　しかし，①に関しては，偽証罪の法定刑の重さから考えれば，その他の虚偽供述を不問に付すのが刑法典の建前とはいえないであろう（中森293頁）。また，②の論拠を認めるにしても，それなら虚偽供述が上申書，供述書，供述調書等に文書化された場合には物理的存在となり，証拠としての重要性も出てくるから本罪の成立を認めうることになろう。事実，従来の判例も，刑事裁判の証拠とするため民事訴訟において情を知らない裁判所書記官をして内容虚偽の口頭弁論調書を作成させた事例（大判昭和12・4・7刑集16巻517頁），参考人が内容虚偽の上申書を捜査機関に提出した事例（千葉地判昭和34・9・12判時207号34頁，東京高判昭和40・3・29高刑18巻2号126頁，福岡地判平成5・6・29公刊物未登載）について証拠偽造罪の成立を認めてきたのである。これに対しては，積極的に虚偽内容の上申書を提出する行為と消極的に虚偽供述をし，これが調書に記載されて署名・捺印する場合とでは法益侵害の程度が異なるとする見解（前田雅英「参考人の虚偽供述と証拠偽造罪」研修574号8頁以下）もあるが，合理的な区別とは思われない。また，本罪にいう偽造を文書偽造罪と同様に有形偽造に限定し，したがって名義人による虚偽文書の作成を含まないという見解（松宮孝明「捜査機関に対する参考人の虚偽供述と証拠隠滅罪」立命館法学246号498頁以下）もあるが，本罪にいう偽造が文書のみを対象とするものでないことからは無理な解釈というべきであろう。このように考えれば，参考人の虚偽供述も，少なくとも文書化された場合には証拠偽造罪にあたると解すべきように思われる（中森喜彦「判批」判時1597号238頁，十河太朗「内容虚偽の供述調書と証拠偽造罪」同志社法学49巻2号28頁以下，山口588頁，山中806頁）。

　③　偽造・変造された証拠の使用とは，偽造・変造された証拠を真正なものとして使用することをいう。裁判所に対してのみならず，捜査機関に

対して使用する場合も含まれる（大判大正7・4・20刑録24輯359頁）。しかし，民事裁判等において使用する場合は除かれると解すべきであろう。

3　共犯関係

　本罪についても，客体が他人の刑事事件の証拠に限定されているため，犯人と第三者との共犯関係が問題となる。まず，犯人が第三者に自己の刑事事件の証拠隠滅を教唆した場合については，犯人蔵匿罪の場合と同様に，証拠隠滅罪の教唆の成立を認めるのが通説・判例の立場である。[5] しかし，この見解が疑問であることは，すでに犯人蔵匿罪の項で述べたとおりである（484頁）。つぎに，第三者が犯人を教唆して証拠を隠滅させた場合が問題となる。共犯の処罰根拠を法益侵害という結果との因果性に求める因果的共犯論の見地によれば，本罪の教唆犯の成立を肯定することも可能であろう。犯人自身の不可罰性は責任の不存在によるものであり，法益侵害の事実はなお存在するからである。しかし，（事実上の）正犯行為に構成要件該当性すらない場合には，やはり共犯の成立を否定すべきだと思われる。さもなくば，共犯処罰には結果との因果関係さえあればよいということになり，共犯についても妥当すべき構成要件を媒介とした処罰の形式的限定という制約が欠如することになるからである（山口589頁，反対，山中807頁）。判例も，改正前の（親族が不可罰であった）105条に関し，犯人の妻を教唆して証拠を隠滅させた場合を不可罰としている（大判昭和9・11・26刑集13巻1598頁）。

　なお，平成29年の組織犯罪処罰法の改正により，証人等買収罪（同法7条の2）が新設され，一定の重大事件にかかる「自己又は他人の刑事事件に関し，証言をしないこと，若しくは虚偽の証言をすること，又は証拠を隠滅し，偽造し，若しくは変造すること，若しくは偽造若しくは変造の証拠を使用することの報酬として，金銭その他の利益を供与し，又はその申込み若しくは約束」をする行為が処罰されることになった。「自己……の刑

　5）　大判明治45・1・15刑録18輯1頁〔570〕，最決昭和40・9・16刑集19巻6号679頁〔575〕参照。近時の裁判例として札幌地判平成10・11・6判時1659号154頁。なお，被告人に対して証拠偽造を提案した者への偽造の依頼は，被告人の依頼が提案者の偽造の意思を確定させた場合には，なお証拠偽造教唆罪にあたるとされている（最決平成18・11・21刑集60巻9号770頁）。

事事件」でも足りることから，犯人による共犯的な関与の一部が独立に処罰されることになる。

　最決平成28・3・31刑集70巻3号58頁〔574〕は，被告人と相談のうえ，Aが参考人として，Dの刑事事件について虚偽の供述を行ったところ，担当警察官BおよびCは，被告人らの説明，態度等からその供述が虚偽であることを認識するに至ったが，被告人らと相談しつつ，虚偽の供述を更に具体化させ，供述調書を作成したという事件について，「他人の刑事事件に関し，被疑者以外の者が捜査機関から参考人として取調べ（刑訴法223条1項）を受けた際，虚偽の供述をしたとしても，刑法104条の証拠を偽造した罪に当たるものではないと解されるところ……その虚偽の供述内容が供述調書に録取される（刑訴法223条2項，198条3項ないし5項）などして，書面を含む記録媒体上に記録された場合であっても，そのことだけをもって，同罪に当たるということはできない」としつつも，本件において作成された書面は，被告人，Aおよび担当警察官が「Dの覚せい剤所持という架空の事実に関する令状請求のための証拠を作り出す意図で，各人が相談しながら虚偽の供述内容を創作，具体化させて書面にしたもの」であることから，「作成名義人であるC巡査部長を含む被告人ら4名が共同して虚偽の内容が記載された証拠を新たに作り出したものといえ」るとして，証拠偽造罪の成立を認めている。

　本決定は，参考人が虚偽供述をして，それに基づき供述調書が作成されたとしても，それだけでは証拠偽造罪が成立しない旨を明らかにした点において重要な意義を有する。もっとも，本件では，虚偽の証拠を作り出す意図で，参考人と捜査官が相談のうえ，虚偽の供述内容を創作，具体化させて書面化したという特殊な事情が存在することから，例外的に証拠偽造罪の成立が認められている（野原俊郎「判解」ジュリ1511号115頁参照）。参考人と捜査官の共謀に基づいて虚偽内容の供述調書などが作成された場合には，基本的に証拠偽造罪の成立が認められると解されるが，それ以外の場合については，参考人自らが積極的に虚偽の証拠を「新たに作り出した」と評価できるだけの例外的な事情が要求されることになろう。

4　親族による犯罪の特例

　前二条〔103条・104条〕の罪については，犯人又は逃走した者の親族がこれらの者の利益のために犯したときは，その刑を免除することができる(105条)。

　本条は，犯人等の親族によって犯人蔵匿罪，証拠隠滅罪が犯された場合，期待可能性が低く責任が減少することを考慮して，その刑の任意的免除を可能としたものである。昭和22年の本条改正前は「之ヲ罰セス」と規定されていたが，一律に不可罰とするのは市民としての義務に対し親族間の情

愛をあまりに優先させすぎるものとして改正されたものである。

「犯人又は逃走した者」の意義については，犯人蔵匿罪の項 (481頁以下) 参照。「親族」の範囲は民法によって定められる (同法725条参照)。犯人または逃走した者の利益のために犯したことが必要である。判例は，それが同時に他人の刑事事件にも関係があり，その他人の利益のためでもあるときは本条の適用を否定するが，妥当とは思われない。

本条についても，親族と犯人および第三者との共犯関係が問題となる。親族と第三者との関係では，(1)親族が第三者を教唆して犯人蔵匿，証拠隠滅をさせる場合と，(2)反対に，第三者が親族を教唆する場合とが考えられる。

(1)の場合について判例は (昭和22年改正前のものであるが)，すでに犯人蔵匿罪の共犯関係でみたのと同様に「庇護権の濫用」であるとして犯罪の成立を認めていた (大判昭和8・10・18刑集12巻1820頁)。現行105条の解釈としても，この判例の考え方を支持し，この場合の親族には刑の任意的免除を認めるべきでないとする学説が有力である (団藤89頁，大塚601頁，内田652頁，中森293頁)。しかし，すでに述べたように，正犯としてすら期待可能性の減少が認められる以上，そのことは，共犯として関与した場合も同様だというべきであり，65条2項により，共犯たる親族にも105条の適用を肯定すべきであろう (平野285頁，植松51頁，大谷608頁，曽根304頁，山口590頁)。

(2)の場合，105条は刑の任意的免除にとどまるから，親族に犯罪が成立することに問題はない。それゆえ，第三者にも同罪の教唆犯が成立することは当然である。問題は，105条の特例が第三者にも妥当するかにある。通説はこれを否定する。105条の特例は，既述のとおり親族間の情愛ゆえに期待可能性・責任が減少することに基づいている。そうだとすれば，犯罪関与者相互で違法は連帯的に，責任は個別的に作用するという制限従属性説の見地からは，105条の特例が第三者に及ばないと解するのは当然の帰結となる。このような解釈には，257条2項のような明文規定は存在しないが，65条2項をその根拠条文として援用しうると思われる。

つぎに，犯人と親族との関係では，(3)犯人がその親族に犯人蔵匿，証拠隠滅を教唆した場合，(4)親族が犯人に証拠隠滅を教唆した場合が問題となる。

492　第4編　国家的法益に対する罪　第3章　国家の作用に対する罪

(3)についても，親族に犯罪が成立する以上，期待可能性がないとはいえないとして，犯人に教唆犯の成立を認める見解が有力である（団藤89頁，大塚602頁，内田653頁，中森294頁）。ただ，この場合，正犯たる親族に105条の特例により刑の免除の可能性があることを考慮し，教唆犯たる犯人の処罰についても，親族の行為に準じて刑の免除の可能性を認めるべきだとするのである。しかし，犯人の親族ですら期待可能性が減少するという理由で刑の免除の可能性が認められるのに，これよりずっと期待可能性の少ない犯人自身が，親族に「準じて」刑の任意的免除にとどまるというのは不合理というべきであろう。この場合も，犯人自身はやはり不可罰とすべきである。反対に，可罰説も，その論理を貫くならば，犯人には，第三者に対する教唆の場合と同じく刑の免除の可能性を否定すべきであろう。

(4)の場合には，すでに証拠隠滅罪の項で述べたように，正犯たる犯人に構成要件該当性がない以上，教唆犯たる親族も不可罰と解すべきだと思われる。

5　証人威迫罪

> 自己若しくは他人の刑事事件の捜査若しくは審判に必要な知識を有すると認められる者又はその親族に対し，当該事件に関して，正当な理由がないのに面会を強請し，又は強談威迫の行為をした者は，2年以下の懲役又は30万円以下の罰金に処する（105条の2）。

本罪は，暴力団の構成員によるいわゆる「お礼参り[*]」が頻発したために，これを抑止するとともに証人の保護を目的として昭和33年の改正で新設されたものである。したがって，本罪の保護法益は，刑事司法作用であると同時に証人その他の者の安全および私生活の平穏でもあると解すべきである（大塚602頁，中森294頁）。それゆえに，本罪は自己の刑事事件についても成立するものとして規定されているのである。

「刑事事件」とは，被告事件・被疑事件のみでなく，将来被疑事件となりうるものを含む（東京高判昭和35・11・29高刑13巻9号639頁）。「捜査若しくは審判に必要な知識を有すると認められる者」とは，刑事事件の被害者，証人，参考人などをいう。「親族」の意義については民法（725条参照）による。捜

査・審判の前後を問わない（大阪高判昭和35・2・18下刑2巻2号141頁）。捜査・審判の前に不当な圧力をかける行為が本罪にあたることは当然であるが，捜査・審判後であっても，本罪の行為により供述や証言を翻す可能性があるし，その可能性がない場合であっても証人保護の見地からは，報復的な行為を抑止する必要があるからである。

「面会を強請し」とは，面会を強要することをいい，「強談」とは，言語によって強いて自己の要求に応じるよう迫ること，「威迫」とは，言語・動作によって気勢を示し，不安・困惑の念を生じさせることをいう（旧警察犯処罰令1条4号に関する大判大正11・10・3刑集1巻513頁参照）。面会の強請については，書信・電話による場合を除き，また，面前の場合に限るとする見解もあるが（柏木377頁，大塚604頁，福岡高判昭和38・7・15下刑5巻7=8号653頁），書信・電話でも被害者が不安の念を抱くことは十分にありうるし，面前であっても，被害者にその意思がなければ面会とはいえないのであるから，このような限定は不要であろう。また，強談・威迫についても，書信・電話を手段とするものを含むと解すべきであろう（鹿児島地判昭和38・7・18下刑5巻7=8号748頁，山口593頁，山中811頁）。最高裁も，「威迫」の意義について，このような解釈を肯定している（最決平成19・11・13刑集61巻8号743頁，これを支持するものとして鎮目征樹「判批」平成20年度重判194頁）。脅迫罪，強要罪（未遂罪も含めて）が成立する場合には，本罪との観念的競合になる。

* **お礼参り**　刑事事件の被疑者，被告人またはその関係者が，被害者，証人，参考人またはこれらの者の関係者に，自己に不利な供述や証言をしないこと，示談や告訴の取消しに応じることを強要し，あるいは，自己に不利な供述や証言をしたことへの報復として，威圧的言動やいやがらせをすることをいう俗語である。

** **証人の保護**　本罪は証人保護を目的とするものであるが，昭和33年の改正では，同時に刑事訴訟法の一部も改正され（法108号），証人を威迫するおそれがある場合には保釈を許さず（同法89条5号），また，証人を威迫する行為をしたときは保釈を取り消しうるもの（同法96条1項4号）とされた。この他の証人保護の制度としては，証人が被告人の面前では圧迫を受け十分供述できない場合，被告人を退廷させる措置（同法304条の2），同様の場合に，公判期日前に裁判官の面前での参考人の証人尋問を認め（同法227条），被告人を退席させての公判期日外の証人尋問を認めている（同法281条の2）。また，平成11年の証人保護に関する刑事訴訟法の一部改正により（法138号），組織的犯罪対策のひとつとして証人の安全を図るために，

刑事訴訟法295条2項・299条の2を新設し，証人の住所，勤務先，その通常所在する場所についての尋問の制限，被告人等に知られないようにする配慮等の改正を行っている。

第4節　偽証の罪

1　総　　説

　刑法典第20章「偽証の罪」は，法律により宣誓した証人，鑑定人，通訳人，翻訳人が虚偽の陳述，鑑定，通訳，翻訳を行う犯罪である。偽証の罪の罪質に対する理解には変遷があり（詳細は，小松進「偽証および証憑湮滅」現代講座(4) 39頁以下参照），現行刑法は，これを公共の信用を害する偽造罪の一種として位置づけているが，現在の通説は，虚偽の陳述等によって，裁判や懲戒処分という国の審判作用の適正を侵害する危険を生ぜしめる罪として，国家的法益に対する犯罪と位置づけている。

　特別法の規定する偽証等の罪として，議院における証人の宣誓及び証言等に関する法律6条，公職選挙法253条，特許法199条，実用新案法59条，意匠法72条，商標法81条などがある。

2　偽　証　罪

> 法律により宣誓した証人が虚偽の陳述をしたときは，3月以上10年以下の懲役に処する（169条）。

1　主　　体

　本罪の主体は「法律により宣誓した証人」に限られる（身分犯）。「法律により」とは，宣誓する根拠が法律または法律の委任により下位の命令に定められていることを意味する。たとえば，民事訴訟法201条，刑事訴訟法154条，裁判官弾劾法29条などの法律上の根拠のほか，国家公務員法16条・91条に基づく人事院規則13―1「不利益処分についての審査請求」54条のような命令上の根拠がこれにあたる。

　宣誓は事前宣誓が原則であるが，証人としての陳述後の事後宣誓（民事訴訟規則112条1項）の場合も本罪にあたるとするのが通説・判例である（大判明治45・7・23刑録18輯1100頁）。これに対して，事前に宣誓が行われない場合

には，文理上さらには虚偽の陳述に対する非難の程度に明瞭な相違がある
として本罪にあたらないとする見解も有力である（大塚608頁，内田662頁，曽根
306頁，前田470頁注2，岡野352頁）。しかし，宣誓は自己の陳述の真実性を担保
するものであるから事後宣誓の場合も「宣誓した証人」に含めることは十
分に可能というべきであろう。これに対して，事後の宣誓の内容が同時に
虚偽の陳述であるという理由により本罪の成立を認める見解（平野龍一・法
セミ228号41頁，中森296頁）もあるが，宣誓することは証人の属性であって，宣
誓を虚偽の陳述の内容に取り込むことには疑問がある（この見解では証人が
虚偽の陳述をしたことが本罪の構成要件となろう）。

　宣誓は適法であることを要するから，宣誓をさせることができない者に
誤って宣誓をさせた場合（刑事訴訟法155条，民事訴訟法201条2項など）には，本罪
は成立しない（最大判昭和27・11・5刑集6巻10号1159頁）。これに対して，宣誓拒
絶権，証言拒絶権を有する者（たとえば，民事訴訟法196条・197条・201条4項，刑事
訴訟法146条・147条・149条）が，その権利を行使せずに宣誓のうえ虚偽の陳述
をした場合には本罪が成立する（最決昭和28・10・19刑集7巻10号1945頁〔577〕）。
刑事事件の被告人は，憲法38条の黙秘権の保障との関係で，現行法上は証
人適格が認められていない（刑事訴訟法311条参照）。しかし，共犯者または共
同被告人を，手続を分離した上で他の共犯者の証人とすることは認められ
る。この場合には，証人としての証言拒絶権を行使せず，宣誓のうえ偽証
すれば，その内容が自己の犯罪事実に関する場合であっても本罪を構成す
る（大判明治44・2・21刑録17輯157頁）。

2　行　為

　本罪の行為は虚偽の陳述をすることである。単に証言をしないという不
作為は，場合によって証言拒否罪（刑事訴訟法161条，民事訴訟法200条）にはなっ
ても本罪にはあたらない。「虚偽」の意義については主観説と客観説とが
鋭く対立している。

　主観説によれば，虚偽の陳述とは，証人の主観的記憶を標準とし，自ら
の体験，実験と異なった陳述をいう。したがって，証人が自己の記憶に従
って陳述するかぎりは，それが客観的事実に反していても偽証罪とはなら
ないし，反対に，客観的事実に合致していても，それが証人の記憶に反す
るものであれば偽証罪が成立することになる（団藤101頁，大塚608頁，福田37頁，

香川101頁，藤木46頁，大谷615頁，平川552頁，岡野354頁以下，前田471頁以下，井田570頁以下）。判例も一貫して主観説をとっている（大判大正3・4・29刑録20輯654頁〔576〕，東京高判昭和34・6・29下刑1巻6号1366頁）。主観説の根拠は，「証言の証拠としての意義は，その証人が五官により実際に感知したところを，正確に再現させその中から証人の思い違いなどを吟味し，真実発見の材料とすることに意義があるのであるから，自己の体験をありのまま語るのが真実である。自己の確信に反する供述がたまたま客観的真実に合致していたとしても，裁判を誤らせる危険があるので，虚偽の陳述と解するを妨げない」（藤木46頁）という点に求められる。すなわち，証人がその記憶に反する陳述をすれば，それだけで「裁判（または懲戒処分）を誤らせる抽象的危険をつねにもっている」（団藤101頁）とするのである。このようにして，主観説では，偽証罪は抽象的危険犯であり，外部的に表現された陳述と主観的な記憶内容との不一致が行為の抽象的危険性，すなわち違法性を決定するから，主観的違法要素を含む表現犯（Ausdrucksdelikt）ということになるのである（大塚609頁）。ただし，判例が，偽証罪の抽象的危険犯性を徹底させ，虚偽の陳述が裁判の結果に影響を及ぼすものか否かが同罪の成立に影響しないのはもちろん（大判明治43・10・21刑録16輯1714頁），尋問事項の如何にかかわらず本罪が成立しうる（大判大正2・9・5刑録19輯844頁）としているのに対して，主観説の学説では，「司法作用や懲戒作用を害する抽象的危険さえもない行為は偽証罪にあたらないであろう」（団藤102頁）との限定が付されている点に注意する必要があろう。

これに対して客観説は，陳述内容が客観的事実に反している場合を虚偽と解し，証言内容がたとえ証人の記憶と反していても，それが究極的に客観的事実と合致していれば偽証にならないとする。偽証罪の保護法益が国家の公正な審判作用である以上，客観的事実と合致する証言には，公正な審判作用を害する危険はなく，主観説は，むしろ宣誓義務違反をもって偽証罪の処罰根拠とするものであるとするのである（瀧川284頁，小野41頁，植松57頁，平野289頁，同「偽造罪における客観説と主観説」判時1557号5頁，内田663頁，中山537頁，中森296頁，山口596頁，山中816頁，松原575頁以下）。

裁判とは，客観的事実を明らかにするプロセスであり，その解明のために，証人はそれぞれ自己の体験内容を陳述するのであるが，人間の記憶は

必ずしも確実なものではないから，たとえ自分の体験や記憶に反してはいても，それが自分の思い違いであると思ったときは，自分が真実だと確信する内容の証言が許されてしかるべきであろう。たとえば，自分が現場で目撃した犯人は女性だと思っていたが，よく考えてみたら男性であるとの確信に達したので，その旨の証言をしたとしても，偽証というべきではない。したがって，基本的には客観説が妥当である。これに対し，主観説からは，客観説によれば，自己の記憶に反する事実を真実と信じて陳述したときは，それが真実でなかったときも，故意を欠くことになり不当であると批判されるが (団藤100頁)，自分が客観的真実だと思って証言している以上，偽証の故意を否定するのはむしろ当然であろう。ただ，虚偽性の判断は，審判対象たる事件全体との関係だけでなく，個々の陳述自体との関係でも判断されなければならない。たとえば，目撃していない事実を目撃したと証言する場合や伝聞の事実を自分で体験した事実として証言する場合には，やはり虚偽の陳述にあたると解すべきであろう (植松57頁，中森296頁，平野・前掲判時1557号9頁)。

　客観説に立っても，本罪は抽象的危険犯である。具体的に公正な裁判または懲戒の作用が害されたことを必要としない。本罪を自手犯と解する見解 (大塚609頁) もあるが妥当とは思われない。国家の公正な審判作用という法益を侵害する危険を発生させうるかぎり (共謀) 共同正犯や間接正犯も成立しうると解すべきである。事前宣誓の場合には，1回の尋問手続における陳述全体が終了したとき既遂に達し，事後宣誓の場合には宣誓の終了によって既遂に達するとするのが通説である。したがって，1回の尋問手続の途中または事後宣誓のときに以前の証言を訂正すれば本罪は成立しないが，終了後は自白による刑の減免 (170条) を受けうるにとどまる。

3　共犯関係

　本罪についても，被告人が自己の刑事被告事件について他人に偽証を教唆した場合の可罰性が問題となる。通説・判例は肯定説をとる (大判昭和11・11・21刑集15巻1501頁，最決昭和28・10・19刑集7巻10号1945頁〔577〕)。また，犯人による犯人蔵匿や証拠隠滅の教唆の成立を否定する見解でも，この場合は，教唆犯の成立を肯定する見解もある (平野290頁，中山538頁，曽根309頁，山口597頁)。それは，被告人が証人適格を有しないのは黙秘権との関係における

政策判断の結果であり，本条の主体から明文で除外されているわけではない，だとすれば，本来は正犯たりうるのであり，したがって共犯たりうるのは当然であると解するのであろう。しかし，偽証教唆も一種の証拠隠滅行為であること，被告人には類型的に期待可能性が欠如することを考慮すれば，ここでもやはり否定説をとるべきであるように思われる（植松55頁，大谷618頁，岡野354頁以下，川端712頁，山中818頁）。

なお，証拠隠滅罪の項目で述べたとおり，平成29年の組織犯罪処罰法の改正によって，一定の重大犯罪について，証人等買収罪（同法7条の2）が新設されている（489頁）。

3 自白による刑の減免

> 前条〔169条〕の罪を犯した者が，その証言をした事件について，その裁判が確定する前又は懲戒処分が行われる前に自白したときは，その刑を減軽し，又は免除することができる（170条）。

本条は，偽証に基づく誤った裁判や懲戒処分を防止するための政策的規定である。同様の規定は，171条・173条にもみられる。自白とは，偽証した事実を認めることをいう。自白の相手方は，裁判所，捜査機関，懲戒権者に限ると解されている。自首（42条1項）と異なるから，偽証の事実が裁判所等に判明していてもよい（植松59頁）。本条は正犯者のほか教唆者にも適用されうる（大判昭和5・2・4刑集9巻32頁）。その効果は，刑の任意的減軽・免除である。

4 虚偽鑑定罪

> 法律により宣誓した鑑定人，通訳人又は翻訳人が虚偽の鑑定，通訳又は翻訳をしたときは，前二条〔169条・170条〕の例による（171条）。

本罪の主体は，法律により宣誓した鑑定人，通訳人または翻訳人に限られる（身分犯）。「法律により宣誓した」とは，偽証罪の場合と同様，法令上の根拠がある場合に限られる（民事訴訟法216条・217条・154条，刑事訴訟法166条・178条など）。

500　第4編　国家的法益に対する罪　第3章　国家の作用に対する罪

　「虚偽」の意義は，偽証罪についてと同様に客観的真実に反することと解すべきである。虚偽鑑定等については，主観説をとることは困難であろう。

　鑑定，通訳，翻訳が書面でなされるときは，書面の提出により，口頭のときは鑑定，通訳，翻訳としてなされた陳述が全体として終了したとき，本罪は既遂となる（大塚611頁）。本罪についても，自白による刑の減免規定（170条）が適用される。

第5節　虚偽告訴の罪

1　総　説

　刑法典第21章「虚偽告訴の罪」（旧規定では，「誣告ノ罪」とされていた）は，人に誤った刑事または懲戒の処分を受けさせる目的で，虚偽の告訴，告発その他の申告をする罪である。その保護法益については，①国家の適正な刑事司法作用および懲戒作用とする見解（団藤109頁，香川106頁），②個人の利益または自由とする見解（平野290頁，平川189頁，山口600頁），または，国家の作用と同等に個人の利益も保護法益であるとする見解（内田667頁，中森299頁，松原579頁），③国家の作用であるが，副次的には個人の利益も保護されているとする見解（通説）が対立している。いずれの見解に立つかにより本罪の成否が分かれることになる。まず，自己に対する虚偽申告（自己申告）は，本条にいう「人」が他人を意味することから，いずれの見解からも不可罰とされ（ただし，身代わり犯人として犯人隠避罪の成立が可能である），軽犯罪法1条16号（虚構の犯罪を申告する罪）が成立しうるにすぎない。また，虚無人に対する虚偽申告の場合も，誤った処分ということはありえないから自己に対する虚偽申告の場合と同様の結論になる。これに対して，同意を得た他人に対する虚偽申告（同意申告）の場合は，②説からは不可罰となるのに対し，①③説からは可罰性が肯定されることになるのである。本罪が個人の自由や利益を侵害するものであることはいうまでもないが，国家の適正な審判作用も，個人の自由や利益とは別個独立に保護されるべきであり，個人の処分権は及ばないと解すべきであるから③説が妥当であろう。判例も③説に立ちつつ，同意申告を可罰的としている（大判大正元・12・20刑録18輯1566頁〔578〕）。

2　虚偽告訴罪

　人に刑事又は懲戒の処分を受けさせる目的で，虚偽の告訴，告発その他の申告をした者は，3月以上10年以下の懲役に処する（172条）。

1 行　為

　本罪の行為は，虚偽の告訴，告発その他の申告をすることである。告訴，告発とは犯罪の被害者，その他の者が犯罪事実を申告し犯人の処罰を求める意思表示である（刑事訴訟法230条以下・239条以下参照）。その他の申告とは，刑事処分を求める請求（たとえば，刑法92条2項参照）や懲戒処分を求める申立てのほか，刑事処分や懲戒処分に結びつきうる事実の申告をいうと解すべきであろう。刑事の処分には刑罰のほか，少年に対する保護処分（少年法24条），売春防止法上の補導処分（売春防止法17条）を含むと解されている（団藤111頁，大塚617頁，中森299頁）。虚偽の申告は，捜査機関や懲戒権者または懲戒権の発動を促しうる機関（これを相当官署という）に対してなされなければならない。「申告」とは自発的な行為をいい，捜査機関の取調べに対して虚偽の陳述をした場合は含まれないとするのが通説である（ただし，証拠偽造罪の成立する可能性はある（前述488頁以下参照））。本条にいう「虚偽」の意義については，偽証罪の場合と異なり，客観的真実に反することと解するのが通説・判例である（最決昭和33・7・31刑集12巻12号2805頁〔579〕）。ただし，申告された事実が犯罪または懲戒の成否に影響を及ぼすようなものであることが必要であり（大判大正13・7・29刑集3巻721頁），また，捜査機関や懲戒権者等の職権発動を促すに足りる程度の具体的なものであることが必要である（大判大正4・3・9刑録21輯273頁）。[1]

　本罪は，虚偽の申告が相当官署に到達したときに既遂に達する。郵便の場合，発送されただけでは足りないが，到着すればよく，現実に閲覧されたこと（大判大正5・11・30刑録22輯1837頁），公訴が提起されたこと（大判大正3・11・3刑録20輯2001頁）を必要としない。

2 主観的要件

　本罪の主観的要件，すなわち故意としての申告事実の虚偽性の認識や刑事または懲戒の処分を受けさせる目的が未必的認識で足りるかについて，判例・学説上対立がみられる。刑事事件の告訴，告発，懲戒事由の申告も，その段階では嫌疑にとどまり，客観的真実に反することも十分にありうる

---

1)　警察官が賄賂を収受し犯罪者を検挙していないという虚偽の事実を記載した匿名の手紙を郵送した事例。

から，これらの行為は，常に本罪を成立させる可能性を有している。学説上，本罪の主観的要件の内容が議論されるのは，これによって，適法な告訴，告発等の行為と本罪が成立する場合を区別しようとする意図に基づくのである。

(1) **故意** 本罪が成立するには，まず，その申告内容が虚偽であることの認識を必要とする。この場合の虚偽性は，すでに述べたように客観的真実に反することと解するのが通説・判例である。それは，申告内容が客観的真実に合致しているかぎり，国の審判作用，個人の自由や利益を不法に害することにならないからである。したがって，虚偽だと思って申告しても，客観的に真実であれば構成要件該当性を欠くことになる。反対に，客観的に虚偽でも主観的に真実だと思っていれば，本罪の故意が欠如することになるわけである。問題は，虚偽性の認識が未必的なもので足りるかである。学説では，虚偽性の確定的認識を必要とする見解（団藤112頁，大塚616頁，大谷622頁，曽根312頁，中森300頁，山口602頁以下，山中823頁，高橋665頁，井田576頁）と未必的認識で足りるとする見解（植松61頁，平野291頁，藤木49頁，内田669頁，前田477頁，平川191頁）とが対立している。判例は未必的認識で足りるとする。すなわち，某地方検察庁の検事が被疑者から収賄したとの噂話を聞いた被告人が，事実の真偽を十分調査せず，事実の存在に確信がないのに，同検察庁の粛正を図るため，同検事を告発したという事案に関し「誣告罪が成立するためには，その主観的要件として申告者がその申告した事実につき，その虚偽たることを確定的に認識していたことを必要とするものではなく，未必的な認識があれば足りるものと解するを相当とする……被告人の本件告発は極めて軽々になされたものであって，到底その適法性を認めることができない以上，被告人は誣告罪の刑責を免れることができない」としたのである（最判昭和28・1・23刑集7巻1号46頁）。

未必的認識で足りるとする見解の根拠は，①故意の一般理論上未必の故意を排除する必然性に欠ける，②正当な告訴・告発は刑法35条によって正当化されるから確定的認識に限る必要はない，③誤った「処分を受けさせる目的」で絞れば足りる，という点に求められている。しかし，まず，②の根拠は，名誉毀損罪における真実性の誤信の場合と同様に，嫌疑が相当の根拠に基づくことを要求することになろう。しかし，過失による虚偽告

訴罪が処罰されない以上，軽率に真実だと誤信した場合でも本罪の成立は否定すべきである。つぎに，③の根拠は，文理上無理があるように思われる。本条は「刑事又は懲戒の処分を受けさせる目的」を要求するのみであり，「誤った」処分とは，とりもなおさず「虚偽の」申告であることによって生じるものだからである。このように考えれば，正当な告訴・告発との限界を明確にするためには，①の根拠にもかかわらず，本罪の故意は虚偽性の確定的認識を必要とすると解すべきであるように思われる。この意味で，前掲昭和28年最高裁判決は，その実質において過失による虚偽告訴を処罰するものであって妥当でないというべきであろう。

(2) **目的**　本罪成立には，故意のほか「人に刑事又は懲戒の処分を受けさせる目的」を必要とする。この目的に関しても，本罪の成立範囲を限定するという意図で，結果発生の意欲を必要とするという見解が有力に主張されている (団藤111頁，福田40頁，曽根312頁)。これに対し，通説・判例は未必的認識で足りると解している[2] (大判大正6・2・8刑録23輯41頁)。すでに述べたように，本罪の保護法益には個人の自由や利益も包含されるべきであり，そうだとすれば，有罪判決まで意図せず捜査の開始のみを意図したような場合 (大判昭和8・2・14刑集12巻114頁〔580〕) でも同罪の成立を認めるべきであるが，結果の意欲を必要とする立場では，このような場合が捕捉されないことになってしまい妥当ではない。本罪の目的については未必的認識で足りると解すべきであろう。

3　自白による刑の減免

173条によれば，前条の罪を犯した者が，その申告をした事件について，その裁判が確定する前または懲戒処分が行われる前に自白したときは，その刑を減軽し，または免除することができる。

本条は，170条と同様に，誤った刑事裁判や懲戒処分を防止する目的で政策的に設けられたものである。その解釈については，170条の自白による刑の減免の項参照。

---

2)　ただし，客観的に刑事または懲戒の処分を受ける可能性が存在することを必要とする見解として，平野291頁。

第6節　職権濫用の罪

1　総　　説

　刑法典第25章「汚職の罪」は，公務員による職権濫用の罪（193条〜196条）と贈収賄の罪（197条〜198条）を規定している。いずれも国家の作用を担う公務員が内部から公務の適正な執行およびこれに対する国民の信頼を侵害するという点では共通しているが，職権濫用の罪においては，具体的に国民の自由や権利が侵害されるのに対して，贈収賄の罪においては，そのような被害者が存在しない点で異なっている。このため，本節では，職権濫用の罪を独立して取り扱うこととする。

　職権濫用の罪として，刑法典は，公務員職権濫用罪（193条），特別公務員職権濫用罪（194条），特別公務員暴行陵虐罪（195条），特別公務員職権濫用等致死傷罪（196条）を規定しているが，その法定刑は，昭和22（1947）年の改正で大幅に引き上げられた。すなわち，193条につき6月以下の懲役または禁錮から2年以下の懲役または禁錮へ，194条につき6月以上7年以下の懲役または禁錮から6月以上10年以下の懲役または禁錮へ，195条につき3年以下の懲役または禁錮から7年以下の懲役または禁錮へと刑が加重されたのである。このような変化は，戦後の新憲法において，公務員が天皇の官吏から国民全体に対する奉仕者（憲法15条2項）として位置づけられたこと，公務員による拷問が絶対的に禁止されたこと（同36条）によるものである。

　上記のような改正を考慮すれば，職権濫用の罪の保護法益は，公務執行の適正とこれに対する国民の信頼という国家的法益のみではなく，同時に，これと同等のものとして被害者となる国民の自由や権利という個人的法益でもあると解すべきであり（平野294頁），個人的法益の保護が国家的法益の保護の反射的利益にすぎないと考えるべきではない。

2 公務員職権濫用罪

> 公務員がその職権を濫用して，人に義務のないことを行わせ，又は権利の行使を妨害したときは，2年以下の懲役又は禁錮に処する（193条）。

1 主 体

本罪の主体は公務員に限られるから身分犯である。結果の部分の文言は，強要罪（223条）と同一であるが，本罪の方が法定刑が低いのであるから，同罪の特別類型や補充類型と考えるべきではなく，65条2項の適用はない。

2 行 為

本罪の行為は，職権の濫用である。

(1) 職権の意義　職権とは，当該公務員の有する一般的職務権限をいう。したがって，職務権限を有するような外形があるだけでは足りず，客観的に一般的職務権限が存在することが必要である。もっとも，宮本身分帳事件*に関する最高裁判例によれば，一般的職務権限は明文の根拠規定を必要とせず，法制度を総合的，実質的に観察して認められるものであればよいとされている（最決昭和57・1・28刑集36巻1号1頁〔582〕）。

> ***　宮本身分帳事件**　裁判官Aが，昭和49年に網走刑務所を訪れ，刑務所長の許可を受けて，司法研究その他職務上の参考にするための調査・研究に必要であるかのように装い，当時日本共産党の委員長であった宮本顕治氏の身分帳簿の閲覧と撮影を行ったという事件である。Aは本罪で告発されたが，東京地検は不起訴処分とした。このため，付審判請求（刑事訴訟法262条以下参照）がなされた。東京地裁は請求を棄却したが，抗告審である東京高裁は，原決定を取り消し，付審判の決定をした。これに対して，Aから特別抗告が申し立てられたが，最高裁は不適法として棄却した（最決昭和52・8・25刑集31巻4号803頁）。付審判の決定による第1審東京地裁は，Aを無罪としたが，指定弁護士の控訴を受けた東京高裁は原判決を破棄・差戻した。このためAが上告したが，最高裁は，裁判官には刑務所の巡視権があること（旧監獄法4条2項），司法研究の委嘱を受けた裁判官は研究題目によっては身分帳簿の閲覧が可能であることなどを理由に「裁判官が刑務所長らに対し資料の閲覧，提供を求めることは，……量刑その他執務上の一般的参考に資するためのものである以上，裁判官に特有の職責に由来し監獄法上の巡視権に連なる正当な理由に基づく要求というべきであって，法律上の強制力を伴ってはいないにしても，刑務所長らに対し行刑上特段の支障がない限りこれに応ずべき事実上の負担を生ぜしめる効

果を有するものであるから，それが濫用された場合相手方をして義務なきことを行わせるに足りるものとして，職権濫用罪における裁判官の一般的職務権限に属すると認めるのが相当である」として，上告を棄却した。

(2) **職権の性質**　　職権の性質について，判例は「一般的職務権限は，必ずしも法律上の強制力を伴うものであることを要せず，それが濫用された場合，職権行使の相手方をして事実上義務なきことを行わせ又は行うべき権利を妨害するに足りる権限であれば，これに含まれる」と解している（前掲最決昭和57・1・28）。これに対して，学説では，強要罪との文言上の共通性から，本罪を相手方の「意思の制圧の要素を含むことを要素とする犯罪」であるとし，それゆえ，本罪にいう職権も強制的な権限をいうと解する見解も有力である[1]（古田佑紀=渡辺咲子=五十嵐さおり・大コンメ10巻33頁）。共産党幹部宅盗聴事件[*]の付審判請求における第1審決定が，警察官による盗聴が「職権行使の外観を備えた職権濫用行為ということはできず」という理由で本罪の成立を否定し（東京地決昭和63・3・7判タ662号262頁），第2審決定が，「行為の相手方である請求人の意思に働きかけ，これに影響を与える職権行使の性質を備えていないから」という理由で本罪の成立を否定した（東京高決昭和63・8・3高刑41巻2号327頁）のも同様の理解に基づくものといえよう。しかし，強要罪において相手方の意思の自由の制圧が要件となるのは，その手段が暴行・脅迫であることによるものであるから，本罪についても同様に解すべき必然性はない。職権行使の外観や相手方の認識がない場合でも，事後的に公務員により職権を濫用して違法・不当な行為が行われたことを国民が知れば，公務執行の適正に対する国民の信頼は侵害されうるのである。さらに，本罪の結果は，職権行使の相手方の自由や権利の侵害であればよく，必ずしも，相手方の具体的な行動の自由を侵害しない場合であってもよいと解するならば（その典型例がプライヴァシー侵害である），上記のような要件は本罪の成立を不当に制約するものというべきであろう。事実，判例は，職権濫用の事実を相手方が認識していない場合でも，権利侵害が認められる場合には本罪の成立を肯定してきたのである。たとえば，

1)　同旨，小野50頁，瀧川260頁，大塚620頁，内田675頁，松原586頁，植松正「警官の電話盗聴と職権濫用罪」時の法令1337号56頁，原田保・刑法における超個人的法益の保護211頁（1991）。

町会議員が不当な戸数割等級を決議し反対派の者に過当な納税義務を負わせた事例（大判大正11・10・20刑集1巻568頁），執行吏が和解調書に記載されていない執行吏保管の文言を記載した公示札を作成し，しかも，それを誤って無関係の第三者の土地に立てた事例（最決昭和38・5・13刑集17巻4号279頁〔584〕），入札価格を改ざんして最高価格で入札した者の落札を阻止した事例（甲府地判昭和43・12・18下刑10巻12号1239頁）などがその例である。前記共産党幹部宅盗聴事件の最高裁決定も，職権行使の外観や相手方の意思を制圧することの必要性を明確に否定している（最決平成元・3・14刑集43巻3号283頁〔586〕）。

　もっとも，この最高裁決定は，同時に本罪の「『職権』とは，公務員の一般的職務権限のすべてをいうのではなく，そのうち，職権行使の相手方に対し法律上，事実上の負担ないし不利益を生ぜしめるに足りる特別の職務権限」をいうという限定を付している。本件の調査官解説によれば，その意味は，「強制力はないとしても，国民に対し事実上服従ないし忍受を求めうるような職務権限」とされている（出田孝一「判解」最判解刑平成元年度111頁）。そして，学説上，構成要件の明確化に資するという理由で，この特別権限説を支持する見解も有力である[2]。しかし，すでに述べたように，強要罪と本罪との共通性を否定するのであれば，このような限定は不要であろう。さらに，この見解が，権利侵害型の権限のみを本罪の「職権」に含め，権利付与型の権限（たとえば，申請に対する許可・認可権限）を排除し，その結果，申請を握り潰したり，不当に認可を遅らせたりする行為が本罪を構成しないとする趣旨であるとすれば妥当でないというべきである。だとすれば，本罪にいう「職権」とは一般的職務権限をいうと解すべきであろう[3]。

　＊　**共産党幹部宅盗聴事件**　神奈川県警の警察官Ａ，Ｂが，日本共産党に関する警備情報を得るため，同党の国際部長であるＣ宅の電話を盗聴したという事件である。Ｃが，本罪で告訴したが，東京地検が不起訴処分としたため，Ｃから東京地裁に付

2）　青木紀博「判批」同志社法学41巻6号145頁，堀内捷三「判批」警研63巻4号53頁，斉藤豊治・基本講座6巻342頁，山口607頁，山中827頁，高橋669頁，井田581頁以下，松原587頁以下。

3）　中森喜彦「職権濫用罪に関する覚書」森下忠先生古稀祝賀(上)・変動期の刑事法学334頁（1995），町野410頁，曽根314頁，前田雅英「職権濫用罪」刑法31巻1号87頁，平良木登規男「判批」判時1337号〔判評374号〕219頁。

審判請求がなされたが，請求は棄却された。抗告審である東京高裁も抗告を棄却したため，最高裁に特別抗告がなされた。最高裁は，「原原決定及び原決定が職権に関して判示するところは，それらが公務員職権濫用罪が成立するための不可欠の要件を判示した趣旨であるとすれば，同罪が成立しうる場合の一部について，その成立を否定する結果を招きかねない」として否定的判断を示したが，後掲本文に述べるような理由づけで，請求を棄却した原決定の結論を維持している。

(3) **濫用の意義**　判例によれば，職権の「濫用」とは「公務員が，その一般的職務権限に属する事項につき，職権の行使に仮託して実質的，具体的に違法，不当な行為をすること」をいうとされている（前掲最決昭57・1・28）。その例としては，前記宮本身分帳事件のほか，簡易裁判所の裁判官が自己の担当する窃盗被告事件の被告人の女性と私的な交際をする意図で，夜間，被害弁償のことで話したいといって喫茶店に呼び出す行為などが本罪にあたるとされている（最決昭和60・7・16刑集39巻5号245頁＝小倉簡易裁判所事件〔583〕）。この考え方によれば，保護観察官が，すでに保護観察期間の終了した女子を呼び出し，わいせつ行為を行ったという事案につき本罪の成立を否定した下級審判例（東京高判昭和43・3・15高刑21巻2号158頁〔581〕）は，少なくとも呼び出す行為については，それが保護観察官の一般的職務権限内の行為といえる以上，すでに否定されたものということができよう。

上の判示は，職権の行使に仮託する類型（職権仮託型）についてのものであるが，本条にいう「濫用」には，このほかに，公務員がその一般的職務権限に属する事項につき，職権の行使の過程において実質的，具体的に違法，不当な行為をするという類型（職権遂行型）も含まれると解すべきである（中森303頁，曽根314頁）。この点で，前記共産党幹部宅盗聴事件の最高裁決定（前掲最決平成元・3・14）が，「被疑者らは盗聴行為の全般を通じて終始何人に対しても警察官による行為でないことを装う行動をとっていたというのであるから，そこに，警察官に認められている職権の濫用があったとみることはできない」という理由で本罪の成立を否定していることの当否が問題となる。その趣旨につき，本件の調査官解説によれば，盗聴につき警察官の職権濫用行為があるとすれば，①警察官が盗聴の権限を濫用した場合と，②盗聴の過程で警察官の職権を濫用した場合であるが，①については「現在のところ，警察官に本件のような態様で盗聴をする職務権限

は認められていない」し，②については，何人に対しても警察官であることを知られないように行動していたのであるから，そこに警察官としての職権行使はなく，本件について職権濫用罪の成立を肯定することはできないと説明されている（出田・前掲113頁）。しかし，本件は通信傍受法の制定前の事件であるが，この時点においても，下級審判例によれば，盗聴も一定の場合には検証令状による強制捜査として認められていた（甲府地判平成3・9・3判時1401号127頁。さらに，最決平成11・12・16刑集53巻9号1327頁参照）。さらに，警察官には警備情報収集の一般的権限があるといってよい（青木・前掲157頁）。だとすれば，本件盗聴行為も一般的職務権限に属する事項なのであって，ただ，それが違法に行使された場合であるから，本罪にあたると解するのが当然であると思われる。これに対して，本決定は，本件盗聴行為が電気通信事業法に違反する違法な犯罪行為であったがゆえに，それは権限の逸脱であって権限の濫用ではないとするものかもしれない。しかし，本罪の処罰根拠を考慮すれば，逸脱の場合を除外するのは，その趣旨を没却するものであって妥当ではない。要するに，本罪は，公務員の一般的職務権限に属する事項に関し違法，不当な職務行為がなされれば成立しうるものであり，その際，権限の逸脱は当然に濫用に含まれると解してよいのである。

3 結 果

本罪は，結果犯であり未遂を処罰しないから，「人に義務のないことを行わせ，又は権利の行使を妨害したとき」にのみ成立する。[4] したがって，職権を濫用して相手方を呼び出したが，相手方が応じなかった場合，盗聴機器を設置したが盗聴できなかった場合などには，本罪は成立しないことになろう。[5]

すでに述べたように，本罪の成立には，強要罪と異なり相手方の意思の自由を制圧することは不要であるから，盗聴によるプライヴァシー侵害のように相手方の認識がなくても，その権利が侵害されれば，本罪の結果の発生を認めてよい。前掲共産党幹部宅盗聴事件の最高裁決定が，本条の文言と異なり「相手方に対し法律上，事実上の負担ないし不利益を生ぜしめ

4）　団藤125頁は，未遂処罰規定を設けるのが妥当とする。
5）　中森喜彦「判批」法教95号72頁。これに対して，出田・前掲103頁は，盗聴可能な状態を作出したこと自体で権利侵害を認めてよいとする。

第6節　職権濫用の罪　4　特別公務員暴行陵虐罪　*511*

る」という表現を用いているのは，これを明確にする趣旨であろう。

3　特別公務員職権濫用罪

> 裁判，検察若しくは警察の職務を行う者又はこれらの職務を補助する者が
> その職権を濫用して，人を逮捕し，又は監禁したときは，6月以上10年以下
> の懲役又は禁錮に処する（194条）。

　本罪は，特定の公務員を主体とした身分犯であり，逮捕・監禁罪の加重
類型である。刑の加重根拠は，本条所定の公務員は，その職務上，人の自
由や権利を侵害する職権を与えられており，それゆえ，その濫用により容
易に権利侵害を引き起こしうること，および，そのことにより同時に，そ
の公務の執行の適正に対する国民の信頼をも侵害する点に求められる。し
たがって，本条の身分は，形式的には加重身分であるが，実質的には行為
の違法性を加重するものであるから65条1項の身分と解すべきであろう
（西田・共犯と身分245頁以下参照）。
　「裁判，検察若しくは警察の職務を行う者」とは，裁判官，検察官，司
法警察員（刑事訴訟法39条，刑事訴訟法第189条第1項および第199条第2項の規定に基づく
司法警察員等の指定に関する規則参照）をいう。「これらの職務を補助する者」と
は，裁判所書記官，廷吏（裁判所法63条，法廷等の秩序維持に関する規則2条2項参照），
検察事務官，司法巡査など，その職務上補助者の地位にある者をいう。事
実上の補助者を含まないから，警察所長の委嘱を受けた少年補導員は警察
の職務を補助する者にはあたらない（最決平成6・3・29刑集48巻3号1頁）。
　行為は逮捕・監禁である。その意義については，83頁以下参照。

4　特別公務員暴行陵虐罪

> 裁判，検察若しくは警察の職務を行う者又はこれらの職務を補助する者が，
> その職務を行うに当たり，被告人，被疑者その他の者に対して暴行又は陵辱
> 若しくは加虐の行為をしたときは，7年以下の懲役又は禁錮に処する（195条
> 1項）。法令により拘禁された者を看守し又は護送する者がその拘禁された
> 者に対して暴行又は陵辱若しくは加虐の行為をしたときも，前項と同様とす
> る（同条2項）。

512　第4編　国家的法益に対する罪　第3章　国家の作用に対する罪

　本罪は，194条の主体および101条の主体が，その職務を行う際に行う違法行為を処罰する規定である。暴行罪については，加重的身分犯であるが，194条について述べたのと同様に65条1項の適用を認めるべきであろう。強制わいせつ罪，強姦罪が成立する場合は，本罪との観念的競合となる。

　本条1項の客体は「被告人，被疑者その他の者」であるが，その他の者には証人，参考人などが含まれる。本条2項の客体である「法令により拘禁された者」の意義については，477頁以下参照。「暴行」とは暴行罪にいう暴行をいう。「陵辱若しくは加虐の行為」とは，侮辱的言動を弄する，食事をさせない，用便に行かせない，わいせつな行為等の手段により，肉体的・精神的に苦痛を与えることをいう。留置場の看守が被留置者と性交した場合は，被留置者の同意があっても「陵虐若しくは加虐の行為」にあたるとする下級審判例があるが（東京高判平成15・1・29判時1835号157頁），真に同意がある場合にまで本罪の成立を肯定することは疑問である。

5　特別公務員職権濫用等致死傷罪

> 　前二条〔194条・195条〕の罪を犯し，よって人を死傷させた者は，傷害の罪と比較して，重い刑により処断する（196条）。

　本条は，特別公務員職権濫用罪（194条）および特別公務員暴行陵虐罪（195条）の結果的加重犯を規定したものである。「傷害の罪と比較して，重い刑により処断する」の意義については22頁参照。

第7節　賄賂の罪　1　総　説　*513*

第7節　賄賂の罪

1　総　説

1　賄賂罪の沿革

刑法典は，賄賂の罪として，単純収賄罪（197条1項前段），受託収賄罪（同条1項後段），事前収賄罪（同条2項），第三者供賄罪（197条の2），加重収賄罪（197条の3第1項），事後的加重収賄罪（同条2項前段），事後的加重第三者供賄罪（同条2項後段），事後収賄罪（同条3項），あっせん収賄罪（197条の4），賄賂の必要的没収・追徴（197条の5），贈賄罪（198条）を規定している。その構造はかなり複雑なものとなっているが，その沿革は，つぎのとおりである。

①明治13年の旧刑法は，その284条以下に官吏による受託収賄罪等を規定するにすぎなかったため，贈賄行為が，その共犯として可罰的かが問題となったが，大審院は，必要的共犯における立法者意思説により，当然予想される関与行為につき処罰規定がない以上不可罰であるとした（大判明治37・5・5刑録10輯955頁，必要的共犯については，前述422頁参照）。

②明治40年の現行刑法は，収賄罪を単純収賄・加重収賄罪に整備すると同時に，贈賄罪およびその自首減免規定，賄賂の必要的没収・追徴の規定を新設した。その内容は，つぎのとおりである（カタカナをひらがなに直し，濁点，句読点を付した）。

> 197条1項　「公務員又は仲裁人，其職務に関し賄賂を収受し又は之を要求若くは約束したるときは，3年以下の懲役に処す。因て不正の行為を為し，又は相当の行為を為さざるときは，1年以上10年以下の懲役に処す。」
> 　2項　「前項の場合に於て，収受したる賄賂は之を没収す。若し其全部又は一部を没収すること能はざるときは，其価格を追徴す。」
> 198条1項　「公務員又は仲裁人に賄賂を交付，提供又は約束したる者は，3年以下の懲役又は300円以下の罰金に処す。」
> 　2項　「前項の罪を犯したる者，自首したるときは，其刑を減軽又は免除することを得。」

③昭和16年には，戦時統制経済体制の下で公務員の綱紀粛清のため，賄

略罪が大幅に拡充され，受託収賄罪，事前収賄罪，第三者供賄罪，事後的加重収賄罪，加重第三者供賄罪，事後収賄罪の規定が新設されるとともに，必要的没収・追徴の規定が独立し，贈賄者の自首減免規定が削除された。

④昭和33年には，昭和電工疑獄事件を契機として，あっせん収賄罪が新設され，これに対応するあっせん贈賄罪（2年以下の懲役または3000円以下の罰金）が198条2項として規定された。

⑤昭和55年には，ロッキード事件を契機として，加重収賄罪，事後的加重収賄罪，加重第三者供賄罪以外の収賄罪の法定刑が引き上げられ（3年→5年，5年→7年），あっせん贈賄罪も，その法定刑を引き上げて他の贈賄罪と一本化された。その後，贈賄罪の罰金額は，平成3年の改正により250万円に引き上げられた。

⑥平成15年には，仲裁法が制定され，仲裁人に関する贈収賄が規定されたため（同法50条以下），刑法の収賄罪の主体から「仲裁人」が削除された。

なお，収賄罪については公務員の国外犯が処罰されていたが（4条3号），贈賄罪については国外犯が処罰されていなかったところ，平成29年改正（法67号）によって，贈賄罪についても国外犯を処罰することとされた（3条6号）。

- **＊ 特別法** 収賄罪の規定は，他の法律における「みなし公務員」（その意義については，446頁参照）についても適用されるが，このほかにも，特別法によって収賄罪・贈賄罪を処罰する例は多い。たとえば，競馬法32条の2，土地改良法140条，日本電信電話株式会社法19条，都市計画法89条など（詳細は，河上和雄=小川新二・大コンメ10巻85頁以下参照）。このほか，戦時刑事特別法18条ノ3は戦時に際する幹旋収賄罪を規定していたが，昭和21年1月に廃止された。なお，平成10年の不正競争防止法の改正により，外国公務員等に対する不正な利益供与を禁止する規定（18条）が導入されている。

- **＊＊ 昭和電工疑獄事件** 昭和電工株式会社が復興金融公庫から23億円の融資を受けたことにからみ，昭和23（1948）年6月に同社社長が贈賄容疑で逮捕された事件。収賄側は，経済安定本部長，大蔵省主計局長，前副首相，元農林事務次官，興業銀行副総裁，その他の政治家などが逮捕されたが，贈賄側の社長と元農林事務次官，経済安定本部長が有罪となっただけで，他の者は，賄賂性の認識が欠けるとか，あっせん行為であって職務行為でない等の理由で無罪となっている。

- **＊＊＊ ロッキード事件** 昭和51（1976）年2月，アメリカのロッキード社が自社が開発した航空機トライスターを全日空に売り込むに際して，日本の商社丸紅の幹

部を介して，当時の内閣総理大臣Ｔに全日空への働きかけを依頼して賄賂を供与した事件（丸紅ルート），および，昭和45年から47年にかけて，全日空の社長が，ロッキード社から裏金を受けとり，日本航空による国内線への大型機導入の時期を延期するよう行政指導してもらうことを依頼して，運輸大臣Ｈ，運輸政務次官Ｓに賄賂を供与した事件（全日空ルート）。丸紅の幹部が贈賄罪で有罪となったほか（最大判平成7・2・22刑集49巻2号1頁〔595〕），Ｔも受託収賄罪で第1，第2審有罪となったが（東京高判昭和62・11・18高刑40巻2号77頁），上告中に被告人死亡により公訴棄却となった。また，Ｈも受託収賄罪で第1，第2審有罪となったが（東京高判昭和61・5・16判時1205号5頁），上告中に被告人死亡により公訴棄却となり，Ｓも受託収賄罪で第1，第2審有罪となり（東京高判昭和61・5・14判時1205号61頁），上告したが取下げにより確定した（詳細は，西田「内閣総理大臣の職務権限」ジュリ1069号4頁参照）。

2 保護法益

賄賂罪の保護法益については，従来，公務の不可買収性，すなわち，公務が賄賂によって左右されないこととする見解（不可買収性説）と職務行為の公正と解する見解（純粋性説）の対立があるとされてきた[1]。しかし，現行刑法は，職務に関し賄賂を収受するという単純収賄罪を基本としており，公務が賄賂によって左右されたことまでを要求してはいない。そこでは，公務が賄賂によって左右されたのではないかという国民の不信を生ぜしめること，逆にいえば，公務の公正に対する社会一般の信頼を侵害することによって，終極的には，公務の円滑な遂行という国家の作用が害されることが処罰根拠とされているのである。他方，純粋性説によれば，加重収賄罪が基本類型であり，単純収賄罪がその危険犯ということになろうが，単純収賄は正当な職務についても成立するのであるから，そのような位置づけには無理があるように思われる。このように考えれば，結局，賄賂罪の保護法益は，職務行為の公正とこれに対する社会一般の信頼と解すべきであり（信頼保護説），単純収賄罪が基本類型，加重収賄罪がその加重類型と解すべきであろう（通説）。判例も「賄賂罪は，公務員の職務の公正とこれに対する社会一般の信頼を保護法益とするものである」として，同様の

---

1) 詳細は，北野通世「収賄罪の一考察(1)(2・完)」刑法27巻2号259頁以下・28巻3号378頁以下，斎藤信治「賄賂罪の保護法益(1)(2)(3・完)」法学新報96巻1=2号73頁以下・3=4号49頁以下・5号1頁以下参照。

立場をとっている（前掲最大判平成7・2・22＝ロッキード事件。同旨のものとして，大判昭和6・8・6刑集10巻412頁，最大判昭和34・12・9刑集13巻12号3186頁）。このような観点からは，当該公務がおよそ賄賂によって左右される余地のない職務である場合（たとえば，郵便配達人への心づけなど）は，賄賂罪にいう職務から除外することが可能であろう。[2]

3 賄賂の意義

(1) **賄賂の目的物**　賄賂とは，公務員の職務行為に対する対価としての不正な報酬をいう。ただし，一定の職務に対する対価であれば足り，個別的な職務行為との間の対価関係を必要とするものではない（最決昭和33・9・30刑集12巻13号3180頁〔608〕）。判例によれば，「賄賂は，財物のみに限らず，又有形たると無形たるとを問はず，苟も人の需用若くは慾望を充たすに足るべき一切の利益を包含するものとす」（大判明治44・5・19刑録17輯879頁，カタカナをひらがなに直し，読点を加えた）とされている。したがって，金銭，物品，不動産などの有体物のほか，債務を肩代わりして弁済すること（大判大正14・5・7刑集4巻266頁。いわゆる飲食代金の付け回しなど），金融の利益（大判大正14・4・9刑集4巻219頁），芸者の花代などを含む饗応接待（大判明治43・12・19刑録16輯2239頁〔605〕），ゴルフクラブの会員権（最決昭和55・12・22刑集34巻7号747頁〔622〕），値上がり確実な未公開株式を公開価格で取得できる利益（最決昭和63・7・18刑集42巻6号861頁＝殖産住宅事件〔606〕，東京高判平成9・3・24判時1606号3頁＝リクルート事件）などの財産上の利益のほか，就職のあっせんの約束（大判大正14・6・5刑集4巻372頁），異性間の情交（最判昭和36・1・13刑集15巻1号113頁）なども賄賂たりうる。

(2) **社交儀礼**　わが国のように贈答がひとつの文化を形成している社会では，中元，歳暮，年賀，餞別，お祝い，手土産等の社交儀礼としての贈与と賄賂との区別が重要になる。[*] これらの贈与が，職務と関連していても，主として，私的な交際，同郷関係，先輩・後輩関係などの私的な関係に基づく場合には，賄賂性は問題にならないといってよい。問題は，職務行為との対価関係は認められるが，贈与の程度が社会一般の慣習的儀礼の範囲内にとどまる場合である。

2）　ただし，大判昭和11・5・14刑集15巻626頁は，手心を加える余地のない職務であっても賄賂罪が成立するとしている。

判例は，社交儀礼としての贈与も職務行為との対価関係が認められるかぎりは，その金額の多少を問わず賄賂罪が成立すると解してきた。これに対して，学説では，たとえ対価関係が認められる場合であっても，贈与の程度が慣習上社交儀礼として是認される範囲内のものであれば，公務の公正に対する信頼が害されないとして賄賂性を否定する見解（内藤謙・注釈刑法⑷415頁，団藤139頁，平野299頁，藤木58頁，中山554頁，大谷639頁）や可罰的違法性を否定する見解（谷口正孝「賄賂罪について」判タ18号20頁，内田680頁）が支配的となっている。最高裁も，父兄が公立中学校の新規担任となった教師に5000円の贈答用小切手を贈った事案に関し，この父兄がかねてから季節の贈答や学年初めの挨拶を慣行としていたことから，本件贈与も慣行的社交儀礼であり「学級担任の教諭として行うべき教育指導の職務行為そのものに関する対価的給付であると断ずるには，……なお合理的な疑が存する」として賄賂罪の成立を否定している（最判昭和50・4・24判時774号119頁〔600〕〔610〕）。その論理は，あくまでも従来の判例理論を踏襲しているが，実質的には近時の支配的学説と同様の結論をとるものといえよう。

贈与が社会的にみて社交儀礼としての範囲内にとどまるものであるかぎり，賄賂罪の成立を否定すべきであると思われるが，その理由づけとしては，可罰的違法阻却ではなく，対価性が希薄化することにより賄賂性が失われることに求められるべきであろう。それゆえに，当該贈与が社交儀礼の範囲内のものであるか否かが重要になるが，その判断に際しては，公務員と贈与者の人的関係，公務員や贈与者の社会的地位，贈与の金額等，贈与の時期や態様などが基準とされるべきであろう。

＊　**政治献金と賄賂**　　同様のことは，政治献金と賄賂の区別においても問題となるが，判例は，献金者の利益にかなう政治活動を一般的に期待して行われるだけなら賄賂性は否定されるが，政治家の職務権限の行使に関して具体的な利益を期待する趣旨なら賄賂にあたるとしている（最決昭和63・4・11刑集42巻4号419頁＝大阪タクシー事件〔591〕）。

最決平成24・10・15刑集66巻10号990頁〔607〕は，福島県知事であった被告人が実弟Aと共謀の上，ダム工事の受注に関して有利便宜な取り計らいを受けたことに

3）　大判昭和4・12・4刑集8巻609頁〔609〕，大判昭和10・8・1刑集14巻885頁。これを支持するものとして，小野56頁，木村293頁，植松71頁，中森309頁，山口620頁。

対する謝礼の趣旨で，Aが代表取締役を務めるB社が所有する土地を建設会社の下請会社に買い取らせ，B社に売買代金が振込送金されたという事件について，B社が「本件土地を早期に売却し，売買代金を会社再建の費用等に充てる必要性があったにもかかわらず，思うようにこれを売却できずにいる状況」においては，「本件土地の売買代金が時価相当額であったとしても，本件土地の売買による換金の利益は……賄賂に当たると解するのが相当である」と判示している。

　本決定は，B社にとって，本件土地を①早期に売却する必要性があったが，②思うように売却することが困難であったという事情のもとでは，かりに本件土地の売買代金が時価相当額であったとしても，本件土地を換金して金員を取得することそれ自体が被告人らの「需要・欲望を充たすにたりる利益」であり，「賄賂」にあたるとして，収賄罪の成立を認めたものである（小森田恵樹「判解」ジュリ1488号105頁）。なお，上記①②の事情が存在しない場合であっても，土地の売買代金が時価相当額よりも高額であれば，その差額が「賄賂」にあたると解することも可能であろう（福岡高判平成5・6・22高刑46巻3号235頁参照）。

4　職務関連性

(1)　**総説**　　賄賂罪の保護法益である公務の公正に対する社会一般の信頼は，およそ公務員が正当な理由のない金銭を収受すれば侵害されるともいいうる。この考え方を徹底すれば，賄賂罪の保護法益を公務員の廉潔義務に求める見解（小野48頁）に至るであろう。しかし，それでは，賄賂罪の処罰範囲はあまりに無限定になってしまうといわねばならない。それゆえにこそ刑法は，「その職務に関し」と規定して，賄賂の職務関連性を要求しているのである。職務と対価関係をもつ金銭の授受が行われたときこそ，公務が金で左右されたのではないかという不信は大きいからにほかならない。そのためには，当該公務員に賄賂と対価関係に立つ職務を左右しうる権限のあることが前提となる。それゆえ，どこまでを当該公務員の職務権限・職務行為と考えるかが賄賂罪の成立を考える際の中心問題となるのである。その場合，公務の公正が疑われるような事情がある場合には，職務権限が認められるとする見解も有力である（団藤132頁）。しかし，この議論は逆ではなかろうか。職務の公正さを疑われるから職務関連性があるのではなく，職務関連性があるから職務の公正さが疑われるというべきであろう。

(2)　**現在の職務**

(a)　**具体的職務権限**　　公務員が具体的職務権限に基づき現に担当し

ている職務について賄賂罪が成立することに問題はない。その範囲は，原則的には法令によって決まるが，法令は細かい権限についてまで網羅的に規定しているものではないから，その合理的解釈により，当該公務員の権限に属すべき職務であればよいと解すべきである（古田佑紀・刑法の基本判例192頁参照）。判例が，職務とは「公務員がその地位に伴い公務として取り扱うべき一切の執務を指称する」（最判昭和28・10・27刑集7巻10号1971頁）とするのもこの趣旨であろう。それゆえ，たとえば，学校長が書籍商に学内での教科書の一手販売を許可すること（大判大正12・12・12刑集4巻755頁），通商産業政務次官が競輪場設置申請に対して政務として決済すること（最判昭和31・7・17刑集10巻7号1075頁）は職務にあたる。他方，職務は，法令上の権限があればよいから，衆議院議員に法律案の発議，審議，表決の職務権限がある以上，自己の属する委員会とは異なる大蔵委員会で審議されている法案につき，同法案が廃案になるよう大蔵委員会の委員を含む他の議員に対して説得・勧誘をすることは職務にあたるし（前掲最決昭和63・4・11＝大阪タクシー事件），運輸大臣に民間航空会社の機種選定についての行政指導の権限があり，内閣総理大臣に運輸大臣に対する指揮権等（憲法68条・72条，内閣法8条）が認められる以上，総理大臣が運輸大臣に対し働きかけをすることは職務にあたる（前掲最大判平成7・2・22＝ロッキード事件）。また，行政各部の総合調整に関する事務をつかさどる内閣官房長官（内閣法13条3項・12条2項）には，官庁による青田買い防止問題に関する職務権限が認められる（最決平成11・10・20刑集53巻7号641頁＝リクルート政界ルート事件）。さらに，参議院議員が本会議における代表質問において，ある施策の実現のための質問をしてもらいたい旨の請託を受けて金員を受領した場合には受託収賄罪が成立する（最決平成20・3・27刑集62巻3号250頁）。

つぎに，職務は，その正・不正を問わないから，正当な職務行為についても賄賂罪は成立しうる（最判昭和27・4・17刑集6巻4号665頁）。同様に，不正な職務であってもよいから，守秘義務が職務内容の一部である場合に情報を漏示する行為も職務にあたるといってよい（最決昭和32・11・21刑集11巻12号3101頁，最決昭和59・5・30刑集38巻7号2682頁＝大学設置審議会事件〔590〕）。また，不正な職務は，不作為でもよいから，巡査が証拠品の押収をとりやめること（最決昭和29・9・24刑集8巻9号1519頁），文部事務次官が業者にとって支障を及

ぼす行政措置をとらないこと（最決平成14・10・22刑集56巻8号690頁＝リクルート文部省ルート事件〔596〕）も職務にあたると解してよいのである。

　(b)　一般的職務権限　　公務員に当該職務を行う具体的権限（事務分配）はないが，その職務がその公務員の一般的職務権限に属するものであれば賄賂罪が成立するというのが判例である。たとえば，税務署の職員が，自分の担当区域外の者から所得税の調査につき手心を加えてくれるよう依頼され収賄したという事案につき，職員は「同税務署管内の納税義務者ならその何人たるを問はず義務者に対する所得税の賦課，減免に関する事務に従う法令上の職務権限を有」し，「分担事務の内容も係主管者において必要と認めるときはいつでも変更されうるもの」であるから職務権限ありとした事例（最判昭和27・4・17刑集6巻4号665頁），県の農地課の開拓係の事務担当者が農地係の分担に属する事項についての契約に関して収賄したという事案に関し，「刑法197条にいう『其職務』とは，当該公務員の一般的な職務権限に属するものであれば足り，本人が現に具体的に担当している事務であることを要」せず「たとえ，日常担当しない事務であっても，同課の分掌事務に属するものであるかぎり……その全般にわたり，上司の命を受けてこれを処理し得べき一般的権限を有していたものと解するを相当とする」とした事例（最判昭和37・5・29刑集16巻5号528頁〔587〕）などがそれである。

　学説上も，一般的職務権限内の事項であるかぎり職務の公正に対する信頼が害されるとして判例を支持する見解が有力である（団藤134頁，大塚629頁，曽根308頁，平川501頁，井田592頁）。しかし，もし，単に一般的職務権限が同一でありさえすればよいのなら，東京の税務署員が札幌の税務署の職務に関し金品を収受しても収賄罪が成立することになろうが，この見解もそこまでのことを主張するものではなく，「勤務する官署を異にし，あるいは，職務権限の対象たる事務の性質が異なる（課単位程度の差異がある場合）ときは，一般的職務権限の理論は適用できない」（藤木60頁）とされている。だとすれば，前掲の判例で職務関連性が認められたのも，それが単に一般的職務権限を同一にしているからではなく，公務員の地位，担当変更の可能性，事務処理の具体的状況からみて，当該公務員が実際上公務を左右しうる可能性を有していたことによると解すべきであろう（平野297頁，古田・基本判例193頁，大谷636頁，町野朔「収賄罪」現代的展開364頁，山口616頁，山中836頁，高橋

679頁，松原606頁）。もっとも，最高裁は，警視庁調布警察署地域課（交番）に勤務する警部補が，同庁多摩中央警察署長に告発状を提出していた者から，告発状の検討，助言，捜査情報の提供，捜査関係者への働きかけなどについて便宜を図ってもらいたいとの趣旨で現金の供与を受けた事案に関し，「警察法64条等の関係法令によれば，同庁警察官の犯罪捜査に関する職務権限は，同庁の管轄区域である東京都の全域に及ぶと解される」として，一般的職務権限の理論により単純収賄罪の成立を認めている（最決平成17・3・11刑集59巻2号1頁〔588〕）。たしかに，告発状の検討，助言は一般的職務権限内の行為といえよう。しかし，当該事件の捜査に関係する具体的・事実上の可能性のない警察官に，その他の事項についてまで一般的職務権限の理論を拡大適用したことについては妥当でないように思われる[4]。

(c)　職務密接関連行為　　判例は，本来の職務権限には属さないものでも，その職務権限と密接な関係を有する行為については賄賂罪が成立するとしてきた[5]。その第1は，自己の本来の職務ではないが慣行上担当している職務，自己の本来の職務から派生した職務の類型であり，第2は，自己の職務に基づく事実上の影響力を利用する類型である。たとえば，①県会議員が他の議員を勧誘して議案に賛成させる行為（大判大正2・12・9刑録19輯1393頁），②村役場の書記が村長の補助として担当していた外国人登録事務（最決昭和31・7・12刑集10巻7号1058頁〔589〕），③市会議員の会派内において市議会議長の候補者を選定する行為（最決昭和60・6・11刑集39巻5号219頁＝大館市議会事件〔592〕）などが第一類型の例であり，④板ガラス割当証明書の発行事務を担当するものが，証明書の所持人に特定の店から板ガラスを買うよう仕向ける行為（最判昭和25・2・28刑集4巻2号268頁〔514〕〔593〕），⑤国立芸大の教授が学生に特定のバイオリンの購入を勧告・あっせんする行為（東京地判昭和60・4・8判時1171号16頁〔594〕），⑥内閣総理大臣が民間会社に特定の航空機の購入を働きかける行為（東京高判昭和62・7・29判時1257号3頁），⑦県立医

4）　中森喜彦「判批」刑ジャ3号89頁，他方，判例を支持するものとして，只木誠「判批」法教302号119頁。

5）　その詳細については，堀内捷三「賄賂罪における職務行為の意義」平野龍一先生古稀記念論文集(上)(1990)，中森喜彦「職務関連行為概念の機能」法学論叢128巻4＝5＝6号，曽根威彦「収賄罪」刑法31巻1号，塩見淳「賄賂罪における職務行為」刑法の道しるべ228頁以下〔2015〕参照。

522　第4編　国家的法益に対する罪　　第3章　国家の作用に対する罪

科大学の教授であると同時に同大学付属病院の診療科部長である者が，教育指導している医師を他の病院へ派遣する行為（最決平成18・1・23刑集60巻1号67頁〔598〕），⑧北海道開発庁長官（当時）が，下部組織である北海道開発局の港湾部長に対し，自らが指揮監督権限を有しない港湾工事の入札に関し，特定業者に特別の便宜を図るよう働きかける行為（最決平成22・9・7刑集64巻6号865頁）などが第二類型の例である。これに対して，密接関連性が否定された例としては，農林大臣が復興金融公庫の融資を受けようとする者に，県の食料事務所長への紹介状を交付する行為（最判昭和32・3・28刑集11巻3号1136頁〔597〕），電話局の職員が電話売買をあっせんする行為（最決昭和34・5・26刑集13巻5号817頁），工場誘致の事務担当者が希望に沿う土地が見つからなかった者に別の私有地をあっせんする行為（最判昭和51・2・19刑集30巻1号47頁〔599〕）がある。

　学説上も，「職務に関し」とは，本来の職務と関連していればよいという理由で判例を支持する見解が支配的である。しかし，「職務に関し」とは「職務に対して」という意味であり，職務でないものについて賄賂罪の成立を認めることは妥当でないというべきであり（平野298頁，平川503頁，町野・前掲367頁，山口617頁），密接関連行為もそれが「職務行為」に含まれると解しうるかぎりで賄賂罪の成立を認めうるといえよう。このような観点からみた場合，第一類型の行為は準職務行為とでも称しうるものであって職務行為に含めることにあまり問題はないと思われる。これに対して，第二類型の行為は，それ自体が職務権限内の行為である必要はないが，少なくとも，その事実上の影響力が職務権限によって裏づけられていることが必要であろう。[6]

　⑶　**過去の職務**　　過去の職務すなわちすでに終了した職務について収賄行為を行った場合でも収賄罪が成立するとするのが通説・判例である（大判明治44・2・24刑録17輯165頁，大判昭和10・5・29刑集14巻584頁）。これに対して，賄賂罪を決定犯罪であると解し，その処罰根拠を金銭等により動機づけられて公務を左右する点に求める立場から，過去の職務についての収賄を不

6）　職務密接関連行為という概念による処罰範囲の拡大に対して批判的な見解として，中森309頁などを参照。

可罰とする見解もある（瀧川幸辰「判批」刑事法判決批評 2 巻187頁〔1937〕，町野・前掲353頁）。しかし，この見解は妥当でないと思われる。①刑法典が，過去の不正な職務行為や過去のあっせん行為についても加重収賄罪（197条の 3 第 2 項），あっせん収賄罪（197条の 4 ）を規定していること，②過去の職務と賄賂とが対価関係に立つことにより，過去の職務の公正が害されたのではないかという疑念を抱かせ，同時に，現在担当している職務の公正についての社会一般の信頼をも害すること（美濃部達吉・公務員賄賂罪の研究87頁〔1939〕参照）を考慮すれば，通説・判例の立場が妥当であろう。

　上の問題は，公務員が一般的職務権限を異にする地位に転職した後に収賄した場合の賄賂罪の成否（転職後の収賄）と関連している。この問題に関し，戦前の判例は，転職前後の職務が一般的職務権限を同一にすることを要求していた。帝室林野管理局主事の時に賄賂を約束し，宮内省会計審査官に転職した後に収受したという事案について賄賂約束罪のみを認め収受罪の成立を否定したし（大判大正 4 ・ 7 ・10刑録21輯1011頁〔602〕），岡山駅助役から倉敷駅駅長に転職したのちに前職に関して賄賂を収受した事案についても「其ノ職務ニ異同ヲ生スルモノニ非サルカ故ニ」という理由で収賄罪の成立を認めていたからである（大判昭和11・ 3 ・16刑集15巻282頁）。しかし，戦後になって，最高裁判所は異なった態度をとった。すなわち，岸和田税務所から浪速税務所に転勤した後，前職に関して収賄したという事案について「いやしくも収受の当時において公務員である以上は収賄罪はそこに成立し，賄賂に関する職務を現に担任することは収賄罪の要件でない」とし（最決昭和28・ 4 ・25刑集 7 巻 4 号881頁〔603〕，同旨，最判昭和28・ 5 ・ 1 刑集 7 巻 5 号917頁），さらに，兵庫県職員から同県住宅供給公社に転職した事案については，より明確に「公務員が一般的職務権限を異にする他の職に転じた後に前の職務に関して賄賂を供与した場合」でも賄賂罪が成立するとしたのである（最決昭和58・ 3 ・25刑集37巻 2 号170頁[7]〔604〕）。

　このような判例の変更に対し学説は批判的であり，転職後の職務と前職が一般的職務権限を同一にする場合以外は，事後収賄罪が成立するにとどまるとする見解が有力である（団藤135頁，大塚631・632頁，大谷638頁，曽根320頁以

---

[7]　その後の判例として，受託収賄罪に関し東京高判昭和61・ 5 ・16判時1205号 5 頁がある。

下，町野・前掲現代的展開359頁，山中846頁，松原624頁）。たしかに，事後収賄罪にいう「公務員であった者」に転職した公務員を含めることは可能な解釈であろう（反対，平野296頁，中森336頁）。しかし，この見解では，何ゆえ一般的職務権限を同一にする場合にのみ単純収賄罪・受託収賄罪の成立が肯定されるのかが明確ではない。その理由は，おそらく，賄賂罪は現に公務員の担当する職務に関してのみ成立するから，一般的職務権限を同一とするかぎりにおいて，前職に関する賄賂が現職についても公務の公正についての社会一般の信頼を害しうるとするのであろう。しかし，一般的職務権限が同一だからといって，過去の職務が現在の職務と置き換わるわけではない。すでに述べたように過去の職務についての収賄罪を否定するなら格別，これを肯定する以上，その範囲を一般的職務権限が同一である場合に限る合理的理由はないというべきであろう（西田典之「判批」警研60巻11号42頁）。このように考えれば判例の立場が妥当である（平野296頁，前田485頁，中森308頁，平川501頁，山口619頁，高橋682頁，井田593頁以下）。

(4) **将来の職務**　公務員が将来担当するかもしれない職務であっても賄賂罪の職務にあたるといってよい。ただし，将来，その職務を担当する蓋然性が必要であろう。それゆえ，将来の職務が現在の職務と一般的職務権限を同じくするものであって，ただ，その具体的な行使が，時期の到来や上司の命令等の一定の条件に係っているにすぎない場合に限定されるべきである。この意味で，県の土木事業の契約締結権限を有する者が土木業者から将来の発注につき便宜を図ってもらいたいとの請託を受けて金銭を収受した事例（大判昭和11・2・21刑集15巻136頁），専売公社の地方局長から任命されることにより具体的な地域の葉たばこ等級鑑定の職務権限を有するに至る者が，将来ありうる鑑定について便宜を図ってもらいたいという趣旨で饗応を受けた事例（最決昭和36・2・9刑集15巻2号308頁）について賄賂罪の成立を肯定した判例は妥当である。これに対して，改選を控えた現職の市長が，再選後の職務について請託を受け賄賂を収受したという事案に関し，単に一般的職務権限が同じであるという理由で受託収賄罪の成立を認めた判例（最決昭和61・6・27刑集40巻4号369頁〔601〕）には疑問がある。なぜなら，任期満了により市長でなくなり，再選されるか否かは確実とはいえないからである。この場合には，事前収賄罪か（今井猛嘉「判批」警研61巻4号62頁，松

原621頁），現在の職務に関する単純収賄罪（北野通世・百選Ⅱ（第4版）202頁〔1997〕）とすべきであったように思われる（高橋680頁）。

2 単純収賄罪

> 公務員が，その職務に関し，賄賂を収受し，又はその要求若しくは約束をしたときは，5年以下の懲役に処する（197条1項前段）。

1 主 体

本罪の主体は，公務員である（身分犯）。公務員の意義については444頁以下参照。身分をもたない者（私人および職務権限をもたない公務員）も65条1項により本罪の共犯たりうる。

2 行 為

公務員が，その職務に関し，賄賂を収受，要求，約束すること（以下，収賄行為という）である。通常は，要求，約束，収受の順序で行われるであろう。その場合は，包括して単純収賄罪の一罪が成立する（大判昭和10・10・23刑集14巻1052頁）。本罪が未遂を処罰しないのは，要求罪，約束罪が実質的には未遂処罰の機能を有するからである。要求とは，賄賂の供与を求める意思表示をいう。相手方が，この要求を認識できる程度になされれば足り，現実に認識したことを要しない（大判昭和11・10・9刑集15巻1281頁）。また，相手方が，この要求に応じなかった場合でも要求罪が成立する（大判昭和9・11・26刑集13巻1608頁）。約束とは，将来賄賂を供与し，収受する旨の収賄者と贈賄者の合意をいう。収受とは，供与された賄賂を自己のものとする意思で取得することをいう。約束罪，収受罪は，いずれも贈賄側の約束罪，供与罪と必要的共犯の関係に立つ。すでに述べたように，これらの収賄行為は，職務行為の後に行われた場合であっても本罪が成立する。

3 故 意

本罪の故意としては，要求，約束，収受された金品等が公務員の職務行為に対する不正な対価であること（賄賂性）の認識が必要である。したがって，対価性の認識がない場合やすでに述べた社交儀礼の範囲内の贈与であると認識している場合には本罪の故意は否定される。この場合には，贈賄罪としても賄賂供与罪は成立せず，賄賂申込罪が成立しうるにとどまる。

賄賂性の認識が否定された例として，中元，歳暮と認識していた場合（東京地判昭和33・12・11一審刑集1巻12号1960頁），受賞祝いと認識していた場合（大阪地判昭和45・3・30判タ249号280頁），盆踊り大会への寄付金と認識していた場合（大阪地判昭和63・11・8判タ703号281頁）がある。さらに，公務員には，職務執行の意思が必要であると解すべきであろう（中森311頁。反対，大谷641頁）。なぜなら，職務執行の意思があることによって，賄賂により公務を左右する危険が生じるからである。

4 他罪との関係

収賄が恐喝的手段で行われた場合，公務員に職務執行の意思がないときは恐喝罪のみが成立するが（最判昭和25・4・6刑集4巻4号481頁〔619〕），職務執行の意思があるときは，本罪と恐喝罪の観念的競合であり，贈賄罪も成立するというのが通説・判例である（最決昭和39・12・8刑集18巻10号952頁〔621〕，福岡高判昭和44・12・18刑月1巻12号1110頁〔620〕）。しかし，贈賄者には意思決定の自由が残されているとはいえ，喝取されること＝贈賄を禁止することは不合理であるから，贈賄罪の成立は否定すべきである。そしてこれとの対応上，収賄罪の成立も否定すべきであろう（前述247頁以下参照）。収賄が詐欺的手段で行われた場合も本罪と詐欺罪の観念的競合とするのが通説・判例（大判昭和15・4・22刑集19巻227頁）であるが，職務執行の意思がないのであるから，本罪の成立は否定すべきである。

3 受託収賄罪

> この〔公務員が，その職務に関し，賄賂を収受し，又はその要求若しくは約束をした〕場合において，請託を受けたときは，7年以下の懲役に処する（197条1項後段）。

本罪は，賄賂と対価関係に立つ職務行為が請託に基づく場合を単純収賄罪の加重類型として処罰するものである。その理由は，請託がある場合には，賄賂と職務行為との対価関係が明白となり，公務が賄賂によって左右されたのではないかという疑念が深まり，それだけ公務の公正に対する社会一般の信頼を侵害する度合いも強まるからである。

請託とは，「公務員に対して一定の職務行為を行うことを依頼すること」

をいい，それが正当な職務行為か不正な職務行為を問わないとされている（最判昭和27・7・22刑集 6 巻 7 号927頁〔612〕）。ただし，依頼の対象である職務行為が具体的に特定されていることが必要であり，「何かと世話になった謝礼および将来好意ある取扱を受けたい趣旨」で賄賂を供与する場合は請託があったとはいえない（最判昭和30・3・17刑集 9 巻 3 号477頁〔613〕）。請託は黙示的であってもよいが（東京高判昭和37・1・23高刑15巻 2 号100頁），公務員が明示または黙示に承諾したことが必要である（最判昭和29・8・20刑集 8 巻 8 号1256頁〔614〕）。その際，公務員には，職務執行意思がなくてもよいとする下級審判例もあるが（山形地判昭和61・6・11判時1240号144頁），妥当とは思われない（中森311頁注89）。

本罪は，単純収賄罪と同様に，請託を受けた職務行為の後，または，一般的職務権限を異にする職務に転職した後に賄賂の要求，約束，収受が行われた場合でも成立すると解すべきである（東京高判昭和61・5・14判時1205号 1 頁＝ロッキード事件（全日空ルート）控訴審判決）。

本罪は，請託を受けて，賄賂を要求，約束，収受したとき，または，請託による職務行為の後に賄賂を要求，約束，収受したとき既遂に達する。職務行為の内容が不正な行為である場合については，加重収賄罪の項参照。

4　事前収賄罪

> 公務員になろうとする者が，その担当すべき職務に関し，請託を受けて，賄賂を収受し，又はその要求若しくは約束をしたときは，公務員となった場合において，5 年以下の懲役に処する（197条 2 項）。

本罪は，「公務員になろうとする者」が，公務員になった場合の職務に関し，請託を受けて，賄賂を収受する等の行為を処罰するものである。本罪は，公選による地方公共団体の長や議員の候補者について認められることが多いが，その場合は，立候補届出以前であっても本罪の主体たりうると解すべきであろう（宇都宮地判平成 5・10・6 判タ843号258頁）。請託の意義については，受託収賄罪の項参照。「公務員となった場合」にはじめて可罰的となる。このため従来は，公務員になることを客観的処罰条件と解する見解が通説であったが（瀧川256頁，小野54頁，藤木65頁，大塚637・638頁，佐久間456頁），

現在では，構成要件要素とみる見解の方が支配的になっている（団藤143頁，福田53頁，中山556頁，大谷643頁，曽根324頁，中森314頁，松原614頁）。公務員等となることによって，はじめて公務に対する信頼が侵害されるのであるから後説が妥当であろう。

公務員になる前に賄賂の要求，約束をし，公務員になった後に賄賂を収受した場合は，受託収賄罪が成立し，本罪はこれに吸収されると解すべきであろう。

5　第三者供賄罪

> 公務員が，その職務に関し，請託を受けて，第三者に賄賂を供与させ，又はその供与の要求若しくは約束をしたときは，5年以下の懲役に処する（197条の2）。

本罪は，公務員が賄賂を自己以外の第三者に供与させる場合を捕捉するものであり，受託収賄罪の脱法行為を禁止する目的で規定されたものである。ただし，形式的に第三者であっても，たとえば，公務員がその妻に供与させる場合のように実質的には公務員自身が収受したといえる場合には，本罪ではなく受託収賄罪が成立する。

第三者とは，贈賄者，収賄者である公務員およびその共同正犯者以外の者をいう。狭義の共犯者も第三者たりうる（最判昭和29・8・20刑集8巻8号1256頁〔614〕）。また，自然人，法人のほか法人格のない社団も第三者に含まれる。たとえば，国会議員の後援会がその例である。法人には，民間の法人のみでなく，地方公共団体の組織も含まれる。たとえば，警察所長が町村の隔離病者組合に寄付をさせることにより，食料管理法違反者を送検しなかった事例（前掲最判昭和29・8・20），事件をもみ消してもらうため警察所長に警察の自動車の改造費用の負担を申し込んだ事例（最判昭和31・7・3刑集10巻7号965頁），県陸運事務所長が業者からの許可申請に際し，交際費等にあてる目的で同事務所に金銭を供与させた事例（福岡高判昭和36・6・29高刑14巻5号273頁）などがその例である。第三者は供与される金品等について，それが賄賂であることの情を知っている必要はない（ただし，没収・追徴につき533頁以下参照）。また，当該第三者への供与が公務員の意思によるものであ

第7節　賄賂の罪　6　加重収賄罪　*529*

る以上は，賄賂を供与させる公務員と第三者とは無関係であってもよいと
解すべきである（反対，中森312頁）。

6　加重収賄罪

> 公務員が前二条〔197条・197条の2〕の罪を犯し，よって不正な行為をし，
> 又は相当の行為をしなかったときは，1年以上の有期懲役に処する（197条の
> 3第1項）。公務員が，その職務上不正な行為をしたこと又は相当の行為をし
> なかったことに関し，賄賂を収受し，若しくはその要求若しくは約束をし，
> 又は第三者にこれを供与させ，若しくはその供与の要求若しくは約束をした
> ときも，前項と同様とする（同条2項）。

本罪は，賄賂の対価として不正な職務行為が行われた場合を加重して処
罰する規定である。不正な職務行為とは，法を枉げることをいうから枉法
収賄罪ともいう。本条1項は，197条・197条の2の罪（単純収賄罪，受託
収賄罪，事前収賄罪，第三者供賄罪）のうち，不正な職務行為を行う前に賄
賂の要求，約束，収受を行い，その結果として不正な職務行為を行った場
合（収賄後枉法罪）を処罰する。不正な職務行為を行ったときに既遂に達す
る。本条2項は，不正な職務行為を行った後に賄賂の要求，約束，収受を
する場合（枉法後収賄罪＝事後的加重収賄と事後的加重第三者供賄の2つが含まれ
る）を処罰する。197条・197条の2の罪（事前収賄罪を除く）のうち，過去
の職務，転職前の職務の内容が不正な職務行為である場合の加重規定であ
る。賄賂の要求，約束，収受を行ったときに既遂に達する。枉法後収賄の
場合，収賄行為の時点で公務員でなくなっているときは，事後収賄罪（197
条の3第3項）が成立しうるにとどまる。

「不正な行為をし，又は相当の行為をしなかったとき」とは，「積極的若
くは消極的行為に因り其職務に違反する一切の行為」をいうとするのが判
例であるが（大判大正6・10・23刑録23輯1120頁），公務員の裁量行為の場合には，
裁量権を濫用したことが必要であろう（中森313頁）。なお，不正な行為は，
本来の職務と密接な関係を有する行為であれば足りるとするのが判例であ
る（最決昭和31・7・12刑集10巻7号1058頁〔589〕）。本罪の成立が認められたもの
として，村会議員が議事を欠席した事例（大判大正5・11・10刑録22輯1718頁），
警察所長が被疑事件を送検しなかった事例（最判昭和29・8・20刑集8巻8号1256

頁〔614〕），入札に際し最低予定価格を通報した事例（高松高判昭和33・5・31裁特5巻6号257頁），国税調査官が脱税発覚防止のため課税資料を隠匿・廃棄してやった事例（東京地判平成10・3・17判時1647号160頁）などがある。

本条1項（収賄後枉法罪）の場合，不正な職務行為が他罪を構成する場合には，本罪との観念的競合と解するのが通説・判例である（公文書偽造と本罪につき，前掲最決昭和31・7・12）。他方，本条2項（枉法後収賄罪）の場合は，併合罪とするのが判例である（業務上横領罪と本罪につき，最決昭和32・12・5刑集11巻13号3157頁）。

7 事後収賄罪

> 公務員であった者が，その在職中に請託を受けて職務上不正な行為をしたこと又は相当の行為をしなかったことに関し，賄賂を収受し，又はその要求若しくは約束をしたときは，5年以下の懲役に処する（197条の3第3項）。

本罪は，公務員が，その在職中に請託を受けて不正な職務行為をしたことに関し，退職して公務員でなくなった後に賄賂を収受するなどする行為を処罰するものである。たとえば，防衛庁（当時）の調達実施本部在職中に請託を受けて職務上不正な行為をし，退職後に委託した企業の顧問に就任し，顧問料の提供を受けた場合には，事後収賄にあたる（最決平成21・3・16刑集63巻3号81頁〔617〕）。公務員の在職中に賄賂の要求，約束がある場合には，通常の収賄罪が成立し，退職後の賄賂の収受は，その罪に吸収される。一般的職務権限を異にする職務に転職した後に，賄賂を収受するなどした場合にも本罪の成立を肯定する見解があるが，すでに述べたように妥当でない（前述523頁以下参照）。

8） なお，本決定は，当該企業にとっては異例な報酬付与の条件等の下で，被告人を同社の非常勤の顧問として受け入れた事実などから，顧問としての実態が全くなかったとはいえないとしても，供与を受けた金員は不正な行為との間に対価関係があるとしている（三浦透「判解」ジュリ1452号110頁）。

8 あっせん収賄罪

> 公務員が請託を受け，他の公務員に職務上不正な行為をさせるように，又は相当の行為をさせないようにあっせんをすること又はしたことの報酬として，賄賂を収受し，又はその要求若しくは約束をしたときは，5年以下の懲役に処する（197条の4）。

　本罪は，公務員による他の公務員の職務行為へのあっせん行為を処罰するものである。あっせんとは，他の公務員への紹介，仲介，働きかけ，依頼などをいう。請託とあっせん先の公務員による不正な職務行為が要件となっているため，その処罰範囲はきわめて限定されたものとなっている。立法論的には，少なくとも，不正な職務行為を要件とすることを削除すべきであるように思われる。

　あっせんは，実際には，公務員としての地位を利用して行われることが多いであろう。しかし，判例は「公務員が積極的にその地位を利用して斡旋することは必要でないが，少なくとも公務員としての立場で斡旋することを必要とし，単なる私人としての行為は」本罪を構成しないとしている（最決昭和43・10・15刑集22巻10号901頁〔615〕）。したがって，公務員が，親族関係や先輩・後輩の関係によりあっせんする場合は含まれないが，職務上の地位の影響力を利用した場合に限定されるものではない。「あっせんをすること又はしたこと」への報酬であるから，事前に賄賂の約束や収受がある場合のみでなく，あっせん行為の後に，はじめて賄賂を要求，収受する場合も含まれる。

　本罪の成立が認められたものとして，税務署の公務員が他の税務署の公務員に不正な記載のある譲渡所得計算明細書をそのまま受理するようあっせんした事例（前掲最決昭和43・10・15)，国会議員が他の議員の委員会における質問を取りやめるようあっせんすることの報酬を収受した事例（東京地判昭和46・9・20判時648号28頁)，衆議院議員が，公正取引委員会の委員長に対し大手ゼネコンの入札談合を独占禁止法違反で刑事告発しないよう働きかけることのあっせん方の請託を受けて報酬を収受した事例（最決平成15・1・14刑集57巻1号1頁〔616〕）がある。

532 第4編 国家的法益に対する罪 第3章 国家の作用に対する罪

9 贈 賄 罪

> 第197条から第197条の4までに規定する賄賂を供与し，又はその申込み若しくは約束をした者は，3年以下の懲役又は250万円以下の罰金に処する（198条）。

　本罪は，収賄罪に対応して，賄賂の供与，申込み，約束という贈賄行為を処罰するものである。贈賄罪が収賄罪の共犯行為であるのに，一律に軽い法定刑で処罰されていることについては，本罪が非公務員による公務執行妨害罪的な性質を有するからであると説明されている（団藤151頁）。しかし，本罪が収賄罪の共犯行為であることは否定できないのであるから，その減軽根拠は，やはり官僚による統制力の強かったわが国の伝統からみて，一般的に，収賄者に対し贈賄者が弱者の立場にあることを考慮したこと，すなわち責任の類型的な減少に求められるべきであろう。ただし，立法論としては，収賄罪の法定刑の程度に対応して，贈賄罪も個別化されるべきように思われる。

　贈賄行為は，賄賂の申込み，約束，供与という順序で行われるのが通常である。申込みとは，公務員に賄賂の収受を促す行為をいう。したがって，公務員が，その申込みを拒否した場合であっても申込罪が成立する（大判昭和3・10・29刑集7巻709頁）。賄賂を提供したが，拒否された場合も同様である。また，公務員が，賄賂性を認識していないときや認識していても返還する意思があるときには，金品の授受が行われた場合でも，申込罪が成立する（最判昭和37・4・13判時315号4頁）。約束とは，贈賄者と公務員とで賄賂の授受を合意することをいう。したがって，必要的共犯の関係に立つ。同様に，供与も，賄賂を公務員に収受させることをいい，必要的共犯である。公務員の妻に賄賂が提供されたような場合には，申込罪が成立するにすぎず，公務員が，その賄賂性を認識しつつ容認した時点で供与罪が成立すると解すべきであろう。賄賂の申込み，約束，供与が行われたときは，包括して贈賄罪の一罪が成立する（仙台高秋田支判昭和29・7・6裁特1巻1号7頁）。

　収賄罪が請託を要件としている場合には，贈賄者についても請託をしたことが要件となる。また，請託の内容が不正な職務行為であることを要件

としている事後収賄罪，あっせん収賄罪については，贈賄者についても，その旨の認識が必要である。しかし，その他の加重収賄罪については，贈賄者に不正な職務行為がなされること，または，なされたことの認識がない場合でも本罪の成立を認めてよいと思われる。請託の内容が不正な職務行為であり他罪を成立させるときは（たとえば，公文書無形偽造罪，偽計入札妨害罪），贈賄者が，それを認識している場合，他罪の教唆犯が成立し，本罪と観念的競合になると解すべきであろう。

10　没収・追徴

> 犯人又は情を知った第三者が収受した賄賂は，没収する。その全部又は一部を没収することができないときは，その価額を追徴する（197条の5）。

1　意　義

本条は，収賄者に不正な利益を保持させないために，総則における任意的没収・追徴に関する19条・19条の2の特則を定めたものである。その特徴は，①必要的没収・追徴であること，②総則の追徴が，本来没収可能な物についてのみ可能であるのに対して，本条の追徴は，原始的に没収ができない権利や財産上の利益についても可能であることの2点にある。ただし，本条により没収・追徴ができない場合には，なお，19条・19条の2の適用が可能である。

2　対　象

没収・追徴の対象は，「犯人又は情を知った第三者が収受した賄賂」である。「犯人」とは，収受者である公務員のほか，共同正犯や狭義の共犯を含むと解するのが通説である。「情を知った第三者」とは，本条の対象が，昭和16年の改正で第三者供賄罪（197条の2）が新設されたことに対応して拡張されたことを考慮すれば，同罪にいう第三者で情を知った者に限られると解すべきであろう（団藤153頁，飛田清弘=佐藤道夫・賄賂239頁〔1979〕。反対，中森316頁）。第三者が法人または法人格なき社団である場合には，その代表者または責任者が情を知っていれば本条が適用される（最判昭和29・8・20刑集8巻8号1256頁〔614〕，最大判昭和40・4・28刑集19巻3号300頁）。第三者から没収・

追徴する場合には，第三者に弁解，防御の機会を与えなければならない（最大判昭和37・11・28刑集16巻11号1593頁）。「収受した賄賂」とは，収受罪が成立する場合に限られず，公務員である間に賄賂の要求・約束をし，退職後に収受したような賄賂も含まれる（内藤・旧注釈(4) 432頁，広島高判昭和34・6・12高刑12巻7号681頁）。ただし，賄賂として提供されたが収受されなかった賄賂は，本条には含まれないが，19条の要件を満たすかぎりで任意的没収・追徴の対象となる（最判昭和24・12・6刑集3巻12号1884頁）。

3 没　　収

没収の対象となるのは，金銭その他の動産，不動産，株券や小切手等の有価証券などの有体物である。金銭であっても，収賄者の金銭と混同して特定性が失われた場合や預金された場合には，没収ではなく追徴の対象となる。

問題は，いったん収受された賄賂を収賄者が贈賄者に返還した場合である。判例は，公平の観点から，本条にいう「犯人又は情を知った第三者が収受した賄賂」とは，没収の対象物を定めたものであって，対象者を限定したものではないとの理由で，贈賄者から没収・追徴すべきものとしている（大連判大正11・4・22刑集1巻296頁，最決昭和29・7・5刑集8巻7号1035頁）。しかし，本条の趣旨が，収賄者に不正な利益を保持させないという点にあること，収賄者が賄賂を費消した後に，その価格相当額を贈賄者に返還したときは，収賄者からの追徴が認められていること（最決昭和31・2・3刑集10巻2号153頁）を考慮すれば，この場合も，収賄者からの追徴を認めるべきであるように思われる（団藤154頁）。その場合，贈賄者については，19条の任意的没収・追徴を認めるべきであろう。

賄賂が複数の収賄者に分配されたときは，その分配額に応じて没収・追徴される（大判昭和9・7・16刑集13巻972頁）。分配額が不明のときは，平等の割合で没収・追徴される（前掲大判昭和9・7・16）。

4 追　　徴

賄賂は「その全部又は一部を没収することができないときは，その価額

9）　この判例を契機として，刑事事件における第三者所有物の没収手続に関する応急措置法（昭和38年法138号）が制定された。

を追徴する」。19条の2と異なり，「没収することができないとき」とは，①本来没収できる物が没収不能になった場合のみでなく，②賄賂の性質上，原始的に没収不能の場合を含む。

　①の例は，賄賂としての金銭，物品等が，費消，譲渡，滅失により収賄者の手元に残っていない場合である。②の例としては，饗応接待を受けた場合，債務免除を受けた場合，ゴルフクラブの会員権を収受した場合などがある。追徴額の算定時期としては，収受したときとする見解（収受時説），没収不能となったときとする見解（没収不能時説），裁判のときとする見解（裁判時説）が対立しているが，判例は収受時説をとっている（最大判昭和43・9・25刑集22巻9号871頁〔623〕）。本条の没収・追徴が，賄賂として収受された利益の剥奪を目的とするものであることを考慮すれば，妥当だと思われる。なお，これとの均衡で，有体物の没収の場合も，没収の時点で価値が減少している場合（たとえば，新車を収受したが，没収の時点では中古車としての価値しかない場合），没収にあわせて減少した価値に相当する価額を本条によって追徴しうるとする見解もある（山口厚「賄賂の没収・追徴」内藤謙先生古稀祝賀・刑事法学の現代的状況216頁〔1994〕）。傾聴に値する見解であるが，本条の解釈論としては無理があるように思われる。

　情交のように金銭に換算できないような場合，さらには，追徴すべき価額の算定が困難であるときは，追徴することはできない。たとえば賄賂として金銭の貸付を受けた場合，貸付を受けた金銭は実質的に贈与と認められないかぎり没収できないし，金融の利益もその価額を算定することは困難であるから追徴もできない。ただし，判例は，貸付を受けた金銭を19条1項3号の取得物件（犯罪行為によって得た物）として没収・追徴できるとしている（最決昭和33・2・27刑集12巻2号342頁，最決昭和36・6・22刑集15巻6号1004頁）。すでに述べた未公開株式を取得する利益の場合は，支払われた購入価格と公開直後の価格（始値）との差額を追徴することも考えられるが，利益額の算定ができないとすれば，金融の利益の場合と同様に，19条により，収賄者が取得した株券を没収・追徴できると解すべきであろう（芝原邦爾「判批」商事法務1159号6頁）。また，共犯者が共同して収受した賄賂につき，共犯者間における分配，保有および費消の状況が不明である場合には賄賂の総額を均分した金額を各自から追徴しても，必要的追徴の趣旨を損なう

536　第4編　国家的法益に対する罪　　第3章　国家の作用に対する罪

ものではない（最決平成16・11・8刑集58巻8号905頁〔624〕）。

11　あっせん利得処罰法

1　意　　義

　あっせん利得処罰法，正式には「公職にある者等のあっせん行為による利得等の処罰に関する法律」（平成12年法130号）は，議員立法により平成12（2000）年11月に成立し，平成13年3月1日より施行されている。本法は，政治家が公務員等に口利きをすることの見返りとして報酬を得ることを処罰する，いわゆる「あっせん利得罪」を創設したものである。本法の立法趣旨は，公職にある者の政治活動の廉潔性を保持し，これによって国民の信頼を得ることにあるとされている（勝丸充啓編著・わかりやすいあっせん利得処罰法Q&A3頁以下〔2001〕参照）。

2　内　　容

　本法1条は，「衆議院議員，参議院議員又は地方公共団体の議会の議員若しくは長（以下「公職にある者」という。）が，国若しくは地方公共団体が締結する売買，貸借，請負その他の契約又は特定の者に対する行政庁の処分に関し，請託を受けて，その権限に基づく影響力を行使して公務員にその職務上の行為をさせるように，又はさせないようにあっせんをすること又はしたことにつき，その報酬として財産上の利益を収受したときは，3年以下の懲役に処する」とし，「公職者あっせん利得罪」を規定している（町議会議員につき本罪の成立を認めた例として，福岡地飯塚支判平成18・9・8判タ1233号350頁）。また，本法2条は，国会議員の公設秘書（国会法132条参照）および私設秘書が議員の権限に基づく影響力を行使して同様の行為をする場合を2年以下の懲役で処罰する「議員秘書あっせん利得罪」を規定している。なお，公務員のほかに，国または地方公共団体が資本金の2分の1以上を出資している法人（公団，公社，特殊法人，第三セクターなど）の役員・職員もあっせん行為の対象とされている（1条2項・2条2項）。いずれの罪も国外犯を罰する（5条）。さらに，収受した財産上の利益についての必要的没収・追徴が規定され（3条），また，収賄罪における贈賄罪に対応するものとして，財産上の利益を供与する行為（利益供与罪）も，1年以下の懲役または250万円以下の罰金で処罰される（4条）。

事 項 索 引

あ

IC カード ……………………………… 238
愛のコリーダ事件 ……………………… 417
赤信号無視運転類型 ……………………… 58
悪徳の栄え事件 ………………………… 417
あっせん収賄罪 ………………………… 531
あっせん利得罪 ………………………… 536
あっせん利得処罰法 …………………… 536
アドウェアー …………………………… 413
アドセンター事件 …………………… 65, 66
穴埋め横領 ……………………………… 265
穴埋め背任 ……………………………… 281
あへん煙に関する罪 …………………… 345
新たな危険運転致死傷罪 ………………… 60

い

遺棄罪 ………………………… 28, 30, 431
遺棄致死傷罪 …………………………… 36
意識的処分行為説 ……………………… 212
意思決定の自由 ……………………… 75, 79
意思侵害説 ……………………………… 112
意思説 …………………………………… 380
遺失物等横領罪 ………………………… 270
意思内容決定説 ………………………… 273
委託関係 ………………………………… 252
委託された金銭 …………………… 255, 256
移置 ……………………………………… 29
一時の娯楽に供する物 ………………… 426
一時流用 ………………………… 257, 265
一部露出説 ……………………………… 7
一体説 …………………………………… 362
一般的職務権限 …………………… 506, 520
イトマン事件 …………………………… 279
居直り強盗 ………………………… 184, 194
囲繞地 …………………………………… 112
威迫 ……………………………………… 493
違法状態維持説 ………………………… 289
いやがらせ電話 ………………………… 141
威力 ……………………………… 141, 464

う

威力業務妨害罪 …………………… 139, 464
印影 ……………………………… 384, 406
印鑑 ……………………………… 384, 406
淫行 ……………………………………… 97
　——をさせる行為 ……………………… 97
淫行勧誘罪 ……………………………… 423
印章 ……………………………… 384, 406
印章偽造の罪 …………………………… 406
隠避 ……………………………………… 483
飲料水に関する罪 ……………………… 346

う

疑わしきは被告人の利益に ……………… 48
写し
　——の原本性 ………………………… 378
　コピーによる—— …………………… 378
　ファクシミリによる—— …………… 378
運搬 ……………………………………… 294

え

営業秘密 ………………………… 116, 149
　——の秘匿決定手続 ………………… 117
嬰児殺 …………………………………… 8
営利の目的 ……………………………… 89
営利目的等拐取罪 ……………………… 88
越権行為説 ……………………………… 263
延焼罪 …………………………………… 331

お

枉法収賄罪 ……………………………… 529
往来危険罪 ……………………………… 339
往来危険による汽車転覆等の罪 ………… 342
往来妨害罪 ………………………… 338, 339
往来妨害致死傷罪 ……………………… 338
横領
　譲渡担保と—— ……………………… 259
　所有権留保と—— …………………… 260
横領罪 …………………………………… 249
　——と背任 …………………………… 285
　——の未遂 …………………………… 267

538　事項索引

大阪タクシー事件 …………………… 517, 519
大須事件 ………………………………… 311, 312
大館市議会事件 …………………………… 521
大槌郵便局事件 …………………………… 110
大津判決 …………………………………… 471
置き去り …………………………………… 29
お礼参り ……………………………… 492, 493

か

外患援助罪 ………………………………… 438
外患誘致罪 ………………………………… 438
外国国章損壊罪 …………………………… 440
外国人登録原票 …………………………… 389
外国通貨偽造罪 …………………………… 353
解散命令 …………………………………… 315
会社との自己取引 ………………………… 278
解放減軽 …………………………………… 95
替え玉入試 ………………………………… 397
書かれざる構成要件要素 ………………… 448
課金ファイル ……………………………… 302
架空入金の処理 …………………………… 274
架空人名義 ………………………………… 378
過失運転致死傷アルコール等影響発覚免
　脱罪 ……………………………………… 61
過失運転致死傷罪 ………………………… 72
過失往来危険罪 …………………………… 344
過失激発物破裂罪 ………………………… 333
過失建造物等浸害罪 ……………………… 336
過失傷害罪 ………………………………… 69
過失致死罪 ………………………………… 69
加重収賄罪 ………………………………… 529
加重逃走罪 ………………………………… 476
　──の着手時期 ………………………… 477
加重封印等破棄罪 ………………………… 467
貸し渡し …………………………………… 370
ガス等漏出罪 ……………………………… 334
ガソリンカー ……………………………… 317
肩書の冒用 ………………………………… 400
喝取 ………………………………………… 243
割賦販売法 ………………………………… 117
可読性 ……………………………………… 376
可能的自由 ………………………………… 82
可能的自由説 ……………………………… 82
可罰的違法性 ………………………… 173, 178
貨幣 ………………………………………… 351

牙保 …………………………………… 291, 294
亀有マンション事件 ……………………… 110
姦淫 ………………………………………… 97
監禁 ………………………………………… 83
　偽計による── ………………………… 82
監護権 ……………………………………… 86
監護者性交等罪 …………………………… 97, 105
監護者わいせつ罪 ………………………… 97, 105
鑑札 ………………………………………… 389
看守者等による逃走させる罪 …………… 479
間接暴行 …………………………………… 451
艦船 …………………………………… 112, 317
　──の転覆 ……………………………… 341
神田信用金庫事件 ………………………… 235
管理可能性説 ……………………………… 152

き

議員秘書あっせん利得罪 ………………… 536
偽貨 ………………………………………… 352
機会説 ……………………………………… 200
毀棄・隠匿罪 ……………………………… 300
毀棄罪 ……………………………………… 150
毀棄説 ……………………………………… 322
企業秘密 …………………………………… 116
偽計 …………………………………… 140, 464
　──による監禁 ………………………… 82
　──による性交 ………………………… 104
既決の者 …………………………………… 474
危険運転行為 ……………………………… 53
危険運転致死傷罪 ………………………… 38, 52
　新たな── ……………………………… 60
期限の利益 ………………………………… 246
汽車転覆等致死罪 ………………………… 341
汽車転覆等の罪 …………………………… 341
偽証罪 ……………………………………… 495
　──の共犯関係 ………………………… 498
　事後宣誓と── ………………………… 495
キセル乗車 …………………………… 214, 241
寄蔵 …………………………………… 291, 294
偽造 ………………… 351, 358, 378, 395, 399
　──の概念 ……………………………… 378
　──の程度 ……………………………… 380
偽造外国通貨行使罪 ……………………… 353
偽造公文書等行使罪 ……………………… 391
偽造私文書等行使罪 ……………………… 401

事項索引　　*539*

偽装心中 …………………………… 16
偽造通貨収得罪 …………………… 354
偽造文書 …………………………… 378
規範的名誉 ………………………… 121
器物損壊罪 ………………………… 305
記名 ………………………………… 407
欺罔行為 …………………………… 208
客観的処罰条件 …………………… 527
キャッシュカード …………… 230, 367
救護義務違反罪 ………………… 35, 61
境界損壊罪 ………………………… 306
恐喝罪 ……………………………… 243
凶器準備集合罪 …………………… 64
凶器の意義 ………………………… 66
共産党幹部宅盗聴事件 …………… 508
行政刑法 …………………………… 4
強制執行関係売却妨害罪 ………… 462
強制執行行為妨害罪 ……………… 461
強制執行妨害罪 …………………… 457
強制性交等罪 ………………… 99, 101
強制性交等致死傷罪 ……………… 107
強制通用力 ………………………… 351
強制わいせつ・強制性交等致死傷罪
　………………………………… 98, 107
競争価格説 ………………………… 470
共同意思 …………………………… 313
共同加害目的 ……………………… 67
脅迫 ………… 53, 75, 99, 182, 243, 436, 451
　――からの致傷 ………………… 201
脅迫罪 ……………………………… 75
　法人に対する―― ……………… 76
共罰的事後（事前）行為 ………… 191
共犯者の証拠 ……………………… 486
共犯者の蔵匿・隠避 ……………… 486
業務上横領罪 ……………………… 268
業務上過失致死傷罪 ……………… 70
業務上失火罪 ……………………… 332
業務上堕胎罪 ……………………… 21
業務の意義 …………………… 138, 268
業務妨害罪 …………………… 137, 138
供用 …………………… 369, 391, 405
強要罪 …………………………… 75, 78
虚偽
　――の情報 ……………………… 235
　――の陳述 ……………………… 496

――の風説 ………………………… 137
――の申立て …………………… 387, 389
虚偽鑑定罪 ………………………… 499
虚偽記入 …………………………… 358
虚偽広告の罪 ……………………… 210
虚偽公文書作成罪 ………………… 385
虚偽告訴罪 ………………………… 501
虚偽作成 …………………………… 378
虚偽診断書作成罪 ………………… 401
虚偽文書 …………………………… 378
御璽 ………………………………… 382
御璽等偽造・不正使用罪 ………… 409
挙動による欺罔 …………………… 210
御名 ………………………………… 382
金額所有権 ………………………… 257
近畿相互銀行事件 ………………… 402
金券 ………………………………… 358
銀行券 ……………………………… 351
銀行預金 …………………………… 254
禁制品 ……………………………… 154
金銭の所有と占有 ………………… 257

く

具体的危険犯 ………… 28, 65, 313, 316
具体的職務権限 …………………… 518
熊本県議会事件 …………………… 448
熊本水俣病事件 …………………… 25
クレジットカード ……… 218, 365, 366
　――の偽造 ……………………… 365
　――の不正使用 ………………… 218
クレジットカード番号等 ………… 117

け

傾向犯 ……………………………… 100
形式主義 …………………………… 379
形式的真実 ………………………… 379
形式秘説 …………………………… 120
継続犯 ……………… 65, 84, 85, 113, 296
競売屋 ……………………………… 462
刑法典各則の改正 ………………… 2
刑法の平易化 ……………………… 2
激発物破裂罪 ……………………… 333
下車駅基準説 ……………………… 215
月刊ペン事件 ……………………… 126
結婚の目的 ………………………… 89

540 事項索引

結集罪 ················· 64, 68
検案書 ················· 401
件外物件 ················· 460
権限の逸脱と濫用 ················· 359
権限濫用説 ················· 272, 286
現在建造物 ················· 316
検視 ················· 433
現実の自由説 ················· 82
現住建造物 ················· 316, 318
現住建造物等浸害罪 ················· 335
現住建造物等放火罪 ················· 317
建造物 ················· 111, 303
――の機能的一体性 ················· 320
――の構造的・物理的一体性 ················· 320
建造物損壊罪 ················· 303
建造物損壊致死傷罪 ················· 303
建造物等以外放火罪 ················· 329
現場助勢罪 ················· 47
原本性 ················· 378
権利・義務に関する文書 ················· 302, 394
権利行使と恐喝 ················· 245

こ

行為説 ················· 380
勾引状の執行を受けた者 ················· 476
公印等偽造・不正使用罪 ················· 409
強姦罪 ················· 97, 99, 101, 103
公記号 ················· 408
公記号偽造・不正使用罪 ················· 409
公共危険罪 ················· 309
公共の危険 ················· 327, 330
――の認識 ················· 326
公共の静謐 ················· 310
公共の平穏 ················· 310
抗拒不能 ················· 186
公契約関係競売等妨害罪 ················· 467
鉱坑 ················· 317
口座残高ファイル ················· 302
行使 ················· 352, 363
――の意義 ················· 391
――の目的 ················· 351, 359, 391, 393
強取者 ················· 184
公職者あっせん利得罪 ················· 536
公職にある者 ················· 536
公正価格阻害型 ················· 470

公正価格阻害目的 ················· 472
公正証書原本等不実記載罪 ················· 388
公正な価格 ················· 470
構成要件的状況 ················· 438
公然性 ················· 123
公然陳列 ················· 421
公然わいせつ罪 ················· 418
公訴時効 ················· 133
強談 ················· 493
交通事件原票 ················· 396
公電磁的記録 ················· 404
強盗・強制性交等罪 ················· 201
強盗・強制性交等致死罪 ················· 201
強盗強姦罪 ················· 97, 202, 203
強盗罪 ················· 182
――と承継的共犯 ················· 187
強盗殺人 ················· 188
強盗殺人罪 ················· 184, 200
強盗致死傷罪 ················· 199
公図画 ················· 383
交付 ················· 352
交付罪 ················· 150
公文書 ················· 383
公文書偽造罪 ················· 382
公文書無形偽造の間接正犯 ················· 386
公務 ················· 445
――と業務 ················· 138
公務員 ················· 383, 444
公務員職権濫用罪 ················· 506
公務区分説 ················· 139, 446
公務執行妨害罪 ················· 138, 444
公務所 ················· 383
効用侵害説 ················· 300
効用喪失説 ················· 322
公用文書毀棄罪 ················· 301
合理的理由のある占有 ················· 169
国外犯 ················· 365, 426
国際航業事件 ················· 288
国璽 ················· 382
国章 ················· 440
国鉄小牛田駅事件 ················· 447
国鉄年金証書事件 ················· 169
国鉄東灘駅事件 ················· 447
国有地の不正取得 ················· 221
小倉簡易裁判所事件 ················· 509

事項索引　*541*

国家機密 ……………………………… 116
国家的法益についての詐欺 …………… 205
国家の存立に対する罪 ………………… 435
故買 …………………………… 291, 294
コピーによる写し ……………………… 378
コピーの原本性 ………………………… 378
誤振込み ………………………………… 255
個別財産に対する罪 …………………… 150
ゴルフ場の施設利用 …………………… 231
昏酔強盗罪 ……………………………… 198
コンピュータウイルス ………… 144, 411
コンピュータ情報の不正入手 ………… 116
コンピュータ犯罪（立法）… 143, 145, 233

さ

最広義の暴行 …………………… 312, 436
財産上の損害 …………………………… 280
財産上の利益 ………… 150, 188, 207
財産的損害 ……………………………… 220
再選後の職務 …………………………… 524
再入国許可申請書 ……………………… 398
サイバー犯罪条約 ……………………… 411
サイバーポルノ ………………………… 419
財物 …………………… 148, 152, 187
財物移転罪 ……………………………… 149
財物罪 …………………………………… 149
債務負担行為 …………………………… 277
債務免脱説 ……………………………… 208
佐賀相互銀行事件 ……………………… 91
詐欺更生罪 ……………………………… 458
詐欺罪 …………………………… 205, 206
詐欺と背任 ……………………………… 284
詐欺破産罪 ……………………………… 458
作成者 …………………………………… 380
作成名義の冒用 ………………… 377, 380
差押え …………………………………… 455
詐取 ……………………………………… 208
佐世保事件 ……………………………… 313
殺害後の財物取得 ……………………… 185
殺人 ……………………………………… 7
殺人罪 …………………………………… 7
三角詐欺 ………………………… 216, 218
参考人の虚偽供述 ……………………… 487
三徴候説 ………………………………… 9
サンデー娯楽事件 ……………………… 417

し

私印偽造・不正使用罪 ………………… 410
自衛隊立川宿舎事件 …………………… 110
歯科医師 ………………………………… 401
指揮者 …………………………………… 312
磁気情報部分 …………………………… 361
事後共犯的性格 ………………………… 290
事後強盗罪 ……………………………… 191
　──の未遂 …………………………… 195
　──の予備 …………………………… 196
事後収賄罪 ……………………………… 530
自己申告 ………………………………… 501
事後宣誓と偽証罪 ……………………… 495
自己堕胎罪 ……………………………… 20
自己の名義・計算 ……………………… 287
自己予備行為 …………………………… 355
自殺関与罪 ……………………………… 13
自殺の不可罰根拠 ……………………… 13
事実証明に関する文書 ………………… 394
事実的支配 ……………………… 156, 253
事実的名誉 ……………………………… 121
事実の公共性 …………………………… 125
事実の証明 ……………………………… 125
事実の摘示 ……………………………… 124
死者の占有 ……………………………… 158
死者の名誉毀損 ………………………… 124
事前収賄罪 ……………………………… 527
私戦予備・陰謀罪 ……………………… 441
死体 ……………………………………… 431
死体損壊等の罪 ………………………… 431
失火罪 …………………………… 316, 332
執行妨害対策 …………………………… 463
実質主義 ………………………………… 379
実質的真実 ……………………………… 379
実質秘説 ………………………………… 120
質問検査妨害罪 ………………………… 452
私電磁的記録 …………………………… 403
児童買春処罰法 ………………………… 98
自動車運転過失致死傷罪 ………… 38, 69
自動車登録ファイル … 302, 389, 402, 404
自動車の運転により人を死傷させる行為等
　の処罰に関する法律（自動車運転死傷行
　為等処罰法）……………… 38, 52, 69
自動設備の不正利用 …………………… 209

542　事項索引

自動落札制度 …………………………… 472
私図画 ……………………………………… 393
死の概念 …………………………………… 8
自白による刑の減免 ………… 499, 500, 504
支払用カード ……………………… 365, 366
支払用カード電磁的記録に関する罪 …… 365
支払用カード電磁的記録不正作出・供用・
　譲り渡し等の罪 ……………………… 366
支払用カード電磁的記録不正作出準備罪
　………………………………………… 372
自筆証書遺言 ……………………………… 397
私文書 ……………………………………… 393
私文書偽造罪 …………………… 302, 393
紙幣 ………………………………………… 351
死亡証書 …………………………………… 401
死亡診断書 ………………………………… 401
清水谷公園事件 …………………………… 65
事務処理を誤らせる目的 ……………… 404
事務的管理可能性 ……………………… 153
社会的法益に対する罪 ………………… 309
写真コピー ………………………………… 378
重過失致死傷罪 ………………………… 70
住居 ………………………………………… 111
住居権説 …………………………………… 109
住居侵入罪 ……………………… 109, 112
集金横領 …………………………………… 253
集合の概念 ………………………………… 68
重婚罪 …………………………… 416, 424
重失火罪 …………………………………… 332
収受 ……………………………… 291, 294
集団強姦罪 ………………………………… 105
集団犯 ………………………… 422, 436, 470
収得 ………………………………………… 354
収得後知情行使罪 ……………………… 354
自由に対する罪 …………………………… 74
住民基本台帳カード（住基カード）… 231
住民基本台帳ファイル ………………… 389
住民登録ファイル ……………………… 302
重要部分燃焼開始説 …………………… 322
収賄罪 ……………………………………… 247
主観的違法要素 ………………… 352, 391
受託収賄罪 ………………………………… 526
手段説 ……………………………………… 200
受注調整 …………………………………… 471
出水危険罪 ………………………………… 337

出水罪 ……………………………………… 335
首謀者 ……………………………………… 312
準恐喝罪 …………………………………… 244
準強制性交等罪 ………………… 103, 186
準強制わいせつ罪 ……………………… 103
準詐欺罪 …………………………………… 242
純粋性説 …………………………………… 515
純粋占有説 ………………………………… 167
純粋本権説 ………………………………… 169
使用 ……………………………… 391, 408
使用横領 …………………………………… 264
傷害（動物の）…………………………… 305
傷害概念の相対性 ……………… 44, 200
傷害罪 ……………………………………… 43
傷害致死罪 ………………………………… 46
傷害の意義 ………………………………… 43
消火妨害罪 ………………………………… 332
焼燬と焼損 ………………………………… 323
承継的共犯 ………………… 185, 186, 197
証券カード ………………………………… 367
証拠隠滅罪 ……………………… 62, 485
　　──の共犯関係 ……………………… 489
証拠証券 …………………………………… 358
乗車駅基準説 ……………………………… 215
常習性 ……………………………………… 426
常習賭博罪 ………………………………… 426
詔書 ………………………………………… 382
詔書偽造罪 ………………………………… 382
使用侵奪 …………………………………… 177
浄水汚染罪 ………………………………… 346
浄水汚染等致死傷罪 …………………… 347
浄水毒物混入罪 ………………………… 347
使用窃盗 …………………………………… 173
焼損 ………………………………………… 322
　焼燬と── ……………………………… 323
状態犯 …………………………… 85, 177, 296
譲渡担保と横領 ………………………… 259
証人威迫罪 ………………………………… 492
証人等買収罪 …………………… 489, 499
証人の保護 ………………………………… 493
私用文書毀棄罪 ………………………… 302
証明書の詐取 ……………………………… 222
省略文書 ………………………… 376, 407
昭和電工疑獄事件 ……………………… 514
殖産住宅事件 ……………………………… 516

事項索引　　543

職務関連性 …………………………… 518
職務強要罪 …………………………… 453
職務の適法性 ………………………… 448
　　──の錯誤 …………………………… 450
　　──の判断基準 …………………… 450
職務密接関連行為 …………………… 521
「職務を執行するに当たり」………… 446
職務を補助する者 …………………… 511
所在国外移送目的拐取罪 ……………… 92
所持説 ………………………………… 164
職権 …………………………………… 506
　　──の性質 ………………………… 507
職権仮託型 …………………………… 509
職権遂行型 …………………………… 509
職権濫用 ……………………………… 509
　　──の罪 …………………………… 505
処罰阻却事由説 ……………………… 128
処分意思の要否 ……………………… 211
処分行為 ………………… 188, 211, 244
署名 ……………………………… 384, 407
所有権の再度の侵害 ………………… 170
所有権の対象物 ……………………… 153
所有権留保と横領 …………………… 260
自力救済の禁止 ………………… 164, 167
新円切替え事件 ……………………… 350
人格の同一性の偽り（欺罔）…… 380, 395
人工妊娠中絶 …………………………… 24
新効用喪失説 ………………………… 323
親告罪の告訴 ………………………… 133
真実性の誤信 ………………………… 128
真実性の証明 ………………………… 127
新宿駅騒乱事件 ……………………… 311
新宿バス放火事件 …………………… 330
信書 ……………………………… 117, 307
信書隠匿罪 …………………………… 307
信書開封罪 …………………………… 117
心神耗弱 ……………………………… 242
真正不作為犯 ………………………… 315
心臓死説 ………………………………… 9
親族 …………………………………… 179
親族間の特例 …………… 178, 299, 490
　　──と共犯関係 …………………… 491
親族相盗例 …………………………… 178
身体的接触の要否 ……………………… 40
身体に対する罪 ………………………… 38

身体の完全性 …………………………… 43
侵奪 …………………………………… 176
診断書 ………………………………… 401
陣痛開始説 ……………………………… 7
心的外傷後ストレス障害（PTSD）…… 43
侵入 …………………………………… 112
信用および業務に対する罪 ………… 136
信用毀損罪 …………………………… 137
信用保証協会事件 …………… 280, 282
信頼保護説 …………………………… 515

す

スイカカード ………………………… 238
吹田事件 ……………………………… 311
水道汚染罪 …………………………… 347
水道損壊罪 …………………………… 348
水道毒物混入罪 ……………………… 348
水道毒物混入致死罪 ………………… 348
水防妨害罪 …………………………… 336
水利妨害罪 …………………… 335, 337
スキミング …………………… 365, 373

せ

制御困難運転類型 ……………………… 56
清算の利益 …………………… 169, 246
青少年保護育成条例 …………………… 98
性的意図 ……………………………… 100
性的自由に対する罪 …………………… 97
生命に対する罪 ………………………… 5
生命保険カード ……………………… 367
生理機能障害説 ………………………… 43
説教等妨害罪 ………………………… 431
窃取 …………………………………… 160
絶対的わいせつ概念 ………………… 417
窃盗罪 ………………………………… 151
窃盗犯人からの自己物の取戻し ……… 164
競り売り …………………………… 464
全体財産に対する罪 ……… 150, 272, 281
全部露出（出産完了）説 ……………… 7
占有 …………………………… 155, 253
　　──の意思 ………………………… 158
　　──の帰属 ………………………… 159
　　合理的理由のある── …………… 169
　　死者の── ……………………… 158
　　平穏な── ……………………… 167

544　事項索引

占有移転罪 ································· 150
占有者 ····································· 463
占有説 ····································· 164
占有訴権 ··································· 164
占有離脱物横領罪（遺失物等横領罪）····· 270

そ

臓器移植法 ·································· 10
総合コンピュータ事件 ················· 274
騒擾ノ罪 ··································· 310
相当官署 ··································· 502
相当対価の給付 ························· 220
蔵匿 ······································· 483
贓物（贓物）······························ 289
贓物罪 ····································· 289
騒乱罪 ······························· 310, 311
贈賄罪 ······························· 247, 532
組織犯罪処罰法 ··················· 489, 499
訴訟詐欺 ··································· 216
率先助勢者 ······························· 312
備付け行使 ······························· 392
損壊 ······································· 300
尊属殺人罪 ································· 12

た

第一相互銀行事件 ····················· 281
胎芽 ··· 5
大学設置審議会事件 ··················· 519
大光相互銀行事件 ····················· 281
対向犯 ····································· 422
第三者供賄罪 ··························· 528
第三者に領得させる意思 ··············· 265
第三者没収・追徴 ····················· 533
胎児 ··· 5
胎児性致死傷 ····························· 25
逮捕・監禁罪 ··················· 82, 83, 511
逮捕・監禁致死傷罪 ····················· 84
ダイヤル Q² ······························ 419
平事件 ································ 310, 313
代理名義の冒用 ························· 395
高峰リゾート開発事件 ················· 283
竹内基準 ································ 9, 10
多衆の合同力 ····················· 312, 314
多衆不解散罪 ··························· 314
堕胎罪 ································· 19, 23

ダッカ事件 ································· 80
奪取 ······································· 478
奪取罪 ····································· 150
他人予備行為 ··························· 355
談合 ······································· 469
談合罪 ····································· 468
単純遺棄罪 ································· 32
単純横領罪 ······························· 252
単純殺人罪 ································· 7
単純収賄罪 ······························· 525
単純逃走罪 ······························· 474
単純賭博罪 ······························· 425
単純轢き逃げ ····························· 35

ち

致傷の場合の刑の免除 ··················· 72
チャタレイ事件 ····················· 416, 417
中間省略登記 ··························· 389
仲裁人 ····································· 514
抽象的危険犯 ···· 28, 65, 124, 137, 309, 316, 319
抽象的事実の錯誤 ····················· 180
中立命令違反罪 ························· 441
知慮浅薄 ··································· 242

つ

追求権 ····································· 293
追求権説 ······························· 229, 289
追徴額の算定時期 ····················· 535
通貨偽造罪 ······················· 230, 350, 351
通貨偽造準備罪 ························· 355
通貨高権 ··································· 350
通貨発行権 ······························· 350
通行禁止道路進行類型 ··················· 59
通称名の使用 ··························· 398
通信の秘密 ······························· 118
釣り銭詐欺 ······························· 211

て

ディーゼルカー ························· 317
邸宅 ······································· 111
低入札価格調査制度 ··················· 472
適正利潤価格説 ························· 471
デビットカード ························· 367
テレホンカード ················· 238, 367, 403
　——の偽造・変造 ··················· 361

事項索引　*545*

電子計算機 …………………… 143
電子計算機使用詐欺罪 ………… 150, 233
電子計算機損壊等業務妨害罪 ……… 143
電磁的記録 ……… 144, 302, 361, 365, 403
電磁的記録不正作出・供用罪 ……… 402
電子マネー ………………………… 367
電車の転覆 ………………………… 341
転職後の収賄 ……………………… 523
伝播性の理論 ……………………… 123
電話加入権の二重譲渡 …………… 275

と

同意殺人罪 ………………………… 13
同意申告 …………………………… 501
同意堕胎罪 ………………………… 21
東京交通会館事件 …………… 323, 324
東京相互銀行事件 ………………… 279
同時傷害の特例 …………………… 48
盗取罪 ……………………………… 150
同時履行の抗弁権 ………… 169, 246
逃走援助罪 ………………………… 478
盗品関与罪 ………………… 289, 291
盗品等 ……………………………… 291
　　──に関する罪 ……………… 289
　　──の処分代金 ……………… 262
　　──の同一性 ………………… 293
道路交通法違反の罪 ………… 54, 62
道路交通法上の犯罪 ……………… 53
図画 ………………………………… 383
特定秘密の保護に関する法律 …… 116
特別刑法 …………………………… 3
特別権限説 ………………………… 508
特別公務員職権濫用罪 …………… 511
特別公務員職権濫用等致死傷罪 … 512
特別公務員暴行陵虐罪 …………… 511
特別売却 …………………………… 462
特別背任罪 ………………………… 272
独立呼吸説 ………………………… 8
独立生存可能性説 ………………… 7
独立燃焼説 ………………………… 322
特許原簿 …………………………… 302
賭博罪 ……………………………… 425
賭博場 ……………………………… 428
賭博場開張罪 ……………………… 428
富くじ罪 …………………………… 428

図利・加害の目的 ………………… 278
取引の安全に対する罪 …………… 349

な

内乱罪 ……………………………… 435
内乱幇助罪 ………………………… 437
内乱予備・陰謀罪 ………………… 437
長田電報局事件 …………… 446, 447
難燃性建造物 ……………………… 323

に

2 項犯罪 …………………………… 150
二重抵当 …………………… 219, 275, 286
二重売買 …………………………… 258
日活ロマンポルノ事件 …………… 417
入札 ………………………………… 464
入試答案 …………………………… 397
認証文言 …………………………… 378
任務違背行為 ……………………… 277

の

納棺物 ……………………………… 154
脳死説 ……………………………… 9
脳死臨調 …………………………… 9
ノウ・ハウ ………………………… 149

は

売却基準価額 ……………………… 464
配給詐欺 …………………………… 221
背信説 ……………………………… 272
背信的権限濫用説 ………………… 273
背任罪 ……………………… 150, 272, 274
博徒結合罪 ………………………… 428
場所の移動の自由 ………………… 82
発掘 ………………………………… 431
ハード・コア・ポルノ …………… 417
犯人蔵匿罪 ………………………… 481
　　──の客体 …………………… 481
　　──の共犯関係 ……………… 484
頒布 ………………………………… 420

ひ

非現住建造物等浸害罪 …………… 335
非現住建造物等放火罪 …………… 325
被拘禁者奪取罪 …………………… 477

546 事項索引

非親告罪化····················· 96, 97, 107
棺に納めてある物 ···················· 431
ひったくり ····························· 183
必要的共犯 ······· 371, 422, 436, 469, 472, 532
人 ································· 5
　　──の始期 ························· 7
　　──の終期 ························· 8
人質強要罪 ···························· 80
秘密 ································ 119
　　──に対する罪 ··················· 116
　　──の窃用 ······················ 116
　　──の探知 ······················ 116
　　──の漏示 ······················ 116
　　通信の── ····················· 118
秘密漏示罪 ··························· 118
非身分者による間接正犯 ·············· 386
表現犯 ······························· 497
被略取者等収受罪 ····················· 94

ふ

ファクシミリによる写し ·············· 378
フィッシング詐欺 ···················· 146
封印 ································· 455
封印等破棄罪 ························· 454
風俗に対する罪 ······················ 415
夫婦間の強制性交等 ·················· 102
不可買収性説 ························· 515
不可罰的事後行為 ···················· 271
複合建造物の現住性 ·················· 319
不敬な行為 ··························· 430
不作為による欺罔 ···················· 210
不作為による死体遺棄罪 ·············· 432
富士銀行事件 ························· 91
侮辱罪 ······························· 134
不真正文書 ··························· 378
不正アクセス ························· 146
不正アクセス禁止法 ·················· 145
不正競争防止法 ······················ 117
不正作出 ······················· 369, 404
不正使用 ····························· 408
不正指令電磁的記録に関する罪 ········· 3, 411
不正電磁的記録カード所持罪 ··········· 371
不正な指令 ······················ 235, 413
不正な利益 ··························· 472
不正利益獲得型 ······················ 470

不正利益獲得目的 ···················· 472
不退去罪 ····························· 115
物質的損壊説 ························· 300
物色説 ······························· 162
物理的管理可能性 ···················· 153
不同意堕胎罪・同致死傷罪 ·············· 22
不動産 ··························· 153, 206
不動産侵奪罪 ························· 175
不動産登記ファイル ············ 302, 389, 404
不当な取引制限罪 ···················· 473
不燃性建造物 ····················· 320, 323
不法原因委託物 ······················ 261
不法原因給付と詐欺罪 ················ 228
不法原因給付物 ······················ 261
不法領得の意思 ·········· 170, 264, 288, 300
不保護 ······················ 29, 31, 32
プリペイドカード ·········· 238, 302, 367, 403
不良貸付 ····························· 277
プログラム ··························· 403
プログラムバグ ······················ 414
付和随行者 ··························· 312
文書 ································· 376
　　──の責任明示機能 ··············· 376
文書偽造の罪 ························· 375
粉飾決算 ····························· 277
墳墓 ································· 431
墳墓発掘罪 ······················ 431, 433

へ

平穏（侵害）説 ··················· 109, 112
平穏占有説 ··························· 167
平穏な占有 ··························· 167
平和相互銀行事件 ···················· 279
弁済の一時猶予 ······················ 207
変死者密葬罪 ························· 433
騙取 ································· 205
変造 ··················· 351, 358, 379, 393
変造テレカ ··························· 361

ほ

ポイントカード ······················ 367
法益関係的錯誤の理論 ··············· 17, 114
妨害運転類型 ························· 58
放火罪 ······························· 316
暴行 ··················· 99, 182, 243, 436, 451

事項索引　*547*

――と傷害の関係 ……………………… 44
――によらない傷害 ……………………… 44
――の意義 ……………………… 39
暴行概念の相対性 ……………………… 40
暴行・脅迫後の領得意思 ……………………… 186
暴行罪 ……………………… 39
法人に対する脅迫罪 ……………………… 76
暴動 ……………………… 436
法は家庭に入らず ……………………… 178
法律的支配 ……………………… 253
法令により拘禁された者 ……………………… 477
保管 ……………………… 295
保護義務 ……………………… 30
保護責任者 ……………………… 33
保護責任者遺棄罪 ……………………… 32
補助公務員の作成権限 ……………………… 384
母体傷害説 ……………………… 26
母体保護法 ……………………… 19
北海道銀行事件 ……………………… 209, 233, 403
北海道拓殖銀行事件 ……………………… 278
ホワイトカード ……………………… 362
本権説 ……………………… 164
本人図利目的 ……………………… 279
本人のためにする意思 ……………………… 263
本人の名義・計算 ……………………… 287
本犯助長的性格 ……………………… 290

ま

マジックホン ……………………… 141
麻薬特例法 ……………………… 345

み

身代わり犯人 ……………………… 483
未完成文書 ……………………… 301
未決の者 ……………………… 475
未熟運転類型 ……………………… 57
未成年者 ……………………… 87, 242
未成年者拐取罪 ……………………… 86
見せ金 ……………………… 352
見せ手形 ……………………… 364
三鷹事件 ……………………… 343
みなし公務員 ……………………… 383, 446
湊川公園事件 ……………………… 452
身の代金目的拐取罪 ……………………… 89
身の代金要求罪 ……………………… 91

身分 ……………………… 21, 35, 88, 268, 511
身分犯 ……………………… 33, 118, 197, 252, 268, 274,
　　　　　　 385, 479, 495, 499, 506, 511, 525
宮古農民騒乱事件 ……………………… 310
宮本身分帳事件 ……………………… 506

む

無意識的処分行為説 ……………………… 212
無印公文書偽造・変造 ……………………… 384
無形偽造 ……………………… 379
無形変造 ……………………… 379
無主物 ……………………… 153
無主物先占 ……………………… 270
無償譲受け ……………………… 294
無銭飲食・宿泊 ……………………… 213
無賃乗車罪 ……………………… 214
村八分 ……………………… 76

め

名義人 ……………………… 377, 380
――の承諾 ……………………… 396
酩酊運転類型 ……………………… 54
名誉 ……………………… 121
――に対する罪 ……………………… 121
名誉感情 ……………………… 134
名誉毀損 ……………………… 137
――と事実の証明 ……………………… 125
死者の―― ……………………… 124
名誉毀損罪 ……………………… 122, 134, 137
メーデー事件 ……………………… 310
目隠しシール談合事件 ……………………… 472, 473
面会の強請 ……………………… 493
免状 ……………………… 389
免状等不実記載罪 ……………………… 222
免責証券 ……………………… 358

も

燃え上がり説 ……………………… 322
目的の公益性 ……………………… 126
目的犯 ……………………… 88, 351, 368, 470
模造 ……………………… 351
物の他人性 ……………………… 256

や

薬物四法 ……………………… 345

548　事項索引

ゆ

有印公文書偽造・変造 ……………… 383, 384
有価証券 …………………………………… 357
有価証券偽造罪 ……………………… 230, 357
夕刊和歌山事件 ……………………… 128, 129
有形偽造 ……………………………… 379, 380
有形変造 …………………………………… 379
有償役務説 ………………………………… 208
有償の処分のあっせん …………………… 296
有償の頒布目的の所持 …………………… 421
有償譲受け ………………………………… 296
有体物説 …………………………………… 152
有料道路のキセル利用 …………………… 216
憂慮する者 ………………………………… 90
譲り渡し …………………………………… 370
輸入 …………………………………… 352, 370

よ

四畳半襖の下張り事件 …………………… 417
預貯金の引出用カード …………………… 367

ら

濫用の意義 ………………………………… 509

り

利益関与的性格 …………………………… 290
利益罪 ………………………………… 148, 149
利益窃盗 ……………………………… 151, 211
リーガルパターナリズム ………………… 425
リクルート事件 …………………………… 516
リクルート政界ルート事件 ……………… 519

リクルート文部省ルート事件 …………… 520
利得罪 ……………………………………… 148
略取・誘拐罪 ……………………………… 85
領得 ………………………………………… 432
領得行為説 …………………………… 263, 266
領得罪 ……………………………………… 150
旅券 ………………………………………… 389
旅券発給申請書 …………………………… 397
履歴書 ……………………………………… 394

れ

礼拝所不敬罪 ……………………………… 430

ろ

漏示 ………………………………………… 119
労務の提供 ………………………………… 208
ロストボール事件 ………………………… 154
ロッキード事件 ………… 514, 516, 519, 527
ローンカード ……………………………… 230

わ

わいせつ …………………………………… 416
　——の罪 ………………………………… 416
　——の目的 ……………………………… 89
わいせつ図画 ……………………………… 419
わいせつ物頒布等の罪 …………………… 419
わいせつ文書 ……………………………… 419
賄賂 …………………………………… 513, 516
　——と社交儀礼 ………………………… 516
　——の没収・追徴 ……………………… 533
　政治献金と—— ………………………… 517
賄賂罪の沿革 ……………………………… 513

判 例 索 引

明 治

大判　明30・10・29　刑録 3 -139 ················ 258
大判　明36・5 ・21　刑録 9 -874 ················ 152
大判　明37・5 ・5 　刑録10-955 ················ 513
大判　明39・4 ・16　刑録12-472 ················ 184
大判　明41・9 ・4 　刑録14-755 ················ 352
大判　明41・9 ・24　刑録14-797 ················ 389
大判　明42・3 ・16　刑録15-261 ················ 357
大判　明42・3 ・25　刑録15-324 ················ 392
大判　明42・4 ・12　刑録15-435 ················ 291
大判　明42・4 ・16　刑録15-452 ················ 300
大判　明42・5 ・27　刑録15-665 ················ 428
大判　明42・6 ・10　刑録15-759 ················ 265
大判　明42・6 ・28　刑録15-877 ················ 384
大判　明42・9 ・23　刑録15-1155 ··············· 408
大判　明42・11・9 　刑録15-1536 ··············· 154
大判　明42・11・25　刑録15-1667 ··············· 393
大判　明42・11・25　刑録15-1672 ··············· 252
大判　明43・1 ・31　刑録16-88 ················· 453
大判　明43・2 ・7 　刑録16-175 ················ 267
大判　明43・2 ・15　刑録16-256 ················ 155
大判　明43・3 ・4 　刑録16-384 ················ 322
大判　明43・3 ・10　刑録16-402 ················ 352
大判　明43・3 ・10　刑録16-414 ················ 407
大判　明43・3 ・25　刑録16-470 ················ 487
大判　明43・4 ・19　刑録16-657 ················ 313
大判　明43・5 ・23　刑録16-906 ················ 228
大判　明43・6 ・17　刑録16-1210 ··············· 188
大判　明43・6 ・20　刑録16-1225 ··············· 408
大判　明43・6 ・30　刑録16-1314 ······· 230, 353
大判　明43・7 ・5 　刑録16-1361 ··············· 261
大判　明43・7 ・26　刑録16-1431 ··············· 266
大判　明43・9 ・30　刑録16-1569 ················ 86
大判　明43・9 ・30　刑録16-1572 ········ 376, 407
大判　明43・10・7 　刑録16-1647 ··············· 213
大判　明43・10・21　刑録16-1714 ··············· 497
大判　明43・10・25　刑録16-1747 ··············· 267
大判　明43・10・27　刑録16-1764 ··············· 199
大判　明43・11・15　刑録16-1937 ················ 76
大判　明43・11・21　刑録16-2093 ··············· 406

大判　明43・12・2 　刑録16-2129 ··············· 270
大判　明43・12・16　刑録16-2214 ··············· 285
大判　明43・12・19　刑録16-2239 ··············· 516
大判　明44・2 ・3 　刑録17-33 ················· 253
大判　明44・2 ・21　刑録17-157 ················ 496
大判　明44・2 ・24　刑録17-165 ················ 522
大判　明44・2 ・27　刑録17-197 ·········· 300, 305
大判　明44・3 ・21　刑録17-445 ················ 487
大判　明44・3 ・31　刑録17-482 ·········· 363, 364
大判　明44・4 ・13　刑録17-557 ················ 137
大判　明44・4 ・17　刑録17-587 ················ 256
大判　明44・4 ・24　刑録17-655 ·········· 316, 327
大判　明44・4 ・25　刑録17-659 ················ 483
大判　明44・4 ・27　刑録17-687 ················ 389
大判　明44・5 ・2 　刑録17-745 ················ 298
大判　明44・5 ・19　刑録17-879 ················ 516
大判　明44・5 ・25　刑録17-959 ················ 205
大判　明44・6 ・29　刑録17-1330 ··············· 108
大判　明44・7 ・10　刑録17-1409 ··············· 456
大判　明44・7 ・28　刑録17-1477 ················ 95
大判　明44・8 ・15　刑録17-1488 ··············· 302
大判　明44・8 ・25　刑録17-1510 ··············· 269
大判　明44・9 ・5 　刑録17-1520 ················ 76
大判　明44・9 ・14　刑録17-1531 ··············· 380
大判　明44・9 ・25　刑録17-1550 ··············· 312
大判　明44・10・5 　刑録17-1598 ··············· 207
大判　明44・10・13　刑録17-1698 ········· 273, 286
大判　明44・10・13　刑録17-1713 ··············· 394
大判　明44・10・26　刑録17-1795 ··············· 269
大判　明44・11・9 　刑録17-1843 ··············· 393
大判　明44・11・10　刑録17-1868 ··············· 342
大判　明44・11・27　刑録17-2041 ··············· 217
大判　明44・12・4 　刑録17-2095 ··············· 243
大判　明44・12・8 　刑録17-2182 ················ 22
大判　明44・12・15　刑録17-2190 ··············· 455
大判　明44・12・18　刑録17-2208 ··············· 291
大判　明44・12・25　刑録17-2310 ··············· 318
大判　明45・1 ・15　刑録18- 1 ················ 489
大判　明45・2 ・1 　刑録18-75 ················ 377
大判　明45・4 ・26　刑録18-536 ················ 160

550　判例索引

大判　明45・6・17　刑録18-856 ……… 272, 278
大判　明45・6・20　刑録18-896 ……………… 43
大判　明45・7・4　刑録18-1009 …… 288, 359
大判　明45・7・16　刑録18-1083 ……………… 32
大判　明45・7・16　刑録18-1087 …………… 242
大判　明45・7・23　刑録18-1100 …………… 495

大正元〜5年
大判　大元・10・8　刑録18-1231 …………… 254
大判　大元・11・25　刑録18-1421 …………… 155
大判　大元・11・28　刑録18-1431 …………… 219
大判　大元・12・20　刑録18-1563 …………… 154
大判　大元・12・20　刑録18-1566 …………… 501
大判　大2・2・3　刑録19-173 …………… 183
大判　大2・3・10　刑録19-327 …………… 407
大判　大2・3・25　刑録19-374 …………… 293
大判　大2・6・12　刑録19-705 …………… 359
大判　大2・6・12　刑録19-714 …… 266, 297
大判　大2・9・5　刑録19-844 …………… 497
大判　大2・9・5　刑録19-853 …………… 407
大判　大2・10・3　刑録19-910 …… 311, 313
大判　大2・10・21　刑録19-982 …………… 184
大判　大2・11・4　刑録19-1090 …………… 268
大判　大2・12・9　刑録19-1393 …………… 521
大判　大2・12・16　刑録19-1440 …………… 264
大連判　大2・12・23　刑録19-1502 ………… 246
大判　大2・12・24　刑録19-1517 …… 318, 319
大判　大3・1・26　新聞922-28 …………… 33
大判　大3・3・6　新聞929-28 …………… 159
大判　大3・3・23　刑録20-326 …………… 295
大判　大3・4・6　刑録20-465 …………… 426
大判　大3・4・29　刑録20-654 …………… 497
大連判　大3・5・18　刑録20-932 ………… 427
大判　大3・6・3　刑録20-1108 …………… 406
大判　大3・6・9　刑録20-1147 …………… 320
大判　大3・6・11　刑録20-1171 …………… 222
大判　大3・6・20　刑録20-1300 …… 303, 317
大判　大3・6・20　刑録20-1313 …………… 273
大判　大3・7・28　刑録20-1548 …………… 429
大判　大3・9・22　刑録20-1620 …………… 275
大判　大3・10・6　刑録20-1810 …………… 392
大判　大3・10・7　刑録20-1816 …………… 425
大判　大3・10・12　新聞974-30 …………… 275
大判　大3・10・16　刑録20-1867 …………… 279
大判　大3・10・21　刑録20-1898 …………… 156
大判　大3・10・30　刑録20-1980 …………… 406

大判　大3・11・3　刑録20-2001 …………… 502
大判　大3・11・4　刑録20-2008 …… 408, 410
大判　大3・12・1　刑録20-2303 …………… 77
大判　大3・12・3　刑録20-2322 …………… 140
大判　大3・12・17　刑録20-2426 …………… 359
大判　大4・2・9　刑録21-81 …………… 140
大判　大4・2・10　刑録21-90 …………… 37
大判　大4・3・2　刑録21-221 …………… 230
大判　大4・3・9　刑録21-273 …………… 502
大判　大4・3・18　刑録21-309 …………… 155
大判　大4・5・21　刑録21-663
　　=教育勅語事件 ………… 139, 170, 172
大判　大4・5・21　刑録21-670 …… 28, 32
大判　大4・6・2　刑録21-721 …………… 292
大判　大4・6・15　刑録21-818 …………… 242
大判　大4・6・22　刑録21-879 …………… 155
大判　大4・6・24　刑録21-886 …… 154, 432
大判　大4・7・10　刑録21-1011 …………… 523
大判　大4・8・24　刑録21-1244 …………… 483
大判　大4・9・2　新聞1043-31 …………… 394
大判　大4・10・6　刑録21-1441 …………… 448
大判　大4・10・20　新聞1052-27 …………… 384
大判　大4・10・25　新聞1049-34 …………… 209
大判　大4・10・30　刑録21-1763 …………… 312
大判　大4・11・6　刑録21-1897 …………… 312
大判　大5・2・12　刑録22-134 …………… 33
大判　大5・5・1　刑録22-672 …………… 156
大判　大5・5・2　刑録22-681 …………… 217
大判　大5・6・3　刑録22-874 …………… 275
大判　大5・7・13　刑録22-1267 …………… 291
大判　大5・7・14　刑録22-1238 …………… 392
大判　大5・7・31　刑録22-1297 …………… 455
大判　大5・9・28　刑録22-1467 …… 211, 265
大判　大5・11・10　刑録22-1718 …………… 529
大判　大5・11・30　刑録22-1837 …………… 502
大判　大5・12・11　刑録22-1856 …………… 407
大判　大5・12・13　刑録22-1822 …………… 124
大判　大5・12・16　刑録22-1905 …………… 385

大正6〜10年
大判　大6・2・6　刑録23-35 …………… 455
大判　大6・2・8　刑録23-41 …………… 504
大判　大6・4・12　刑録23-339 …………… 79
大判　大6・4・13　刑録23-312 …………… 318
朝鮮高等法院判　大6・5・10　新聞1286-23
　　…………………………………… 469

判例索引 *551*

大判 大6・5・19 刑録23-487 ················ 421
大判 大6・5・23 刑録23-517 ················ 292
大判 大6・7・14 刑録23-886 ················ 266
大判 大6・9・27 刑録23-1027 ··············· 483
大判 大6・10・15 刑録23-1113 ······· 253, 270
大判 大6・10・23 刑録23-1120 ············· 529
大判 大6・11・24 刑録23-1302 ············· 432
大判 大6・11・29 刑録23-1449 ············· 210
大判 大6・12・20 刑録23-1541 ············· 287
大判 大7・3・15 刑録24-219 ················ 322
大判 大7・3・23 刑録24-235 ················· 33
大判 大7・4・20 刑録24-359 ················ 489
大判 大7・5・7 刑録24-555 ················· 486
大判 大7・5・14 刑録24-605 ················ 448
大判 大7・7・15 刑録24-975 ················ 427
大判 大7・7・17 刑録24-939 ················ 210
大判 大7・9・25 刑録24-1219 ············· 165
大判 大7・10・19 刑録24-1274 ············· 253
大判 大7・11・19 刑録24-1365 ············· 160
大判 大7・12・6 刑録24-1506 ············· 109
大判 大8・2・27 刑録25-252 ········ 209, 469
大判 大8・3・27 刑録25-396 ················ 209
大判 大8・4・2 刑録25-375 ················· 445
大判 大8・4・4 刑録25-382 ················· 156
大判 大8・4・5 刑録25-489 ················· 159
大判 大8・4・18 新聞1556-25 ··············· 123
大判 大8・6・7 新聞1582-20 ··············· 264
大判 大8・6・30 刑録25-820 ················· 80
大判 大8・7・15 新聞1605-21 ··············· 275
大判 大8・7・22 刑録25-880 ················ 453
大判 大8・8・30 刑録25-963 ················· 33
大判 大8・11・13 刑録25-1081 ··············· 71
大判 大8・11・19 刑録25-1133 ············· 297
大判 大8・12・13 刑録25-1367 ················· 8
大判 大9・2・4 刑録26-26 ················· 173
大判 大9・6・3 刑録26-382 ·················· 22
大判 大9・12・17 刑録26-921 ············· 301
大判 大9・12・24 刑録26-1437 ············· 433
大判 大10・2・2 刑録27-722 ················ 357
大判 大10・7・8 民録27-1373 ··············· 293
大判 大10・9・24 刑録27-589 ···· 302, 383, 393
大判 大10・10・14 刑録27-625 ············· 271
大判 大10・10・24 刑録27-643 ············· 138

大正11～15年

大判 大11・2・23 刑集1-69 ················· 266

大判 大11・2・28 刑集1-82 ················· 293
大判 大11・3・8 刑集1-124 ················· 272
大判 大11・3・31 刑集1-186 ················ 333
大連判 大11・4・22 刑集1-296 ············· 534
大判 大11・5・6 刑集1-261 ················· 455
大判 大11・5・17 刑集1-282 ················ 269
大判 大11・7・12 刑集1-393 ········· 263, 289
大判 大11・9・29 刑集1-505 ················ 394
大判 大11・10・3 刑集1-513 ················ 493
大連判 大11・10・20 刑集1-558 ············ 359
大判 大11・10・20 刑集1-568 ············· 508
大判 大11・11・22 刑集1-681 ············· 244
大判 大11・11・28 刑集1-705 ··············· 23
大判 大11・12・6 刑集1-736 ················ 359
大判 大11・12・15 刑集1-763 ······· 206, 207
大連判 大11・12・22 刑集1-815 ····· 199, 201
大判 大12・1・25 刑集2-19 ················· 296
大判 大12・2・15 刑集2-65 ················· 483
大判 大12・3・1 刑集2-162 ················· 267
大判 大12・3・15 刑集2-210 ················ 341
大判 大12・4・2 刑集2-291 ················· 453
大判 大12・4・7 刑集2-318 ················· 313
大判 大12・4・9 刑集2-330 ················· 163
大判 大12・4・14 刑集2-336 ········· 291, 293
大判 大12・5・9 刑集2-401 ················· 482
大判 大12・6・9 刑集2-508 ················· 165
大判 大12・6・14 刑集2-537 ················ 207
大判 大12・7・3 刑集2-624 ················· 163
大判 大12・7・14 刑集2-650 ········· 205, 222
大判 大12・12・1 刑集2-895 ················ 265
大判 大12・12・3 刑集2-915 ················· 85
大判 大12・12・12 刑集4-755 ············· 519
大判 大13・2・9 刑集3-95 ················· 426
大判 大13・3・28 新聞2247-22 ············· 158
大判 大13・3・31 刑集3-259 ················· 71
大判 大13・5・31 刑集3-459 ················ 317
大判 大13・6・10 刑集3-473 ················ 158
大判 大13・6・19 刑集3-502 ················· 85
大判 大13・7・29 刑集3-721 ················ 502
大判 大13・10・23 刑集3-711 ············· 340
大判 大13・11・28 新聞2382-16 ············· 210
大判 大13・12・12 刑集3-871 ··············· 85
大連判 大13・12・24 民集3-555 ············· 260
大判 大14・1・28 刑集4-14 ·················· 88
大判 大14・2・18 刑集4-59 ················· 318

552　判例索引

大判　大14・4・9　刑集 4 -219 ················· 516
大判　大14・5・7　刑集 4 -266 ················· 516
大判　大14・6・5　刑集 4 -372 ················· 516
大判　大14・9・22 刑集 4 -538 ················· 394
大判　大14・10・10 刑集 4 -599 ········· 394, 407
大判　大14・12・1　刑集 4 -743 ··················· 99
大判　大14・12・14 刑集 4 -761 ················· 123
大決　大正15・2・22 刑集 5 -97 ················· 456
大判　大15・2・24 刑集 5 -56 ··················· 360
大判　大15・3・24 刑集 5 -117 ········· 122, 123
大判　大15・3・24 刑集 5 -123 ··················· 80
大判　大15・4・20 刑集 5 -136 ················· 263
大判　大15・6・25 刑集 5 -285 ················· 104
大判　大15・7・5　刑集 5 -303 ················· 135
大判　大15・7・16 刑集 5 -316 ················· 161
大判　大15・9・18 刑集 5 -413 ················· 359
大判　大15・9・28 刑集 5 -387 ············· 31, 33
大判　大15・10・8　刑集 5 -440 ················· 156
大判　大15・10・23 新聞2637- 9 ················· 213
大判　大15・11・2　刑集 5 -491 ················· 157

昭和 2 〜10年

大判　昭 2 ・1 ・28 新聞2664-10 ················· 351
大判　昭 2 ・3 ・28 刑集 6 -118 ··················· 47
大判　昭 2 ・7 ・21 刑集 6 -357 ················· 453
大判　昭 2 ・9 ・10 新聞2746-16 ················· 259
大判　昭 2 ・11・28 刑集 6 -472 ················· 344
大判　昭 3 ・5 ・24 新聞2873-16 ················· 319
大判　昭 3 ・7 ・14 刑集 7 -490 ················· 377
大判　昭 3 ・10・9　刑集 7 -683 ········· 383, 407
大判　昭 3 ・10・29 刑集 7 -709 ················· 532
大判　昭 3 ・12・13 刑集 7 -766 ················· 123
大決　昭 3 ・12・21 刑集 7 -772 ················· 220
大判　昭 4 ・2 ・9　刑集 8 -59 ··················· 453
大判　昭 4 ・2 ・19 刑集 8 -84 ··················· 355
大判　昭 4 ・2 ・22 刑集 8 -95 ··················· 318
大判　昭 4 ・3 ・7　刑集 8 -107 ················· 210
大判　昭 4 ・6 ・13 刑集 8 -338 ················· 318
大判　昭 4 ・10・14 刑集 8 -477 ········· 303, 305
大判　昭 4 ・11・1　刑集 8 -557 ················· 408
大判　昭 4 ・12・4　刑集 8 -609 ················· 517
大判　昭 5 ・2 ・4　刑集 9 -32 ··················· 499
大判　昭 5 ・3 ・13 刑集 9 -180 ················· 445
大判　昭 5 ・4 ・24 刑集 9 -265 ················· 312
大判　昭 5 ・5 ・26 刑集 9 -342 ················· 246
大判　昭 5 ・9 ・18 刑集 9 -668 ················· 483

大判　昭 6 ・3 ・9　新聞3254-12 ················· 426
大判　昭 6 ・3 ・11 刑集10-75 ··················· 358
大判　昭 6 ・5 ・8　刑集10-205 ················· 188
大判　昭 6 ・7 ・2　刑集10-303 ················· 328
大判　昭 6 ・8 ・6　刑集10-412 ················· 516
大判　昭 6 ・11・13 刑集10-597 ················· 431
大判　昭 6 ・11・17 刑集10-604 ················· 249
大判　昭 6 ・12・17 刑集10-789 ················· 265
大判　昭 7 ・2 ・18 刑集11-42 ··················· 456
大判　昭 7 ・2 ・19 刑集11-85 ··················· 210
大判　昭 7 ・2 ・29 刑集11-141 ··················· 83
大判　昭 7 ・3 ・24 刑集11-296 ················· 450
大判　昭 7 ・5 ・5　刑集11-578 ················· 364
大判　昭 7 ・5 ・23 刑集11-665 ················· 377
大判　昭 7 ・6 ・15 刑集11-841 ················· 326
大判　昭 7 ・6 ・20 刑集11-886 ················· 317
大判　昭 7 ・6 ・29 刑集11-974 ················· 284
大判　昭 7 ・7 ・20 刑集11-1104 ··················· 80
大判　昭 7 ・10・10 刑集11-1519 ················· 141
大判　昭 7 ・10・31 刑集11-1541
·· 275, 282, 286
大判　昭 7 ・11・24 刑集11-1720 ················· 355
大判　昭 7 ・12・9　新聞3508-15 ················· 322
大判　昭 7 ・12・10 刑集11-1817 ········· 486, 487
大判　昭 8 ・2 ・14 刑集12-114 ················· 504
大判　昭 8 ・3 ・9　刑集12-232 ················· 271
大判　昭 8 ・3 ・16 刑集12-275 ················· 265
大判　昭 8 ・4 ・15 刑集12-427 ··················· 39
大判　昭 8 ・4 ・25 刑集12-482 ················· 324
大判　昭 8 ・6 ・5　刑集12-736 ················· 346
大判　昭 8 ・6 ・29 刑集12-1269 ················· 204
大判　昭 8 ・7 ・8　刑集12-1195 ················· 432
大判　昭 8 ・8 ・23 刑集12-1434 ················· 408
大判　昭 8 ・9 ・11 刑集12-1599 ················· 257
大判　昭 8 ・9 ・29 刑集12-1683 ················· 282
大判　昭 8 ・10・2　刑集12-1721 ················· 230
大判　昭 8 ・10・11 刑集12-1820 ················· 484
大判　昭 8 ・10・16 刑集12-1807 ················· 244
大判　昭 8 ・10・18 刑集12-1820 ················· 491
大判　昭 8 ・10・19 刑集12-1828 ················· 266
大判　昭 8 ・12・6　刑集12-2226 ················· 407
大判　昭 9 ・3 ・29 刑集13-335 ················· 213
大判　昭 9 ・6 ・11 刑集13-730 ················· 426
大判　昭 9 ・6 ・13 刑集13-747 ················· 431
大判　昭 9 ・7 ・16 刑集13-972 ················· 534

大判 昭 9・7・19 刑集13-983 ················· 287
大判 昭 9・8・4 刑集13-1059 ············· 487
大判 昭 9・8・27 刑集13-1086 ··············· 15
大判 昭 9・9・29 刑集13-1245 ············· 318
大判 昭 9・10・19 刑集13-1473 ··········· 162
大判 昭 9・11・26 刑集13-1598 ··········· 489
大判 昭 9・11・26 刑集13-1608 ··········· 525
大判 昭 9・12・12 刑集13-1717 ··········· 288
大判 昭 9・12・22 刑集13-1789 ····· 172, 300
大判 昭10・2・7 刑集14-76 ··············· 21
大判 昭10・3・25 刑集14-325 ············· 266
大判 昭10・5・13 刑集14-514 ············· 203
大判 昭10・5・29 刑集14-584 ············· 522
大判 昭10・7・3 刑集14-745 ············· 287
大判 昭10・8・1 刑集14-885 ············· 517
大判 昭10・9・28 刑集14-997 ············· 487
大判 昭10・10・23 刑集14-1052 ··········· 525
大判 昭10・10・24 刑集14-1267
　　　　＝5・15事件 ······················ 436
大判 昭10・12・21 刑集14-1434 ··········· 247

昭和11～20年

大判 昭11・2・14 刑集15-113 ············· 386
大判 昭11・2・21 刑集15-136 ············· 524
大判 昭11・3・16 刑集15-282 ············· 523
大判 昭11・3・30 刑集15-396 ············· 260
大判 昭11・5・7 刑集15-573 ············· 142
大判 昭11・5・14 刑集15-626 ············· 516
大判 昭11・5・30 刑集15-705 ··············· 83
大判 昭11・10・9 刑集15-1281 ··········· 525
大判 昭11・11・6 新聞4072-17 ··········· 339
大判 昭11・11・9 新聞4074-15 ··········· 384
大判 昭11・11・12 刑集15-1431 ··········· 261
大判 昭11・11・21 刑集15-1501 ··········· 498
大判 昭12・3・17 刑集16-365 ············· 137
大判 昭12・4・7 刑集16-517 ············· 488
大判 昭12・5・11 刑集16-725 ············· 445
大判 昭12・5・28 刑集16-811 ············· 456
大判 昭12・11・19 刑集16-1513 ··········· 124
大判 昭12・12・14 刑集16-1603 ··········· 406
大判 昭13・2・28 刑集17-141 ············· 125
大判 昭13・12・6 刑集17-901 ·············· 71
大判 昭13・12・6 刑集17-907 ············· 364
大判 昭14・2・15 刑集18-46 ············· 394
大判 昭15・3・1 刑集19-63 ············· 269
大判 昭15・4・2 刑集19-181 ············· 386

大判 昭15・4・22 刑集19-227 ············· 526
大判 昭15・8・22 刑集19-540 ············· 317
大判 昭15・10・14 刑集19-685 ··············· 21
大判 昭18・3・31 新聞4837-10 ··········· 359
大判 昭18・5・8 刑集22-130 ············· 458

昭和21～30年

大判 昭21・11・26 刑集25-50 ············· 159
最判 昭22・12・17 刑集 1-94 ············· 350
最判 昭23・3・16 刑集 2-3-227 ··········· 294
最判 昭23・4・17 刑集 2-4-399 ··········· 162
最判 昭23・5・20 刑集 2-5-489 ··········· 113
最判 昭23・6・5 刑集 2-7-641 ··········· 261
最判 昭23・6・8 裁集 2-329 ··········· 333
最大判 昭23・6・9 刑集 2-7-653 ········· 221
最判 昭23・6・12 刑集 2-7-676 ········· 199
最判 昭23・7・8 刑集 2-8-822 ········· 426
最判 昭23・7・29 刑集 2-9-1062 ········· 247
最判 昭23・11・4 刑集 2-12-1446 ········· 206
最判 昭23・11・9 刑集 2-12-1504 ········· 296
最判 昭23・11・18 刑集 2-12-1614 ········· 183
最判 昭23・11・25 刑集 2-12-1649 ········· 111
最判 昭23・12・24 刑集 2-14-1877 ········· 294
最判 昭23・12・24 刑集 2-14-1883 ········· 184
最判 昭24・1・11 刑集 3-1-1 ········· 245
最判 昭24・2・8 刑集 3-2-75
　　　　·································· 182, 183, 244
最判 昭24・2・8 刑集 3-2-83 ········ 166, 247
最判 昭24・2・10 刑集 3-2-155 ········· 426
最判 昭24・2・15 刑集 3-2-164 ········· 184
最判 昭24・2・15 刑集 3-2-175 ········ 154, 166
最判 昭24・3・8 刑集 3-3-276 ········ 264, 265
最判 昭24・5・10 刑集 3-6-711 ········· 103
最判 昭24・5・21 刑集 3-6-858 ········· 179
最判 昭24・5・28 刑集 3-6-873 ········· 200
最判 昭24・6・28 刑集 3-7-1129 ········· 319
最判 昭24・7・9 刑集 3-8-1188 ········· 195
最判 昭24・7・30 刑集 3-8-1418 ········· 298
最判 昭24・8・9 刑集 3-9-1440 ···· 481, 482
仙台高判 昭24・9・24 判特 5-31 ········· 475
最判 昭24・10・20 刑集 3-10-1660 ········· 292
最判 昭24・11・17 刑集 3-11-1808 ········· 222
最判 昭24・12・6 刑集 3-12-1884 ········· 534
東京高判 昭24・12・10 高刑 2-3-292 ······ 195
最判 昭24・12・20 刑集 3-12-2036 ········· 83
最判 昭24・12・22 刑集 3-12-2070 ········· 163

554 判例索引

最判 昭24・12・24 刑集 3 -12-2114 ………… 202
最判 昭25・2・18 判例体系32-596 ………… 351
最判 昭25・2・24 刑集 4 - 2 -255 ………… 230
最判 昭25・2・28 刑集 4 - 2 -268 …… 385, 521
最判 昭25・3・17 刑集 4 - 3 -378 ………… 305
最判 昭25・3・23 刑集 4 - 3 -382 ………… 206
最判 昭25・3・28 刑集 4 - 3 -425 ………… 453
最判 昭25・4・6 刑集 4 - 4 -481 …… 247, 526
最判 昭25・4・11 刑集 4 - 4 -528 ………… 166
最判 昭25・5・25 刑集 4 - 5 -854 ………… 322
東京高判 昭25・6・10 高刑 3 - 2 -222 … 40
名古屋高判 昭25・6・20 判特11-68 ……… 260
最判 昭25・6・27 刑集 4 - 6 -1090 ……… 270
広島高松江支判 昭25・7・3 高刑 3 - 2 -247
………………………………………… 77
最判 昭25・7・4 刑集 4 - 7 -1168
=統制物資の詐欺 ………… 228
広島高判 昭25・7・24 判特12-97 ………… 421
最判 昭25・8・9 刑集 4 - 8 -1556 ……… 296
最判 昭25・8・29 刑集 4 - 9 -1585 ……… 155
最判 昭25・9・5 刑集 4 - 9 -1620 ……… 358
最判 昭25・9・19 刑集 4 - 9 -1664 ……… 269
福岡高判 昭25・10・17 高刑 3 - 3 -487 …… 180
最大判 昭25・10・25 刑集 4 -10-2126 ……… 12
広島高判 昭25・10・27 判特14-128 ……… 475
最判 昭25・11・10 裁集35-461 ………… 298
名古屋高判 昭25・11・14 高刑 3 - 4 -748
………………………………………… 162
最大判 昭25・11・22 刑集 4 -11-2380 …… 425
最判 昭25・12・5 刑集 4 -12-2475 ……… 228
最判 昭25・12・12 刑集 4 -12-2543 ……… 178
最判 昭25・12・14 刑集 4 -12-2548 ……… 317
宇都宮地判 昭25・12・20 判例体系32-2-137
………………………………………… 475
福岡高判 昭25・12・21 高刑 3 - 4 -672 …… 71

昭和26～30年

最判 昭26・1・30 刑集 5 - 1 -117 ……… 296
最判 昭26・3・20 刑集 5 - 5 -794 ……… 451
最判 昭26・5・8 刑集 5 - 6 -1004 ……… 426
最判 昭26・5・10 刑集 5 - 6 -1026
=サンデー娯楽事件 ………… 417
最判 昭26・5・25 刑集 5 - 6 -1186 ……… 257
最判 昭26・6・1 刑集 5 - 7 -1222 ……… 246
最判 昭26・6・7 刑集 5 - 7 -1236 ……… 70
最判 昭26・7・13 刑集 5 - 8 -1437 …… 170, 173

最大判 昭26・7・18 刑集 5 - 8 -1491
=理研小千谷事件 ………… 139
最大判 昭26・8・1 刑集 5 - 9 -1709 ……… 427
最判 昭26・8・9 裁集51-363 ………… 155
最判 昭26・9・20 刑集 5 -10-1937 … 49, 54
最判 昭26・12・14 刑集 5 -13-2518 ……… 212
東京高判 昭26・12・27 判特25-134 ……… 265
福岡高判 昭27・1・23 判特19-60 ……… 291
最決 昭27・2・21 刑集 6 - 2 -275 ……… 15
福岡高判 昭27・3・20 判特19-72 ……… 210
最判 昭27・3・28 刑集 6 - 3 -546 ……… 449
最判 昭27・4・17 刑集 6 - 4 -665 …… 519, 520
最判 昭27・5・2 刑集 6 - 5 -721 ……… 113
最判 昭27・6・6 刑集 6 - 6 -795 ……… 45
東京高判 昭27・6・26 判特34-86 ……… 194
東京高判 昭27・7・3 高刑 5 - 7 -1134 … 138
最決 昭27・7・10 刑集 6 - 7 -876 ……… 295
最判 昭27・7・22 刑集 6 - 7 -927 ……… 527
最判 昭27・7・25 刑集 6 - 7 -941 ……… 77
東京高判 昭27・8・5 高刑 5 - 8 -1364 … 430
高松高判 昭27・8・30 高刑 5 -10-1612 … 455
仙台高判 昭27・9・15 高刑 5 -11-1820 … 16
最判 昭27・9・19 刑集 6 - 8 -1083 ……… 252
名古屋高判 昭27・9・24 高刑 5 -11-1856
………………………………………… 452
高松高判 昭27・9・30 高刑 5 -12-2094 … 483
最大判 昭27・11・5 刑集 6 -10-1159 ……… 496
札幌高判 昭27・11・20 高刑 5 -11-2018 … 229
名古屋高判 昭27・12・22 判特30-23 ……… 358
最判 昭27・12・25 刑集 6 -12-1387
……………… 205, 222, 386, 390, 445
最判 昭28・1・22 刑集 7 - 1 - 8 ………… 453
最判 昭28・1・23 刑集 7 - 1 -46 ………… 503
最判 昭28・1・30 刑集 7 - 1 -128 ………… 141
福岡高判 昭28・2・9 高刑 6 - 1 -108 …… 70
広島高岡山支判 昭28・2・17 判特31-67
………………………………………… 180
最決 昭28・2・19 刑集 7 - 2 -280 …… 78, 201
最判 昭28・2・20 刑集 7 - 2 -426 ……… 383
名古屋高判 昭28・2・26 判特33- 9 ……… 276
名古屋高判 昭28・2・26 判特33-11 ……… 269
最判 昭28・3・6 裁集75-435 ………… 298
最決 昭28・4・25 刑集 7 - 4 -881 ……… 523
最判 昭28・5・1 刑集 7 - 5 -917 ………… 523
札幌高判 昭28・5・7 判特32-26 ………… 156

判例索引　　555

最判　昭28・5・8　刑集 7 -5 -965 ……………… 285
最決　昭28・5・14　刑集 7 -5 -1042 ………… 111
最判　昭28・5・21　刑集 7 -5 -1053
　　　=佐世保事件 …………………………… 312, 313
最決　昭28・5・25　刑集 7 -5 -1128 ………… 353
東京高判　昭28・5・25　東時 3 -5 -216 …… 25
広島高判　昭28・5・27　判特31-15 ………… 193
札幌高判　昭28・6・9　判特32-29 ………… 269
東京高判　昭28・6・12　高刑 6 -6 -769 …… 253
最大判　昭28・6・17　刑集 7 -6 -1289 ……… 83
東京高判　昭28・6・18　東時 4 -1 -5
　　　…………………………………………… 320, 326
広島高岡山支判　昭28・6・25　高刑 6 -12-
　　　1631 ……………………………………… 287
札幌高判　昭28・7・9　高刑 6 -7 -874 …… 475
東京高判　昭28・7・20　判特39-37 ………… 471
最決　昭28・7・24　刑集 7 -7 -1638 ………… 301
高松高判　昭28・7・27　高刑 6 -11-1442 … 195
東京高判　昭28・8・3　判特39-71 ………… 384
最判　昭28・10・2　刑集 7 -10-1879 ……… 482
最判　昭28・10・2　刑集 7 -10-1883 ……… 444
最決　昭28・10・19　刑集 7 -10-1945
　　　……………………………… 488, 496, 498
最判　昭28・10・27　刑集 7 -10-1971 ……… 519
最判　昭28・11・13　刑集 7 -11-2096 ……… 378
大阪高判　昭28・11・18　高刑 6 -11-1603 … 180
最決　昭28・12・10　刑集 7 -12-2418 …… 469, 470
最判　昭28・12・15　刑集 7 -12-2436 …… 123, 127
最判　昭28・12・25　刑集 7 -13-2721 ……… 263
福岡高判　昭29・1・12　高刑 7 -1 -1 …… 475
名古屋高判　昭29・2・25　判特33-72 ……… 258
福岡高判　昭29・3・9　判特26-70 ………… 229
名古屋高判　昭29・3・29　判特33-73 ……… 454
最判　昭29・4・6　刑集 8 -4 -407 ………… 244
最決　昭29・4・28　刑集 8 -4 -596 ………… 457
大阪高判　昭29・5・4　高刑 7 -4 -591 …… 163
最決　昭29・5・6　刑集 8 -5 -634 ………… 163
東京高判　昭29・5・29　判特40-138 ……… 99
大阪高判　昭29・5・29　判特28-133 ……… 471
福岡高判　昭29・5・29　高刑 7 -6 -866 …… 194
大阪高判　昭29・6・24　判特28-148 ……… 155
広島高判　昭29・6・30　高刑 7 -6 -944 …… 16
最決　昭29・7・5　刑集 8 -7 -1035 ………… 534
仙台高秋田支判　昭29・7・6　裁特 1 -1 -7
　　　…………………………………………… 532

東京高判　昭29・7・26　東時 5 -7 -295 …… 475
福岡地小倉支判　昭29・7・26　裁時166-132
　　　…………………………………………… 476
最判　昭29・8・20　刑集 8 -8 -1256
　　　……………………… 527, 528, 529, 533
最判　昭29・8・20　刑集 8 -8 -1277 ………… 39
最決　昭29・8・20　刑集 8 -8 -1363 ………… 384
最判　昭29・8・31　民集 8 -8 -1557 ………… 229
最決　昭29・9・24　刑集 8 -9 -1519 ………… 519
東京高判　昭29・10・7　東時 5 -9 -380 …… 182
大阪高判　昭29・10・30　裁特 1 -追録759 … 471
最判　昭29・11・9　刑集 8 -11-1742 ……… 454
福岡高判　昭29・11・30　高刑 7 -10-1610 … 472
最判　昭30・1・11　刑集 9 -1 -25 ………… 408
仙台高判　昭30・1・18　高刑 8 -1 -1 …… 451
広島高判　昭30・2・5　裁特 2 -4 -60 …… 126
名古屋高判　昭30・2・16　高刑 8 -1 -82 … 245
最判　昭30・3・17　刑集 9 -3 -477 ………… 527
東京高判　昭30・3・31　裁特 2 -7 -242 …… 157
最判　昭30・4・8　刑集 9 -4 -827 ………… 208
福岡高判　昭30・4・25　高刑 8 -3 -418 …… 156
仙台高判　昭30・4・26　高刑 8 -3 -423 …… 158
名古屋高判　昭30・5・4　裁特 2 -11-501 … 184
広島高判　昭30・6・4　高刑 8 -4 -585 …… 486
最大判　昭30・6・22　刑集 9 -8 -1189
　　　=三鷹事件 ………………… 340, 342, 343
福岡高宮崎支判　昭30・6・24　裁特 2 -12-628
　　　…………………………………………… 478
東京高判　昭30・6・27　東時 6 -7 -211 …… 126
最決　昭30・7・7　刑集 9 -9 -1856
　　　……………………………… 210, 213, 214
仙台高判　昭30・7・19　裁特 2 -16=17-821
　　　…………………………………………… 213
最決　昭30・8・9　刑集 9 -9 -2008 ……… 155
東京高判　昭30・8・30　高刑 8 -6 -860 …… 138
広島高判　昭30・9・6　高刑 8 -8 -1021 … 212
最決　昭30・9・29　刑集 9 -10-2098 ……… 83
最判　昭30・10・14　刑集 9 -11-2173 …… 166, 246
広島高岡山支判　昭30・11・15　裁特 2 -22-
　　　1173 ……………………………………… 327
仙台高判　昭30・12・8　裁特 2 -24-1267 … 40
名古屋高判　昭30・12・13　裁特 2 -24-1276
　　　…………………………………………… 229
広島高岡山支判　昭30・12・22　裁特 2 -18-
　　　1342 ……………………………………… 141

556 判例索引

最判 昭30・12・26 刑集9-14-3053 …… 253, 258
昭和31～35年
最決 昭31・1・19 刑集10-1-67 ………… 159
高松高判 昭31・1・19 裁特3-3-51 …… 459
最決 昭31・2・3 刑集10-2-153 ………… 534
最決 昭31・3・6 裁集112-601 ………… 418
福岡高判 昭31・4・14 裁特3-8-409 …… 86
仙台高判 昭31・6・13 裁特3-24-1149 … 185
最判 昭31・6・26 刑集10-6-874 …… 259, 267
最決 昭31・7・3 刑集10-7-955 ……… 161
最判 昭31・7・3 刑集10-7-965 ……… 528
最決 昭31・7・12 刑集10-7-1058
　…………………………… 521, 529, 530
最判 昭31・7・17 刑集10-7-1075 ……… 519
東京高判 昭31・8・9 裁特3-17-826 …… 265
最決 昭31・8・22 刑集10-8-1237 ……… 113
最決 昭31・8・22 刑集10-8-1260 ……… 174
東京高判 昭31・9・27 高刑9-9-1044 … 89
最判 昭31・10・25 刑集10-10-1455 …… 108
大阪地判 昭31・11・8 判時93-25 ……… 448
東京高判 昭31・12・5 東時7-12-460 … 213
最判 昭31・12・7 刑集10-12-1592
　…………………………… 219, 275, 286
広島高判 昭31・12・25 高刑9-12-1336 … 476
最決 昭31・12・27 刑集10-12-1798 … 358, 394
最判 昭32・1・22 刑集11-1-50 …… 470, 472
東京高判 昭32・1・22 高刑10-1-10 …… 99
最決 昭32・1・29 刑集11-1-325 ……… 301
最判 昭32・2・21 刑集11-2-877 ……… 141
名古屋高判 昭32・3・4 裁特4-6-116 … 184
最大判 昭32・3・13 刑集11-3-997
　　　＝チャタレイ事件 …………… 416, 417
最判 昭32・3・28 刑集11-3-1136 …… 522
最判 昭32・4・4 刑集11-4-1327 …… 300
仙台高判 昭32・4・18 裁特4-10-230 …… 104
最決 昭32・4・25 刑集11-4-1427 …… 160
最決 昭32・5・22 刑集11-5-1526 …… 418
東京高判 昭32・5・24 高刑10-4-361 …… 471
最判 昭32・7・16 刑集11-7-1829 …… 156
大阪高判 昭32・7・22 高刑10-6-521 …… 450
最判 昭32・7・25 刑集11-7-2037 …… 358
東京高判 昭32・8・24 裁特4-17-435 …… 87
大阪高判 昭32・9・13 高刑10-7-602 …… 76
最判 昭32・9・13 刑集11-9-2263 …… 188
広島高判 昭32・9・25 高刑10-9-701 …… 195

最判 昭32・10・3 刑集11-10-2413 ……… 456
最判 昭32・10・4 刑集11-10-2464 …… 387
最判 昭32・11・8 刑集11-12-3061 …… 157
最決 昭32・11・21 刑集11-12-3101 …… 519
最決 昭32・12・5 刑集11-13-3157 …… 530
最判 昭32・12・13 刑集11-13-3207 … 470, 473
大阪高判 昭32・12・18 裁特4-23-637 …… 461
最決 昭32・12・19 刑集11-13-3316 …… 254
最決 昭33・1・16 刑集12-1-25 ……… 358
松江地判 昭33・1・21 一審刑集1-1-41
　…………………………… 240, 273, 274
最判 昭33・2・4 刑集12-2-109 ……… 178
最決 昭33・2・27 刑集12-2-342 ……… 535
東京高判 昭33・3・4 高刑11-2-67 …… 173
最決 昭33・3・6 刑集12-3-452 ……… 243
東京高判 昭33・3・10 裁特5-3-89 …… 157
最決 昭33・3・19 刑集12-4-636 ……… 82
最判 昭33・3・28 刑集12-4-708 ……… 454
最判 昭33・4・10 刑集12-5-743 ……… 383
最判 昭33・4・18 刑集12-6-1090 …… 71
最決 昭33・5・1 刑集12-7-1286 ……… 253
高松高判 昭33・5・31 裁特5-6-257 …… 530
東京高判 昭33・7・7 裁特5-8-313 …… 214
東京高判 昭33・7・19 高刑11-6-347 …… 476
最判 昭33・7・25 刑集12-12-2746 …… 333
東京高判 昭33・7・28 裁特5-9-370 …… 448
最決 昭33・7・31 刑集12-12-2805 …… 502
最決 昭33・9・1 刑集12-13-2833 …… 228
最決 昭33・9・16 刑集12-13-3031
　…………………………… 377, 383, 394
最判 昭33・9・19 刑集12-13-3047 …… 263
仙台高判 昭33・9・24 高刑11-追録1 … 475
最判 昭33・9・30 刑集12-13-3151
　　　＝湊川公園事件 ………………… 452
最決 昭33・9・30 刑集12-13-3180 …… 516
最判 昭33・10・10 刑集12-14-3246 …… 287
最判 昭33・10・14 刑集12-14-3264 …… 451
最判 昭33・10・24 刑集12-14-3368 …… 294
最判 昭33・11・21 刑集12-15-3519 ……… 16
東京地判 昭33・12・11 一審刑集1-12-1960
　………………………………………… 526
東京高判 昭33・12・22 高検速776 …… 459
広島高判 昭33・12・24 高刑11-10-701 …… 104
東京高判 昭34・1・31 東時10-1-84 …… 162
最決 昭34・2・9 刑集13-1-76 …… 289, 292

判例索引　　*557*

高松高判　昭34・2・11　高刑12- 1 -18 ……… 187
最判　昭34・2 ・13　刑集13- 2 -101 ………… 288
最判　昭34・2 ・19　刑集13- 2 -161 ………… 432
最判　昭34・3 ・5 　刑集13- 3 -275 ………… 421
最決　昭34・3 ・12　刑集13- 3 -298 ………… 207
最決　昭34・3 ・23　刑集13- 3 -391 ………… 193
東京高判　昭34・4 ・30　高刑12- 5 -486 …… 450
最判　昭34・5 ・7 　刑集13- 5 -641 …… 123, 128
最決　昭34・5 ・26　刑集13- 5 -817 ………… 522
広島高判　昭34・6 ・12　高刑12- 7 -681 …… 534
東京高判　昭34・6 ・29　下刑 1 - 6 -1366 …… 497
最判　昭34・7 ・24　刑集13- 8 -1163
　　　　　　　　　　　　　　………… 30, 33, 35
最決　昭34・8 ・27　刑集13-10-2769 ……… 451
最判　昭34・8 ・28　刑集13-10-2906 ……… 166
千葉地判　昭34・9 ・12　判時207-34 ……… 488
神戸地判　昭34・9 ・25　下刑 1 - 9 -2069 …… 190
最決　昭34・9 ・28　刑集13-11-2993 ……… 220
福岡地小倉支判　昭34・10・29　下刑 1 -10-
　　2295 ………………………………… 214
東京高判　昭34・11・28　高刑12-10-974 …… 358
最判　昭34・12・4 　刑集13-12-3127 ……… 357
最大判　昭34・12・9 　刑集13-12-3186 …… 516
最決　昭35・1 ・12　刑集14- 1 - 9 ………… 384
大阪高判　昭35・2 ・18　下刑 2 - 2 -141 …… 493
東京高判　昭35・2 ・22　東時11- 2 -43 …… 214
最判　昭35・3 ・1 　刑集14- 3 -209 …… 445, 446
最決　昭35・3 ・10　刑集14- 3 -333 ………… 407
最判　昭35・3 ・18　刑集14- 4 -416 ……… 76
東京高判　昭35・3 ・22　東時11- 3 -73 …… 72
最判　昭35・4 ・14　民集14- 5 -833 ……… 360
名古屋高判　昭35・4 ・25　高刑13- 4 -279
　　　　　　　　　　　　　　……………… 339
最判　昭35・4 ・26　刑集14- 6 -748 ……… 166
最決　昭35・4 ・28　刑集14- 6 -836 ……… 459
最決　昭35・6 ・24　刑集14- 8 -1103 … 458, 459
佐賀地判　昭35・6 ・27　下刑 2 -5=6-938 … 477
熊本地判　昭35・7 ・1 　下刑 2 -7=8-1031 … 34
最決　昭35・7 ・18　刑集14- 9 -1189 ……… 484
最決　昭35・9 ・9 　刑集14-11-1457 ……… 173
東京高判　昭35・11・29　高刑13- 9 -639 …… 492
最判　昭35・12・8 　刑集14-13-1818
　　＝平事件 ……………… 310, 311, 313, 314
最決　昭35・12・13　刑集14-13-1929 ……… 292
最判　昭35・12・15　民集14-14-3060 ……… 260

静岡地沼津支判　昭35・12・26　下刑 2 -11=12-
　　1562 ……………………………… 449
最決　昭35・12・27　刑集14-14-2229 ……… 305

昭和36～40年
最判　昭36・1 ・13　刑集15- 1 -113 ……… 516
最決　昭36・2 ・9 　刑集15- 2 -308 ……… 524
最判　昭36・3 ・30　刑集15- 3 -605 ……… 389
最判　昭36・3 ・30　刑集15- 3 -667 ……… 378
東京高判　昭36・3 ・31　高刑14- 2 -77 …… 468
東京地判　昭36・4 ・4 　判時274-34 ……… 486
名古屋高金沢支判　昭36・5 ・2 　下刑 3 -5=6-
　　399 ………………………………… 99
東京高判　昭36・5 ・4 　東時12- 5 -59 …… 464
最決　昭36・5 ・23　刑集15- 5 -812 ……… 392
名古屋地判　昭36・5 ・29　裁時332- 5 …… 32
最判　昭36・6 ・20　刑集15- 6 -984 ……… 389
最決　昭36・6 ・22　刑集15- 6 -1004 ……… 535
福岡高判　昭36・6 ・29　高刑14- 5 -273 …… 528
浦和地判　昭36・7 ・13　下刑 3 -7=8-693 … 245
東京高判　昭36・8 ・8 　高刑14- 5 -316 …… 158
最決　昭36・8 ・17　刑集15- 7 -1293 ……… 487
和歌山地判　昭36・8 ・21　下刑 3 -7=8-783
　　　　　　　　　　　　　　……………… 485
最判　昭36・9 ・8 　刑集15- 8 -1309 ……… 346
最判　昭36・9 ・26　刑集15- 8 -1525 ……… 358
最判　昭36・10・6 　刑集15- 9 -1567 ……… 456
最判　昭36・10・10　刑集15- 9 -1580 … 262, 298
最判　昭36・10・13　刑集15- 9 -1586 ……… 123
名古屋高判　昭36・11・8 　高刑14- 8 -563
　　　　　　　　　　　　　　……………… 424
東京高判　昭36・11・27　東時12-11-236 …… 246
横浜地判　昭36・11・27　下刑 3 -11=12-1111
　　　　　　　　　　　　　　……………… 29
最判　昭36・12・1 　刑集15-11-1807
　　＝人民電車事件 ………………………… 340
札幌高判　昭36・12・25　高刑14-10-681 …… 179
最判　昭37・1 ・23　刑集16- 1 -11 ……… 451
東京高判　昭37・1 ・23　高刑15- 2 -100 …… 527
最決　昭37・2 ・9 　刑集16- 2 -54 ……… 468
最判　昭37・2 ・13　刑集16- 2 -68 ……… 280
最判　昭37・4 ・13　判時315- 4 ………… 532
最判　昭37・5 ・29　刑集16- 5 -528 ……… 520
最決　昭37・6 ・26　裁集143-201 ………… 173
福岡高判　昭37・7 ・23　高刑15- 5 -387 …… 177
福岡高判　昭37・8 ・22　高刑15- 5 -405 …… 176

浦和地判 昭37・9・24 下刑 4 -9=10-879
.... 271
東京高判 昭37・10・31 東時13-10-267 182
最決 昭37・11・21 刑集16-11-1570 89
最大判 昭37・11・28 刑集16-11-1593 534
東京地判 昭37・11・29 判タ140-117 221
東京地判 昭37・12・3 判時323-33 159
東京高判 昭38・1・24 高刑16- 1 -16 179
東京地判 昭38・3・23 判タ147-92 43
福岡高宮崎支判 昭38・3・29 判タ145-199
.... 72
最決 昭38・4・18 刑集17- 3 -248 82,83
最決 昭38・5・13 刑集17- 4 -279 508
最決 昭38・7・9 刑集17- 6 -608 276,287
福岡高判 昭38・7・15 下刑 5 -7=8-653 493
鹿児島地判 昭38・7・18 下刑 5 -7=8-748
.... 493
高松地丸亀支判 昭38・9・16 下刑 5 -9=10-
867 222
最決 昭38・11・8 刑集17-11-2357 299
東京高判 昭38・11・11 公刊物未登載
＝千葉銀行事件控訴審判決 282
最判 昭38・12・24 刑集17-12-2485 301,376
新潟地相川支判 昭39・1・10 下刑 6 -1=2-25
.... 176
最判 昭39・1・24 判時365-26 258
東京高判 昭39・1・27 判時373-47 66
最決 昭39・1・28 刑集18- 1 -31 40
最決 昭39・3・11 刑集18- 3 -99 431
最決 昭39・3・31 刑集18- 3 -115 459
名古屋高判 昭39・4・27 高刑17- 3 -262
.... 328
東京高判 昭39・6・8 高刑17- 5 -446 159
東京地判 昭39・7・31 下刑 6 -7=8-891 155
大阪高判 昭39・10・5 下刑 6 -9=10-988
.... 140
最判 昭39・11・24 刑集18- 9 -610 304
最決 昭39・12・8 刑集18-10-952 526
名古屋高判 昭39・12・28 下刑 6 -11=12-1240
.... 304
最決 昭40・2・26 刑集19- 1 -59 484
最判 昭40・3・4 民集19- 2 -197 167
最決 昭40・3・9 刑集19- 2 -69 162
東京高判 昭40・3・29 高刑18- 2 -126 488
最決 昭40・3・30 刑集19- 2 -125 102

東京地判 昭40・4・10 判時411-35
＝第一相互銀行事件 281
最決 昭40・4・16 刑集19- 3 -143 440
最大判 昭40・4・28 刑集19- 3 -300 533
東京高判 昭40・6・25 高刑18- 3 -238 83
最決 昭40・9・16 刑集19- 6 -679 489
名古屋高金沢支判 昭40・10・14 高刑18- 6 -
691 43
大阪高判 昭40・12・17 高刑18- 7 -877 177

昭和41〜45年

名古屋高判 昭41・3・10 高刑19- 2 -104
.... 419
最決 昭41・3・24 刑集20- 3 -129 451
最決 昭41・4・8 刑集20- 4 -207 159,187
最決 昭41・4・14 判時449-64 450
札幌地判 昭41・4・20 下刑 8 - 4 -658 244
最決 昭41・6・10 刑集20- 5 -374 304
最決 昭41・9・16 刑集20- 7 -790 464
大阪地判 昭41・9・19 判タ200-180 329
最大判 昭41・11・30 刑集20- 9 -1076
＝摩周丸事件 139
最判 昭42・3・7 刑集21- 2 -417 88
最決 昭42・3・30 刑集21- 2 -447 392
東京高判 昭42・4・28 判タ210-222 268
大阪地判 昭42・5・13 下刑 9 - 5 -681 39
最大判 昭42・5・24 刑集21- 4 -505 449
東京高判 昭42・6・20 東時18- 6 -193 184
福岡高判 昭42・6・22 下刑 9 - 6 -784 194
東京地判 昭42・6・30 判タ211-187 169
最決 昭42・8・28 刑集21- 7 -863 393
東京高判 昭42・9・14 東時18- 9 -249 282
最決 昭42・10・12 刑集21- 8 -1083 333
最決 昭42・11・2 刑集21- 9 -1179 177
大阪高判 昭42・11・29 判時518-83 222
最決 昭42・12・19 刑集21-10-1407 456
最決 昭42・12・21 判時506-59 84
最決 昭42・12・21 刑集21-10-1453 217
最決 昭43・1・18 刑集22- 1 - 7 127
最決 昭43・2・27 刑集22- 2 -67 56
尼崎簡判 昭43・2・29 下刑10- 2 -211 109
仙台高判 昭43・2・29 下刑10- 2 - 6 455
大阪高判 昭43・3・4 判タ221-224 155
東京高判 昭43・3・15 高刑21- 2 -158 509
大阪地判 昭43・3・18 判タ223-244 488
岡山地判 昭43・4・30 下刑10- 4 -416 80

判例索引　　559

岡山地判　昭43・5・6　下刑10- 5 -561 ……… 89
仙台高判　昭43・5・23　下刑10- 5 -542 …… 317
最決　昭43・6・5　刑集22- 6 -427 ………… 430
最決　昭43・6・6　刑集22- 6 -434 ………… 210
松山地宇和島支判　昭43・6・12　下刑10- 6 -
　　645 …………………………………………… 141
最決　昭43・6・25　刑集22- 6 -490 ……… 360
最判　昭43・6・28　刑集22- 6 -569 ……… 306
大阪高判　昭43・7・25　判時525- 3 ……… 311
大津地判　昭43・8・27　下刑10- 8 -866 …… 471
最決　昭43・9・17　刑集22- 9 -862 ……… 108
最決　昭43・9・17　判時534-85 …………… 174
最大判　昭43・9・25　刑集22- 9 -871 …… 535
岡山地判　昭43・10・8　判時546-98 ……… 33
最決　昭43・10・15　刑集22-10-901 …… 531
最決　昭43・10・24　刑集22-10-946 …… 207, 228
最決　昭43・11・7　判時541-83 …………… 29
大阪地判　昭43・11・15　判タ235-280 …… 176
最決　昭43・12・11　刑集22-13-1469 …… 245
甲府地判　昭43・12・18　下刑10-12-1239
　　……………………………………………… 468, 508
最判　昭43・12・24　刑集22-13-1625 …… 422
最決　昭44・5・1　刑集23- 6 -907 ……… 302
宮崎地日南支判　昭44・5・22　刑月 1 - 5 -535
　　……………………………………………… 488
最大判　昭44・6・18　刑集23- 7 -950
　　……………………………………………… 391, 392
最大判　昭44・6・25　刑集23- 7 -975
　　=夕刊和歌山事件 ……………………… 128, 129
最決　昭44・7・25　刑集23- 8 -1068 ……… 98
大阪高判　昭44・8・7　刑月 1 - 8 -795 …… 215
京都地判　昭44・8・30　刑月 1 - 8 -841 …… 139
東京地判　昭44・9・1　刑月 1 - 9 -865 …… 114
最大判　昭44・10・15　刑集23-10-1239 … 417
福岡高判　昭44・12・18　刑月 1 -12-1110
　　……………………………………………… 247, 526
最判　昭45・1・29　刑集24- 1 - 1 ………… 100
大阪地判　昭45・1・29　刑月 2 - 1 -70 …… 80
最判　昭45・3・26　刑集24- 3 -55 ……… 217
最決　昭45・3・27　刑集24- 3 -76 ……… 266
大阪地判　昭45・3・30　判タ249-280 …… 526
東京高判　昭45・4・6　判タ255-235 …… 155
広島高判　昭45・5・28　判タ255-275 …… 163
最決　昭45・6・30　判時596-96 ………… 383
東京地判　昭45・7・11　判タ261-278 …… 67

札幌高判　昭45・7・14　高刑23- 3 -479 …… 49
最決　昭45・7・28　刑集24- 7 -585 ……… 103
東京高判　昭45・8・11　高刑23- 3 -524 …… 342
最決　昭45・9・4　刑集24-10-1319 ……… 395
名古屋高判　昭45・9・30　刑月 2 - 9 -951
　　……………………………………………… 139
京都地判　昭45・10・12　刑月 2 -10-1104 …… 82
最大判　昭45・10・21　民集24-11-1560 …… 261
最決　昭45・12・3　刑集24-13-1707
　　=清水谷公園事件 ……………… 65, 67, 68
最決　昭45・12・17　刑集24-13-1765 …… 133
最判　昭45・12・22　刑集24-13-1812
　　=国鉄東灘駅事件 ……………………… 447
最決　昭45・12・22　刑集24-13-1882 …… 183

昭和46～50年

大阪地判　昭46・1・30　刑月 3 - 1 -59 …… 114
福井地判　昭46・2・16　刑月 3 - 2 -105 …… 475
東京地判　昭46・3・19　刑月 3 - 3 -444 …… 67
最判　昭46・3・25　民集25- 2 -208 ……… 260
最判　昭46・4・22　刑集25- 3 -530 ……… 341
最判　昭46・6・17　刑集25- 4 -567 ……… 47
東京高判　昭46・9・9　高刑24- 3 -537 …… 176
東京地判　昭46・9・20　判時648-28 ……… 531
最決　昭46・9・22　刑集25- 6 -769 ……… 108
福岡高判　昭46・10・11　刑月 3 -10-1311 … 40
大阪高判　昭46・11・26　高刑24- 4 -741 … 264
東京高判　昭46・12・23　高刑24- 4 -789 … 419
大阪高判　昭47・1・24　高刑25- 1 -11 …… 65
福岡高判　昭47・1・24　刑月 4 - 1 - 4 …… 460
最判　昭47・3・14　刑集26- 2 -187 ……… 67
福岡地小倉支判　昭47・4・28　判タ279-365
　　……………………………………………… 246
京都地判　昭47・7・14　刑月 4 - 7 -1312 …… 67
大阪高判　昭47・8・4　高刑25- 3 -368 …… 186
大阪地判　昭47・9・6　判タ306-298 …… 450
東京地判　昭47・10・19研修337-69 ………… 255
東京高判　昭47・11・21　高刑25- 5 -479
　　=メーデー事件 …………………… 310, 311
福岡高判　昭47・11・22　刑月 4 -11-1803 … 259
最決　昭48・2・8　刑集27- 1 - 1 ………… 65
最決　昭48・2・28　刑集27- 1 -68 ……… 428
東京地判　昭48・3・9　判タ298-349 …… 33
東京高判　昭48・3・26　高刑26- 1 -85 …… 186
東京高判　昭48・3・27　東時24- 3 -41 …… 114
最大判　昭48・4・4　刑集27- 3 -265 ……… 12

560 判例索引

大阪高判 昭48・5・9 刑月5-5-899 ……… 98
東京高判 昭48・8・7 高刑26-3-322 …… 141
東京地判 昭48・9・6 刑月5-9-1315
　　=国会爆竹事件 ……………………… 139
高松高判 昭48・10・30 高刑26-4-512 …… 447
東京高判 昭48・11・20 高刑26-5-548 …… 259
大阪高判 昭49・2・14 刑月6-2-118 …… 141
広島地判 昭49・4・3 判タ316-289 ……… 321
福岡高判 昭49・5・20 刑月6-5-561 …… 49
東京地判 昭49・5・28 判時757-124 …… 460
最大判 昭49・5・29 刑集28-4-114 ……… 52
最決 昭49・5・31 裁集192-571 ……… 109
東京地判 昭49・6・27 高刑27-3-291 …… 179
東京高判 昭49・10・22 東時25-10-90 …… 324
東京高判 昭50・2・28 東時26-2-47 ……… 67
東京高判 昭50・4・15 刑月7-4-480 …… 41
最判 昭50・4・24 判時774-119 ……… 517
福岡高那覇支判 昭50・5・10 刑月7-5-586
　　=宮古農民騒乱事件 ……………… 310
大阪高判 昭50・6・4 高刑28-3-257 …… 447
最決 昭50・6・12 刑集29-6-365 ……… 295
最判 昭50・6・13 刑集29-6-375 ……… 351
広島地判 昭50・6・24 刑月7-6-692 …… 172
東京高判 昭50・7・1 刑月7-7=8-765 … 76
東京地判 昭50・11・26 判時951-28
　　=日活ロマンポルノ事件 …………… 417
東京地判 昭50・12・26 刑月7-11=12-984
　　…………………………………… 141

昭和51〜55年

最判 昭51・2・6 刑集30-1-1 ……… 13
最判 昭51・2・19 刑集30-1-47 ………… 522
最判 昭51・3・4 刑集30-2-79 …… 109, 112
最決 昭51・3・23 刑集30-2-229 ……… 128
最決 昭51・4・1 刑集30-3-425 …… 206, 221
最判 昭51・4・30 刑集30-3-453 ……… 378
最判 昭51・5・6 刑集30-4-591 ……… 385
東京高判 昭51・7・13 東時27-7-83 …… 254
大阪高判 昭51・7・14 刑月8-6=7=8-332
　　…………………………………… 447
広島高判 昭51・9・21 刑月8-9=10-380 … 82
札幌高判 昭51・10・12 判時861-129 ……… 174
京都地判 昭51・10・15 刑月8-9=10-431
　　…………………………………… 194
大阪地判 昭51・10・25 刑月8-9=10-435 … 91
札幌高判 昭51・11・11 判タ347-300 ……… 255

札幌簡判 昭51・12・6 刑月8-11=12-525
　　…………………………………… 155
京都地判 昭51・12・17 判時847-112 …… 173
東京高判 昭52・2・28 高刑30-1-108 …… 392
東京高判 昭52・5・4 判時861-122 …… 324
東京地判 昭52・7・18 判時880-110 …… 483
最決 昭52・8・25 刑集31-4-803 ……… 506
大分地判 昭52・9・26 判時879-161 …… 190
最判 昭52・12・22 刑集31-7-1176 …… 422
東京高判 昭53・2・8 高刑31-1-1 …… 392
東京高判 昭53・2・16 高刑31-1-22 …… 358
千葉地木更津支判 昭53・3・16 判時903-109
　　…………………………………… 194
東京高判 昭53・3・22 刑月10-3-217 …… 352
東京地判 昭53・3・28 判時911-166 …… 358
東京高判 昭53・3・29 高刑31-1-48 …… 177
福岡高判 昭53・4・24 判時905-123 …… 254
最決 昭53・5・31 刑集32-3-457 ……… 120
最判 昭53・6・29 刑集32-4-816
　　=長田電報局事件 ………… 446, 447
大阪高判 昭53・7・28 高刑31-2-118 …… 85
最決 昭53・9・4 刑集32-6-1077
　　=大須事件 …………… 311, 312, 314
東京高判 昭53・9・13 判時916-104 ……… 185
最決 昭53・9・22 刑集32-6-1774 ……… 449
東京高判 昭53・10・20 高検速2316 …… 240, 274
大阪高判 昭53・12・15 高刑31-3-333 …… 447
最決 昭54・1・10 刑集33-1-1
　　=国鉄小牛田駅事件 ……………… 447
熊本地判 昭54・3・22 判時931-6 ………… 25
東京高判 昭54・4・12 刑月11-4-277 …… 157
東京高判 昭54・4・24 刑月11-4-303 …… 477
名古屋地判 昭54・4・27 刑月11-4-358 … 222
最判 昭54・5・30 刑集33-4-324 ……… 378
名古屋高判 昭54・6・4 刑月11-6-515 … 98
大阪地堺支判 昭54・6・22 判時970-173
　　…………………………………… 421
最決 昭54・6・26 刑集33-4-364 ……… 95
東京地判 昭54・8・10 判時943-122 … 40, 45
大阪地判 昭54・8・15 刑月11-7=8-816 … 397
東京地判 昭54・10・19 刑月11-10-1247
　　=愛のコリーダ事件 ……………… 417
最決 昭54・10・26 刑集33-6-665 ……… 427
最決 昭54・11・19 刑集33-7-710 ……… 196
最決 昭54・11・19 刑集33-7-728 ……… 333

判例索引　*561*

最決　昭54・11・19　刑集33-7-754 …………… 419
東京高判　昭54・12・11　東時30-12-179 …… 284
最判　昭54・12・25　刑集33-7-1105 ………… 477
東京地判　昭55・2・14　刑月12-1=2-47 …… 174
最決　昭55・2・29　刑集34-2-56 …………… 305
東京高判　昭55・3・3　判時975-132
　　　　　　　　　　　　　　………………… 209, 233
長崎地佐世保支判　昭55・5・30　判時999-131
　　　　　　　　　　　　　　……………………… 141
最決　昭55・7・15　判時972-129 …………… 260
名古屋地判　昭55・7・28　刑月12-7-709
　　　　　　　　　　　　　　……………………… 104
大阪高判　昭55・7・29　刑月12-7-525 …… 260
東京高判　昭55・10・7　刑月12-10-1101 …… 84
最決　昭55・10・30　刑集34-5-357 ………… 174
最判　昭55・11・28　刑集34-6-433 ………… 417
最決　昭55・12・9　刑集34-7-513 ………… 342
最決　昭55・12・22　刑集34-7-747 ……… 358, 516

昭和56〜60年

東京地判　昭56・1・29　判時1029-134 …… 122
最決　昭56・2・20　刑集35-1-15 ………… 270
静岡地沼津支判　昭56・3・12　判時999-131
　　　　　　　　　　　　　　……………………… 305
神戸地判　昭56・3・27　判時1012-35
　　　＝東洋レーヨン事件 ……………………… 275
最決　昭56・4・8　刑集35-3-57 ………… 397
最判　昭56・4・16　刑集35-3-84
　　　＝月刊ペン事件 …………………………… 126
最決　昭56・4・16　刑集35-3-107 ………… 397
広島高判　昭56・6・15　判時1009-140
　　　　　　　　　　　　　　………………… 254, 361
福井地判　昭56・8・31　判時1022-144 …… 216
福岡高判　昭56・9・21　刑月13-8=9-527 …… 218
東京地判　昭56・11・6　判時1043-151 …… 394
最決　昭56・12・22　刑集35-9-953 ……… 398
東京高判　昭57・1・21　刑月14-1=2-1
　　　　　　　　　　　　　　………………… 111, 185
最決　昭57・1・28　刑集36-1-1
　　　　　　　　　　　　　　……… 506, 507, 509
最判　昭57・6・24　刑集36-5-646 ………… 302
大阪地判　昭57・7・9　判時1083-158 …… 190
大阪地判　昭57・7・27　判時1059-158
　　　＝三和銀行茨木支店事件 ……………… 234
東京高判　昭57・8・6　判時1083-150 …… 186
東京高判　昭57・8・10　刑月14-7=8-603 …… 70

福岡高判　昭57・9・6　高刑35-2-85 ……… 25
大阪地判　昭57・9・9　判時1067-159
　　　＝近畿相互銀行事件 ……………………… 402
旭川地判　昭57・9・29　刑月14-9-713 …… 486
最決　昭57・11・8　刑集36-11-879 ……… 333
最決　昭57・11・29　刑集36-11-988 ……… 85, 92
東京高判　昭58・1・20　判時1088-147 ……… 111
福岡高判　昭58・2・28　判時1083-156 …… 156
東京地判　昭58・3・1　刑月15-3-255 …… 104
最判　昭58・3・8　刑集37-2-15 ……… 417, 418
最決　昭58・3・25　刑集37-2-170 ………… 523
仙台地判　昭58・3・28　刑月15-3-279 …… 321
最判　昭58・4・8　刑集37-3-215
　　　＝大槌郵便局事件 ………………………… 110
東京高判　昭58・4・27　高刑36-1-27 …… 124
最決　昭58・5・9　刑集37-4-401 ………… 468
最判　昭58・5・24　刑集37-4-437
　　　＝信用保証協会事件 ……………………… 280
東京高判　昭58・5・26　東時34-4=5=6-18
　　　　　　　　　　　　　　……………………… 358
東京地判　昭58・6・10　判時1084-37 …… 126
東京地判　昭58・6・20　刑月15-4=5=6-299
　　　　　　　　　　　　　　……………………… 321
最判　昭58・6・23　刑集37-5-555
　　　＝アドセンター事件 ……………………… 65
横浜地判　昭58・7・20　判時1108-138
　　　　　　　　　　　　　　………………… 319, 321
京都地判　昭58・8・1　刑月15-7=8-387 …… 468
大阪高判　昭58・8・26　判時1102-155 …… 177
最決　昭58・9・27　刑集37-7-1078 ……… 85, 92
最判　昭58・9・29　刑集37-7-1110 ……… 352
東京地判　昭58・10・6　判時1096-151 …… 287
最判　昭58・10・27　刑集37-8-1294 ……… 416
最決　昭58・11・1　刑集37-9-1341
　　　　　　　　　　　　　　……… 76, 79, 135
千葉地判　昭58・11・11　判時1128-160 …… 253
最決　昭58・11・24　刑集37-9-1538 ……… 402
最判　昭59・2・17　刑集38-3-336 ……… 380, 399
最決　昭59・3・23　刑集38-5-2030 ……… 141
札幌地判　昭59・3・27　判時1116-143
　　　＝北海道銀行事件 …………… 209, 233, 402
最決　昭59・4・12　刑集38-6-2107 ……… 339
秋田地判　昭59・4・13　判時1136-161 …… 230
東京地判　昭59・4・24　判時1119-40
　　　＝新宿バス放火事件 ……………………… 330

最決 昭59・4・27 刑集38-6-2584 ………… 141
最決 昭59・5・8 刑集38-7-2621 ‥‥ 139, 446
新潟地判 昭59・5・17 判時1123-3
　　　　＝大光相互銀行事件 ……………… 281
大阪高判 昭59・5・23 高刑37-2-328 …… 222
最決 昭59・5・30 刑集38-7-2682
　　　　＝大学設置審議会事件 ………… 519
東京高判 昭59・6・13 刑月16-5=6-414 …… 99
東京地判 昭59・6・15 判時1126-3 ……… 173
東京地判 昭59・6・22 刑月16-5=6-467
　　　　＝東京交通会館事件 ……………… 323, 324
東京高判 昭59・7・18 高刑37-2-360 …… 128
大阪高判 昭59・11・28 高刑37-3-438 …… 189
最決 昭59・12・21 刑集38-12-3071
　　　　＝新宿駅騒乱事件 ……………… 311, 313
大阪高判 昭60・2・6 高刑38-1-50
　　　　…………………………… 41, 78, 200
東京地判 昭60・2・13 刑月17-1=2-22
　　　　＝新潟鉄工事件 ……………… 264
東京地判 昭60・3・6 判時1147-162 …… 273
東京地判 昭60・3・19 判時1172-155 …… 197
最判 昭60・3・28 刑集39-2-75 ………… 328
東京地判 昭60・4・8 判時1171-16 …… 521
東京高判 昭60・4・24 判タ577-91 …… 185
最決 昭60・6・11 刑集39-5-219
　　　　＝大館市議会事件 ……………… 521
新潟地判 昭60・7・2 刑月17-7=8-663 …… 159
最決 昭60・7・16 刑集39-5-245
　　　　＝小倉簡易裁判所事件 ……………… 509
最決 昭60・10・21 刑集39-6-362 ……… 71, 333
最大判 昭60・10・23 刑集39-6-413 …… 97, 98
東京高判 昭60・12・10 判時1201-148
　　　　………………………………… 29, 33

昭和61～63年
横浜地判 昭61・2・18 刑月18-1=2-127 …… 138
福岡地判 昭61・3・3 判タ595-95 ……… 141
東京高判 昭61・5・14 判時1205-1
　　　　＝ロッキード事件（全日空ルート）
　　　　控訴審判決 ……………………… 527
東京高判 昭61・5・14 判時1205-61 …… 515
東京高判 昭61・5・16 判時1205-5
　　　　………………………………… 515, 523
山形地判 昭61・6・11 判時1240-144 …… 527
最決 昭61・6・27 刑集40-4-369 ………… 524
最決 昭61・7・18 刑集40-5-438 …… 167, 304

福岡地小倉支判 昭61・8・5 判時1253-143
　　　　………………………………… 484
名古屋高判 昭61・9・30 高刑39-4-371
　　　　………………………………… 333
大阪地判 昭61・10・3 判タ630-228 ……… 70
最決 昭61・11・18 刑集40-7-523 …… 184, 190
大阪高判 昭61・12・16 高刑39-4-592 …… 76
福岡地判 昭62・2・9 判時1233-157 ……… 192
最決 昭62・3・12 刑集41-2-140
　　　　＝新潟県議会事件 ……………… 139
最決 昭62・3・24 刑集41-2-173
　　　　＝佐賀相互銀行事件 ……………… 91
最決 昭62・4・10 刑集41-3-221
　　　　＝ロストボール事件 …………… 154, 270
広島高松江支判 昭62・6・18 判タ642-257
　　　　………………………………… 102
大阪高判 昭62・7・10 高刑40-3-720 ……… 50
大阪高判 昭62・7・17 判時1253-141 ……… 197
東京高判 昭62・7・29 判時1257-3 ……… 521
東京高判 昭62・9・16 判時1294-143 ……… 100
最決 昭62・9・30 刑集41-6-297 …… 454, 456
東京地判 昭62・10・6 判時1259-137
　　　　………………………………… 172, 173
東京高判 昭62・11・18 高刑40-2-77 ……… 515
最決 昭63・1・19 刑集42-1-1 …… 23, 31, 33
最決 昭63・2・29 刑集42-2-314 …… 26, 466
東京地決昭和63・3・7 判タ662-262 ……… 507
東京地判 昭63・3・17 判時1284-149 ……… 68
大阪高判 昭63・3・29 判時1309-43 ……… 80
最決 昭63・4・11 刑集42-4-419
　　　　＝大阪タクシー事件 …………… 517, 519
最決 昭63・7・18 刑集42-6-861
　　　　＝殖産住宅事件 ……………… 516
東京高決昭63・8・3 高刑41-2-327 ……… 507
大阪地判 昭63・10・7 判時1295-151
　　　　＝第一勧銀事件 ……………… 234, 236, 240
東京地判 昭63・10・26 判タ690-245 ………… 29
大阪地判 昭63・11・8 判タ703-281 ……… 526
最決 昭63・11・21 刑集42-9-1251
　　　　＝東京相互銀行事件 ……………… 279, 282
大阪地判 昭63・12・22 判タ707-267 ……… 174

平成元～5年
最決 平元・2・17 刑集43-2-81 …………… 389
東京地判 平元・2・17 判タ700-279
　　　　………………………………… 403, 405

判例索引　　*563*

東京高判　平元・2・20　判タ697-269 ……… 333
東京地判　平元・2・22　判時1308-161 ……… 403
東京高判　平元・2・27　高刑42-1-87 ……… 188
大阪高判　平元・3・3　判タ712-248 ……… 187
最判　平元・3・9　刑集43-3-95 ……… 452
最決　平元・3・10　刑集43-3-188
　　　＝熊本県議会事件 ……………… 447
最決　平元・3・14　刑集43-3-283 …… 508, 509
東京高判　平元・3・14　判タ700-266 ……… 210
神戸地姫路支判　平元・3・22　公刊物未登載
　　　…………………………………… 472
福岡高宮崎支判　平元・3・24　高刑42-2-103
　　　………………………………………… 16
甲府地判　平元・3・31　判時1311-160
　　　…………………………………… 403, 405
最決　平元・5・1　刑集43-5-405
　　　………………………… 481, 484, 485
最決　平元・7・7　刑集43-7-607 ……… 166
最決　平元・7・7　判時1326-157 ……… 320
最決　平元・7・14　刑集43-7-641 ……… 320
東京地判　平元・8・8　判時1319-158 ……… 361
最決　平元・9・26　判時1357-147 ……… 449
東京地判　平元・10・31　判時1363-158 ……… 204
千葉地判　平元・11・2　判時1332-150 ……… 361
最決　平元・12・15　刑集43-13-879 …… 33, 36
東京高判　平2・2・20　高刑43-1-11 ……… 394
鹿児島地判　平2・3・16　判時1355-156 ……… 448
京都地峰山支判　平2・3・26　刑事裁判資料
　　　273-218 ……………………………… 144
富山地判　平2・4・13　判時1343-160 ……… 422
東京地八王子支判　平2・4・23　判時1351-
　　　158＝青梅信金事件 ……………… 236, 241
岡山地判　平2・4・25　判時1399-146 ……… 465
仙台地判　平2・9・11　刑事裁判資料273-197
　　　…………………………………… 404, 405
浦和地判　平2・11・22　判時1374-141 ……… 327
大分地判　平2・12・6　判時1389-161 ……… 29
大阪地判　平3・3・7　判タ771-278 ……… 450
東京高判　平3・4・1　判時1400-128 ……… 158
最決　平3・4・5　刑集45-4-171
　　　………………… 241, 358, 362, 367
仙台地気仙沼支判　平3・7・25　判タ789-275
　　　…………………………………… 487
東京地八王子支判　平3・8・28　判タ768-249
　　　…………………………………… 212

甲府地判　平3・9・3　判時1401-127 ……… 510
松山地判　平3・10・23　判タ789-272 ……… 465
大阪地判　平3・12・2　判時1411-128
　　　…………………………………… 419, 421
大阪地判　平4・3・25　判タ829-260 ……… 126
東京地判　平4・4・21　判時1424-141 ……… 402
東京地判　平4・5・12　判タ800-272 ……… 422
東京地判　平4・6・19　判タ806-227
　　　＝富士銀行事件 …………………… 91
鳥取地米子支判　平4・7・3　金融法務情報
　　　1330-54 ……………………………… 464
岡山地判　平4・8・4　公刊物未登載 ……… 239
大阪地判　平4・9・22　判タ828-281 ……… 183
東京高判　平4・10・28　判タ823-252 ……… 163
札幌地判　平4・10・30　判タ817-215 ……… 183
東京地判　平4・10・30　判時1440-158 ……… 235
最決　平4・11・27　刑集46-8-623 ……… 141
東京高判　平5・2・1　判時1476-163 ……… 114
東京高判　平5・2・25　判タ823-254 ……… 163
青森地判　平5・3・2　公刊物未登載 ……… 459
東京高判　平5・4・5　判タ828-275 ……… 397
水戸地土浦支判　平5・5・27　公刊物未登載
　　　…………………………………… 237
福岡高判　平5・6・22　高刑46-3-235 …… 518
東京高判　平5・6・29　高刑46-2-189
　　　………………………… 235, 240, 285
福岡地判　平5・6・29　公刊物未登載 ……… 488
福岡地大牟田支判　平5・7・15　判タ828-
　　　278 …………………………………… 460
東京地判　平5・10・4　金融法務情報1381-
　　　38 …………………………………… 460
最決　平5・10・5　刑集47-8-7 ……… 400
宇都宮地判　平5・10・6　判タ843-258 …… 527
東京高判　平5・12・14　判タ840-81 ……… 473

平成6～10年

高松地判　平6・1・17　公刊物未登載 ……… 472
名古屋地判　平6・1・18　判タ858-272 ……… 45
最判　平6・2・8　民集48-2-149 ……… 127
最決　平6・3・4　裁集263-101 ……… 44
東京地判　平6・3・7　判タ874-291 ……… 472
最決　平6・3・29　刑集48-3-1 ……… 511
仙台高判　平6・3・31　判時1513-175 ……… 114
東京地判　平6・6・7　判時1536-122
　　　＝国際航業事件 …………………… 288
最決　平6・7・19　刑集48-5-190 …… 170, 179

東京高判 平6・9・12 判時1545-113 ········ 255
最決 平6・11・29 刑集48-7-453 ············· 394
東京地判 平7・2・13 判時1529-158 ······· 238
最大判 平7・2・22 刑集49-2-1
　　　=ロッキード事件 ·········· 515, 516, 519
高知地判 平7・5・1 公刊物未登載 ······· 472
札幌高判 平7・6・29 判時1551-142 ······· 187
東京地判 平7・10・9 判時1598-155 ······· 199
那覇地沖縄支判 平7・10・31 判時1571-153
　　　··· 70
高松高判 平8・1・25 判時1571-148 ······· 76
千葉地判 平8・1・29 判時1583-156 ······· 488
最決 平8・2・6 刑集50-2-129 ············· 281
東京高判 平8・2・26 判タ904-216 ······· 288
東京地判 平8・4・22 判時1597-151 ······· 420
最判 平8・4・26 民集50-5-1267 ········· 255
広島高岡山支判 平8・5・22 高刑49-2-246
　　　··· 378
大阪地判 平8・7・8 判タ960-293
　　　·· 381, 392
名古屋地判 平9・1・10 判時1627-158
　　　=東海銀行事件 ······························· 236
東京高判 平9・3・24 判時1606-3
　　　=リクルート事件 ···························· 516
京都地判 平9・5・9 判時1613-157
　　　··· 403, 405
東京地判 平9・8・6 公刊物未登載
　　　=桃源社事件 ································· 460
大阪地判 平9・8・20 判タ995-286 ······· 50
京都地判 平9・9・24 判時1638-160 ······· 420
大阪地判 平9・10・3 判タ980-285 ········· 144
最決 平9・10・21 刑集51-9-755 ············· 319
岡山地判 平9・12・15 判時1641-158 ······· 420
山形地判 平10・1・22 公刊物未登載 ······· 421
東京地判 平10・3・17 判時1647-160 ······· 530
高松地判 平10・4・27 公刊物未登載 ······· 465
最決 平10・7・14 刑集52-5-343 ··········· 464
東京地判 平10・8・19 判時1653-154 ······· 397
最決 平10・11・2 刑集52-8-505 ············· 98
最決 平10・11・4 刑集52-8-542 ··········· 465
札幌地判 平10・11・6 判時1659-154 ······· 489
最決 平10・11・25 刑集52-8-570
　　　=平和相互銀行事件 ······················· 279
名古屋高判 平10・12・14 高刑51-3-510
　　　··· 389

平成11〜15年

大阪高判 平11・8・26 高刑52-1-42
　　　·· 420, 421
東京高判 平11・8・27 判タ1049-326 ······· 177
最決 平11・10・20 刑集53-7-641
　　　=リクルート政界ルート事件 ·········· 519
最決 平11・12・9 刑集53-9-1117 ········· 176
最決 平11・12・16 刑集53-9-1327 ········· 510
最決 平11・12・20 刑集53-9-1495 ···· 394, 399
最決 平12・2・17 刑集54-2-38 ············· 139
最決 平12・3・27 刑集54-3-402 ··········· 222
東京地判 平12・5・12 判タ1064-254
　　　=高峰リゾート開発事件 ················· 283
横浜地川崎支判 平12・7・6 公刊物未登載
　　　··· 420
大阪高判 平12・8・24 判時1736-130 ······· 211
福岡高判 平12・9・21 判時1731-131 ······· 143
最判 平12・12・15 刑集54-9-923 ········· 177
最決 平12・12・15 刑集54-9-1049 ········· 177
福岡高判 平13・6・25 刑集56-8-686 ······· 224
最判 平13・7・16 刑集55-5-317 ··········· 420
最判 平13・7・19 刑集55-5-371 ··········· 220
札幌高判 平13・9・25 高刑54-2-128 ······· 464
最決 平13・11・5 刑集55-6-546 ··········· 288
福岡地判 平14・1・17 判タ1097-305 ······· 320
最決 平14・2・8 刑集56-2-71 ············· 230
最決 平14・2・14 刑集56-2-86 ············· 193
最決 平14・7・1 刑集56-6-265 ············· 297
名古屋高判 平14・8・29 判時1831-158 ······ 50
横浜地判 平14・9・5 判タ1140-280 ······· 140
金沢地判 平14・9・25 判タ1123-283 ······· 56
最決 平14・9・30 刑集56-7-395 ··········· 138
最決 平14・10・21 刑集56-8-670 ··········· 223
最決 平14・10・22 刑集56-8-690
　　　=リクルート文部省ルート事件 ······· 520
東京地八王子支判 平14・10・29 判タ1118-
　　　299 ·· 54
大阪高判 平14・10・31 判時1844-123 ······· 283
岐阜地判 平14・12・17 警論56-2-203 ······· 27
最決 平15・1・14 刑集57-1-1 ············· 531
東京高判 平15・1・29 判時1835-157 ······· 512
東京地判 平15・1・31 判時1838-158 ······· 400
大津地判 平15・1・31 判タ1134-311 ······· 190
最決 平15・2・18 刑集57-2-161
　　　=住専事件 ································· 283

刑法各論〔第7版〕　　　　法律学講座双書

1996（平成8）年4月15日	Ⅰ 初版1刷発行
1999（平成11）年4月15日	初　版1刷発行
2002（平成14）年3月15日	第2版1刷発行
2005（平成17）年4月15日	第3版1刷発行
2007（平成19）年3月30日	第4版1刷発行
2010（平成22）年3月30日	第5版1刷発行
2012（平成24）年3月30日	第6版1刷発行
2018（平成30）年3月30日	第7版1刷発行

著　者　西田典之

補訂者　橋爪　隆

発行者　鯉渕　友南

発行所　株式会社 弘文堂　　101-0062 東京都千代田区神田駿河台1の7
　　　　　　　　　　　　　　TEL 03（3294）4801　振替 00120-6-53909
　　　　　　　　　　　　　　http://www.koubundou.co.jp

装　幀　遠山　八郎

印　刷　港北出版印刷

製　本　井上製本所

Ⓒ 2018 Noriyuki Nishida, Takashi Hashizume. Printed in Japan

[JCOPY]〈（社）出版者著作権管理機構 委託出版物〉

本書の無断複写は著作権法上での例外を除き禁じられています。複写される場合は、
そのつど事前に、（社）出版者著作権管理機構（電話 03-3513-6969、FAX 03-3513-6979、
e-mail:info＠jcopy.or.jp）の許諾を得てください。
また本書を代行業者等の第三者に依頼してスキャンやデジタル化することは、たとえ
個人や家庭内での利用であっても一切認められておりません。

ISBN978-4-335-30479-8

法律学講座双書

法 学 入 門	三ケ月　　章
法 哲 学 概 論	碧 海 純 一
憲　　　　法	鵜 飼 信 成
憲　　　　法	伊 藤 正 己
行 政 法(上・中・下)	田 中 二 郎
行 政 法(上・＊下)	小早川 光 郎
租 　 税 　 法	金 子 　 宏
民 法 総 則	四宮和夫・能見善久
債 権 総 論	平 井 宜 雄
債 権 各 論 Ⅰ(上)	平 井 宜 雄
債 権 各 論 Ⅱ	平 井 宜 雄
親族法・相続法	有 泉 　 亨
商 法 総 則	石 井 照 久
商 法 総 則	鴻 　 常 夫
会 　 社 　 法	鈴 木 竹 雄
会 　 社 　 法	神 田 秀 樹
手形法・小切手法	石 井 照 久
＊手形法・小切手法	岩 原 紳 作
商行為法・保険法・海商法	鈴 木 竹 雄
商 取 引 法	江 頭 憲治郎
民 事 訴 訟 法	兼子一・竹下守夫
民 事 訴 訟 法	三ケ月　　章
民 事 執 行 法	三ケ月　　章
刑 　 　 　 法	藤 木 英 雄
刑 法 総 論	西 田 典 之
刑 法 各 論	西 田 典 之
刑事訴訟法(上・下)	松 尾 浩 也
労 　 働 　 法	菅 野 和 夫
＊社 会 保 障 法	岩 村 正 彦
国際法概論(上・下)	高 野 雄 一
国 際 私 法	江 川 英 文
特 　 許 　 法	中 山 信 弘

＊印未刊